中国工业统计年鉴

2022

国家统计局工业统计司　编

中国统计出版社
China Statistics Press

图书在版编目（CIP）数据

中国工业统计年鉴. 2022 / 国家统计局工业统计司编. -- 北京 : 中国统计出版社, 2022.11
ISBN 978-7-5037-9966-2

Ⅰ. ①中… Ⅱ. ①国… Ⅲ. ①工业统计－中国－2022－年鉴 Ⅳ. ①F42-54

中国版本图书馆 CIP 数据核字(2022)第 167338 号

中国工业统计年鉴 2022

编　　者/国家统计局工业统计司
责任编辑/许立舫
封面设计/张　冰　李　静
出版发行/中国统计出版社有限公司
通信地址/北京市丰台区西三环南路甲 6 号　邮政编码/100073
发行电话/邮购（010）63376909　书店（010）68783171
网　　址/http://www.zgtjcbs.com/
印　　刷/三河市双峰印刷装订有限公司
经　　销/新华书店
开　　本/880mm×1230mm　1/16
字　　数/879 千字
印　　张/28
版　　别/2022 年 12 月第 1 版
版　　次/2022 年 12 月第 1 次印刷
定　　价/580.00 元

《中国工业统计年鉴2022》
编辑出版人员

编者说明

一、《中国工业统计年鉴 2022》是一部全面反映中国工业经济发展情况的资料性年刊，系统地收录了 2021 年全国各经济类型、各工业行业和各省、自治区、直辖市等工业经济统计数据，以及主要指标历史数据。

二、全书包括四大部分内容：综合数据、分行业数据、分地区数据和附录。主要反映中国工业经济的发展、中国工业经济的行业结构、中国工业经济的地区布局，以供社会各界了解和研究我国工业经济发展情况使用和参考。

三、本书所涉及的全国工业统计数据均未包括香港特别行政区、澳门特别行政区和台湾省的数据。1997 年及以前，我国工业统计范围按隶属关系划分；1998 年及以后年份按企业规模划分，其中，1998 年至 2006 年为全部国有及年主营业务收入在 500 万元及以上非国有工业企业，2007 年至 2010 年为年主营业务收入在 500 万元及以上的工业企业，2011 年及以后年份为年主营业务收入在 2000 万元及以上的工业企业。

目　　录

一、综合数据

二、分行业数据

三、分地区数据

四、附录

一、综合数据

1-1 分登记注册类型规模以上

分 组	企业单位数(个)	资产总计	固定资产净额	固定资产原价	累计折旧	流动资产合计
总 计	**441517**	**1466716.30**	**379874.19**	**744693.30**	**341193.33**	**751807.17**
一、按登记注册类型分组：						
内资企业	398062	1187537.69	317598.20	608307.07	270437.31	583735.93
国有企业	2656	47176.27	20210.70	40952.23	19713.09	16304.82
中央企业	746	34062.43	16257.82	33685.28	17112.52	10817.57
地方企业	1910	13113.84	3952.89	7266.94	2600.57	5487.25
集体企业	890	1717.82	212.47	588.67	313.33	765.14
股份合作企业	747	1580.71	371.89	674.59	287.63	712.75
联营企业	88	341.44	104.10	140.00	35.55	174.93
国有联营企业	44	129.82	32.58	51.76	19.18	69.50
集体联营企业	13	11.44	4.13	6.79	2.64	5.03
国有与集体联营企业	14	19.03	6.77	10.78	4.01	7.57
其他联营企业	17	181.14	60.61	70.67	9.72	92.83
有限责任公司	59747	532668.44	173710.63	320713.32	137928.10	223612.97
国有独资公司	4639	141092.78	48037.23	96965.58	46739.74	42064.47
其他有限责任公司	55108	391575.66	125673.41	223747.74	91188.35	181548.50
股份有限公司	7949	194590.77	38150.69	85145.35	44761.46	92701.50
私营企业	325752	409303.12	84799.56	160024.92	67371.49	249374.70
私营独资企业	10037	4937.52	1221.30	2291.94	891.87	2789.46
私营合伙企业	1524	837.96	181.99	395.45	172.19	442.02
私营有限责任公司	300057	345682.39	75146.20	141597.55	59242.51	211641.47
私营股份有限公司	14134	57845.24	8250.07	15739.97	7064.93	34501.75
其他企业	233	159.12	38.15	67.99	26.65	89.12
港、澳、台商投资企业	19771	122780.86	25917.89	55146.48	27904.70	72880.40
合资经营企业(港或澳、台资)	5365	44540.79	10815.03	20686.47	9551.23	25808.26
合作经营企业(港或澳、台资)	291	1133.02	271.13	696.15	419.90	713.75
港澳台商独资经营企业	13329	57879.17	12936.29	29753.16	15935.83	36213.34
港澳台商投资股份有限公司	623	17749.51	1780.64	3812.46	1922.06	9001.61
其他港澳台商投资企业	163	1478.37	114.79	198.24	75.67	1143.43
外商投资企业	23684	156397.75	36358.10	81239.75	42851.32	95190.84
中外合资经营企业	7113	63413.19	16469.49	35148.67	17624.12	36209.36
中外合作经营企业	305	2102.57	474.55	1290.29	803.88	1195.83
外资企业	15550	76817.15	17594.11	41155.59	22623.45	50515.28
外商投资股份有限公司	531	13327.10	1644.03	3315.45	1652.54	6868.84
其他外商投资企业	185	737.74	175.92	329.75	147.33	401.53
二、在总计中：亏损企业	69240	238036.08	73090.86	138256.44	59260.36	107884.12
在总计中：国有控股企业	25180	565082.11	194723.94	386075.57	181056.87	212832.81
在总计中：大型企业	8490	677739.26	179707.24	373186.71	186438.88	320928.60
中型企业	38937	318136.96	80555.33	155935.33	71557.24	170298.63
小型企业	394090	470840.08	119611.61	215571.27	83197.21	260579.93

工业企业主要经济指标

单位：亿元

应收账款	存货	产成品	负债合计	流动负债合计	应付账款	所有者权益合计	实收资本	国家资本	集体资本
194094.18	**151021.62**	**55352.28**	**828485.36**	**642909.23**	**201070.55**	**637439.90**	**307378.94**	**67462.14**	**4317.69**
143061.49	117718.08	43157.65	679839.30	517919.76	150387.73	506991.40	246098.89	63334.59	3912.49
2888.23	4128.03	647.17	26697.33	17950.30	5395.85	20442.28	10443.75	3965.06	52.01
1907.96	3061.24	332.23	18213.72	12654.35	3939.32	15823.26	8053.68	2685.33	4.33
980.26	1066.79	314.94	8483.60	5295.95	1456.53	4619.02	2390.07	1279.72	47.68
221.80	126.21	72.18	1067.06	840.16	152.49	650.82	112.77	3.56	61.14
146.98	110.72	44.45	823.85	265.13	71.04	756.60	117.02	3.53	7.59
46.15	44.06	21.87	252.09	212.51	70.03	89.34	62.33	17.23	0.52
26.23	12.37	5.17	87.11	75.88	33.88	42.71	28.14	15.50	0.03
1.57	1.68	0.77	4.76	4.54	1.57	6.69	1.06		0.13
1.92	2.78	0.77	12.68	9.19	2.63	6.34	2.98	1.73	0.16
16.43	27.23	15.16	147.54	122.90	31.95	33.60	30.15		0.20
50049.82	41270.88	13107.64	323162.36	226159.99	61063.21	209160.40	126622.12	49289.82	1787.71
7411.01	6511.32	1498.59	79278.43	51144.53	12221.68	61597.99	41174.14	28575.32	78.61
42638.81	34759.56	11609.05	243883.93	175015.46	48841.53	147562.40	85447.97	20714.49	1709.10
17222.11	15666.62	5322.93	91305.49	70825.49	18944.53	103128.25	30789.17	9425.10	845.61
72447.74	56354.56	23935.16	236427.14	201584.16	64661.56	172708.64	77925.97	629.66	1157.42
961.88	584.14	282.04	2794.09	2385.13	776.38	2142.32	971.26	7.80	6.12
123.45	89.48	50.49	433.49	354.84	108.50	403.82	182.69	1.27	3.78
62875.07	48562.58	20638.99	206790.17	177080.67	57729.40	138735.13	68136.25	566.42	944.49
8487.34	7118.37	2963.65	26409.38	21763.52	6047.28	31427.36	8635.77	54.16	203.03
38.66	16.98	6.26	103.98	82.02	29.02	55.07	25.75	0.65	0.49
22866.89	13173.68	4957.90	65819.40	54879.28	22024.59	56897.55	24176.97	1499.29	184.40
7054.31	3892.19	1418.87	25296.16	20854.91	6894.47	19185.86	8747.01	1006.09	87.86
126.56	115.65	28.46	662.22	519.67	104.78	470.80	216.48	31.05	2.08
13356.70	7938.79	2949.24	31457.23	27253.78	13299.78	26417.35	12744.06	296.00	23.83
2182.86	1150.94	534.90	7949.71	5852.73	1627.55	9799.80	2289.45	160.41	66.26
146.47	76.11	26.42	454.08	398.20	98.01	1023.73	179.98	5.74	4.38
28165.80	20129.86	7236.73	82826.66	70110.18	28658.23	73550.95	37103.08	2628.25	220.80
9028.17	7301.60	2695.60	35241.10	28790.51	11035.23	28165.48	14730.48	2003.92	152.81
349.61	262.68	119.20	1067.64	809.96	275.40	1034.93	452.75	92.04	19.01
17515.46	11261.88	3978.43	40032.56	35219.87	15900.51	36778.39	19978.36	354.78	26.29
1152.01	1208.90	409.91	6051.08	4936.12	1306.18	7268.69	1769.31	162.44	22.57
120.55	94.80	33.60	434.27	353.73	140.92	303.46	172.18	15.07	0.11
25749.18	21998.29	8185.71	177421.78	133047.39	34633.42	60374.12	66887.85	11481.16	1149.95
40194.10	38356.15	10303.36	327576.12	222815.00	59242.89	236981.90	130462.65	63413.16	1116.11
68190.60	60700.61	19113.49	374471.44	287072.12	91422.83	303292.45	129526.83	43726.85	1143.89
43480.29	36725.43	14318.14	175944.43	143294.76	43040.90	142238.76	66222.32	10240.85	1160.38
82423.29	53595.59	21920.65	278069.49	212542.35	66606.82	191908.69	111629.79	13494.44	2013.42

1-1 续表

分组	法人资本	个人资本	港澳台资本	外商资本	营业收入	营业成本
总　计	**141397.24**	**54584.04**	**15229.20**	**24438.07**	**1314557.29**	**1095044.23**
一、按登记注册类型分组：						
内资企业	125110.66	52901.05	385.00	511.22	1031841.14	859193.94
国有企业	6304.00	45.25	0.09	47.81	31179.20	25589.84
中央企业	5289.23	9.63		34.89	24090.35	19467.83
地方企业	1014.77	35.62	0.09	12.92	7088.84	6122.01
集体企业	29.07	18.99	0.01		1553.04	1292.30
股份合作企业	47.24	58.67			1055.67	799.66
联营企业	40.57	3.98	0.04		190.09	162.24
国有联营企业	10.27	2.35			102.76	87.03
集体联营企业	0.36	0.57			25.19	20.02
国有与集体联营企业	0.90	0.19			14.36	12.07
其他联营企业	29.04	0.87	0.04		47.78	43.12
有限责任公司	67592.48	7731.16	120.60	218.25	362897.25	299249.84
国有独资公司	12399.94	113.72	1.51	4.02	71735.81	61109.01
其他有限责任公司	55192.54	7617.44	119.09	214.23	291161.44	238140.83
股份有限公司	14421.86	5757.18	168.70	155.04	117262.20	92615.98
私营企业	36662.13	39277.52	95.55	87.13	517444.25	439256.12
私营独资企业	484.46	468.49	4.28	0.19	8546.49	7363.96
私营合伙企业	49.70	127.78	0.03	0.12	1495.61	1195.62
私营有限责任公司	32776.49	33673.19	80.92	79.13	464937.75	397533.19
私营股份有限公司	3351.47	5008.06	10.32	7.69	42464.39	33163.35
其他企业	13.32	8.30		2.99	259.44	227.97
港、澳、台商投资企业	6067.77	964.39	13719.66	1738.19	116056.06	97264.80
合资经营企业(港或澳、台资)	3730.27	480.06	2917.08	524.87	40145.60	34341.99
合作经营企业(港或澳、台资)	62.12	5.78	105.28	10.17	1182.35	986.43
港澳台商独资经营企业	1268.57	124.79	9940.81	1087.57	64197.76	54530.15
港澳台商投资股份有限公司	970.15	338.11	649.60	104.93	8921.26	7049.02
其他港澳台商投资企业	36.66	15.66	106.89	10.64	1609.10	357.20
外商投资企业	10218.82	718.60	1124.54	22188.67	166660.09	138585.49
中外合资经营企业	6511.66	395.97	290.97	5374.52	68217.96	56317.97
中外合作经营企业	73.20	3.92	45.97	218.61	1856.26	1453.01
外资企业	2738.67	97.39	709.11	16049.33	87325.04	73267.02
外商投资股份有限公司	812.55	216.28	70.71	484.76	8574.88	6954.87
其他外商投资企业	82.74	5.04	7.77	61.45	685.96	592.62
二、在总计中：亏损企业	34049.77	12527.68	3124.28	4531.09	132762.75	126791.04
在总计中：国有控股企业	60372.55	2919.21	608.27	2131.75	350557.93	286649.18
在总计中：大型企业	60672.31	9419.17	5820.25	8872.84	546639.64	447937.52
中型企业	32895.62	11359.64	4216.29	6332.87	292500.41	242123.22
小型企业	47829.32	33805.23	5192.65	9232.37	475417.24	404983.49

单位：亿元

销售费用	管理费用	财务费用	利息费用	投资收益(损失以"-"号记)	营业利润	利润总额	亏损企业亏损额	平均用工人数(万人)
32671.98	**69764.37**	**11428.25**	**11597.62**	**9665.16**	**92052.99**	**92933.03**	**12120.55**	**7950.96**
23908.12	55323.94	10531.38	10062.94	7537.11	69582.59	70137.23	10032.78	6283.02
226.63	1385.12	339.86	361.80	375.32	1363.45	1380.69	410.32	149.42
113.32	1003.31	227.48	255.94	344.35	1041.12	1024.89	266.89	98.24
113.31	381.81	112.38	105.86	30.97	322.32	355.80	143.43	51.18
29.42	82.68	23.72	20.48	24.10	123.74	124.64	12.26	14.66
23.21	60.74	13.60	4.82	1.84	146.39	149.02	2.75	8.44
4.37	14.29	2.06	1.82	2.40	7.63	7.73	10.34	1.56
2.40	5.12	1.00	0.87	1.67	8.55	8.51	1.14	0.67
0.30	1.02	0.08	0.03		3.42	3.43		0.21
0.44	0.89	0.35	0.26	0.05	0.67	0.68	1.21	0.19
1.23	7.26	0.63	0.66	0.68	-5.02	-4.89	7.99	0.49
6863.52	18610.56	5275.18	5478.70	2568.63	25372.21	25334.86	5811.65	1721.35
565.45	2953.67	1144.07	1190.77	765.77	3167.15	3175.41	982.31	280.56
6298.07	15656.89	4131.11	4287.93	1802.86	22205.06	22159.46	4829.34	1440.79
3561.47	7285.97	962.73	1369.31	3233.17	11540.91	11350.48	1109.58	561.62
13194.92	27875.03	3913.12	2824.71	1331.41	31012.78	31774.13	2673.52	3824.04
181.22	352.82	50.91	26.95	-3.59	503.36	504.91	25.14	74.68
36.88	73.84	9.70	2.99	-8.64	138.53	135.78	3.43	14.43
11041.20	24241.19	3469.58	2442.19	853.03	26252.22	26939.86	2443.97	3418.94
1935.62	3207.17	382.93	352.57	490.61	4118.66	4193.58	200.99	316.00
4.59	9.55	1.11	1.30	0.25	15.48	15.68	2.36	1.91
3168.18	5707.83	552.90	768.16	1060.39	9413.97	9602.55	818.36	826.36
980.35	1688.72	271.30	392.73	243.44	2485.34	2585.62	336.42	228.26
19.51	56.07	12.79	11.60	2.46	104.83	106.07	9.36	8.49
1746.90	3208.01	191.37	228.18	327.39	4582.24	4664.16	374.93	524.98
386.68	671.12	77.02	132.96	480.92	1108.41	1121.22	87.78	60.40
34.74	83.92	0.41	2.69	6.18	1133.15	1125.49	9.88	4.23
5595.68	8732.60	343.97	766.53	1067.66	13056.42	13193.25	1269.41	841.59
1984.50	3540.37	155.29	391.38	484.09	5578.63	5612.27	591.79	253.16
108.68	83.58	12.19	16.17	0.94	177.19	176.33	43.28	10.65
3093.12	4584.15	134.31	285.69	170.20	6216.38	6306.72	568.95	535.99
388.28	478.21	38.60	69.77	405.30	1057.22	1070.10	49.49	37.09
21.11	46.29	3.57	3.53	7.11	27.00	27.83	15.91	4.70
3074.61	9149.51	3062.31	2828.14	134.70	-11987.39	-12120.55	12120.55	1183.95
5061.93	16694.74	4891.75	5757.82	4381.43	24711.95	24435.19	5935.79	1390.34
12645.42	27154.27	3793.87	5255.96	6904.89	45315.45	44826.21	3382.13	2550.51
8269.01	16119.60	2682.47	2598.22	1588.67	21566.84	21888.79	3907.41	2060.57
11757.55	26490.50	4951.92	3743.45	1171.60	25170.69	26218.02	4831.01	3339.88

1-2 分行业规模以上工业企业主要效益指标

行 业	营业收入利润率(%)	人均营业收入(万元/人)	每百元资产实现的营业收入(元)	资产负债率(%)	产成品存货周转天数(天)	应收账款平均回收期(天)
总 计	**7.07**	**165.33**	**89.63**	**56.49**	**18.20**	**53.15**
煤炭开采和洗选业	21.36	127.21	48.86	65.01	10.89	44.85
石油和天然气开采业	17.84	164.48	39.94	46.21	6.21	23.33
黑色金属矿采选业	13.81	211.75	48.55	58.33	16.52	35.39
有色金属矿采选业	17.05	121.04	47.67	54.92	24.18	33.02
非金属矿采选业	11.47	145.07	60.47	50.52	22.34	45.20
开采专业及辅助性活动	-2.06	79.81	70.34	63.45	3.18	65.10
其他采矿业	3.77	161.67	137.50	56.43	6.62	29.72
农副食品加工业	4.06	201.16	165.23	57.96	17.77	21.81
食品制造业	8.04	121.75	113.55	49.44	18.74	35.03
酒、饮料和精制茶制造业	17.10	143.86	78.98	43.89	36.96	24.91
烟草制品业	9.78	765.13	103.77	21.42	22.13	9.22
纺织业	5.07	94.71	121.56	56.28	27.06	40.65
纺织服装、服饰业	5.78	59.62	131.44	50.95	27.16	43.37
皮革、毛皮、羽毛及其制品和制鞋业	5.91	63.54	162.09	49.07	16.88	34.39
木材加工和木、竹、藤、棕、草制品业	4.71	106.57	180.13	56.07	17.61	35.68
家具制造业	5.57	73.94	118.80	57.20	21.33	49.26
造纸和纸制品业	6.33	151.41	95.10	58.00	18.52	45.86
印刷和记录媒介复制业	6.38	87.64	110.34	46.35	16.73	57.60
文教、工美、体育和娱乐用品制造业	5.77	83.93	154.50	52.40	33.01	33.31
石油、煤炭及其他燃料加工业	4.88	713.35	135.66	63.74	13.00	13.15
化学原料和化学制品制造业	9.84	242.11	95.25	52.79	19.34	37.18
医药制造业	21.74	139.74	67.15	39.00	52.84	63.89
化学纤维制造业	6.61	237.17	100.50	57.64	22.56	22.74
橡胶和塑料制品业	6.07	101.89	110.42	51.02	23.88	61.54
非金属矿物制品业	8.80	143.56	93.46	54.85	18.65	82.20
黑色金属冶炼和压延加工业	4.72	456.82	139.73	60.22	10.90	11.73
有色金属冶炼和压延加工业	5.11	432.30	157.98	60.37	10.23	21.05
金属制品业	5.10	129.56	121.58	59.21	20.62	59.42
通用设备制造业	6.80	115.95	87.84	55.20	28.99	87.69
专用设备制造业	8.36	110.91	73.90	54.25	38.13	95.40
汽车制造业	6.44	204.42	98.30	59.26	18.12	60.80
铁路、船舶、航空航天和其他运输设备制造业	3.86	116.89	58.82	64.30	21.97	96.18
电气机械和器材制造业	5.50	147.92	96.19	57.74	23.75	84.49
计算机、通信和其他电子设备制造业	6.13	152.02	95.91	55.06	17.70	86.14
仪器仪表制造业	10.49	100.33	74.01	45.91	31.79	102.96
其他制造业	6.17	78.50	79.95	63.39	21.71	59.07
废弃资源综合利用业	4.29	413.78	203.88	59.44	12.65	25.62
金属制品、机械和设备修理业	4.58	73.35	61.75	52.06	7.82	97.98
电力、热力生产和供应业	2.44	296.60	39.20	61.16	0.45	52.63
燃气生产和供应业	7.20	348.69	81.81	58.82	5.46	27.70
水的生产和供应业	10.71	77.73	17.55	58.75	4.35	85.95

1-3 分地区规模以上工业企业主要效益指标

地　区	营业收入利润率(%)	人均营业收入(万元/人)	每百元资产实现的营业收入(元)	资产负债率(%)	产成品存货周转天数(天)	应收账款平均回收期(天)
全　国	**7.07**	**165.33**	**89.63**	**56.49**	**18.20**	**53.15**
北　京	12.82	354.99	47.08	43.19	20.01	61.34
天　津	6.52	237.97	98.07	54.60	17.97	49.81
河　北	4.55	196.36	91.77	61.84	15.10	45.12
山　西	9.12	169.63	59.00	71.09	14.72	57.05
内蒙古	13.60	271.24	63.97	57.78	14.03	41.40
辽　宁	5.01	192.83	81.23	61.33	20.20	45.27
吉　林	7.33	194.70	76.94	54.78	16.75	39.17
黑龙江	4.54	137.53	63.45	60.95	19.49	53.49
上　海	6.97	241.98	84.64	48.83	20.18	67.16
江　苏	6.23	169.77	100.08	53.76	22.08	71.15
浙　江	7.00	134.52	89.12	54.85	22.75	67.38
安　徽	6.31	162.74	90.94	56.06	18.10	66.19
福　建	7.57	151.49	139.31	52.05	15.27	32.19
江　西	7.28	193.27	140.76	53.95	12.91	34.93
山　东	5.20	184.51	93.10	61.16	19.78	44.32
河　南	5.12	129.63	98.59	57.35	13.51	42.80
湖　北	8.63	177.51	103.46	52.43	16.18	40.08
湖　南	6.03	136.93	125.59	50.67	12.28	39.81
广　东	6.49	128.23	98.81	57.26	20.06	60.05
广　西	6.05	168.61	94.29	63.05	18.18	44.84
海　南	7.95	232.30	60.52	56.86	14.59	48.52
重　庆	7.75	174.62	107.38	55.78	14.36	54.47
四　川	8.39	174.80	87.95	56.43	14.94	48.09
贵　州	11.88	129.81	58.87	62.69	20.37	51.20
云　南	7.71	218.57	69.75	55.22	18.89	38.21
西　藏	12.05	154.68	18.45	51.84	17.75	79.48
陕　西	11.89	194.14	70.72	55.33	18.52	53.53
甘　肃	5.43	206.81	71.47	59.09	13.82	45.77
青　海	9.22	207.67	48.53	71.68	20.38	70.31
宁　夏	6.95	203.89	54.39	64.85	15.40	53.03
新　疆	12.49	212.56	54.93	57.06	18.44	51.69

1-4 历年主要工业产品产量

年 份	铁矿石原矿 (万吨)	硫铁矿石 (折含硫35%) (万吨)	磷矿石 (折含五氧化二磷30%) (万吨)	原盐 (万吨)
1957	1937.00	149.00	31.00	828.00
1963	2422.00	213.00	23.00	1056.00
1964	2674.00	245.00	74.00	501.00
1965	3149.00	336.00	158.00	1147.00
1966	3929.00	315.00	352.00	998.00
1967	2962.00	276.00	256.00	1043.00
1968	2679.00	220.00	101.00	1325.00
1969	4333.00	206.00	198.00	966.00
1970	6422.00	346.00	394.00	1109.00
1971	8146.00	392.00	563.00	1235.00
1972	8460.00	460.00	551.00	1386.00
1973	9164.00	431.00	530.00	1076.00
1974	8681.00	458.00	694.00	1456.00
1975	9693.00	519.00	1018.00	1481.00
1976	8970.00	588.00	866.00	1401.00
1977	9384.00	659.00	1117.00	1710.00
1978	11779.00	687.00	1138.00	1953.00
1979	11876.00	634.00	852.00	1477.00
1980	11259.00	589.00	1081.00	1728.00
1981	10459.00	588.00	1087.00	1832.00
1982	10732.00	620.00	1169.00	1638.00
1983	11339.00	742.00	1160.00	1613.00
1984	12670.00	203.00	1345.00	1642.00
1985	13819.00	692.00	681.00	1479.00
1986	14751.00	783.00	962.00	1766.00
1987	16143.00	1087.00	1517.00	1764.00
1988	16854.00	1119.00	1824.00	2264.00
1989	17145.00	1269.00	1983.00	2829.00
1990	17941.00	1275.00	2155.00	2023.00
1991	19016.00	1413.00	2140.00	2410.00
1992	21022.00	1585.00	2320.00	2838.00
1993	22599.00	1490.00	2116.00	2943.00
1994	25056.00	1724.00	2482.00	2996.00
1995	26210.00	1770.70	3120.00	2977.72
1996	25228.00	1828.07	3104.00	2903.57
1997	26699.00	2583.00	3476.00	3082.66
1998	24689.00	1284.00	2703.00	2242.52
1999	23723.00	1194.00	2510.00	2812.36
2000	22256.19	963.87	1937.00	3128.00
2001	21701.47	883.99	2100.79	3410.51
2002	23143.00	926.00	2301.00	3602.43
2003	26138.83	871.47	2447.00	3437.70
2004	34634.27	1270.00	3726.53	4043.44
2005	42049.27	1146.00	3044.00	4661.06
2006	58888.27	1189.00	3895.95	5663.13
2007	70665.53	1200.54	4541.72	6166.97
2008	82673.50	1571.01	6135.12	6664.43
2009	88122.34	1247.96	6020.89	6662.79
2010	107770.51	1512.90	6807.00	7037.76
2011	130749.01	1583.80	8122.30	6742.16
2012	130963.70	1547.40	9529.60	6911.78
2013	148636.41	1703.99	11139.40	7367.60
2014	152671.67	1738.50	12043.80	7049.71
2015	138128.90	1651.60	14203.70	6665.54
2016	127173.09	1466.21	14439.81	6620.10
2017	122918.90	1458.85	12313.24	6654.17
2018	80157.07	1299.79	9535.76	6363.61
2019	84480.80	1317.29	9332.36	6701.44
2020	86671.70	1235.02	8893.31	5852.68
2021	98052.80	1191.69	10289.93	5706.51

注：1.2004年、2008年、2013年为全国经济普查数据。
2.硫铁矿、磷矿石1995年及以后年份为实物量。
3.本书不包括能源产品产量(以下相关表同)。

1-4 续表 1

年 份	精制食用植物油(万吨)	成品糖(万吨)	乳制品(万吨)	罐头(万吨)	饮料酒(万千升)	
						#啤酒
1957	110.00	86.00	1.27	6.20	67.00	5.00
1963	84.00	44.00	1.33	7.30	90.00	9.00
1964	113.00	107.00	1.76	10.10	97.00	8.00
1965	139.00	146.00	2.12	12.20	89.00	9.00
1966	149.00	159.00	2.35	14.10	94.00	9.00
1967	145.00	148.00	2.31	12.20	87.00	11.00
1968	120.00	151.00	2.31	13.10	96.00	12.00
1969	100.00	121.00	2.62	15.20	105.00	15.00
1970	103.00	135.00	2.96	19.30	121.00	16.00
1971	124.00	141.00	3.03	20.00	133.00	18.00
1972	132.00	155.00	3.40	24.10	152.00	20.00
1973	136.00	191.00	3.45	28.40	163.00	23.00
1974	166.00	184.00	3.53	32.20	185.00	23.00
1975	156.00	174.00	3.66	35.10	212.00	27.00
1976	148.00	165.00	3.67	35.30	212.00	30.00
1977	154.00	182.00	3.92	44.20	238.00	35.00
1978	177.00	227.00	4.65	48.80	247.00	40.00
1979	214.00	250.00	5.36	50.10	310.00	52.00
1980	222.00	257.00	6.32	57.20	368.00	69.00
1981	292.00	317.00	7.91	68.40	447.00	91.00
1982	345.00	338.00	9.97	78.50	493.00	117.00
1983	360.00	377.00	11.22	84.50	604.00	163.00
1984	382.00	380.00	13.02	109.00	711.00	224.00
1985	401.00	451.00	16.37	142.50	851.00	310.00
1986	441.00	525.00	22.58	164.10	985.00	413.00
1987	478.00	506.00	27.22	161.50	1195.00	540.00
1988	480.00	461.00	29.53	220.90	1357.00	656.00
1989	494.00	501.00	26.68	232.50	1285.00	643.00
1990	544.00	582.00	31.37	157.10	1386.00	692.00
1991	644.00	640.00	37.66	193.00	1539.00	838.00
1992	661.00	829.00	41.29	224.30	1753.00	1021.00
1993	965.00	771.00	41.73	230.30	1971.00	1192.00
1994	724.00	592.00	42.46	247.30	2233.00	1415.00
1995	1144.00	558.64	52.57	310.60	2560.00	1568.82
1996	947.00	640.20	50.41	282.60	2651.00	1681.91
1997	894.00	702.58	56.48	254.60	2834.00	1888.94
1998	603.00	826.00	54.03	156.50		1987.67
1999	734.00	861.00	69.10	169.10	2706.00	2098.77
2000	835.00	700.00	82.92	178.20	2846.00	2231.32
2001	1383.00	653.10	74.29	290.37	2803.00	2288.93
2002	1531.00	926.00	84.55	375.20	2887.00	2402.70
2003	1584.29	1083.94	140.59	436.38	3001.33	2540.48
2004	1682.63	1033.70	1060.11	533.56	4532.60	2948.59
2005	2071.00	912.37	1204.37	500.30	3566.00	3126.05
2006	2335.23	949.07	1441.78	513.88	4072.00	3543.58
2007	2636.98	1271.38	1761.80	603.62	4601.65	3954.07
2008	2805.09	1432.61	1809.21	764.77	5394.94	4156.91
2009	3433.43	1338.35	1924.08	811.65	5066.52	4162.18
2010	3878.54	1117.59	2157.77	980.52	5668.13	4490.16
2011	4331.80	1187.43	2316.44	1093.41	6168.41	4834.50
2012	5172.97	1409.47	2537.91	1043.01	6239.37	4778.58
2013	5590.55	1592.76	2636.87	1163.62	6558.26	4982.79
2014	6534.10	1642.67	2651.80	1256.32	6543.70	4936.29
2015	6734.30	1474.11	2782.60	1309.93	6412.50	4715.60
2016	6907.54	1443.30	2993.23	1394.86	6274.20	4506.44
2017	6071.82	1472.04	2935.04	1314.31	6050.13	4401.49
2018	4940.43	1198.77	2658.48	1047.85	4949.25	3800.83
2019	5421.76	1389.39	2719.40	1034.63	4898.55	3765.29
2020	5476.22	1431.30	2780.38	939.21	4476.49	3411.11
2021	4973.11	1449.74	3031.66	912.48	4598.59	3562.43

注：1.精制食用植物油2005年及以前名称为食用植物油。
2.成品糖1997年及以前名称为糖，产量包括土糖，1998—2004年名称为机制糖。
3.饮料酒、啤酒2003年及以前计量单位为万吨。

1-4 续表 2

年 份	卷烟 (亿支)	纱 (万吨)	布 (亿米)	#棉布	印染布 (亿米)	绒线(毛线) (万吨)
1957	446.00	84.40	50.50		29.40	0.57
1963	323.00	67.80	33.40	30.70	23.40	0.80
1964	413.00	97.00	47.10	43.80	29.80	0.93
1965	478.00	130.00	62.80	57.40	35.90	1.10
1966	540.00	156.50	73.10	64.80	40.40	1.25
1967	490.00	135.20	65.60	58.10	35.10	1.11
1968	521.00	137.70	64.40	56.00	37.10	1.21
1969	677.00	180.50	82.10	71.00	48.80	1.70
1970	783.00	205.20	91.50	78.00	53.00	2.17
1971	701.00	190.00	84.20	71.00	47.60	2.35
1972	745.00	188.60	83.50	70.00	46.50	2.21
1973	846.00	196.70	87.10	72.20	51.60	2.32
1974	872.00	180.30	80.80	66.50	51.30	2.36
1975	992.00	210.80	94.00	77.70	58.90	2.66
1976	982.00	196.00	88.40	71.70	53.60	2.78
1977	1211.00	223.00	101.50	81.60	59.80	3.11
1978	1182.00	238.20	110.30	81.50	65.00	3.78
1979	1303.00	263.50	121.50	82.20	71.80	4.44
1980	1520.00	292.60	134.70	87.10	80.70	5.73
1981	1704.00	317.00	142.70	85.10	82.90	7.65
1982	1885.00	335.40	153.50	101.30	80.80	9.25
1983	1938.00	327.00	148.80	90.40	73.30	10.21
1984	2132.00	321.90	137.00	70.10	68.10	11.00
1985	2370.00	353.50	146.70	82.10	75.30	12.59
1986	2596.00	397.80	164.70	100.60	79.50	14.91
1987	2881.00	436.80	173.10	107.65	83.10	20.47
1988	3096.00	465.70	187.90	118.74	95.10	22.50
1989	3195.00	476.70	189.20	117.95	94.90	25.00
1990	3298.00	462.60	188.80	108.25	91.60	23.80
1991	3226.00	460.80	181.70	108.58	99.50	28.30
1992	3285.00	501.70	190.70	111.88	125.70	35.06
1993	3376.00	501.50	203.00	122.07	137.60	34.35
1994	3432.00	489.50	211.30	115.73	137.00	43.94
1995	3485.02	542.20	260.18	131.84	136.50	51.38
1996	3401.92	512.21	209.10	105.23	120.60	48.25
1997	3377.42	559.83	248.79	118.85	141.40	48.80
1998	3374.00	542.00	241.00	114.27	146.50	30.70
1999	3340.00	567.00	250.00	118.46	159.10	38.56
2000	3397.00	657.00	277.00	139.22	158.19	42.32
2001	3402.10	760.68	290.00	153.98	178.30	46.21
2002	3467.08	850.00	322.39	172.54	210.87	51.50
2003	3580.86	983.58	353.52	200.86	251.32	65.74
2004	18736.35	1291.34	482.10	242.00	427.57	61.78
2005	19389.08	1450.54	484.39	196.58	362.15	38.70
2006	20218.13	1742.96	598.55	235.49	430.30	40.55
2007	21438.84	1958.42	675.26	271.12	490.19	35.84
2008	22199.20	2055.72	723.05	423.64	754.03	38.13
2009	22901.50	2266.45	753.42	319.62	539.80	32.55
2010	23752.60	2572.82	800.00	383.30	601.50	29.90
2011	24474.00	2717.86	814.14	365.26	593.10	30.40
2012	25160.90	2984.00	848.94	369.59	566.20	39.23
2013	25603.86	3200.00	897.59	398.81	577.84	37.93
2014	26098.49	3379.20	893.68	388.00	536.90	40.70
2015	25890.70	3538.00	892.58	390.12	509.50	40.40
2016	23825.76	3732.60	906.75	392.60	533.70	41.20
2017	23448.25	3191.39	691.05	274.91	518.55	41.03
2018	23375.59	3078.88	698.47	263.51	553.53	20.47
2019	23642.49	2827.16	555.19	219.18	539.72	19.44
2020	23863.73	2618.28	459.19	186.24	527.59	18.28
2021	24182.36	2873.71	501.95	196.29	605.81	17.80

注：1.卷烟2003年及以前计量单位为万箱。

2.根据2012年纱专项调查，对2007—2011年纱产量进行了修订。

1-4 续表 3

年 份	毛机织物(呢绒)(万米)	服装(亿件)	皮革鞋靴(万双)	胶合板(万立方米)	家具(万件)	机制纸及纸 板(万吨)	#新闻纸
1957	1817.00		2529.00	7.00		91.00	12.20
1963	4369.00	2.56	2635.00	10.40		128.00	17.70
1964	4809.00	3.07	2114.00	12.00		145.00	19.40
1965	4240.00	3.85	1808.00	13.90		173.00	20.80
1966	4383.00	4.41	1970.00	15.00		209.00	23.50
1967	3577.00	4.08	2023.00	12.20		196.00	20.70
1968	3976.00	3.25	2204.00	10.60		177.00	19.20
1969	4975.00	3.54	2283.00	14.70		217.00	23.50
1970	5776.00	3.66	4729.00	17.10		241.00	23.70
1971	6153.00	4.14	4710.00	17.20		263.00	24.00
1972	6046.00	4.86	4647.00	18.20		282.00	25.90
1973	6211.00	5.47	5468.00	18.80		313.00	28.90
1974	6357.00	5.68	5794.00	17.60		299.00	28.40
1975	6943.00	6.73	6646.00	19.20		341.00	29.00
1976	7072.00	7.18	7382.00	18.40		341.00	30.60
1977	7840.00	7.17	9119.00	20.90		377.00	32.70
1978	8885.00	6.73	10053.00	25.20		439.00	33.90
1979	9017.00	7.44	11608.00	29.20		493.00	35.70
1980	10095.00	9.45	15745.00	33.00		535.00	37.60
1981	11308.00	10.08	20239.00	35.10		540.00	35.50
1982	12669.00	9.85	18661.00	39.50		589.00	37.60
1983	14291.00	10.04	18361.00	45.50		661.00	39.60
1984	18049.00	11.06	19676.00	49.00		756.00	41.30
1985	21816.00	12.67	23162.00	23.90	11641.00	911.00	42.50
1986	25187.00	27.00	26440.00	28.60	12008.60	998.00	41.40
1987	26537.00	23.00	30910.00	77.60	14484.50	1141.00	36.60
1988	28609.00	29.11	34720.00	82.70	16583.50	1270.00	34.20
1989	27962.00	30.04	35433.00	72.80	16660.20	1333.00	38.70
1990	29505.00	31.75	43770.00	75.90	16372.40	1372.00	40.00
1991	31141.00	36.30	53592.00	105.40	21437.90	1479.00	43.80
1992	33792.00	42.66	77068.00	156.50	21650.70	1725.00	48.90
1993	35382.00	63.68	115059.00	212.50	30867.40	1914.00	73.60
1994	41900.00	79.37	154284.00	260.60	50514.50	2138.00	73.30
1995	65392.00	179.96	320207.00	759.30	61865.00	2812.30	78.30
1996	45954.00	126.64	237528.00	490.30	50164.20	2638.20	90.10
1997	38791.00	136.74	247343.00	758.40	43894.30	2733.20	73.00
1998	26777.00	150.29	120562.00	446.50	10038.10	2125.63	95.60
1999	27317.00	160.90	101375.00	727.60	9968.70	2159.30	112.90
2000	27832.37	209.34	146837.90	992.54	9212.34	2486.93	145.53
2001	34303.39	228.44	133586.35	904.50	10923.10	3777.07	172.95
2002	32691.21	252.37	152282.44	1135.20	13376.00	4666.99	182.56
2003	44294.58	363.08	181646.92	2102.35	17199.08	4849.33	207.11
2004	81689.47	375.18	274393.13	5190.59	83589.21	5413.27	335.19
2005	32960.00	147.98	252547.52	2418.98	33990.14	6205.42	340.96
2006	44482.54	170.02	300300.15	2919.17	41628.59	6863.02	392.90
2007	54548.22	201.66	322902.11	4054.42	48480.56	7792.43	425.81
2008	85040.15	362.91	331533.00	7112.33	80799.21	8404.30	463.28
2009	49506.01	237.50	354616.80	6578.95	60819.04	8965.13	428.71
2010	56630.00	285.21	419308.30	9804.00	77032.70	9832.63	402.07
2011	51835.60	254.20	426642.35	11848.80	69895.60	11010.89	368.60
2012	47872.18	267.28	449662.50	14106.54	65444.30	10956.54	389.50
2013	49423.89	276.59	452369.42	15221.15	66833.02	11323.06	364.50
2014	60003.30	298.95	449879.80	17388.85	77374.62	11785.80	358.50
2015	63326.10	308.27	455800.30	18354.90	76961.70	11742.77	332.14
2016	46388.12	298.37	461815.73	19278.96	79464.15	12319.22	291.90
2017	45393.20	278.18	447689.08	18781.72	80703.47	12542.01	249.13
2018	47900.15	253.18	412504.69	13804.40	88455.28	12045.97	143.12
2019	48989.14	245.27	394654.62	13525.95	89698.45	12515.30	108.86
2020	29044.52	223.70	354244.89	15609.65	91221.04	12700.63	100.93
2021	27526.83	235.41	352427.66	18456.53	111993.72	13583.87	89.55

注：皮革鞋靴2008年及以前名称为皮鞋。

1-4 续表 4

年 份	硫酸(折100%)(万吨)	浓硝酸(折100%)(万吨)	盐酸(氯化氢含量31%)(万吨)	纯碱(万吨)	烧碱(折100%)(万吨)	合成氨(万吨)
1957	63.20	3.87	8.20	50.60	19.80	15.30
1963	130.60	5.59	19.30	66.40	33.80	64.40
1964	170.40	7.61	21.80	69.50	41.10	93.10
1965	234.00	11.56	29.00	88.00	55.60	148.40
1966	290.90	16.45	32.90	106.60	69.30	212.40
1967	198.30	11.25	29.80	91.50	57.80	152.10
1968	141.50	10.57	26.70	70.10	49.60	103.40
1969	234.30	17.95	37.80	89.40	70.40	160.30
1970	291.40	22.72	47.10	107.70	89.20	244.50
1971	357.90	28.49	52.80	115.50	105.50	310.00
1972	400.50	28.84	59.60	119.70	111.50	395.60
1973	468.10	29.36	63.10	120.40	121.00	474.40
1974	442.70	25.38	63.10	110.60	112.60	452.50
1975	484.70	30.23	78.00	124.30	128.90	607.70
1976	450.80	28.96	83.70	111.70	121.50	618.50
1977	537.50	32.88	96.20	107.70	138.60	870.30
1978	661.00	33.76	111.50	132.90	164.00	1183.50
1979	699.80	28.19	107.80	148.60	182.60	1348.20
1980	764.30	22.77	117.70	161.30	192.30	1497.40
1981	780.70	19.26	129.20	165.20	192.30	1483.40
1982	817.50	24.61	148.30	173.50	207.30	1546.30
1983	869.60	25.60	158.30	179.30	212.30	1677.10
1984	817.20	25.78	170.40	188.00	222.20	1837.40
1985	676.40	27.40	185.60	201.10	235.30	1718.80
1986	763.10	27.53	206.00	214.60	251.80	1672.90
1987	983.30	29.02	227.00	236.30	273.90	1940.60
1988	1111.30	30.33	246.20	260.90	300.50	1986.30
1989	1153.30	32.82	257.90	304.20	321.10	2068.10
1990	1196.90	31.80	262.30	379.50	335.40	2129.00
1991	1332.90	34.34	285.20	393.60	354.10	2201.60
1992	1408.70	44.41	302.80	455.00	379.50	2298.10
1993	1336.50	56.13	323.90	534.90	395.40	2192.50
1994	1536.50	49.31	336.20	581.40	429.60	2436.80
1995	1811.00	56.01	370.60	597.71	531.82	2765.90
1996	1883.57	64.17	403.90	669.29	573.78	3094.20
1997	2036.87	66.96	409.20	725.76	574.40	3000.30
1998	2171.00	75.50	371.60	744.00	539.37	3134.20
1999	2356.00	75.05	408.00	766.00	580.14	3431.70
2000	2427.00	82.48	442.10	834.00	667.88	3363.70
2001	2696.32	87.97	470.57	914.37	787.96	3427.28
2002	3050.40	99.15	492.60	1033.15	877.97	3675.30
2003	3371.22	116.16	527.60	1133.56	945.27	3822.70
2004	3928.89	184.79	737.91	1334.70	1041.12	4135.06
2005	4544.66	156.97	658.18	1421.08	1239.98	4596.30
2006	5033.17	181.78	730.58	1560.03	1511.78	4936.81
2007	5412.56	200.89	747.60	1765.00	1759.29	5171.05
2008	5097.95	197.74	730.44	1854.60	1926.01	4876.24
2009	5960.91	205.57	803.44	1944.77	1832.37	5136.35
2010	7090.47	235.60	839.00	2034.82	2228.39	4964.59
2011	7482.70	255.10	841.00	2294.03	2473.52	5252.70
2012	7876.63	262.40	876.60	2395.93	2696.82	5528.40
2013	8154.49	269.19	899.28	2431.63	2927.44	5739.00
2014	8901.55	288.10	938.30	2525.84	3063.51	5699.50
2015	8975.70	276.70	845.00	2591.80	3020.66	5791.40
2016	9133.03	273.73	867.35	2584.98	3201.68	5708.27
2017	9212.92	278.14	777.77	2767.14	3329.17	4946.26
2018	9209.27	246.85	821.89	2647.96	3475.47	4587.05
2019	9119.24	244.17	735.23	2986.46	3457.89	4735.03
2020	9238.18	232.31	775.91	2812.37	3673.87	5117.13
2021	9382.70	224.95	824.40	2913.25	3891.31	5189.38

1-4 续表 5

年　份	农用氮、磷、钾化肥(万吨)	#氮肥	磷肥	钾肥	化学农药原药(万吨)	纯苯(万吨)	碳化钙(电石)(万吨)
1957	15.10	12.90	2.10		6.50	5.00	4.90
1963	64.80	45.80	18.90	0.10	10.80	6.70	25.40
1964	100.80	67.50	33.20	0.10	12.90	8.30	32.50
1965	172.60	103.70	68.80	0.10	19.30	11.80	44.00
1966	240.90	146.10	94.60	0.20	26.20	15.10	56.10
1967	164.10	101.50	62.20	0.40	22.40	10.20	4.20
1968	110.90	68.40	42.20	0.30	17.10	8.20	36.00
1969	174.90	102.30	72.30	0.30	26.20	12.90	55.90
1970	243.50	152.30	90.70	0.50	32.10	16.70	69.60
1971	299.40	190.40	107.80	1.20	38.70	19.20	78.00
1972	370.10	244.40	124.90	0.80	40.20	20.50	81.30
1973	459.20	299.60	158.90	0.70	45.60	21.00	89.60
1974	422.20	282.70	139.00	0.50	37.10	18.80	91.30
1975	524.70	370.90	153.10	0.70	42.20	21.30	98.30
1976	524.40	381.50	141.80	1.10	39.10	21.10	96.30
1977	723.80	550.90	170.80	2.10	45.70	22.50	98.90
1978	869.30	763.90	103.30	2.10	53.30	32.00	123.80
1979	1065.40	882.10	181.70	1.60	53.70	33.90	140.70
1980	1232.10	999.30	230.80	2.00	53.70	36.00	152.00
1981	1239.00	985.70	250.80	2.50	48.40	35.20	151.30
1982	1278.10	1021.90	253.70	2.50	45.70	39.30	167.50
1983	1378.90	1109.40	266.60	2.90	33.10	42.50	180.80
1984	1460.20	1221.00	236.00	3.20	29.90	41.60	184.60
1985	1322.20	1143.80	176.00	2.40	21.10	39.00	195.30
1986	1395.70	1159.20	234.00	2.50	20.30	42.60	215.00
1987	1672.20	1342.30	325.90	4.00	16.10	49.40	241.20
1988	1740.20	1365.60	369.20	5.40	17.90	57.10	225.60
1989	1802.50	1424.10	372.80	5.70	20.80	59.80	246.10
1990	1879.70	1463.10	411.40	4.60	22.80	65.40	228.00
1991	1979.50	1510.10	459.70	9.90	25.50	77.50	235.80
1992	2047.90	1570.50	462.20	15.30	28.10	81.90	242.50
1993	1956.30	1525.60	419.00	11.70	25.70	81.70	264.20
1994	2272.80	1736.30	504.40	32.70	29.00	89.40	292.00
1995	2548.14	1859.18	662.60	26.30	41.65	102.30	345.70
1996	2809.04	2136.00	651.20	21.80	44.75	113.50	309.20
1997	2820.96	2075.00	714.60	31.50	52.67	135.80	344.70
1998	3010.00	2225.67	666.79	62.52	55.90	143.10	281.30
1999	3251.00	2471.96	636.07	77.86	62.50	165.70	273.10
2000	3186.00	2398.11	663.03	85.98	60.70	184.70	340.40
2001	3383.01	2527.37	752.56	100.49	78.72	198.80	346.30
2002	3791.00	2808.48	801.03	89.42	92.90	213.10	425.60
2003	3881.31	2814.50	978.10	88.60	76.72	240.80	530.00
2004	4804.82	3357.73	1246.78	200.31	82.08	262.77	796.20
2005	5177.86	3809.03	1206.20	159.09	114.73	306.10	894.57
2006	5345.05	3911.54	1225.46	207.51	138.46	344.08	1177.36
2007	5824.98	4233.13	1339.28	252.53	176.48	405.88	1471.30
2008	6028.05	4392.42	1385.50	250.13	209.99	444.67	1295.64
2009	6385.01	4553.36	1513.14	318.51	208.92	463.77	1503.27
2010	6337.86	4458.67	1532.91	346.28	223.52	553.10	1471.43
2011	6419.39	4500.97	1561.22	357.20	230.00	665.90	1725.54
2012	6832.10	4865.58	1564.41	402.11	290.88	662.30	1858.83
2013	7026.18	4832.61	1673.08	520.48	303.14	728.55	2287.52
2014	6876.85	4564.24	1743.01	569.51	374.40	733.51	2521.93
2015	7431.99	4970.57	1857.20	604.47	374.00	782.90	2482.50
2016	6629.62	4105.47	1859.11	665.02	320.97	805.22	2564.78
2017	5891.71	3795.15	1501.05	595.49	250.74	833.47	2367.17
2018	5403.51	3457.12	1296.26	650.12	240.02	967.17	2688.48
2019	5731.18	3556.25	1308.40	762.19	211.81	861.79	2522.49
2020	5495.97	3702.48	1057.18	710.85	214.80	1041.97	2791.89
2021	5543.58	3797.54	1039.04	687.12	249.85	1133.00	2824.56

注：农用化肥按100%有效成分计算。

1-4 续表 6

年 份	乙烯 (万吨)	初级形态的塑料 (万吨)	合成橡胶 (万吨)	冰乙酸(冰醋酸) (万吨)	合成洗涤剂 (万吨)	化学药品原药 (万吨)
1957		1.30		0.24		0.22
1963	0.18	4.80	0.69	0.98	2.20	0.77
1964	0.20	6.40	0.94	1.18	2.30	0.85
1965	0.30	9.70	1.59	2.08	3.00	1.05
1966	0.54	13.90	3.06	3.22	4.20	1.45
1967	0.36	11.00	1.90	2.33	3.70	1.30
1968	0.37	10.60	1.47	2.36	4.20	1.18
1969	0.51	15.10	1.85	3.66	6.20	1.67
1970	1.51	17.60	2.54	3.54	9.30	2.15
1971	3.19	21.60	3.54	4.41	10.90	2.56
1972	4.44	24.80	3.57	4.96	15.20	2.75
1973	5.10	29.50	4.09	5.09	17.90	2.90
1974	6.10	30.40	4.73	5.22	19.30	2.51
1975	6.47	33.00	5.67	6.69	22.30	(2.73)3.05
1976	13.35	34.50	5.99	6.66	21.70	3.12
1977	30.27	52.40	7.75	8.79	25.70	3.52
1978	38.03	67.90	10.19	10.46	32.40	4.07
1979	43.49	79.30	12.06	11.55	39.70	4.17
1980	48.99	89.80	12.30	12.46	39.30	4.01
1981	50.48	91.60	12.49	13.85	47.80	3.73
1982	56.49	100.30	13.60	15.54	56.90	4.22
1983	65.37	112.10	16.89	18.94	67.70	4.80
1984	64.80	118.00	17.41	17.79	81.00	5.35
1985	65.21	123.40	18.11	18.68	100.50	15.77
1986	69.52	132.10	18.84	20.82	117.50	15.14
1987	93.72	152.60	21.87	23.44	119.20	18.05
1988	123.21	190.40	25.76	28.16	131.90	20.72
1989	139.57	200.80	29.22	26.15	146.60	20.83
1990	157.20	227.00	31.76	35.85	151.40	22.10
1991	176.10	283.00	33.64	40.15	146.20	24.25
1992	200.30	330.80	37.26	44.37	166.60	28.06
1993	202.70	359.90	39.26	43.44	188.30	35.08
1994	212.90	401.40	44.35	43.65	217.50	33.09
1995	240.10	516.87	58.56	51.83	299.80	48.68
1996	304.00	576.86	59.97	51.65	262.20	42.90
1997	358.60	685.76	64.23	59.82	279.90	44.28
1998	377.30	692.58	58.90	59.87	280.30	41.55
1999	435.00	871.10	73.28	73.66	286.50	43.63
2000	470.00	1087.51	86.52	86.51	297.47	52.57
2001	480.60	1288.71	121.98	86.14	330.40	76.22
2002	543.02	1455.67	136.21	84.09	348.30	73.93
2003	611.77	1652.08	134.83	94.68	386.79	99.42
2004	629.85	2366.50	184.04	106.84	465.17	103.05
2005	755.54	2308.86	205.13	136.96	516.95	126.70
2006	940.51	2602.60	199.81	142.05	527.68	176.55
2007	1027.80	3184.54	228.92	162.79	582.97	205.07
2008	987.58	3680.23	296.03	287.01	655.31	209.70
2009	1072.62	3629.97	274.91	272.06	699.66	201.22
2010	1421.34	4432.59	319.52	383.90	752.59	226.14
2011	1527.50	4992.31	367.13	424.80	888.14	248.85
2012	1486.80	5330.92	397.39	430.20	933.80	292.19
2013	1599.31	6293.03	480.64	454.21	1094.27	263.30
2014	1696.69	7088.84	549.55	537.10	1209.73	303.40
2015	1714.60	7807.66	534.17	586.80	1311.08	334.81
2016	1781.14	8307.81	559.97	594.66	1338.01	340.83
2017	1821.84	8458.08	592.09	621.34	1311.49	355.44
2018	1861.76	8854.87	691.39	626.71	1027.58	230.37
2019	2052.29	9743.65	743.96	744.97	1048.56	276.85
2020	2159.96	10542.20	751.32	719.95	1149.16	291.90
2021	2825.67	11198.41	820.79	733.48	1077.61	316.88

注：1.初级形态的塑料2004年及以前名称为塑料树脂及共聚物，简称塑料。
2.化学药品原药1975年括号内数字及以前年份数字为七大类药品。1975年括号外数字及以后各年为十二大类药品。

1-4 续表 7

年 份	化学纤维(万吨)	#合成纤维	塑料制品(万吨)	橡胶轮胎外胎(万条)	水泥(万吨)	平板玻璃(万重量箱)
1957	0.02		1.40	88.00	686.00	430.00
1963	1.89	0.09	6.10	167.00	806.00	497.00
1964	3.21	0.19	9.20	202.00	1209.00	539.00
1965	5.01	0.52	13.00	232.00	1634.00	599.00
1966	7.58	1.77	17.60	262.00	2015.00	719.00
1967	5.22	1.54	17.80	238.00	1462.00	578.00
1968	3.60	0.97	17.10	247.00	1262.00	573.00
1969	6.66	2.11	24.60	310.00	1829.00	807.00
1970	10.09	3.62	32.80	425.00	2575.00	928.00
1971	11.99	4.39	32.50	474.00	3258.00	1051.00
1972	13.73	5.03	39.30	525.00	3547.00	1048.00
1973	14.88	5.66	50.70	578.00	3731.00	1042.00
1974	14.26	5.73	52.10	553.00	3709.00	1024.00
1975	15.48	6.57	60.70	700.00	4626.00	1262.00
1976	14.61	7.84	64.20	676.00	4670.00	1261.00
1977	18.98	10.57	76.80	770.00	5565.00	1481.00
1978	28.46	16.94	92.30	936.00	6524.00	1784.00
1979	32.63	21.36	94.90	1169.00	7390.00	2083.00
1980	45.03	31.41	114.40	1146.00	7986.00	2466.00
1981	52.73	38.47	138.40	729.00	8290.00	2701.00
1982	51.70	37.53	166.10	864.00	9520.00	3154.00
1983	54.07	40.20	191.80	1271.00	10825.00	3647.00
1984	73.49	57.58	215.30	1569.00	12302.00	4190.00
1985	94.78	77.06	248.00	1926.00	14595.00	4942.00
1986	101.73	83.07	274.50	1924.00	16606.00	5202.00
1987	117.50	98.20	297.10	2333.00	18625.00	5803.00
1988	130.12	112.47	334.60	2991.00	21014.00	7293.00
1989	148.09	128.20	352.50	3226.00	21029.00	8442.00
1990	165.42	143.43	366.80	3209.00	20971.00	8067.00
1991	191.03	167.03	443.50	3940.00	25261.00	8712.00
1992	213.04	188.17	536.80	5183.00	30822.00	9359.00
1993	237.37	208.86	669.00	6391.00	36788.00	11086.00
1994	280.33	246.72	843.00	9302.00	42118.00	11925.00
1995	341.17	308.87	668.44	7945.00	47560.59	15731.71
1996	375.45	337.05	1574.10	8806.00	49118.90	16069.37
1997	471.62	428.46	1534.20	9599.00	51173.80	16630.70
1998	510.00	441.64	843.30	9513.00	53600.00	17194.03
1999	600.00	548.75	937.60	10970.00	57300.00	17419.79
2000	694.00	629.52	1035.76	12157.87	59700.00	18352.20
2001	841.38	759.68	1184.33	13573.00	66103.99	20964.12
2002	991.20	915.16	1400.50	16306.59	72500.00	23445.56
2003	1181.15	1069.17	1650.50	19311.96	86208.11	27702.60
2004	1699.80	1581.35	3760.71	39058.33	96681.99	37026.17
2005	1664.79	1496.66	2198.54	34390.00	106884.79	40210.24
2006	2073.18	1859.63	2801.87	43547.08	123676.48	46574.70
2007	2413.78	2173.47	3305.23	55832.97	136117.25	53918.07
2008	2453.29	2244.68	5723.68	51956.94	142355.73	59890.39
2009	2747.28	2494.05	4479.28	65601.56	164397.78	58574.07
2010	3090.00	2850.27	5830.60	77611.83	188191.17	66330.80
2011	3390.07	3096.68	5474.40	83566.22	209925.86	79107.55
2012	3837.37	3448.48	5781.80	89370.49	220984.08	75050.50
2013	4160.28	3735.56	6938.65	110440.12	241923.89	79285.80
2014	4389.75	4017.49	7387.80	111913.11	249207.08	83128.16
2015	4831.71	4446.37	7566.78	92831.39	235918.83	78651.63
2016	4886.36	4484.69	7717.52	94974.05	241030.98	80408.45
2017	4877.05	4436.34	7515.54	92789.58	233084.06	83765.80
2018	5418.02	4929.02	7746.44	88608.72	223609.62	93963.26
2019	5883.37	5432.75	8184.17	84445.28	234430.62	94461.22
2020	6124.68	5588.94	7603.22	80747.48	239470.83	95227.79
2021	6708.47	6152.42	8003.98	90246.15	237724.49	101727.37

1-4 续表 8

年 份	生铁(万吨)	粗钢(万吨)	成品钢材(万吨)	#重轨	轻轨	#大型型钢
1957	594.00	535.00	415.00	41.10	8.90	32.70
1963	741.00	762.00	533.00	28.20	12.90	9.90
1964	902.00	964.00	688.00	43.60	10.50	18.10
1965	1077.00	1223.00	881.00	53.50	13.80	21.50
1966	1334.00	1532.00	1035.00	49.90	16.70	30.40
1967	663.00	1029.00	718.00	24.00	11.30	35.70
1968	857.00	904.00	666.00	21.70	14.90	14.60
1969	1280.00	1333.00	926.00	32.20	13.90	29.60
1970	1706.00	1779.00	1188.00	61.90	16.60	41.30
1971	2100.00	2132.00	1389.00	66.70	24.80	50.10
1972	2355.00	2338.00	1561.00	82.10	22.50	52.20
1973	2490.00	2522.00	1684.00	77.90	26.40	53.30
1974	2062.00	2112.00	1466.00	41.50	19.70	38.70
1975	2449.00	2390.00	1622.00	49.50	14.90	64.70
1976	2233.00	2046.00	1466.00	49.00	15.50	49.40
1977	2505.00	2374.00	1633.00	66.10	19.70	54.60
1978	3479.00	3178.00	2208.00	81.80	26.30	88.60
1979	3673.00	3448.00	2497.00	81.30	21.60	83.00
1980	3802.00	3712.00	2716.00	67.30	22.00	69.40
1981	3417.00	3560.00	2670.00	55.60	26.00	73.00
1982	3551.00	3716.00	2902.00	63.50	26.70	89.10
1983	3738.00	4002.00	3072.00	78.40	27.50	64.70
1984	4001.00	4347.00	3372.00	85.20	28.90	61.50
1985	4384.00	4679.00	3693.00	86.80	25.30	84.70
1986	5064.00	5220.00	4058.00	88.10	22.00	79.10
1987	5503.00	5628.00	4386.00	95.70	24.30	86.90
1988	5704.00	5943.00	4689.00	98.80	25.10	87.00
1989	5820.00	6159.00	4859.00	100.50	25.10	90.60
1990	6238.00	6635.00	5153.00	92.20	34.40	105.10
1991	6765.00	7100.00	5638.00	93.30	29.90	68.40
1992	7589.00	8094.00	6697.00	92.50	21.70	87.10
1993	8739.00	8956.00	7716.00	125.60	14.10	129.30
1994	9741.00	9261.00	8428.00	137.40	30.50	103.40
1995	10529.27	9535.99	8979.80	101.70	23.80	118.10
1996	10722.50	10124.06	9338.02	73.20	34.20	115.30
1997	11511.41	10894.17	9978.93	96.40	22.40	130.60
1998	11863.67	11559.00	10737.80	114.69	13.70	102.90
1999	12539.24	12426.00	12109.78	111.87	11.30	115.40
2000	13101.48	12850.00	13146.00	116.86	12.96	161.52
2001	15554.25	15163.44	16067.61	126.35	16.83	226.17
2002	17084.60	18236.61	19251.59	135.70	25.70	267.80
2003	21366.68	22233.60	24108.01	122.50	28.20	309.30
2004	26830.99	28291.09	31975.72	172.07	58.49	809.46
2005	34375.19	35323.98	37771.14	192.67	40.21	752.04
2006	41245.19	41914.85	46893.36	201.70	90.62	917.28
2007	47651.63	48928.80	56560.87	179.32	102.66	1008.11
2008	47824.42	50305.75	60460.29	322.42	95.92	962.45
2009	55283.46	57218.23	69405.40	442.07	100.83	947.10
2010	59733.34	63722.99	80276.58	433.50	97.20	946.54
2011	64050.88	68528.31	88619.57	291.50	121.60	1085.25
2012	66354.40	72388.22	95577.83	321.50	155.60	1134.07
2013	71149.88	81313.89	108200.54	428.20	140.13	1282.61
2014	71374.78	82230.63	112513.12	405.40	120.30	1349.40
2015	69141.30	80382.50	103468.41	359.70	87.30	1435.70
2016	70227.33	80760.94	104813.45	348.56	72.86	1551.74
2017	71361.93	87074.09	104642.05	369.33	73.99	1460.70
2018	77987.63	92903.84	113287.33	377.24	76.01	1395.33
2019	80849.38	99541.89	120456.94	405.73	71.08	1586.87
2020	88897.61	106476.68	132489.18	357.09	75.66	1855.74
2021	86856.78	103524.26	133666.83	309.98	58.04	1981.41

1-4 续表 9

年 份	线材	无缝钢管	焊接钢管	铁合金（万吨）	发动机（万千瓦）	金属切削机床（万台）	泵（万台）
1957	55.60	7.80	8.20	10.50	50.78	2.80	5.10
1963	92.40	18.40	13.70	22.50	94.94	2.22	8.50
1964	103.00	22.80	21.80	26.20	131.01	2.81	11.10
1965	107.40	29.00	30.30	33.90	205.34	3.96	15.10
1966	139.20	34.20	35.90	48.70	283.36	5.49	29.70
1967	98.10	22.70	25.00	42.50	198.72	4.07	24.70
1968	94.90	22.70	27.20	28.80	204.61	4.64	22.30
1969	118.50	34.20	37.50	46.60	299.55	8.56	28.90
1970	150.30	38.80	44.30	59.50	539.49	13.89	58.20
1971	170.10	45.20	50.30	67.00	796.35	14.57	76.40
1972	186.60	49.40	55.40	75.70	978.14	16.22	83.20
1973	218.90	53.80	66.20	85.00	1218.08	18.33	110.00
1974	189.20	47.80	67.10	69.10	1340.99	16.45	112.80
1975	216.80	56.20	65.20	76.90	1728.13	17.49	118.80
1976	195.20	49.40	69.20	65.90	1715.62	15.70	109.30
1977	215.20	62.60	65.40	73.20	2017.38	19.87	121.40
1978	290.90	81.50	86.70	93.90	2074.05	18.32	133.10
1979	360.90	91.00	89.10	117.30	2140.29	13.96	125.60
1980	443.20	96.10	120.70	99.40	1868.70	13.36	109.60
1981	462.90	91.90	129.60	79.90	1474.94	10.26	115.60
1982	414.10	101.20	149.80	88.90	1689.86	9.98	156.50
1983	445.40	115.10	159.70	108.80	2133.66	12.10	185.10
1984	509.80	127.70	172.10	127.50	2996.99	13.35	220.20
1985	598.30	139.20	181.80	149.40	4082.59	16.72	210.90
1986	632.20	146.20	229.20	159.70	3625.54	16.37	261.90
1987	691.70	162.90	244.80	184.60	4335.84	17.22	332.00
1988	798.20	178.30	223.80	208.40	5932.08	19.17	411.50
1989	882.10	194.10	214.20	238.20	5905.23	17.87	420.90
1990	999.00	211.10	220.90	244.20	5402.32	13.45	366.40
1991	1099.90	231.40	261.60	246.00	6690.23	16.39	399.20
1992	1257.10	265.60	315.40	265.00	9252.53	22.87	515.00
1993	1389.50	283.10	298.70	299.90	10080.53	26.20	663.20
1994	1571.40	303.90	413.80	336.10	12181.52	20.65	645.30
1995	1687.20	327.00	497.10	431.90	15819.00	20.34	1060.60
1996	1834.00	334.00	430.10	418.00	22152.79	17.74	887.50
1997	1953.80	360.50	566.50	404.40	20641.85	18.65	1016.60
1998	2203.10	346.90	463.90	354.06	16034.30	11.91	674.60
1999	2594.90	345.80	425.20	381.40	17801.62	14.22	736.80
2000	2635.37	414.83	518.93	402.92	18857.30	17.66	1045.60
2001	3109.71	535.68	602.44	450.82	20531.17	25.58	1539.30
2002	3562.40	608.30	701.40	483.70	28505.75	30.86	1744.70
2003	4026.70	699.90	1070.20	634.06	31851.30	30.58	2263.87
2004	5148.51	1005.65	1722.13	1173.00	31893.56	48.72	2898.40
2005	6094.74	1033.32	1567.06	1067.00	36563.46	51.14	2904.30
2006	7207.40	1528.04	1977.14	1442.75	45267.36	57.30	3752.50
2007	7919.02	1881.50	2371.30	1743.60	56641.90	64.69	5946.90
2008	8053.55	2359.86	2683.64	1991.30	54977.10	71.73	10466.70
2009	9604.13	2192.88	3100.57	2210.56	84892.52	58.55	5915.46
2010	10572.67	2549.90	3246.85	2442.83	138592.03	69.73	7815.39
2011	12461.56	2680.75	4077.68	2795.64	137099.43	88.68	9739.20
2012	13659.94	2836.70	4775.40	3129.30	136111.48	88.23	8502.00
2013	15001.38	3192.83	5319.62	3709.57	193670.93	87.55	9981.31
2014	15313.91	3133.77	5784.42	3797.63	214105.40	85.80	12402.60
2015	14723.30	2857.70	6969.50	3666.40	203179.40	75.50	11749.10
2016	14158.75	2735.34	7016.41	3554.65	226001.13	67.28	12073.70
2017	12862.24	2611.56	5329.69	3288.68	267405.13	60.85	12242.77
2018	14414.96	2629.21	5112.80	3137.75	269946.86	54.07	13709.34
2019	15682.00	2798.38	5619.17	3657.54	267228.95	42.10	17781.88
2020	16655.60	2787.68	6166.59	3419.56	262652.03	43.89	17995.80
2021	15585.05	3050.70	5883.18	3475.50	268206.48	60.17	23865.50

注：2009年起内燃机指标名称改为发动机。

1-4 续表 10

年 份	风机(万台)	气体压缩机(万台)	大中型拖拉机(万台)	小型拖拉机(万台)	两轮脚踏自行车(万辆)
1957	5.40	0.63			80.60
1963	1.60	0.53	0.87	0.02	148.90
1964	4.20	0.85	0.98	0.09	170.50
1965	5.80	1.23	0.96	0.36	183.80
1966	5.30	1.32	1.18	1.16	205.30
1967	3.90	0.52	0.85	0.97	177.10
1968	3.50	0.35	0.89	1.11	201.10
1969	4.90	0.90	1.34	1.94	292.10
1970	6.40	0.92	3.19	5.14	368.80
1971	7.50	1.05	4.45	8.09	412.60
1972	8.20	1.52	4.93	8.95	440.40
1973	10.20	1.95	5.79	11.93	496.80
1974	11.30	2.11	6.27	13.80	519.60
1975	13.80	2.54	7.84	20.94	623.20
1976	12.70	2.10	7.37	24.00	668.10
1977	12.70	2.10	9.93	32.05	742.70
1978	20.10	2.63	11.35	32.42	854.00
1979	23.70	2.13	12.56	31.75	1009.50
1980	20.40	1.85	9.77	21.79	1302.40
1981	19.90	1.14	5.28	19.89	1745.30
1982	20.00	1.65	4.03	29.83	2420.00
1983	22.10	1.77	3.70	49.77	2758.20
1984	30.20	2.69	3.97	68.86	2861.40
1985	38.30	7.59	4.50	82.25	3227.70
1986	40.10	5.32	2.86	77.45	3568.30
1987	44.60	4.46	3.71	110.60	4116.70
1988	54.80	6.77	4.72	133.57	4140.10
1989	48.10	7.68	3.98	111.81	3676.80
1990	34.10	5.47	3.94	110.14	3141.60
1991	42.90	6.22	5.27	134.78	3676.80
1992	61.90	8.83	5.70	139.07	4083.60
1993	58.50	9.88	3.77	96.14	4149.60
1994	138.40	10.48	4.67	135.54	4364.90
1995	223.80	86.90	6.33	206.30	4472.20
1996	183.50	62.80	8.37	209.66	3361.20
1997	121.60	40.10	8.24	201.64	2999.30
1998	94.60	47.91	6.78	187.40	2312.50
1999	53.40	53.16	6.54	205.52	2397.60
2000	66.93	25.20	4.10	193.43	2906.79
2001	65.84	18.99	3.82	192.45	2902.30
2002	76.17	31.13	4.54	184.50	3957.50
2003	123.33	41.09	4.88	186.46	5451.70
2004	1215.24	7289.56	11.38	193.98	7906.22
2005	263.80	1442.72	16.33	201.01	6900.64
2006	263.96	1841.05	19.93	191.51	7886.63
2007	432.33	3093.30	20.31	213.80	7475.20
2008	1679.65	11788.17	28.44	175.80	7185.18
2009	931.72	10164.02	37.13	190.56	5757.65
2010	1376.70	15932.90	33.68	228.10	6819.48
2011	1085.10	19250.30	40.19	237.27	7169.11
2012	2162.20	25776.90	52.73	178.70	7612.85
2013	1708.60	29339.50	66.56	184.86	7545.25
2014	1778.23	33648.50	64.37	167.80	7910.14
2015	1816.80	32526.60	68.82	140.10	6882.24
2016	2364.86	35937.11	61.84	106.90	6615.22
2017	2621.47	38919.03	34.44	95.20	7105.24
2018	3288.81	40510.48	26.21	34.12	5723.90
2019	3619.76	46395.87	28.08	34.03	4978.97
2020	4169.92	45970.92	34.52	18.12	5541.65
2021	4815.52	47864.66	41.17	18.74	5978.18

注：气体压缩机中2004年包括空调压缩机，2008年包括规模以下工业。

1-4 续表 11

年 份	表（万只）	照相机（万台）	铁路机车（辆）	铁路客车（辆）	铁路货车（万辆）	汽车（万辆）		
							#载货汽车	轿车
1957	0.40	0.01	167	454	0.73	0.79	0.62	
1963	91.80	1.22	20	341	0.14	2.06	1.67	
1964	101.50	1.08	59	321	0.24	2.81	2.08	
1965	108.30	1.72	146	160	0.29	4.05	2.65	
1966	137.40	2.79	353	114	0.50	5.59	3.41	
1967	145.00	4.40	269	87	0.56	2.04	1.09	
1968	183.80	4.45	280	117	0.64	2.51	1.20	
1969	268.60	4.98	397	284	0.99	5.31	3.04	
1970	358.10	4.04	573	576	1.38	8.72	4.71	
1971	429.20	4.48	598	674	1.44	11.10	5.81	
1972	491.70	5.80	595	672	1.35	10.82	6.05	
1973	573.20	7.69	665	829	1.87	11.62	6.44	
1974	673.50	11.10	573	635	1.65	10.48	5.69	
1975	809.00	18.49	526	804	1.57	13.98	7.76	
1976	949.60	22.50	327	556	0.80	13.52	7.45	
1977	1152.80	24.66	293	538	0.64	12.54	7.59	
1978	1410.80	17.89	521	784	1.70	14.91	9.61	
1979	1750.40	23.81	573	856	1.60	18.57	11.67	
1980	2267.50	37.28	512	1002	1.06	22.23	13.55	0.54
1981	2906.60	62.30	398	1159	0.88	17.56	10.83	0.34
1982	3313.20	74.23	486	1153	1.06	19.63	12.18	0.51
1983	3478.10	92.56	589	1230	1.58	23.98	13.71	0.60
1984	3807.10	126.18	658	1200	1.81	31.64	18.18	0.65
1985	5447.10	178.96	746	1447	1.93	43.72	26.90	0.90
1986	7332.00	202.54	818	1522	2.06	36.98	22.91	1.17
1987	6159.40	256.70	909	1791	1.16	47.18	29.84	1.79
1988	6788.90	312.26	844	1980	2.33	64.47	40.33	2.96
1989	7559.60	245.18	680	2000	2.41	58.35	36.34	3.58
1990	8671.30	213.22	655	1866	1.86	51.40	28.97	3.50
1991	7824.90	478.18	706	1674	1.85	71.42	38.25	6.87
1992	8658.80	526.48	798	1652	2.16	106.67	47.67	16.17
1993	19290.80	1136.49	922	1847	2.90	129.85	59.79	22.29
1994	47776.80	2830.02	992	1837	3.76	136.69	66.30	26.87
1995	48191.30	3326.15	974	2395	3.73	145.27	59.60	33.70
1996	47975.60	4120.77	1050	2616	3.28	147.52	62.51	38.29
1997	29504.60	4686.89	1069	2535	3.12	158.25	57.36	48.60
1998	23642.20	5521.87	278	1576	2.35	163.00	73.56	50.71
1999	24051.50	4832.29	300	1778	1.86	183.20	83.96	57.10
2000	21430.69	5514.52	243	3244	2.73	207.00	86.29	60.70
2001	18431.60	5962.09	303	3273	3.07	234.17	89.01	70.36
2002	18391.90	5309.61	336	2856	3.13	325.10	109.20	109.20
2003	18136.85	6198.14	323	1525	3.12	444.39	112.44	207.08
2004	50154.42	7891.40	442	1867	3.17	509.11	111.56	227.63
2005	15498.86	8199.00	838	2001	3.92	570.49	149.46	277.01
2006	14178.25	8551.51	984	2143	3.93	727.89	179.76	386.94
2007	12266.55	8689.60	1002	2425	4.22	888.89	218.31	479.78
2008	11919.20	8193.03	1235	1835	5.73	930.59	202.70	503.81
2009	13306.38	8457.81	1753	7107	4.28	1379.53	308.00	748.48
2010	14631.80	9327.70	2571	7450	4.81	1826.53	391.57	957.59
2011	13162.50	8241.34	2530	6853	6.69	1841.64	324.74	1012.67
2012	15795.80	8801.71	1622	7562	5.92	1927.62	302.04	1077.00
2013	18354.82	4690.89	1351	3631	5.19	2212.09	321.50	1210.43
2014	18253.50	3123.00	1658	3438	3.44	2372.52	312.90	1248.31
2015	18024.21	2845.40	1979	2572	2.73	2450.35	272.92	1162.97
2016	16186.61	2306.77	1292	1303	2.46	2811.91	301.24	1211.12
2017	14995.25	2308.27	1500	330	5.18	2901.81	343.61	1194.54
2018	15778.33	2086.95	1306	914	5.05	2782.74	370.32	1217.38
2019	13450.40	1595.24	1319	1641	6.03	2567.67	380.49	1028.49
2020	8558.56	1028.22	1090	538	4.12	2532.49	459.03	923.98
2021	9690.20	1124.96	1105	936	3.98	2625.70	405.97	970.62

注：铁路客车2008年、2010年及以后年份不包括动车组产量。铁路客车1998—2004年计量单位为万千瓦。

1-4 续表 12

年 份	发电设备(万千瓦)	#水轮发电机组	交流电动机(万千瓦)	变压器(万千伏安)	家用电冰箱(万台)	家用洗衣机(万台)
1957	19.80	7.20	146.00	420.00	0.16	
1963	40.40	27.80	313.00	437.00	0.14	
1964	44.00	32.50	308.00	572.00	0.17	
1965	68.30	28.00	405.00	818.00	0.30	
1966	132.30	38.20	615.00	1303.00	0.54	
1967	61.90	5.20	496.00	999.00	0.59	
1968	137.50	30.20	460.00	650.00	0.67	
1969	203.10	69.80	810.00	1490.00	0.66	
1970	291.80	90.20	1456.00	2741.00	0.52	
1971	353.30	151.40	1831.00	3011.00	0.61	
1972	432.50	177.50	2195.00	3173.00	0.76	
1973	501.80	157.50	2717.00	3490.00	1.00	
1974	461.60	131.60	2626.00	3989.00	1.34	
1975	496.50	113.60	2799.00	4097.00	1.80	
1976	400.20	57.40	2609.00	3656.00	2.12	
1977	318.10	62.60	2696.00	3581.00	2.46	
1978	483.80	144.60	3195.00	4862.00	2.80	0.04
1979	621.20	171.70	3563.00	5823.00	3.18	1.81
1980	419.30	123.80	2570.00	4461.00	4.90	24.53
1981	139.50	63.20	2126.00	2734.00	5.56	128.08
1982	164.50	57.50	2420.00	3143.00	9.99	253.26
1983	274.00	66.90	2868.00	4228.00	18.85	365.86
1984	467.40	85.80	3051.00	5030.00	54.74	578.06
1985	563.60	140.20	3484.00	8045.00	144.81	887.20
1986	722.40	188.40	3967.00	7729.00	225.02	893.40
1987	941.10	177.70	4172.00	9297.00	401.34	990.20
1988	1109.30	198.40	4511.00	10039.00	757.63	1046.80
1989	1174.00	203.50	4096.00	9931.00	670.79	825.40
1990	1225.40	210.10	3528.00	7443.00	463.06	662.68
1991	1164.20	354.00	3825.00	7748.00	469.94	678.20
1992	1297.00	411.00	5243.00	9949.00	485.76	707.90
1993	1472.80	247.30	5450.00	14332.00	596.66	895.90
1994	1674.10	609.00	5946.00	39398.00	768.12	1094.20
1995	1667.90	297.00	6011.00	16449.00	918.54	948.40
1996	2353.50	333.80	5313.00	15104.00	979.65	1074.70
1997	2405.10	326.90	5127.00	16134.00	1044.43	1254.50
1998	1608.00		4310.00	14910.00	1060.00	1207.31
1999	1369.00	468.91	4602.00	17719.00	1210.00	1342.17
2000	1249.00	391.50	5134.20	21670.39	1279.00	1442.98
2001	1340.14	303.16	6263.27	25137.00	1351.26	1341.61
2002	2120.84	353.27	7004.80	29605.79	1598.87	1595.76
2003	3700.62	608.56	8920.00	37651.00	2242.56	1964.46
2004	9233.01	1079.56	19534.76	240476.62	3007.59	2533.41
2005	9200.00	1200.86	12934.88	63115.84	2987.06	3035.52
2006	11694.27	1834.90	15826.48	73645.50	3530.89	3560.50
2007	12990.98	2836.08	18848.22	91020.78	4397.13	4005.10
2008	13942.42	2249.05	24053.72	122165.87	4799.95	4447.00
2009	11729.25	2303.96	18710.14	126075.27	5930.45	4973.63
2010	12880.21	2033.90	23212.90	134630.40	7295.72	6247.73
2011	14410.52	2644.05	26563.92	141804.05	8699.20	6715.94
2012	13005.52	2337.95	25691.20	143132.40	8427.00	6791.12
2013	14197.66	2492.01	27900.94	157294.27	9255.74	7300.53
2014	15053.02	2396.20	30134.40	170076.50	8796.09	7114.40
2015	12431.38	1727.90	28258.00	165398.00	7992.75	7274.50
2016	13119.78	1407.14	27764.76	166476.05	8481.57	7620.85
2017	11822.93	1263.84	27918.19	159350.20	8314.48	7500.88
2018	10903.07	1093.02	28097.70	293931.22	8108.79	7261.50
2019	9073.69	1082.18	28733.03	175599.97	7904.25	7432.99
2020	13384.46	2080.78	31705.04	173601.19	9014.71	8041.87
2021	15976.44	2682.82	40501.79	172252.11	8992.11	8618.54

注：家用电冰箱1979年以前为主要电冰箱厂的电冰箱数字，1979年及以后各年为全国家用电冰箱数字。

1-4 续表 13

年 份	家用电风扇（万台）	房间空气调节器（万台）	家用吸尘器（万台）	半导体分立器件（亿只）	集成电路（万块）	彩色电视机（万台）
1957						
1963				0.02		
1964				0.04		
1965				0.12		
1966				0.28		
1967				0.34	2	
1968				0.37	8	
1969				0.66	78	
1970				1.55	423	
1971				2.32	406	0.02
1972				1.94	264	0.01
1973				1.77	186	0.07
1974				2.27	388	0.24
1975				3.15	579	0.29
1976				3.75		0.28
1977				4.52		0.25
1978	137.80	0.02	0.41	4.42	3041	0.38
1979	233.10	0.86	0.57	4.01		0.95
1980	723.70	1.32	1.48	6.96	1684	3.21
1981	1049.90	1.40	1.73	9.96	1279	15.21
1982	918.60	2.44	2.23	6.75	1352	28.81
1983	1045.70	3.45	4.43	8.22	2604	53.11
1984	1770.70	6.12	9.10	11.76	4148	133.95
1985	3174.60	12.35	8.82	14.79	6385	435.28
1986	3528.70	9.65	8.40	10.99	5720	414.60
1987	3660.70	13.22	35.34	15.14	9544	672.72
1988	4495.50	25.91	182.93	19.77	13160	1037.66
1989	4991.90	37.47	218.98	24.80	13156	940.02
1990	5799.30	24.07	71.67	33.38	10838	1033.04
1991	6219.10	63.03	68.61	54.69	17049	1205.06
1992	6837.00	158.03	112.92	67.19	16099	1333.08
1993	7387.30	346.41	149.00	95.06	20101	1435.76
1994	8613.00	393.42	321.81	167.02	48462	1689.15
1995	12966.70	682.56	805.50		551686	2057.74
1996	10291.70	786.21	879.74	187.67	388987	2537.60
1997	8171.40	974.01	976.40	313.37	255455	2711.33
1998	6724.49	1156.87	519.18	223.83	262577	3497.00
1999	6158.14	1337.64	574.99	278.76	415000	4262.00
2000	7661.61	1826.67	1010.30	511.98	588000	3936.00
2001	9616.10	2333.64	1141.17	476.91	636288	4093.70
2002	10761.33	3135.11	1611.16	593.39	963101	5155.00
2003	12980.92	4820.86	2185.35	875.45	1483100	6541.40
2004	14169.67	6390.33	5015.42	1956.43	2355100	7431.83
2005	12022.39	6764.57	4679.31	2062.90	2699700	8283.22
2006	14465.85	6849.42	5319.13	2224.70	3357500	8375.40
2007	15440.04	8014.28	6514.22	2504.60	4116200	8478.01
2008	15866.85	8147.37	8324.32	2902.10	4387700	9187.14
2009	15955.05	8078.25	6534.66	2637.38	4144000	9898.79
2010	18067.92	10887.47	7669.36	3403.80	6525000	11830.03
2011	18845.89	13912.50	8400.46	4067.78	7195200	12231.34
2012	16593.59	12398.72	8145.09	4256.30	7796100	12823.52
2013	15875.50	13069.30	8981.07	4905.17	9034600	12745.21
2014	16551.17	14463.27	8799.80	5359.30	10155300	14128.90
2015	17173.56	14200.35	8703.60	5780.40	10872000	14475.73
2016	17631.87	14342.37	8765.79	6433.15	13179500	15769.64
2017	18643.05	17861.53	9892.33	7636.30	15645800	15932.62
2018	20524.43	20955.68	11297.47	9821.79	18525991	19695.03
2019	21607.17	21866.16	11214.60	10705.11	20182151	18999.06
2020	23630.83	21035.25	13382.89	13315.50	26142259	19626.24
2021	24972.40	21835.70	14413.66	16996.67	35943451	18496.53

注：半导体器件从1995年及以后年份为半导体分立器件。

1-4 续表 14

年 份	改装汽车（万辆）	摩托车整车（万辆）	家用吸排油烟机（万台）	微波炉（万台）	电饭锅（万个）	电话单机（万部）
1985	11.26	91.70			511.85	274.10
1986	8.61	65.57			711.41	471.68
1987	10.90	73.77			1078.74	451.96
1988	14.91	117.18			849.02	721.64
1989	11.97	104.83			918.42	880.00
1990	11.05	97.85			711.88	880.00
1991	14.99	134.10			1183.35	1482.00
1992	22.67	204.61				1982.27
1993	26.87	355.63				2663.59
1994	22.42	535.39				5722.92
1995	27.26	825.41	522.50	99.79	2149.83	9956.36
1996	24.19	916.75	309.18	302.26	1697.55	7960.82
1997	22.13	1033.42	287.59	432.40	1642.09	8653.71
1998	21.17	829.09	258.15		1057.99	6520.48
1999	25.26	978.20	351.41	824.28	871.65	7139.93
2000	28.52	960.19	366.15	1257.16	1355.46	9597.99
2001	31.42	1041.45	456.28	1817.70	1442.47	10302.74
2002	40.80	1198.80	426.46	2270.89	2109.32	11892.42
2003	39.45	1461.34	477.25	3660.40	3691.02	12935.90
2004	59.41	1674.92	677.44	4353.33	10781.90	19515.71
2005	48.16	1690.93	730.10	4931.89	6154.14	18861.52
2006	61.82	2054.50	1118.07	5570.17	8879.82	18647.83
2007	69.17	2508.32	1216.88	6289.09	11463.29	16516.46
2008	104.94	2837.87	1709.71	6286.02	13356.50	18244.72
2009	100.20	2758.72	1714.48	6107.28	14313.89	14537.70
2010	120.36	2734.17	2028.33	6781.70	17086.20	16769.68
2011	123.57	2735.50	2032.06	6692.10	18329.40	14017.91
2012	119.19	2603.02	2235.37	6999.40	18404.80	12773.84
2013	135.07	2527.10	2783.55	7277.64	21730.79	12519.67
2014	132.90	2691.70	3082.25	7750.10	28028.60	12286.80
2015	134.20	2502.80	3046.39	8774.90	32237.80	11664.70
2016	146.08	2390.69	3180.31	10325.85	34595.71	10524.80
2017	129.94	2267.66	3144.03	7723.72	30846.68	7239.37
2018	120.68	1820.52	3432.04	7982.02	24046.98	6146.61
2019	103.47	1698.84	3711.80	8498.96	21826.48	5710.16
2020	101.17	2180.25	3535.88	9321.57	15098.53	5134.52
2021	109.79	2578.74	4121.45	9997.87	15314.35	5377.46

注：电饭锅1991年以前包括电热蒸煮器具。

1-4 续表 15

年 份	微型计算机设备(万台)	移动通信手持机(万台)	程控交换机(万线)	复印和胶版印制设备(万台)
1985				2.37
1986	4.21			1.80
1987	5.12			1.81
1988	11.61			
1989	7.54			
1990	8.21			
1991	16.25			
1992	12.62			4.38
1993	14.66			6.06
1994	24.57			4.10
1995	83.57		2091.60	21.75
1996	138.83		2274.80	63.87
1997	206.55		2787.30	107.75
1998	291.40		4219.90	117.93
1999	405.00		4726.00	210.29
2000	672.00	5247.88	7136.00	156.63
2001	877.65	8031.66	7223.50	144.12
2002	1463.51	12146.35	5860.70	207.39
2003	3216.70	18231.37	7379.93	264.17
2004	5974.90	23751.58	7625.22	324.57
2005	8084.89	30354.21	7720.90	403.56
2006	9336.44	48013.79	7404.63	467.80
2007	12073.38	54857.86	5387.05	452.36
2008	15853.65	55945.10	4583.95	517.70
2009	18215.07	68193.37	4152.51	421.02
2010	24584.46	99827.36	3137.97	534.82
2011	32036.93	113257.71	3034.04	655.05
2012	31806.71	118154.57	2829.08	609.69
2013	35348.41	152343.90	2698.53	698.20
2014	35079.63	168202.75	2148.15	712.90
2015	31418.70	181261.40	1880.30	734.20
2016	29008.51	184845.66	1457.69	684.41
2017	30678.37	188982.37	937.86	626.14
2018	31580.23	180050.62	1036.65	576.05
2019	34163.22	169603.36	790.46	487.79
2020	37800.41	146961.78	702.55	311.20
2021	46691.98	166151.58	699.60	390.80

1-5 主要工业产品产量(2021年、2020年)

产品名称	计量单位	2021年	2020年
铁矿石原矿	万吨	98052.80	86671.70
硫铁矿石(折含硫35%)	万吨	1191.69	1235.02
磷矿石(折含五氧化二磷30%)	万吨	10289.93	8893.31
原盐	万吨	5706.51	5852.68
饲料	万吨	31696.51	29355.03
精制食用植物油	万吨	4973.11	5476.22
成品糖	万吨	1449.74	1431.30
鲜、冷藏肉	万吨	3298.22	2554.11
乳制品	万吨	3031.66	2780.38
罐头	万吨	912.48	939.21
饮料酒	万千升	4598.59	4476.49
#白酒(折65度，商品量)	万千升	715.63	740.73
啤酒	万千升	3562.43	3411.11
葡萄酒	万千升	26.80	41.33
饮料	万吨	18333.84	16347.33
卷烟	亿支	24182.36	23863.73
纱	万吨	2873.71	2618.28
布	亿米	501.95	459.19
#棉布	亿米	196.29	186.24
印染布	亿米	605.81	527.59
绒线(俗称毛线)	万吨	17.80	18.28
毛机织物(呢绒)	万米	27526.83	29044.52
蚕丝	吨	47551.35	49777.33
蚕丝及交织机织物(含蚕丝≥50%)	万米	38632.39	38349.53
非织造布(无纺布)	万吨	617.83	560.34
服装	万件	2354066.35	2237011.96
鞋	万双	959724.98	938154.08
#皮革鞋靴	万双	352427.66	354244.89
人造板	万立方米	30178.88	24772.50
#胶合板	万立方米	18456.53	15609.65
家具	万件	111993.72	91221.04
机制纸及纸板(外购原纸加工除外)	万吨	13583.87	12700.63
#新闻纸	万吨	89.55	100.93
纸制品	万吨	7739.06	6859.71
硫酸(折100%)	万吨	9382.70	9238.18
盐酸(氯化氢，含量31%)	万吨	824.40	775.91
浓硝酸(折100%)	万吨	224.95	232.31
烧碱(折100%)	万吨	3891.31	3673.87
纯碱(碳酸钠)	万吨	2913.25	2812.37
碳化钙(电石，折300升/千克)	万吨	2824.56	2791.89
乙烯	万吨	2825.67	2159.96
纯苯	万吨	1133.00	1041.97
冰乙酸(冰醋酸)	万吨	733.48	719.95
合成氨(无水氨)	万吨	5189.38	5117.13

1-5 续表 1

产品名称	计量单位	2021年	2020年
农用氮、磷、钾化学肥料(折纯)	万吨	5543.58	5495.97
#1.氮肥(折含氮100%)	万吨	3797.54	3702.48
#尿素(折含氮100%)	万吨	2733.98	2709.13
2.磷肥(折五氧化二磷100%)	万吨	1039.04	1057.18
3.钾肥(折氧化钾100%)	万吨	687.12	710.85
化学农药原药(折有效成分100%)	万吨	249.85	214.80
涂料	万吨	3024.30	2459.10
初级形态塑料	万吨	11198.41	10542.20
合成橡胶	万吨	820.79	751.32
合成纤维单体	万吨	6264.76	5684.88
合成纤维聚合物	万吨	1794.08	1733.91
合成洗涤剂	万吨	1077.61	1149.16
化学药品原药	万吨	316.88	291.90
中成药	万吨	249.95	244.88
化学纤维	万吨	6708.47	6124.68
#人造纤维(纤维素纤维)	万吨	507.55	494.57
合成纤维	万吨	6152.42	5588.94
橡胶轮胎外胎	万条	90246.15	80747.48
塑料制品	万吨	8003.98	7603.22
#农用薄膜	万吨	79.89	77.39
水泥	万吨	237724.49	239470.83
商品混凝土	万立方米	329384.44	284589.60
砖	亿块	3591.51	3571.45
瓦	亿片	34.87	41.33
瓷质砖	万平方米	834962.48	745590.30
陶质砖	万平方米	267756.50	281875.75
平板玻璃	万重量箱	101727.37	95227.79
钢化玻璃	万平方米	62125.24	53425.86
夹层玻璃	万平方米	13150.07	11422.35
中空玻璃	万平方米	16129.01	14596.90
卫生陶瓷制品	万件	22913.21	20349.03
生铁	万吨	86856.78	88897.61
粗钢	万吨	103524.26	106476.68
钢材	万吨	133666.83	132489.18
#铁道用钢材	万吨	389.94	461.71
#轻轨	万吨	58.04	75.66
重轨	万吨	309.98	357.09
大型型钢	万吨	1981.41	1855.74
中小型型钢	万吨	4684.41	5174.10
棒材	万吨	9118.91	9338.57
钢筋	万吨	25206.25	26754.23
线材(盘条)	万吨	15585.05	16655.60
特厚板	万吨	978.78	1055.06

1–5 续表 2

产品名称	计量单位	2021年	2020年
厚钢板	万吨	3645.77	3636.02
中板	万吨	4599.28	4440.46
热轧薄板	万吨	967.84	548.49
冷轧薄板	万吨	4510.92	3912.26
中厚宽钢带	万吨	17932.67	17046.08
热轧薄宽钢带	万吨	9756.89	8921.39
冷轧薄宽钢带	万吨	7190.39	6061.19
热轧窄钢带	万吨	4465.52	5101.43
冷轧窄钢带	万吨	817.03	708.01
镀层板(带)	万吨	6588.74	6138.42
涂层板(带)	万吨	950.37	982.15
电工钢板(带)	万吨	1407.69	1188.61
无缝钢管	万吨	3050.70	2787.68
焊接钢管	万吨	5883.18	6166.59
铁合金	万吨	3475.50	3419.56
十种有色金属	万吨	6477.10	6188.42
#精炼铜(电解铜)	万吨	1048.67	1002.51
铅	万吨	736.50	644.31
锌	万吨	656.06	642.49
镍	万吨	28.91	25.65
锡	万吨	21.42	20.29
原铝(电解铝)	万吨	3850.32	3708.04
镁	万吨	76.15	85.83
氧化铝	万吨	7747.54	7313.19
单一稀土金属	万千克	5583.28	4571.23
铝合金	万吨	1067.99	963.59
铜材	万吨	2123.51	2045.46
铝材	万吨	6105.17	5779.32
金属切削工具	万件	445390.80	352666.58
金属集装箱	万立方米	23057.57	9863.55
锻件	万吨	1270.25	992.04
电站锅炉	万蒸发量吨	26.36	24.15
工业锅炉	蒸发量吨	389052.70	439112.18
发动机	万千瓦	268206.48	262652.03
#汽车用发动机	万千瓦	230974.13	228063.03
电站用汽轮机	万千瓦	5134.47	4963.36
燃气轮机	万千瓦	503.97	351.39
电站水轮机	万千瓦	51.41	75.29
金属切削机床	万台	60.17	43.89
#数控金属切削机床	万台	27.03	19.26
金属成形机床	万台	21.00	20.21
铸造机械	万台	106.69	108.06
电焊机	万台	1434.02	1108.93
起重机	万吨	1125.13	1078.90
电动车辆(电动叉车)	万台	33.06	28.12

1-5 续表 3

产品名称	计量单位	2021年	2020年
内燃叉车	万台	48.46	42.73
输送机械(输送机和提升机)	万吨	134.28	134.65
电梯、自动扶梯及升降机	万台	154.47	128.22
泵	万台	23865.50	17995.80
气体压缩机	万台	47864.66	45970.92
阀门	万吨	630.73	567.54
齿轮	万吨	228.16	245.67
风机	万台	4815.52	4169.92
气体分离及液化设备	台	147147.00	112504.00
电动手提式工具	万台	27226.81	22159.87
包装专用设备	台	411529.00	260831.00
照相机	万台	1124.96	1028.22
#数码照相机	万台	701.59	560.30
复印和胶版印制设备	万台	390.80	311.20
自动柜员机(ATM机)	万台	17.65	15.59
减速机	万台	1202.75	916.69
矿山专用设备	万吨	688.43	653.60
石油钻井设备	台(套)	189290.00	210120.00
挖掘、铲土运输机械	台	634376.00	609128.00
#挖掘机	台	362029.00	326967.00
装载机	台	213164.00	168858.00
压实机械	台	38495.00	31531.00
水泥专用设备	吨	402935.57	337844.81
混凝土机械	台	141941.00	130490.00
金属冶炼设备	吨	826338.34	698528.47
金属轧制设备	吨	400991.45	346276.59
炼油、化工生产专用设备	万吨	149.72	118.52
饲料生产专用设备	台	158566.00	216281.00
印刷专用设备	吨	159349.54	115768.57
大中型拖拉机	万台	41.17	34.50
小型拖拉机	万台	18.74	18.12
收获机械	台	198239.00	149203.00
环境污染防治专用设备	台(套)	968935.00	833563.00
#大气污染防治设备	台(套)	365443.00	336817.00
自动售货机、售票机	台	44014.00	44579.00
工业机器人	套	360219.00	217989.00
汽车	万辆	2625.70	2532.49
#基本型乘用车(轿车)	万辆	970.62	923.98
多功能乘用车(MPV)	万辆	105.06	99.04
运动型多用途乘用车(SUV)	万辆	971.04	905.02
客车	万辆	50.79	44.07
载货汽车	万辆	405.97	459.03
#新能源汽车	万辆	356.34	145.58
改装汽车	万辆	109.79	101.17
铁路机车	辆	1105.00	1090.00
动车组	辆	1021.00	2056.00
铁路客车	辆	936.00	538.00
铁路货车	辆	39844.00	41195.00
民用钢质船舶	万载重吨	3354.30	2750.97
摩托车整车	万辆	2578.74	2180.25

1-5 续表 4

产品名称	计量单位	2021年	2020年
两轮脚踏自行车	万辆	5978.18	5541.65
电动自行车	万辆	3590.25	3034.28
发电机组(发电设备)	万千瓦	15976.44	13384.46
#水轮发电机组	万千瓦	2682.82	2080.78
汽轮发电机组	万千瓦	5744.61	5250.25
风力发电机组	万千瓦	6344.49	5500.75
交流电动机	万千瓦	40501.79	31705.04
变压器	万千伏安	172252.11	173601.19
电力电缆	万千米	6700.13	5242.51
光缆	万芯千米	32181.57	28877.72
锂离子电池	亿只(自然只)	232.64	188.45
太阳能电池(光伏电池)	万千瓦	23405.41	15728.64
家用电冰箱(家用冷冻冷藏箱)	万台	8992.11	9014.71
家用冷柜(家用冷冻箱)	万台	2906.03	3042.38
房间空气调节器	万台	21835.70	21035.25
家用电风扇	万台	24972.40	23630.83
家用吸排油烟机	万台	4121.45	3535.88
电饭锅	万个	15314.35	15098.53
微波炉	万台	9997.87	9321.57
家用洗衣机	万台	8618.54	8041.87
家用电热水器	万台	4648.11	4237.48
家用吸尘器	万台	14413.66	13382.89
家用燃气热水器	万台	2466.76	2098.81
电子计算机整机	万台	48546.36	40509.15
#微型计算机设备	万台	46691.98	37800.41
#笔记本计算机	万台	29501.36	23524.63
显示器	万台	17368.60	17043.65
打印机	万台	5878.56	5368.99
程控交换机	万线	699.60	702.55
#数字程控交换机	万线	675.57	693.59
电话单机	万部	5377.46	5134.52
移动通信基站设备	万射频模块	541.93	893.74
移动通信手持机(手机)	万台	166151.58	146961.78
#智能手机	万台	127244.57	110296.52
彩色电视机	万台	18496.53	19626.24
#液晶电视机	万台	17424.29	19247.20
#智能电视	万台	12878.39	11933.38
组合音响	万台	22121.54	16428.79
数字激光音、视盘机	万台	1487.27	1945.12
电视接收机顶盒	万台	27241.28	17494.93
半导体分立器件	亿只	16996.67	13315.50
集成电路	亿块	3594.35	2614.23
光电子器件	亿只(片、套)	12314.14	9722.95
电子元件	亿只	85390.37	68810.88
电工仪器仪表	万台	27822.79	26537.95
汽车仪器仪表	万台	3148.69	3607.16
钟	万只	11320.76	11120.75
表	万只	9690.20	8558.56

1-6 全国规模以上工业主要产品生产能力(2021年、2020年)

产品名称	计量单位	2021年	2020年
天然原油	万吨	20972.04	20448.11
卷烟	亿支	27685.50	30762.98
原油加工能力	万吨	84020.33	84762.87
焦炭	万吨	58862.36	60795.87
烧碱	万吨	4167.14	4295.60
碳化钙(电石,折 300升/千克)	万吨	3442.53	3290.75
农用氮、磷、钾化学肥料总计(折纯)	万吨	9149.61	8381.40
初级形态塑料	万吨	13542.44	12355.90
化学纤维	万吨	8251.89	7469.19
水泥	万吨	350205.97	339735.63
平板玻璃	万重量箱	122495.18	112630.66
粗钢	万吨	109485.76	108562.57
钢材	万吨	168141.64	159937.62
原铝(电解铝)	万吨	4628.20	4231.12
金属切削机床	万台	86.72	81.06
汽车	万辆	4205.21	4139.32
家用电冰箱	万台	12857.86	12148.54
房间空气调节器	万台	33343.31	31781.78
微型计算机设备	万台	62556.12	58006.39
移动通信手持机(手机)	万台	211773.94	224666.81
彩色电视机	万台	26743.55	26777.33
发电设备容量总计	万千瓦	195880.58	193908.12
#火电设备容量	万千瓦	121964.09	123740.13
水电设备容量	万千瓦	32296.36	30963.43
核电设备容量	万千瓦	5328.13	4987.33
风电设备容量	万千瓦	23951.81	20400.66

二、分行业数据

2-1 规模以上工业企业

行 业	企业单位数(个)	资产总计	固定资产净额	固定资产原价	累计折旧	流动资产合计
总 计	**441517**	**1466716.30**	**379874.19**	**744693.30**	**341193.33**	**751807.17**
采矿业	**11377**	**120844.87**	**34037.50**	**77365.28**	**41024.02**	**45462.82**
煤炭开采和洗选业	4558	68700.96	15964.68	29600.47	12691.89	31288.97
烟煤和无烟煤开采洗选	4445	66808.18	15497.57	28694.13	12296.61	30744.01
褐煤开采洗选	73	1835.79	438.81	867.43	386.10	530.64
其他煤炭采选	40	56.99	28.30	38.92	9.18	14.32
石油和天然气开采业	144	22840.76	12040.79	36018.62	23110.57	3507.81
石油开采	67	17452.94	9153.22	28916.86	19057.24	2443.81
陆地石油开采	62	15419.64	7690.71	24596.19	16202.50	2167.35
海洋石油开采	5	2033.30	1462.51	4320.66	2854.74	276.46
天然气开采	77	5387.82	2887.58	7101.76	4053.33	1064.00
陆地天然气开采	72	4164.23	2302.62	5448.01	3027.49	788.92
海洋天然气及可燃冰开采	5	1223.59	584.95	1653.75	1025.84	275.08
黑色金属矿采选业	1473	12426.72	2252.24	4045.83	1650.19	3915.30
铁矿采选	1390	12270.39	2226.77	3984.38	1626.22	3858.92
锰矿、铬矿采选	70	126.25	14.83	40.04	13.25	40.34
其他黑色金属矿采选	13	30.07	10.64	21.41	10.72	16.04
有色金属矿采选业	1171	6598.00	1997.85	3457.13	1317.88	2158.69
常用有色金属矿采选	771	3958.74	1130.92	1877.19	677.54	1378.41
铜矿采选	155	1373.92	562.51	897.18	302.15	316.08
铅锌矿采选	303	1627.67	422.97	711.32	269.47	498.58
镍钴矿采选	12	47.21	18.73	39.60	13.97	8.63
锡矿采选	42	394.89	22.67	48.17	20.86	244.14
锑矿采选	11	20.11	9.10	15.88	6.10	5.60
铝矿采选	79	155.92	42.39	62.12	17.85	79.79
镁矿采选	99	163.13	25.02	51.97	26.92	112.59
其他常用有色金属矿采选	70	175.89	27.52	50.96	20.22	113.00
贵金属矿采选	219	1609.29	565.65	989.08	389.34	435.26
金矿采选	200	1553.84	538.15	928.81	359.74	420.37
银矿采选	18	54.16	27.19	59.56	29.22	14.59
稀有稀土金属矿采选	181	1029.98	301.28	590.86	251.01	345.02
钨钼矿采选	142	819.72	251.85	506.43	222.54	254.00
稀土金属矿采选	13	117.54	17.74	26.42	8.54	46.78
非金属矿采选业	3707	7146.36	1137.27	2191.31	851.71	2948.20
土砂石开采	3122	5340.74	762.13	1416.72	500.10	2106.56
石灰石、石膏开采	833	1142.34	207.43	382.22	120.30	406.88
建筑装饰用石开采	715	1349.29	176.94	310.98	107.58	499.57
耐火土石开采	213	197.55	55.50	115.88	51.71	81.85
粘土及其他土砂石开采	1361	2651.56	322.26	607.64	220.51	1118.27
化学矿开采	219	702.75	174.28	366.84	158.46	330.61
采盐	84	776.30	137.19	270.97	132.35	342.68

主要经济指标(大、中、小类行业)

单位：亿元

应收账款	存货	产成品	负债合计	流动负债合计	应付账款	所有者权益合计	实收资本	国家资本	集体资本
194094.18	**151021.62**	**55352.28**	**828485.36**	**642909.23**	**201070.55**	**637439.90**	**307378.94**	**67462.14**	**4317.69**
6594.65	**2577.05**	**1289.18**	**71683.72**	**49818.99**	**9846.98**	**49095.96**	**22651.08**	**9548.37**	**175.88**
4181.14	1286.72	629.25	44661.24	32667.18	5671.72	24063.86	8551.71	2299.33	103.21
4088.61	1267.58	621.19	43575.84	31945.12	5580.09	23256.48	8170.36	2246.13	102.07
87.97	18.01	7.62	1050.54	690.71	86.57	785.25	371.70	53.20	1.04
4.56	1.13	0.45	34.86	31.35	5.06	22.13	9.64		0.11
591.02	184.30	97.78	10554.26	5345.17	1726.16	12223.18	8172.38	5941.94	0.58
232.06	152.45	88.72	8223.56	3868.43	1220.41	9229.38	6319.37	4553.79	0.30
108.73	122.83	81.76	6871.01	3086.89	956.42	8548.63	6309.20	4553.79	0.30
123.33	29.61	6.95	1352.55	781.54	264.00	680.74	10.17		
358.96	31.85	9.06	2330.70	1476.73	505.74	2993.80	1853.01	1388.15	0.28
310.76	17.24	6.38	1405.93	810.44	395.16	2694.98	1621.21	1388.15	0.28
48.20	14.62	2.68	924.77	666.30	110.58	298.82	231.80		
593.11	381.21	206.13	7248.16	4855.17	765.33	5177.40	2137.93	608.78	20.09
586.03	366.88	196.49	7180.05	4807.72	752.00	5089.19	2118.69	607.57	17.34
5.67	9.71	6.54	51.76	32.61	8.81	74.50	15.76	1.20	2.00
1.41	4.63	3.10	16.36	14.84	4.52	13.72	3.49		0.75
288.51	323.28	143.35	3623.34	2668.15	368.71	2954.15	1149.01	400.09	27.40
213.28	169.81	76.57	2094.57	1556.19	243.76	1843.66	697.65	239.94	15.32
39.58	49.73	20.91	783.67	455.73	67.85	589.72	269.99	101.52	5.01
71.64	55.94	22.81	705.72	566.92	85.97	907.17	268.08	71.69	8.22
1.67	2.58	1.08	23.25	21.06	2.86	18.97	17.37	6.22	1.20
13.21	8.51	4.77	242.93	199.09	4.51	151.75	70.42	49.62	0.86
0.23	0.88	0.38	11.46	10.53	0.58	8.65	4.26		
25.14	9.65	6.94	108.83	98.32	23.24	47.09	25.56	10.04	0.03
30.46	20.08	12.94	120.75	112.03	24.65	42.38	20.18		
31.34	22.46	6.73	97.96	92.51	34.11	77.93	21.78	0.86	
35.25	79.21	20.59	998.83	752.80	68.54	610.46	230.53	50.62	9.63
34.57	73.48	17.15	973.93	732.54	66.94	579.91	220.22	48.11	9.63
0.68	5.63	3.37	24.05	19.42	1.48	30.10	9.91	2.11	
39.97	74.25	46.19	529.94	359.16	56.41	500.03	220.84	109.52	2.46
29.98	45.80	25.81	397.12	265.92	44.90	422.60	161.20	68.03	2.41
4.92	13.25	11.40	63.76	35.09	4.20	53.79	33.42	30.19	
542.63	320.26	194.26	3609.99	2433.30	450.29	3532.03	1063.46	248.38	20.71
377.35	214.53	136.50	2781.12	1778.74	328.66	2555.28	712.32	123.25	12.19
82.95	31.88	22.57	624.61	419.04	101.15	517.73	164.20	13.78	1.86
89.07	44.61	31.71	712.90	539.22	78.21	632.62	190.21	18.00	4.04
20.63	16.75	9.62	109.54	79.81	18.82	88.01	45.35	6.71	0.10
184.71	121.30	72.60	1334.07	740.67	130.48	1316.92	312.57	84.76	6.18
79.44	50.88	26.94	404.93	321.78	60.90	297.82	153.56	70.01	2.52
44.11	30.06	18.60	249.60	201.60	30.51	526.70	119.03	39.07	4.75

2-1 续表 1

行　业	企业单位数(个)	资产总计	固定资产净　额	固定资产原　价	累计折旧	流动资产合　计
石棉及其他非金属矿采选	282	326.57	63.68	136.78	60.80	168.36
石棉、云母矿采选	8	13.90	4.73	12.19	7.44	5.14
石墨、滑石采选	66	123.14	22.22	48.55	21.65	65.86
其他未列明非金属矿采选	206	183.35	36.17	74.36	30.59	94.00
开采专业及辅助性活动	319	3123.50	642.85	2043.74	1395.98	1639.92
煤炭开采和洗选专业及辅助性活动	9	72.07	12.74	18.99	6.04	31.87
石油和天然气开采专业及辅助性活动	296	3045.92	629.45	2023.03	1389.18	1603.64
其他开采专业及辅助性活动	14	5.51	0.66	1.72	0.76	4.41
其他采矿业	5	8.57	1.81	8.17	5.79	3.93
制造业	**412896**	**1103777.87**	**223606.48**	**442864.24**	**202714.77**	**654994.13**
农副食品加工业	23128	33421.95	6773.95	12967.11	5366.83	20084.05
谷物磨制	5487	4653.38	1135.86	2185.84	848.68	2641.42
稻谷加工	4012	2724.50	672.36	1369.42	555.00	1555.96
小麦加工	1170	1689.95	411.67	726.02	260.02	939.34
玉米加工	52	32.33	6.40	16.43	9.70	20.16
杂粮加工	134	98.63	23.22	34.81	9.25	66.41
其他谷物磨制	119	107.98	22.20	39.16	14.71	59.55
饲料加工	4551	7235.75	1209.85	2368.03	989.17	4214.14
宠物饲料加工	282	363.70	83.04	132.37	38.30	207.00
其他饲料加工	4269	6872.06	1126.81	2235.67	950.87	4007.14
植物油加工	1564	5349.27	801.98	1663.04	765.81	3951.07
食用植物油加工	1430	5284.30	788.33	1608.32	732.29	3918.12
非食用植物油加工	134	64.97	13.65	54.71	33.52	32.96
制糖业	263	1467.45	271.36	627.25	346.76	967.68
屠宰及肉类加工	4012	6735.88	1470.80	2630.75	1035.34	3694.08
牲畜屠宰	1381	2300.95	449.22	838.66	332.25	1309.08
禽类屠宰	722	1605.80	421.77	713.61	270.74	813.92
肉制品及副产品加工	1909	2829.13	599.81	1078.48	432.34	1571.07
水产品加工	1664	1987.82	336.54	667.21	287.92	1343.02
水产品冷冻加工	1219	1594.55	257.95	497.31	205.86	1094.83
鱼糜制品及水产品干腌制加工	304	267.63	53.71	114.91	53.49	172.13
鱼油提取及制品制造	22	21.54	4.55	10.86	6.28	14.14
其他水产品加工	119	104.11	20.34	44.13	22.29	61.92
蔬菜、菌类、水果和坚果加工	3248	2830.66	602.52	1085.27	402.93	1705.51
蔬菜加工	1590	1213.50	289.71	555.10	228.57	695.36
食用菌加工	527	469.57	117.45	214.78	67.51	241.37
水果和坚果加工	1131	1147.59	195.36	315.38	106.85	768.77
其他农副食品加工	2339	3161.73	945.04	1739.72	690.23	1567.13
淀粉及淀粉制品制造	612	1674.36	580.37	1022.23	399.26	750.34
豆制品制造	644	462.03	161.82	313.42	135.78	205.04
蛋品加工	186	163.45	44.35	90.21	37.82	83.03
其他未列明农副食品加工	897	861.89	158.50	313.86	117.36	528.72

单位：亿元

应收账款	存货	产成品	负债合计	流动负债合计	应付账款	所有者权益合计	实收资本	国家资本	集体资本
41.73	24.79	12.22	174.34	131.18	30.23	152.23	78.56	16.05	1.25
0.73	1.39	0.23	8.41	7.70	0.69	5.50	6.02	1.86	
14.36	10.94	5.37	57.45	45.31	9.42	65.69	26.25	8.45	1.03
26.11	10.85	5.05	104.78	74.46	19.95	78.56	44.20	5.72	0.23
397.27	80.34	18.24	1981.89	1845.93	862.67	1141.61	1572.72	46.55	3.67
8.70	2.02	0.96	46.30	45.18	11.06	25.77	17.91	9.94	
386.30	77.61	16.64	1931.56	1796.95	848.94	1114.35	1553.85	36.51	3.66
2.27	0.70	0.63	4.02	3.81	2.67	1.48	0.95	0.10	0.01
0.97	0.93	0.17	4.84	4.09	2.09	3.73	3.88	3.30	0.20
173909.94	**145472.55**	**53765.76**	**609687.32**	**516231.16**	**173921.52**	**493778.07**	**217310.34**	**22997.82**	**3518.99**
3345.98	5895.13	2465.22	19371.33	16571.26	3572.35	14046.01	6632.62	660.49	156.29
454.93	1059.35	333.14	2276.53	1873.60	270.06	2376.48	979.38	70.24	27.11
246.23	647.33	225.50	1326.83	1099.52	150.23	1397.30	561.29	38.07	11.85
179.75	363.47	84.42	803.26	650.46	98.89	886.68	361.23	31.52	13.04
2.55	8.03	2.54	19.06	17.61	2.05	13.26	9.08	0.09	0.09
16.05	20.46	10.40	62.54	55.09	13.51	36.09	21.41	0.40	1.77
10.36	20.06	10.28	64.84	50.91	5.37	43.14	26.37	0.16	0.36
682.85	899.90	236.70	3948.64	3365.55	774.16	3286.85	1245.48	15.87	37.99
44.18	53.06	18.92	176.61	153.95	51.68	187.09	75.86	0.01	2.09
638.67	846.84	217.78	3772.03	3211.60	722.48	3099.76	1169.62	15.86	35.90
417.82	1162.29	503.27	3601.60	3231.04	702.60	1746.78	865.10	113.68	27.76
410.34	1150.63	497.18	3571.67	3207.92	697.70	1711.73	845.44	113.65	27.76
7.47	11.67	6.08	29.93	23.12	4.90	35.05	19.65	0.04	
89.15	203.14	144.62	1126.07	1030.09	167.68	341.38	214.18	48.67	9.25
626.30	873.04	445.07	3839.50	3209.75	697.29	2896.18	1383.07	43.32	25.58
216.98	301.27	173.28	1303.57	1047.86	178.52	997.29	478.79	34.64	13.62
118.61	179.30	113.70	1068.19	884.65	238.66	537.60	324.27	6.89	5.10
290.71	392.48	158.09	1467.73	1277.25	280.10	1361.29	580.01	1.79	6.86
324.85	592.79	335.31	1213.33	1035.51	288.52	772.12	356.20	17.86	12.46
267.38	491.65	289.30	1008.50	859.23	244.18	583.68	273.26	15.95	12.08
43.09	67.66	32.92	148.94	126.00	32.42	118.69	54.77	1.90	0.19
3.89	4.65	1.58	10.23	9.77	3.34	11.30	5.24		
10.49	28.82	11.51	45.66	40.50	8.58	58.45	22.93		0.20
430.16	536.90	230.15	1523.71	1264.55	339.97	1306.45	580.70	12.55	6.83
161.00	234.50	112.80	560.69	460.26	130.31	652.81	281.02	5.78	2.83
63.03	58.99	32.36	244.32	173.25	60.09	225.26	97.39	1.13	1.55
206.13	243.41	84.98	718.70	631.05	149.58	428.38	202.29	5.63	2.45
319.91	567.71	236.97	1841.95	1561.18	332.08	1319.78	1008.53	338.31	9.30
133.23	274.13	121.17	1074.38	887.99	179.28	599.97	691.81	322.46	3.99
40.34	64.25	23.80	209.63	178.87	34.56	252.41	98.80	1.76	1.25
22.63	25.30	15.80	77.84	67.77	18.72	85.61	39.48	0.02	0.12
123.71	204.04	76.19	480.10	426.54	99.52	381.79	178.45	14.06	3.94

2-1 续表 2

行 业	企业单位数（个）	资产总计	固定资产净额	固定资产原价	累计折旧	流动资产合计
食品制造业	8874	19040.19	4418.58	8633.60	3914.11	10349.95
焙烤食品制造	1634	2034.23	511.55	1092.71	522.00	1142.83
糕点、面包制造	1020	1142.35	264.54	485.83	191.88	664.02
饼干及其他焙烤食品制造	614	891.88	247.01	606.88	330.12	478.81
糖果、巧克力及蜜饯制造	614	1098.84	238.33	540.06	289.15	634.96
糖果、巧克力制造	371	803.65	182.42	448.21	256.82	465.55
蜜饯制作	243	295.19	55.91	91.85	32.33	169.41
方便食品制造	1607	2297.33	594.81	1118.64	465.09	1148.49
米、面制品制造	563	498.05	124.79	251.86	109.31	239.54
速冻食品制造	584	868.78	220.79	382.53	139.08	448.74
方便面制造	113	576.21	165.93	328.41	156.04	278.06
其他方便食品制造	347	354.29	83.30	155.84	60.65	182.16
乳制品制造	606	4621.75	813.52	1487.59	656.26	2498.34
液体乳制造	378	3484.87	600.72	1082.10	473.17	1760.97
乳粉制造	156	916.77	144.68	295.99	142.59	632.18
其他乳制品制造	72	220.11	68.12	109.50	40.50	105.18
罐头食品制造	638	765.38	165.59	368.78	177.36	448.51
肉、禽类罐头制造	79	151.45	33.54	60.07	23.37	75.05
水产品罐头制造	46	64.24	10.79	22.92	11.97	45.53
蔬菜、水果罐头制造	453	466.06	101.61	244.49	124.63	280.05
其他罐头食品制造	60	83.63	19.66	41.30	17.39	47.88
调味品、发酵制品制造	1219	2797.29	762.91	1519.08	721.25	1528.19
味精制造	64	503.67	139.54	296.49	151.22	237.31
酱油、食醋及类似制品制造	273	754.73	233.47	465.22	222.26	394.21
其他调味品、发酵制品制造	882	1538.89	389.89	757.37	347.78	896.68
其他食品制造	2556	5425.39	1331.87	2506.74	1082.99	2948.62
营养食品制造	273	489.24	119.53	330.89	183.82	262.90
保健食品制造	483	1203.20	208.74	331.69	115.62	715.76
冷冻饮品及食用冰制造	128	253.10	68.44	138.11	67.19	144.40
盐加工	69	343.08	98.34	208.26	105.28	146.57
食品及饲料添加剂制造	1125	2369.90	664.46	1180.17	486.70	1223.56
其他未列明食品制造	478	766.86	172.36	317.62	124.38	455.43
酒、饮料和精制茶制造业	5665	20521.25	4047.34	8088.05	3656.82	12024.29
酒的制造	1754	14196.98	2420.42	4544.30	1912.44	8638.82
酒精制造	82	562.15	154.96	310.45	109.29	309.82
白酒制造	969	10139.19	1437.59	2521.88	981.30	6538.43
啤酒制造	330	2237.02	592.64	1305.64	677.25	1079.18
黄酒制造	90	254.76	59.92	107.00	42.39	139.27
葡萄酒制造	116	325.93	94.14	161.25	60.13	167.78
其他酒制造	167	677.92	81.16	138.08	42.08	404.34
饮料制造	1770	4784.15	1294.40	2886.44	1492.25	2554.93
碳酸饮料制造	126	665.76	186.44	402.39	212.64	382.60

单位：亿元

应收账款	存货		负债合计	流动负债合计		所有者权益合计	实收资本		
		产成品			应付账款			国家资本	集体资本
2103.95	2177.90	882.22	9412.54	8009.25	2196.50	9626.40	4962.09	159.56	60.14
310.12	193.12	66.18	964.72	812.05	226.10	1069.66	465.33	9.05	5.26
217.64	91.18	27.92	557.60	448.74	123.01	584.70	258.70	6.74	4.52
92.48	101.94	38.26	407.12	363.31	103.09	484.96	206.63	2.31	0.74
131.60	146.39	64.92	496.98	431.44	155.43	601.86	212.49	0.09	3.44
95.07	96.64	41.41	371.14	323.78	132.66	432.51	161.04	0.09	3.41
36.53	49.75	23.51	125.83	107.67	22.78	169.35	51.45		0.03
257.12	277.04	117.26	1193.79	1026.44	301.65	1103.63	578.84	16.08	7.58
42.23	65.88	26.77	243.74	200.62	37.06	254.31	121.85	2.98	0.62
97.53	128.91	57.97	451.44	392.95	118.54	418.06	203.22	5.07	5.61
68.99	42.00	19.19	305.32	276.32	100.39	270.89	161.79	0.15	0.34
48.38	40.25	13.33	193.29	156.54	45.66	160.38	91.97	7.88	1.02
541.80	261.38	100.48	2432.50	2155.51	644.57	2189.25	795.29	52.10	13.26
336.12	155.44	61.52	1785.15	1572.06	415.42	1699.71	545.07	51.53	10.67
184.10	80.88	30.81	538.22	485.97	197.42	378.56	203.01	0.57	1.45
21.58	25.07	8.15	109.13	97.48	31.73	110.98	47.21		1.14
79.70	189.86	110.54	404.58	347.92	94.88	360.47	166.47	10.81	2.03
13.16	29.87	11.21	68.90	62.83	22.91	82.55	40.29	2.11	0.10
6.68	16.09	8.78	35.23	31.65	6.32	29.01	11.11	0.24	0.14
50.16	131.04	86.95	262.81	222.87	55.70	202.92	94.57	8.46	1.74
9.69	12.86	3.60	37.65	30.56	9.94	45.98	20.49		0.05
262.99	411.18	129.47	1242.96	992.06	258.43	1555.04	608.16	25.78	10.85
45.53	78.80	18.67	171.31	123.28	30.94	332.37	110.72	10.27	5.68
55.52	104.59	25.29	337.06	300.59	72.38	417.67	145.03	3.46	0.68
161.93	227.79	85.51	734.60	568.18	155.11	805.01	352.42	12.05	4.49
520.64	698.92	293.37	2677.01	2243.83	515.43	2746.48	2135.52	45.64	17.72
54.28	61.64	24.37	227.18	172.32	52.47	262.06	118.44	0.20	0.91
104.88	126.78	62.72	514.76	447.71	83.87	688.44	219.69	1.93	2.98
19.72	29.27	11.27	139.55	127.90	29.36	113.55	79.97	3.85	0.01
27.24	16.56	9.10	166.09	129.98	29.57	176.99	68.11	28.85	3.74
257.34	339.81	154.35	1219.23	1022.66	248.57	1148.77	1534.78	7.17	9.23
57.17	124.86	31.54	410.20	343.26	71.59	356.67	114.53	3.63	0.85
1121.35	3627.63	1119.19	9006.52	7967.02	1532.79	11507.56	3360.81	302.29	106.23
428.09	2859.43	736.66	6075.70	5419.94	891.96	8117.75	1526.60	234.13	40.46
50.55	84.78	32.76	423.63	376.72	121.17	138.52	77.75	11.43	1.91
191.91	2267.92	559.94	4102.39	3680.89	470.69	6036.80	655.39	93.24	24.65
127.01	251.31	61.58	979.56	860.11	229.14	1254.73	625.17	106.65	10.91
15.63	73.89	41.61	79.35	68.66	15.93	175.42	36.03	9.78	0.55
23.78	90.72	16.79	147.36	117.37	11.38	177.77	85.56	9.28	0.95
19.22	90.81	23.98	343.41	316.20	43.66	334.51	46.70	3.75	1.47
518.83	431.75	208.09	2297.62	2053.38	509.00	2482.89	1545.75	53.76	55.89
69.35	74.82	48.79	411.74	383.05	86.22	251.36	125.06	15.27	1.79

2-1 续表 3

行　业	企业单位数(个)	资产总计	固定资产净　额	固定资产原　价	累计折旧	流动资产合　计
瓶(罐)装饮用水制造	539	996.52	325.31	627.98	282.76	422.23
果菜汁及果菜汁饮料制造	426	1009.77	248.38	556.32	273.65	488.10
含乳饮料和植物蛋白饮料制造	268	893.77	238.66	586.81	317.03	514.80
固体饮料制造	156	224.98	60.73	105.74	42.44	135.50
茶饮料及其他饮料制造	255	993.35	234.88	607.19	363.74	611.70
精制茶加工	2141	1540.13	332.51	657.31	252.12	830.54
烟草制品业	122	11702.64	1246.01	3376.21	2127.40	8390.05
烟叶复烤	21	442.51	81.99	193.72	111.53	324.30
卷烟制造	65	11069.36	1120.78	3088.90	1965.91	7945.68
其他烟草制品制造	36	190.77	43.24	93.59	49.95	120.06
纺织业	19774	21840.83	5546.43	11757.16	5801.76	12484.67
棉纺织及印染精加工	8482	11501.82	3020.19	6654.22	3400.38	6256.75
棉纺纱加工	4417	6072.32	1603.71	3478.04	1720.72	3157.81
棉织造加工	2685	2928.20	645.79	1587.60	888.70	1786.71
棉印染精加工	1380	2501.29	770.69	1588.58	790.95	1312.23
毛纺织及染整精加工	926	1370.85	242.97	561.07	307.87	941.28
毛条和毛纱线加工	535	678.83	113.06	254.75	134.00	499.28
毛织造加工	289	555.83	83.94	218.18	132.52	369.14
毛染整精加工	102	136.18	45.96	88.13	41.35	72.87
麻纺织及染整精加工	251	232.42	63.28	127.69	60.50	132.76
麻纤维纺前加工和纺纱	90	98.41	24.50	50.51	23.65	55.60
麻织造加工	153	131.23	37.64	75.42	36.23	75.44
麻染整精加工	8	2.78	1.14	1.76	0.62	1.72
丝绢纺织及印染精加工	563	600.23	130.38	265.82	132.64	351.72
缫丝加工	227	240.64	51.20	103.76	50.82	142.87
绢纺和丝织加工	282	282.57	55.21	115.76	59.65	171.66
丝印染精加工	54	77.01	23.96	46.30	22.17	37.19
化纤织造及印染精加工	2140	2001.45	564.57	1059.88	478.25	1143.61
化纤织造加工	1835	1548.76	426.34	789.66	349.32	885.91
化纤织物染整精加工	305	452.69	138.23	270.22	128.93	257.70
针织或钩针编织物及其制品制造	2307	1667.46	440.04	888.84	423.99	1004.44
针织或钩针编织物织造	1837	1262.99	326.83	646.73	304.00	772.91
针织或钩针编织物印染精加工	120	112.47	42.55	74.47	29.15	56.73
针织或钩针编织品制造	350	292.00	70.66	167.63	90.84	174.80
家用纺织制成品制造	2029	1679.05	351.73	713.10	308.73	1032.54
床上用品制造	1071	908.75	159.38	294.75	129.81	602.22
毛巾类制品制造	248	288.68	71.64	196.03	91.37	147.72
窗帘、布艺类产品制造	345	212.94	47.06	94.46	38.15	131.78
其他家用纺织制成品制造	365	268.69	73.64	127.86	49.40	150.82
产业用纺织制成品制造	3076	2787.56	733.28	1486.55	689.41	1621.57
非织造布制造	1475	1495.98	423.47	880.71	420.00	817.11
绳、索、缆制造	238	133.71	44.81	66.74	20.36	76.98

单位：亿元

应收账款	存货	产成品	负债合计	流动负债合计	应付账款	所有者权益合计	实收资本	国家资本	集体资本
66.40	49.88	17.21	505.31	457.18	91.19	491.21	259.22	9.89	12.86
82.14	116.61	65.16	449.78	359.46	82.15	559.01	331.25	14.44	39.43
96.29	74.25	20.96	327.32	289.41	85.25	566.46	522.58	3.49	1.49
31.62	36.11	14.32	102.43	84.29	24.85	122.55	54.47	0.45	0.17
173.03	80.09	41.64	501.04	479.99	139.33	492.31	253.17	10.22	0.15
174.43	336.45	174.45	633.21	493.70	131.83	906.92	288.46	14.39	9.89
311.17	4004.67	225.01	2507.03	2445.25	565.56	9195.60	1031.76	464.79	2.45
8.49	87.57	78.32	91.82	89.81	51.16	350.69	225.98	34.05	
270.59	3890.41	129.11	2368.70	2314.07	493.52	8700.66	761.51	415.18	
32.09	26.69	17.59	46.51	41.37	20.88	144.26	44.27	15.57	2.45
2997.58	3550.48	1740.73	12291.73	10548.48	2358.15	9527.72	4950.39	179.08	50.40
1270.56	1771.24	850.34	6503.05	5453.44	1107.84	4988.84	2880.47	134.23	24.58
495.02	931.75	444.51	3477.46	2780.69	533.04	2590.87	1791.89	120.11	19.06
472.04	522.89	275.63	1530.76	1337.86	291.70	1392.98	583.24	10.47	2.74
303.50	316.60	130.20	1494.83	1334.90	283.10	1005.00	505.34	3.64	2.78
233.02	338.22	187.83	776.70	656.42	167.95	593.20	231.72	8.26	6.73
130.50	199.22	113.25	382.71	324.64	86.90	295.17	119.95	0.74	2.95
81.51	117.00	62.81	312.72	255.61	63.51	243.12	77.90	7.52	3.76
21.01	22.00	11.77	81.27	76.16	17.54	54.91	33.87		0.02
28.01	56.69	29.72	134.93	119.99	23.81	97.48	61.70	7.52	3.24
10.34	21.28	9.60	53.68	45.49	9.76	44.74	27.22	4.29	2.81
17.29	34.76	19.92	80.08	73.43	13.83	51.15	34.01	3.23	0.42
0.38	0.65	0.20	1.18	1.07	0.22	1.60	0.46		
87.15	140.37	71.39	360.16	305.00	75.04	239.64	99.58	2.49	1.27
24.80	66.29	32.61	147.47	124.91	31.72	93.18	39.41	1.41	1.07
49.40	65.98	36.26	157.87	138.10	32.00	124.29	46.75	1.08	0.20
12.95	8.09	2.51	54.83	41.99	11.33	22.18	13.42		
324.76	313.15	167.20	1295.38	1162.58	223.12	701.48	381.24	0.92	1.63
272.13	265.05	151.83	1005.14	885.61	179.04	540.98	296.60	0.92	1.43
52.63	48.10	15.37	290.25	276.97	44.08	160.50	84.64		0.20
288.98	293.86	146.88	988.83	883.29	155.29	677.52	332.76	0.07	2.15
227.23	235.59	120.14	763.31	691.23	117.11	498.57	251.85	0.05	0.69
16.38	12.76	6.33	70.33	63.22	13.25	42.13	21.16		0.82
45.37	45.51	20.41	155.19	128.84	24.92	136.81	59.75	0.01	0.64
288.60	292.85	135.71	909.84	834.88	284.50	767.67	350.98	3.43	4.46
173.42	171.86	81.56	525.30	496.76	182.10	383.44	179.66	0.60	4.10
26.47	45.28	23.31	130.67	110.86	26.36	157.58	69.76	2.82	0.28
37.68	36.75	14.19	106.73	101.63	32.07	106.05	45.70	0.01	
51.04	38.95	16.65	147.14	125.63	43.96	120.59	55.87		0.08
476.49	344.11	151.65	1322.83	1132.87	320.60	1461.88	611.94	22.17	6.34
242.97	157.31	75.84	711.91	595.42	152.96	782.70	353.61	8.14	3.21
28.19	15.62	6.85	53.22	47.40	15.60	80.49	26.93	0.17	0.61

2-1 续表 4

行业	企业单位数(个)	资产总计	固定资产净额	固定资产原价	累计折旧	流动资产合计
纺织带和帘子布制造	334	308.71	79.61	173.81	82.39	177.46
篷、帆布制造	317	235.89	36.84	72.67	33.47	170.76
其他产业用纺织制成品制造	712	613.28	148.54	292.63	133.20	379.27
纺织服装、服饰业	13168	11633.91	1960.36	4154.34	1906.30	7124.94
机织服装制造	6903	7522.88	1194.89	2597.45	1180.08	4491.45
运动机织服装制造	1371	1804.23	260.73	582.07	242.58	952.84
其他机织服装制造	5532	5718.65	934.16	2015.38	937.49	3538.61
针织或钩针编织服装制造	4162	3022.13	517.04	1082.56	525.13	1963.51
运动休闲针织服装制造	1582	1253.98	207.58	409.80	182.51	886.66
其他针织或钩针编织服装制造	2580	1768.15	309.46	672.76	342.62	1076.85
服饰制造	2103	1088.91	248.43	474.33	201.09	669.98
皮革、毛皮、羽毛及其制品和制鞋业	8308	7045.57	1247.40	2626.02	1135.14	4118.86
皮革鞣制加工	612	695.53	144.04	280.87	103.40	380.99
皮革制品制造	2188	1846.83	259.88	538.84	195.34	910.61
皮革服装制造	236	503.40	55.73	77.51	18.41	84.12
皮箱、包(袋)制造	1489	848.03	151.88	340.79	127.38	446.43
皮手套及皮装饰制品制造	183	67.27	10.33	23.60	9.49	40.38
其他皮革制品制造	280	428.13	41.94	96.94	40.06	339.68
毛皮鞣制及制品加工	449	269.40	58.59	157.56	91.93	173.05
毛皮鞣制加工	67	47.49	10.58	18.85	7.53	24.77
毛皮服装加工	312	110.29	21.76	90.45	63.71	72.36
其他毛皮制品加工	70	111.62	26.24	48.26	20.69	75.92
羽毛(绒)加工及制品制造	507	429.08	58.74	98.87	31.65	310.31
羽毛(绒)加工	270	215.45	30.43	47.57	13.14	157.32
羽毛(绒)制品加工	237	213.63	28.31	51.31	18.51	153.00
制鞋业	4552	3804.72	726.15	1549.89	712.82	2343.90
纺织面料鞋制造	704	747.25	175.53	314.75	114.48	338.10
皮鞋制造	2235	2119.90	330.36	687.29	308.58	1422.39
塑料鞋制造	594	267.66	72.75	230.76	151.77	163.86
橡胶鞋制造	490	369.66	73.74	174.89	77.37	232.29
其他制鞋业	529	300.25	73.76	142.20	60.62	187.26
木材加工和木、竹、藤、棕、草制品业	11205	5689.64	1242.77	2489.55	1048.56	3389.01
木材加工	2372	825.22	143.58	290.09	112.50	510.00
锯材加工	888	306.52	40.92	114.09	55.65	191.09
木片加工	547	192.24	36.95	71.33	26.01	100.80
单板加工	531	217.92	38.48	63.95	20.67	149.72
其他木材加工	406	108.55	27.24	40.72	10.18	68.38
人造板制造	5872	2991.09	725.47	1455.15	622.00	1713.53
胶合板制造	4687	1529.72	283.49	603.62	245.09	992.90
纤维板制造	415	757.84	226.42	486.06	240.61	390.42
刨花板制造	221	342.92	132.15	199.38	64.91	137.89
其他人造板制造	549	360.61	83.40	166.09	71.40	192.33

单位：亿元

应收账款	存货	产成品	负债合计	流动负债合计	应付账款	所有者权益合计	实收资本	国家资本	集体资本
50.16	48.37	20.07	171.13	146.04	40.61	137.58	71.45	10.22	0.58
48.00	52.65	20.33	130.00	123.68	44.39	105.44	43.17	3.04	0.54
107.17	70.16	28.56	256.58	220.33	67.04	355.67	116.79	0.60	1.40
1842.14	1880.49	971.92	5927.98	5048.91	1576.29	5691.20	2444.29	44.41	31.65
1107.55	1151.87	638.04	3631.55	3041.13	942.60	3877.99	1722.14	30.36	23.02
227.20	230.35	126.60	877.34	669.04	246.59	921.53	305.65	3.20	2.95
880.35	921.52	511.44	2754.21	2372.08	696.01	2956.46	1416.49	27.16	20.07
551.87	529.60	237.74	1673.08	1450.20	470.76	1347.85	494.26	10.49	5.40
246.99	203.61	93.33	702.60	626.35	225.61	550.76	198.45	1.36	1.57
304.89	325.99	144.41	970.48	823.86	245.15	797.09	295.82	9.13	3.83
182.72	199.02	96.14	623.35	557.58	162.93	465.37	227.88	3.55	3.23
1090.82	1045.40	458.27	3457.55	2803.57	775.30	3586.03	1274.88	7.35	7.01
102.06	148.84	57.01	317.98	287.82	71.19	377.49	175.50		2.84
209.66	227.43	97.89	782.35	618.37	162.43	1063.92	266.94	0.03	0.51
18.47	20.50	9.79	137.89	132.68	7.37	365.52	68.97		0.05
120.27	114.56	44.95	467.21	323.85	107.36	380.26	130.79	0.03	0.27
11.97	11.30	3.52	38.11	28.02	7.51	29.15	18.52		
58.95	81.07	39.64	139.14	133.81	40.19	289.00	48.67		0.19
30.75	72.91	23.98	148.10	104.55	21.33	121.30	44.72	1.52	0.11
5.20	8.27	2.43	24.39	21.11	6.29	23.10	9.14	0.02	
14.88	23.76	9.34	53.16	40.79	9.33	57.13	15.37	1.50	0.05
10.68	40.89	12.20	70.56	42.65	5.72	41.06	20.22		0.06
105.17	114.56	50.95	269.39	236.03	66.11	159.69	73.85	0.03	0.06
56.33	62.27	30.86	134.77	122.02	35.71	80.69	35.92	0.03	
48.84	52.28	20.09	134.62	114.00	30.40	79.00	37.94		0.06
643.17	481.66	228.44	1939.73	1556.80	454.23	1863.62	713.87	5.77	3.49
75.22	77.07	40.30	373.69	235.88	75.38	373.56	148.64	0.47	0.65
397.39	273.17	130.45	1080.78	944.28	257.72	1038.32	367.07	0.17	1.55
34.29	42.43	17.51	137.46	94.32	23.49	129.87	60.81	0.04	0.17
58.98	49.75	24.89	193.37	155.39	50.08	176.05	65.28	4.83	0.84
77.29	39.24	15.30	154.43	126.93	47.56	145.82	72.07	0.26	0.27
1015.74	914.77	444.05	3190.29	2652.82	742.67	2497.57	1280.51	64.66	21.96
141.83	137.72	66.96	437.95	354.05	90.69	387.36	203.36	16.77	2.75
52.35	49.83	23.51	159.78	129.90	28.80	146.70	86.75	15.09	1.20
30.99	28.17	15.50	92.64	68.86	20.47	99.60	43.07		0.62
36.65	39.32	19.03	127.32	106.93	25.35	90.60	46.07	1.11	0.05
21.84	20.40	8.91	58.21	48.36	16.07	50.47	27.47	0.58	0.88
491.81	448.05	216.72	1698.38	1387.64	388.47	1292.24	694.05	39.16	15.95
349.95	246.23	123.02	916.65	743.17	250.50	612.69	298.91	4.02	4.81
56.35	112.14	53.79	418.19	341.23	68.70	339.62	170.58	2.86	9.20
22.59	34.88	15.15	186.06	149.21	31.61	156.86	99.41	13.02	1.60
62.92	54.80	24.75	177.48	154.03	37.66	183.06	125.14	19.27	0.33

2-1 续表 5

行　　业	企业单位数(个)	资产总计	固定资产净　额	固定资产原　价	累计折旧	流动资产合　计
木质制品制造	2228	1592.57	296.00	596.00	259.54	1023.73
建筑用木料及木材组件加工	394	186.68	35.21	73.62	29.86	122.29
木门窗制造	529	535.08	109.37	217.33	94.76	325.82
木楼梯制造	34	15.54	3.09	7.17	3.26	9.66
木地板制造	441	485.69	72.76	152.03	71.30	330.26
木制容器制造	336	148.85	24.53	52.37	25.97	104.95
软木制品及其他木制品制造	494	220.73	51.04	93.49	34.40	130.74
竹、藤、棕、草等制品制造	733	280.76	77.72	148.31	54.51	141.75
竹制品制造	643	245.65	67.86	131.57	49.82	124.43
藤制品制造	17	8.68	1.37	3.91	1.16	4.63
棕制品制造	15	5.37	1.40	2.46	0.77	2.69
草及其他制品制造	58	21.06	7.09	10.37	2.77	10.00
家具制造业	7149	6957.59	1331.80	2317.22	875.06	4240.34
木质家具制造	4407	4205.37	809.49	1423.71	531.94	2508.37
竹、藤家具制造	118	66.06	18.92	31.60	8.33	33.95
金属家具制造	1311	1432.61	258.18	461.90	193.39	961.34
塑料家具制造	130	88.33	21.86	39.02	16.50	53.99
其他家具制造	1183	1165.22	223.35	360.99	124.90	682.69
造纸和纸制品业	7189	15922.07	4638.40	8891.04	3992.35	8271.33
纸浆制造	49	364.57	166.06	303.32	123.42	141.39
木竹浆制造	37	300.53	139.84	237.55	90.28	113.80
非木竹浆制造	12	64.04	26.22	65.77	33.15	27.58
造纸	2538	10906.15	3321.64	6380.87	2893.05	5327.36
机制纸及纸板制造	2112	10429.75	3211.74	6165.07	2809.27	5050.39
手工纸制造	55	61.14	22.35	37.18	14.63	35.67
加工纸制造	371	415.26	87.55	178.63	69.15	241.30
纸制品制造	4602	4651.35	1150.70	2206.84	975.88	2802.58
纸和纸板容器制造	2751	2159.02	524.71	1050.94	490.46	1282.64
其他纸制品制造	1851	2492.33	625.99	1155.90	485.42	1519.94
印刷和记录媒介复制业	6579	7012.61	1645.63	3701.99	1947.56	4002.75
印刷	6415	6724.45	1597.72	3579.82	1877.07	3829.82
书、报刊印刷	654	797.48	212.60	543.05	317.79	442.73
本册印制	209	210.98	42.32	97.61	51.01	118.57
包装装潢及其他印刷	5552	5715.99	1342.81	2939.16	1508.26	3268.52
装订及印刷相关服务	143	262.42	42.01	103.01	57.42	157.05
记录媒介复制	21	25.74	5.90	19.16	13.07	15.87
文教、工美、体育和娱乐用品制造业	9989	9561.61	1684.61	3373.77	1524.80	6269.25
文教办公用品制造	867	844.34	182.23	328.95	142.24	514.36
文具制造	454	566.26	109.41	196.70	84.76	349.42
笔的制造	228	150.15	47.20	80.64	32.52	83.68
教学用模型及教具制造	91	65.39	11.76	21.10	8.87	43.40
墨水、墨汁制造	27	18.48	3.36	5.50	1.77	9.37
其他文教办公用品制造	67	44.07	10.51	25.02	14.32	28.50

单位：亿元

应收账款	存货	产成品	负债合计	流动负债合计	应付账款	所有者权益合计	实收资本	国家资本	集体资本
339.08	283.06	135.18	929.38	811.50	234.80	661.78	320.45	8.45	3.13
35.33	37.30	16.05	114.60	96.40	24.76	72.08	45.79	4.06	0.50
112.05	62.77	27.14	312.43	261.37	70.12	222.08	94.97	2.62	1.92
4.15	2.20	0.91	9.07	7.69	3.99	6.47	3.66		
107.76	103.44	46.77	293.28	270.24	80.09	191.57	99.97	1.73	0.30
42.87	29.44	17.95	84.52	78.22	24.96	64.33	31.10	0.04	0.39
36.92	47.91	26.36	115.48	97.57	30.89	105.25	44.96		0.03
43.01	45.93	25.19	124.58	99.63	28.70	156.19	62.66	0.28	0.13
37.98	39.82	22.43	108.00	85.08	25.64	137.65	54.72	0.11	0.11
1.23	2.03	0.72	3.83	3.33	0.51	4.85	2.35	0.17	
0.93	0.70	0.32	2.21	1.99	0.43	3.16	1.10		0.01
2.87	3.38	1.71	10.54	9.23	2.12	10.52	4.49		0.01
1130.87	993.23	404.47	3979.41	3507.24	1006.91	2976.14	1311.67	9.44	9.38
619.29	610.75	252.64	2440.46	2102.30	527.79	1763.47	794.06	7.63	7.14
7.67	11.36	4.31	35.95	29.41	10.02	30.11	13.55		
293.74	196.89	71.56	822.14	773.33	270.24	610.12	290.40	1.30	0.99
15.37	18.07	6.94	46.04	43.56	15.34	42.30	23.48	0.11	
194.79	156.18	69.02	634.83	558.64	183.53	530.15	190.19	0.40	1.26
1928.95	1692.71	664.24	9234.73	7565.90	1696.54	6668.81	3814.13	167.12	47.50
31.48	29.80	5.83	265.65	209.60	64.01	98.92	114.57	4.80	4.42
26.19	26.05	5.50	192.67	155.40	60.21	107.87	96.45	3.94	0.42
5.29	3.75	0.33	72.98	54.21	3.81	-8.94	18.12	0.86	4.00
967.01	1032.94	426.83	6422.10	5139.26	977.10	4477.50	2690.32	156.43	30.06
900.94	964.78	398.87	6166.77	4907.42	911.38	4256.70	2573.76	145.16	27.72
7.87	11.24	7.17	26.93	25.16	5.11	34.21	19.71	0.61	0.29
58.20	56.91	20.78	228.40	206.69	60.61	186.60	96.85	10.66	2.05
930.46	629.98	231.58	2546.99	2217.03	655.43	2092.39	1009.24	5.89	13.02
471.02	293.09	95.18	1231.36	1079.48	310.85	924.56	464.69	2.59	7.49
459.44	336.90	136.40	1315.63	1137.55	344.59	1167.83	544.55	3.30	5.53
1237.94	782.01	298.88	3250.40	2831.91	876.16	3762.08	1628.58	146.34	28.41
1186.58	758.00	290.58	3122.64	2727.77	853.00	3601.68	1574.32	144.04	27.22
110.95	81.02	29.22	392.88	318.18	90.79	404.60	215.79	54.96	1.34
46.12	23.30	9.36	116.68	98.47	26.58	94.30	40.63	0.93	0.53
1029.51	653.68	251.99	2613.08	2311.12	735.63	3102.79	1317.90	88.14	25.36
48.94	21.01	6.98	121.10	97.85	20.39	141.32	41.74	1.65	1.19
2.42	2.99	1.33	6.66	6.29	2.78	19.08	12.53	0.65	
1366.70	2416.38	1159.04	5010.06	4401.32	1320.72	4547.38	1713.50	14.99	24.76
125.43	131.49	64.05	430.63	383.53	104.72	413.72	148.25	1.94	9.51
79.70	83.05	43.31	294.74	264.43	71.31	271.51	90.02		9.12
22.40	27.73	11.95	79.14	70.31	18.18	71.01	27.47	0.88	0.02
11.30	11.25	5.09	29.35	24.98	6.86	36.04	13.69		0.37
3.03	3.22	1.29	6.31	5.96	2.35	12.17	4.99	1.05	0.01
8.99	6.24	2.41	21.08	17.85	6.03	22.99	12.08		

2-1 续表 6

行 业	企业单位数(个)	资产总计	固定资产净额	固定资产原价	累计折旧	流动资产合计
乐器制造	223	258.84	57.42	123.22	60.48	167.89
中乐器制造	26	21.92	2.40	5.25	2.40	14.18
西乐器制造	121	158.64	34.09	74.34	37.66	110.53
电子乐器制造	27	51.03	15.91	33.95	15.80	25.77
其他乐器及零件制造	49	27.25	5.01	9.67	4.62	17.42
工艺美术及礼仪用品制造	5254	5489.54	874.73	1776.74	794.16	3670.46
雕塑工艺品制造	863	605.53	118.10	326.41	174.24	329.08
金属工艺品制造	568	472.45	100.33	180.79	75.16	285.48
漆器工艺品制造	107	62.02	11.77	25.11	10.57	42.39
花画工艺品制造	132	55.81	15.30	30.99	14.83	28.99
天然植物纤维编织工艺品制造	475	239.38	52.24	96.06	40.06	132.89
抽纱刺绣工艺品制造	535	418.12	116.78	236.56	113.10	239.91
地毯、挂毯制造	399	364.58	85.52	179.14	87.08	219.92
珠宝首饰及有关物品制造	494	1877.81	122.36	209.98	76.50	1562.42
其他工艺美术及礼仪用品制造	1681	1393.85	252.34	491.70	202.63	829.38
体育用品制造	1340	1173.05	211.73	435.43	203.44	782.75
球类制造	129	100.81	21.59	40.29	17.47	61.00
专项运动器材及配件制造	375	429.68	71.22	167.92	84.06	278.39
健身器材制造	402	334.51	62.30	112.38	48.02	229.93
运动防护用具制造	146	84.27	19.07	39.69	17.97	55.97
其他体育用品制造	288	223.78	37.55	75.14	35.91	157.45
玩具制造	1868	1297.83	266.87	538.35	253.47	831.88
电玩具制造	118	106.32	16.55	38.50	20.11	71.46
塑胶玩具制造	734	642.61	146.47	270.58	119.57	396.19
金属玩具制造	21	23.12	4.01	10.78	4.74	14.35
弹射玩具制造	3	1.64	0.09	0.19	0.10	1.23
娃娃玩具制造	114	56.40	9.55	20.20	8.00	31.92
儿童乘骑玩耍的童车类产品制造	232	200.27	36.25	86.44	48.58	140.44
其他玩具制造	646	267.47	53.95	111.66	52.37	176.27
游艺器材及娱乐用品制造	437	498.00	91.63	171.08	71.00	301.92
露天游乐场所游乐设备制造	189	224.46	44.48	84.03	38.01	146.52
游艺用品及室内游艺器材制造	148	138.84	21.15	41.04	16.07	68.61
其他娱乐用品制造	100	134.70	26.00	46.02	16.93	86.79
石油、煤炭及其他燃料加工业	2229	41344.07	11941.40	24935.84	11910.07	19328.93
精炼石油产品制造	1126	29239.62	8441.40	18630.59	9423.99	13711.92
原油加工及石油制品制造	1087	29000.73	8349.83	18439.40	9364.67	13639.54
其他原油制造	39	238.89	91.57	191.19	59.31	72.39
煤炭加工	736	11117.50	3293.42	5954.39	2309.07	5081.03
炼焦	497	9365.55	2533.92	4660.99	1962.58	4637.20
煤制合成气生产	17	160.40	49.77	81.57	31.26	60.20
煤制液体燃料生产	32	1402.16	648.08	1109.70	280.31	278.07

单位：亿元

应收账款	存货	产成品	负债合计	流动负债合计	应付账款	所有者权益合计	实收资本	国家资本	集体资本
25.45	62.30	21.31	106.05	93.06	34.65	152.79	87.24	1.35	0.81
1.95	5.75	1.57	9.77	7.84	2.12	12.15	3.40	0.02	0.28
14.44	39.70	13.61	70.28	60.63	19.17	88.36	53.10	1.02	0.40
5.08	10.86	3.84	13.11	12.15	8.14	37.93	23.09	0.31	
3.98	6.00	2.30	12.89	12.44	5.21	14.36	7.65		0.13
665.34	1633.78	849.78	2870.24	2550.94	630.78	2616.78	852.11	10.34	9.92
104.13	107.12	59.26	240.17	190.19	70.49	365.36	100.38	1.57	1.13
62.30	98.85	36.20	254.97	218.00	63.03	217.32	86.19	2.04	0.62
7.58	15.54	6.47	28.67	24.06	7.69	33.34	10.40		0.18
8.95	7.05	3.45	23.30	21.86	5.68	32.51	14.52	0.18	
41.21	44.30	21.22	121.53	107.82	29.08	117.85	39.78	0.12	0.06
57.93	67.52	33.32	228.19	197.71	52.33	189.93	83.64	0.08	0.73
59.75	71.68	36.93	216.50	192.82	52.58	148.08	78.27	2.58	2.48
160.68	989.31	559.67	1182.55	1120.85	178.28	692.91	204.07	3.45	4.05
162.81	232.42	93.25	574.36	477.63	171.63	819.49	234.85	0.32	0.67
218.77	215.97	82.66	606.21	498.92	208.43	565.24	225.10	1.28	2.18
12.77	17.98	6.98	45.24	37.98	12.09	55.56	25.75		0.07
73.26	76.47	24.46	213.85	148.27	66.20	215.83	68.99	1.24	0.64
73.75	53.91	23.08	188.96	166.84	65.57	144.26	66.12		1.36
13.59	19.50	7.00	42.63	37.63	16.49	41.64	24.83	0.04	0.05
45.40	48.11	21.13	115.52	108.21	48.08	107.95	39.40		0.06
239.42	270.79	100.24	727.38	637.57	246.43	570.41	299.23		1.58
26.75	25.76	8.82	61.86	56.70	18.19	44.46	27.81		0.01
122.77	142.41	48.48	349.86	300.30	118.93	292.70	170.28		0.20
2.62	4.63	1.78	7.39	6.26	2.25	15.73	5.62		
0.46	0.49	0.14	0.82	0.82	0.55	0.81	0.32		
9.07	9.44	3.86	28.74	23.60	9.37	27.66	8.94		
24.90	35.50	16.69	120.53	103.89	42.04	79.74	32.30		0.54
52.87	52.56	20.48	158.16	146.00	55.11	109.30	53.97		0.83
92.30	102.05	41.00	269.55	237.29	95.71	228.45	101.58	0.09	0.76
41.51	46.46	11.58	128.94	118.50	39.72	95.53	47.61	0.07	0.24
18.01	19.24	9.63	66.80	51.52	18.14	72.05	21.34		
32.78	36.35	19.78	73.82	67.27	37.85	60.88	32.63	0.02	0.52
2048.45	5598.30	1645.17	26353.33	20094.16	5814.73	14982.22	7610.33	2483.38	66.80
1262.28	4404.69	1226.55	18153.75	13610.64	3864.61	11085.87	5230.28	1957.22	20.64
1256.89	4385.13	1219.02	17943.94	13445.44	3844.41	11056.79	5184.00	1952.83	14.49
5.39	19.56	7.54	209.80	165.20	20.20	29.09	46.28	4.39	6.15
748.21	950.66	389.11	7540.60	5961.96	1827.74	3570.56	2175.10	491.72	46.10
640.28	881.50	360.39	6264.68	5152.71	1599.99	3094.51	1608.25	335.59	39.29
4.87	6.31	1.88	128.20	87.28	13.57	32.19	21.93	1.80	
73.64	33.66	10.10	1007.21	592.13	180.57	394.95	500.65	150.16	6.30

2-1 续表 7

行 业	企业单位数(个)	资产总计	固定资产净额	固定资产原价	累计折旧	流动资产合计
煤制品制造	115	126.26	37.93	67.19	24.62	72.39
其他煤炭加工	75	63.14	23.71	34.94	10.30	33.17
生物质燃料加工	362	375.93	104.94	170.08	55.52	176.43
生物质液体燃料生产	67	285.61	82.80	132.80	46.19	124.28
生物质致密成型燃料加工	295	90.32	22.14	37.28	9.33	52.15
化学原料和化学制品制造业	23146	87709.98	26139.45	50141.65	21758.60	41273.64
基础化学原料制造	4987	30841.74	9957.37	19896.70	8779.77	13144.72
无机酸制造	285	815.01	248.00	565.62	310.20	403.80
无机碱制造	178	2606.45	803.82	1931.68	872.05	1008.85
无机盐制造	819	3028.50	870.23	1493.46	568.94	1366.94
有机化学原料制造	2388	20207.12	6578.72	12856.05	5621.36	8583.69
其他基础化学原料制造	1317	4184.66	1456.61	3049.89	1407.22	1781.44
肥料制造	1819	8930.23	3068.63	6006.47	2738.45	3810.25
氮肥制造	163	3372.08	1430.17	2898.43	1368.64	1179.75
磷肥制造	109	781.13	285.39	583.62	280.75	287.74
钾肥制造	75	685.63	199.71	433.63	226.57	312.33
复混肥料制造	787	3456.67	1026.85	1872.48	796.51	1719.33
有机肥料及微生物肥料制造	632	583.20	117.13	202.29	59.49	276.64
其他肥料制造	53	51.52	9.38	16.03	6.49	34.46
农药制造	772	3433.55	752.54	1347.87	539.95	1879.11
化学农药制造	626	2997.37	643.20	1156.34	463.61	1641.01
生物化学农药及微生物农药制造	146	436.18	109.35	191.53	76.33	238.10
涂料、油墨、颜料及类似产品制造	3534	6581.34	1222.63	2365.75	1060.09	3831.92
涂料制造	2191	3220.99	556.24	1105.94	498.76	2040.83
油墨及类似产品制造	395	484.24	86.15	216.92	126.25	302.89
工业颜料制造	318	1190.96	282.76	510.31	213.20	556.98
工艺美术颜料制造	79	166.83	52.65	97.84	44.06	82.07
染料制造	268	1166.29	184.98	319.30	126.17	619.42
密封用填料及类似品制造	283	352.03	59.83	115.44	51.64	229.74
合成材料制造	2978	19372.00	7268.71	12882.51	5200.51	8113.95
初级形态塑料及合成树脂制造	1808	13622.53	5127.97	9296.85	3870.58	5443.22
合成橡胶制造	380	935.75	257.21	664.03	394.45	463.26
合成纤维单(聚合)体制造	164	3689.28	1611.76	2387.59	720.59	1547.64
其他合成材料制造	626	1124.43	271.78	534.04	214.89	659.83
专用化学产品制造	6095	12950.68	2757.80	5435.03	2433.19	7298.79
化学试剂和助剂制造	2465	5155.80	1043.75	1986.63	859.38	3001.81
专项化学用品制造	1680	4460.77	1049.79	1996.49	884.90	2554.92
林产化学产品制造	448	377.65	78.48	148.37	63.23	202.95
文化用信息化学品制造	140	557.95	125.75	298.50	136.79	312.21
医学生产用信息化学品制造	34	111.67	9.30	21.03	9.73	67.07
环境污染处理专用药剂材料制造	410	516.36	88.62	165.46	66.40	331.32
动物胶制造	42	60.13	20.44	33.21	12.17	28.55
其他专用化学产品制造	876	1710.34	341.68	785.34	400.59	799.97

单位：亿元

应收账款	存货	产成品	负债合计	流动负债合计	应付账款	所有者权益合计	实收资本	国家资本	集体资本
19.55	17.90	9.73	87.53	80.21	24.21	38.75	28.16	0.63	0.37
9.87	11.30	7.01	52.98	49.64	9.40	10.16	16.11	3.54	0.14
28.86	56.56	22.20	279.38	210.18	62.80	94.38	61.68	10.34	0.06
10.90	45.41	15.54	229.49	177.20	49.69	53.94	42.96	9.32	
17.97	11.15	6.66	49.89	32.98	13.11	40.43	18.72	1.02	0.06
8626.90	8177.76	3643.85	46300.14	36718.96	9128.06	41423.10	20014.53	3269.02	388.29
1994.78	2364.51	1036.76	16742.34	12885.45	2955.96	14145.04	7222.17	1520.49	126.12
80.71	82.33	34.82	429.95	344.88	95.80	385.06	186.00	30.01	5.99
122.28	140.70	66.09	1654.31	1389.63	302.81	951.18	629.51	69.85	9.54
233.90	316.47	119.15	1646.87	1344.03	366.04	1381.63	596.95	133.95	19.07
1185.49	1580.77	709.68	10925.29	8274.57	1784.42	9329.91	4747.70	1200.79	71.48
372.39	244.23	107.02	2085.92	1532.34	406.88	2097.25	1062.01	85.89	20.03
383.58	926.89	383.83	5828.82	4760.24	871.87	3077.60	1907.63	426.13	90.86
99.76	158.69	58.17	2464.36	2059.04	288.97	884.17	814.66	267.29	9.98
32.00	82.35	38.35	455.79	382.54	109.26	325.34	153.90	59.41	0.18
28.61	68.86	23.13	400.13	294.75	36.24	285.49	130.85	15.24	9.70
165.11	534.26	226.55	2155.99	1771.56	376.91	1300.68	638.85	77.63	45.94
53.63	71.74	32.72	321.17	222.40	55.84	261.77	156.84	6.52	24.21
4.47	10.99	4.91	31.38	29.95	4.65	20.14	12.54	0.02	0.86
366.64	521.93	248.02	1755.49	1532.85	392.17	1678.05	505.70	45.10	8.08
326.05	463.56	223.43	1564.68	1366.94	348.73	1432.69	431.95	43.52	5.85
40.59	58.37	24.59	190.81	165.91	43.44	245.37	73.75	1.58	2.23
1246.73	756.35	355.47	3270.87	2803.94	900.52	3309.30	1248.80	48.92	54.21
804.04	333.38	148.05	1643.25	1434.71	535.13	1577.64	623.28	20.70	44.09
118.20	65.92	26.26	184.73	166.16	73.10	299.51	124.28	2.77	1.55
117.22	123.71	50.14	592.78	514.88	118.77	598.18	211.58	16.06	1.01
25.16	27.25	14.57	70.45	65.27	20.99	96.39	33.14		4.79
112.53	165.53	98.99	601.16	459.33	102.39	564.63	188.71	9.35	2.49
69.59	40.57	17.46	178.51	163.59	50.14	172.96	67.80	0.04	0.28
1581.91	1594.53	686.94	10476.43	7681.21	1812.18	8892.18	5235.08	1007.81	47.47
1000.48	1074.24	471.76	7054.74	5083.69	1251.64	6567.31	3684.35	879.50	43.09
119.38	105.56	56.41	603.89	505.72	128.06	331.86	285.68	29.42	1.18
251.63	264.52	88.23	2313.59	1641.18	280.17	1373.84	979.19	76.10	0.79
210.43	150.21	70.54	504.21	450.62	152.31	619.17	285.86	22.79	2.41
2157.15	1469.55	682.09	5845.75	5036.76	1520.81	7102.01	2728.49	155.42	37.59
936.67	632.72	280.45	2284.40	1989.28	599.62	2871.24	1088.44	77.61	12.74
765.82	467.91	226.36	2151.70	1865.11	610.60	2306.83	936.13	35.68	12.75
42.72	64.96	38.27	172.83	146.49	34.07	204.82	95.17	4.22	0.16
68.48	58.63	27.74	248.98	219.07	48.91	308.81	113.73	9.78	0.25
20.30	10.46	3.55	46.34	44.45	12.46	65.33	23.87	0.24	0.15
111.84	60.66	26.17	235.98	205.27	67.38	280.37	98.25	3.42	3.13
5.53	11.92	5.07	26.54	23.61	3.79	33.60	22.67	0.69	1.15
205.78	162.29	74.47	678.99	543.49	144.00	1031.02	350.24	23.79	7.26

2-1 续表 8

行 业	企业单位数(个)	资产总计	固定资产净额	固定资产原价	累计折旧	流动资产合计
炸药、火工及焰火产品制造	1011	1511.79	402.12	770.43	317.98	596.90
炸药及火工产品制造	237	1068.41	291.40	541.29	237.17	462.76
焰火、鞭炮产品制造	774	443.38	110.72	229.14	80.80	134.14
日用化学产品制造	1950	4088.65	709.65	1436.90	688.67	2598.00
肥皂及洗涤剂制造	426	1108.31	151.54	325.67	162.94	763.51
化妆品制造	785	1487.84	264.49	512.46	237.01	892.46
口腔清洁用品制造	63	276.30	29.58	74.44	43.49	220.72
香料、香精制造	363	868.72	187.09	339.82	146.16	505.27
其他日用化学产品制造	313	347.48	76.95	184.51	99.07	216.05
医药制造业	8629	44053.13	7360.44	13276.94	5544.78	25824.98
化学药品原料药制造	1385	7279.40	1830.36	3428.37	1474.65	3497.11
化学药品制剂制造	1179	12015.95	1750.73	3282.52	1482.26	7414.94
中药饮片加工	1415	2494.29	416.29	687.80	229.19	1669.96
中成药生产	1590	8966.66	1412.00	2580.06	1094.90	5053.31
兽用药品制造	461	1131.38	287.36	490.42	192.61	563.60
生物药品制品制造	971	8622.98	1000.57	1663.95	638.42	5512.65
生物药品制造	930	5932.91	793.38	1345.92	528.49	3461.43
基因工程药物和疫苗制造	41	2690.07	207.19	318.03	109.92	2051.22
卫生材料及医药用品制造	1372	2922.62	533.79	905.49	325.52	1739.62
药用辅料及包装材料	256	619.85	129.34	238.32	107.22	373.80
化学纤维制造业	2084	10278.42	2702.37	5346.99	2468.66	4497.34
纤维素纤维原料及纤维制造	209	1815.31	575.06	1123.15	492.48	764.58
化纤浆粕制造	22	71.74	22.47	45.56	22.94	30.29
人造纤维(纤维素纤维)制造	187	1743.57	552.60	1077.59	469.54	734.29
合成纤维制造	1738	7960.33	1962.78	3981.33	1902.20	3508.71
锦纶纤维制造	204	997.00	224.19	545.76	312.22	549.33
涤纶纤维制造	1015	5552.17	1359.89	2678.03	1263.78	2271.36
腈纶纤维制造	15	243.08	83.62	146.40	24.43	118.55
维纶纤维制造	17	20.78	7.77	15.17	6.83	8.69
丙纶纤维制造	70	91.46	17.73	41.30	21.61	54.88
氨纶纤维制造	74	612.28	121.31	327.63	202.13	302.58
其他合成纤维制造	343	443.56	148.26	227.03	71.20	203.32
生物基材料制造	137	502.78	164.53	242.52	73.99	224.06
生物基化学纤维制造	46	266.33	104.04	161.89	56.02	108.12
生物基、淀粉基新材料制造	91	236.45	60.49	80.63	17.97	115.93
橡胶和塑料制品业	23278	27449.42	6370.12	12888.55	6142.41	16276.92
橡胶制品业	3462	8187.83	2279.33	4591.92	2254.41	4563.64
轮胎制造	366	4453.66	1527.31	3178.53	1635.55	2239.41
橡胶板、管、带制造	727	1059.77	206.10	427.93	204.54	635.27
橡胶零件制造	861	918.50	176.27	366.27	181.23	563.96
再生橡胶制造	125	64.49	16.67	30.83	10.85	35.81

单位：亿元

应收账款	存货	产成品	负债合计	流动负债合计	应付账款	所有者权益合计	实收资本	国家资本	集体资本
146.40	90.46	44.80	603.39	445.66	114.34	908.40	392.07	53.78	9.01
102.23	55.81	19.92	485.92	363.54	82.04	582.49	195.94	53.72	8.30
44.17	34.65	24.88	117.47	82.11	32.30	325.91	196.13	0.06	0.71
749.71	453.53	205.95	1777.05	1572.85	560.21	2310.53	774.59	11.36	14.96
305.18	88.95	37.00	529.62	492.71	155.91	578.68	204.90	2.50	11.92
222.92	181.26	83.19	654.21	577.89	229.10	833.63	292.45	1.93	2.13
45.89	25.16	14.13	111.57	107.55	55.57	164.74	38.31	4.66	
113.47	101.69	42.79	329.83	262.02	81.76	537.81	152.98	2.28	0.40
62.24	56.46	28.84	151.82	132.69	37.87	195.66	85.95		0.51
5249.87	5111.17	2294.33	17182.11	14097.97	3434.91	26869.09	7146.59	436.29	168.76
694.60	870.56	410.11	3113.51	2479.42	612.81	4165.50	1311.18	53.97	32.06
1489.72	1559.55	781.40	5010.14	4203.93	1026.31	7005.81	1886.19	116.73	55.77
624.11	459.84	225.67	1236.36	1032.75	377.87	1257.54	546.70	53.50	11.71
933.23	954.92	342.84	3508.78	2886.09	588.31	5457.87	1439.05	96.14	34.88
118.74	117.09	55.85	428.06	338.12	82.53	703.31	242.38	14.22	8.44
907.05	733.23	247.43	2443.85	2029.53	431.06	6178.82	1242.68	94.47	20.37
646.24	600.56	213.89	1816.67	1499.47	326.11	4115.92	1054.88	43.19	20.37
260.81	132.68	33.53	627.18	530.06	104.95	2062.90	187.80	51.29	
404.92	357.35	202.88	1217.07	937.03	269.38	1704.72	371.66	3.53	4.78
77.51	58.63	28.15	224.33	191.11	46.64	395.52	106.76	3.73	0.75
652.62	1044.99	568.64	5924.55	4869.76	859.41	4350.60	2408.01	310.48	14.70
89.30	202.38	97.30	1106.37	882.67	205.59	708.94	473.70	142.94	5.18
6.86	8.70	3.13	57.20	50.77	9.88	14.55	18.10	5.60	1.00
82.44	193.67	94.17	1049.17	831.90	195.72	694.40	455.61	137.34	4.18
539.54	790.37	453.69	4539.45	3769.36	615.03	3417.61	1793.26	135.30	9.33
77.11	125.69	84.80	537.21	437.05	66.37	459.79	160.15	17.45	0.75
353.81	511.25	286.07	3282.82	2747.10	421.56	2267.07	1278.12	58.50	8.16
22.01	22.99	12.11	193.48	156.32	25.06	48.60	31.71	15.26	
1.91	3.19	1.55	12.81	10.85	1.10	7.97	7.28		
12.71	8.27	3.98	42.53	34.59	6.30	48.93	15.97	0.30	
29.27	67.31	40.31	226.21	189.95	55.25	386.07	170.67	12.65	0.43
42.73	51.67	24.86	244.40	193.50	39.41	199.17	129.37	31.15	
23.78	52.25	17.65	278.73	217.74	38.79	224.05	141.05	32.25	0.19
7.76	26.08	7.48	150.16	110.22	16.54	116.17	75.66	27.59	
16.02	26.17	10.17	128.58	107.52	22.25	107.87	65.39	4.66	0.19
5181.47	3568.44	1686.27	14005.02	12039.48	3579.94	13431.24	7294.05	259.24	152.49
1317.22	1064.58	573.19	4109.31	3534.26	1077.48	4076.87	2894.26	155.66	32.38
499.61	636.03	368.24	2399.75	2034.78	562.02	2053.91	2057.61	99.97	14.68
248.11	127.14	64.28	455.10	414.34	137.02	604.67	291.11	37.54	2.80
216.04	102.05	48.62	418.87	353.50	137.28	499.63	194.42	10.24	4.83
12.22	7.46	3.15	32.90	27.48	7.46	31.59	15.08		0.19

2-1 续表 9

行　　业	企业单位数(个)	资产总计	固定资产净　额	固定资产原　价	累计折旧	流动资产合　计
日用及医用橡胶制品制造	332	692.96	162.78	244.14	74.26	440.65
运动场地用塑胶制造	69	32.22	7.21	10.24	2.56	19.60
其他橡胶制品制造	982	966.23	182.99	333.97	145.41	628.93
塑料制品业	19816	19261.60	4090.80	8296.64	3888.00	11713.28
塑料薄膜制造	2641	3847.82	971.16	1796.53	784.05	2068.06
塑料板、管、型材制造	3353	3686.08	722.64	1441.46	642.07	2314.33
塑料丝、绳及编织品制造	1699	1047.30	250.79	536.46	250.77	608.00
泡沫塑料制造	1071	655.17	124.17	244.46	106.77	437.28
塑料人造革、合成革制造	441	656.75	148.64	356.70	189.83	385.18
塑料包装箱及容器制造	1959	1559.83	379.47	835.99	429.73	895.18
日用塑料制品制造	2114	1529.81	375.89	783.82	378.02	903.00
人造草坪制造	85	57.47	11.93	24.20	11.56	40.40
塑料零件及其他塑料制品制造	6453	6221.37	1106.12	2277.01	1095.20	4061.84
非金属矿物制品业	44086	73304.25	17089.18	32710.09	14125.49	41993.29
水泥、石灰和石膏制造	3847	17487.69	5081.49	10688.53	5208.76	8022.69
水泥制造	2933	16723.95	4845.34	10235.82	5026.05	7655.57
石灰和石膏制造	914	763.74	236.15	452.71	182.71	367.12
石膏、水泥制品及类似制品制造	17183	21928.54	3180.53	6302.12	2778.41	16115.21
水泥制品制造	14160	17791.52	2274.93	4824.06	2276.53	13660.06
砼结构构件制造	1553	2500.60	494.77	789.88	254.88	1599.77
石棉水泥制品制造	36	32.90	7.99	12.74	4.22	12.15
轻质建筑材料制造	893	1126.59	310.39	489.60	162.33	509.42
其他水泥类似制品制造	541	476.92	92.45	185.85	80.45	333.80
砖瓦、石材等建筑材料制造	9219	7889.72	1742.15	3179.20	1161.56	4357.27
粘土砖瓦及建筑砌块制造	2977	1623.62	498.23	943.73	363.65	742.04
建筑用石加工	2552	2309.31	462.61	899.64	321.63	1230.86
防水建筑材料制造	890	1226.50	187.54	328.81	115.85	805.11
隔热和隔音材料制造	1058	942.33	239.49	379.53	125.19	492.73
其他建筑材料制造	1742	1787.97	354.28	627.49	235.24	1086.54
玻璃制造	1356	3785.96	1138.93	2045.64	831.33	1875.90
平板玻璃制造	237	1624.10	514.49	980.30	436.92	745.67
特种玻璃制造	746	1727.63	517.05	866.09	311.67	910.56
其他玻璃制造	373	434.24	107.39	199.26	82.73	219.67
玻璃制品制造	2194	3536.51	1000.37	1858.20	759.47	1857.73
技术玻璃制品制造	593	1602.57	451.96	747.27	262.46	870.20
光学玻璃制造	273	501.93	139.74	300.64	138.77	272.97
玻璃仪器制造	44	51.43	11.35	22.03	8.32	23.90
日用玻璃制品制造	554	418.89	128.47	254.07	112.81	210.59
玻璃包装容器制造	326	591.78	182.77	377.53	175.38	271.76
玻璃保温容器制造	38	45.95	10.75	18.56	7.03	25.67
制镜及类似品加工	77	55.81	7.42	16.28	7.93	41.31
其他玻璃制品制造	289	268.16	67.91	121.83	46.77	141.33

单位：亿元

应收账款	存货	产成品	负债合计	流动负债合计	应付账款	所有者权益合计	实收资本	国家资本	集体资本
84.75	62.43	33.08	274.03	244.65	62.00	417.31	118.61	0.91	8.37
6.34	5.45	2.10	18.93	17.16	3.99	13.30	6.48		0.10
250.14	124.01	53.73	509.74	442.37	167.70	456.46	210.96	6.99	1.40
3864.25	2503.86	1113.08	9895.71	8505.22	2502.46	9354.37	4399.78	103.59	120.11
575.37	431.99	174.60	2012.58	1688.57	397.26	1834.01	1018.33	56.36	84.62
748.72	485.18	253.18	1757.25	1452.29	375.66	1925.48	969.20	31.07	12.21
196.34	147.28	72.24	538.81	469.14	100.09	508.01	227.47	3.27	6.00
179.97	78.55	34.65	341.87	305.94	100.98	313.34	145.65	0.44	0.79
82.74	127.10	43.64	348.25	307.89	74.08	306.94	161.16	0.80	0.36
300.25	171.98	75.68	790.72	684.60	200.33	769.11	366.61	1.50	3.32
271.81	234.28	104.08	814.65	715.92	211.54	714.52	320.95	2.56	3.97
15.31	8.62	3.99	38.44	36.56	11.06	19.03	10.63		0.02
1493.74	818.87	351.02	3253.15	2844.31	1031.46	2963.93	1179.78	7.61	8.83
15643.16	6660.96	2899.60	40206.58	34418.83	12867.32	33082.44	16483.38	1797.82	283.40
1080.41	956.58	343.47	7776.41	6586.77	1687.07	9716.21	5047.39	968.57	85.25
966.00	901.60	320.51	7321.23	6209.14	1560.83	9407.59	4876.95	949.41	80.26
114.41	54.99	22.97	455.18	377.63	126.24	308.62	170.44	19.16	5.00
9586.64	1621.25	619.26	15043.27	13664.71	7073.84	6872.43	3818.74	336.08	71.06
8424.91	1227.38	415.48	12473.81	11448.56	6129.00	5307.06	2686.23	210.41	51.53
834.60	257.64	143.29	1695.92	1466.67	691.43	803.83	568.54	80.31	12.70
2.77	4.06	1.64	14.74	11.86	2.99	18.16	6.78	0.16	
135.53	92.69	45.56	569.15	477.13	112.15	556.08	253.24	38.04	5.38
188.83	39.47	13.30	289.66	260.49	138.27	187.29	303.95	7.16	1.45
1573.23	883.60	371.93	4088.93	3160.33	1009.54	3796.78	1845.75	95.13	29.03
280.30	144.59	85.80	793.42	651.63	196.05	829.19	437.05	10.09	7.03
255.36	398.70	134.69	1136.90	672.55	161.91	1170.28	457.44	20.72	5.54
413.51	84.84	33.18	634.95	574.51	203.42	591.54	278.21	14.36	5.57
178.60	94.45	45.44	457.18	397.54	116.01	483.49	305.52	9.76	4.39
445.46	161.00	72.82	1066.48	864.11	332.15	722.28	367.52	40.20	6.50
352.39	348.99	156.56	1970.04	1602.40	363.72	1815.78	924.68	73.22	7.04
62.03	162.32	69.43	786.13	661.13	133.34	837.82	376.80	34.72	4.43
235.32	143.09	66.80	956.34	744.19	182.25	771.28	456.44	26.17	1.60
55.03	43.58	20.34	227.56	197.07	48.12	206.68	91.44	12.33	1.01
517.86	409.42	215.13	1914.09	1588.93	472.67	1621.41	813.54	53.24	18.19
235.30	146.49	73.16	867.19	695.54	200.45	735.38	392.16	22.04	7.01
86.54	61.01	26.16	244.61	208.38	87.34	257.32	148.97	16.00	9.09
5.83	5.89	3.49	22.74	18.25	4.54	28.69	11.37		
56.16	60.79	35.53	246.82	219.68	55.94	172.07	85.89	0.53	1.00
64.64	87.66	53.67	311.11	273.93	66.35	280.67	106.98	9.85	0.71
8.54	8.68	4.31	26.69	20.59	6.17	19.26	4.57		
13.29	8.32	3.64	33.89	29.44	9.56	21.92	7.41	0.15	
47.57	30.58	15.18	161.04	123.13	42.32	106.11	56.19	4.66	0.39

2-1 续表 10

行 业	企业单位数(个)	资产总计	固定资产净额	固定资产原价	累计折旧	流动资产合计
玻璃纤维和玻璃纤维增强塑料制品制造	1077	2410.52	811.27	1264.57	433.63	1164.56
玻璃纤维及制品制造	588	1756.76	701.01	1081.86	364.76	757.85
玻璃纤维增强塑料制品制造	489	653.77	110.25	182.71	68.87	406.70
陶瓷制品制造	3288	5451.53	1551.79	3076.67	1385.93	2497.10
建筑陶瓷制品制造	1030	2662.89	894.83	1815.82	872.79	1291.96
卫生陶瓷制品制造	380	670.13	160.58	313.53	141.80	319.11
特种陶瓷制品制造	665	1041.22	226.17	460.29	195.42	470.83
日用陶瓷制品制造	612	596.29	136.91	239.18	80.30	228.96
陈设艺术陶瓷制造	469	367.30	95.81	182.13	69.00	133.82
园艺陶瓷制造	62	59.59	23.56	44.27	20.22	25.52
其他陶瓷制品制造	70	54.11	13.93	21.45	6.41	26.91
耐火材料制品制造	2063	2688.54	445.74	897.90	416.15	1729.19
石棉制品制造	65	39.92	10.52	17.98	6.47	21.90
云母制品制造	49	56.43	11.54	19.93	8.29	31.32
耐火陶瓷制品及其他耐火材料制造	1949	2592.20	423.68	859.99	401.39	1675.97
石墨及其他非金属矿物制品制造	3859	8125.24	2136.92	3397.26	1150.26	4373.65
石墨及碳素制品制造	1182	3575.64	884.66	1465.43	545.69	2034.70
其他非金属矿物制品制造	2677	4549.60	1252.26	1931.83	604.57	2338.95
黑色金属冶炼和压延加工业	5640	69199.82	20560.67	42412.47	20937.64	31749.28
炼铁	153	1125.79	367.76	716.00	318.99	604.15
炼钢	117	8040.86	2365.05	4921.86	2346.18	3617.61
钢压延加工	4518	55275.57	17103.62	35463.00	17738.99	25155.98
铁合金冶炼	852	4757.61	724.24	1311.60	533.48	2371.54
有色金属冶炼和压延加工业	8395	44470.72	10786.01	20489.99	8549.73	23263.22
常用有色金属冶炼	1197	19655.87	5516.32	11012.96	4638.48	9382.45
铜冶炼	139	4434.34	881.27	1946.98	724.21	2466.55
铅锌冶炼	247	2402.58	549.00	1209.92	594.96	1271.20
镍钴冶炼	56	1717.12	294.89	528.52	225.98	888.11
锡冶炼	55	451.54	156.92	245.61	82.91	160.04
锑冶炼	41	99.82	25.38	45.10	16.59	56.44
铝冶炼	288	9349.96	3265.04	6399.05	2767.22	3909.10
镁冶炼	60	158.07	45.38	84.52	38.47	75.89
硅冶炼	129	388.85	119.93	233.07	84.77	198.52
其他常用有色金属冶炼	182	653.58	178.51	320.20	103.38	356.60
贵金属冶炼	191	2565.01	389.93	824.01	422.35	1059.02
金冶炼	134	2334.62	355.73	741.26	380.11	930.55
银冶炼	32	147.05	17.91	39.48	17.52	87.61
其他贵金属冶炼	25	83.34	16.28	43.27	24.72	40.86
稀有稀土金属冶炼	301	2453.89	418.04	823.88	388.98	1235.05
钨钼冶炼	99	1384.28	296.63	496.01	188.52	549.91
稀土金属冶炼	131	869.53	76.44	257.19	175.29	578.28
其他稀有金属冶炼	71	200.08	44.97	70.68	25.16	106.86

单位：亿元

应收账款	存货	产成品	负债合计	流动负债合计	应付账款	所有者权益合计	实收资本	国家资本	集体资本
386.65	199.08	94.19	1184.25	953.45	242.32	1226.28	537.41	90.97	17.79
237.40	115.78	61.90	836.45	647.39	167.14	920.31	406.22	89.19	16.38
149.25	83.30	32.29	347.80	306.06	75.18	305.96	131.19	1.78	1.40
563.94	800.98	532.39	2584.50	2114.76	512.70	2866.97	1256.58	18.01	13.01
272.99	479.27	337.70	1477.04	1230.69	262.02	1185.86	347.80	0.36	4.99
69.51	91.78	51.57	320.93	258.41	73.36	349.19	171.20	0.66	2.17
140.75	98.29	56.31	372.36	301.48	105.99	668.80	389.63	14.18	4.75
44.90	68.46	45.78	219.00	171.76	36.56	377.29	216.89	2.80	0.30
24.56	46.87	30.28	138.33	103.72	23.64	228.97	109.44		0.33
5.23	8.60	5.67	25.48	20.94	4.91	34.11	11.61		0.05
6.00	7.73	5.08	31.35	27.75	6.22	22.76	10.01		0.42
586.45	361.23	197.67	1431.84	1322.95	521.27	1255.86	550.06	22.98	11.61
8.99	3.84	1.66	19.95	15.59	5.01	19.97	10.52		0.15
10.87	8.26	3.11	24.52	19.28	7.57	31.90	11.53		0.07
566.59	349.12	192.89	1387.38	1288.07	508.70	1203.98	528.01	22.98	11.39
995.59	1079.84	369.00	4213.24	3424.52	984.19	3910.73	1689.22	139.60	30.41
465.62	559.77	188.14	1918.12	1632.20	484.20	1656.98	749.09	77.73	16.09
529.97	520.07	180.86	2295.13	1792.32	500.00	2253.75	940.13	61.87	14.32
3151.00	8045.95	2660.28	41669.70	34735.52	9114.64	27494.35	12022.63	1993.44	228.52
136.38	183.29	55.35	851.42	759.91	267.45	274.36	191.85	10.32	0.99
286.06	827.68	267.52	5051.43	4225.46	1165.85	2989.43	1021.31	103.43	9.93
2459.47	6545.83	2097.23	32629.06	27481.33	7015.37	22610.54	9366.78	1836.77	190.77
269.08	489.16	240.19	3137.79	2268.83	665.97	1620.03	1442.68	42.91	26.83
4108.04	6930.65	1810.88	26847.77	21052.00	4849.31	17620.12	9541.62	1631.12	109.02
1068.33	3489.72	581.03	12064.60	9307.59	2262.39	7591.27	4349.20	1015.54	62.36
161.00	1224.32	112.42	2693.42	1969.56	445.54	1740.91	612.64	167.49	2.93
108.19	550.21	101.95	1603.80	1331.95	262.25	798.78	633.53	104.93	13.19
132.35	294.74	109.20	864.72	717.39	204.25	852.40	357.31	234.01	2.51
13.13	80.39	25.37	293.13	264.10	87.17	158.41	35.21	6.65	
9.41	21.53	6.48	67.00	53.34	14.14	32.82	26.91	16.29	0.61
552.65	1081.96	124.15	5679.45	4262.76	1068.43	3670.51	2390.96	453.91	15.18
10.89	17.72	9.24	138.67	119.27	21.86	19.40	44.52	1.00	0.01
33.47	86.20	57.68	304.77	243.01	88.53	84.08	77.63	8.88	26.55
47.24	132.66	34.53	419.62	346.22	70.23	233.96	170.50	22.37	1.40
49.61	426.91	108.52	1501.39	1069.56	156.45	1063.62	272.79	68.31	13.21
42.74	368.34	84.08	1367.62	963.09	133.51	967.00	223.18	62.91	13.19
4.38	35.98	14.47	99.45	77.77	13.89	47.60	39.60	1.20	
2.49	22.59	9.97	34.32	28.70	9.05	49.02	10.00	4.20	0.03
155.89	385.46	134.66	1349.32	585.26	137.53	1104.57	291.73	59.32	6.44
47.30	92.18	41.42	769.27	201.23	43.55	615.01	122.27	11.11	0.92
95.84	261.63	78.88	489.82	309.55	75.05	379.71	110.23	31.64	0.24
12.76	31.65	14.36	90.23	74.47	18.93	109.85	59.23	16.57	5.28

2-1 续表 11

行业	企业单位数(个)	资产总计	固定资产净额	固定资产原价	累计折旧	流动资产合计
有色金属合金制造	1241	3281.26	780.61	1419.25	595.08	1811.81
有色金属压延加工	5465	16514.69	3681.11	6409.89	2504.85	9774.88
铜压延加工	1428	4178.07	545.75	1101.60	510.07	2842.24
铝压延加工	3181	9934.74	2565.46	4294.06	1596.40	5522.28
贵金属压延加工	94	363.10	49.01	118.12	49.94	239.14
稀有稀土金属压延加工	168	606.25	105.58	211.13	95.88	326.03
其他有色金属压延加工	594	1432.53	415.30	684.98	252.56	845.19
金属制品业	31287	40861.98	7255.08	14475.12	6630.76	27164.37
结构性金属制品制造	10332	12536.97	1838.38	3424.59	1430.62	8724.17
金属结构制造	7618	10137.50	1422.98	2708.28	1164.44	7074.40
金属门窗制造	2714	2399.48	415.40	716.30	266.18	1649.77
金属工具制造	1824	2001.89	436.29	932.58	448.18	1210.46
切削工具制造	722	1064.56	251.16	562.05	288.24	613.75
手工具制造	387	276.95	65.12	129.96	58.06	174.93
农用及园林用金属工具制造	174	139.39	29.10	52.87	23.30	94.19
刀剪及类似日用金属工具制造	144	112.99	19.38	41.64	22.07	74.20
其他金属工具制造	397	408.00	71.54	146.06	56.51	253.39
集装箱及金属包装容器制造	1569	3358.41	567.59	1129.65	528.91	2234.18
集装箱制造	154	888.26	108.71	187.06	74.52	704.16
金属压力容器制造	570	1119.41	161.41	323.47	149.58	749.09
金属包装容器及材料制造	845	1350.74	297.47	619.12	304.82	780.93
金属丝绳及其制品制造	1532	3975.55	517.04	1019.74	474.32	3182.71
建筑、安全用金属制品制造	3460	3137.09	578.45	1161.82	527.95	2082.74
建筑、家具用金属配件制造	1444	992.23	212.34	430.49	206.62	640.15
建筑装饰及水暖管道零件制造	1207	1374.63	225.05	440.83	195.63	940.71
安全、消防用金属制品制造	470	395.71	73.93	151.49	56.06	235.98
其他建筑、安全用金属制品制造	339	374.52	67.12	139.00	69.65	265.90
金属表面处理及热处理加工	2336	2554.54	551.06	1203.71	570.20	1593.72
搪瓷制品制造	114	117.35	26.62	51.07	23.59	71.29
生产专用搪瓷制品制造	24	21.38	3.64	6.83	3.04	15.50
建筑装饰搪瓷制品制造	8	28.27	7.35	14.01	6.27	11.53
搪瓷卫生洁具制造	43	32.65	7.34	12.43	4.88	22.29
搪瓷日用品及其他搪瓷制品制造	39	35.04	8.30	17.80	9.41	21.97
金属制日用品制造	2204	1777.78	346.87	695.52	324.05	1140.85
金属制厨房用器具制造	399	282.86	52.39	103.51	46.32	197.60
金属制餐具和器皿制造	845	742.31	156.74	273.75	110.13	455.28
金属制卫生器具制造	156	113.00	20.62	41.66	20.05	77.43
其他金属制日用品制造	804	639.62	117.13	276.59	147.56	410.54
铸造及其他金属制品制造	7916	11402.40	2392.78	4856.43	2302.94	6924.26
黑色金属铸造	2764	3881.16	992.56	1938.84	854.54	2142.60
有色金属铸造	398	640.36	140.99	269.44	123.95	379.37
锻件及粉末冶金制品制造	1795	2708.70	559.67	1160.47	565.32	1550.60

单位：亿元

应收账款	存货	产成品	负债合计	流动负债合计	应付账款	所有者权益合计	实收资本	国家资本	集体资本
449.28	449.55	165.51	1631.00	1352.92	384.60	1649.49	943.27	135.12	5.55
2384.93	2179.00	821.16	10301.46	8736.67	1908.34	6211.16	3684.63	352.83	21.45
655.07	629.25	244.68	2877.56	2532.24	476.13	1299.55	811.83	98.47	6.97
1403.50	1081.25	409.09	6091.04	5124.27	1100.96	3842.59	2352.35	183.45	13.76
27.74	86.80	13.36	217.88	156.99	51.56	145.22	50.16	16.15	
64.32	122.85	61.78	278.33	239.68	78.76	327.92	148.82	35.14	
234.29	258.86	92.25	836.65	683.48	200.94	595.89	321.46	19.62	0.73
8199.90	5964.59	2475.43	24195.39	21668.04	7362.35	16661.76	8230.50	503.73	163.72
2928.00	1988.21	857.30	8067.77	7232.68	2081.17	4467.73	2417.97	150.48	41.15
2305.71	1650.65	733.00	6622.18	5937.32	1683.51	3514.45	1906.50	143.09	38.07
622.28	337.57	124.30	1445.59	1295.36	397.66	953.28	511.47	7.40	3.08
353.89	302.05	122.77	946.93	814.82	263.94	1054.96	414.46	19.21	7.59
153.98	148.28	61.06	421.59	339.94	108.24	642.97	249.14	14.81	6.66
58.20	50.31	21.59	155.79	137.86	49.88	121.16	50.77		0.02
31.20	25.72	9.48	81.87	78.70	25.95	57.52	21.30		
22.02	17.00	7.73	55.10	49.06	12.57	57.89	20.93	0.24	0.06
88.49	60.74	22.92	232.57	209.25	67.30	175.43	72.32	4.16	0.85
630.75	617.88	215.77	1884.82	1715.64	470.45	1473.59	725.97	32.33	9.24
203.56	213.10	87.43	495.50	478.23	164.19	392.76	124.72	0.64	1.58
192.35	234.57	69.20	669.49	614.38	129.69	449.92	251.97	17.33	4.90
234.85	170.21	59.14	719.83	623.02	176.56	630.91	349.28	14.37	2.75
693.28	324.49	152.73	2773.81	2675.26	1841.05	1201.73	853.42	27.88	17.53
748.84	476.38	199.04	1637.17	1454.55	446.90	1498.35	656.66	17.27	14.68
233.80	160.76	59.86	552.97	507.37	160.58	438.37	188.28	0.57	1.27
315.20	198.53	84.27	668.46	598.42	183.70	705.49	281.56	15.23	10.27
79.32	53.89	24.67	175.25	140.28	41.51	220.46	97.69	0.04	1.44
120.51	63.21	30.24	240.49	208.48	61.12	134.03	89.13	1.42	1.70
486.27	370.47	154.80	1623.16	1470.82	333.66	931.30	557.13	28.73	16.18
26.52	17.43	5.98	62.32	53.77	19.23	55.02	21.92		0.35
5.01	3.67	0.80	10.96	10.20	3.53	10.42	5.52		0.30
5.53	2.88	0.31	11.29	11.26	2.64	16.98	6.37		
7.46	5.77	2.33	20.50	14.64	6.39	12.15	4.20		0.05
8.52	5.11	2.55	19.57	17.67	6.67	15.48	5.83		
328.55	279.20	119.37	961.69	877.79	243.15	814.96	328.30	1.39	4.41
63.04	49.69	24.20	168.33	152.60	43.24	114.53	65.29		0.56
115.88	112.93	46.79	400.36	369.84	95.51	341.11	129.92	0.32	3.39
22.86	23.50	8.83	68.49	62.68	19.01	44.51	21.46	0.26	0.20
126.78	93.08	39.55	324.51	292.67	85.39	314.81	111.64	0.81	0.25
2003.80	1588.47	647.66	6237.71	5372.72	1662.81	5164.13	2254.67	226.43	52.59
652.47	474.63	230.31	2046.01	1760.22	570.02	1835.12	795.80	47.36	28.51
111.78	101.82	39.09	334.15	284.94	111.58	306.22	121.80	10.72	2.47
508.83	381.70	151.03	1350.70	1143.16	342.80	1357.52	574.02	43.94	8.68

2-1 续表 12

行业	企业单位数(个)	资产总计	固定资产净额	固定资产原价	累计折旧	流动资产合计
交通及公共管理用金属标牌制造	234	166.29	25.58	49.58	22.39	109.61
其他未列明金属制品制造	2725	4005.90	673.97	1438.11	736.74	2742.09
通用设备制造业	30511	56217.77	8290.56	17000.64	8134.69	38805.02
锅炉及原动设备制造	1490	7999.26	1073.32	2208.16	1097.00	5501.29
锅炉及辅助设备制造	647	2132.04	236.49	510.26	256.22	1544.74
内燃机及配件制造	494	3615.36	554.96	1089.83	519.08	2264.91
汽轮机及辅机制造	104	1130.12	126.23	337.64	208.75	827.45
水轮机及辅机制造	36	101.10	16.86	54.39	36.98	68.53
风能原动设备制造	187	991.00	134.41	208.03	72.40	776.46
其他原动设备制造	22	29.64	4.37	8.00	3.58	19.21
金属加工机械制造	4130	6102.75	922.66	1871.43	885.42	4113.83
金属切削机床制造	1092	2268.85	311.63	646.65	312.14	1548.64
金属成形机床制造	601	901.11	144.48	298.53	148.47	638.10
铸造机械制造	503	511.62	96.91	217.95	105.35	287.82
金属切割及焊接设备制造	665	973.70	124.65	211.31	83.27	707.27
机床功能部件及附件制造	485	600.17	110.32	213.21	92.69	367.70
其他金属加工机械制造	784	847.29	134.67	283.79	143.50	564.31
物料搬运设备制造	2757	10318.12	1038.34	2011.78	868.57	7722.10
轻小型起重设备制造	241	212.16	39.28	83.00	39.83	144.73
生产专用起重机制造	595	4633.09	444.99	875.24	356.71	3459.03
生产专用车辆制造	215	558.18	85.25	177.21	87.80	365.28
连续搬运设备制造	515	849.78	83.45	144.08	58.93	610.19
电梯、自动扶梯及升降机制造	921	3507.06	333.50	640.41	286.81	2697.60
客运索道制造	6	18.07	2.95	4.20	1.25	13.21
机械式停车设备制造	82	125.53	14.87	22.34	6.93	87.07
其他物料搬运设备制造	182	414.26	34.05	65.30	30.32	345.00
泵、阀门、压缩机及类似机械制造	5887	9260.08	1447.14	3064.35	1496.32	6490.07
泵及真空设备制造	1467	2162.85	344.45	682.14	301.31	1495.31
气体压缩机械制造	578	2597.49	328.06	814.50	457.19	1904.80
阀门和旋塞制造	2345	2359.07	367.20	759.44	357.38	1655.39
液压动力机械及元件制造	1309	1696.16	320.70	660.27	319.66	1115.24
液力动力机械元件制造	30	18.00	3.30	6.72	3.08	12.44
气压动力机械及元件制造	158	426.51	83.41	141.28	57.70	306.90
轴承、齿轮和传动部件制造	2850	5088.90	1182.39	2553.89	1321.61	3092.28
滚动轴承制造	1363	2350.38	561.97	1220.55	628.26	1390.76
滑动轴承制造	127	135.60	33.71	65.72	32.38	90.22
齿轮及齿轮减、变速箱制造	979	2151.07	492.38	1083.04	573.66	1317.08
其他传动部件制造	381	451.84	94.33	184.58	87.30	294.22
烘炉、风机、包装等设备制造	4298	7636.17	1016.39	1982.66	880.06	5174.13
烘炉、熔炉及电炉制造	300	478.13	44.53	97.32	37.41	319.39
风机、风扇制造	657	675.77	103.90	203.98	96.13	467.19
气体、液体分离及纯净设备制造	797	1615.11	217.71	416.57	161.93	1072.63

单位：亿元

			负债合计			所有者权益合计			
				流动负债合计			实收资本		
应收账款	存货				应付账款			国家资本	集体资本
		产成品							
39.75	18.63	8.86	77.22	69.06	23.00	89.02	32.12	1.85	0.37
690.96	611.70	218.38	2429.64	2115.33	615.40	1576.25	730.93	122.56	12.55
12029.24	9048.12	3255.05	31031.82	27679.52	9666.43	25143.76	9993.19	789.77	153.93
1357.39	1142.89	319.01	4506.87	4032.89	1376.47	3492.24	1224.14	256.74	41.38
394.37	407.65	69.67	1381.77	1217.80	374.74	750.12	283.67	51.99	5.84
399.65	394.20	167.00	1600.12	1414.63	521.43	2015.24	620.26	114.53	29.49
180.25	194.02	22.18	789.75	727.35	197.41	340.37	167.66	76.31	2.02
20.62	12.81	3.72	58.12	50.51	12.97	42.98	18.06		0.08
355.50	128.45	54.37	657.53	604.14	263.38	333.47	125.73	13.84	3.96
6.99	5.75	2.07	19.57	18.47	6.54	10.06	8.75	0.07	
990.24	1110.04	356.38	3360.81	2971.37	879.68	2740.70	1151.37	100.51	16.34
297.93	423.42	137.31	1360.63	1182.50	299.52	907.78	458.07	79.93	11.41
143.08	208.70	56.60	486.68	446.70	149.12	414.43	154.01	8.58	2.01
92.31	74.38	26.37	277.64	246.39	70.33	233.98	138.76	3.97	0.53
188.35	192.75	66.97	517.78	458.19	168.35	455.49	143.54	2.27	0.33
105.77	95.28	33.84	281.59	247.08	86.23	318.58	114.97	2.34	0.26
162.79	115.53	35.29	436.49	390.51	106.12	410.43	142.02	3.42	1.80
2558.22	1601.72	555.53	6650.66	5852.56	1765.68	3665.88	1443.81	81.64	28.45
48.49	35.77	13.34	111.73	102.34	41.53	100.43	48.27	1.12	1.48
1222.97	581.48	129.77	3149.38	2598.82	654.07	1483.72	497.35	45.36	7.26
104.94	100.79	37.01	304.63	268.81	123.33	253.55	97.01	5.40	0.60
175.20	154.97	38.74	491.36	402.20	137.44	358.32	163.96	7.10	15.63
878.51	572.83	279.61	2264.92	2171.36	705.22	1240.81	535.76	6.64	3.10
7.02	3.00	1.15	10.12	9.31	3.78	7.95	3.22	0.16	
36.40	21.30	8.07	68.47	61.28	18.45	57.06	37.60	0.94	0.23
84.68	131.58	47.82	250.07	238.43	81.87	164.05	60.64	14.93	0.14
2170.76	1587.41	629.89	4698.64	4311.65	1716.92	4518.37	1844.10	66.21	22.24
457.36	398.36	139.39	1119.90	1021.92	390.34	1042.87	441.89	11.80	2.60
608.84	425.55	193.07	1500.08	1463.53	569.89	1054.92	421.84	29.75	4.24
638.30	408.90	153.70	1137.59	990.59	384.13	1220.99	552.79	4.19	8.93
361.39	267.22	104.16	791.30	694.26	279.58	904.86	331.03	20.27	6.36
5.14	3.34	1.01	10.01	8.79	3.51	7.99	5.68	0.11	0.01
99.73	84.05	38.55	139.76	132.55	89.48	286.75	90.88	0.11	0.10
1031.15	776.86	329.05	2579.73	2239.67	818.52	2508.91	1089.52	65.36	15.92
480.51	345.40	163.77	1171.33	988.48	366.20	1178.95	552.46	26.59	9.31
34.39	21.23	10.82	56.82	51.04	21.07	78.78	26.85	2.26	0.02
415.43	331.94	122.80	1118.85	985.51	344.65	1032.22	413.69	33.56	4.87
100.83	78.28	31.66	232.74	214.64	86.60	218.96	96.53	2.95	1.72
1659.19	1167.22	469.11	4148.78	3792.93	1435.15	3495.03	1321.52	77.53	12.37
76.91	79.02	19.01	258.18	244.60	67.53	219.95	75.71	1.13	1.21
173.76	100.32	35.08	345.17	315.61	126.24	329.97	143.41	11.90	1.44
330.96	225.52	88.09	913.09	838.69	300.26	702.02	268.44	39.39	2.08

2-1 续表 13

行　　业	企业单位数(个)	资产总计	固定资产净　额	固定资产原　价	累计折旧	流动资产合　计
制冷、空调设备制造	1432	3331.30	419.39	805.83	361.21	2194.04
风动和电动工具制造	419	790.45	121.98	249.36	125.57	613.22
喷枪及类似器具制造	132	133.56	28.93	55.09	25.54	87.03
包装专用设备制造	561	611.85	79.94	154.51	72.27	420.62
文化、办公用机械制造	635	1738.19	215.87	526.47	306.91	1227.06
电影机械制造	13	18.31	1.51	2.87	1.36	15.82
幻灯及投影设备制造	90	214.66	20.27	40.69	20.33	161.90
照相机及器材制造	179	433.33	89.08	196.02	105.85	290.21
复印和胶印设备制造	149	329.50	44.28	173.99	128.06	242.55
计算器及货币专用设备制造	134	672.34	52.61	92.92	39.53	459.62
其他文化、办公用机械制造	70	70.05	8.12	19.98	11.79	56.96
通用零部件制造	6472	5094.31	1088.51	2243.19	1065.91	3293.21
金属密封件制造	291	332.51	60.80	127.46	64.78	234.85
紧固件制造	1651	1337.40	284.37	591.47	291.28	878.52
弹簧制造	317	292.75	62.84	128.63	62.88	188.85
机械零部件加工	3397	2331.12	532.82	1083.54	495.10	1451.85
其他通用零部件制造	816	800.53	147.68	312.10	151.87	539.13
其他通用设备制造业	1992	2980.00	305.94	538.71	212.88	2191.05
工业机器人制造	623	1375.13	105.30	157.47	49.17	1018.28
特殊作业机器人制造	43	95.01	4.15	10.28	5.62	70.36
增材制造装备制造	131	191.72	20.31	34.55	12.81	143.38
其他未列明通用设备制造业	1195	1318.15	176.18	336.40	145.28	959.03
专用设备制造业	23812	50541.91	6579.79	12692.63	5610.23	34427.66
采矿、冶金、建筑专用设备制造	4414	15066.71	1952.70	4028.89	1842.47	10279.94
矿山机械制造	1586	4491.04	656.27	1194.72	480.69	2970.27
石油钻采专用设备制造	769	2264.52	294.74	774.95	409.05	1509.11
深海石油钻探设备制造	46	90.31	17.10	43.35	25.49	57.08
建筑工程用机械制造	896	4607.84	518.81	1055.12	472.97	3367.52
建筑材料生产专用机械制造	479	1175.56	107.93	245.84	132.79	705.32
冶金专用设备制造	571	1955.15	249.58	567.76	285.57	1348.00
隧道施工专用机械制造	67	482.28	108.28	147.14	35.90	322.65
化工、木材、非金属加工专用设备制造	4589	6557.07	1143.12	2382.34	1164.15	4430.46
炼油、化工生产专用设备制造	502	1349.32	205.21	430.31	195.82	956.18
橡胶加工专用设备制造	158	444.93	47.17	98.56	47.92	271.02
塑料加工专用设备制造	627	1076.65	162.16	301.26	135.69	785.46
木竹材加工机械制造	151	165.17	25.91	47.95	21.10	105.14
模具制造	3065	3437.59	690.06	1483.28	756.38	2250.92
其他非金属加工专用设备制造	86	83.41	12.61	20.98	7.24	61.74
食品、饮料、烟草及饲料生产专用设备制造	811	902.28	155.04	345.67	178.88	603.51
食品、酒、饮料及茶生产专用设备制造	336	355.32	53.26	105.28	49.82	254.21
农副食品加工专用设备制造	337	312.47	64.45	142.65	69.63	181.33
烟草生产专用设备制造	70	197.03	30.48	74.43	43.67	146.78
饲料生产专用设备制造	68	37.46	6.85	23.30	15.76	21.19

单位：亿元

应收账款	存货	产成品	负债合计	流动负债合计	应付账款	所有者权益合计	实收资本	国家资本	集体资本
688.89	440.33	205.53	1747.57	1575.96	596.17	1583.73	614.44	21.94	5.59
265.86	165.34	69.96	485.81	457.66	233.40	314.30	93.81	0.01	0.56
26.03	23.39	9.44	74.16	67.82	22.09	58.01	23.21	2.22	
96.78	133.31	41.99	324.80	292.60	89.47	287.05	102.48	0.94	1.48
372.85	310.14	104.98	781.42	666.69	313.19	956.74	359.37	28.39	1.23
4.72	5.96	1.47	12.07	9.40	5.14	6.24	1.62		
50.17	56.31	15.77	101.45	90.87	64.47	113.21	37.79	1.18	0.42
94.03	81.65	18.59	206.48	173.95	81.73	226.85	112.41	10.28	0.06
83.07	62.70	22.08	132.26	112.57	54.94	197.24	72.06	0.05	0.01
121.83	91.50	43.30	287.62	241.40	90.92	384.68	117.82	16.88	0.74
19.02	12.02	3.78	41.54	38.50	15.99	28.52	17.67		
1270.84	743.16	334.63	2650.64	2326.99	847.53	2440.17	1073.88	96.53	10.10
78.39	43.06	18.63	145.11	129.71	51.62	187.40	64.13	0.50	0.34
326.07	229.90	111.56	636.02	585.24	200.86	698.26	300.16	6.18	1.26
74.25	38.86	21.29	137.70	123.75	46.86	154.92	60.30	0.34	0.24
581.78	316.44	133.58	1308.42	1115.27	417.69	1022.43	505.59	86.04	7.67
210.35	114.90	49.57	423.38	373.02	130.50	377.15	143.70	3.47	0.59
618.61	608.68	156.47	1654.27	1484.77	513.29	1325.73	485.49	16.86	5.89
264.66	293.57	70.34	751.03	670.81	244.16	624.09	212.72	4.68	2.57
24.71	12.31	2.85	44.31	37.58	17.50	50.70	23.06	0.48	0.03
47.83	33.57	12.54	96.59	89.86	32.80	95.13	35.02	0.76	0.79
281.41	269.22	70.75	762.34	686.52	218.84	555.81	214.69	10.94	2.50
9898.39	8459.48	3096.61	27418.25	24396.75	7957.94	23115.63	10522.99	812.16	181.06
3412.33	2573.79	1096.36	9025.22	7797.42	2594.75	6041.51	2862.24	464.23	56.00
981.22	786.57	320.31	2723.85	2278.35	815.29	1767.19	901.25	151.38	9.52
525.29	370.74	154.41	1256.94	1123.81	384.90	1007.60	684.65	92.58	23.47
15.84	16.77	9.13	21.84	18.54	8.93	68.48	33.02	0.02	
1267.22	838.09	404.05	2736.63	2419.39	825.99	1871.21	567.07	101.67	18.20
181.59	131.72	58.52	704.10	610.67	142.16	471.46	225.08	5.83	3.60
343.08	314.80	97.34	1256.13	1069.12	316.26	699.02	382.62	86.81	1.15
98.08	115.09	52.59	325.72	277.53	101.22	156.55	68.55	25.94	0.06
1350.92	1128.79	361.29	3481.86	3168.08	1054.66	3073.47	2610.24	50.70	43.92
267.89	220.73	51.91	813.16	737.57	183.54	536.16	287.92	20.67	11.49
72.98	83.23	35.52	216.84	197.81	64.52	228.09	80.23	14.70	9.55
193.28	206.80	64.28	552.25	522.04	183.03	523.30	155.92	1.43	0.27
10.55	32.94	13.73	79.07	69.92	18.42	86.10	29.21		
789.93	564.68	191.11	1771.32	1595.17	588.24	1665.64	2041.61	13.89	22.00
16.29	20.41	4.74	49.22	45.56	16.91	34.19	15.34		0.60
126.44	202.58	63.58	444.08	412.87	122.01	458.17	177.67	13.00	1.77
52.82	87.47	25.79	205.04	194.30	44.29	150.27	54.48	0.17	0.50
43.68	47.73	18.63	138.18	122.20	31.48	174.26	67.69	0.35	1.11
24.36	61.19	17.96	77.32	73.74	39.69	119.71	47.58	12.45	0.02
5.57	6.19	1.20	23.54	22.62	6.56	13.92	7.93	0.02	0.14

2-1 续表 14

行　业	企业单位数(个)	资产总计	固定资产净　额	固定资产原　价	累计折旧	流动资产合　计
印刷、制药、日化及日用品生产专用设备制造	1080	1710.59	223.90	461.99	208.89	1073.66
制浆和造纸专用设备制造	177	272.42	46.00	107.16	58.34	194.20
印刷专用设备制造	424	489.81	70.34	136.33	59.75	316.29
日用化工专用设备制造	44	29.89	4.65	9.52	4.58	17.53
制药专用设备制造	181	407.41	40.00	80.24	38.98	282.96
照明器具生产专用设备制造	47	71.27	8.76	15.00	6.08	50.38
玻璃、陶瓷和搪瓷制品生产专用设备制造	142	367.55	42.93	94.08	32.73	164.93
其他日用品生产专用设备制造	65	72.23	11.21	19.65	8.42	47.36
纺织、服装和皮革加工专用设备制造	1118	1642.12	243.91	475.18	227.22	1170.46
纺织专用设备制造	764	1189.51	168.64	315.00	140.21	860.42
皮革、毛皮及其制品加工专用设备制造	36	18.15	2.25	4.17	1.81	13.70
缝制机械制造	277	408.54	67.76	147.48	82.22	280.04
洗涤机械制造	41	25.92	5.27	8.52	2.97	16.29
电子和电工机械专用设备制造	2102	5501.79	439.93	731.44	264.83	3935.70
电工机械专用设备制造	415	691.37	63.79	117.49	52.25	543.15
半导体器件专用设备制造	447	1483.24	134.51	230.48	85.48	1150.88
电子元器件与机电组件设备制造	676	1082.80	131.17	216.59	72.49	823.83
其他电子专用设备制造	564	2244.39	110.47	166.88	54.61	1417.84
农、林、牧、渔专用机械制造	1352	2135.77	366.35	727.58	318.93	1453.02
拖拉机制造	123	368.74	75.90	189.57	102.55	238.29
机械化农业及园艺机具制造	625	1204.51	179.91	337.29	139.82	842.85
营林及木竹采伐机械制造	6	5.48	0.76	3.05	1.50	3.26
畜牧机械制造	235	270.68	33.44	52.77	17.36	212.32
渔业机械制造	17	9.43	1.43	2.95	1.51	5.78
农林牧渔机械配件制造	229	176.84	52.08	93.58	39.21	97.02
棉花加工机械制造	16	22.45	3.54	9.04	3.13	14.07
其他农、林、牧、渔业机械制造	101	77.62	19.30	39.33	13.84	39.43
医疗仪器设备及器械制造	3140	7241.06	993.48	1711.55	692.02	4546.51
医疗诊断、监护及治疗设备制造	819	2901.05	322.16	509.46	178.48	1884.80
口腔科用设备及器具制造	94	114.94	20.57	31.31	10.61	80.66
医疗实验室及医用消毒设备和器具制造	106	179.76	27.44	45.79	17.70	99.40
医疗、外科及兽医用器械制造	683	1670.54	264.43	472.29	200.45	965.66
机械治疗及病房护理设备制造	185	326.88	40.21	71.70	30.89	245.13
康复辅具制造	180	353.77	46.42	81.22	34.18	234.20
眼镜制造	439	463.80	109.72	227.35	113.33	307.30
其他医疗设备及器械制造	634	1230.33	162.54	272.44	106.36	729.36
环保、邮政、社会公共服务及其他专用设备制造	5206	9784.53	1061.35	1827.99	712.84	6934.40
环境保护专用设备制造	2675	5370.82	546.46	905.90	328.16	3667.45
地质勘查专用设备制造	25	70.52	9.98	26.72	16.68	50.03
邮政专用机械及器材制造	22	34.10	3.77	5.27	1.50	27.77
商业、饮食、服务专用设备制造	73	103.89	11.40	23.07	11.55	66.18

单位：亿元

应收账款	存货	产成品	负债合计	流动负债合计	应付账款	所有者权益合计	实收资本	国家资本	集体资本
241.76	353.41	94.91	935.50	837.09	236.96	774.45	363.65	14.33	3.43
40.96	45.24	12.32	195.43	173.17	40.46	76.99	41.00	1.23	0.31
85.61	100.78	34.26	259.40	224.74	74.04	230.21	115.43	12.46	1.02
5.59	4.56	1.64	13.78	11.97	3.30	16.11	8.16	0.01	
47.69	99.36	22.08	231.53	218.41	46.94	175.88	52.70	0.63	0.60
16.51	17.22	6.86	43.65	40.74	15.81	27.63	15.91		0.66
34.89	68.05	13.46	153.34	134.17	45.97	213.78	113.22		0.01
10.50	18.21	4.28	38.37	33.89	10.44	33.85	17.23		0.83
290.40	313.70	117.30	962.71	888.40	278.45	677.98	271.87	23.01	2.16
207.85	205.65	70.47	723.24	669.41	197.96	465.98	177.27	21.46	0.99
3.64	4.53	1.64	10.09	9.48	3.10	8.06	4.20		
75.29	98.03	43.79	214.16	198.50	73.51	193.24	81.28	1.49	1.13
3.62	5.49	1.41	15.23	11.01	3.88	10.69	9.12	0.06	0.04
907.45	1088.75	395.87	3335.71	3095.81	896.46	2165.72	819.93	46.63	36.37
146.81	116.49	36.85	457.30	408.98	180.61	233.70	95.21	15.30	0.43
225.50	331.36	149.63	719.30	647.49	202.06	763.94	240.12	11.10	15.88
259.94	260.62	98.64	691.19	626.62	251.43	391.61	152.04	7.72	18.44
275.20	380.28	110.76	1467.92	1412.72	262.35	776.46	332.56	12.51	1.62
361.80	425.36	195.99	1304.96	1197.82	425.46	828.30	448.48	57.75	3.52
37.20	69.08	27.62	238.77	218.40	73.57	129.69	107.61	1.70	1.25
211.97	246.16	116.68	733.13	674.97	258.54	469.16	257.65	55.26	2.07
1.05	1.12	0.27	2.89	2.86	1.59	2.58	0.72		
59.75	65.50	31.64	178.24	168.85	49.03	92.45	39.20	0.08	0.10
1.41	1.65	0.57	5.32	5.28	1.36	4.11	1.80		
38.61	26.12	11.45	96.13	85.60	31.42	80.71	25.91	0.02	0.10
2.62	3.76	2.18	10.97	8.04	1.55	11.49	3.13	0.57	
9.21	11.96	5.60	39.51	33.82	8.39	38.11	12.46	0.13	
994.42	875.77	319.52	2529.45	2186.93	734.32	4710.26	1279.10	19.74	11.74
376.88	350.65	99.63	955.50	836.48	290.16	1945.55	460.27	10.52	3.42
21.63	19.21	4.63	53.16	43.84	20.93	61.78	19.15	0.42	
23.41	28.54	11.26	85.59	80.56	23.44	94.17	19.76	0.05	0.12
208.25	184.38	81.12	574.31	491.63	167.92	1095.94	287.25	4.09	4.18
36.78	45.44	16.34	117.81	104.09	29.58	209.07	60.12	0.77	0.57
62.56	49.44	23.77	97.55	89.32	35.92	256.22	60.05	0.80	0.22
115.81	80.49	35.41	210.96	195.86	75.44	251.91	117.97	0.87	0.11
149.08	117.62	47.37	434.57	345.14	90.93	795.63	254.54	2.23	3.13
2212.88	1497.34	451.79	5398.76	4812.34	1614.88	4385.77	1689.81	122.76	22.15
1207.67	700.50	212.40	2935.62	2611.47	848.94	2435.20	932.62	50.40	12.87
18.19	8.67	3.40	28.03	21.89	13.41	42.48	10.19	5.89	0.22
8.91	12.62	2.65	25.27	24.86	10.07	8.83	4.55	0.50	
25.70	18.62	6.90	57.34	48.67	18.81	46.55	21.79	0.73	0.47

2-1 续表 15

行 业	企业单位数(个)	资产总计	固定资产净 额	固定资产原 价	累计折旧	流动资产合 计
社会公共安全设备及器材制造	506	668.89	78.31	138.30	54.90	480.44
交通安全、管制及类似专用设备制造	155	196.97	15.02	27.27	9.52	156.34
水资源专用机械制造	216	296.76	38.72	77.25	36.10	203.22
其他专用设备制造	1534	3042.59	357.70	624.21	254.44	2282.97
汽车制造业	17254	89241.28	15495.67	33591.09	16817.77	53349.38
汽车整车制造	407	42634.94	5988.30	13803.01	7117.15	24542.43
汽柴油车整车制造	227	36940.44	5315.66	12833.46	6840.23	20965.89
新能源车整车制造	180	5694.50	672.65	969.55	276.92	3576.53
汽车用发动机制造	129	2292.75	500.29	1274.15	695.77	1338.68
改装汽车制造	553	2342.31	320.48	593.69	249.28	1612.06
低速汽车制造	13	163.94	21.69	64.07	41.52	100.73
电车制造	38	118.08	21.43	33.94	12.14	57.98
汽车车身、挂车制造	654	1080.68	204.00	394.52	169.68	666.42
汽车零部件及配件制造	15460	40608.59	8439.48	17427.71	8532.23	25031.08
铁路、船舶、航空航天和其他运输设备制造业	5646	31477.42	4645.77	8858.83	4002.32	21887.48
铁路运输设备制造	1066	6482.90	791.59	1549.31	696.54	4531.96
高铁车组制造	13	1635.25	164.19	358.49	193.49	1218.21
铁路机车车辆制造	29	1233.36	178.13	340.82	143.80	737.51
窄轨机车车辆制造	22	90.49	18.07	30.26	10.55	62.35
高铁设备、配件制造	235	927.65	102.10	189.20	84.30	674.44
铁路机车车辆配件制造	352	884.94	124.73	245.28	117.16	631.29
铁路专用设备及器材、配件制造	386	1568.48	188.13	360.20	138.52	1105.99
其他铁路运输设备制造	29	142.73	16.24	25.06	8.72	102.17
城市轨道交通设备制造	146	804.36	128.37	202.20	72.24	554.13
船舶及相关装置制造	1021	9806.76	1673.35	3135.24	1394.87	6307.16
金属船舶制造	404	7480.35	1171.98	2227.94	1011.53	4867.78
非金属船舶制造	38	109.75	28.75	42.25	12.99	78.96
娱乐船和运动船制造	56	62.07	10.92	21.08	9.74	40.37
船用配套设备制造	395	843.06	171.46	328.25	152.83	538.12
船舶改装	13	50.56	16.17	31.66	15.22	29.94
船舶拆除	7	69.37	15.78	24.20	8.42	28.02
海洋工程装备制造	100	1186.41	257.27	457.59	182.90	720.82
航标器材及其他相关装置制造	8	5.20	1.03	2.27	1.24	3.14
航空、航天器及设备制造	661	10725.97	1424.96	2707.60	1243.42	7999.89
飞机制造	278	7541.54	1003.96	1796.97	824.58	5747.40
航天器及运载火箭制造	45	1100.23	140.70	270.57	108.57	780.15
航天相关设备制造	92	884.38	91.25	260.05	168.25	651.57
航空相关设备制造	152	743.84	115.84	196.27	81.97	518.83
其他航空航天器制造	94	455.97	73.20	183.74	60.05	301.95
摩托车制造	1233	1959.80	362.62	790.00	398.61	1279.22
摩托车整车制造	182	861.23	102.19	242.53	123.96	615.83
摩托车零部件及配件制造	1051	1098.57	260.43	547.47	274.65	663.39

单位：亿元

应收账款	存货	产成品	负债合计	流动负债合计	应付账款	所有者权益合计	实收资本	国家资本	集体资本
179.79	110.53	30.80	333.86	291.41	109.78	335.03	114.41	2.75	0.18
46.71	27.54	8.35	119.25	96.09	30.67	77.72	35.10	0.41	0.33
63.88	36.30	8.33	174.98	160.66	44.74	121.79	69.93	6.90	0.86
662.03	582.55	178.96	1724.41	1557.30	538.45	1318.18	501.22	55.17	7.21
14815.38	8632.46	3756.00	52881.53	46473.23	19014.56	36292.74	15111.33	1959.25	244.41
4828.97	2923.33	1206.89	27318.37	23768.46	9391.83	15253.19	6114.55	1146.24	30.60
3473.83	2650.78	1127.57	22824.26	19881.61	7940.09	14054.05	5345.35	993.41	15.29
1355.15	272.56	79.32	4494.11	3886.85	1451.74	1199.14	769.20	152.83	15.30
434.10	261.70	125.58	1245.43	1058.45	470.24	1047.32	650.26	194.91	38.66
554.68	327.76	117.89	1550.39	1416.68	486.84	791.93	507.63	82.66	26.54
12.20	26.61	1.28	62.81	56.39	12.83	101.13	7.11	1.14	
8.77	9.73	2.52	86.67	77.68	36.22	31.41	19.51	1.08	0.16
208.76	139.04	64.02	611.97	536.17	195.89	468.40	223.93	21.65	6.27
8767.90	4944.28	2237.81	22005.90	19559.40	8420.72	18599.38	7588.34	511.57	142.18
4946.68	5148.26	969.13	20241.04	17797.72	6174.24	11228.31	5706.68	1360.88	66.23
1595.77	876.30	245.33	3483.08	3162.90	1775.50	2999.83	1248.42	433.55	13.35
404.08	130.12	1.35	1031.98	970.64	690.48	603.27	192.54	80.59	4.28
231.89	176.31	23.82	756.69	680.73	377.13	476.67	337.58	146.32	
22.41	15.36	7.51	51.83	42.67	14.00	38.66	29.05	1.13	0.02
217.54	148.75	74.04	422.52	371.31	188.98	505.13	173.31	56.62	0.12
199.53	136.58	57.69	471.55	424.89	190.74	413.39	172.38	28.41	6.14
478.13	251.09	78.87	679.82	611.04	277.16	888.66	311.92	110.46	2.68
42.19	18.10	2.04	68.69	61.61	37.01	74.05	31.63	10.02	0.11
202.50	113.71	29.88	509.93	445.99	243.85	294.42	169.42	63.71	0.67
843.21	1495.43	225.98	6925.72	5801.42	1559.92	2877.64	2119.61	387.28	5.22
496.70	1090.63	136.59	5258.12	4505.14	1171.99	2218.84	1408.28	260.21	3.38
11.69	17.60	3.46	61.45	59.95	10.23	48.30	19.81	1.76	0.20
5.10	13.19	4.49	43.60	42.34	5.10	18.47	13.48	0.97	
137.29	165.24	37.27	440.94	382.60	124.92	402.12	260.46	72.10	1.40
2.62	2.77	0.23	19.66	18.94	6.47	30.91	9.16	0.64	
1.80	6.51	3.99	72.09	67.75	8.59	-2.71	6.91		0.24
187.19	198.60	39.81	1026.59	721.53	231.34	159.82	400.92	51.52	
0.83	0.89	0.14	3.29	3.17	1.28	1.91	0.59	0.07	
1564.95	2140.43	257.49	7170.40	6409.96	1869.90	3553.81	1584.80	456.86	41.96
1083.94	1504.17	143.29	5317.90	4868.73	1455.27	2221.89	1125.06	324.01	13.46
91.88	233.69	5.92	727.23	664.87	143.33	373.00	105.27	26.27	0.10
171.65	197.14	58.53	506.40	379.71	90.97	377.99	119.96	28.02	25.58
128.78	141.12	35.05	403.34	339.90	122.33	340.50	141.95	57.40	2.50
88.70	64.31	14.70	215.53	156.74	58.00	240.44	92.56	21.15	0.33
352.76	236.39	109.02	1049.08	933.88	349.10	907.96	295.45	17.48	2.80
139.31	93.13	39.97	481.89	445.13	187.52	376.58	142.92	14.80	0.27
213.45	143.26	69.05	567.19	488.74	161.58	531.38	152.53	2.67	2.53

2-1 续表 16

行 业	企业单位数(个)	资产总计	固定资产净额	固定资产原价	累计折旧	流动资产合计
自行车和残疾人座车制造	567	532.97	87.40	172.18	81.93	387.46
自行车制造	539	512.19	83.50	164.13	77.80	373.15
残疾人座车制造	28	20.78	3.91	8.04	4.13	14.31
助动车制造	590	790.74	121.86	193.18	64.65	544.21
非公路休闲车及零配件制造	237	250.01	39.06	75.70	35.70	194.15
潜水救捞及其他未列明运输设备制造	125	123.92	16.56	33.43	14.35	89.29
潜水装备制造	11	12.65	0.42	3.44	0.63	7.08
水下救捞装备制造	16	9.75	1.93	3.34	1.41	7.07
其他未列明运输设备制造	98	101.51	14.21	26.65	12.31	75.14
电气机械和器材制造业	30305	89975.35	11914.70	23152.40	10240.42	60255.22
电机制造	3197	11419.46	1298.78	2604.69	1239.79	8164.70
发电机及发电机组制造	858	6792.00	515.49	1045.71	495.72	5048.13
电动机制造	1317	2269.44	374.57	736.72	343.31	1582.04
微特电机及组件制造	631	1588.20	278.53	536.26	246.95	977.27
其他电机制造	391	769.82	130.19	286.00	153.82	557.26
输配电及控制设备制造	10660	28632.65	3654.04	6877.52	2725.49	19132.94
变压器、整流器和电感器制造	2091	4842.68	537.37	1200.23	622.10	3280.53
电容器及其配套设备制造	260	267.56	42.51	90.22	45.91	183.29
配电开关控制设备制造	4103	7257.99	685.54	1336.29	610.66	5027.01
电力电子元器件制造	2041	3228.72	477.38	901.82	401.46	2309.89
光伏设备及元器件制造	1017	9922.84	1595.84	2789.57	821.35	6266.91
其他输配电及控制设备制造	1148	3112.86	315.39	559.39	224.02	2065.31
电线、电缆、光缆及电工器材制造	5927	12304.27	1581.39	3207.82	1515.61	8500.29
电线、电缆制造	4870	9232.10	1129.36	2329.49	1116.85	6816.58
光纤制造	201	811.01	213.27	398.56	168.26	438.28
光缆制造	153	1419.12	94.09	190.37	94.18	692.15
绝缘制品制造	452	576.55	109.46	211.46	97.90	379.46
其他电工器材制造	251	265.48	35.21	77.94	38.43	173.83
电池制造	2074	16842.70	2899.46	4593.99	1543.87	9983.12
锂离子电池制造	1395	13267.12	2444.46	3720.60	1163.34	7866.00
镍氢电池制造	79	284.55	61.20	96.31	33.77	166.65
铅蓄电池制造	192	933.57	158.34	324.20	154.65	612.35
锌锰电池制造	45	118.16	32.76	60.78	22.00	68.66
其他电池制造	363	2239.31	202.70	392.10	170.10	1269.47
家用电力器具制造	3863	15415.17	1691.18	4315.49	2527.21	10955.55
家用制冷电器具制造	230	2270.56	228.25	588.37	309.71	1315.48
家用空气调节器制造	258	7383.04	693.71	2206.98	1508.89	5398.74
家用通风电器具制造	296	473.22	69.39	153.58	79.10	353.57
家用厨房电器具制造	1025	1855.88	247.71	470.21	211.68	1334.91
家用清洁卫生电器具制造	305	1802.49	181.98	373.20	175.51	1406.84
家用美容、保健护理电器具制造	389	462.15	71.18	133.44	61.49	318.94
家用电力器具专用配件制造	820	643.17	116.87	222.41	102.95	447.30
其他家用电力器具制造	540	524.66	82.09	167.30	77.87	379.78

单位：亿元

应收账款	存货	产成品	负债合计	流动负债合计	应付账款	所有者权益合计	实收资本	国家资本	集体资本
134.03	111.30	39.10	330.69	317.76	125.55	202.28	107.14	0.06	1.13
128.90	107.44	38.26	319.00	306.79	120.23	193.19	103.10	0.06	1.13
5.13	3.86	0.84	11.69	10.97	5.32	9.09	4.04		
156.44	108.68	39.69	545.87	523.63	171.60	244.71	122.49	1.40	1.10
70.43	45.77	15.06	154.46	140.61	49.38	95.55	34.75		
26.60	20.26	7.57	71.82	61.57	29.43	52.10	24.60	0.55	
0.86	1.15	0.12	6.25	2.28	0.80	6.40	1.17	0.55	
2.56	2.81	1.04	4.24	3.87	1.12	5.51	4.03		
23.18	16.30	6.41	61.33	55.42	27.50	40.19	19.40		
20311.48	11205.47	4845.63	51949.29	45083.04	17603.28	38013.44	15395.04	845.25	218.10
2652.24	1629.81	556.81	6902.23	6213.92	2575.87	4515.73	1729.35	229.43	15.18
1577.66	904.66	256.80	4484.82	4028.79	1645.33	2305.67	925.38	187.04	9.19
511.35	383.11	155.25	1224.56	1118.74	473.28	1044.88	417.12	34.21	5.57
367.34	196.48	80.61	800.65	707.73	277.60	787.54	262.19	7.43	0.28
195.89	145.56	64.15	392.19	358.67	179.65	377.63	124.65	0.75	0.14
7477.42	3276.74	1325.10	16299.68	14273.50	6087.47	12329.88	5665.00	314.62	72.42
1253.48	635.37	247.61	2492.84	2188.63	889.54	2348.28	971.79	89.58	10.64
74.28	35.62	14.99	136.50	122.38	50.70	131.06	67.40	1.68	0.68
2091.59	857.42	337.68	3659.75	3249.24	1406.72	3597.09	1480.09	71.35	29.11
850.87	447.87	173.33	1590.62	1485.96	673.63	1637.78	555.43	7.46	9.92
2414.24	950.84	448.97	6574.47	5669.09	2414.68	3348.32	2011.58	72.70	10.49
792.97	349.62	102.52	1845.51	1558.20	652.20	1267.36	578.71	71.85	11.59
3704.65	1580.24	782.84	6518.05	5806.20	1685.21	5783.93	2896.56	110.08	41.04
3051.46	1310.76	653.41	5088.74	4660.05	1302.36	4141.08	2249.33	86.16	37.56
199.36	67.63	29.44	346.70	285.23	108.75	464.31	234.93	6.61	0.54
229.82	96.34	57.85	683.13	505.96	139.38	735.99	224.35	11.63	0.02
156.42	67.73	26.83	271.76	240.02	89.18	304.79	126.39	5.61	1.45
67.59	37.78	15.31	127.71	114.94	45.54	137.77	61.55	0.08	1.46
2912.17	2033.60	771.08	9835.73	8070.11	3053.99	7003.81	2708.29	112.16	65.94
2298.56	1645.76	632.00	8048.36	6669.40	2514.48	5215.60	2171.40	72.21	54.56
48.58	36.37	13.97	153.42	118.67	41.25	131.13	55.62	1.27	0.09
167.65	140.16	46.74	561.02	473.06	171.48	372.55	183.86	7.36	6.50
19.64	20.12	8.28	56.85	48.89	22.92	61.30	29.16	1.50	
377.75	191.18	70.10	1016.08	760.08	303.84	1223.22	268.25	29.82	4.79
2346.87	1861.41	1072.87	9641.77	8222.20	3179.49	5772.04	1304.32	31.92	17.98
342.03	169.90	110.55	1315.63	929.66	418.03	954.94	205.39	11.02	3.04
676.45	786.21	540.49	4908.82	4103.46	1446.48	2474.22	340.40	12.72	7.19
82.84	80.16	36.95	291.40	268.34	98.48	181.82	61.33		0.21
370.04	319.59	145.83	1101.67	1012.49	405.29	753.03	248.54	1.80	6.06
487.83	207.32	117.04	1065.72	1032.40	415.85	736.77	179.39	3.17	0.15
88.11	82.74	29.35	248.91	222.67	111.06	213.24	84.78	1.26	0.06
183.83	101.84	41.13	384.23	358.58	147.83	258.94	96.39	0.87	0.66
115.73	113.65	51.53	325.39	294.60	136.48	199.10	88.10	1.08	0.61

2-1 续表 17

行业	企业单位数(个)	资产总计	固定资产净额	固定资产原价	累计折旧	流动资产合计
非电力家用器具制造	594	929.21	120.86	234.52	103.05	595.93
燃气及类似能源家用器具制造	285	551.14	63.13	120.68	50.88	386.87
太阳能器具制造	165	258.71	32.05	57.88	23.80	135.94
其他非电力家用器具制造	144	119.37	25.68	55.96	28.37	73.12
照明器具制造	3305	3613.40	571.56	1119.43	502.31	2343.74
电光源制造	394	740.22	106.32	225.05	111.63	460.77
照明灯具制造	2125	2127.34	334.30	653.82	287.84	1394.75
舞台及场地用灯制造	261	292.91	53.05	107.01	48.69	180.17
智能照明器具制造	152	230.50	39.30	61.45	21.76	151.35
灯用电器附件及其他照明器具制造	373	222.44	38.59	72.10	32.39	156.70
其他电气机械及器材制造	685	818.49	97.43	198.93	83.08	578.95
电气信号设备装置制造	242	348.22	41.12	84.67	43.31	234.66
其他未列明电气机械及器材制造	443	470.27	56.32	114.26	39.77	344.29
计算机、通信和其他电子设备制造业	24160	153315.61	26917.85	51711.39	23716.87	98880.62
计算机制造	2657	17557.09	1581.12	3831.05	2149.05	13857.03
计算机整机制造	354	9307.90	606.16	1706.34	1056.82	8217.43
计算机零部件制造	1007	3539.35	558.66	1206.66	619.72	2336.20
计算机外围设备制造	807	2805.45	257.93	612.06	342.36	1871.56
工业控制计算机及系统制造	123	351.19	38.63	67.40	20.53	254.30
信息安全设备制造	68	261.96	18.50	26.37	7.32	206.90
其他计算机制造	298	1291.24	101.23	212.23	102.31	970.62
通信设备制造	2282	37503.14	2698.39	5335.78	2549.99	29308.76
通信系统设备制造	1144	9235.09	666.19	1274.49	588.06	7108.60
通信终端设备制造	1138	28268.05	2032.20	4061.29	1961.93	22200.16
广播电视设备制造	664	2381.06	459.63	895.18	418.15	1365.63
广播电视节目制作及发射设备制造	30	80.87	13.60	22.74	8.54	54.15
广播电视接收设备制造	226	670.90	106.66	349.23	229.79	410.66
广播电视专用配件制造	69	78.94	11.72	28.75	16.91	55.17
专业音响设备制造	106	245.44	34.96	50.15	15.01	188.73
应用电视设备及其他广播电视设备制造	233	1304.92	292.68	444.31	147.90	656.92
雷达及配套设备制造	121	972.99	118.78	216.75	98.29	705.29
非专业视听设备制造	1191	5611.04	550.05	1083.55	513.94	4159.55
电视机制造	197	3722.60	300.39	550.76	242.71	2761.18
音响设备制造	751	1229.31	165.39	352.36	178.17	904.62
影视录放设备制造	243	659.13	84.27	180.43	93.06	493.74
智能消费设备制造	1479	6459.89	840.20	1486.52	615.20	4525.29
可穿戴智能设备制造	174	930.78	158.86	237.37	70.73	668.39
智能车载设备制造	271	801.72	112.27	191.95	78.92	556.23
智能无人飞行器制造	101	340.75	18.91	36.51	16.99	248.69
服务消费机器人制造	83	286.52	19.61	27.67	7.63	215.40
其他智能消费设备制造	850	4100.11	530.55	993.03	440.93	2836.58

单位：亿元

应收账款	存货	产成品	负债合计	流动负债合计	应付账款	所有者权益合计	实收资本	国家资本	集体资本
210.20	127.00	59.36	489.56	452.58	150.89	439.66	172.95	1.50	0.85
148.24	83.20	42.94	297.18	274.54	105.50	253.96	90.29		0.50
33.61	26.03	10.28	132.98	120.64	26.38	125.72	65.44	1.46	0.34
28.34	17.77	6.14	59.39	57.39	19.01	59.98	17.22	0.04	0.01
784.07	564.76	235.00	1843.17	1659.99	698.70	1769.00	744.30	20.87	3.17
158.31	108.17	45.28	347.99	311.57	135.88	392.23	192.14	8.33	0.81
460.95	347.73	147.09	1114.04	1018.23	438.83	1013.17	408.75	11.76	1.89
57.12	42.38	17.92	149.37	121.51	45.25	142.53	52.58	0.53	0.32
50.60	31.52	12.49	106.26	95.05	36.78	124.23	51.13		
57.09	34.96	12.23	125.52	113.64	41.97	96.83	39.71	0.24	0.15
223.85	131.91	42.56	419.10	384.54	171.66	399.39	174.28	24.68	1.53
100.17	49.27	18.68	165.37	152.04	71.02	182.85	71.31	2.44	0.50
123.68	82.64	23.88	253.73	232.50	100.64	216.53	102.97	22.23	1.03
35186.45	19387.19	6199.58	84418.42	70318.03	34569.88	68873.48	30993.13	1863.06	473.64
6989.42	2699.26	748.90	11980.16	11319.39	7534.63	5576.93	1935.44	74.46	14.33
4790.50	1353.62	288.76	7696.22	7445.98	5517.40	1611.67	460.93	29.25	3.67
1126.60	506.85	182.35	1992.38	1749.21	978.07	1546.97	736.86	2.39	5.17
694.28	474.32	130.44	1370.89	1285.36	636.58	1434.56	459.60	26.04	2.11
75.60	82.85	40.73	180.46	145.74	75.42	170.72	49.34	3.33	1.12
45.12	32.77	13.75	110.98	96.18	30.17	150.99	41.98	8.98	0.09
257.33	248.86	92.87	629.22	596.91	296.99	662.01	186.73	4.47	2.16
9570.94	5829.20	1639.64	23779.95	20278.56	9926.97	13725.68	3615.49	126.75	86.77
2586.40	1548.07	521.26	5306.51	4412.56	1889.14	3931.06	1117.24	87.34	51.05
6984.54	4281.13	1118.38	18473.44	15866.01	8037.83	9794.61	2498.25	39.41	35.72
487.25	284.13	87.29	1100.34	964.76	486.87	1280.73	525.47	5.65	18.08
14.35	14.23	2.41	34.62	32.47	8.83	46.25	22.43	1.13	0.10
144.77	100.23	32.20	259.33	242.26	104.18	411.57	194.73	0.57	1.87
15.57	13.40	4.00	41.10	38.62	15.43	37.84	15.89	0.05	0.31
109.57	44.00	14.82	198.31	183.56	136.31	47.13	25.20		
203.00	112.27	33.86	566.98	467.85	222.11	737.94	267.23	3.89	15.79
161.15	238.29	29.27	594.25	495.12	193.50	378.74	108.44	55.28	1.50
1508.94	901.06	319.62	3602.83	3290.07	1557.00	2008.21	785.84	24.86	4.76
963.34	513.37	197.66	2543.08	2320.36	997.52	1179.52	351.85	12.47	0.73
352.70	248.73	81.39	703.70	643.74	371.09	525.61	303.44	7.65	2.64
192.90	138.96	40.57	356.04	325.97	188.40	303.09	130.55	4.75	1.40
1618.72	888.55	371.39	3781.21	3423.59	1610.59	2678.68	1078.55	16.67	7.21
354.39	125.46	50.63	619.69	566.32	412.15	311.09	133.96	0.98	0.35
222.57	134.06	47.30	479.55	425.92	180.26	322.18	117.14	4.70	1.96
62.37	81.41	27.97	193.28	168.41	97.83	147.47	54.08	2.08	0.17
50.87	40.69	18.42	155.16	141.99	61.77	131.37	30.71	1.11	0.54
928.51	506.94	227.06	2333.54	2120.95	858.58	1766.57	742.67	7.80	4.18

2-1 续表 18

行　　业	企业单位数(个)	资产总计	固定资产净　额	固定资产原　价	累计折旧	流动资产合　计
电子器件制造	5534	48874.64	13917.07	26064.04	11734.24	24154.39
电子真空器件制造	529	1125.08	154.89	305.77	146.31	755.33
半导体分立器件制造	469	2181.53	497.67	1126.80	609.86	1239.90
集成电路制造	1104	18646.41	5726.16	10922.58	5103.76	9144.54
显示器件制造	1184	17148.50	5513.06	10048.78	4308.39	7278.93
半导体照明器件制造	422	1496.76	350.94	686.85	319.46	804.55
光电子器件制造	942	4983.30	1074.77	1828.52	717.19	3023.33
其他电子器件制造	884	3293.06	599.57	1144.75	529.26	1907.82
电子元件及电子专用材料制造	8685	29976.67	6164.06	11815.77	5268.70	17987.77
电阻电容电感元件制造	1286	3073.93	710.67	1430.17	704.59	1917.03
电子电路制造	1830	6612.93	1672.02	3426.68	1652.40	3845.92
敏感元件及传感器制造	444	1116.14	152.18	305.35	148.96	692.67
电声器件及零件制造	420	1155.34	243.50	423.08	179.45	708.80
电子专用材料制造	1887	10954.63	2207.45	3638.52	1246.55	6042.69
其他电子元件制造	2818	7063.70	1178.23	2591.99	1336.75	4780.66
其他电子设备制造	1547	3979.09	588.55	982.75	369.30	2816.90
仪器仪表制造业	6032	13173.28	1468.34	2727.33	1198.29	9115.12
通用仪器仪表制造	3724	8701.94	882.89	1599.54	674.53	6013.23
工业自动控制系统装置制造	2115	4910.55	544.43	971.69	412.69	3556.51
电工仪器仪表制造	488	1688.29	123.56	211.54	87.02	1067.25
绘图、计算及测量仪器制造	174	195.14	28.15	66.35	29.94	127.69
实验分析仪器制造	289	431.27	48.70	83.46	33.77	318.43
试验机制造	165	249.68	22.31	45.59	20.62	173.17
供应用仪器仪表制造	300	789.98	63.09	123.49	48.39	486.30
其他通用仪器制造	193	437.04	52.67	97.43	42.09	283.89
专用仪器仪表制造	1118	2439.99	254.18	491.15	228.13	1729.52
环境监测专用仪器仪表制造	257	422.43	34.71	58.26	22.59	294.01
运输设备及生产用计数仪表制造	122	393.66	71.79	150.01	76.70	245.59
导航、测绘、气象及海洋专用仪器制造	113	312.95	31.32	65.67	33.46	216.74
农林牧渔专用仪器仪表制造	18	45.18	7.78	12.17	4.38	32.91
地质勘探和地震专用仪器制造	43	100.38	13.13	26.58	11.42	56.79
教学专用仪器制造	73	51.78	7.11	12.65	5.38	33.66
核子及核辐射测量仪器制造	16	41.71	1.20	2.47	1.27	31.49
电子测量仪器制造	284	617.56	47.94	95.43	46.16	497.16
其他专用仪器制造	192	454.34	39.19	67.92	26.77	321.17
钟表与计时仪器制造	269	275.11	48.60	99.46	46.76	192.26
光学仪器制造	523	1212.31	228.29	434.17	202.24	805.92
衡器制造	163	172.19	22.83	40.02	15.35	106.93
其他仪器仪表制造业	235	371.74	31.54	62.99	31.29	267.26
其他制造业	1956	3542.95	711.00	1408.50	667.62	1951.23
日用杂品制造	1283	939.78	196.18	421.99	212.96	591.82
鬃毛加工、制刷及清扫工具制造	338	177.57	49.71	99.77	48.44	103.23
其他日用杂品制造	945	762.21	146.48	322.22	164.52	488.59

单位：亿元

应收账款	存货	产成品	负债合计	流动负债合计	应付账款	所有者权益合计	实收资本	国家资本	集体资本
7154.34	4191.44	1379.56	23065.50	16206.00	6848.43	25807.88	15830.87	1252.92	245.65
284.87	134.80	56.35	502.11	451.46	194.00	622.97	249.58	11.53	7.65
323.09	235.13	80.03	867.02	707.92	353.21	1314.51	492.82	47.25	14.48
1966.56	1379.16	362.04	8614.46	5929.83	2038.39	10031.95	5920.76	474.83	170.99
2566.90	1194.22	441.04	8320.40	5314.06	2516.14	8826.83	6842.11	590.64	14.57
271.75	155.82	79.86	723.29	575.68	221.36	773.46	501.49	32.16	20.97
1025.75	623.25	228.90	2424.48	1943.87	883.87	2558.82	1201.42	62.62	8.32
715.42	469.07	131.35	1613.73	1283.18	641.46	1679.34	622.68	33.89	8.69
6780.72	3710.93	1373.35	14420.59	12492.06	5559.20	15531.37	6364.69	281.02	86.77
686.77	426.26	174.53	1357.39	1188.27	511.24	1716.54	623.11	9.80	5.21
1728.91	779.25	269.81	3388.74	2939.36	1532.30	3224.19	1471.14	21.62	13.29
216.58	140.07	57.18	492.38	404.42	173.98	623.76	243.02	3.77	4.42
335.11	146.88	54.02	651.46	609.96	340.02	503.88	148.83	0.47	4.08
1970.41	1168.52	388.77	5200.34	4391.32	1516.58	5730.98	2455.81	215.05	37.67
1842.95	1049.95	429.04	3330.29	2958.75	1485.09	3732.02	1422.78	30.31	22.10
914.98	644.33	250.55	2093.60	1848.46	852.68	1885.27	748.35	25.44	8.58
2788.22	2020.93	644.96	6047.38	5405.17	2186.76	7125.67	2249.29	172.83	23.50
1892.59	1295.97	407.59	4073.36	3675.25	1489.27	4628.35	1481.91	120.65	13.47
1129.11	837.76	256.96	2451.90	2222.00	915.99	2458.56	831.17	73.16	6.17
318.02	170.67	52.65	766.07	703.18	270.31	922.22	293.30	32.55	4.46
34.71	33.29	13.66	98.71	80.82	29.13	96.43	33.76	0.06	0.54
72.60	72.87	22.32	158.58	140.89	54.16	272.68	75.68	4.24	
56.19	47.77	15.35	117.01	98.32	37.67	132.53	31.77	1.05	0.12
170.14	81.37	28.08	288.12	258.17	103.57	501.86	144.29	3.56	1.48
111.82	52.23	18.57	192.97	171.88	78.44	244.07	71.94	6.04	0.69
489.05	410.58	130.40	1079.86	951.79	357.48	1360.13	396.08	37.26	3.13
89.73	60.90	20.69	165.01	149.41	52.82	257.41	75.67	5.72	0.79
68.02	68.01	24.55	196.93	148.49	44.84	196.74	53.28	0.72	0.71
58.23	58.94	12.56	156.40	139.81	53.23	156.55	57.93	3.55	
6.71	10.99	1.87	27.72	25.79	6.36	17.46	9.53	1.17	
22.08	11.92	4.06	41.79	36.70	11.10	58.59	20.74	1.63	0.44
9.31	5.79	2.79	21.03	20.08	6.10	30.74	13.42		
5.14	8.83	2.70	17.19	16.59	7.30	24.52	6.68	0.45	0.21
121.97	110.97	42.66	255.10	236.55	99.06	362.46	78.85	14.01	0.40
107.85	74.24	18.53	198.68	178.37	76.68	255.66	80.00	10.00	0.58
47.58	65.37	24.64	140.75	118.07	47.83	134.36	53.90	0.08	0.30
252.03	170.36	62.35	521.68	460.07	216.75	690.63	236.89	6.61	5.46
31.92	26.36	8.59	76.37	60.63	20.97	95.82	27.68	3.11	0.22
75.06	52.29	11.39	155.36	139.36	54.47	216.38	52.84	5.12	0.91
464.78	417.91	143.75	2246.00	1541.08	522.40	1297.34	527.43	100.19	2.99
157.98	155.34	65.81	460.95	416.40	127.95	479.22	218.84	0.72	0.58
33.29	23.54	9.95	78.02	72.81	22.64	99.55	45.96	0.20	0.41
124.69	131.80	55.87	382.93	343.59	105.31	379.67	172.88	0.53	0.17

2-1 续表 19

行业	企业单位数(个)	资产总计	固定资产净额	固定资产原价	累计折旧	流动资产合计
废弃资源综合利用业	2657	4666.65	1093.21	1668.00	491.26	2749.21
金属废料和碎屑加工处理	1408	3226.46	673.80	1002.35	285.36	2069.53
非金属废料和碎屑加工处理	1249	1440.18	419.41	665.65	205.90	679.68
金属制品、机械和设备修理业	639	2603.99	501.59	999.74	470.47	1451.74
金属制品修理	28	18.71	2.97	7.06	4.01	12.06
通用设备修理	66	60.63	6.12	13.74	7.30	37.26
专用设备修理	147	688.36	55.83	112.12	54.14	259.27
铁路、船舶、航空航天等运输设备修理	265	1591.59	388.70	766.67	353.44	967.76
铁路运输设备修理	42	191.79	28.07	52.29	23.91	116.39
船舶修理	134	539.96	194.79	358.24	141.69	279.01
航空航天器修理	85	727.57	152.58	326.74	171.79	459.68
其他运输设备修理	4	132.27	13.26	29.40	16.05	112.68
电气设备修理	51	70.91	12.45	21.05	8.04	55.17
仪器仪表修理	10	11.03	0.65	2.21	1.56	9.89
其他机械和设备修理业	72	162.76	34.87	76.90	41.98	110.34
电力、热力、燃气及水生产和供应业	**17244**	**242093.56**	**122230.20**	**224463.78**	**97454.54**	**51350.21**
电力、热力生产和供应业	11049	202577.01	108662.22	202880.64	89810.58	38743.27
电力生产	8478	111119.15	65469.60	110194.50	41758.33	23715.70
火力发电	783	23768.86	13351.59	29214.54	15045.42	5970.85
热电联产	877	15711.61	8654.08	17707.71	8621.26	4134.42
水力发电	1427	24526.38	16707.95	26005.45	8909.46	2312.45
核力发电	32	7872.71	5754.61	7909.84	2136.80	1005.41
风力发电	2241	21812.82	13420.41	19053.14	4834.57	4944.51
太阳能发电	2212	11721.80	6159.12	8355.50	1745.75	3803.58
生物质能发电	738	4723.03	1167.61	1575.62	355.49	1189.12
其他电力生产	168	981.94	254.23	372.69	109.58	355.36
电力供应	525	80379.37	38974.49	85327.70	45085.73	10525.99
热力生产和供应	2046	11078.48	4218.13	7358.44	2966.51	4501.57
燃气生产和供应业	3029	15439.26	5709.63	8517.77	2650.79	5417.93
燃气生产和供应业	3002	15359.91	5688.43	8483.87	2640.82	5382.65
天然气生产和供应业	2850	13917.81	5132.15	7662.38	2401.54	4928.25
液化石油气生产和供应业	110	423.76	92.24	188.58	85.61	183.46
煤气生产和供应业	42	1018.34	464.04	632.91	153.67	270.95
生物质燃气生产和供应业	27	79.35	21.20	33.90	9.97	35.28
水的生产和供应业	3166	24077.29	7858.35	13065.37	4993.17	7189.01
自来水生产和供应	1885	16671.04	5778.11	9869.92	3925.09	4981.43
污水处理及其再生利用	1251	7158.27	2019.17	3093.76	1028.03	2059.66
海水淡化处理	6	39.87	20.74	32.62	11.88	9.43
其他水的处理、利用与分配	24	208.11	40.33	69.07	28.17	138.49

单位：亿元

应收账款	存货	产成品	负债合计	流动负债合计	应付账款	所有者权益合计	实收资本	国家资本	集体资本
677.16	767.61	308.26	2773.86	2374.16	563.14	1891.87	981.50	86.10	20.34
488.09	646.01	249.31	2046.76	1831.56	397.33	1178.79	641.66	60.52	11.42
189.07	121.60	58.95	727.10	542.60	165.81	713.08	339.84	25.58	8.93
437.58	301.55	29.07	1355.56	1114.81	432.26	1248.39	672.86	103.28	12.91
3.45	2.25	0.48	12.26	11.35	2.74	6.45	3.70	0.64	0.37
17.42	3.14	0.76	36.11	34.34	11.43	24.53	12.36	4.44	1.63
83.70	19.69	4.67	275.25	230.88	69.81	413.11	154.04	15.11	1.45
269.69	246.76	16.52	894.22	716.93	295.48	697.32	458.41	72.39	7.34
60.50	19.89	3.47	114.42	99.37	62.43	77.37	61.28	13.58	0.63
52.26	65.74	1.69	368.31	298.96	111.30	171.61	198.89	33.71	6.11
147.59	137.43	10.78	367.58	292.34	108.30	359.98	192.66	19.99	0.60
9.33	23.70	0.58	43.92	26.27	13.46	88.36	5.58	5.11	
22.01	5.32	0.47	47.06	44.01	21.14	23.85	16.03	4.89	1.50
4.36	0.74	0.15	6.54	6.42	1.77	4.50	2.25	0.15	
36.95	23.65	6.01	84.12	70.88	29.90	78.64	26.09	5.66	0.62
13589.59	**2972.03**	**297.34**	**147114.31**	**76859.07**	**17302.06**	**94565.87**	**67417.52**	**34915.95**	**622.83**
11609.08	2294.06	91.48	123888.90	63755.22	14516.15	78274.83	59151.86	31421.73	496.38
8708.76	1885.64	67.57	74333.72	31923.57	6586.08	36766.55	27712.67	9365.52	444.92
1453.49	790.65	20.58	16698.13	9329.27	2290.45	7074.07	6627.06	2529.04	94.28
915.85	508.85	18.47	11614.73	7213.04	1571.47	4076.99	4088.32	1119.93	79.86
362.47	52.66	5.91	14843.02	3980.35	270.29	9683.48	5700.90	1691.01	135.24
136.42	416.15	0.03	5584.90	1511.15	266.08	2287.80	1745.01	676.16	0.49
3006.44	24.76	9.68	14079.12	4837.40	1161.07	7732.63	5519.82	2141.59	41.35
2201.77	41.65	8.86	7772.39	3330.84	538.40	3949.41	2659.87	887.34	65.32
542.02	40.93	2.48	3052.75	1324.32	411.70	1668.92	1166.82	263.92	21.63
90.30	9.99	1.56	688.70	397.21	76.63	293.24	204.88	56.55	6.75
2360.98	162.53	4.28	41200.51	26838.65	6870.62	38788.66	29667.39	21508.76	14.66
539.34	245.88	19.63	8354.67	4993.00	1059.44	2719.62	1771.80	547.45	36.80
971.79	423.39	168.01	9080.99	6565.98	1483.06	6358.28	3369.02	786.89	61.21
960.12	420.88	166.21	9028.39	6526.89	1472.40	6331.52	3347.14	786.79	61.11
900.78	380.70	148.75	7981.21	5797.98	1357.27	5936.60	2958.36	773.72	60.15
37.64	16.08	9.42	230.88	163.23	37.50	192.88	102.43	5.24	0.96
21.69	24.09	8.05	816.29	565.68	77.63	202.04	286.35	7.83	
11.67	2.51	1.80	52.59	39.09	10.66	26.76	21.88	0.10	0.10
1008.72	254.59	37.85	14144.42	6537.88	1302.85	9932.76	4896.64	2707.32	65.23
404.21	207.08	29.32	9850.78	4534.48	745.32	6820.01	3175.53	1991.59	33.31
589.84	44.89	8.02	4092.59	1898.26	545.00	3065.69	1679.12	706.20	28.32
3.65	0.29	0.09	33.97	23.44	7.45	5.90	18.77	2.70	
11.01	2.33	0.41	167.10	81.69	5.08	41.16	23.22	6.83	3.60

2-1 续表 20

行业	法人资本	个人资本	港澳台资本	外商资本	营业收入
总 计	**141397.24**	**54584.04**	**15229.20**	**24438.07**	**1314557.29**
采矿业	**10942.21**	**1704.84**	**89.01**	**119.47**	**58394.53**
煤炭开采和洗选业	5063.11	980.21	19.55	44.19	33564.18
烟煤和无烟煤开采洗选	4771.61	946.96	19.06	42.43	32793.86
褐煤开采洗选	283.05	32.17	0.49	1.75	722.64
其他煤炭采选	8.46	1.08			47.68
石油和天然气开采业	2178.71	7.36	4.59	10.11	9121.63
石油开采	1758.06	2.00	2.54	2.68	7270.39
陆地石油开采	1750.43	2.00		2.68	5919.07
海洋石油开采	7.63		2.54		1351.32
天然气开采	420.66	5.36	2.05	7.43	1851.24
陆地天然气开采	188.86	5.36	2.05	7.43	1481.51
海洋天然气及可燃冰开采	231.80				369.72
黑色金属矿采选业	1297.17	197.11	8.97	5.70	6033.20
铁矿采选	1289.98	189.30	8.97	5.41	5839.40
锰矿、铬矿采选	5.03	7.52			84.17
其他黑色金属矿采选	2.16	0.28		0.30	109.63
有色金属矿采选业	464.35	190.06	20.14	46.97	3145.26
常用有色金属矿采选	288.91	107.96	11.58	33.94	2037.25
铜矿采选	99.32	33.57	3.93	26.65	651.24
铅锌矿采选	149.88	30.18	6.99	1.13	821.93
镍钴矿采选	9.92	0.03			21.86
锡矿采选	2.15	17.64	0.14		159.46
锑矿采选	3.42	0.84			15.24
铝矿采选	5.21	9.98		0.30	107.65
镁矿采选	7.95	8.98	0.52	2.74	98.71
其他常用有色金属矿采选	11.05	6.73		3.13	161.15
贵金属矿采选	95.86	52.82	8.56	13.03	559.40
金矿采选	88.77	52.12	8.56	13.03	521.76
银矿采选	7.10	0.70			35.27
稀有稀土金属矿采选	79.58	29.28			548.61
钨钼矿采选	66.45	24.31			444.77
稀土金属矿采选	3.02	0.20			47.36
非金属矿采选业	480.69	293.22	9.81	10.64	4321.54
土砂石开采	323.22	240.91	7.30	5.45	3312.06
石灰石、石膏开采	80.29	65.44	2.62	0.20	800.52
建筑装饰用石开采	91.19	73.04	1.61	2.32	721.81
耐火土石开采	13.60	24.85	0.09		202.88
粘土及其他土砂石开采	138.13	77.58	2.98	2.93	1586.85
化学矿开采	59.64	20.99	0.09	0.31	434.85
采盐	62.78	6.94	2.43	3.06	230.07

单位：亿元

营业成本	销售费用	管理费用	财务费用	利息费用	投资收益（损失以“–”号记）	营业利润	利润总额	亏损企业亏损额	平均用工人数（万人）
1095044.23	**32671.98**	**69764.37**	**11428.25**	**11597.62**	**9665.16**	**92052.99**	**92933.03**	**12120.55**	**7950.96**
38304.93	**879.18**	**3951.98**	**1377.79**	**1464.88**	**571.99**	**11151.08**	**10615.54**	**1144.71**	**431.17**
20800.59	534.02	2104.72	898.34	1023.55	308.16	7416.09	7168.33	619.26	263.85
20368.98	522.87	2044.74	873.36	1002.16	282.21	7230.37	6991.86	601.92	256.61
390.47	10.90	57.49	24.09	20.52	25.94	183.50	174.30	16.74	6.75
41.15	0.24	2.49	0.89	0.87		2.21	2.16	0.60	0.49
5670.64	39.18	770.55	163.48	166.55	19.95	1822.08	1627.02	220.24	55.46
4637.83	30.05	625.98	140.08	149.65	18.54	1239.95	1078.85	199.62	52.34
4166.09	27.69	603.15	124.17	147.54	18.26	461.37	300.50	199.62	51.35
471.74	2.36	22.83	15.91	2.11	0.28	778.57	778.35		0.98
1032.81	9.13	144.57	23.40	16.90	1.41	582.13	548.17	20.62	3.12
839.62	6.12	129.61	19.08	16.60	0.04	443.95	409.39	20.62	2.69
193.19	3.01	14.96	4.32	0.30	1.37	138.18	138.77		0.42
4492.18	70.16	358.72	176.17	157.85	181.75	915.45	833.04	108.78	28.49
4325.45	68.04	350.11	174.52	156.75	181.58	903.57	821.25	108.07	27.52
65.07	1.95	7.54	0.75	0.62	0.17	7.00	6.90	0.65	0.79
101.66	0.18	1.07	0.89	0.48		4.88	4.89	0.07	0.19
2134.45	31.64	286.03	64.48	63.26	35.88	546.30	536.28	76.36	25.98
1351.73	22.33	152.82	36.43	33.93	27.49	428.28	423.10	24.05	14.34
356.69	5.83	53.46	12.24	11.40	3.35	197.11	195.68	10.85	4.98
539.03	8.48	71.33	13.91	14.27	18.47	174.23	170.65	7.63	6.03
15.99	0.24	1.61	0.40	0.39	0.12	3.26	3.58	0.22	0.18
138.21	0.22	5.33	4.28	3.42	3.99	13.80	13.58	0.35	0.88
10.26	0.38	2.02	0.22	0.16	-0.12	1.82	1.94	0.01	0.30
89.94	1.00	5.60	1.16	0.97	0.01	5.28	4.97	2.19	0.50
77.66	3.29	6.35	3.56	2.58	0.12	5.94	5.98	1.08	0.83
123.95	2.90	7.11	0.66	0.75	1.54	26.84	26.71	1.72	0.64
394.61	4.29	86.21	15.38	18.39	6.64	47.59	47.78	42.98	7.39
365.21	4.01	82.47	14.48	17.50	6.63	44.68	44.83	42.10	6.91
27.17	0.27	3.59	0.90	0.89	0.01	2.92	2.95	0.88	0.44
388.11	5.02	47.01	12.67	10.94	1.76	70.42	65.40	9.34	4.26
317.71	3.78	35.56	9.06	7.77	0.61	54.04	49.15	7.97	3.67
29.61	0.19	6.03	2.04	2.09	1.13	9.99	9.66	0.78	0.21
3130.40	199.80	312.00	70.34	45.07	20.96	501.92	495.73	47.89	29.79
2403.55	155.24	236.97	54.81	32.68	22.25	389.10	383.03	37.60	21.01
576.14	43.41	64.35	12.47	6.79	20.92	95.48	95.33	10.76	5.55
508.95	27.93	52.41	11.72	6.66	0.63	98.75	93.73	6.41	4.58
153.48	10.50	13.63	1.91	1.34	0.27	18.63	18.42	2.29	1.62
1164.98	73.41	106.58	28.71	17.89	0.43	176.24	175.54	18.15	9.26
294.90	14.24	33.05	10.05	7.51	-0.69	63.06	61.10	8.02	3.06
170.71	11.57	21.75	2.93	3.45	-0.85	15.26	17.46	1.35	3.32

2-1 续表 21

行　业	法人资本	个人资本	港澳台资本	外商资本	营业收入
石棉及其他非金属矿采选	35.05	24.38		1.82	344.57
石棉、云母矿采选	3.76	0.40			15.76
石墨、滑石采选	11.32	4.29		1.18	109.97
其他未列明非金属矿采选	19.98	17.63		0.64	216.53
开采专业及辅助性活动	1457.95	36.74	25.95	1.86	2196.93
煤炭开采和洗选专业及辅助性活动	5.42	2.56			33.66
石油和天然气开采专业及辅助性活动	1451.80	34.07	25.95	1.86	2152.64
其他开采专业及辅助性活动	0.73	0.11			10.62
其他采矿业	0.22	0.15			11.79
制造业	**102956.69**	**50786.11**	**13752.21**	**23433.29**	**1159893.30**
农副食品加工业	2865.84	2010.68	309.51	628.35	55223.77
谷物磨制	361.67	430.60	26.98	62.78	8943.73
稻谷加工	194.76	289.96	7.39	19.25	5495.03
小麦加工	143.91	114.59	18.65	39.52	3127.32
玉米加工	4.24	4.67			48.20
杂粮加工	6.06	11.32	0.93	0.93	105.12
其他谷物磨制	12.70	10.07		3.07	168.07
饲料加工	712.66	352.27	32.86	93.44	12863.40
宠物饲料加工	30.82	23.19	1.41	18.33	513.79
其他饲料加工	681.84	329.08	31.45	75.11	12349.60
植物油加工	381.55	175.61	41.63	124.86	9847.87
食用植物油加工	371.95	167.67	41.05	123.37	9706.10
非食用植物油加工	9.60	7.95	0.58	1.49	141.77
制糖业	110.66	34.62	2.12	8.86	1093.49
屠宰及肉类加工	653.78	418.00	118.35	123.99	11699.67
牲畜屠宰	250.77	150.80	11.99	16.97	4537.30
禽类屠宰	154.36	93.54	30.11	34.25	3117.11
肉制品及副产品加工	248.65	173.65	76.25	72.77	4045.26
水产品加工	131.76	147.28	25.08	21.77	2858.35
水产品冷冻加工	99.29	111.21	17.80	16.93	2156.60
鱼糜制品及水产品干腌制加工	22.04	24.58	1.78	4.27	508.39
鱼油提取及制品制造	1.66	2.15	1.43		37.70
其他水产品加工	8.78	9.33	4.06	0.57	155.65
蔬菜、菌类、水果和坚果加工	232.33	252.14	29.46	46.37	3691.15
蔬菜加工	100.90	120.56	14.30	35.62	1819.42
食用菌加工	43.07	49.40	1.63	0.61	495.51
水果和坚果加工	88.36	82.18	13.53	10.14	1376.22
其他农副食品加工	281.43	200.16	33.04	146.29	4226.11
淀粉及淀粉制品制造	150.28	63.10	29.31	122.66	2065.89
豆制品制造	44.69	45.37	1.44	4.29	925.39
蛋品加工	18.43	17.23	0.07	3.61	216.15
其他未列明农副食品加工	68.03	74.46	2.22	15.72	1018.68

单位：亿元

营业成本	销售费用	管理费用	财务费用	利息费用	投资收益（损失以"—"号记）	营业利润	利润总额	亏损企业亏损额	平均用工人数（万人）
261.24	18.75	20.23	2.55	1.43	0.24	34.50	34.15	0.91	2.40
11.53	1.14	1.46	0.09	0.08	0.12	1.51	1.54	0.01	0.18
84.17	5.15	6.34	0.50	0.48	0.05	11.38	11.23	0.60	0.86
164.12	12.37	12.16	1.96	0.88	0.06	21.23	21.02	0.30	1.34
2067.45	3.98	118.52	4.91	8.54	5.30	-51.23	-45.30	72.18	27.53
29.17	0.30	5.08	0.10	0.07	0.16	-2.22	-5.13	6.48	0.79
2028.48	3.59	113.07	4.78	8.44	5.13	-49.29	-40.48	65.69	26.61
9.80	0.08	0.38	0.03	0.03		0.28	0.30	0.01	0.13
9.22	0.40	1.43	0.08	0.08		0.47	0.44		0.07
968857.73	**31231.68**	**63300.93**	**6775.07**	**7065.65**	**7818.20**	**77871.57**	**79020.26**	**7674.39**	**7161.46**
49936.05	1101.95	1635.32	356.40	276.59	207.76	2187.66	2240.45	307.81	274.52
8021.73	170.40	265.19	57.65	37.47	7.19	391.42	405.74	23.44	32.41
4855.77	115.84	184.08	36.88	21.41	7.85	274.99	282.21	11.71	20.39
2889.02	43.14	61.40	16.79	14.35	-0.13	109.73	115.52	6.43	10.32
44.01	0.98	1.11	0.45	0.28	-0.43	0.72	0.93	0.20	0.17
91.94	5.71	5.58	1.22	0.91	0.03	0.50	1.01	2.78	0.70
141.00	4.72	13.03	2.32	0.52	-0.13	5.46	6.07	2.32	0.84
11651.18	268.92	397.22	52.20	47.66	103.70	568.03	564.62	58.58	44.58
433.53	25.88	25.37	2.80	1.72	2.00	29.15	29.58	2.51	3.72
11217.65	243.04	371.85	49.40	45.94	101.70	538.88	535.04	56.07	40.87
9151.68	111.98	162.32	55.18	47.15	-0.09	328.27	336.59	20.35	17.07
9024.09	109.37	156.17	54.19	46.60	-0.09	324.18	332.32	19.77	16.43
127.60	2.61	6.15	0.99	0.55		4.09	4.27	0.58	0.64
961.45	16.59	45.01	25.63	24.35	0.12	35.80	35.66	16.76	8.43
10767.43	226.43	306.40	57.61	47.96	79.42	383.84	395.45	109.83	83.11
4218.80	69.76	88.35	20.57	17.99	22.14	149.91	155.43	27.26	18.30
3009.13	29.75	60.05	14.30	9.89	4.50	1.55	3.27	53.80	30.54
3539.50	126.92	158.00	22.74	20.08	52.78	232.39	236.75	28.77	34.27
2532.95	63.69	103.14	29.70	18.58	0.86	117.00	121.91	26.93	27.30
1946.66	41.26	69.35	24.25	15.36	0.68	67.75	71.47	24.36	21.79
421.61	17.60	24.80	3.90	2.59	0.07	36.44	37.05	1.51	4.13
30.92	0.85	1.45	0.23	0.08	0.01	4.22	4.27	0.16	0.14
133.77	3.98	7.53	1.33	0.56	0.10	8.60	9.13	0.90	1.24
3163.19	117.99	165.73	33.62	19.82	7.18	199.55	208.09	24.10	31.64
1536.23	62.37	92.83	16.93	8.42	-0.62	100.69	103.51	10.10	17.34
423.59	11.28	20.73	5.37	3.28	0.87	32.55	33.42	4.66	4.77
1203.37	44.34	52.16	11.31	8.11	6.92	66.32	71.15	9.35	9.54
3686.44	125.95	190.31	44.80	33.60	9.39	163.74	172.38	27.82	29.97
1878.76	44.78	74.83	26.19	23.11	2.90	37.32	41.77	19.44	9.70
772.27	39.22	49.79	7.13	4.08	4.30	54.86	56.20	2.40	9.95
182.30	7.46	12.14	2.67	1.70	0.02	10.16	10.22	0.54	1.88
853.11	34.50	53.54	8.81	4.71	2.18	61.39	64.20	5.44	8.43

2-1 续表 22

行　业	法人资本	个人资本	港澳台资本	外商资本	营业收入
食品制造业	1654.66	1055.95	374.61	1657.09	21619.56
焙烤食品制造	163.71	112.86	85.50	88.93	2552.84
糕点、面包制造	111.94	65.99	43.65	25.83	1224.90
饼干及其他焙烤食品制造	51.77	46.87	41.85	63.10	1327.94
糖果、巧克力及蜜饯制造	58.39	60.84	25.56	64.23	1573.97
糖果、巧克力制造	39.41	30.92	25.42	61.78	1182.15
蜜饯制作	18.98	29.92	0.14	2.45	391.82
方便食品制造	263.06	123.74	89.41	78.85	3075.26
米、面制品制造	55.80	39.10	17.13	6.21	825.04
速冻食品制造	92.39	48.64	19.62	31.79	1025.92
方便面制造	76.11	10.67	44.20	30.32	746.33
其他方便食品制造	38.75	25.33	8.46	10.53	477.97
乳制品制造	408.73	152.58	55.65	112.97	4669.01
液体乳制造	278.71	119.21	2.17	82.77	3692.37
乳粉制造	97.13	24.87	53.44	25.55	715.79
其他乳制品制造	32.89	8.51	0.03	4.65	260.85
罐头食品制造	72.64	52.27	9.95	18.77	1191.46
肉、禽类罐头制造	21.02	6.34	3.12	7.61	213.83
水产品罐头制造	2.38	5.77	1.67	0.91	97.08
蔬菜、水果罐头制造	40.21	35.89	3.71	4.55	797.91
其他罐头食品制造	9.03	4.26	1.46	5.69	82.64
调味品、发酵制品制造	219.88	205.41	49.43	96.81	3126.69
味精制造	28.59	46.73	8.34	11.11	446.40
酱油、食醋及类似制品制造	58.44	47.49	8.76	26.20	884.15
其他调味品、发酵制品制造	132.86	111.19	32.33	59.50	1796.14
其他食品制造	468.24	348.25	59.09	1196.52	5430.34
营养食品制造	52.14	38.23	2.91	24.05	624.65
保健食品制造	90.69	78.37	29.22	16.50	810.37
冷冻饮品及食用冰制造	28.41	19.28	2.95	25.47	291.07
盐加工	30.15	5.22	0.11	0.04	169.60
食品及饲料添加剂制造	221.66	169.48	21.41	1105.78	2274.07
其他未列明食品制造	45.20	37.66	2.50	24.69	1260.58
酒、饮料和精制茶制造业	1332.18	921.35	230.81	464.35	16207.45
酒的制造	719.41	303.73	40.63	184.64	8725.01
酒精制造	31.93	30.60	1.12	0.77	612.86
白酒制造	331.42	198.16	4.37	3.05	6045.58
啤酒制造	257.81	42.52	32.24	172.81	1590.79
黄酒制造	17.39	7.95	0.04	0.32	129.07
葡萄酒制造	55.40	11.05	1.60	6.39	94.91
其他酒制造	25.46	13.45	1.26	1.30	251.80
饮料制造	499.99	475.18	183.16	277.78	5248.04
碳酸饮料制造	29.18	13.07	29.16	36.59	939.48

单位：亿元

营业成本	销售费用	管理费用	财务费用		投资收益（损失以“-”号记）	营业利润	利润总额	亏损企业亏损额	平均用工人数（万人）
				利息费用					
16944.02	1755.58	1176.83	97.85	112.41	127.06	1700.81	1738.87	190.01	177.57
2005.62	212.01	146.32	12.48	11.64	25.93	188.68	194.95	19.16	34.42
956.04	94.88	81.61	7.84	6.13	22.51	99.30	102.30	12.79	19.16
1049.59	117.13	64.71	4.64	5.51	3.41	89.39	92.65	6.37	15.26
1204.28	143.82	93.85	4.71	4.62	2.92	123.36	123.03	3.19	12.70
875.81	129.61	76.63	3.51	3.28	2.78	92.49	91.79	2.73	9.46
328.47	14.22	17.22	1.20	1.33	0.14	30.87	31.24	0.46	3.25
2576.64	180.26	146.44	15.86	12.05	13.98	157.67	167.72	28.44	33.13
711.20	26.03	34.95	6.36	4.37	1.81	43.63	45.11	3.77	6.97
863.83	42.68	53.86	5.61	3.39	9.24	65.93	68.08	5.11	12.17
606.52	75.97	27.27	1.04	2.25	2.80	37.14	42.58	4.03	6.73
395.09	35.59	30.36	2.84	2.04	0.12	10.98	11.94	15.53	7.26
3670.59	525.59	164.03	-2.82	23.60	56.39	372.13	377.14	74.54	21.95
2949.44	421.89	115.65	-4.03	18.25	53.02	254.19	254.27	53.78	17.15
505.95	81.18	37.69	0.24	4.50	1.67	105.20	109.61	17.47	3.32
215.20	22.52	10.69	0.97	0.86	1.70	12.73	13.26	3.30	1.49
998.10	41.23	59.17	8.75	5.17	1.16	76.05	76.53	4.45	11.61
181.54	7.93	11.33	1.16	1.26	0.19	11.48	11.65	0.34	1.70
82.56	2.89	4.93	0.63	0.37	0.17	5.90	5.94	0.35	1.07
667.11	25.99	37.74	6.49	3.35	0.40	52.98	52.95	3.39	7.96
66.89	4.42	5.16	0.47	0.19	0.39	5.69	6.00	0.37	0.88
2440.69	160.99	175.26	18.49	18.23	5.55	330.84	333.97	14.11	21.48
379.26	12.15	19.50	2.44	1.80	1.49	32.40	31.77	1.73	2.73
650.46	51.42	55.58	3.63	3.84	1.20	120.27	121.20	5.81	5.75
1410.97	97.43	100.17	12.41	12.58	2.87	178.17	180.99	6.58	13.00
4048.09	491.67	391.76	40.38	37.11	21.13	452.08	465.54	46.11	42.28
411.13	114.93	41.19	5.01	3.25	2.50	51.65	52.45	2.72	4.72
473.56	142.61	79.73	3.88	4.83	7.86	115.85	119.17	7.02	6.78
212.55	38.30	19.70	1.93	2.33	1.84	19.51	19.75	3.94	2.74
124.53	10.05	14.51	2.51	2.62	0.90	15.42	13.97	2.78	1.63
1811.61	111.40	158.05	21.14	20.18	5.74	166.34	171.44	20.01	14.09
1014.72	74.37	78.58	5.91	3.91	2.29	83.31	88.75	9.64	12.33
10901.85	1247.66	916.92	48.32	81.57	613.16	2770.14	2771.18	75.20	112.66
5223.87	583.32	551.76	18.45	52.99	583.74	2024.33	2019.58	46.96	56.53
548.21	7.47	16.12	9.01	7.64	0.45	27.29	23.23	9.97	2.44
3207.71	430.04	410.05	4.01	33.07	539.76	1746.54	1742.91	22.14	38.15
1148.90	114.09	88.42	-0.74	5.36	37.86	186.20	189.83	9.86	11.58
93.39	7.90	8.85	1.22	1.82	1.84	17.62	17.67	0.57	1.40
70.24	3.59	8.13	1.90	1.33	1.29	3.64	4.18	3.06	0.92
155.43	20.23	20.19	3.06	3.78	2.55	43.03	41.76	1.37	2.05
3905.14	564.07	230.38	12.51	18.86	27.89	545.79	550.91	23.89	36.68
656.72	192.35	32.08	-0.72	1.12	3.79	58.48	61.21	2.78	7.18

2-1　续表 23

行　　业	法人资本	个人资本	港澳台资本	外商资本	营业收入
瓶(罐)装饮用水制造	148.22	52.53	10.27	25.44	942.16
果菜汁及果菜汁饮料制造	109.94	36.97	49.34	81.14	886.74
含乳饮料和植物蛋白饮料制造	114.26	338.46	13.49	51.40	1033.23
固体饮料制造	19.93	8.53	6.49	18.91	275.64
茶饮料及其他饮料制造	78.47	25.62	74.41	64.31	1170.80
精制茶加工	112.78	142.44	7.02	1.94	2234.40
烟草制品业	557.79	4.47		2.24	12144.32
烟叶复烤	191.93				141.18
卷烟制造	345.06	1.27			11895.73
其他烟草制品制造	20.80	3.20		2.24	107.41
纺织业	1586.24	2201.69	563.36	369.61	26548.78
棉纺织及印染精加工	901.94	1354.89	346.06	118.77	14165.98
棉纺纱加工	583.68	954.57	71.81	42.65	7834.03
棉织造加工	179.44	229.72	129.60	31.27	3676.93
棉印染精加工	138.82	170.61	144.65	44.85	2655.02
毛纺织及染整精加工	87.69	96.20	19.90	12.94	1549.13
毛条和毛纱线加工	36.32	60.80	11.06	8.07	992.90
毛织造加工	37.30	24.06	2.99	2.28	451.19
毛染整精加工	14.06	11.34	5.85	2.59	105.04
麻纺织及染整精加工	21.47	19.13	10.33		290.19
麻纤维纺前加工和纺纱	7.65	6.69	5.77		129.88
麻织造加工	13.62	12.17	4.56		157.16
麻染整精加工	0.20	0.26			3.15
丝绢纺织及印染精加工	39.38	41.69	3.66	11.09	667.55
缫丝加工	17.09	19.19	0.62	0.03	267.30
绢纺和丝织加工	15.55	17.66	3.02	9.25	331.22
丝印染精加工	6.73	4.84	0.03	1.81	69.03
化纤织造及印染精加工	129.73	175.61	51.89	21.46	1992.11
化纤织造加工	103.93	138.30	41.46	10.57	1604.98
化纤织物染整精加工	25.80	37.32	10.43	10.89	387.13
针织或钩针编织物及其制品制造	79.28	188.12	43.32	19.83	2544.54
针织或钩针编织物织造	57.75	142.34	36.51	14.51	1868.66
针织或钩针编织物印染精加工	7.17	11.02	1.97	0.17	131.94
针织或钩针编织品制造	14.36	34.75	4.85	5.14	543.93
家用纺织制成品制造	130.44	137.62	34.93	40.10	2124.33
床上用品制造	63.67	83.88	14.80	12.62	1158.81
毛巾类制品制造	39.53	20.89	2.63	3.61	346.12
窗帘、布艺类产品制造	12.59	14.91	9.30	8.88	282.87
其他家用纺织制成品制造	14.64	17.93	8.21	15.00	336.53
产业用纺织制成品制造	196.32	188.42	53.27	145.42	3214.95
非织造布制造	115.72	103.22	21.09	102.23	1642.72
绳、索、缆制造	8.56	11.36	3.93	2.30	160.01

单位：亿元

营业成本	销售费用	管理费用	财务费用	利息费用	投资收益（损失以"–"号记）	营业利润	利润总额	亏损企业亏损额	平均用工人数（万人）
694.12	87.41	43.24	5.09	3.62	5.79	117.16	116.70	6.22	7.17
699.03	54.83	42.37	7.39	6.07	-1.73	74.97	76.72	6.32	5.87
788.95	75.62	49.14	0.74	4.21	13.29	128.86	129.48	3.95	7.29
199.84	23.73	17.82	0.70	0.81	0.03	31.99	32.57	0.99	2.10
866.48	130.12	45.72	-0.69	3.02	6.72	134.32	134.23	3.63	7.07
1772.83	100.28	134.77	17.36	9.72	1.54	200.03	200.68	4.36	19.45
3660.78	156.89	849.97	-85.31	1.23	79.40	1193.27	1188.09	6.98	15.87
105.48	4.72	16.32	-6.45	0.01	0.57	21.39	21.27	1.29	1.50
3484.27	149.97	818.68	-78.19	0.93	77.40	1152.06	1147.10	5.59	13.54
71.02	2.21	14.97	-0.67	0.29	1.43	19.82	19.72	0.10	0.84
23156.25	481.14	1274.46	266.67	187.15	40.27	1289.25	1346.34	116.26	280.31
12461.59	205.65	619.19	148.01	103.58	27.85	693.23	721.23	56.96	151.16
6950.21	104.64	280.28	87.22	61.09	18.87	396.58	414.15	25.11	80.43
3248.60	66.40	167.05	33.93	20.64	6.81	155.34	159.20	16.62	34.32
2262.78	34.61	171.86	26.86	21.85	2.16	141.31	147.88	15.23	36.41
1408.58	15.37	53.12	16.58	14.18	2.11	51.79	61.56	7.30	12.21
924.31	7.33	25.06	8.59	7.13	1.13	25.89	28.74	4.14	5.47
395.22	6.72	19.87	5.94	5.27	0.71	21.93	26.89	2.46	5.01
89.05	1.33	8.18	2.05	1.79	0.26	3.97	5.93	0.70	1.73
256.86	4.27	14.41	4.04	2.52	0.17	10.06	10.26	2.53	4.44
113.76	2.03	6.38	2.07	1.29	0.01	5.10	4.39	1.38	1.82
140.39	2.21	7.68	1.95	1.21	0.16	4.93	5.87	1.04	2.53
2.70	0.03	0.35	0.02	0.02		0.03	-0.01	0.11	0.09
584.83	9.40	32.20	7.80	6.10	0.77	31.37	33.35	3.14	8.09
235.83	3.23	10.59	3.48	2.66	0.25	12.89	14.12	1.25	3.89
293.76	5.12	15.11	3.66	2.92	0.49	13.15	13.82	1.62	2.90
55.24	1.06	6.50	0.66	0.51	0.02	5.32	5.41	0.27	1.30
1759.53	24.85	101.67	25.59	17.23	2.96	75.61	78.84	10.24	23.23
1429.35	18.79	75.09	19.93	13.01	0.89	56.91	59.27	6.98	16.68
330.17	6.06	26.57	5.66	4.23	2.07	18.70	19.57	3.26	6.55
2213.08	36.88	117.11	23.22	15.90	-1.67	142.16	144.13	6.05	20.77
1631.83	27.20	86.57	17.37	12.06	-1.36	96.59	97.96	4.54	14.99
114.61	1.40	7.53	1.23	1.11	0.03	6.66	7.03	0.69	2.08
466.64	8.28	23.01	4.63	2.72	-0.34	38.91	39.14	0.82	3.70
1804.32	83.61	115.54	17.44	11.91	3.19	96.96	102.03	7.26	25.60
986.96	49.24	63.00	9.93	6.71	2.41	47.38	50.21	3.54	13.48
298.92	8.37	14.42	3.62	2.50	0.82	19.28	20.72	0.75	4.65
238.07	7.93	17.46	1.57	1.01	0.11	16.71	17.26	1.06	3.51
280.36	18.07	20.66	2.32	1.69	-0.15	13.60	13.85	1.90	3.97
2667.47	101.11	221.22	23.99	15.72	4.90	188.07	194.95	22.78	34.80
1360.31	55.74	112.49	13.23	8.74	3.01	94.25	98.92	17.02	14.36
135.99	3.80	10.89	0.97	0.57	0.15	7.61	8.04	0.24	2.24

2-1 续表 24

行业	法人资本	个人资本	港澳台资本	外商资本	营业收入
纺织带和帘子布制造	18.04	17.62	13.12	11.87	387.50
篷、帆布制造	10.69	23.12	3.47	2.31	336.11
其他产业用纺织制成品制造	43.31	33.11	11.66	26.70	688.61
纺织服装、服饰业	814.47	1037.41	343.47	171.54	15291.55
机织服装制造	571.95	784.32	217.80	93.45	9408.12
运动机织服装制造	136.77	117.52	31.51	13.69	2379.89
其他机织服装制造	435.17	666.79	186.28	79.76	7028.23
针织或钩针编织服装制造	153.45	162.05	104.31	58.48	4368.77
运动休闲针织服装制造	55.46	62.84	54.55	22.59	1978.26
其他针织或钩针编织服装制造	97.99	99.21	49.76	35.89	2390.51
服饰制造	89.07	91.05	21.36	19.61	1514.66
皮革、毛皮、羽毛及其制品和制鞋业	454.27	500.86	154.15	151.24	11420.24
皮革鞣制加工	49.74	98.19	9.43	15.30	1181.22
皮革制品制造	84.57	134.97	27.91	18.95	2417.48
皮革服装制造	5.14	63.00	0.77	0.01	570.34
皮箱、包(袋)制造	48.71	50.47	22.92	8.39	1382.06
皮手套及皮装饰制品制造	8.19	6.05	2.08	2.20	86.79
其他皮革制品制造	22.54	15.44	2.15	8.35	378.30
毛皮鞣制及制品加工	18.39	20.84	2.03	1.82	395.01
毛皮鞣制加工	2.09	6.37	0.64	0.01	99.25
毛皮服装加工	2.50	10.32	1.00		175.12
其他毛皮制品加工	13.80	4.15	0.39	1.81	120.64
羽毛(绒)加工及制品制造	31.71	37.63	1.76	2.66	640.03
羽毛(绒)加工	16.88	17.79	0.39	0.82	312.17
羽毛(绒)制品加工	14.83	19.84	1.36	1.83	327.86
制鞋业	269.86	209.22	113.02	112.51	6786.49
纺织面料鞋制造	73.86	30.44	22.71	20.51	1202.81
皮鞋制造	102.90	117.97	65.39	79.08	3492.67
塑料鞋制造	37.61	16.96	3.32	2.71	836.22
橡胶鞋制造	23.76	23.11	7.52	5.23	634.99
其他制鞋业	31.74	20.75	14.08	4.97	619.80
木材加工和木、竹、藤、棕、草制品业	493.88	610.29	51.36	37.03	10249.02
木材加工	63.61	98.44	18.39	3.39	1649.11
锯材加工	21.34	47.22	1.02	0.88	631.71
木片加工	23.18	16.96	2.09	0.20	354.51
单板加工	9.67	18.29	15.22	1.73	425.40
其他木材加工	9.42	15.97	0.06	0.58	237.50
人造板制造	277.99	338.30	16.45	5.88	5651.42
胶合板制造	73.57	207.83	5.29	3.06	3900.29
纤维板制造	90.60	63.94	2.69	1.29	753.69
刨花板制造	48.67	33.43	2.66	0.03	337.07
其他人造板制造	65.14	33.09	5.80	1.50	660.37

单位：亿元

营业成本	销售费用	管理费用	财务费用	利息费用	投资收益（损失以"–"号记）	营业利润	利润总额	亏损企业亏损额	平均用工人数（万人）
323.22	9.33	25.47	3.27	2.19	0.37	23.88	24.27	1.39	4.67
281.53	8.00	24.63	2.21	1.68	0.40	19.05	19.48	0.67	4.34
566.42	24.24	47.75	4.31	2.53	0.98	43.29	44.24	3.45	9.19
12883.63	564.71	897.37	100.42	64.77	105.04	858.24	883.92	89.38	256.50
7873.07	368.94	537.96	57.44	42.47	41.35	549.78	561.87	57.77	150.66
2020.93	69.75	108.92	9.97	7.97	8.39	162.62	165.38	6.66	30.00
5852.14	299.20	429.04	47.47	34.50	32.96	387.17	396.49	51.11	120.66
3755.24	135.38	254.69	31.11	15.75	61.42	233.28	242.04	22.40	74.77
1728.66	55.15	100.39	10.03	6.12	7.13	82.29	84.47	10.42	30.89
2026.58	80.23	154.29	21.08	9.63	54.30	150.99	157.57	11.98	43.88
1255.32	60.39	104.73	11.87	6.55	2.27	75.18	80.01	9.21	31.07
9772.36	294.62	608.99	64.87	39.26	41.36	664.67	674.74	41.91	179.72
1023.67	25.75	53.79	9.78	8.29	0.10	62.58	65.60	4.10	14.16
2057.93	68.11	133.57	18.39	11.11	0.09	126.41	128.29	14.09	35.39
480.72	19.81	27.66	8.08	5.17	0.08	31.11	31.19	0.91	7.23
1182.11	36.65	78.28	8.79	4.84	0.02	68.43	69.90	11.77	21.89
73.82	2.59	5.60	0.62	0.28	0.08	3.46	3.61	0.33	2.05
321.28	9.07	22.03	0.91	0.82	-0.08	23.42	23.60	1.09	4.22
347.31	6.78	15.42	3.78	1.42	0.22	18.58	19.21	1.21	4.19
82.86	2.23	4.42	0.80	0.56	0.01	8.64	8.89	0.18	1.53
155.51	2.88	6.04	0.80	0.37	0.04	7.08	6.88	0.50	1.02
108.94	1.67	4.96	2.18	0.49	0.17	2.86	3.44	0.54	1.64
571.75	8.77	20.85	4.28	2.65	0.36	32.80	33.45	2.35	4.11
278.54	2.87	10.32	2.07	1.27	-0.29	17.06	17.12	0.83	1.39
293.21	5.89	10.53	2.20	1.38	0.66	15.73	16.33	1.52	2.72
5771.70	185.20	385.36	28.64	15.78	40.59	424.31	428.20	20.16	121.87
1019.25	27.45	64.20	4.74	2.02	-0.99	79.00	79.86	2.75	23.98
2924.02	118.41	213.70	13.46	9.98	42.20	249.74	253.09	12.95	64.95
751.10	15.46	33.51	4.18	0.89	-0.60	28.20	27.99	0.69	9.27
544.79	14.09	38.03	3.58	1.62	0.12	31.21	30.81	2.03	12.03
532.53	9.79	35.91	2.68	1.27	-0.14	36.17	36.46	1.75	11.64
9075.47	204.38	379.85	65.70	40.11	17.14	472.66	482.51	43.95	96.17
1485.39	24.53	48.90	8.46	5.27	10.92	85.92	86.46	8.53	13.45
578.04	8.19	15.37	2.41	1.63	-0.55	23.74	24.09	5.35	4.51
312.99	6.60	13.57	1.96	1.06	10.19	28.87	29.14	1.39	3.10
379.63	5.83	12.28	3.06	2.08	1.29	23.96	24.24	0.98	3.73
214.72	3.92	7.68	1.02	0.51	-0.02	9.34	8.99	0.81	2.10
5095.17	85.80	175.38	32.73	20.17	4.18	237.66	247.06	19.44	52.44
3563.27	42.94	92.99	15.42	8.03	-0.19	163.52	165.16	6.08	38.30
664.85	13.64	35.80	8.50	6.74	1.96	31.12	36.06	8.16	6.31
293.65	10.19	15.07	3.88	3.10	2.36	15.93	17.97	2.62	2.49
573.40	19.03	31.53	4.92	2.30	0.05	27.09	27.87	2.57	5.35

2-1　续表 25

行　　业	法人资本	个人资本	港澳台资本	外商资本	营业收入
木质制品制造	126.86	138.66	15.62	26.77	2207.26
建筑用木料及木材组件加工	24.76	16.39	0.03	0.04	351.38
木门窗制造	36.71	45.81	5.15	1.80	613.13
木楼梯制造	0.72	1.24	0.66	1.04	31.72
木地板制造	36.30	41.44	7.61	12.58	532.82
木制容器制造	10.07	13.42	0.39	6.78	226.71
软木制品及其他木制品制造	18.29	20.35	1.77	4.52	451.51
竹、藤、棕、草等制品制造	25.43	34.89	0.91	0.98	741.22
竹制品制造	20.80	31.93	0.79	0.98	681.20
藤制品制造	1.64	0.46	0.07		19.61
棕制品制造	0.52	0.53	0.04		9.73
草及其他制品制造	2.47	1.97	0.01		30.68
家具制造业	542.71	551.06	105.83	93.10	8265.37
木质家具制造	358.87	338.62	47.71	34.09	4725.46
竹、藤家具制造	7.46	3.63	0.80	1.66	114.97
金属家具制造	71.45	146.25	37.05	33.37	1823.32
塑料家具制造	7.88	11.77	2.51	1.20	127.66
其他家具制造	97.05	50.79	17.75	22.78	1473.97
造纸和纸制品业	1726.63	681.38	601.08	589.86	15141.58
纸浆制造	77.60	6.86	11.74	9.15	174.81
木竹浆制造	68.26	2.94	11.74	9.15	149.04
非木竹浆制造	9.34	3.92			25.76
造纸	1275.16	374.79	376.76	477.10	8692.21
机制纸及纸板制造	1221.87	345.16	365.24	468.60	8138.38
手工纸制造	6.04	11.14	1.60	0.03	80.63
加工纸制造	47.25	18.48	9.91	8.48	473.20
纸制品制造	373.86	299.73	212.59	103.61	6274.56
纸和纸板容器制造	163.42	189.34	60.95	40.52	3198.87
其他纸制品制造	210.45	110.39	151.64	63.08	3075.69
印刷和记录媒介复制业	639.22	519.44	152.43	142.82	7737.72
印刷	613.68	501.93	147.64	139.87	7505.28
书、报刊印刷	73.35	42.00	42.73	1.41	669.62
本册印制	9.86	21.19	4.93	3.19	271.90
包装装潢及其他印刷	530.47	438.74	99.98	135.28	6563.75
装订及印刷相关服务	18.26	15.46	2.98	2.19	217.74
记录媒介复制	7.27	2.05	1.80	0.75	14.70
文教、工美、体育和娱乐用品制造业	524.26	631.17	327.90	190.41	14772.80
文教办公用品制造	39.55	60.28	15.31	21.67	1145.23
文具制造	18.23	35.44	9.48	17.76	841.87
笔的制造	7.40	14.48	3.14	1.54	152.79
教学用模型及教具制造	6.20	6.65	0.47		71.24
墨水、墨汁制造	3.02	0.78		0.13	17.56
其他文教办公用品制造	4.69	2.93	2.23	2.23	61.76

单位：亿元

营业成本	销售费用	管理费用	财务费用	利息费用	投资收益（损失以“–”号记）	营业利润	利润总额	亏损企业亏损额	平均用工人数（万人）
1867.80	73.06	115.51	20.04	12.43	1.89	104.80	106.62	15.24	23.02
310.25	7.49	11.79	2.31	1.24	-0.11	16.91	17.27	1.81	3.11
492.93	28.93	39.91	5.99	4.08	1.06	41.25	41.97	2.98	7.28
26.23	0.89	1.73	0.25	0.16		2.26	2.33	0.03	0.35
455.25	16.70	28.39	5.91	4.13	0.61	14.99	14.68	8.41	4.55
196.72	6.21	13.32	1.32	0.57	0.57	8.68	9.18	0.58	2.38
386.43	12.84	20.38	4.26	2.25	-0.25	20.72	21.19	1.41	5.35
627.12	20.99	40.06	4.48	2.24	0.15	44.28	42.36	0.75	7.27
574.30	19.51	37.36	4.04	1.94	0.14	41.92	39.84	0.56	6.29
17.27	0.54	0.49	0.12	0.09	0.01	1.12	1.15	0.10	0.17
8.73	0.13	0.56	0.05	0.04		0.19	0.20	0.03	0.13
26.82	0.81	1.65	0.27	0.17		1.06	1.18	0.06	0.68
6826.73	335.08	564.99	56.27	37.90	37.48	452.34	460.25	62.02	111.78
3898.97	195.62	310.16	38.03	24.55	11.57	244.13	246.85	47.41	64.49
98.54	3.11	6.69	0.62	0.32	0.01	5.20	5.34	0.15	1.90
1513.96	59.27	133.22	8.57	7.37	20.98	119.72	121.86	5.34	22.78
108.15	4.51	8.42	0.77	0.47	0.09	5.04	5.32	1.18	2.26
1207.11	72.57	106.51	8.28	5.18	4.82	78.25	80.87	7.95	20.36
12912.43	428.76	787.75	161.28	160.52	108.04	909.57	958.12	74.88	100.00
148.63	2.91	10.47	5.20	3.88	0.08	7.64	7.86	3.91	1.31
127.56	2.55	7.78	4.13	3.01	0.07	7.06	7.02	2.10	0.94
21.07	0.36	2.69	1.06	0.87	0.01	0.58	0.84	1.81	0.36
7460.69	191.39	437.20	119.57	125.58	87.14	551.72	582.38	44.51	45.41
6983.52	176.33	403.10	115.15	122.73	86.42	531.24	560.77	41.11	41.38
65.96	2.20	6.14	1.00	0.82		4.29	4.90	0.12	0.64
411.21	12.87	27.97	3.41	2.04	0.72	16.20	16.71	3.28	3.39
5303.12	234.46	340.08	36.52	31.05	20.82	350.21	367.88	26.46	53.29
2768.69	89.36	170.41	22.64	17.10	3.59	134.69	145.26	13.78	28.99
2534.42	145.09	169.67	13.88	13.95	17.23	215.51	222.62	12.68	24.30
6431.92	207.95	564.39	51.70	39.01	28.40	470.24	493.28	38.16	88.29
6250.07	197.83	540.88	49.72	37.48	27.12	456.52	478.87	36.43	84.17
551.96	15.19	64.06	4.08	3.43	0.88	31.20	34.82	5.27	10.68
222.14	7.79	18.95	2.29	1.42	0.50	19.59	20.10	1.99	3.27
5475.97	174.85	457.87	43.35	32.63	25.74	405.73	423.95	29.16	70.22
172.77	8.00	21.34	2.06	1.50	1.18	12.34	13.04	1.41	3.87
9.09	2.12	2.17	-0.08	0.02	0.10	1.38	1.37	0.33	0.26
12642.01	373.00	809.40	92.37	57.92	30.64	818.38	852.44	48.67	176.02
948.95	45.24	76.39	6.31	6.01	12.64	77.17	80.41	3.79	13.67
703.72	31.76	48.62	3.76	4.30	9.48	61.25	63.02	1.93	8.59
126.64	6.45	13.52	1.50	1.15	3.06	7.12	8.27	1.27	3.30
54.48	4.11	7.13	0.58	0.29	0.07	4.63	4.77	0.19	0.82
14.19	0.56	1.88	0.05	0.02	0.01	0.85	0.87	0.15	0.15
49.92	2.37	5.23	0.42	0.25	0.01	3.31	3.48	0.25	0.81

2-1 续表 26

行 业	法人资本	个人资本	港澳台资本	外商资本	营业收入
乐器制造	38.16	22.95	6.17	17.80	273.80
中乐器制造	0.18	2.90	0.01	0.02	23.40
西乐器制造	27.72	6.21	2.38	15.37	136.81
电子乐器制造	6.49	11.16	2.84	2.28	79.48
其他乐器及零件制造	3.76	2.68	0.94	0.14	34.12
工艺美术及礼仪用品制造	284.16	379.13	125.54	43.02	9144.68
雕塑工艺品制造	36.77	56.03	3.47	1.40	1328.35
金属工艺品制造	40.95	35.14	3.11	4.33	800.18
漆器工艺品制造	1.92	7.23	0.91	0.16	129.24
花画工艺品制造	3.60	6.90	3.43	0.41	128.45
天然植物纤维编织工艺品制造	15.60	22.52	0.71	0.77	410.60
抽纱刺绣工艺品制造	28.94	40.73	6.94	6.22	547.38
地毯、挂毯制造	22.16	26.12	8.97	15.96	390.56
珠宝首饰及有关物品制造	60.66	56.44	72.18	7.29	3677.32
其他工艺美术及礼仪用品制造	73.57	128.01	25.81	6.46	1732.59
体育用品制造	63.52	55.88	60.69	41.56	1647.60
球类制造	6.68	3.72	9.89	5.39	151.86
专项运动器材及配件制造	21.19	16.41	19.55	9.96	568.01
健身器材制造	19.01	20.65	14.46	10.65	498.91
运动防护用具制造	5.45	3.67	10.80	4.83	126.46
其他体育用品制造	11.18	11.43	5.99	10.73	302.36
玩具制造	66.71	78.32	107.64	44.97	2012.46
电玩具制造	4.73	5.37	12.24	5.46	165.82
塑胶玩具制造	35.79	38.25	68.06	27.98	853.61
金属玩具制造	2.02	1.51	2.02	0.07	39.40
弹射玩具制造	0.32				9.26
娃娃玩具制造	2.09	2.93	2.44	1.49	94.11
儿童乘骑玩耍的童车类产品制造	6.30	9.41	12.26	3.79	344.79
其他玩具制造	15.46	20.86	10.62	6.20	505.47
游艺器材及娱乐用品制造	32.17	34.61	12.56	21.38	549.04
露天游乐场所游乐设备制造	18.46	18.76	5.36	4.71	208.62
游艺用品及室内游艺器材制造	8.13	7.20	5.82	0.18	181.97
其他娱乐用品制造	5.58	8.65	1.38	16.49	158.44
石油、煤炭及其他燃料加工业	3869.33	889.94	114.16	186.22	56087.22
精炼石油产品制造	2581.20	434.67	73.99	162.43	44007.34
原油加工及石油制品制造	2557.26	424.88	73.99	160.43	43844.49
其他原油制造	23.95	9.79		2.00	162.86
煤炭加工	1137.73	435.63	39.74	23.79	11486.47
炼焦	784.89	410.14	24.99	13.36	10631.50
煤制合成气生产	6.85	5.34	0.68	7.24	110.96
煤制液体燃料生产	320.12	7.01	14.07	2.98	517.16

单位：亿元

营业成本	销售费用	管理费用	财务费用		投资收益（损失以“-”号记）	营业利润	利润总额	亏损企业亏损额	平均用工人数（万人）
				利息费用					
224.52	6.89	22.73	1.38	1.00	0.11	17.35	18.55	1.60	4.65
18.62	0.74	1.31	0.19	0.17	0.07	2.56	3.47	0.06	0.36
111.76	2.91	12.51	0.63	0.64	0.03	8.29	8.40	1.15	2.73
66.14	2.35	5.54	0.35	0.04	0.01	5.00	5.07	0.37	0.93
28.00	0.90	3.37	0.21	0.15		1.50	1.61	0.02	0.62
7963.01	205.25	389.54	57.82	33.12	17.95	509.81	520.31	19.87	75.78
1097.34	33.86	57.98	6.71	3.17	1.21	123.88	124.82	1.07	12.18
662.27	29.89	45.09	5.04	2.32	-4.73	51.59	52.86	3.85	8.23
106.11	4.66	9.49	1.76	0.51	0.04	6.29	5.87	1.17	1.68
107.89	3.81	6.00	0.53	0.24	0.07	9.48	9.68	0.12	2.07
347.86	10.79	19.02	3.03	1.23	0.22	27.47	27.50	0.48	5.04
463.89	12.87	33.64	6.56	4.03	0.75	28.63	31.97	1.65	6.99
335.19	12.72	24.67	3.72	2.31	0.50	13.63	14.03	3.90	5.33
3370.10	54.02	107.98	16.32	12.14	18.79	138.98	139.79	4.68	12.15
1472.36	42.62	85.67	14.16	7.17	1.10	109.87	113.80	2.95	22.11
1363.33	42.22	123.50	8.27	4.21	3.34	102.66	114.55	7.97	25.79
126.62	3.66	8.18	1.14	0.39	1.69	13.17	22.21	0.39	2.39
458.40	14.28	43.93	2.84	1.50	1.11	43.56	44.78	2.50	8.52
422.86	14.04	32.47	2.63	1.22	0.11	24.68	25.74	2.78	6.16
105.11	3.19	12.55	0.58	0.37	0.04	4.41	4.58	1.05	3.08
250.34	7.05	26.36	1.08	0.73	0.38	16.84	17.25	1.26	5.65
1694.10	57.41	153.62	13.63	10.62	-4.81	76.33	81.37	12.03	48.88
141.07	4.57	13.38	1.66	0.48	0.02	4.19	4.46	1.07	4.86
722.96	18.77	70.71	5.83	3.84	-6.14	24.07	26.42	7.20	25.60
33.39	0.63	2.59	0.15	0.09	0.02	2.61	2.72	0.03	1.00
7.57	0.09	0.33	0.04			1.22	1.23		0.11
80.94	2.90	5.91	0.81	0.27	0.01	3.03	3.16	0.53	2.54
284.95	13.16	27.17	2.20	4.24	0.56	14.76	15.81	1.66	4.42
423.21	17.30	33.54	2.93	1.70	0.72	26.45	27.56	1.54	10.36
448.09	15.99	43.63	4.95	2.96	1.42	35.06	37.25	3.41	7.25
167.86	6.40	18.37	1.84	1.26	0.26	13.90	14.11	1.26	3.00
149.78	4.73	10.91	1.10	0.60	0.75	15.09	15.99	1.74	2.22
130.45	4.86	14.35	2.01	1.09	0.41	6.06	7.15	0.41	2.04
45564.78	342.11	1255.43	380.33	381.81	197.25	2808.50	2738.32	370.47	78.63
35124.82	174.66	870.54	228.42	251.91	117.36	1967.32	1929.79	175.29	44.66
34984.30	173.57	864.78	223.01	246.82	117.39	1955.65	1918.94	173.12	44.01
140.52	1.09	5.76	5.41	5.09	-0.03	11.68	10.85	2.17	0.64
9930.90	158.66	356.08	146.56	126.10	79.36	798.36	763.41	187.26	31.03
9126.36	149.49	314.03	117.91	102.26	79.28	855.66	825.87	70.93	27.58
97.85	1.05	2.87	2.98	2.36	-0.06	4.95	1.39	3.45	0.33
510.68	1.63	30.90	23.11	19.42	0.11	-73.67	-75.28	107.55	1.98

2-1 续表 27

行 业					营业收入
	法人资本	个人资本	港澳台资本	外商资本	
煤制品制造	18.32	8.85			157.24
其他煤炭加工	7.55	4.30		0.21	69.61
生物质燃料加工	31.21	19.64	0.42		387.61
生物质液体燃料生产	23.11	10.11	0.42		216.24
生物质致密成型燃料加工	8.10	9.53			171.37
化学原料和化学制品制造业	9309.05	3244.48	1208.69	2591.87	83541.60
基础化学原料制造	3429.99	888.94	382.94	871.04	28175.61
无机酸制造	101.83	31.04	2.70	14.42	815.38
无机碱制造	330.86	155.28	48.89	15.08	1735.91
无机盐制造	318.18	111.37	5.12	8.81	3182.31
有机化学原料制造	2215.40	457.49	245.41	556.69	18850.39
其他基础化学原料制造	463.70	133.76	80.82	276.05	3591.62
肥料制造	1076.96	261.95	30.37	21.07	6848.75
氮肥制造	488.33	40.23	8.69	0.13	2024.31
磷肥制造	56.07	36.93		1.31	699.34
钾肥制造	77.02	22.81	5.78	0.30	338.53
复混肥料制造	386.11	98.69	15.47	14.70	3216.09
有机肥料及微生物肥料制造	61.67	59.39	0.42	4.63	516.17
其他肥料制造	7.75	3.91			54.32
农药制造	247.10	170.78	6.33	28.29	2842.10
化学农药制造	207.28	143.54	5.38	26.39	2489.94
生物化学农药及微生物农药制造	39.83	27.24	0.96	1.91	352.15
涂料、油墨、颜料及类似产品制造	515.46	362.55	129.31	138.32	6570.85
涂料制造	225.09	171.05	77.73	84.61	3781.83
油墨及类似产品制造	46.07	33.91	13.58	26.41	545.82
工业颜料制造	80.30	84.65	18.80	10.76	1009.98
工艺美术颜料制造	19.76	5.74	1.92	0.93	158.81
染料制造	114.01	42.98	9.98	9.89	628.27
密封用填料及类似品制造	30.25	24.22	7.30	5.71	446.14
合成材料制造	2577.17	484.37	320.89	797.38	19234.24
初级形态塑料及合成树脂制造	1699.74	308.74	236.50	516.78	12818.61
合成橡胶制造	91.08	63.76	20.47	79.78	1296.85
合成纤维单(聚合)体制造	685.32	59.50	51.47	106.01	4002.14
其他合成材料制造	101.03	52.37	12.46	94.80	1116.64
专用化学产品制造	1041.31	749.78	208.43	535.79	14358.37
化学试剂和助剂制造	430.52	313.60	77.47	176.34	5675.69
专项化学用品制造	284.85	250.09	108.39	244.36	5103.40
林产化学产品制造	46.90	35.91	0.52	7.46	567.44
文化用信息化学品制造	69.51	18.34	6.15	9.71	530.78
医学生产用信息化学品制造	6.26	4.33	1.96	10.93	129.75
环境污染处理专用药剂材料制造	46.18	35.15	0.23	10.14	524.31
动物胶制造	7.20	7.00	0.67	5.96	50.65
其他专用化学产品制造	149.90	85.36	13.03	70.90	1776.37

单位：亿元

营业成本	销售费用	管理费用	财务费用		投资收益（损失以“–”号记）	营业利润	利润总额	亏损企业亏损额	平均用工人数（万人）
				利息费用					
131.81	4.61	5.08	1.34	1.09		12.97	12.86	1.88	0.67
64.20	1.88	3.21	1.22	0.97	0.03	-1.54	-1.44	3.46	0.47
345.74	8.53	17.32	6.03	2.96	0.22	8.85	11.13	7.92	1.98
197.47	4.00	8.02	5.08	2.44	-0.06	1.33	3.10	7.44	0.91
148.27	4.52	9.30	0.96	0.52	0.28	7.52	8.03	0.47	1.07
67822.26	2075.71	4363.09	825.70	792.95	743.21	8233.72	8222.42	645.71	345.06
22592.57	441.11	1275.37	319.34	307.67	340.32	3480.29	3460.66	195.95	91.49
644.97	18.54	44.02	8.23	6.69	1.42	98.28	98.61	3.70	4.23
1294.99	40.00	97.31	19.26	16.62	29.50	279.53	275.38	11.83	8.79
2612.02	61.63	144.56	45.62	37.18	18.73	316.81	312.69	16.77	14.46
15185.32	234.30	809.03	202.69	211.98	273.19	2361.31	2351.78	147.92	49.73
2855.26	86.64	180.45	43.55	35.20	17.48	424.37	422.20	15.73	14.27
5548.71	138.07	354.26	120.60	124.88	34.08	589.08	577.75	126.17	34.63
1607.79	29.16	131.94	65.41	66.14	19.27	144.41	142.87	95.87	10.30
563.39	11.05	31.48	9.56	12.16	6.89	80.90	80.85	6.38	3.18
200.59	7.84	17.10	4.55	4.65	1.38	77.50	71.20	7.01	1.65
2711.31	66.65	133.44	34.30	38.25	6.40	256.21	252.11	11.01	14.63
420.57	20.47	36.71	6.15	3.27	0.11	28.04	29.04	5.02	4.30
45.05	2.90	3.58	0.63	0.40	0.03	2.01	1.66	0.88	0.57
2255.25	63.03	219.20	26.26	22.74	28.79	280.69	272.58	33.98	15.42
1986.99	53.08	188.59	23.67	21.15	27.72	240.73	231.90	32.52	13.06
268.25	9.95	30.62	2.59	1.59	1.06	39.96	40.68	1.46	2.36
5289.37	275.87	479.65	36.11	36.68	27.31	473.95	478.98	33.90	42.31
3026.19	200.02	281.10	19.69	17.20	17.65	241.02	247.04	20.32	25.62
439.96	20.88	43.27	2.07	1.96	1.31	35.91	36.59	0.99	3.39
810.68	21.34	64.48	6.39	6.97	0.16	101.20	97.74	2.50	5.71
126.73	4.57	13.97	1.38	0.97	0.16	11.24	11.33	3.60	1.33
518.62	11.41	47.92	4.94	8.08	6.74	53.91	54.65	5.55	4.00
367.20	17.65	28.91	1.63	1.50	1.29	30.67	31.63	0.96	2.26
16418.01	294.34	714.16	203.60	200.62	216.31	1597.57	1588.11	153.87	48.53
10678.20	198.81	500.97	136.29	132.63	196.70	1311.44	1300.78	71.14	32.72
1114.15	26.24	53.32	7.58	8.55	0.16	91.37	91.27	9.15	4.56
3744.55	33.13	84.63	52.49	53.16	17.18	88.75	88.96	61.32	5.27
881.11	36.17	75.25	7.24	6.28	2.27	106.00	107.10	12.26	5.98
11793.09	399.05	829.19	86.14	75.27	56.63	1234.29	1246.94	65.89	58.89
4619.13	161.13	360.19	38.99	32.86	22.29	491.64	497.47	22.82	23.75
4249.98	134.91	246.70	27.45	25.93	17.27	439.86	442.68	26.60	16.93
498.33	11.68	25.11	3.78	3.06	0.16	26.96	27.45	2.94	3.60
422.00	9.22	31.07	4.61	2.93	0.26	60.09	60.51	2.74	2.55
106.23	3.91	7.49	0.03	0.23	2.61	14.57	14.67	0.10	0.51
415.84	21.80	38.21	1.31	2.13	1.71	46.02	47.15	2.00	3.11
43.72	1.14	2.91	0.30	0.23	0.02	2.35	2.42	0.55	0.43
1437.85	55.27	117.52	9.68	7.91	12.31	152.80	154.59	8.14	8.01

2-1 续表 28

行　业	法人资本	个人资本	港澳台资本	外商资本	营业收入
炸药、火工及焰火产品制造	154.53	174.38	0.36		1533.67
炸药及火工产品制造	105.25	28.66			589.77
焰火、鞭炮产品制造	49.29	145.72	0.36		943.90
日用化学产品制造	266.52	151.72	130.04	199.98	3978.02
肥皂及洗涤剂制造	56.64	27.53	84.38	21.92	1086.81
化妆品制造	105.08	61.05	31.77	90.50	1383.41
口腔清洁用品制造	16.10	7.74	2.33	7.48	277.26
香料、香精制造	64.81	33.56	6.21	45.72	703.40
其他日用化学产品制造	23.89	21.84	5.36	34.35	527.13
医药制造业	3709.12	1787.53	540.81	503.18	29582.96
化学药品原料药制造	769.34	308.21	80.16	66.84	4403.43
化学药品制剂制造	889.45	365.93	221.38	236.92	8346.76
中药饮片加工	309.27	158.93	7.22	6.08	2112.12
中成药生产	763.28	464.08	49.87	30.50	5058.62
兽用药品制造	117.04	85.82	4.58	12.28	963.69
生物药品制品制造	629.65	254.02	142.43	101.74	5801.85
生物药品制造	521.22	244.59	125.43	100.07	3208.41
基因工程药物和疫苗制造	108.43	9.43	17.00	1.66	2593.44
卫生材料及医药用品制造	186.95	111.03	30.72	34.66	2504.71
药用辅料及包装材料	44.14	39.51	4.46	14.17	391.78
化学纤维制造业	1205.04	508.69	208.38	160.71	10330.14
纤维素纤维原料及纤维制造	167.19	63.64	38.16	56.58	1553.14
化纤浆粕制造	4.68	4.84	1.98		64.57
人造纤维(纤维素纤维)制造	162.52	58.80	36.18	56.58	1488.57
合成纤维制造	958.27	423.01	164.18	103.16	8497.20
锦纶纤维制造	74.68	52.24	7.22	7.81	1496.92
涤纶纤维制造	735.65	274.93	135.21	65.68	5792.92
腈纶纤维制造	3.30	1.61	11.54		166.15
维纶纤维制造	4.76	2.03	0.49		19.46
丙纶纤维制造	7.90	5.02	2.75		109.39
氨纶纤维制造	72.61	64.19	3.36	17.43	514.79
其他合成纤维制造	59.37	22.99	3.62	12.25	397.56
生物基材料制造	79.57	22.03	6.05	0.97	279.80
生物基化学纤维制造	36.00	11.43		0.64	158.97
生物基、淀粉基新材料制造	43.57	10.60	6.05	0.33	120.82
橡胶和塑料制品业	2226.90	2961.37	666.63	1026.81	30309.31
橡胶制品业	597.53	1451.30	166.52	490.89	6947.17
轮胎制造	303.57	1157.87	112.55	368.96	3349.04
橡胶板、管、带制造	77.40	121.85	5.55	45.97	915.87
橡胶零件制造	85.29	49.35	12.05	32.66	843.05
再生橡胶制造	6.65	7.67		0.58	109.96

单位：亿元

营业成本	销售费用	管理费用	财务费用		投资收益(损失以"–"号记)	营业利润	利润总额	亏损企业亏损额	平均用工人数(万人)
				利息费用					
1147.84	63.98	134.56	15.41	9.80	13.36	149.03	150.39	4.55	24.24
408.79	29.53	84.68	6.80	7.55	13.35	69.51	70.92	4.53	8.26
739.05	34.45	49.88	8.61	2.25	0.01	79.53	79.47	0.03	15.98
2777.43	400.26	356.69	18.24	15.29	26.42	428.83	447.00	31.39	29.55
765.18	123.60	93.12	7.99	3.71	7.56	98.76	111.05	7.37	6.63
901.82	177.30	161.48	3.52	4.28	13.05	141.17	145.68	19.36	13.63
166.11	45.47	14.95	-0.27	0.39	1.33	50.90	51.32	0.17	1.49
516.97	26.78	57.98	4.11	4.22	3.58	98.31	99.13	3.39	3.68
427.35	27.10	29.15	2.89	2.70	0.90	39.69	39.82	1.11	4.12
15629.97	4775.99	3051.24	193.19	231.53	618.42	6428.41	6430.68	333.36	211.70
3188.42	184.52	454.31	52.82	47.12	71.58	564.64	570.58	54.85	35.34
3801.14	2376.24	1001.06	31.39	56.46	194.36	1287.69	1285.99	99.46	52.72
1610.02	149.91	141.68	24.74	21.54	5.02	286.69	271.32	20.29	14.46
2833.02	1061.59	476.34	41.83	53.37	247.32	832.83	871.60	46.47	48.10
658.16	70.98	102.01	11.30	4.76	4.87	119.15	120.91	5.60	8.79
1551.30	669.53	613.82	7.14	22.53	85.78	2990.23	2953.19	83.64	23.55
1298.76	542.20	465.83	11.64	19.53	67.25	935.90	941.18	80.97	20.92
252.54	127.33	147.99	-4.50	3.01	18.53	2054.33	2012.00	2.67	2.63
1702.25	245.69	225.08	21.37	23.27	6.31	298.85	307.13	20.01	24.58
285.65	17.54	36.93	2.60	2.49	3.18	48.34	49.97	3.06	4.16
9074.53	90.13	401.85	121.23	153.22	82.79	673.66	683.08	82.23	43.56
1341.20	19.73	69.68	29.65	32.45	11.60	76.84	77.18	35.33	8.35
56.20	1.26	3.56	0.74	0.61	-0.35	2.27	2.33	1.52	0.45
1285.00	18.47	66.13	28.90	31.84	11.95	74.56	74.85	33.82	7.90
7498.03	64.58	309.93	87.38	117.72	71.19	583.35	590.30	40.64	33.38
1292.72	10.91	62.69	15.26	13.91	18.10	127.98	128.39	1.58	4.15
5267.43	33.57	186.71	57.41	57.29	43.93	274.43	279.67	31.15	22.46
146.14	2.86	4.19	7.28	39.39	0.08	6.05	6.23	0.38	1.06
17.52	0.26	1.19	0.25	0.25		0.19	0.17	0.41	0.19
90.62	2.42	4.40	1.48	0.79	0.07	9.74	9.72	0.69	0.67
343.09	8.23	23.11	1.62	2.82	8.24	146.67	146.63	0.04	1.78
340.51	6.32	27.63	4.09	3.28	0.77	18.29	19.49	6.38	3.06
235.30	5.82	22.24	4.20	3.06		13.47	15.60	6.26	1.82
137.28	2.78	10.29	3.79	2.15	0.13	6.97	8.45	2.21	0.95
98.02	3.04	11.95	0.41	0.91	-0.13	6.50	7.15	4.05	0.88
25425.49	854.76	1970.38	219.83	165.10	112.53	1787.54	1838.48	188.69	297.47
5749.53	241.84	482.64	50.24	44.40	30.68	418.62	429.09	54.51	71.15
2885.89	130.09	200.94	28.67	27.36	12.44	101.76	106.90	35.53	29.21
745.81	30.92	66.52	6.49	4.74	7.78	68.33	68.38	5.67	9.58
659.81	28.94	81.14	6.21	4.87	6.10	69.09	71.22	5.09	12.76
97.67	2.55	5.55	0.72	0.42	0.04	3.01	3.70	0.34	0.86

2-1 续表 29

行 业					营业收入
	法人资本	个人资本	港澳台资本	外商资本	
日用及医用橡胶制品制造	49.91	34.40	14.42	10.61	603.99
运动场地用塑胶制造	2.25	3.76	0.31	0.05	57.19
其他橡胶制品制造	72.46	76.41	21.62	32.07	1068.08
塑料制品业	1629.37	1510.07	500.11	535.92	23362.14
塑料薄膜制造	425.90	244.17	83.81	123.48	3694.11
塑料板、管、型材制造	396.23	424.08	49.36	55.74	4159.82
塑料丝、绳及编织品制造	91.11	113.63	5.92	7.54	1723.08
泡沫塑料制造	45.63	65.61	11.90	21.29	961.95
塑料人造革、合成革制造	50.43	74.27	29.94	5.37	856.32
塑料包装箱及容器制造	144.67	116.41	48.55	52.16	1911.15
日用塑料制品制造	98.75	104.47	57.80	53.39	2164.80
人造草坪制造	5.23	2.43	1.88	1.07	108.19
塑料零件及其他塑料制品制造	371.42	364.99	210.95	215.88	7782.71
非金属矿物制品业	7292.37	5604.64	739.41	761.43	68512.29
水泥、石灰和石膏制造	2463.66	1112.14	286.66	129.81	11752.83
水泥制造	2386.51	1047.34	284.85	127.62	10867.84
石灰和石膏制造	77.15	64.81	1.82	2.19	884.99
石膏、水泥制品及类似制品制造	1526.59	1762.48	59.50	64.06	22967.42
水泥制品制造	1044.05	1316.95	43.87	20.73	19401.18
砼结构构件制造	335.47	128.01	9.06	2.78	1987.79
石棉水泥制品制造	4.08	2.40	0.13		65.60
轻质建筑材料制造	100.78	67.59	4.86	36.60	938.00
其他水泥类似制品制造	42.20	247.52	1.58	3.94	574.86
砖瓦、石材等建筑材料制造	748.42	877.20	49.12	46.69	9478.87
粘土砖瓦及建筑砌块制造	156.89	260.48	0.85	1.70	2398.15
建筑用石加工	170.40	228.13	20.04	12.51	3055.32
防水建筑材料制造	128.26	129.17	0.16	0.68	1278.36
隔热和隔音材料制造	158.53	108.09	13.31	11.45	916.18
其他建筑材料制造	134.35	151.33	14.76	20.34	1830.86
玻璃制造	442.14	139.65	96.66	165.98	2880.94
平板玻璃制造	216.21	41.69	38.55	41.20	1194.50
特种玻璃制造	183.37	71.38	53.58	120.34	1278.69
其他玻璃制造	42.56	26.58	4.52	4.44	407.75
玻璃制品制造	280.25	218.81	116.31	126.75	3282.87
技术玻璃制品制造	130.49	70.01	86.38	76.23	1200.85
光学玻璃制造	63.07	35.64	16.15	9.02	405.49
玻璃仪器制造	2.45	5.84	0.40	2.67	33.77
日用玻璃制品制造	31.61	38.90	7.65	6.21	454.15
玻璃包装容器制造	35.83	41.60	4.55	14.44	741.47
玻璃保温容器制造	0.68	3.42	0.28	0.19	42.50
制镜及类似品加工	1.94	3.67	0.21	1.43	59.57
其他玻璃制品制造	14.19	19.73	0.68	16.55	345.07

单位：亿元

营业成本	销售费用	管理费用	财务费用		投资收益（损失以“–”号记）	营业利润	利润总额	亏损企业亏损额	平均用工人数（万人）
				利息费用					
428.99	16.66	41.72	0.63	1.90	3.69	114.72	115.67	2.48	6.36
48.55	1.39	4.00	0.35	0.16	-0.04	2.52	2.69	0.23	0.51
882.80	31.29	82.76	7.17	4.95	0.66	59.20	60.52	5.18	11.88
19675.96	612.92	1487.75	169.59	120.70	81.85	1368.92	1409.39	134.18	226.32
3084.34	75.95	229.48	35.03	28.87	11.09	268.46	273.48	26.36	24.03
3479.92	128.98	247.70	28.10	21.07	14.64	258.26	265.15	20.17	30.99
1474.30	42.53	88.79	14.51	8.94	1.37	95.26	97.93	4.22	19.52
821.24	28.52	55.56	6.83	4.40	0.92	46.99	48.07	4.64	9.29
766.93	12.69	44.01	4.82	4.07	0.86	25.89	27.42	4.09	8.43
1594.63	57.18	125.74	14.78	9.33	6.81	113.60	118.07	7.01	20.27
1792.90	77.65	152.17	16.50	10.49	4.21	117.34	121.84	12.29	28.60
95.95	2.38	5.36	0.85	0.28	0.13	3.38	3.60	0.37	1.22
6565.74	187.03	538.93	48.17	33.25	41.82	439.74	453.83	55.04	83.97
55957.27	2175.91	3586.34	582.79	464.41	275.37	5945.47	6032.20	395.09	477.22
9044.67	283.78	599.08	88.18	116.37	145.88	1807.04	1843.30	57.92	55.97
8306.53	235.02	558.68	80.86	111.16	145.01	1764.91	1800.83	51.22	50.46
738.14	48.76	40.40	7.31	5.21	0.87	42.13	42.46	6.71	5.51
19712.01	851.29	1034.46	187.31	129.13	46.02	1064.99	1075.02	115.65	123.53
16722.05	717.10	823.05	151.21	104.99	16.06	871.37	872.78	79.44	98.95
1700.76	71.05	115.36	22.45	15.24	1.18	63.89	67.58	23.74	14.00
54.40	1.45	2.06	0.31	0.12		7.10	7.17	0.53	0.30
746.91	40.24	66.96	8.96	6.54	29.31	93.83	97.98	9.69	7.10
487.89	21.45	27.03	4.38	2.24	-0.52	28.81	29.50	2.25	3.19
7799.26	337.44	499.46	82.14	42.88	5.15	674.17	689.71	38.61	72.03
1973.70	101.24	125.64	18.66	9.49	-0.31	152.58	164.09	11.69	22.40
2502.15	84.38	134.44	28.04	11.26	0.85	273.04	271.49	7.77	23.22
1053.59	49.28	74.97	9.45	6.30	0.15	78.29	78.94	2.63	6.34
763.33	33.55	59.02	8.43	4.66	1.11	47.60	50.23	7.88	8.38
1506.48	68.99	105.39	17.57	11.17	3.36	122.66	124.96	8.64	11.69
2192.55	54.63	177.57	23.82	25.17	4.54	381.00	382.95	48.90	21.22
833.61	12.46	75.00	12.93	13.74	0.79	249.53	248.91	0.51	6.76
1013.90	30.44	76.08	6.85	8.23	3.07	112.24	114.30	46.82	10.55
345.04	11.73	26.49	4.05	3.20	0.68	19.22	19.74	1.57	3.92
2685.88	94.51	220.16	29.36	23.25	14.39	237.88	253.37	37.60	39.64
948.86	30.34	75.89	10.20	9.13	6.80	129.52	141.46	12.75	9.87
328.09	7.11	40.14	3.50	2.71	0.70	24.91	26.00	8.00	6.46
25.29	1.99	3.53	0.58	0.40	0.09	2.14	2.03	0.63	0.72
382.74	15.68	33.55	5.17	3.62	0.39	12.81	13.29	8.03	7.89
617.61	27.56	39.79	6.04	4.82	5.21	50.12	51.12	4.52	8.58
36.08	1.28	3.43	0.55	0.41	0.51	1.73	1.84	0.51	1.24
50.40	2.01	4.26	0.05	0.25	0.12	2.83	2.98	0.19	0.65
296.84	8.53	19.58	3.26	1.91	0.58	13.80	14.63	2.98	4.24

2-1 续表 30

行　业					营业收入
	法人资本	个人资本	港澳台资本	外商资本	
玻璃纤维和玻璃纤维增强塑料制品制造	217.34	121.54	56.63	33.14	1757.77
玻璃纤维及制品制造	157.79	73.43	49.86	19.55	1271.54
玻璃纤维增强塑料制品制造	59.55	48.11	6.77	13.58	486.23
陶瓷制品制造	450.32	665.06	40.57	69.09	7000.49
建筑陶瓷制品制造	121.21	178.82	18.14	23.77	3521.62
卫生陶瓷制品制造	89.59	44.56	11.78	22.44	818.19
特种陶瓷制品制造	148.54	202.93	1.89	17.34	1063.22
日用陶瓷制品制造	57.84	149.28	4.03	2.64	713.96
陈设艺术陶瓷制造	26.82	76.98	2.73	2.58	701.37
园艺陶瓷制造	2.68	6.94	1.84	0.09	85.34
其他陶瓷制品制造	3.65	5.55	0.16	0.23	96.79
耐火材料制品制造	193.10	268.19	9.16	44.92	2410.44
石棉制品制造	4.07	5.38		0.92	54.85
云母制品制造	7.50	3.80		0.16	61.23
耐火陶瓷制品及其他耐火材料制造	181.54	259.01	9.16	43.84	2294.36
石墨及其他非金属矿物制品制造	970.54	439.57	24.79	81.00	6980.66
石墨及碳素制品制造	414.72	196.00	10.83	30.47	2652.07
其他非金属矿物制品制造	555.82	243.57	13.96	50.53	4328.58
黑色金属冶炼和压延加工业	6255.34	3161.12	159.38	421.19	96692.48
炼铁	139.19	41.06	0.13	0.17	2443.78
炼钢	657.29	193.60	6.52	50.54	12042.28
钢压延加工	5135.37	1889.55	152.67	358.00	78183.94
铁合金冶炼	323.49	1036.90	0.06	12.49	4022.49
有色金属冶炼和压延加工业	5900.89	1293.20	330.03	273.09	70256.57
常用有色金属冶炼	2834.44	361.73	39.57	35.55	26413.36
铜冶炼	356.36	54.41	8.44	23.02	8783.24
铅锌冶炼	374.26	141.02	0.05	0.08	3642.77
镍钴冶炼	106.63	9.06	2.55	2.55	3130.10
锡冶炼	22.34	5.34	0.80	0.07	678.11
锑冶炼	4.40	5.61			114.31
铝冶炼	1817.40	82.72	19.18	2.57	8608.47
镁冶炼	19.46	22.34	1.72		188.63
硅冶炼	25.22	16.74		0.24	465.09
其他常用有色金属冶炼	108.39	24.49	6.83	7.02	802.63
贵金属冶炼	141.01	39.94	7.76	2.56	4092.56
金冶炼	105.25	31.53	7.76	2.54	3386.38
银冶炼	33.00	5.39		0.02	446.72
其他贵金属冶炼	2.75	3.02			259.46
稀有稀土金属冶炼	156.90	62.27	0.15	6.66	1943.96
钨钼冶炼	91.42	16.07		2.74	803.03
稀土金属冶炼	37.01	37.71		3.63	1008.62
其他稀有金属冶炼	28.46	8.49	0.15	0.28	132.31

单位：亿元

营业成本	销售费用	管理费用	财务费用		投资收益（损失以“-”号记）	营业利润	利润总额	亏损企业亏损额	平均用工人数（万人）
				利息费用					
1327.61	42.50	127.02	24.80	19.90	17.12	260.40	263.19	11.31	17.91
931.48	26.02	88.44	18.42	15.64	14.03	231.81	234.17	6.60	13.24
396.13	16.48	38.58	6.38	4.26	3.09	28.60	29.03	4.71	4.67
5756.30	235.08	387.28	55.55	33.08	10.13	509.30	515.08	24.46	87.03
2993.19	97.27	156.09	25.02	18.05	0.55	218.81	221.98	14.80	33.26
665.63	27.93	50.26	4.57	3.59	8.47	71.34	72.20	2.20	11.51
812.88	45.06	84.56	10.50	5.00	1.36	103.87	105.22	3.73	12.63
569.17	32.94	41.72	8.42	3.36	0.35	49.33	49.28	2.61	15.05
565.00	26.85	44.04	5.74	2.44	-0.61	52.27	52.26	0.81	11.60
71.73	2.67	4.66	0.79	0.38		4.93	5.44	0.26	1.61
78.70	2.37	5.95	0.51	0.27		8.77	8.69	0.06	1.37
1974.05	109.63	158.11	22.73	15.64	6.09	137.87	142.16	13.26	21.26
45.64	1.31	3.81	0.32	0.13	0.03	3.52	3.57	0.27	0.52
49.12	1.95	4.48	0.57	0.30	0.28	5.11	5.17	0.33	0.66
1879.29	106.37	149.81	21.84	15.20	5.78	129.24	133.42	12.66	20.08
5464.95	167.06	383.20	68.90	58.99	26.03	872.82	867.42	47.37	38.62
2157.93	59.96	164.42	31.68	28.40	11.09	233.65	230.18	20.14	15.83
3307.02	107.11	218.78	37.22	30.59	14.94	639.17	637.23	27.23	22.79
87842.38	593.80	2791.44	555.41	639.85	284.76	4739.46	4567.01	219.81	211.66
2323.55	8.78	41.39	15.17	11.40	0.06	44.14	25.10	21.88	6.23
10884.08	55.30	367.10	85.39	89.31	-10.89	589.78	592.29	17.33	22.59
71148.25	467.93	2248.43	403.21	487.94	297.66	3841.59	3692.72	149.30	166.16
3486.50	61.79	134.52	51.64	51.19	-2.06	263.95	256.90	31.31	16.68
63723.31	385.23	1688.50	566.95	578.23	158.70	3486.74	3591.43	232.79	162.52
23407.46	104.37	546.05	257.03	291.79	61.41	1865.29	1853.58	82.74	59.59
8236.36	17.88	107.61	58.53	100.43	-22.27	236.70	240.25	4.35	9.87
3388.59	13.73	99.40	35.37	34.12	9.10	105.28	103.34	15.90	11.94
2808.01	8.05	41.73	17.99	19.03	2.44	244.36	243.22	2.76	5.28
596.04	1.46	21.77	3.64	2.89	4.02	50.68	50.37	4.12	2.43
99.75	1.05	7.59	1.26	0.99	0.08	5.64	5.42	0.26	1.03
7074.17	50.29	207.48	127.73	125.00	63.41	1067.95	1054.73	45.83	21.22
169.38	1.23	6.44	2.29	1.59	-0.05	8.42	8.24	1.33	1.62
357.36	4.52	15.89	3.54	2.48	4.83	86.03	85.37	1.51	2.35
677.79	6.17	38.13	6.69	5.28	-0.14	60.22	62.64	6.69	3.84
3806.39	6.43	103.79	29.47	38.80	20.67	135.94	132.32	11.08	7.40
3147.33	5.35	92.20	27.81	37.41	23.34	108.66	106.64	10.80	5.64
427.76	0.49	7.89	1.33	1.08	-2.68	5.88	6.16	0.22	1.49
231.30	0.60	3.69	0.34	0.32		21.40	19.52	0.06	0.26
1584.94	11.79	78.47	23.00	16.92	6.99	231.25	234.33	8.93	5.34
618.33	4.56	33.24	13.35	6.78	5.68	130.20	130.24	1.42	2.40
855.43	5.91	36.47	8.17	8.67	1.07	95.70	98.42	1.84	2.04
111.17	1.32	8.76	1.48	1.47	0.24	5.36	5.67	5.67	0.89

2-1 续表 31

行　业	法人资本	个人资本	港澳台资本	外商资本	营业收入
有色金属合金制造	579.89	147.11	33.13	42.46	4512.99
有色金属压延加工	2188.65	682.15	249.42	185.85	33293.70
铜压延加工	459.95	196.62	28.06	21.76	14442.67
铝压延加工	1440.27	390.31	212.27	108.00	14249.46
贵金属压延加工	18.81	9.55	0.11	5.54	1560.14
稀有稀土金属压延加工	78.53	28.80	2.49	3.87	740.41
其他有色金属压延加工	191.08	56.87	6.48	46.68	2301.02
金属制品业	3688.37	2686.31	544.29	639.23	49680.92
结构性金属制品制造	1154.28	926.34	73.45	72.27	15249.20
金属结构制造	915.65	696.61	60.46	52.63	12369.92
金属门窗制造	238.63	229.73	12.99	19.64	2879.28
金属工具制造	170.74	125.48	32.80	58.64	2231.07
切削工具制造	116.34	62.10	10.18	39.04	875.93
手工具制造	19.60	16.29	6.97	7.89	480.12
农用及园林用金属工具制造	11.27	7.31	2.06	0.65	196.89
刀剪及类似日用金属工具制造	4.56	7.23	3.46	5.39	142.86
其他金属工具制造	18.97	32.54	10.12	5.67	535.27
集装箱及金属包装容器制造	344.02	175.69	87.43	76.82	3865.73
集装箱制造	68.93	10.73	27.47	15.37	1605.29
金属压力容器制造	118.22	93.82	1.78	15.50	833.03
金属包装容器及材料制造	156.87	71.14	58.19	45.96	1427.41
金属丝绳及其制品制造	533.24	161.78	69.05	43.95	3489.15
建筑、安全用金属制品制造	238.69	257.99	48.31	79.72	4451.52
建筑、家具用金属配件制造	56.23	70.31	27.30	32.61	1722.02
建筑装饰及水暖管道零件制造	107.67	108.62	11.21	28.56	1630.14
安全、消防用金属制品制造	42.62	44.72	2.06	6.80	568.21
其他建筑、安全用金属制品制造	32.17	34.34	7.75	11.75	531.15
金属表面处理及热处理加工	246.58	166.66	26.36	72.62	4327.59
搪瓷制品制造	10.62	7.41	0.52	3.02	176.02
生产专用搪瓷制品制造	1.80	2.91		0.51	39.35
建筑装饰搪瓷制品制造	5.47	0.85		0.05	17.60
搪瓷卫生洁具制造	1.20	1.73	0.21	1.01	47.57
搪瓷日用品及其他搪瓷制品制造	2.14	1.92	0.31	1.46	71.50
金属制日用品制造	103.24	108.37	45.90	64.99	2450.11
金属制厨房用器具制造	16.50	29.69	2.46	16.07	417.83
金属制餐具和器皿制造	43.58	38.44	19.60	24.58	938.47
金属制卫生器具制造	5.79	7.67	4.41	3.13	143.17
其他金属制日用品制造	37.37	32.57	19.42	21.22	950.63
铸造及其他金属制品制造	886.97	756.60	160.45	167.21	13440.53
黑色金属铸造	317.77	327.21	32.04	42.80	5162.99
有色金属铸造	57.86	29.98	7.38	13.38	741.33
锻件及粉末冶金制品制造	242.84	230.31	14.77	32.28	2705.95

单位：亿元

营业成本	销售费用	管理费用	财务费用		投资收益(损失以"—"号记)	营业利润	利润总额	亏损企业亏损额	平均用工人数(万人)
				利息费用					
4048.89	38.31	157.29	22.75	24.98	13.78	245.72	251.00	20.07	15.00
30875.63	224.32	802.90	234.70	205.73	55.85	1008.54	1120.20	109.96	75.19
13837.02	46.41	215.51	49.00	40.82	-1.23	242.84	292.42	27.32	14.16
12862.52	143.46	448.87	161.41	143.39	49.69	550.71	605.24	68.95	50.50
1487.95	3.83	21.28	4.42	2.61	-0.16	37.87	43.28	1.23	1.05
635.85	5.32	24.18	3.63	6.13	3.05	72.56	74.01	1.30	2.53
2052.29	25.31	93.08	16.25	12.78	4.50	104.56	105.25	11.15	6.94
43210.25	925.60	2612.92	339.29	250.80	94.57	2447.74	2532.38	213.58	383.46
13361.11	282.54	777.77	119.99	83.64	-24.53	591.98	619.59	64.99	107.05
10918.46	206.55	595.50	91.88	65.15	-27.63	459.30	481.48	52.35	78.58
2442.65	75.98	182.26	28.11	18.49	3.10	132.68	138.11	12.64	28.47
1777.52	68.69	171.14	15.73	9.66	9.94	194.67	200.09	7.22	26.72
673.93	27.36	74.85	5.90	4.55	8.41	98.43	100.35	3.60	10.31
377.92	13.99	35.61	3.01	1.88	0.49	48.24	49.41	0.99	5.65
164.61	5.39	14.16	1.75	0.99	0.09	10.24	10.53	0.37	2.42
103.61	11.88	13.13	0.93	0.39	0.38	13.13	13.75	0.25	2.74
457.44	10.06	33.40	4.13	1.86	0.57	24.63	26.04	2.01	5.59
3182.64	71.75	186.56	27.29	22.61	21.11	392.53	395.12	19.91	23.46
1241.91	22.08	51.84	5.40	3.44	15.02	288.34	286.33	0.71	6.00
687.70	19.29	66.14	10.76	9.15	3.91	46.21	49.70	11.22	7.98
1253.02	30.38	68.58	11.13	10.02	2.17	57.98	59.10	7.99	9.48
3201.73	50.46	111.39	19.19	12.65	4.83	99.68	107.74	11.25	14.16
3802.77	108.55	259.19	29.06	22.31	1.32	233.22	241.04	16.88	44.67
1474.97	38.77	97.04	10.45	9.45	-2.28	92.04	94.94	8.61	20.03
1395.40	39.69	97.06	9.51	6.84	1.58	83.32	86.34	4.40	16.22
466.71	19.67	39.96	4.26	2.48	2.00	35.50	36.82	1.97	5.08
465.68	10.42	25.13	4.84	3.54	0.02	22.36	22.94	1.91	3.35
3917.10	50.20	180.72	19.27	15.00	1.54	145.75	148.30	16.65	27.88
147.32	5.25	11.99	1.08	0.52	0.05	9.17	9.61	0.37	2.15
32.74	1.59	2.63	0.23	0.17		1.91	1.99	0.21	0.30
14.30	0.45	1.37	0.11	0.09	-0.01	1.34	1.35		0.14
40.31	1.34	2.98	0.35	0.09	0.05	2.48	2.79	0.07	0.61
59.97	1.88	5.01	0.39	0.17	0.01	3.44	3.47	0.09	1.10
2061.09	73.59	163.84	16.23	10.96	55.25	177.34	181.63	6.72	33.35
356.93	16.44	25.03	2.77	1.63	0.11	15.24	15.92	0.87	4.85
788.49	31.47	63.68	7.66	5.79	53.42	94.98	97.22	2.81	14.45
121.40	4.50	10.77	0.81	0.53	0.19	5.32	5.41	1.51	2.04
794.26	21.19	64.36	4.98	3.00	1.52	61.79	63.09	1.53	12.01
11758.97	214.57	750.32	91.44	73.45	25.06	603.42	629.26	69.59	104.02
4580.82	82.24	232.94	36.91	28.11	9.26	214.76	218.80	27.23	35.20
662.92	9.99	40.31	5.00	3.74	0.96	19.73	24.47	8.42	5.62
2308.98	46.12	173.47	29.75	21.79	3.71	147.38	153.75	12.55	21.68

2-1 续表 32

行　　业	法人资本	个人资本	港澳台资本	外商资本	营业收入
交通及公共管理用金属标牌制造	13.08	16.32	0.49		172.59
其他未列明金属制品制造	255.41	152.77	105.78	78.75	4657.67
通用设备制造业	3839.16	3151.35	469.16	1598.75	49383.87
锅炉及原动设备制造	503.95	264.97	47.24	122.39	4812.12
锅炉及辅助设备制造	97.82	105.67	1.65	20.69	1190.00
内燃机及配件制造	256.34	113.21	29.84	76.78	2294.34
汽轮机及辅机制造	68.01	11.94	5.94	16.04	440.21
水轮机及辅机制造	14.86	3.12			87.21
风能原动设备制造	64.86	28.11	8.62	6.34	780.82
其他原动设备制造	2.05	2.91	1.19	2.54	19.54
金属加工机械制造	450.14	395.04	56.39	129.92	5360.21
金属切削机床制造	179.31	95.07	26.77	65.59	1562.54
金属成形机床制造	53.01	61.48	6.22	19.71	738.46
铸造机械制造	40.29	78.54	7.49	7.89	666.76
金属切割及焊接设备制造	58.78	63.86	3.92	14.38	852.07
机床功能部件及附件制造	42.10	44.99	8.63	16.64	598.79
其他金属加工机械制造	76.65	51.10	3.36	5.70	941.59
物料搬运设备制造	529.39	556.19	64.67	183.47	8192.04
轻小型起重设备制造	16.23	20.26	1.66	7.53	241.12
生产专用起重机制造	163.40	218.60	19.99	42.75	2615.52
生产专用车辆制造	34.77	24.91	0.97	30.35	785.98
连续搬运设备制造	48.53	75.87	5.52	11.31	603.15
电梯、自动扶梯及升降机制造	219.23	188.93	33.47	84.39	3426.81
客运索道制造	1.39	1.67			27.45
机械式停车设备制造	22.84	11.32	1.59	0.67	86.18
其他物料搬运设备制造	23.00	14.63	1.46	6.47	405.83
泵、阀门、压缩机及类似机械制造	687.80	646.24	67.51	354.09	8989.40
泵及真空设备制造	181.76	178.84	10.15	56.74	2102.57
气体压缩机械制造	175.72	75.27	18.75	118.12	2401.30
阀门和旋塞制造	187.88	281.39	14.68	55.71	2444.61
液压动力机械及元件制造	132.78	102.26	15.28	54.07	1660.93
液力动力机械元件制造	1.97	1.86		1.74	18.80
气压动力机械及元件制造	7.69	6.62	8.65	67.70	361.17
轴承、齿轮和传动部件制造	416.11	255.65	22.98	313.46	4628.04
滚动轴承制造	188.87	123.43	8.51	195.70	2072.40
滑动轴承制造	7.07	11.85	1.19	4.46	115.35
齿轮及齿轮减、变速箱制造	177.89	94.10	11.03	92.23	1860.02
其他传动部件制造	42.27	26.28	2.25	21.06	580.27
烘炉、风机、包装等设备制造	528.96	436.42	82.54	183.20	7162.45
烘炉、熔炉及电炉制造	39.28	19.60	3.80	10.19	314.89
风机、风扇制造	59.89	58.40	2.95	8.83	670.06
气体、液体分离及纯净设备制造	76.61	90.56	13.35	46.46	1294.14

单位：亿元

营业成本	销售费用	管理费用	财务费用	利息费用	投资收益（损失以“–”号记）	营业利润	利润总额	亏损企业亏损额	平均用工人数（万人）
142.95	3.31	13.68	0.76	0.59	0.78	11.76	12.10	0.66	1.49
4063.29	72.91	289.93	19.02	19.22	10.35	209.79	220.15	20.73	40.03
40428.18	1585.52	3831.04	262.84	250.36	249.84	3230.31	3356.11	338.15	425.90
3991.73	122.10	399.06	12.36	28.02	56.38	319.47	333.19	48.07	32.96
990.49	35.88	110.49	6.56	9.19	8.26	44.78	52.07	24.45	10.01
1878.51	59.92	183.19	1.31	10.58	39.94	204.30	208.99	12.07	15.11
355.49	10.11	57.07	-0.82	3.32	6.78	24.21	25.72	1.16	3.18
70.66	1.26	5.76	0.34	0.49	-0.01	7.13	7.30	0.46	0.64
680.79	14.31	40.12	4.65	4.25	1.41	39.17	39.15	8.97	3.81
15.80	0.62	2.44	0.32	0.19	0.01	-0.11	-0.04	0.96	0.20
4309.43	195.30	455.76	38.54	31.92	27.97	316.86	335.14	80.90	49.90
1259.08	64.63	139.20	12.20	10.75	16.80	48.31	55.80	58.43	13.95
597.11	26.61	67.10	4.14	4.62	1.70	43.92	48.40	4.77	7.67
548.38	20.28	45.35	5.89	3.46	0.35	41.25	40.65	2.21	5.88
661.49	41.63	84.06	4.57	4.27	5.63	66.69	70.18	4.33	8.47
478.35	14.86	48.71	4.93	3.31	2.38	50.41	52.47	3.89	5.77
765.02	27.28	71.34	6.80	5.51	1.12	66.27	67.63	7.27	8.15
6841.58	267.31	560.97	27.75	39.44	75.99	503.62	518.33	33.46	50.54
200.56	6.27	19.48	1.76	1.42	0.49	12.19	13.01	1.50	2.51
2232.50	80.30	158.85	12.50	18.14	41.27	157.36	160.43	9.91	13.14
686.47	19.92	44.90	2.26	2.73	4.46	34.10	35.73	3.09	3.93
475.85	20.60	55.39	5.44	4.07	1.90	41.77	44.46	3.75	5.15
2827.61	123.89	244.99	2.10	9.78	27.03	216.42	222.61	13.23	22.56
22.51	1.11	1.73	0.01	0.05		1.81	1.82		0.11
67.71	5.47	9.12	1.62	1.41	-0.07	2.21	2.51	1.23	0.85
328.38	9.75	26.50	2.07	1.83	0.91	37.75	37.75	0.75	2.30
7211.78	306.03	700.62	46.37	39.03	25.46	712.20	739.67	30.97	79.99
1640.51	101.37	185.35	14.58	10.81	7.38	155.85	162.42	8.88	21.23
2047.76	52.16	148.43	6.54	8.08	8.42	150.10	154.23	7.56	14.76
1952.87	90.57	198.41	16.20	10.21	5.43	178.31	185.60	7.28	25.48
1278.15	52.30	140.32	10.73	9.31	3.95	178.14	185.78	6.12	15.38
15.09	0.55	2.24	0.17	0.11		0.67	0.93	0.22	0.25
277.40	9.08	25.86	-1.85	0.51	0.27	49.12	50.72	0.92	2.90
3785.36	107.16	334.77	40.87	33.27	14.51	355.76	371.62	23.50	45.41
1712.16	44.09	147.92	22.52	17.45	5.63	143.71	151.64	12.48	23.25
90.33	3.22	11.66	0.84	0.68	0.61	9.00	9.54	0.95	1.52
1496.39	48.24	134.68	13.81	12.50	6.78	165.76	171.94	9.43	15.92
486.48	11.61	40.51	3.71	2.64	1.49	37.29	38.50	0.64	4.71
5836.68	292.24	553.59	34.48	32.44	29.78	444.67	463.90	44.00	62.47
248.82	10.33	29.67	1.84	2.27	1.13	24.54	25.34	0.91	2.60
533.18	32.06	60.61	4.03	3.36	-4.36	31.23	32.33	9.84	7.72
1010.16	60.39	117.09	7.98	6.85	10.73	102.52	110.08	5.93	9.76

2−1 续表 33

行　　业					营业收入
	法人资本	个人资本	港澳台资本	外商资本	
制冷、空调设备制造	275.14	202.18	29.34	80.26	2982.51
风动和电动工具制造	16.51	24.73	27.77	24.23	1225.19
喷枪及类似器具制造	8.87	6.39	0.43	5.29	142.16
包装专用设备制造	52.65	34.56	4.90	7.94	533.49
文化、办公用机械制造	97.49	71.51	38.95	121.79	1734.39
电影机械制造	0.76	0.42	0.44		19.81
幻灯及投影设备制造	17.09	4.09	5.26	9.74	278.51
照相机及器材制造	19.51	10.73	20.67	51.16	484.91
复印和胶印设备制造	9.34	13.56	5.43	43.67	481.65
计算器及货币专用设备制造	47.33	39.69	5.87	7.32	394.59
其他文化、办公用机械制造	3.46	3.04	1.28	9.89	74.92
通用零部件制造	364.03	380.08	61.02	162.11	6114.41
金属密封件制造	24.17	22.72	1.36	15.03	354.46
紧固件制造	98.89	97.27	33.67	62.89	1570.85
弹簧制造	21.15	13.72	6.29	18.54	286.34
机械零部件加工	167.12	185.58	14.10	45.09	2900.42
其他通用零部件制造	52.70	60.78	5.60	20.56	1002.34
其他通用设备制造业	261.29	145.26	27.86	28.33	2390.81
工业机器人制造	137.23	53.52	4.88	9.84	921.83
特殊作业机器人制造	15.20	7.28	0.08		49.35
增材制造装备制造	20.29	10.30	0.63	2.25	144.95
其他未列明通用设备制造业	88.57	74.17	22.26	16.24	1274.68
专用设备制造业	4144.99	3927.39	540.17	916.08	37352.35
采矿、冶金、建筑专用设备制造	1352.84	691.64	68.47	229.05	10875.70
矿山机械制造	439.09	248.31	31.92	21.03	2858.39
石油钻采专用设备制造	349.67	160.33	10.05	48.54	1264.13
深海石油钻探设备制造	11.68	5.29	0.37	15.66	105.28
建筑工程用机械制造	184.14	124.07	22.00	116.99	4548.04
建筑材料生产专用机械制造	163.75	42.10	2.47	7.33	714.51
冶金专用设备制造	171.78	102.58	1.65	18.65	1132.78
隧道施工专用机械制造	32.74	8.96		0.85	252.57
化工、木材、非金属加工专用设备制造	441.90	1728.52	173.55	171.65	5584.99
炼油、化工生产专用设备制造	153.26	80.80	10.31	11.39	967.06
橡胶加工专用设备制造	32.63	18.70	1.59	3.06	264.26
塑料加工专用设备制造	46.41	34.49	40.42	32.90	983.03
木竹材加工机械制造	7.37	15.31	1.44	5.10	165.82
模具制造	194.84	1574.22	119.70	116.96	3110.94
其他非金属加工专用设备制造	7.39	5.01	0.11	2.23	93.89
食品、饮料、烟草及饲料生产专用设备制造	87.20	57.08	5.55	12.87	953.26
食品、酒、饮料及茶生产专用设备制造	18.38	22.15	4.21	9.07	365.39
农副食品加工专用设备制造	39.60	22.48	0.45	3.49	396.54
烟草生产专用设备制造	27.40	6.82	0.89		133.36
饲料生产专用设备制造	1.82	5.64		0.30	57.99

单位：亿元

营业成本	销售费用	管理费用	财务费用	利息费用	投资收益(损失以"–"号记)	营业利润	利润总额	亏损企业亏损额	平均用工人数(万人)
2453.41	122.36	217.49	12.93	12.59	17.86	182.41	187.93	22.21	23.90
1076.72	32.18	59.55	3.81	4.45	2.60	53.10	54.59	2.28	10.87
111.89	6.00	12.85	0.95	0.65	0.06	9.75	10.49	0.06	1.82
402.50	28.94	56.33	2.93	2.26	1.74	41.11	43.13	2.77	5.80
1470.27	48.40	126.40	4.11	5.91	3.08	85.01	85.40	16.37	18.59
16.53	0.64	1.38	0.14	0.04	0.03	1.18	1.22	0.05	0.12
239.66	10.61	17.65	-0.14	0.29	0.90	10.16	10.40	4.04	1.82
408.58	5.59	32.54	2.42	1.79	0.33	35.51	36.22	2.91	6.15
424.83	8.84	25.54	1.21	1.05	0.47	20.14	20.31	1.74	5.14
315.15	20.82	42.02	0.18	2.54	1.33	18.11	17.14	5.69	4.16
65.52	1.89	7.27	0.29	0.20	0.02	-0.10	0.10	1.94	1.19
5094.09	143.73	446.24	46.99	28.63	7.38	354.30	361.84	24.66	65.52
275.15	14.60	30.77	2.61	1.74	0.48	30.59	30.64	1.44	3.72
1295.09	44.06	110.11	12.04	7.88	1.86	103.84	104.30	4.09	15.38
230.34	9.17	28.47	2.03	1.31	1.29	16.06	16.69	2.75	3.78
2458.47	55.38	204.08	22.22	12.19	2.35	142.37	150.11	13.80	32.14
835.05	20.52	72.81	8.08	5.51	1.40	61.44	60.11	2.58	10.50
1887.26	103.25	253.63	11.37	11.70	9.30	138.43	147.02	36.22	20.52
719.37	45.79	110.54	2.64	5.23	8.39	49.00	53.65	24.37	7.29
34.64	3.52	10.44	0.38	0.50	0.53	0.91	1.36	2.29	0.44
108.26	9.25	19.44	1.34	0.90	0.58	7.45	8.42	1.97	1.48
1024.99	44.69	113.21	7.02	5.07	-0.20	81.08	83.59	7.58	11.31
29234.06	1573.17	3357.28	264.54	259.16	281.24	2996.44	3122.96	332.91	336.78
8977.06	405.11	754.92	97.41	101.55	77.21	619.74	658.34	87.55	69.00
2292.89	101.10	232.24	42.14	40.28	8.53	145.17	151.26	29.54	22.77
1029.03	45.05	106.91	18.92	14.41	1.82	55.49	62.17	14.64	10.85
87.27	1.92	7.02	0.22	0.18	0.21	8.25	8.36	0.20	0.76
3814.83	203.48	238.80	15.35	22.65	52.97	306.20	323.24	24.97	18.69
605.18	21.16	55.41	3.81	6.77	6.34	33.22	34.54	4.64	5.32
951.20	26.72	93.54	13.04	13.13	6.89	45.60	51.31	12.77	9.58
196.67	5.68	21.01	3.93	4.13	0.44	25.82	27.46	0.78	1.02
4496.31	152.92	501.96	42.87	35.31	35.83	400.76	415.45	47.03	63.68
796.03	21.88	79.77	9.71	9.58	3.96	58.45	59.86	5.41	7.49
220.68	7.31	22.34	1.85	1.59	3.80	15.23	13.79	1.77	2.09
763.98	43.53	79.98	2.71	4.48	5.06	95.25	99.29	2.99	7.50
133.44	3.53	13.34	0.47	0.51	0.65	15.82	16.22	0.89	1.77
2507.33	72.23	298.41	27.79	18.95	22.12	210.28	220.21	35.50	44.01
74.85	4.44	8.13	0.35	0.20	0.23	5.73	6.09	0.47	0.83
751.10	34.50	87.53	6.21	4.55	2.02	70.51	72.40	3.18	9.59
284.10	13.75	32.57	2.23	1.75	0.40	31.00	31.26	1.86	3.69
321.47	14.00	30.24	3.65	2.39	1.33	26.33	27.52	0.93	4.01
98.15	5.23	17.72	0.06	0.24	0.21	11.64	11.87	0.09	1.34
47.38	1.52	7.00	0.27	0.16	0.08	1.54	1.76	0.30	0.54

2-1 续表 34

行　业	法人资本	个人资本	港澳台资本	外商资本	营业收入
印刷、制药、日化及日用品生产专用设备制造	186.45	91.05	17.70	50.68	1486.92
制浆和造纸专用设备制造	8.83	13.81	2.20	14.61	245.95
印刷专用设备制造	36.84	33.67	6.27	25.15	443.49
日用化工专用设备制造	3.14	4.76		0.26	42.03
制药专用设备制造	30.41	15.49	0.61	4.96	286.82
照明器具生产专用设备制造	4.52	9.69	0.90	0.15	60.87
玻璃、陶瓷和搪瓷制品生产专用设备制造	100.41	8.72	2.70	1.38	344.17
其他日用品生产专用设备制造	2.30	4.92	5.02	4.17	63.59
纺织、服装和皮革加工专用设备制造	100.68	82.38	18.56	45.08	1425.56
纺织专用设备制造	67.10	53.74	12.54	21.45	998.01
皮革、毛皮及其制品加工专用设备制造	1.11	2.55	0.26	0.28	19.10
缝制机械制造	29.05	22.77	5.15	21.69	386.13
洗涤机械制造	3.43	3.33	0.60	1.66	22.33
电子和电工机械专用设备制造	465.71	166.16	61.56	43.16	3091.75
电工机械专用设备制造	43.38	27.71	1.62	6.42	516.08
半导体器件专用设备制造	114.19	52.44	33.52	13.00	804.72
电子元器件与机电组件设备制造	64.00	31.34	16.82	13.72	836.60
其他电子专用设备制造	244.13	54.67	9.60	10.02	934.35
农、林、牧、渔专用机械制造	170.62	103.66	17.68	95.25	2376.98
拖拉机制造	53.38	15.36	0.29	35.63	422.07
机械化农业及园艺机具制造	77.22	54.69	16.21	52.21	1266.36
营林及木竹采伐机械制造	0.18	0.53		0.01	12.29
畜牧机械制造	21.90	11.78	0.01	5.33	294.94
渔业机械制造		1.80			10.25
农林牧渔机械配件制造	8.94	13.88	1.17	1.80	208.51
棉花加工机械制造	1.58	0.98			17.91
其他农、林、牧、渔业机械制造	7.42	4.64		0.27	144.65
医疗仪器设备及器械制造	578.10	337.41	139.81	192.09	5007.25
医疗诊断、监护及治疗设备制造	243.11	104.80	38.09	60.13	1936.02
口腔科用设备及器具制造	6.55	2.65	0.56	8.97	110.35
医疗实验室及医用消毒设备和器具制造	8.95	7.59	0.62	2.44	153.26
医疗、外科及兽医用器械制造	118.13	101.47	29.12	30.26	1170.56
机械治疗及病房护理设备制造	31.53	14.85	4.55	7.85	220.56
康复辅具制造	13.94	19.27	9.51	16.31	231.64
眼镜制造	30.46	21.82	29.31	35.40	441.79
其他医疗设备及器械制造	125.42	64.96	28.05	30.75	743.08
环保、邮政、社会公共服务及其他专用设备制造	761.49	669.48	37.29	76.25	6549.93
环境保护专用设备制造	424.66	398.80	13.94	31.85	3232.88
地质勘查专用设备制造	1.89	2.16	0.02		46.21
邮政专用机械及器材制造	2.08	1.57		0.40	32.03
商业、饮食、服务专用设备制造	8.26	5.97	1.71	4.65	86.54

单位：亿元

营业成本	销售费用	管理费用	财务费用	利息费用	投资收益（损失以“–”号记）	营业利润	利润总额	亏损企业亏损额	平均用工人数（万人）
1158.48	66.01	136.12	7.33	6.15	2.72	116.02	120.88	5.92	12.99
192.76	11.82	20.95	1.16	0.78	0.24	18.14	19.04	0.87	1.95
351.35	21.75	40.66	1.71	1.75	0.44	27.01	29.34	1.96	4.40
33.41	1.40	4.05	0.63	0.42		2.49	2.55	0.04	0.45
199.35	17.26	33.19	1.55	1.27	1.10	34.58	35.53	1.39	2.58
50.02	2.11	4.45	0.59	0.49	0.09	3.62	3.79	0.30	0.72
278.56	9.57	26.18	1.46	1.36	0.27	28.31	28.92	0.59	2.04
53.03	2.11	6.64	0.23	0.08	0.58	1.87	1.72	0.77	0.86
1154.67	47.01	114.08	7.09	6.76	6.42	102.64	109.06	7.26	14.14
805.41	32.62	77.57	4.62	4.66	3.01	77.67	82.95	4.27	8.67
15.49	0.75	1.77	0.13	0.09	0.03	1.00	1.14	0.08	0.22
315.65	12.42	31.65	2.11	1.90	3.11	24.17	25.15	1.97	4.89
18.12	1.23	3.09	0.22	0.11	0.26	-0.20	-0.17	0.94	0.35
2374.52	102.10	333.44	16.21	14.52	10.55	273.71	285.86	35.08	31.32
413.70	16.25	45.08	1.52	1.41	0.84	35.66	36.65	3.34	4.95
595.63	25.90	98.03	4.16	4.92	1.18	91.63	96.08	12.67	6.30
658.93	23.58	87.57	4.85	3.66	4.45	59.75	62.41	9.42	11.21
706.25	36.37	102.76	5.68	4.52	4.07	86.67	90.72	9.65	8.86
1997.15	70.63	152.70	13.03	11.35	9.94	133.32	138.74	11.16	19.74
375.51	7.46	24.39	3.37	2.93	6.59	8.58	9.70	1.76	2.70
1058.09	38.89	82.84	5.30	5.26	2.66	77.07	80.72	6.68	10.81
10.18	0.28	0.69	0.04	0.03		1.06	1.07		0.10
236.85	15.21	22.00	1.38	1.09	0.44	18.73	19.18	1.35	2.61
8.34	0.36	1.03	0.15	0.15	0.04	0.37	0.43	0.02	0.13
178.08	3.87	11.81	1.57	0.88	0.18	12.01	12.66	0.59	2.39
14.65	0.72	1.51	0.12	0.10	0.02	0.81	0.87		0.16
115.45	3.84	8.43	1.09	0.90		14.68	14.11	0.75	0.84
3196.36	435.23	639.45	20.30	22.43	104.26	824.31	841.51	73.57	61.76
1146.89	183.20	265.84	3.85	6.96	47.08	388.55	395.50	32.54	16.54
78.11	6.96	12.82	0.38	0.25	0.10	11.86	12.34	0.71	1.36
104.95	13.67	16.12	0.57	0.92	1.22	18.84	19.57	0.36	1.71
776.42	91.20	134.89	6.91	5.48	17.05	182.73	186.79	14.93	15.37
145.99	16.93	26.00	0.32	0.69	5.25	36.65	37.00	2.01	2.74
136.70	30.63	27.64	0.47	0.35	1.90	37.07	37.59	2.01	3.81
348.48	16.67	41.82	3.10	2.08	0.30	29.81	31.11	2.26	10.79
458.83	75.97	114.31	4.70	5.69	31.35	118.80	121.61	18.75	9.44
5128.41	259.66	637.09	54.10	56.56	32.30	455.43	480.71	62.17	54.56
2524.80	117.47	308.11	30.62	31.21	22.27	244.77	254.19	28.26	25.17
37.18	1.46	5.26	0.13	0.04	0.36	2.88	6.35	0.17	0.47
26.34	1.11	2.60	0.10	0.09	0.01	1.81	1.93	0.10	0.28
67.23	5.33	9.16	0.60	0.41	0.09	4.00	4.40	0.86	1.06

2-1　续表 35

行　　业					营业收入
	法人资本	个人资本	港澳台资本	外商资本	
社会公共安全设备及器材制造	53.64	47.81	0.51	9.21	595.04
交通安全、管制及类似专用设备制造	10.96	22.93	0.21	0.26	173.87
水资源专用机械制造	28.10	26.60	3.09	4.37	216.15
其他专用设备制造	231.91	163.62	17.80	25.50	2167.22
汽车制造业	7784.16	1575.93	512.49	3023.79	87724.31
汽车整车制造	3850.21	122.08	92.17	873.25	40620.06
汽柴油车整车制造	3320.78	97.59	59.69	858.58	36892.22
新能源车整车制造	529.43	24.49	32.48	14.67	3727.84
汽车用发动机制造	226.52	10.19	19.31	160.67	2413.98
改装汽车制造	287.43	95.63	10.80	4.56	2146.95
低速汽车制造	4.19	1.78			121.61
电车制造	14.11	4.16			120.22
汽车车身、挂车制造	106.98	66.97	1.87	20.20	1184.93
汽车零部件及配件制造	3294.72	1275.11	388.34	1965.12	41116.55
铁路、船舶、航空航天和其他运输设备制造业	3236.67	604.69	162.63	270.79	18515.56
铁路运输设备制造	625.48	146.54	8.85	20.65	3768.41
高铁车组制造	102.70	0.13		4.84	881.83
铁路机车车辆制造	190.54	0.72			769.16
窄轨机车车辆制造	24.79	2.45		0.66	41.34
高铁设备、配件制造	76.34	32.48	2.56	5.18	491.33
铁路机车车辆配件制造	99.59	30.04	3.60	4.60	645.97
铁路专用设备及器材、配件制造	114.58	77.21	1.64	5.37	847.93
其他铁路运输设备制造	16.93	3.52	1.05		90.85
城市轨道交通设备制造	89.96	8.71	1.78	4.61	553.35
船舶及相关装置制造	1386.56	153.53	39.89	143.25	4266.16
金属船舶制造	984.61	92.48	12.11	53.05	2774.37
非金属船舶制造	11.33	5.37	0.05	1.10	86.60
娱乐船和运动船制造	5.74	2.84	1.49	2.44	41.72
船用配套设备制造	123.32	34.39	2.04	25.77	591.40
船舶改装	8.26	0.26			36.36
船舶拆除	0.40	5.44	0.82		61.16
海洋工程装备制造	252.84	12.32	23.39	60.85	669.65
航标器材及其他相关装置制造	0.05	0.42		0.05	4.90
航空、航天器及设备制造	925.33	75.34	56.92	27.48	4904.19
飞机制造	676.96	36.53	52.60	21.50	3512.36
航天器及运载火箭制造	75.71	3.09		0.09	451.62
航天相关设备制造	56.89	8.51		0.11	428.64
航空相关设备制造	58.93	14.73	3.58	4.80	306.72
其他航空航天器制造	56.84	12.47	0.74	0.98	204.85
摩托车制造	111.97	107.04	29.14	27.02	2477.82
摩托车整车制造	58.33	37.03	23.96	8.52	1057.07
摩托车零部件及配件制造	53.64	70.00	5.18	18.50	1420.76

单位：亿元

营业成本	销售费用	管理费用	财务费用		投资收益(损失以"–"号记)	营业利润	利润总额	亏损企业亏损额	平均用工人数(万人)
				利息费用					
457.03	32.27	57.55	4.06	2.77	3.51	44.10	46.31	4.77	5.83
147.89	5.44	13.20	1.54	0.53	0.46	4.89	5.30	1.39	1.19
160.51	15.84	21.32	2.43	2.23	0.45	14.57	16.54	1.97	1.92
1707.42	80.74	219.90	14.63	19.28	5.15	138.42	145.70	24.65	18.64
74605.18	1990.34	5441.97	100.80	358.24	1248.23	5517.72	5646.29	1036.18	429.14
34903.67	1035.41	2211.40	-104.11	129.96	1033.99	2440.33	2471.53	601.85	84.91
31366.27	999.50	2051.45	-138.58	90.57	1010.61	2479.08	2505.18	445.00	74.16
3537.40	35.91	159.94	34.47	39.40	23.37	-38.74	-33.65	156.85	10.76
2053.69	26.08	119.53	0.39	7.07	1.39	200.94	203.73	27.25	6.83
1844.60	68.99	133.86	15.72	15.91	2.11	72.53	77.95	53.69	11.92
109.79	2.46	6.04	-0.52	0.76	0.33	3.62	4.20	0.24	1.54
108.06	1.98	5.24	0.81	0.58		3.83	5.38	1.44	0.98
1029.56	24.42	71.43	7.95	5.98	1.21	53.57	56.17	13.52	9.98
34555.82	831.01	2894.48	180.57	197.97	209.21	2742.89	2827.35	338.19	312.96
15880.12	317.48	1476.78	62.34	125.57	105.96	694.71	714.95	365.08	158.41
3011.42	99.46	383.62	11.44	19.27	35.32	291.28	303.69	14.76	29.14
738.67	16.48	79.45	-5.64	0.88	2.78	55.11	57.85		4.59
648.39	15.25	84.77	3.32	4.09	3.71	21.97	27.12	1.97	6.01
33.44	0.69	3.12	1.10	0.97		2.76	2.87	0.22	0.33
374.38	14.27	56.38	3.99	4.28	10.39	51.84	53.25	3.08	4.51
506.97	19.26	67.39	3.54	3.62	11.72	54.45	55.91	5.53	6.17
634.12	31.77	84.22	5.24	5.21	6.05	93.94	95.91	3.96	6.86
75.44	1.75	8.28	-0.09	0.22	0.66	11.19	10.78		0.68
468.10	15.19	39.33	1.03	1.79	1.14	28.67	29.73	1.76	2.82
3872.33	37.26	325.17	16.97	56.20	35.91	-87.54	-91.13	259.93	36.30
2550.03	16.90	214.06	-3.37	37.66	34.00	13.00	-9.20	118.44	24.22
72.33	2.37	7.68	0.91	0.86	0.24	2.07	2.25	1.26	0.62
33.72	1.39	4.48	0.22	0.21	0.02	1.66	1.85	0.74	0.68
508.27	9.64	49.06	2.72	2.80	0.01	14.92	20.13	8.15	6.20
29.25	0.45	2.04	0.15	0.09		4.36	4.41	0.02	0.33
58.00	0.24	1.32	0.99	0.93	0.04	0.42	0.56	0.40	0.07
616.80	6.14	45.90	15.27	13.61	1.61	-124.07	-111.25	130.93	4.13
3.93	0.13	0.64	0.06	0.05		0.09	0.12		0.07
4199.87	39.20	426.51	16.80	30.83	15.49	218.97	222.50	70.54	41.75
3110.35	25.67	253.04	5.68	20.48	12.09	119.00	120.03	55.25	26.42
390.22	1.99	43.68	2.36	3.07	1.34	15.89	16.56	7.71	3.23
331.01	3.90	51.75	5.31	2.44	0.76	35.60	35.61	3.21	6.27
219.33	4.69	52.79	1.59	3.01	0.70	28.54	29.57	1.75	3.78
148.96	2.94	25.24	1.85	1.83	0.61	19.95	20.72	2.63	2.05
2119.80	51.12	157.91	8.86	11.46	8.07	131.39	134.89	8.04	24.42
905.70	24.53	72.54	-0.20	3.40	3.01	48.75	49.92	3.83	6.38
1214.10	26.59	85.37	9.06	8.06	5.06	82.64	84.97	4.21	18.04

2-1 续表 36

行业	法人资本	个人资本	港澳台资本	外商资本	营业收入
自行车和残疾人座车制造	31.49	24.24	16.88	33.34	811.06
自行车制造	31.09	23.74	15.98	31.10	779.57
残疾人座车制造	0.40	0.51	0.90	2.24	31.49
助动车制造	45.34	66.93	4.49	3.24	1265.89
非公路休闲车及零配件制造	15.01	10.41	1.99	7.34	332.82
潜水救捞及其他未列明运输设备制造	5.54	11.96	2.69	3.86	135.86
潜水装备制造		0.38		0.24	4.49
水下救捞装备制造	1.73	0.22	0.60	1.48	8.43
其他未列明运输设备制造	3.81	11.36	2.09	2.14	122.94
电气机械和器材制造业	8010.52	4148.42	794.32	1370.46	86545.86
电机制造	737.46	387.20	111.46	248.56	9759.21
发电机及发电机组制造	472.45	153.06	26.59	76.99	5044.46
电动机制造	154.34	118.76	15.66	88.57	2317.92
微特电机及组件制造	61.81	85.48	54.10	53.10	1441.70
其他电机制造	48.86	29.90	15.11	29.91	955.14
输配电及控制设备制造	3179.78	1602.38	234.77	255.45	24860.18
变压器、整流器和电感器制造	487.75	256.63	53.22	73.86	4085.36
电容器及其配套设备制造	32.42	21.61	3.52	7.49	273.10
配电开关控制设备制造	627.21	647.63	35.31	64.17	5650.93
电力电子元器件制造	219.97	194.15	48.36	75.42	3205.57
光伏设备及元器件制造	1575.74	241.91	89.04	21.71	9439.33
其他输配电及控制设备制造	236.68	240.46	5.33	12.81	2205.89
电线、电缆、光缆及电工器材制造	1366.65	1123.64	77.54	177.61	17243.90
电线、电缆制造	960.51	971.26	58.43	135.43	14925.69
光纤制造	187.94	13.94	0.03	25.87	526.98
光缆制造	134.75	70.86	4.44	2.65	802.09
绝缘制品制造	57.41	41.18	13.40	7.34	627.85
其他电工器材制造	26.04	26.41	1.24	6.33	361.29
电池制造	1669.45	312.38	166.66	379.40	11624.69
锂离子电池制造	1410.86	200.15	122.95	308.38	8663.49
镍氢电池制造	31.77	12.34	1.62	8.52	307.77
铅蓄电池制造	73.00	35.24	22.76	38.99	1127.72
锌锰电池制造	14.45	4.52	1.51	7.18	133.80
其他电池制造	139.36	60.13	17.82	16.32	1391.92
家用电力器具制造	644.58	288.33	120.03	201.48	17391.20
家用制冷电器具制造	95.42	43.45	3.66	48.82	2233.21
家用空气调节器制造	197.39	64.76	11.26	47.06	7650.82
家用通风电器具制造	20.20	14.30	19.93	6.68	579.76
家用厨房电器具制造	122.04	54.04	33.04	31.56	2342.67
家用清洁卫生电器具制造	105.00	23.78	13.17	34.11	2100.57
家用美容、保健护理电器具制造	31.66	28.04	13.26	10.50	665.42
家用电力器具专用配件制造	42.62	35.43	6.87	9.93	1018.34
其他家用电力器具制造	30.24	24.53	18.83	12.81	800.40

单位：亿元

营业成本	销售费用	管理费用	财务费用	利息费用	投资收益（损失以"-"号记）	营业利润	利润总额	亏损企业亏损额	平均用工人数（万人）
706.05	21.63	44.42	2.44	1.82	1.37	35.05	36.26	1.68	10.34
679.60	20.90	41.70	2.23	1.74	1.35	33.76	34.92	1.64	9.78
26.45	0.73	2.72	0.21	0.08	0.02	1.29	1.34	0.04	0.55
1115.42	36.97	69.73	0.99	2.05	8.36	47.38	48.58	5.05	8.88
271.78	11.53	21.76	3.01	1.80	0.14	23.66	24.10	2.33	3.41
115.35	5.13	8.33	0.82	0.36	0.16	5.86	6.31	0.98	1.35
3.44	0.11	1.09	0.07		0.01	-0.24	-0.27	0.52	0.08
6.71	0.24	0.91	0.08	0.03		0.52	0.58		0.27
105.20	4.77	6.33	0.68	0.33	0.15	5.57	5.99	0.46	1.00
73442.66	2698.96	5314.95	452.49	453.40	418.97	4672.94	4756.50	662.41	585.08
8305.03	268.60	627.60	36.70	45.03	63.97	553.13	569.81	47.26	68.45
4342.38	155.12	278.00	6.87	21.08	37.58	274.09	278.61	24.29	17.84
1945.78	63.34	169.25	12.07	10.34	8.52	132.83	138.88	14.49	21.41
1206.81	30.26	114.49	14.22	10.55	14.41	88.31	93.15	6.72	17.46
810.06	19.88	65.87	3.53	3.06	3.46	57.90	59.17	1.75	11.74
20992.06	704.77	1677.04	164.46	135.55	149.15	1382.51	1373.62	247.40	167.79
3377.80	147.08	311.16	29.49	27.18	40.06	258.92	265.00	32.49	34.17
217.73	9.84	26.07	2.11	1.50	0.25	16.14	14.17	1.83	3.00
4464.66	236.48	478.30	36.35	34.87	46.33	453.60	464.18	22.23	47.71
2561.06	79.00	264.98	11.90	9.32	12.92	289.85	297.01	11.71	35.44
8569.30	143.47	428.17	66.83	48.07	33.23	218.87	184.14	162.60	31.86
1801.51	88.89	168.37	17.78	14.61	16.36	145.13	149.11	16.53	15.62
15291.65	336.91	761.05	130.11	106.99	50.10	677.99	701.66	74.74	73.63
13313.07	278.24	608.23	99.92	78.13	26.84	562.34	583.44	44.29	59.03
451.82	11.51	38.18	5.83	5.45	2.60	18.95	19.77	20.06	3.38
712.35	18.95	43.26	17.60	18.81	19.26	30.94	32.12	5.19	3.13
512.39	18.78	49.22	4.93	3.60	1.04	40.43	42.13	3.69	5.26
302.02	9.43	22.16	1.82	1.00	0.36	25.33	24.19	1.50	2.84
10027.53	203.07	731.78	65.17	90.20	51.19	588.19	597.53	196.51	78.26
7416.41	158.44	564.82	42.42	65.51	29.56	503.23	510.01	152.89	58.29
263.70	4.49	16.60	2.22	1.98	0.21	20.38	20.98	0.87	2.01
1003.66	12.94	54.68	5.33	6.19	10.83	27.86	28.61	13.87	7.67
104.99	5.55	9.31	0.74	0.65	0.49	12.73	12.68	0.34	1.26
1238.77	21.65	86.36	14.46	15.87	10.09	24.00	25.25	28.54	9.04
14180.32	961.51	1051.25	25.16	52.94	80.21	1178.35	1206.65	56.57	126.50
1953.50	94.63	108.04	6.31	5.37	17.64	90.17	93.01	8.76	13.87
5974.47	495.06	434.56	-9.31	23.75	28.83	729.43	743.00	10.16	27.44
472.84	31.59	41.71	3.20	2.43	0.92	25.94	27.13	2.32	8.07
1967.18	98.49	168.40	10.44	7.81	13.19	102.74	107.81	12.98	31.92
1687.13	171.42	123.15	0.47	4.35	14.57	133.93	134.86	10.81	12.15
549.54	31.42	51.78	2.90	1.99	3.22	31.22	32.88	4.01	9.47
890.37	16.07	66.14	6.59	4.70	1.23	36.96	38.38	3.85	12.05
685.30	22.82	57.46	4.56	2.54	0.61	27.95	29.59	3.69	11.54

2-1　续表 37

行　　业	法人资本	个人资本	港澳台资本	外商资本	营业收入
非电力家用器具制造	88.60	58.71	12.10	11.18	926.24
燃气及类似能源家用器具制造	51.80	25.48	2.41	10.09	588.34
太阳能器具制造	30.84	24.84	7.53	0.42	170.82
其他非电力家用器具制造	5.95	8.39	2.16	0.67	167.07
照明器具制造	257.70	307.41	68.17	86.98	4009.77
电光源制造	44.48	103.33	13.81	21.37	685.89
照明灯具制造	143.78	150.47	46.34	54.51	2450.42
舞台及场地用灯制造	20.56	23.56	2.72	4.89	327.51
智能照明器具制造	33.84	14.54	1.43	1.32	186.25
灯用电器附件及其他照明器具制造	15.04	15.51	3.87	4.89	359.69
其他电气机械及器材制造	66.31	68.37	3.59	9.80	730.66
电气信号设备装置制造	26.61	35.74	0.64	5.38	291.14
其他未列明电气机械及器材制造	39.70	32.62	2.95	4.43	439.52
计算机、通信和其他电子设备制造业	17291.54	3213.42	3318.04	4834.54	147051.87
计算机制造	673.66	284.68	420.43	467.90	26482.90
计算机整机制造	161.41	23.72	122.39	120.49	17206.82
计算机零部件制造	212.67	102.72	194.46	219.45	3982.54
计算机外围设备制造	166.44	87.79	80.28	96.94	3404.74
工业控制计算机及系统制造	22.50	14.30	6.44	1.65	321.63
信息安全设备制造	14.29	10.84	6.68	1.09	137.77
其他计算机制造	96.35	45.31	10.19	28.27	1429.41
通信设备制造	2335.97	360.15	430.10	276.87	41915.76
通信系统设备制造	655.51	197.01	58.52	68.92	7563.18
通信终端设备制造	1680.46	163.14	371.58	207.95	34352.58
广播电视设备制造	319.74	91.22	25.03	65.75	2167.82
广播电视节目制作及发射设备制造	10.35	7.53	0.03	3.29	91.22
广播电视接收设备制造	103.90	42.09	21.08	25.22	673.35
广播电视专用配件制造	4.58	6.52	1.27	3.16	89.78
专业音响设备制造	14.72	3.97	0.57	5.94	354.62
应用电视设备及其他广播电视设备制造	186.19	31.12	2.08	28.15	958.86
雷达及配套设备制造	42.83	8.19	0.01	0.64	459.03
非专业视听设备制造	419.84	110.06	131.69	94.62	7496.22
电视机制造	203.85	29.28	78.02	27.50	4744.92
音响设备制造	168.42	42.56	36.12	46.04	1784.83
影视录放设备制造	47.57	38.22	17.55	21.07	966.48
智能消费设备制造	591.17	224.50	138.47	100.01	7002.80
可穿戴智能设备制造	86.80	30.88	9.43	5.52	1516.79
智能车载设备制造	46.13	28.74	16.74	18.86	859.76
智能无人飞行器制造	31.24	14.32	1.49	4.78	364.74
服务消费机器人制造	22.51	6.20	0.11	0.24	148.93
其他智能消费设备制造	404.49	144.36	110.69	70.62	4112.57

单位：亿元

营业成本	销售费用	管理费用	财务费用	利息费用	投资收益(损失以"—"号记)	营业利润	利润总额	亏损企业亏损额	平均用工人数(万人)
746.68	53.11	69.36	4.95	3.80	0.07	49.97	51.45	6.16	9.44
463.33	42.37	41.96	2.77	1.81	-0.63	36.70	37.54	3.16	5.72
144.60	6.55	15.19	1.50	1.50	0.68	2.70	3.24	2.52	1.58
138.74	4.19	12.21	0.67	0.49	0.02	10.57	10.67	0.48	2.14
3313.44	141.08	328.54	22.32	16.02	22.68	201.56	212.08	26.43	52.59
572.38	22.07	53.09	3.48	3.31	3.17	35.44	36.32	4.36	9.51
2014.80	91.79	205.34	13.20	9.00	11.45	121.99	129.06	13.40	31.72
273.06	9.15	24.42	2.40	1.46	0.30	17.14	18.37	2.95	3.62
145.67	10.54	18.76	1.03	1.03	5.89	11.41	12.04	4.54	3.00
307.52	7.53	26.92	2.21	1.21	1.87	15.57	16.30	1.17	4.75
585.95	29.92	68.34	3.63	2.87	1.60	41.24	43.70	7.35	8.42
232.35	14.35	27.09	1.26	1.67	0.87	16.74	17.79	1.70	3.60
353.60	15.57	41.25	2.37	1.20	0.73	24.50	25.91	5.65	4.83
126075.01	3053.14	10043.85	431.75	741.87	1360.86	8844.46	9018.57	1030.47	967.30
24586.58	344.44	851.34	9.48	39.75	80.33	759.31	790.61	51.55	132.13
16549.35	157.83	278.36	-15.40	15.45	24.57	255.26	263.22	6.33	41.49
3511.27	55.71	227.46	13.99	10.58	29.18	192.40	208.01	20.27	51.85
2990.86	66.95	174.06	14.13	8.78	18.50	178.82	181.65	17.86	26.24
262.49	13.05	26.69	0.72	1.39	1.98	21.57	22.73	0.92	1.94
95.07	7.31	24.99	-0.84	0.59	0.65	12.80	13.14	0.88	1.24
1177.54	43.59	119.78	-3.12	2.97	5.46	98.47	101.87	5.30	9.37
35188.73	1343.49	3698.41	66.30	220.93	901.01	2563.50	2592.91	119.95	192.82
5961.39	327.16	788.58	29.34	39.21	82.47	553.90	560.33	51.11	45.35
29227.34	1016.33	2909.83	36.96	181.72	818.54	2009.60	2032.58	68.84	147.47
1812.32	57.71	140.72	7.47	11.84	-8.40	131.84	134.09	19.58	19.34
71.77	2.60	5.79	0.30	0.34	-6.21	4.53	4.64	0.40	0.77
563.27	16.69	49.12	2.40	2.28	-0.11	38.29	39.94	4.59	7.60
77.14	2.47	6.88	0.63	0.45	-0.04	2.55	2.66	1.03	1.30
324.07	3.49	22.49	0.92	0.89	0.91	4.73	4.93	2.39	3.69
776.07	32.46	56.44	3.22	7.89	-2.94	81.74	81.92	11.17	5.97
364.73	8.51	60.30	4.25	5.89	1.56	22.67	23.66	14.36	4.13
6722.15	183.47	373.63	27.98	37.53	79.46	222.79	232.77	31.53	44.50
4319.02	136.72	183.01	17.78	31.12	74.60	125.37	131.21	7.53	14.30
1536.53	32.27	140.97	8.06	4.74	1.19	63.50	66.86	15.55	22.74
866.60	14.48	49.66	2.15	1.67	3.68	33.92	34.70	8.45	7.45
5984.59	196.61	503.22	18.52	25.39	24.58	319.88	327.19	82.61	50.86
1364.19	12.44	64.99	2.24	2.90	3.64	76.60	77.55	5.79	11.81
655.07	41.50	113.06	2.00	2.65	4.52	51.65	52.07	18.16	5.34
308.94	10.01	32.94	2.37	1.72	0.29	9.71	10.86	7.97	1.66
110.74	17.17	30.09	1.46	1.24	0.36	-7.28	-6.80	14.66	1.59
3545.64	115.49	262.13	10.45	16.87	15.76	189.19	193.51	36.03	30.46

2-1 续表 38

行　业	法人资本	个人资本	港澳台资本	外商资本	营业收入
电子器件制造	9563.03	1011.46	1038.32	2719.99	30464.54
电子真空器件制造	160.04	26.42	20.73	23.21	1192.98
半导体分立器件制造	161.53	49.13	105.90	115.03	1570.14
集成电路制造	2936.96	139.01	427.47	1771.51	8831.99
显示器件制造	4940.72	464.40	271.37	560.42	11105.24
半导体照明器件制造	318.52	80.36	35.46	14.03	942.14
光电子器件制造	753.89	180.23	56.82	139.54	4038.31
其他电子器件制造	291.37	71.91	120.56	96.25	2783.75
电子元件及电子专用材料制造	2885.57	984.60	1074.09	1052.64	27581.70
电阻电容电感元件制造	203.84	142.10	109.47	152.69	3076.07
电子电路制造	509.08	195.07	361.28	370.80	6298.40
敏感元件及传感器制造	130.33	40.19	26.66	37.65	924.64
电声器件及零件制造	39.50	52.60	44.75	7.43	1114.84
电子专用材料制造	1397.44	330.94	275.24	199.48	8908.32
其他电子元件制造	605.38	223.70	256.70	284.58	7259.42
其他电子设备制造	459.72	138.55	59.91	56.14	3481.10
仪器仪表制造业	953.60	738.70	130.36	228.93	9748.99
通用仪器仪表制造	660.22	493.33	62.25	131.23	6355.45
工业自动控制系统装置制造	327.13	271.80	51.13	101.02	3988.00
电工仪器仪表制造	165.36	84.18	3.84	2.92	856.22
绘图、计算及测量仪器制造	15.10	10.72	1.90	5.44	271.89
实验分析仪器制造	20.15	37.79	2.93	10.56	358.76
试验机制造	14.24	13.23	0.56	2.57	161.39
供应用仪器仪表制造	91.22	44.27	1.53	2.22	415.64
其他通用仪器制造	27.01	31.35	0.36	6.49	303.56
专用仪器仪表制造	143.03	158.31	5.39	48.37	1612.83
环境监测专用仪器仪表制造	31.67	34.70	0.34	2.45	269.11
运输设备及生产用计数仪表制造	7.64	20.35	1.74	22.11	295.97
导航、测绘、气象及海洋专用仪器制造	31.62	14.29	0.32	7.56	180.37
农林牧渔专用仪器仪表制造	5.05	1.50	0.07	1.74	36.56
地质勘探和地震专用仪器制造	6.73	10.35		1.59	48.40
教学专用仪器制造	3.49	9.93			45.59
核子及核辐射测量仪器制造	4.75	1.02		0.25	21.04
电子测量仪器制造	24.85	28.60	1.97	9.01	434.40
其他专用仪器制造	27.22	37.59	0.95	3.66	281.39
钟表与计时仪器制造	10.77	9.85	26.35	6.54	296.04
光学仪器制造	113.93	48.23	30.90	31.75	1009.21
衡器制造	7.24	11.79	0.54	4.76	172.32
其他仪器仪表制造业	18.42	17.19	4.93	6.28	303.15
其他制造业	184.68	136.20	32.83	59.24	2832.74
日用杂品制造	73.71	76.07	23.51	44.26	1375.09
鬃毛加工、制刷及清扫工具制造	9.01	23.54	2.21	10.60	252.34
其他日用杂品制造	64.69	52.53	21.30	33.66	1122.76

单位：亿元

营业成本	销售费用	管理费用	财务费用	利息费用	投资收益（损失以“–”号记）	营业利润	利润总额	亏损企业亏损额	平均用工人数（万人）
25460.29	388.89	2268.34	146.01	254.61	138.78	2502.24	2558.39	513.52	216.54
973.16	21.94	84.64	2.86	3.20	21.26	127.65	128.34	5.15	12.89
1275.55	25.38	122.66	7.53	7.10	5.16	144.98	146.37	12.45	14.89
7207.49	83.07	862.84	6.83	73.69	46.49	983.81	1002.11	231.54	41.74
9407.07	122.46	624.45	87.80	124.52	22.29	808.08	824.28	186.10	66.10
811.50	16.52	70.36	7.68	7.78	5.69	41.43	46.41	18.94	10.25
3431.88	63.02	283.88	17.89	26.49	24.87	252.89	257.44	43.53	34.55
2353.64	56.51	219.50	15.42	11.83	13.03	143.41	153.44	15.80	36.11
23161.92	410.69	1837.76	136.16	127.85	136.53	2096.62	2128.07	170.43	270.51
2522.27	64.99	212.23	13.41	14.55	7.15	255.30	258.63	13.68	38.96
5406.51	83.63	408.31	30.07	26.56	23.68	371.65	379.37	45.56	69.17
723.01	24.27	92.77	3.71	4.73	2.58	80.44	82.25	11.01	10.15
960.27	14.63	95.27	5.88	4.26	3.34	41.10	41.28	6.71	16.26
7476.95	96.27	473.76	57.32	53.78	60.85	849.22	859.39	49.92	40.72
6072.90	126.90	555.42	25.76	23.97	38.93	498.91	507.15	43.54	95.25
2793.70	119.32	310.13	15.58	18.08	7.00	225.61	230.90	26.94	36.47
7304.24	482.82	1045.06	51.77	49.82	126.21	983.17	1022.22	60.86	97.16
4776.38	331.59	646.74	34.25	33.74	90.29	647.25	670.86	39.59	54.14
3039.08	190.70	390.82	16.51	16.44	40.87	382.11	397.17	25.77	30.34
644.25	49.44	89.35	7.02	8.11	23.72	89.74	91.87	6.32	7.44
222.26	9.53	17.17	1.27	0.46	0.01	20.30	20.56	2.66	3.13
227.68	28.38	50.18	1.10	1.30	6.76	60.27	62.16	1.13	3.77
110.85	9.82	23.40	1.02	0.83	1.49	16.40	17.43	0.55	1.72
311.78	24.92	43.71	5.08	4.57	15.81	46.53	48.77	2.21	4.64
220.48	18.79	32.12	2.25	2.03	1.62	31.90	32.90	0.95	3.10
1150.75	94.25	214.60	8.33	8.01	21.15	168.01	177.21	9.50	17.06
178.40	23.91	37.25	1.26	1.26	2.65	32.02	34.63	1.55	3.20
232.98	11.56	30.01	2.45	1.82	3.04	21.92	22.83	1.10	2.93
130.62	9.91	29.73	1.19	1.25	0.54	9.81	11.52	2.73	2.11
29.03	1.14	3.29	0.21	0.18	0.03	2.93	3.16	0.68	0.23
35.08	2.54	6.72	1.27	1.09	0.15	3.53	3.86	0.47	0.59
33.38	2.38	6.04	0.20	0.18	2.28	5.60	6.07	0.23	0.65
13.02	1.22	3.01	-0.03	0.07	0.87	4.62	4.88		0.23
298.37	24.94	61.07	1.01	1.04	3.92	54.09	55.75	0.91	4.34
199.88	16.66	37.48	0.77	1.14	7.66	33.49	34.53	1.83	2.78
236.49	15.62	29.05	1.58	1.20	0.37	12.32	12.85	3.81	7.58
785.51	19.86	107.25	5.54	4.72	12.68	104.73	108.97	5.35	12.46
133.48	7.49	15.78	0.99	0.87	0.47	14.78	15.62	0.22	2.38
221.63	14.01	31.64	1.09	1.28	1.25	36.09	36.70	2.38	3.55
2383.25	65.41	213.61	13.18	12.64	8.33	172.20	174.75	11.97	36.09
1160.25	42.51	87.10	7.94	5.56	1.43	72.94	75.39	6.46	23.57
211.49	9.03	16.20	1.85	1.32	0.55	12.87	13.32	0.76	4.12
948.76	33.48	70.90	6.10	4.24	0.88	60.06	62.07	5.70	19.45

2-1　续表 39

行　业	法人资本	个人资本	港澳台资本	外商资本	营业收入
废弃资源综合利用业	433.78	387.72	36.13	14.61	9514.27
金属废料和碎屑加工处理	278.09	262.75	17.45	8.62	8090.50
非金属废料和碎屑加工处理	155.69	124.97	18.68	5.99	1423.76
金属制品、机械和设备修理业	429.03	39.24	29.79	54.73	1607.84
金属制品修理	0.40	1.93	0.13	0.23	26.96
通用设备修理	3.92	1.89	0.27	0.20	68.46
专用设备修理	119.92	11.24	2.64	3.69	229.11
铁路、船舶、航空航天等运输设备修理	284.56	18.48	26.22	49.43	1028.21
铁路运输设备修理	40.77	1.01	0.45	4.84	120.69
船舶修理	128.97	9.94	5.00	15.16	313.04
航空航天器修理	114.40	7.49	20.77	29.42	554.32
其他运输设备修理	0.43	0.05			40.15
电气设备修理	8.03	1.60			76.37
仪器仪表修理	0.36	1.46	0.28		12.74
其他机械和设备修理业	11.85	2.64	0.24	1.19	165.98
电力、热力、燃气及水生产和供应业	**27498.35**	**2093.09**	**1387.97**	**885.31**	**96269.46**
电力、热力生产和供应业	23990.96	1772.41	960.53	507.45	79412.81
电力生产	14968.42	1500.10	941.29	490.22	29611.67
火力发电	3479.78	124.09	286.33	113.54	12272.91
热电联产	2536.40	174.74	92.00	87.16	7606.43
水力发电	2817.82	944.29	77.10	35.08	3154.24
核力发电	951.82	0.01	30.73	85.80	1356.27
风力发电	2909.84	96.53	219.07	111.44	2826.15
太阳能发电	1530.75	100.82	59.72	15.24	1287.40
生物质能发电	626.49	50.43	163.79	37.65	849.01
其他电力生产	115.53	9.19	12.54	4.31	259.25
电力供应	8076.83	60.99	0.04	6.12	46488.51
热力生产和供应	945.72	211.32	19.20	11.11	3312.63
燃气生产和供应业	1779.08	211.20	303.45	221.70	12631.57
燃气生产和供应业	1760.24	210.22	302.36	221.70	12594.82
天然气生产和供应业	1462.82	195.96	248.78	212.30	11839.15
液化石油气生产和供应业	45.06	7.70	35.06	8.32	546.76
煤气生产和供应业	252.36	6.56	18.52	1.08	208.91
生物质燃气生产和供应业	18.83	0.98	1.09		36.75
水的生产和供应业	1728.31	109.48	123.99	156.16	4225.08
自来水生产和供应	945.50	49.11	61.32	88.70	2856.25
污水处理及其再生利用	768.86	59.02	49.26	67.46	1336.14
海水淡化处理	9.35	0.50	6.22		6.50
其他水的处理、利用与分配	4.60	0.85	7.20		26.20

单位：亿元

营业成本	销售费用	管理费用	财务费用		投资收益（损失以“–”号记）	营业利润	利润总额	亏损企业亏损额	平均用工人数（万人）
				利息费用					
8772.51	77.12	226.73	59.95	44.47	-0.80	344.42	408.11	36.49	22.99
7591.07	45.59	143.80	46.85	34.31	-9.18	226.91	279.96	26.11	14.36
1181.44	31.53	82.93	13.11	10.16	8.38	117.51	128.15	10.37	8.64
1338.78	16.76	162.22	14.16	13.80	15.99	76.70	73.62	22.93	21.92
22.61	0.53	2.02	0.17	0.11	0.11	1.57	1.61	0.03	0.36
58.34	0.77	5.17	0.20	0.18	0.63	3.82	3.90	0.72	1.35
194.11	3.82	20.11	3.96	4.35	9.32	14.74	14.98	2.49	3.25
853.05	7.45	113.89	8.29	7.40	5.67	42.99	39.49	19.05	11.49
103.56	1.75	11.45	0.31	0.35	0.70	4.50	5.03	0.45	1.53
257.80	2.98	29.62	6.17	3.55	0.75	9.65	4.65	12.42	3.70
459.32	2.52	65.32	3.29	3.49	4.08	27.40	28.17	5.61	5.98
32.37	0.19	7.50	-1.48		0.14	1.44	1.64	0.57	0.28
65.90	0.66	6.14	0.35	0.29	0.14	2.81	3.33	0.36	2.22
10.34	0.32	1.44		0.01		0.53	0.59		0.26
134.43	3.22	13.45	1.19	1.46	0.12	10.24	9.72	0.28	2.99
87881.57	**561.13**	**2511.46**	**3275.39**	**3067.09**	**1274.97**	**3030.35**	**3297.23**	**3301.45**	**358.32**
73671.18	82.99	1742.50	2968.29	2745.88	1072.57	1733.87	1935.95	3096.47	267.74
25476.65	38.38	779.14	2205.59	2033.99	505.45	1269.61	1311.82	2577.06	95.08
12557.52	9.95	232.16	430.59	433.95	181.85	-1000.67	-993.09	1464.81	32.54
7782.80	10.85	191.14	306.83	287.41	99.48	-652.65	-629.84	934.95	27.69
1657.11	9.65	134.33	473.44	447.96	132.57	961.67	964.45	63.77	16.14
797.03	1.03	51.55	162.78	170.03	3.38	362.13	361.71	9.49	1.65
1303.16	1.59	58.35	453.33	382.76	58.86	1074.66	1080.45	13.56	5.91
615.53	4.21	38.66	271.81	219.03	-4.50	326.31	323.74	45.11	3.13
572.77	0.48	58.39	87.08	75.81	32.53	161.34	166.32	37.60	6.65
190.73	0.61	14.57	19.73	17.06	1.29	36.82	38.07	7.77	1.36
44972.42	16.41	767.79	655.88	615.75	550.40	588.92	657.00	304.82	143.95
3222.11	28.20	195.57	106.82	96.15	16.71	-124.66	-32.86	214.58	28.72
11081.26	295.67	369.89	105.71	115.21	121.46	892.40	908.88	91.90	36.23
11048.18	294.56	368.22	104.90	114.59	121.47	891.41	907.87	91.00	36.03
10387.14	264.22	348.58	85.88	98.03	107.60	851.67	868.13	79.01	33.46
494.17	7.07	8.15	2.88	2.48	4.10	37.39	37.85	3.04	0.84
166.86	23.27	11.48	16.14	14.08	9.77	2.34	1.88	8.95	1.73
33.08	1.12	1.67	0.82	0.62	-0.01	0.99	1.01	0.90	0.19
3129.13	182.47	399.07	201.38	205.99	80.94	404.07	452.39	113.08	54.35
2150.59	174.92	301.33	108.65	116.35	53.52	185.65	228.28	87.42	44.07
954.13	6.95	94.40	90.31	87.82	26.94	216.00	221.63	25.00	9.91
5.01	0.10	0.68	0.73	0.62	0.01			0.29	0.03
19.40	0.50	2.66	1.70	1.21	0.48	2.42	2.48	0.37	0.34

2-2 国有控股工业企业

行 业	企业单位数(个)	资产总计	固定资产净额	固定资产原价	累计折旧	流动资产合计
总 计	**25180**	**565082.11**	**194723.94**	**386075.57**	**181056.87**	**212832.81**
采矿业	**1937**	**89701.75**	**26389.56**	**60817.82**	**32763.09**	**30555.91**
煤炭开采和洗选业	990	52182.19	13022.63	24204.42	10493.27	22052.83
烟煤和无烟煤开采洗选	953	50464.71	12578.06	23357.47	10128.85	21602.82
褐煤开采洗选	32	1672.95	418.82	813.10	356.33	442.44
其他煤炭采选	5	44.53	25.76	33.86	8.10	7.58
石油和天然气开采业	101	19468.78	9897.32	29809.15	19101.46	2942.46
石油开采	45	15494.83	7674.67	24483.33	16116.15	2216.27
天然气开采	56	3973.95	2222.65	5325.82	2985.31	726.19
黑色金属矿采选业	129	8589.84	1419.94	2368.91	880.43	1870.31
铁矿采选	117	8533.06	1410.54	2348.10	871.20	1852.84
锰矿、铬矿采选	11	51.00	7.56	15.52	5.80	15.40
有色金属矿采选业	262	3710.26	1181.40	2058.45	807.42	1095.06
常用有色金属矿采选	119	1892.59	563.25	940.75	348.13	619.52
贵金属矿采选	84	1116.57	401.83	685.83	274.10	278.77
稀有稀土金属矿采选	59	701.09	216.32	431.87	185.19	196.77
非金属矿采选业	413	3121.78	317.07	546.45	186.82	1247.99
土砂石开采	329	2180.03	149.85	240.64	55.44	796.63
化学矿开采	28	297.62	75.21	139.09	58.12	147.50
采盐	40	593.32	89.19	157.30	66.71	277.13
石棉及其他非金属矿采选	16	50.80	2.81	9.42	6.55	26.73
开采专业及辅助性活动	41	2621.95	549.71	1823.23	1288.48	1344.33
煤炭开采和洗选专业及辅助性活动	4	41.66	5.78	8.56	2.58	27.07
石油和天然气开采专业及辅助性活动	33	2579.30	543.79	1814.42	1285.79	1316.44
其他开采专业及辅助性活动	4	0.99	0.14	0.24	0.11	0.82
制造业	**14210**	**275870.57**	**62890.81**	**127936.26**	**60132.24**	**145611.12**
农副食品加工业	816	2741.68	578.59	1057.77	453.23	1621.73
谷物磨制	231	516.05	116.75	195.54	66.20	299.74
饲料加工	77	183.50	44.93	75.53	28.85	100.76
植物油加工	83	666.68	96.02	213.33	114.20	488.06
制糖业	66	415.14	112.25	242.14	128.87	205.21
屠宰及肉类加工	219	420.84	74.13	118.86	40.44	236.61
水产品加工	28	119.28	23.88	36.48	12.08	44.52
蔬菜、菌类、水果和坚果加工	50	150.66	29.76	45.67	15.02	99.86
其他农副食品加工	62	269.54	80.88	130.22	47.58	146.96
食品制造业	380	1911.55	467.27	884.08	388.20	975.52
焙烤食品制造	45	70.71	18.18	30.41	11.84	42.67
糖果、巧克力及蜜饯制造	6	28.09	2.00	3.36	1.35	18.36
方便食品制造	50	125.26	26.45	61.35	27.93	62.88

主要经济指标(大、中类行业)

单位：亿元

应收账款	存货		负债合计	流动负债合计		所有者权益合计	实收资本		
		产成品			应付账款			国家资本	集体资本
40194.10	**38356.15**	**10303.36**	**327576.12**	**222815.00**	**59242.89**	**236981.90**	**130462.65**	**63413.16**	**1116.11**
4098.60	**1212.83**	**560.84**	**53488.38**	**35652.72**	**6779.60**	**36168.96**	**18285.77**	**9450.61**	**66.47**
2903.71	667.97	288.95	35300.18	25145.27	4135.92	16906.01	6293.63	2272.29	46.44
2828.54	656.72	285.94	34319.99	24515.07	4055.59	16168.72	5935.64	2219.10	46.04
72.42	10.83	2.90	952.23	604.28	76.82	720.72	350.09	53.20	0.40
2.75	0.41	0.11	27.96	25.93	3.51	16.57	7.89		
407.56	139.77	87.57	8173.10	3785.37	1290.85	11232.36	7877.28	5941.84	0.28
104.50	122.85	81.26	6868.50	3068.86	955.63	8626.33	6265.00	4553.79	
303.06	16.91	6.31	1304.60	716.51	335.22	2606.03	1612.28	1388.05	0.28
268.89	84.88	42.63	4816.72	2816.96	324.05	3773.13	1659.68	598.75	2.69
266.95	81.42	39.68	4794.75	2799.36	320.23	3738.31	1650.29	597.55	0.69
0.85	2.48	2.00	16.95	12.60	3.48	34.05	8.62	1.20	2.00
122.57	143.93	60.48	2001.76	1480.30	149.75	1703.40	600.02	358.35	8.80
77.42	50.08	21.86	957.66	695.73	77.89	929.83	339.40	200.67	7.43
26.00	48.77	12.06	723.62	583.32	40.84	392.95	118.64	49.10	0.61
19.15	45.08	26.55	320.48	201.25	31.03	380.61	141.98	108.58	0.75
145.18	114.74	65.80	1517.04	817.71	118.53	1604.74	382.10	230.24	7.20
74.75	70.72	47.20	1146.59	526.69	64.83	1033.45	197.48	107.89	2.66
41.30	24.72	8.44	180.17	149.41	32.81	117.45	77.17	69.33	
27.18	17.75	9.77	164.07	126.94	18.67	429.26	86.07	37.31	4.19
1.95	1.55	0.39	26.21	14.67	2.22	24.59	21.38	15.72	0.34
250.23	60.71	15.25	1675.55	1603.78	758.62	946.40	1469.76	45.83	1.06
8.26	0.93	0.58	23.53	22.99	9.57	18.13	11.06	9.94	
241.33	59.69	14.61	1651.22	1580.00	748.42	928.08	1458.59	35.79	1.06
0.64	0.08	0.06	0.79	0.79	0.63	0.19	0.10	0.10	
26322.16	**34964.67**	**9609.44**	**153925.59**	**125645.79**	**38533.33**	**121876.62**	**54853.14**	**20225.53**	**706.14**
144.15	543.99	250.73	1838.60	1561.07	248.37	903.08	838.00	556.47	5.71
28.07	132.17	55.85	365.66	300.24	26.59	150.39	113.90	55.84	0.15
17.29	26.87	9.19	89.92	80.75	17.19	93.57	31.51	12.18	0.06
22.81	151.94	71.66	461.49	429.73	101.42	205.19	126.31	63.84	0.18
21.69	62.95	50.30	292.68	262.41	43.56	122.46	74.17	44.45	2.89
17.96	73.64	28.08	283.43	220.71	25.09	137.41	78.45	19.79	1.51
7.52	17.22	10.80	83.39	51.53	8.79	35.89	26.56	15.83	0.30
10.04	16.20	3.35	59.22	47.43	9.72	91.43	26.06	9.75	0.44
18.78	63.01	21.51	202.81	168.26	16.01	66.73	361.03	334.80	0.20
208.12	162.69	73.52	1039.69	836.64	229.95	871.53	447.86	144.72	12.28
10.50	3.56	1.15	33.15	30.03	10.54	37.56	18.70	8.27	
1.82	1.56	0.52	13.84	12.47	2.25	14.25	9.34	0.09	0.80
13.33	9.25	5.11	88.54	73.48	13.73	36.71	32.94	15.70	

2-2 续表 1

行 业	企业单位数(个)	资产总计	固定资产净额	固定资产原价	累计折旧	流动资产合计
乳制品制造	97	733.79	163.00	305.04	137.96	385.99
罐头食品制造	27	57.67	12.30	32.77	19.03	40.68
调味品、发酵制品制造	35	294.40	56.15	96.14	39.61	157.19
其他食品制造	120	601.62	189.20	355.00	150.47	267.75
酒、饮料和精制茶制造业	329	8277.75	1025.72	1955.68	875.53	5408.87
酒的制造	195	7840.53	953.43	1816.45	815.47	5110.86
饮料制造	84	344.51	61.52	122.71	54.76	238.78
精制茶加工	50	92.71	10.77	16.52	5.30	59.24
烟草制品业	81	11621.32	1223.67	3303.32	2077.28	8345.05
烟叶复烤	21	442.51	81.99	193.72	111.53	324.30
卷烟制造	40	11036.89	1114.15	3048.56	1932.24	7921.52
其他烟草制品制造	20	141.92	27.53	61.04	33.51	99.22
纺织业	152	1037.12	277.32	525.88	227.85	497.09
棉纺织及印染精加工	81	809.98	214.37	396.63	170.69	381.41
毛纺织及染整精加工	10	48.40	12.14	22.92	10.75	26.48
麻纺织及染整精加工	11	24.78	8.70	12.86	4.09	9.79
丝绢纺织及印染精加工	8	34.04	4.34	20.30	15.73	19.54
针织或钩针编织物及其制品制造	3	3.32	1.68	3.18	1.50	1.44
家用纺织制成品制造	7	9.83	3.15	6.59	3.43	5.10
产业用纺织制成品制造	30	102.63	30.58	60.33	20.97	51.57
纺织服装、服饰业	226	414.52	93.65	194.00	91.90	257.83
机织服装制造	173	311.85	64.57	141.56	70.42	196.35
针织或钩针编织服装制造	24	58.55	14.79	25.95	9.93	36.69
服饰制造	29	44.11	14.29	26.49	11.54	24.79
皮革、毛皮、羽毛及其制品和制鞋业	16	80.07	9.56	17.10	7.32	54.46
制鞋业	14	65.85	8.08	15.19	6.90	42.52
木材加工和木、竹、藤、棕、草制品业	66	277.10	59.44	101.29	38.51	128.37
木材加工	15	89.84	10.71	21.24	8.54	43.66
人造板制造	34	133.44	41.25	65.01	22.86	59.27
木质制品制造	13	48.56	6.49	12.96	6.13	22.62
竹、藤、棕、草等制品制造	4	5.26	0.98	2.07	0.97	2.83
家具制造业	23	195.59	11.15	29.00	15.83	139.23
木质家具制造	14	47.49	4.48	9.50	3.00	24.10
金属家具制造	6	142.13	3.95	14.30	10.35	112.57
造纸和纸制品业	97	1493.36	354.18	793.53	403.74	733.48
纸浆制造	6	119.36	63.38	96.51	31.01	36.29
造纸	55	1309.42	272.94	663.54	357.40	658.30
纸制品制造	36	64.58	17.85	33.48	15.34	38.90

单位：亿元

应收账款	存货	产成品	负债合计	流动负债合计	应付账款	所有者权益合计	实收资本	国家资本	集体资本
125.48	39.31	15.57	408.23	334.62	127.68	325.56	181.85	49.03	1.92
6.35	25.59	16.00	39.34	35.76	6.93	18.01	14.80	9.16	
13.70	31.78	9.05	131.54	101.37	14.92	162.87	58.78	22.23	0.08
36.93	51.64	26.11	325.06	248.91	53.90	276.56	131.45	40.23	9.48
156.59	1393.78	335.43	3090.31	2833.31	394.03	5187.44	581.38	233.54	23.32
133.76	1323.37	289.47	2832.44	2625.51	365.65	5008.09	478.59	189.09	21.31
18.07	48.79	35.85	196.56	163.55	23.11	147.95	84.40	32.42	0.44
4.75	21.62	10.10	61.30	44.24	5.26	31.41	18.39	12.03	1.57
302.30	3990.53	218.30	2463.02	2406.78	549.60	9158.30	1018.31	461.74	
8.49	87.57	78.32	91.82	89.81	51.16	350.69	225.98	34.05	
268.10	3882.78	125.72	2349.67	2297.47	485.65	8687.22	758.39	414.37	
25.70	20.18	14.26	21.52	19.51	12.79	120.39	33.94	13.33	
64.26	149.13	80.81	558.91	414.21	68.03	475.40	231.25	137.28	0.97
46.24	117.16	61.22	439.01	328.47	45.44	368.15	175.68	110.35	0.81
2.88	10.64	6.75	18.83	11.83	2.90	29.56	8.26	0.28	
0.17	3.91	2.35	16.01	9.68	1.40	8.77	9.98	7.23	
5.26	4.66	3.55	19.96	15.01	9.39	14.08	2.98	1.59	0.16
0.09	0.48		2.11	2.02	0.28	1.21	0.04	0.04	
0.46	2.49	1.68	4.01	3.99	0.83	5.81	7.44	0.19	
8.76	9.13	4.77	58.02	42.41	7.62	44.62	26.16	17.61	
30.13	42.22	17.37	167.28	146.25	30.17	246.91	71.54	39.55	3.24
21.35	33.80	13.50	121.24	108.22	19.85	190.28	54.00	27.87	3.19
5.90	6.92	3.29	28.58	24.16	6.99	29.97	11.66	9.14	0.05
2.87	1.51	0.59	17.46	13.88	3.33	26.65	5.88	2.53	
7.14	10.80	7.18	29.34	25.18	8.54	50.72	15.49	6.41	
6.85	10.29	6.83	23.14	19.39	8.08	42.71	13.94	4.91	
15.72	38.90	15.03	167.52	136.79	26.82	109.58	86.09	43.40	0.10
4.52	14.24	6.94	46.43	39.65	8.13	43.40	29.85	16.56	0.06
8.27	18.19	5.07	83.29	63.24	13.79	50.15	40.76	18.97	0.04
2.58	5.60	2.51	35.87	32.04	4.19	12.69	14.67	7.71	
0.34	0.89	0.51	1.92	1.85	0.71	3.33	0.81	0.17	
42.53	7.96	2.98	154.86	142.22	41.71	40.73	20.50	7.34	
4.64	4.13	2.05	31.32	19.65	6.09	16.17	13.89	6.44	
37.60	3.15	0.66	120.60	119.80	35.41	21.53	5.51	0.90	
64.04	154.97	42.66	935.19	763.28	97.04	558.17	314.78	130.97	1.66
4.46	7.72	2.06	66.67	43.87	9.08	52.69	34.71	4.80	
49.16	135.50	34.58	833.99	693.55	77.87	475.43	261.65	122.57	1.55
10.42	11.75	6.02	34.53	25.86	10.09	30.05	18.42	3.60	0.12

2-2 续表 2

行 业	企业单位数(个)	资产总计	固定资产净额	固定资产原价	累计折旧	流动资产合计
印刷和记录媒介复制业	291	1033.50	192.98	645.67	439.47	591.23
印刷	277	993.16	186.52	623.93	425.71	562.07
装订及印刷相关服务	8	33.33	5.81	17.74	10.55	24.32
记录媒介复制	6	7.01	0.66	4.01	3.21	4.84
文教、工美、体育和娱乐用品制造业	68	351.15	32.45	71.45	38.32	293.16
文教办公用品制造	8	12.96	1.60	2.46	0.83	8.15
乐器制造	10	43.45	10.74	17.08	6.34	37.48
工艺美术及礼仪用品制造	40	272.02	16.78	46.36	28.93	231.60
体育用品制造	5	4.43	1.40	2.39	0.97	2.47
游艺器材及娱乐用品制造	5	18.29	1.92	3.15	1.23	13.46
石油、煤炭及其他燃料加工业	268	20517.90	6525.64	16361.62	8927.79	8080.53
精炼石油产品制造	158	16732.87	5393.18	14191.48	8095.40	6584.87
煤炭加工	98	3022.86	994.19	1922.52	682.24	1068.24
生物质燃料加工	7	151.15	36.64	66.85	28.65	67.88
化学原料和化学制品制造业	1271	25343.09	10235.57	19429.64	8083.36	8942.03
基础化学原料制造	407	10987.15	4012.68	8468.26	3769.10	3787.67
肥料制造	173	4132.81	1613.18	3199.29	1469.75	1615.70
农药制造	40	528.92	140.09	284.63	124.72	255.88
涂料、油墨、颜料及类似产品制造	67	458.41	138.56	224.45	81.88	210.39
合成材料制造	165	6864.93	3682.48	6106.99	2167.36	1869.68
专用化学产品制造	256	1322.57	387.62	671.60	265.63	671.49
炸药、火工及焰火产品制造	125	788.67	232.32	419.74	179.66	325.16
日用化学产品制造	38	259.62	28.63	54.68	25.26	206.05
医药制造业	540	7227.07	1085.29	2006.01	880.03	4103.39
化学药品原料药制造	84	792.63	234.20	445.13	200.46	267.68
化学药品制剂制造	128	2089.89	279.34	553.11	268.01	1082.36
中药饮片加工	75	424.94	58.65	91.70	26.61	263.86
中成药生产	152	1722.98	264.92	483.62	206.84	1016.74
兽用药品制造	25	120.56	36.99	61.68	24.56	58.93
生物药品制品制造	54	2035.54	197.34	344.93	142.10	1393.68
卫生材料及医药用品制造	18	36.46	12.74	23.81	10.54	17.65
药用辅料及包装材料	4	4.07	1.11	2.02	0.89	2.48
化学纤维制造业	67	1730.98	539.53	1077.85	467.11	683.12
纤维素纤维原料及纤维制造	27	894.16	303.48	539.60	235.20	333.80
合成纤维制造	29	754.09	201.77	482.11	210.81	326.51
生物基材料制造	11	82.73	34.29	56.13	21.10	22.81
橡胶和塑料制品业	276	1906.46	484.86	917.02	388.26	1026.93
橡胶制品业	73	992.46	328.40	541.42	210.15	523.65
塑料制品业	203	914.01	156.46	375.59	178.11	503.28

单位：亿元

应收账款	存货	产成品	负债合计	流动负债合计	应付账款	所有者权益合计	实收资本	国家资本	集体资本
108.63	104.05	37.21	319.37	264.49	81.89	714.13	302.14	137.78	0.72
104.17	98.71	35.55	306.53	253.82	78.82	686.62	291.59	135.62	0.72
3.89	4.41	1.48	11.66	9.60	2.87	21.67	5.19	1.51	
0.57	0.93	0.18	1.18	1.07	0.20	5.84	5.36	0.65	
19.28	148.20	37.68	218.52	195.88	42.48	132.63	61.35	11.29	0.89
1.07	2.13	0.87	3.28	3.25	1.21	9.68	3.26	1.93	
1.78	11.56	3.97	19.59	16.86	3.07	23.87	19.87	1.32	
10.03	132.09	32.45	182.33	163.38	32.50	89.69	31.72	6.76	0.63
0.58	1.11	0.34	2.00	1.97	0.76	2.43	2.04	1.22	0.26
5.82	1.31	0.05	11.33	10.42	4.93	6.97	4.47	0.04	
675.80	2324.14	520.70	11294.03	8274.27	2091.14	9219.88	4708.76	2446.08	24.51
560.25	1881.70	421.38	8755.34	6373.73	1632.95	7977.53	3641.29	1953.05	2.45
103.98	238.46	89.53	2017.64	1472.64	367.39	1001.24	908.82	463.16	22.06
2.47	17.59	2.49	141.45	116.53	31.22	9.70	15.38	5.78	
1072.09	1665.02	698.91	14954.94	11200.40	2215.86	10414.15	6468.57	2827.73	82.91
400.19	636.06	255.68	6078.89	4685.68	883.94	4958.02	2747.83	1199.73	22.74
110.92	333.43	132.80	2983.71	2510.65	394.61	1125.35	977.00	397.35	21.37
46.22	60.00	29.93	256.47	218.01	61.72	272.44	88.09	40.03	0.24
35.93	49.05	24.98	216.67	180.24	48.93	241.74	127.20	43.41	3.26
224.37	355.46	143.27	4196.50	2592.68	585.84	2668.42	2052.51	946.75	12.92
156.11	157.21	80.32	755.48	657.38	149.32	567.09	283.47	138.80	8.80
72.02	46.08	16.17	376.85	272.09	61.77	411.83	138.36	52.21	2.05
26.33	27.72	15.75	90.37	83.67	29.73	169.25	54.11	9.45	11.54
675.19	697.03	257.31	2540.87	2092.57	372.44	4686.20	1011.02	354.43	21.91
63.30	82.18	40.87	399.17	324.32	46.16	393.46	119.07	36.19	4.56
137.55	158.21	72.47	790.72	662.67	111.04	1299.17	343.58	105.34	0.71
126.67	74.49	29.44	185.01	132.28	53.67	239.93	70.13	45.91	
160.64	218.33	72.34	657.05	548.91	95.89	1065.92	255.84	61.05	4.23
16.13	16.61	8.14	44.80	41.94	14.36	75.76	24.29	12.59	
166.04	142.95	31.88	445.39	365.73	47.89	1590.14	184.41	90.35	12.40
4.18	2.99	1.49	16.71	14.79	2.77	19.74	11.06	2.29	
0.69	1.26	0.68	2.01	1.92	0.67	2.06	2.65	0.70	
56.93	155.09	71.78	1049.31	820.37	154.89	681.67	387.09	278.43	1.35
22.48	91.81	41.06	531.64	400.03	77.31	362.52	201.96	138.19	0.51
32.95	53.91	27.64	462.97	386.19	68.68	291.13	152.78	115.69	0.74
1.50	9.37	3.07	54.71	34.15	8.89	28.02	32.35	24.55	0.10
228.47	224.10	125.60	989.51	732.01	206.84	916.95	465.66	222.50	6.62
93.60	124.99	79.76	546.33	471.51	128.63	446.12	235.45	148.89	3.38
134.86	99.11	45.84	443.18	260.50	78.21	470.83	230.21	73.61	3.24

2-2 续表 3

行业	企业单位数(个)	资产总计	固定资产净额	固定资产原价	累计折旧	流动资产合计
非金属矿物制品业	2234	15455.30	4094.14	7332.08	2970.01	7257.35
水泥、石灰和石膏制造	680	7896.80	2428.97	4761.01	2129.93	3052.67
石膏、水泥制品及类似制品制造	990	3765.07	513.00	829.29	292.51	2576.95
砖瓦、石材等建筑材料制造	213	591.64	116.47	178.39	55.01	339.96
玻璃制造	38	537.90	182.88	252.83	58.73	183.65
玻璃制品制造	52	267.81	90.27	169.68	63.44	109.38
玻璃纤维和玻璃纤维增强塑料制品制造	39	858.35	403.29	547.54	143.91	285.92
陶瓷制品制造	27	89.56	21.23	36.54	14.75	42.85
耐火材料制品制造	39	267.26	37.16	83.81	45.66	117.70
石墨及其他非金属矿物制品制造	156	1180.91	300.87	472.98	166.09	548.29
黑色金属冶炼和压延加工业	293	28881.84	10821.34	22626.05	11405.81	10007.66
炼铁	8	215.06	119.62	182.46	62.79	81.54
炼钢	10	2853.23	747.70	1442.31	661.05	1142.89
钢压延加工	239	25521.33	9846.63	20820.95	10616.62	8669.39
铁合金冶炼	36	292.22	107.38	180.34	65.34	113.85
有色金属冶炼和压延加工业	586	16617.01	4523.83	8926.56	3746.59	7248.59
常用有色金属冶炼	172	10042.38	3080.94	6343.21	2680.21	4057.53
贵金属冶炼	80	2057.91	288.33	602.14	313.16	840.29
稀有稀土金属冶炼	59	817.15	70.55	129.31	58.64	544.50
有色金属合金制造	71	1207.01	314.14	597.30	252.88	544.91
有色金属压延加工	204	2492.57	769.87	1254.61	441.70	1261.35
金属制品业	642	5472.36	923.32	1846.98	882.45	3536.25
结构性金属制品制造	241	1441.15	225.61	371.48	130.12	1051.75
金属工具制造	27	113.02	32.57	82.61	48.14	59.35
集装箱及金属包装容器制造	71	518.40	90.99	166.13	74.06	364.64
金属丝绳及其制品制造	39	185.02	29.40	68.75	34.56	115.78
建筑、安全用金属制品制造	14	151.55	8.93	16.04	6.42	132.87
金属表面处理及热处理加工	26	272.88	65.83	131.37	65.28	135.21
金属制日用品制造	7	6.89	0.73	2.13	1.40	5.53
铸造及其他金属制品制造	217	2783.45	469.25	1008.47	522.48	1671.13
通用设备制造业	833	12141.12	1223.15	2577.43	1290.04	8662.98
锅炉及原动设备制造	142	3946.20	386.29	868.79	472.64	2728.39
金属加工机械制造	95	800.79	142.45	313.06	161.24	505.03
物料搬运设备制造	109	3277.36	149.85	309.36	132.99	2682.91
泵、阀门、压缩机及类似机械制造	128	1451.43	174.93	358.18	177.81	1078.93
轴承、齿轮和传动部件制造	81	706.97	116.47	268.03	147.56	440.08
烘炉、风机、包装等设备制造	87	712.87	88.45	144.12	52.28	425.92

单位：亿元

应收账款	存货	产成品	负债合计	流动负债合计	应付账款	所有者权益合计	实收资本	国家资本	集体资本
2100.70	814.67	342.62	7532.88	6379.19	1876.76	7922.40	3129.75	1572.00	36.65
268.41	302.83	119.21	2964.20	2555.08	498.37	4932.58	1646.40	858.25	20.65
1479.36	193.92	96.32	2547.26	2289.74	1013.06	1217.82	566.65	286.34	7.82
84.00	36.14	18.38	387.68	275.24	62.71	203.97	116.68	59.80	1.66
27.81	31.41	18.01	337.53	275.91	36.90	200.37	141.58	70.46	
31.25	28.97	16.17	160.79	132.99	33.25	107.02	82.45	41.85	0.42
75.75	40.52	20.13	420.24	295.05	78.41	438.11	179.71	88.91	1.36
10.20	9.30	5.57	46.41	37.93	9.72	43.15	27.26	15.72	0.70
25.94	26.93	17.76	125.18	114.05	32.16	142.08	56.24	22.33	1.98
97.98	144.65	31.08	543.60	403.20	112.18	637.31	312.79	128.35	2.06
1035.98	2965.87	691.78	16836.23	14111.20	3855.31	12015.18	5695.18	1946.77	135.52
22.51	32.69	7.83	168.28	159.49	26.69	46.78	22.66	8.93	0.40
97.02	249.25	54.98	1821.66	1536.54	300.47	1031.57	407.95	88.74	
899.07	2645.24	610.12	14605.94	12265.97	3498.71	10884.95	5148.79	1806.26	134.14
17.37	38.70	18.85	240.34	149.21	29.44	51.88	115.78	42.83	0.99
843.74	2789.48	507.45	10076.39	7218.48	1564.41	6540.62	4005.80	1547.62	10.81
356.65	1688.01	195.67	6291.08	4420.47	983.53	3751.30	2353.16	983.49	5.55
42.52	349.57	72.17	1206.72	815.38	110.27	851.19	211.39	64.44	4.13
81.53	209.92	67.82	393.62	309.81	47.68	423.53	165.97	56.29	0.12
96.52	139.92	39.11	541.21	386.40	141.62	665.80	475.79	117.34	0.55
266.51	402.06	132.67	1643.75	1286.40	281.30	848.81	799.50	326.04	0.47
836.77	865.12	313.92	3522.48	3058.62	855.27	1949.89	1083.44	444.75	14.23
391.06	286.57	122.67	1049.04	924.09	344.62	392.11	287.44	136.21	4.06
12.55	19.64	10.69	48.81	39.03	8.57	64.22	37.28	12.97	0.90
105.21	114.10	39.06	326.20	311.00	93.86	192.20	113.66	31.22	1.67
35.83	20.87	9.67	92.71	79.20	16.03	92.31	56.33	25.17	
35.93	18.78	8.61	107.50	105.77	18.96	44.06	31.81	16.81	0.02
38.03	33.53	14.99	140.82	133.25	32.25	132.05	66.41	25.53	3.52
2.16	1.65	0.45	3.50	3.37	1.38	3.39	2.61	1.04	
215.98	369.97	107.79	1753.90	1462.92	339.60	1029.55	487.90	195.80	4.06
2144.59	1641.55	538.56	7513.21	6660.41	2077.81	4627.91	1877.43	711.28	41.42
486.29	501.71	91.32	2173.43	1933.97	654.78	1772.77	573.10	231.52	23.63
95.29	134.02	32.97	532.70	419.77	95.02	268.09	225.65	92.40	4.64
847.92	344.06	176.32	2311.60	2127.47	565.36	965.75	265.13	62.68	1.43
248.32	242.90	86.64	920.89	853.62	290.47	530.53	241.97	59.99	2.24
125.27	102.16	47.32	416.91	346.08	121.93	290.05	164.04	61.91	6.10
131.89	95.55	37.96	445.69	384.14	146.30	267.18	130.74	68.69	1.61

2-2 续表 4

行 业	企业单位数(个)	资产总计	固定资产净 额	固定资产原 价	累计折旧	流动资产合 计
文化、办公用机械制造	18	231.03	15.62	25.84	9.68	134.82
通用零部件制造	114	496.67	86.38	180.07	89.74	310.41
其他通用设备制造业	59	517.81	62.70	109.98	46.11	356.51
专用设备制造业	890	10380.07	1207.16	2306.94	999.97	7043.98
采矿、冶金、建筑专用设备制造	404	6297.63	754.71	1438.54	622.86	4271.52
化工、木材、非金属加工专用设备制造	86	696.91	109.46	226.93	92.09	493.64
食品、饮料、烟草及饲料生产专用设备制造	22	156.56	21.07	54.53	33.44	125.84
印刷、制药、日化及日用品生产专用设备制造	17	101.27	12.82	23.65	9.04	68.71
纺织、服装和皮革加工专用设备制造	26	214.32	26.78	50.20	23.28	151.94
电子和电工机械专用设备制造	57	311.69	30.89	49.76	17.55	245.19
农、林、牧、渔专用机械制造	33	417.56	62.72	138.91	70.55	294.86
医疗仪器设备及器械制造	42	198.49	27.30	45.78	18.29	105.36
环保、邮政、社会公共服务及其他专用设备制造	203	1985.64	161.42	278.65	112.88	1286.91
汽车制造业	889	37419.49	5656.96	13339.89	7029.74	21142.16
汽车整车制造	149	29863.31	4221.32	10237.82	5446.63	16364.42
汽车用发动机制造	34	1146.42	258.15	641.75	366.66	731.39
改装汽车制造	95	810.61	116.66	195.05	74.90	585.38
汽车车身、挂车制造	27	204.83	39.75	75.43	33.88	133.37
汽车零部件及配件制造	582	5378.07	1018.09	2185.70	1106.52	3317.04
铁路、船舶、航空航天和其他运输设备制造业	630	21343.16	2957.26	5584.02	2568.98	15300.64
铁路运输设备制造	175	4742.46	602.23	1189.52	534.53	3252.36
城市轨道交通设备制造	51	517.88	95.76	141.04	45.25	358.06
船舶及相关装置制造	135	6457.66	1038.62	1910.09	854.57	4330.91
航空、航天器及设备制造	238	9487.48	1198.89	2281.66	1095.96	7266.60
摩托车制造	21	120.32	20.24	57.80	36.29	78.66
潜水救捞及其他未列明运输设备制造	6	9.63	0.93	2.68	1.75	7.18
电气机械和器材制造业	719	9041.83	1094.98	1973.34	822.35	6131.77
电机制造	140	2816.11	225.61	494.27	249.87	2099.80
输配电及控制设备制造	301	3442.77	402.53	688.42	261.93	2245.35
电线、电缆、光缆及电工器材制造	123	1185.49	163.83	309.02	141.49	803.14
电池制造	69	1080.24	219.95	323.40	94.58	621.26
家用电力器具制造	28	260.87	49.44	89.37	39.87	173.23
非电力家用器具制造	7	11.75	0.83	1.74	0.91	7.39
照明器具制造	23	159.76	24.63	54.93	29.81	112.41
其他电气机械及器材制造	28	84.84	8.16	12.20	3.90	69.18
计算机、通信和其他电子设备制造业	883	26065.27	5982.05	9854.57	3667.87	13542.46
计算机制造	114	1827.04	95.77	148.55	51.76	1162.95
通信设备制造	136	4260.89	288.19	491.05	201.35	3077.28

单位：亿元

应收账款	存货		负债合计	流动负债合计		所有者权益合计	实收资本		
		产成品			应付账款			国家资本	集体资本
24.58	32.83	16.98	99.78	87.98	26.99	131.24	56.00	27.58	
90.49	75.84	31.32	296.13	231.87	93.77	200.54	148.80	93.61	1.13
94.52	112.49	17.71	316.07	275.51	83.18	201.75	72.01	12.91	0.64
2036.46	1842.52	714.52	6772.86	5868.69	1933.48	3605.01	2032.35	708.43	15.33
1372.70	1155.35	513.77	4214.96	3594.45	1189.48	2082.68	1279.13	447.43	3.59
108.44	138.30	26.63	462.59	407.95	109.29	234.32	161.93	48.38	2.02
19.48	57.41	16.54	62.69	60.00	34.97	93.87	32.71	12.74	
16.78	25.36	5.51	60.03	55.84	17.30	41.24	23.36	14.02	
22.86	32.29	7.74	138.10	123.97	34.18	76.22	42.95	19.83	0.46
45.97	83.61	32.16	216.11	163.58	49.03	95.58	56.98	33.93	0.64
26.05	86.48	52.50	323.51	304.78	94.20	91.82	74.81	22.25	1.25
20.32	30.30	10.86	95.47	88.52	19.75	103.02	38.85	10.73	2.40
403.86	233.41	48.81	1199.40	1069.59	385.28	786.24	321.61	99.11	4.96
3940.22	3155.99	1441.43	22214.35	19389.88	8071.16	15142.99	5732.63	1604.21	110.94
2482.99	2191.58	948.14	17750.25	15328.72	6331.10	12050.92	4023.51	1003.46	13.42
231.84	172.35	92.50	632.87	580.81	269.89	513.55	352.47	114.93	27.21
215.74	116.82	47.02	600.99	548.99	185.70	209.63	169.84	56.31	20.32
29.02	25.57	13.47	136.20	121.15	39.84	68.63	32.86	13.79	
976.24	648.43	340.29	3081.09	2797.93	1235.31	2296.99	1150.35	414.64	50.00
3062.68	3699.63	513.86	14487.39	12675.72	4569.42	6855.97	3820.39	1312.12	42.57
1094.51	639.07	139.88	2662.35	2431.88	1428.98	2080.11	973.89	429.91	5.56
119.34	66.67	15.66	336.93	300.43	204.62	180.95	131.13	61.97	0.11
486.51	1002.38	142.44	4745.83	3853.16	1163.06	1711.83	1390.53	364.68	0.71
1341.76	1974.99	207.88	6670.64	6028.82	1741.38	2817.04	1286.89	438.19	36.19
17.46	12.87	7.33	59.71	50.79	27.28	60.61	34.13	16.76	
1.55	1.79	0.28	7.00	6.16	2.59	2.64	1.14	0.55	
2091.49	1320.46	515.96	5922.44	5188.58	2180.91	3119.30	1642.07	668.13	38.72
537.11	450.01	125.49	1991.53	1780.81	816.23	824.58	441.23	201.19	6.27
849.19	471.22	192.88	2183.69	1910.84	842.89	1259.08	625.46	259.62	17.60
315.14	145.68	76.78	718.27	603.05	139.10	467.12	225.79	97.78	14.17
298.97	134.13	55.88	704.64	595.44	246.13	375.60	256.50	55.32	0.28
34.53	55.56	41.19	161.31	150.52	59.03	99.56	41.51	19.71	
3.10	2.63	0.87	8.65	7.37	3.02	3.10	2.94	1.46	
34.35	43.87	19.69	105.68	97.60	55.34	54.08	24.59	16.35	
19.09	17.35	3.19	48.67	42.96	19.17	36.17	24.05	16.71	0.41
3368.13	3328.34	1075.76	13118.96	9127.60	3554.97	12954.10	7584.57	1241.96	62.53
320.93	365.09	78.97	915.30	801.94	338.55	911.74	256.43	65.18	4.28
586.73	952.98	371.76	2571.49	2096.79	832.55	1697.19	689.99	118.88	40.14

2-2 续表 5

行业	企业单位数(个)	资产总计	固定资产净额	固定资产原价	累计折旧	流动资产合计
广播电视设备制造	23	473.23	221.20	285.56	64.29	180.96
雷达及配套设备制造	33	797.86	99.36	181.90	82.96	579.77
非专业视听设备制造	26	1619.61	166.98	278.66	105.40	1170.59
智能消费设备制造	20	381.14	73.61	123.71	48.68	135.84
电子器件制造	248	12998.10	4217.24	7045.16	2683.43	5072.25
电子元件及电子专用材料制造	232	2843.18	570.66	968.11	349.02	1680.48
其他电子设备制造	51	864.23	249.05	331.87	80.98	482.34
仪器仪表制造业	259	2440.45	222.18	401.45	175.39	1584.88
通用仪器仪表制造	155	1771.75	137.86	222.39	81.78	1096.12
专用仪器仪表制造	60	370.89	39.16	78.72	38.84	274.15
钟表与计时仪器制造	3	6.08	0.31	1.01	0.70	5.43
光学仪器制造	28	245.21	36.41	85.60	48.78	180.52
衡器制造	4	13.01	3.23	4.57	1.34	8.35
其他仪器仪表制造业	9	33.52	5.20	9.16	3.96	20.32
其他制造业	60	2002.71	418.96	805.04	381.92	988.23
日用杂品制造	4	3.34	0.54	0.98	0.44	2.38
废弃资源综合利用业	171	753.72	243.16	334.57	80.24	403.00
金属废料和碎屑加工处理	107	568.94	185.62	240.88	50.55	324.78
非金属废料和碎屑加工处理	64	184.78	57.54	93.69	29.69	78.22
金属制品、机械和设备修理业	154	1696.04	325.45	656.46	307.16	879.15
金属制品修理	6	3.08	0.23	1.20	0.97	2.60
通用设备修理	14	27.77	3.43	6.94	3.50	10.53
专用设备修理	32	568.20	40.14	86.11	44.28	172.67
铁路、船舶、航空航天等运输设备修理	68	964.67	252.14	509.70	235.57	601.05
电气设备修理	15	27.82	6.85	10.15	3.12	19.66
其他机械和设备修理业	18	104.15	22.64	42.26	19.62	72.30
电力、热力、燃气及水生产和供应业	**9033**	**199509.79**	**105443.57**	**197321.48**	**88161.54**	**36665.78**
电力、热力生产和供应业	6192	171657.40	95320.93	181096.90	82266.83	28367.92
电力生产	4999	86461.13	53811.30	91320.36	35350.85	16011.23
电力供应	405	78191.99	38777.03	85040.33	45003.46	9658.73
热力生产和供应	788	7004.28	2732.59	4736.21	1912.51	2697.95
燃气生产和供应业	874	7934.76	3270.29	4885.36	1553.40	2431.06
燃气生产和供应业	872	7920.12	3264.78	4878.40	1551.96	2423.14
水的生产和供应业	1967	19917.64	6852.35	11339.23	4341.31	5866.80
自来水生产和供应	1449	15058.74	5269.28	8973.50	3570.33	4496.73
污水处理及其再生利用	505	4791.41	1548.70	2312.31	751.93	1348.63
海水淡化处理	4	28.07	10.40	16.60	6.20	8.32
其他水的处理、利用与分配	9	39.41	23.97	36.82	12.85	13.12

单位：亿元

应收账款	存货	产成品	负债合计	流动负债合计	应付账款	所有者权益合计	实收资本	国家资本	集体资本
44.48	30.81	5.10	244.81	169.10	61.11	228.42	168.22	4.96	0.27
128.66	207.25	21.40	488.81	405.85	161.08	309.05	80.72	54.18	
299.40	309.75	97.96	1050.76	954.64	333.63	568.85	69.96	17.37	0.90
39.63	26.10	11.81	143.77	92.34	38.08	237.37	33.23	13.63	0.04
1390.41	949.31	313.83	5994.36	3266.18	1322.59	7003.74	5469.84	711.24	7.53
458.42	344.03	112.28	1284.13	1036.24	374.71	1559.05	526.67	232.03	6.34
99.48	143.02	62.66	425.54	304.50	92.68	438.68	289.50	24.50	3.04
459.11	283.95	78.82	1250.18	1107.40	474.66	1190.26	421.93	164.72	0.80
336.87	175.93	50.22	915.34	819.71	355.12	856.41	296.94	116.76	0.49
70.16	69.13	19.05	183.36	163.68	63.77	187.53	65.04	33.62	0.03
0.47	3.05	1.52	2.12	2.03	0.41	3.96	1.63	0.08	0.07
44.42	29.09	6.75	128.08	106.94	51.67	117.13	49.12	6.07	0.21
4.31	2.28	0.35	5.18	3.76	1.64	7.84	3.43	3.11	
2.88	4.47	0.95	16.12	11.29	2.03	17.40	5.77	5.08	
196.77	178.91	43.76	1496.46	874.42	303.59	506.25	180.35	98.70	
0.71	0.48	0.22	0.78	0.70	0.16	2.55	0.61	0.35	
110.57	57.23	22.64	483.19	426.19	74.11	270.53	157.95	65.99	8.99
89.85	51.61	20.87	390.64	354.30	53.76	178.30	105.42	44.49	5.76
20.72	5.62	1.77	92.55	71.89	20.35	92.22	52.54	21.50	3.23
223.60	208.33	15.17	887.30	713.70	281.68	808.74	459.51	99.16	1.42
0.69	0.26	0.04	1.76	1.65	0.98	1.32	0.81	0.64	
6.07	0.58	0.17	17.13	16.86	2.16	10.63	5.45	4.29	0.60
40.32	7.97	1.40	213.92	173.78	42.07	354.28	125.31	14.62	
147.70	180.45	9.91	579.04	459.85	213.86	385.62	308.71	70.16	0.62
7.97	2.52	0.21	18.83	16.19	6.37	9.00	7.98	3.77	0.20
20.62	16.56	3.43	56.27	45.03	15.95	47.88	11.10	5.53	
9773.34	**2178.64**	**133.08**	**120162.14**	**61516.49**	**13929.97**	**78936.32**	**57323.74**	**33737.02**	**343.50**
8679.99	1792.74	47.37	103753.67	53114.37	12326.17	67492.50	51296.24	30452.19	301.36
6057.99	1523.37	35.88	58587.65	24144.03	4795.61	27856.42	20908.13	8439.19	278.79
2318.87	128.02	3.31	39990.70	26041.48	6940.84	37811.08	29335.72	21504.72	4.60
303.13	141.35	8.18	5175.32	2928.87	589.72	1825.00	1052.39	508.29	17.97
358.56	179.10	58.11	4710.45	3104.11	629.70	3224.30	1984.01	698.45	20.06
357.90	178.82	57.84	4707.37	3101.96	629.15	3212.76	1973.81	698.35	20.06
734.79	206.81	27.60	11698.02	5298.01	974.09	8219.51	4043.49	2586.38	22.08
339.38	187.60	25.48	8904.15	4084.26	667.61	6154.34	2864.96	1927.62	10.51
386.54	18.80	2.03	2744.78	1185.11	301.39	2046.64	1158.00	650.23	11.57
3.57	0.18	0.09	22.85	15.58	2.38	5.22	12.05	2.70	
5.31	0.23		26.25	13.06	2.71	13.31	8.48	5.83	

2-2 续表 6

行　业					营业收入
	法人资本	个人资本	港澳台资本	外商资本	
总　计	**60372.55**	**2919.21**	**608.27**	**2131.75**	**350557.93**
采矿业	**8296.16**	**354.16**	**4.15**	**43.68**	**33513.45**
煤炭开采和洗选业	3585.85	314.37	4.15	29.07	19596.95
烟煤和无烟煤开采洗选	3308.62	287.71	3.66	29.07	18956.69
褐煤开采洗选	269.34	26.66	0.49		621.83
其他煤炭采选	7.89				18.43
石油和天然气开采业	1901.41	4.66			7347.07
石油开采	1711.21				5919.90
天然气开采	190.21	4.66			1427.18
黑色金属矿采选业	1046.83	9.51		1.89	2407.16
铁矿采选	1044.23	5.93		1.89	2370.34
锰矿、铬矿采选	1.84	3.58			17.18
有色金属矿采选业	200.23	19.92		12.72	1319.35
常用有色金属矿采选	126.27	2.80		2.22	743.00
贵金属矿采选	47.41	11.02		10.49	306.05
稀有稀土金属矿采选	26.55	6.11			270.30
非金属矿采选业	139.07	5.58			898.25
土砂石开采	82.84	4.09			608.57
化学矿开采	7.26	0.59			112.67
采盐	43.71	0.86			154.23
石棉及其他非金属矿采选	5.27	0.05			22.78
开采专业及辅助性活动	1422.76	0.11			1934.72
煤炭开采和洗选专业及辅助性活动	1.13				27.35
石油和天然气开采专业及辅助性活动	1421.64	0.11			1905.40
其他开采专业及辅助性活动					1.97
制造业	**29867.28**	**2306.08**	**295.30**	**1626.66**	**236718.30**
农副食品加工业	237.18	21.88	4.52	12.23	4187.68
谷物磨制	47.15	4.10		6.66	671.81
饲料加工	18.69	0.51	0.07		318.10
植物油加工	57.41	3.76		1.13	1518.02
制糖业	23.57	2.43		0.83	351.85
屠宰及肉类加工	51.63	5.52			827.88
水产品加工	9.08	0.71		0.64	99.81
蔬菜、菌类、水果和坚果加工	12.04	3.84			86.58
其他农副食品加工	17.60	1.02	4.45	2.97	313.63
食品制造业	238.83	38.65	3.22	10.16	1530.73
焙烤食品制造	6.07	2.59	0.89	0.88	60.40
糖果、巧克力及蜜饯制造	8.36			0.09	15.32
方便食品制造	11.60	0.11	1.08	4.44	94.64

单位：亿元

营业成本	销售费用	管理费用	财务费用		投资收益（损失以"–"号记）	营业利润	利润总额	亏损企业亏损额	平均用工人数（万人）
				利息费用					
286649.18	**5061.93**	**16694.74**	**4891.75**	**5757.82**	**4381.43**	**24711.95**	**24435.19**	**5935.79**	**1390.34**
21508.65	**311.44**	**2733.92**	**1060.00**	**1245.22**	**469.98**	**6058.65**	**5647.82**	**979.93**	**304.96**
11482.51	236.23	1506.21	730.87	891.99	213.73	4416.84	4267.56	536.16	198.39
11137.50	226.95	1455.81	707.66	872.30	186.81	4254.11	4112.53	521.69	192.15
331.12	9.27	48.62	22.35	18.83	26.91	161.42	153.77	13.96	5.87
13.89	0.01	1.77	0.85	0.86		1.32	1.26	0.50	0.37
4982.10	32.71	730.91	141.67	163.81	18.46	879.69	682.24	219.36	53.63
4171.72	27.02	604.20	123.63	147.55	18.27	456.28	295.16	199.02	51.07
810.38	5.70	126.71	18.04	16.26	0.20	423.41	387.08	20.34	2.56
1733.17	11.16	173.33	121.80	123.57	180.15	427.21	365.06	83.20	11.00
1707.99	10.98	170.35	120.97	122.81	179.91	420.59	358.46	82.94	10.77
10.06	0.17	2.43	0.31	0.39	0.24	3.43	3.41	0.27	0.18
831.80	4.92	156.83	34.77	38.67	30.75	261.84	252.63	50.37	12.38
440.15	2.89	69.17	18.04	19.58	24.56	206.83	203.39	11.07	5.17
221.04	0.53	54.31	9.74	13.62	4.89	13.78	12.48	32.67	4.51
170.61	1.49	33.35	6.99	5.47	1.29	41.22	36.76	6.64	2.71
616.71	25.07	76.63	29.31	21.25	22.13	135.46	137.76	21.47	6.19
413.42	12.97	50.56	22.61	15.11	20.72	105.86	106.28	17.90	2.85
73.95	3.23	9.55	4.31	3.62	2.21	16.31	16.38	3.17	0.95
114.92	8.26	15.05	1.91	2.27	-0.89	8.52	10.42	0.27	2.12
14.42	0.60	1.47	0.49	0.26	0.09	4.77	4.68	0.12	0.27
1854.41	0.97	88.89	1.50	5.85	4.76	-62.67	-57.68	69.37	23.31
24.65	0.07	4.71	-0.01		0.01	-3.19	-6.08	6.34	0.62
1827.96	0.90	84.04	1.51	5.84	4.75	-59.49	-51.61	63.03	22.65
1.80		0.15	0.01	0.01		0.01	0.01		0.04
190654.76	**4388.54**	**12086.90**	**1211.51**	**1994.64**	**3004.42**	**16960.70**	**16903.08**	**2198.90**	**794.42**
3867.02	76.18	93.59	40.22	30.74	9.01	101.23	105.10	28.29	15.06
609.77	17.28	24.23	6.93	4.08	0.62	13.71	16.10	5.94	2.05
284.31	9.31	8.41	1.06	0.71	2.71	16.64	15.48	0.77	1.05
1429.66	10.09	15.05	12.57	5.48	-3.53	30.89	31.53	1.35	1.32
309.37	6.26	15.94	7.89	7.76	0.70	9.64	9.86	7.26	3.31
787.00	17.72	14.94	4.61	4.85	7.79	16.66	17.70	5.36	4.28
93.54	1.79	4.60	2.40	2.10	0.78	-1.97	-1.89	3.33	0.80
64.85	8.75	3.62	-0.06	0.75	-0.09	8.59	9.25	2.43	0.91
288.53	4.97	6.81	4.81	5.01	0.03	7.08	7.09	1.85	1.34
1239.49	116.64	83.98	12.10	13.57	-10.90	55.93	55.13	64.59	13.22
46.44	4.51	4.75	-0.08	0.11	0.27	4.79	4.85	1.44	1.18
11.58	0.73	1.46	-0.21	0.15	1.62	3.44	3.44	0.17	0.11
81.05	5.62	9.53	0.96	1.19	0.82	-1.83	-1.69	8.61	1.97

2-2 续表 7

行业					营业收入
	法人资本	个人资本	港澳台资本	外商资本	
乳制品制造	112.22	14.59		4.09	747.44
罐头食品制造	5.19	0.31	0.08	0.05	50.56
调味品、发酵制品制造	29.80	6.67			189.21
其他食品制造	65.60	14.37	1.17	0.60	373.16
酒、饮料和精制茶制造业	261.22	43.19	2.11	17.13	4196.28
酒的制造	210.69	40.75	1.92	13.96	3878.09
饮料制造	45.97	2.20	0.19	3.17	257.35
精制茶加工	4.56	0.24			60.83
烟草制品业	554.57	2.00			12073.13
烟叶复烤	191.93				141.18
卷烟制造	343.91	0.11			11849.47
其他烟草制品制造	18.72	1.89			82.48
纺织业	65.57	25.17		2.25	757.67
棉纺织及印染精加工	39.36	23.84		1.31	560.81
毛纺织及染整精加工	7.08	0.90			54.02
麻纺织及染整精加工	2.70	0.05			16.95
丝绢纺织及印染精加工	0.64	0.34		0.25	31.49
针织或钩针编织物及其制品制造	0.01				3.44
家用纺织制成品制造	6.90			0.35	8.01
产业用纺织制成品制造	8.18	0.03		0.34	77.29
纺织服装、服饰业	26.17	1.07	0.05	0.20	229.53
机织服装制造	20.79	0.65	0.05	0.17	179.18
针织或钩针编织服装制造	2.08	0.36		0.03	30.19
服饰制造	3.30	0.05			20.17
皮革、毛皮、羽毛及其制品和制鞋业	9.02	0.06			59.66
制鞋业	8.97	0.06			58.98
木材加工和木、竹、藤、棕、草制品业	31.29	10.33			179.93
木材加工	9.37	3.86			58.31
人造板制造	19.53	2.22			75.56
木质制品制造	1.91	4.10			21.84
竹、藤、棕、草等制品制造	0.48	0.16			24.22
家具制造业	12.42	0.26		0.47	171.54
木质家具制造	7.12			0.33	37.24
金属家具制造	4.40	0.06		0.14	127.74
造纸和纸制品业	118.76	41.71	0.28	21.40	698.74
纸浆制造	29.91				52.65
造纸	74.77	41.38		21.39	589.93
纸制品制造	14.08	0.33	0.28	0.02	56.17

单位：亿元

营业成本	销售费用	管理费用	财务费用	利息费用	投资收益（损失以“–”号记）	营业利润	利润总额	亏损企业亏损额	平均用工人数（万人）
624.58	69.40	23.58	4.44	3.36	-16.17	-1.16	-3.02	45.50	4.39
42.33	2.82	2.15	0.51	0.59	0.16	2.69	2.73	0.33	0.66
148.55	11.73	12.68	1.07	2.62	1.42	19.55	19.76	1.03	1.47
284.95	21.85	29.84	5.40	5.55	0.97	28.45	29.06	7.51	3.44
2219.25	336.02	279.04	-25.74	13.30	540.32	1409.22	1404.01	26.10	25.80
2002.77	291.50	259.13	-26.49	10.89	540.06	1372.91	1366.52	21.48	23.33
175.18	39.76	14.40	-0.51	1.27	0.14	28.59	29.54	3.55	1.91
41.30	4.76	5.51	1.26	1.14	0.11	7.73	7.95	1.07	0.56
3605.73	154.24	841.99	-85.57	0.94	77.99	1187.13	1182.03	6.68	15.00
105.48	4.72	16.32	-6.45	0.01	0.57	21.39	21.27	1.29	1.50
3448.14	147.82	814.93	-78.24	0.89	77.40	1148.12	1143.15	5.34	13.00
52.11	1.71	10.74	-0.87	0.04	0.03	17.62	17.61	0.04	0.50
681.85	10.03	33.23	13.35	13.56	2.65	23.59	26.21	6.48	8.07
516.02	6.42	20.17	11.84	11.77	2.46	11.18	13.12	4.57	5.73
45.04	1.14	2.30	0.03	0.14	0.01	5.36	5.50	0.38	0.57
15.97	0.34	1.85	0.27	0.10		-0.97	-0.47	0.99	0.43
26.56	0.60	1.46	0.26	0.23		2.44	2.45		0.34
3.05		0.29				0.08	0.10		0.04
6.63	0.11	0.70	0.02	0.03		0.58	0.63	0.04	0.18
63.62	1.35	6.09	0.89	1.24	0.17	4.72	4.66	0.50	0.71
161.47	5.11	57.00	-0.75	0.78	0.50	6.69	9.47	4.78	7.47
125.79	4.33	43.84	-0.61	0.68	0.49	5.72	7.36	3.70	5.78
23.83	0.68	5.69	0.02	0.10	0.01	0.23	0.85	0.64	1.14
11.84	0.10	7.46	-0.16	0.01		0.74	1.26	0.44	0.55
49.61	1.14	6.70	0.13	0.14	0.53	3.18	3.35	0.37	1.07
48.96	1.12	6.67	0.11	0.13	0.53	3.22	3.39	0.33	1.02
160.06	3.99	10.41	3.98	3.62	1.29	1.85	2.28	4.68	1.24
52.27	0.61	3.94	1.79	1.63	0.01	-0.60	-0.57	1.73	0.24
65.87	2.84	4.54	2.11	1.76	0.51	0.41	0.80	2.60	0.67
19.93	0.36	1.47	0.04	0.19	0.77	0.53	0.55	0.35	0.20
21.99	0.19	0.46	0.04	0.04		1.51	1.50		0.14
139.30	2.17	19.88	0.26	0.76	16.68	26.62	27.50	0.53	0.69
33.52	0.40	1.09	0.65	0.67		1.48	2.34	0.41	0.28
101.06	0.70	18.31	-0.41	0.07	16.68	24.87	24.88		0.30
590.86	9.78	52.73	16.69	23.24	31.01	54.46	55.45	8.08	4.79
42.95	0.97	3.37	2.20	1.94	0.08	3.92	3.99	0.16	0.38
499.80	7.79	44.63	14.14	20.89	30.79	48.57	49.47	6.64	3.67
48.11	1.03	4.73	0.35	0.41	0.15	1.97	1.99	1.29	0.73

2-2 续表 8

行 业					营业收入
	法人资本	个人资本	港澳台资本	外商资本	
印刷和记录媒介复制业	150.70	8.92	0.52	3.49	630.87
印刷	143.61	7.62	0.52	3.49	611.68
装订及印刷相关服务	2.39	1.29			16.32
记录媒介复制	4.70	0.01			2.88
文教、工美、体育和娱乐用品制造业	46.65	0.91	0.12	1.50	735.97
文教办公用品制造	1.05	0.11		0.16	6.49
乐器制造	18.50	0.03		0.01	24.70
工艺美术及礼仪用品制造	22.72	0.25	0.12	1.25	688.44
体育用品制造	0.44	0.04		0.08	5.69
游艺器材及娱乐用品制造	3.94	0.48			10.65
石油、煤炭及其他燃料加工业	1898.55	177.32	46.96	115.35	31793.22
精炼石油产品制造	1411.84	116.36	46.96	110.64	28478.04
煤炭加工	358.12	60.77		4.72	3069.82
生物质燃料加工	9.41	0.19			39.56
化学原料和化学制品制造业	3182.22	168.83	8.79	196.83	19098.20
基础化学原料制造	1344.09	70.06	7.94	102.02	8837.41
肥料制造	518.84	31.20	0.33	7.92	2528.07
农药制造	41.24	5.81	0.19	0.58	415.52
涂料、油墨、颜料及类似产品制造	73.05	4.21		3.26	368.20
合成材料制造	985.07	27.84		79.94	5081.39
专用化学产品制造	113.00	19.43	0.33	3.11	1259.65
炸药、火工及焰火产品制造	77.16	6.95			409.73
日用化学产品制造	29.78	3.34			198.22
医药制造业	475.05	131.35	16.14	12.15	3982.22
化学药品原料药制造	58.36	15.47		4.48	362.49
化学药品制剂制造	163.85	65.19	1.53	6.96	874.24
中药饮片加工	18.73	2.63	2.76	0.10	241.31
中成药生产	146.32	32.87	11.32	0.05	875.88
兽用药品制造	11.10	0.52		0.07	89.16
生物药品制品制造	67.53	13.13	0.50	0.50	1513.50
卫生材料及医药用品制造	8.38	0.36	0.02		21.85
药用辅料及包装材料	0.77	1.18			3.80
化学纤维制造业	84.67	8.51	9.52	4.61	1438.04
纤维素纤维原料及纤维制造	47.71	1.93	9.00	4.61	755.17
合成纤维制造	29.40	6.43	0.52		632.74
生物基材料制造	7.56	0.15			50.13
橡胶和塑料制品业	198.99	29.48	0.50	7.56	1199.82
橡胶制品业	69.32	12.01		1.84	584.92
塑料制品业	129.66	17.48	0.50	5.72	614.90

单位：亿元

营业成本	销售费用	管理费用	财务费用		投资收益(损失以"–"号记)	营业利润	利润总额	亏损企业亏损额	平均用工人数(万人)
				利息费用					
492.54	11.24	79.74	-0.59	1.77	7.47	50.74	52.65	8.41	7.52
477.65	10.54	76.09	-0.69	1.56	7.22	51.24	53.08	7.03	7.22
12.81	0.55	3.14	0.12	0.20	0.20	-0.65	-0.57	1.27	0.25
2.09	0.15	0.52	-0.01		0.05	0.15	0.13	0.10	0.05
680.37	11.87	12.30	3.04	3.72	5.20	35.30	35.41	3.26	1.52
5.06	0.18	1.05	-0.02		2.89	3.07	3.15	0.02	0.13
19.18	0.61	2.81	0.02	0.17	0.01	2.10	2.13	0.21	0.30
644.22	10.32	6.56	2.83	3.40	2.41	28.90	28.98	2.76	0.87
3.93	0.56	0.82	0.08	0.02	0.02	0.24	0.17	0.11	0.10
7.98	0.20	1.05	0.13	0.14	-0.12	0.99	0.97	0.15	0.12
24623.20	111.28	639.31	139.45	180.24	130.70	1487.18	1437.91	174.94	38.55
21608.70	94.48	545.29	94.10	141.29	104.60	1394.35	1349.50	56.87	30.06
2813.61	16.45	79.69	42.79	37.09	25.79	63.41	58.86	112.01	7.14
37.57	0.08	2.83	3.25	1.02		-4.55	-4.44	6.07	0.39
15050.42	270.43	924.96	304.87	339.87	339.52	2328.74	2302.12	241.03	67.09
6827.07	89.29	388.41	116.63	129.84	283.70	1414.49	1394.61	66.78	26.62
1973.12	39.73	140.96	70.11	81.56	11.48	206.62	198.80	100.49	11.24
322.23	4.75	28.43	5.09	4.65	1.99	56.88	55.75	1.31	1.92
304.66	9.19	25.95	1.70	1.87	3.00	27.58	24.04	2.74	1.83
4171.59	56.06	185.02	91.75	101.01	26.46	450.67	441.24	49.34	12.52
1043.98	20.48	82.55	14.05	13.69	9.44	100.72	101.52	14.50	6.09
290.49	17.83	60.47	4.94	5.56	8.44	41.73	42.93	2.81	5.89
117.30	33.09	13.17	0.58	1.69	-4.99	30.05	43.22	3.06	0.98
1664.23	578.15	352.14	14.37	35.57	112.47	1429.62	1407.58	28.76	23.32
265.93	29.13	43.79	8.09	7.22	13.03	24.44	22.00	12.40	3.84
448.45	181.36	102.54	2.15	11.67	37.77	174.50	174.47	3.85	7.02
149.68	42.76	15.54	2.41	2.69	2.38	32.60	32.47	1.57	1.20
452.42	189.02	82.35	3.56	10.28	38.21	174.38	176.42	8.71	7.41
50.04	10.70	10.96	0.58	0.46	0.17	16.27	16.43	0.14	0.82
276.81	124.05	94.70	-2.68	2.98	20.79	1006.37	984.68	1.52	2.65
17.61	1.04	1.96	0.20	0.23	0.10	1.01	1.05	0.54	0.31
3.30	0.10	0.29	0.04	0.04		0.06	0.06	0.04	0.06
1241.99	13.16	59.33	27.52	63.39	23.69	105.35	105.00	19.89	6.67
637.48	6.45	28.92	14.59	19.74	4.02	67.56	66.99	4.97	3.65
561.90	5.46	27.50	11.26	43.60	19.67	36.58	36.76	13.46	2.77
42.61	1.25	2.91	1.67	0.05		1.21	1.25	1.46	0.25
1020.85	37.00	84.65	10.93	11.32	6.03	49.74	50.14	19.83	11.76
493.32	20.38	41.12	6.99	7.46	0.96	23.74	23.84	13.31	5.86
527.53	16.62	43.53	3.94	3.86	5.07	26.00	26.30	6.52	5.90

2–2 续表 9

行业					营业收入
	法人资本	个人资本	港澳台资本	外商资本	
非金属矿物制品业	1381.96	110.99	15.31	12.61	8487.14
水泥、石灰和石膏制造	714.82	36.99	9.37	6.08	4058.80
石膏、水泥制品及类似制品制造	250.62	20.60	0.29	0.99	2434.89
砖瓦、石材等建筑材料制造	50.22	4.36	0.05	0.58	378.35
玻璃制造	54.21	14.17		2.74	257.47
玻璃制品制造	31.65	7.80		0.73	178.46
玻璃纤维和玻璃纤维增强塑料制品制造	86.54	2.33	0.20	0.37	408.89
陶瓷制品制造	9.69	1.15			44.96
耐火材料制品制造	25.98	4.90		1.05	156.24
石墨及其他非金属矿物制品制造	158.22	18.70	5.39	0.07	569.08
黑色金属冶炼和压延加工业	3483.00	215.60	37.61	74.03	32559.34
炼铁	13.33				448.41
炼钢	319.21				2934.74
钢压延加工	3081.88	212.22	37.61	74.03	28910.53
铁合金冶炼	68.58	3.38			265.66
有色金属冶炼和压延加工业	2290.07	115.73	9.82	31.76	24505.69
常用有色金属冶炼	1286.98	50.77	2.47	23.89	13975.35
贵金属冶炼	114.90	21.68	6.24		2993.27
稀有稀土金属冶炼	81.19	25.84	0.15	2.38	791.08
有色金属合金制造	355.86	1.39		0.64	1155.20
有色金属压延加工	451.15	16.05	0.96	4.84	5590.79
金属制品业	537.23	52.02	8.34	25.66	4413.03
结构性金属制品制造	136.31	7.00	3.51	0.34	1264.13
金属工具制造	22.00	1.01		0.40	73.48
集装箱及金属包装容器制造	71.35	2.50	3.48	3.45	602.48
金属丝绳及其制品制造	21.81	8.54	0.14	0.66	179.09
建筑、安全用金属制品制造	13.56	1.43			186.46
金属表面处理及热处理加工	21.31	0.04		16.00	265.38
金属制日用品制造	1.21	0.08	0.14	0.14	10.35
铸造及其他金属制品制造	249.67	31.43	1.07	4.67	1831.66
通用设备制造业	825.60	207.19	43.38	61.10	6304.24
锅炉及原动设备制造	228.35	50.68	20.15	31.32	1824.82
金属加工机械制造	120.73	7.22	0.05	0.61	400.03
物料搬运设备制造	106.93	68.71	16.03	9.36	1877.76
泵、阀门、压缩机及类似机械制造	137.94	24.65	5.26	11.89	805.65
轴承、齿轮和传动部件制造	79.90	12.54		3.59	422.86
烘炉、风机、包装等设备制造	42.84	15.12	1.72	0.75	373.95

单位：亿元

营业成本	销售费用	管理费用	财务费用	利息费用	投资收益（损失以“−”号记）	营业利润	利润总额	亏损企业亏损额	平均用工人数（万人）
6533.31	209.32	513.41	80.47	109.21	97.04	1152.84	1172.51	110.28	42.89
2926.08	104.70	241.89	15.45	45.01	34.39	781.08	795.33	23.41	17.77
2052.52	67.83	124.36	28.92	27.00	38.10	168.03	170.66	24.95	10.76
301.33	11.17	23.31	5.32	4.61	1.21	33.91	34.88	4.92	2.15
208.95	2.38	16.22	7.68	8.51	0.53	-17.62	-17.06	40.56	1.63
149.98	4.18	13.76	3.72	3.73	0.05	4.46	4.49	6.68	1.76
267.91	5.27	37.99	10.00	9.16	13.19	116.12	116.52	0.47	3.49
35.41	1.38	5.85	0.73	0.42	0.37	2.29	2.30	0.99	0.79
130.78	4.55	11.65	1.45	1.77	1.24	8.94	9.22	0.54	1.34
460.35	7.87	38.39	7.19	8.99	7.96	55.64	56.17	7.76	3.21
29626.96	143.78	1038.47	272.29	317.27	258.58	1492.19	1459.97	90.35	63.00
438.21	0.03	5.49	5.11	5.28		-3.69	-4.15	6.74	0.81
2746.58	11.87	70.63	41.54	44.46	26.66	75.14	79.61	6.05	5.20
26215.73	129.41	950.44	219.22	260.53	230.78	1401.80	1367.64	70.38	55.85
226.44	2.48	11.91	6.42	7.00	1.15	18.94	16.86	7.18	1.14
22372.20	64.73	502.05	231.90	271.86	50.26	1080.34	1062.46	110.51	46.90
12559.68	28.88	250.08	149.55	181.50	11.28	756.81	741.03	53.33	28.84
2791.01	4.85	80.61	24.32	33.99	20.84	91.63	90.96	6.19	4.66
666.08	2.31	24.88	8.36	10.35	5.59	88.26	87.99	1.12	1.59
1014.63	7.04	43.48	7.51	8.35	13.79	87.62	88.91	8.77	3.79
5340.80	21.65	103.00	42.15	37.67	-1.24	56.02	53.56	41.12	8.03
3892.24	43.51	251.67	27.46	32.46	28.61	207.98	213.92	32.69	24.62
1150.22	10.52	61.13	12.01	11.16	0.59	21.29	26.45	9.36	6.29
53.38	2.91	8.65	0.58	0.51	0.35	7.89	7.97	0.10	1.19
489.61	5.99	27.56	4.44	4.01	5.91	77.58	76.30	6.54	2.83
160.24	3.67	8.24	0.73	0.83	1.62	6.72	6.90	0.71	1.09
170.73	1.13	7.63	1.46	1.33		4.03	4.30	1.04	0.29
239.73	1.64	10.13	1.13	1.73	2.59	13.39	13.48	1.01	0.47
9.53	0.23	0.65	0.12	0.05	0.01	-0.20	-0.20	0.38	0.13
1618.80	17.42	127.68	6.99	12.84	17.53	77.26	78.73	13.55	12.32
5288.37	176.06	522.33	9.20	49.27	102.74	313.08	331.51	130.66	39.23
1507.56	41.48	168.17	-9.71	6.44	36.26	141.06	146.25	23.64	9.14
341.06	12.02	49.43	4.03	6.46	14.79	-43.13	-40.51	60.39	5.77
1599.57	57.53	104.65	-1.62	15.23	25.31	121.23	121.89	8.49	5.91
684.01	18.97	66.62	2.30	6.07	8.69	42.10	43.84	9.19	5.27
350.80	11.91	38.13	6.15	5.93	4.31	19.98	20.58	8.77	4.01
312.44	12.15	34.11	4.02	4.13	9.00	18.38	21.61	3.68	2.52

2-2 续表 10

行业	法人资本	个人资本	港澳台资本	外商资本	营业收入
文化、办公用机械制造	9.77	16.28	0.17	2.19	93.21
通用零部件制造	45.95	7.16		0.94	273.29
其他通用设备制造业	53.18	4.84		0.44	232.67
专用设备制造业	1166.03	130.80	4.05	7.70	5466.93
采矿、冶金、建筑专用设备制造	745.55	79.85	1.16	1.54	3270.31
化工、木材、非金属加工专用设备制造	107.84	0.61	0.23	2.85	383.20
食品、饮料、烟草及饲料生产专用设备制造	19.92	0.05			101.20
印刷、制药、日化及日用品生产专用设备制造	9.00	0.06	0.28		50.41
纺织、服装和皮革加工专用设备制造	19.09	3.22	0.21	0.15	110.52
电子和电工机械专用设备制造	19.19	0.97	0.37	1.88	157.83
农、林、牧、渔专用机械制造	48.80	2.51		0.01	416.63
医疗仪器设备及器械制造	21.40	2.84	1.47		88.33
环保、邮政、社会公共服务及其他专用设备制造	175.24	40.70	0.33	1.27	888.50
汽车制造业	3041.78	97.51	34.50	833.05	36806.15
汽车整车制造	2269.80	76.10	2.56	658.17	29346.52
汽车用发动机制造	113.65	0.11	19.31	77.26	1452.83
改装汽车制造	84.44	6.27	0.43	2.07	647.58
汽车车身、挂车制造	18.47	0.34		0.27	157.35
汽车零部件及配件制造	552.94	14.66	12.19	95.27	5183.37
铁路、船舶、航空航天和其他运输设备制造业	2302.97	90.49	4.16	63.28	9808.74
铁路运输设备制造	499.51	30.41	0.10	8.41	2687.90
城市轨道交通设备制造	67.35			1.69	380.80
船舶及相关装置制造	943.82	38.03	0.05	39.36	2237.64
航空、航天器及设备制造	781.73	20.59	3.91	5.36	4321.96
摩托车制造	7.68	1.43	0.10	8.16	159.57
潜水救捞及其他未列明运输设备制造	0.49	0.04		0.05	9.65
电气机械和器材制造业	842.36	70.03	2.41	20.27	6273.78
电机制造	231.25	2.52			1869.28
输配电及控制设备制造	287.80	49.01	0.47	10.81	1891.06
电线、电缆、光缆及电工器材制造	95.94	9.13	1.91	6.86	1169.48
电池制造	198.26	2.37		0.27	790.60
家用电力器具制造	15.21	6.59			312.31
非电力家用器具制造	1.39	0.09			6.09
照明器具制造	5.63	0.31	0.03	2.27	181.50
其他电气机械及器材制造	6.87			0.06	53.46
计算机、通信和其他电子设备制造业	5727.76	453.24	35.16	65.02	14669.97
计算机制造	145.40	34.91	4.31	2.35	1638.19
通信设备制造	510.26	21.67		0.15	3069.92

单位：亿元

营业成本	销售费用	管理费用	财务费用	利息费用	投资收益（损失以“–”号记）	营业利润	利润总额	亏损企业亏损额	平均用工人数（万人）
74.59	5.47	10.05		0.70	1.13	4.03	4.11	0.34	0.87
225.02	7.04	28.94	1.71	1.68	1.74	7.34	10.69	6.73	3.88
193.31	9.48	22.24	2.33	2.62	1.52	2.10	3.05	9.40	1.86
4539.53	202.69	447.57	66.39	86.17	36.47	213.62	221.48	79.26	35.68
2720.24	139.48	244.69	47.40	56.63	18.75	113.26	118.27	53.35	19.63
334.06	6.07	30.80	6.15	6.89	0.75	7.98	7.00	6.15	2.79
73.34	4.29	13.54	-0.21	0.13	0.15	10.00	10.14		0.93
39.16	3.70	5.23	0.29	0.47	0.35	2.83	3.00	0.46	0.54
91.34	2.80	10.43	0.04	1.66	0.90	5.50	6.66	1.49	1.23
122.19	5.73	26.36	2.20	2.35	0.74	8.77	8.26	2.14	1.32
363.98	9.93	25.88	2.21	3.47	6.84	11.04	12.41	2.08	2.61
56.18	10.42	14.88	0.05	0.97	2.37	9.93	10.05	3.35	1.20
739.05	20.27	75.75	8.26	13.59	5.62	44.31	45.69	10.24	5.42
31222.35	1007.62	2181.26	-120.49	94.61	931.95	2528.59	2553.64	383.58	87.43
24741.12	876.51	1724.07	-135.63	62.79	867.82	2106.86	2123.54	318.20	53.34
1252.52	19.85	66.71	-0.10	2.88	0.78	109.98	111.44	10.51	3.32
572.83	24.17	37.63	6.57	7.75	-0.55	8.91	11.09	18.02	3.15
136.73	3.71	12.96	1.62	1.70	0.35	6.65	6.65	3.14	1.23
4502.22	82.93	339.00	7.05	19.47	63.55	295.91	300.62	33.72	26.36
8570.50	109.18	842.94	15.72	76.33	41.40	195.40	197.25	268.04	70.92
2206.81	58.84	274.33	3.83	11.86	24.71	171.05	179.23	8.13	16.99
340.56	5.96	22.68	0.35	1.10	0.57	11.22	11.66	0.39	1.53
2088.99	13.11	183.67	1.34	39.10	4.36	-152.02	-159.04	203.08	15.64
3782.52	27.20	346.13	10.50	24.51	11.91	157.10	157.49	55.45	35.29
133.85	3.76	14.34	-0.35	-0.26	-0.15	7.08	6.89	0.98	1.22
8.41	0.17	0.89	0.05			0.16	0.21		0.13
5487.74	184.80	392.83	33.85	46.25	28.22	189.54	198.46	73.39	28.81
1649.03	69.64	111.30	0.65	7.52	3.28	33.69	36.17	14.21	6.22
1599.53	64.18	141.23	14.22	16.94	13.98	87.44	90.83	20.84	9.21
1046.33	26.98	61.82	11.50	11.90	5.16	22.48	24.65	15.13	4.17
707.34	8.76	39.97	5.35	6.10	0.55	31.25	31.83	18.20	4.93
280.78	8.64	16.80	1.01	2.53	4.38	8.30	8.53	2.91	2.55
4.71	0.31	0.68	0.30	0.29	-0.02	-0.19	-0.18	0.42	0.06
157.31	4.34	15.25	0.69	0.77	0.58	3.30	3.31	1.18	1.16
42.72	1.94	5.77	0.14	0.18	0.31	3.28	3.32	0.50	0.52
11742.69	437.99	1430.40	98.17	146.19	78.12	1007.43	1007.39	237.24	76.32
1440.05	42.77	106.57	4.52	7.71	12.84	56.30	57.15	5.50	5.63
2260.36	171.80	460.26	12.80	22.18	24.25	198.79	197.97	19.54	17.42

2-2 续表 11

行 业					营业收入
	法人资本	个人资本	港澳台资本	外商资本	
广播电视设备制造	156.87	3.64	0.03	2.46	199.75
雷达及配套设备制造	25.53	0.62		0.40	357.08
非专业视听设备制造	36.48	14.55	0.67		2096.30
智能消费设备制造	18.15	1.41			236.38
电子器件制造	4348.13	333.40	24.19	45.34	4941.45
电子元件及电子专用材料制造	225.85	42.52	5.77	14.16	1801.84
其他电子设备制造	261.08	0.53	0.19	0.16	329.06
仪器仪表制造业	207.42	38.20	1.78	8.41	1180.15
通用仪器仪表制造	139.12	32.58	0.59	7.40	814.48
专用仪器仪表制造	28.91	1.89			166.17
钟表与计时仪器制造	1.48				6.07
光学仪器制造	37.64	3.08	1.19	0.94	169.36
衡器制造	0.01	0.23		0.08	8.58
其他仪器仪表制造业	0.27	0.42			15.49
其他制造业	61.04	9.12	0.05	0.15	806.34
日用杂品制造	0.02	0.04	0.05	0.15	4.00
废弃资源综合利用业	74.40	5.22	2.07	1.29	1595.86
金属废料和碎屑加工处理	50.86	4.31			1463.15
非金属废料和碎屑加工处理	23.54	0.90	2.07	1.29	132.71
金属制品、机械和设备修理业	333.82	0.29	3.94	16.99	877.69
金属制品修理	0.17				7.71
通用设备修理	0.50	0.06			20.16
专用设备修理	110.60	0.04		0.05	132.91
铁路、船舶、航空航天等运输设备修理	216.94	0.17	3.94	16.89	625.01
电气设备修理	4.01				20.19
其他机械和设备修理业	1.61	0.03		0.05	70.91
电力、热力、燃气及水生产和供应业	**22209.10**	**258.97**	**308.82**	**461.41**	**80326.19**
电力、热力生产和供应业	19812.89	196.44	218.17	320.02	70645.57
电力生产	11488.69	180.29	213.43	312.57	23087.91
电力供应	7811.99	8.76	0.04	5.62	45731.09
热力生产和供应	512.22	7.39	4.70	1.84	1826.58
燃气生产和供应业	1074.17	31.44	61.28	95.00	6612.13
燃气生产和供应业	1064.07	31.44	61.28	95.00	6603.25
水的生产和供应业	1322.04	31.10	29.37	46.39	3068.49
自来水生产和供应	836.51	23.35	26.61	34.35	2372.12
污水处理及其再生利用	473.76	7.64	2.76	12.04	684.88
海水淡化处理	9.35				4.18
其他水的处理、利用与分配	2.42	0.11			7.32

单位：亿元

营业成本	销售费用	管理费用	财务费用	利息费用	投资收益（损失以“–”号记）	营业利润	利润总额	亏损企业亏损额	平均用工人数（万人）
143.53	4.30	13.72	4.20	6.40	1.20	34.11	34.36	1.40	1.12
298.79	4.51	39.40	1.54	3.29	1.18	16.55	16.95	5.66	2.94
1877.24	64.13	89.36	5.96	11.36	9.21	60.36	58.58	0.92	5.71
194.60	4.73	19.24	2.53	3.05	0.39	14.17	13.81	2.43	0.99
3867.83	86.27	494.34	44.75	72.12	22.18	434.56	436.00	184.87	26.65
1413.32	36.95	166.17	16.14	12.39	5.48	180.65	180.22	11.91	13.51
246.95	22.51	41.33	5.72	7.69	1.38	11.93	12.34	5.02	2.33
937.11	47.35	130.66	7.06	8.17	42.50	104.19	106.59	10.59	8.37
657.28	38.01	76.24	6.76	6.75	38.34	75.87	77.80	7.62	4.45
120.90	6.46	29.96		0.49	3.57	13.87	14.13	1.68	1.98
3.19	0.90	1.17	-0.01		0.02	0.92	0.92		0.06
139.84	1.08	19.14	0.15	0.76	0.53	10.48	10.68	1.28	1.57
5.99	0.62	1.33	0.04	0.05		0.69	0.69		0.12
9.92	0.27	2.82	0.11	0.11	0.04	2.36	2.37	0.01	0.18
694.13	3.40	75.51	0.56	3.76	4.74	52.56	51.96	2.47	6.60
2.93	0.07	0.86	-0.02			0.13	0.13		0.07
1508.81	6.85	26.39	9.06	7.96	-1.35	46.89	49.84	5.30	3.75
1405.03	5.07	19.01	7.72	6.49	-2.54	27.68	30.47	4.45	3.10
103.78	1.78	7.38	1.34	1.47	1.18	19.20	19.37	0.85	0.65
750.59	2.82	100.43	5.61	8.61	10.98	19.48	14.73	17.85	11.08
6.92	0.03	0.32		0.01		0.41	0.41		0.04
17.52	0.05	1.46	0.10	0.10	0.63	1.19	1.22	0.62	0.48
117.87	0.62	11.22	3.39	4.09	8.78	7.20	6.98	2.10	1.33
530.09	1.63	79.75	1.93	3.94	1.37	5.90	0.91	14.96	6.91
16.36	0.31	2.10	0.18	0.18	0.13	1.02	1.38	0.16	0.31
61.10	0.18	5.51	0.02	0.30	0.07	3.76	3.81	0.01	2.01
74485.77	**361.95**	**1873.93**	**2620.24**	**2517.96**	**907.03**	**1692.60**	**1884.29**	**2756.96**	**290.97**
66237.81	48.41	1407.27	2411.93	2291.61	771.81	1070.29	1206.72	2608.56	230.41
20130.89	24.07	555.80	1739.47	1665.30	387.60	720.99	751.74	2206.02	70.72
44270.86	11.51	746.61	616.13	568.45	378.89	432.46	498.37	276.26	142.57
1836.06	12.83	104.87	56.33	57.86	5.33	-83.16	-43.39	126.28	17.12
5914.37	152.52	157.74	59.47	66.69	68.69	421.64	435.54	50.54	16.66
5906.61	151.85	157.33	59.62	66.68	68.69	421.41	435.29	50.51	16.62
2333.59	161.02	308.91	148.83	159.66	66.52	200.67	242.04	97.86	43.90
1824.69	159.47	261.79	88.82	95.92	44.52	98.78	137.42	81.19	38.65
500.49	1.40	45.89	58.76	62.52	21.99	101.48	104.19	16.13	5.16
3.00	0.10	0.52	0.55	0.62	0.01	0.06	0.07	0.22	0.02
5.41	0.05	0.71	0.69	0.60		0.35	0.36	0.31	0.07

2-3 私营工业企业

行　业	企业单位数(个)	资产总计	固定资产净额	固定资产原价	累计折旧	流动资产合计
总　计	**325752**	**409303.12**	**84799.56**	**160024.92**	**67371.49**	**249374.70**
采矿业	**7552**	**14023.20**	**2714.80**	**5394.92**	**2297.37**	**7819.44**
煤炭开采和洗选业	2805	7389.54	1265.53	2415.96	1005.63	4495.02
烟煤和无烟煤开采洗选	2747	7284.25	1251.35	2382.84	989.33	4435.77
褐煤开采洗选	27	94.37	12.24	28.87	15.29	53.12
其他煤炭采选	31	10.91	1.94	4.25	1.01	6.12
石油和天然气开采业	16	46.13	11.74	43.59	21.36	19.58
石油开采	14	34.85	6.38	34.32	17.46	13.98
黑色金属矿采选业	1108	2612.05	521.49	1065.27	487.28	1427.96
铁矿采选	1058	2575.66	517.86	1052.01	483.47	1408.25
锰矿、铬矿采选	44	33.82	3.11	12.05	3.12	17.89
其他黑色金属矿采选	6	2.57	0.52	1.21	0.69	1.82
有色金属矿采选业	650	1339.54	303.31	585.30	233.98	616.54
常用有色金属矿采选	486	958.84	190.59	372.59	151.00	476.71
贵金属矿采选	77	207.79	72.56	133.25	51.25	54.76
稀有稀土金属矿采选	87	172.91	40.15	79.46	31.73	85.08
非金属矿采选业	2743	2355.57	557.34	1150.31	478.90	1080.72
土砂石开采	2389	1941.74	476.49	929.78	369.48	875.59
化学矿开采	123	176.73	25.70	102.71	56.66	92.80
采盐	18	66.61	16.34	32.06	15.71	22.57
石棉及其他非金属矿采选	213	170.50	38.81	85.76	37.05	89.77
开采专业及辅助性活动	228	279.60	55.28	133.90	69.83	179.20
煤炭开采和洗选专业及辅助性活动	3	5.12	1.50	1.76	0.26	2.53
石油和天然气开采专业及辅助性活动	217	270.56	53.33	130.91	69.09	173.61
其他开采专业及辅助性活动	8	3.91	0.45	1.22	0.48	3.06
制造业	**314369**	**380321.12**	**76493.11**	**145601.58**	**62091.02**	**235807.56**
农副食品加工业	17855	17706.32	3676.43	7183.58	2881.17	10571.53
谷物磨制	4734	3098.11	776.30	1545.45	615.36	1707.36
饲料加工	3070	3745.97	688.16	1392.32	575.77	2185.66
植物油加工	1205	2249.90	319.74	706.96	312.30	1630.04
制糖业	126	687.14	88.32	214.12	121.61	514.09
屠宰及肉类加工	3019	3367.26	752.18	1346.54	500.75	1891.84
水产品加工	1261	1245.41	210.95	397.85	159.15	867.69
蔬菜、菌类、水果和坚果加工	2565	1696.78	390.96	720.15	264.13	976.35
其他农副食品加工	1875	1615.75	449.82	860.20	332.09	798.50
食品制造业	6297	7073.64	1860.62	3378.10	1341.60	3610.64
焙烤食品制造	1229	920.29	276.39	520.15	211.48	441.82
糖果、巧克力及蜜饯制造	468	431.21	99.73	171.32	63.36	225.40
方便食品制造	1192	1133.75	307.24	519.92	183.49	505.83
乳制品制造	280	765.05	237.20	422.86	181.06	363.98
罐头食品制造	473	454.09	97.18	219.01	103.80	271.29

主要经济指标(大、中类行业)

单位：亿元

应收账款	存货	产成品	负债合计	流动负债合计	应付账款	所有者权益合计	实收资本	国家资本	集体资本
72447.74	**56354.56**	**23935.16**	**236427.14**	**201584.16**	**64661.56**	**172708.64**	**77925.97**	**629.66**	**1157.42**
1457.92	**948.64**	**544.10**	**8595.33**	**7154.22**	**1720.14**	**5407.18**	**2494.31**	**18.39**	**42.95**
762.05	451.83	265.82	4686.62	3973.14	948.23	2703.06	1422.53	9.29	15.20
747.51	445.21	261.19	4609.16	3905.61	940.20	2675.23	1408.38	9.29	15.20
12.90	5.94	4.32	71.38	62.74	6.69	22.99	12.61		
1.65	0.68	0.31	6.08	4.79	1.34	4.84	1.54		
3.51	1.52	0.47	27.29	18.28	6.23	18.84	40.20		0.30
3.40	1.07	0.22	23.81	15.38	5.50	11.04	37.17		0.30
207.18	227.92	125.96	1754.61	1456.27	339.69	856.27	288.21	0.77	10.51
205.07	221.37	122.10	1727.34	1441.55	336.43	847.15	283.21	0.77	10.51
2.09	6.12	3.65	25.42	13.38	3.09	8.40	4.28		
0.02	0.43	0.20	1.85	1.34	0.17	0.72	0.72		
108.07	101.76	53.15	725.16	614.73	115.60	599.07	235.09	1.77	5.88
92.77	69.02	38.23	525.07	464.83	86.86	418.45	136.10	1.18	4.02
7.08	15.10	3.44	102.32	68.74	15.14	105.47	64.17	0.59	0.53
8.23	17.64	11.48	97.77	81.17	13.61	75.15	34.82		1.34
288.34	155.37	97.10	1235.06	941.59	242.57	1116.17	438.57	6.57	8.41
238.00	114.43	70.86	1039.09	784.81	204.29	898.32	366.80	6.56	7.18
21.32	18.41	13.20	87.63	68.77	13.11	89.09	25.39		0.82
5.17	7.07	6.02	19.31	18.84	4.18	47.30	10.32		0.35
23.84	15.46	7.02	89.04	69.16	20.99	81.46	36.06	0.01	0.06
88.49	10.24	1.61	166.21	149.84	67.80	113.39	69.41		2.64
0.09	0.70	0.02	2.55	2.35	0.01	2.58	2.56		
86.55	9.29	1.42	160.85	144.86	66.05	109.71	66.01		2.64
1.85	0.24	0.17	2.81	2.63	1.74	1.10	0.84		
69692.98	**55125.51**	**23323.03**	**217970.76**	**188645.39**	**61710.40**	**162206.74**	**71710.74**	**395.96**	**1029.48**
1845.94	3271.74	1363.35	9933.85	8472.59	1873.38	7768.24	3268.52	11.72	66.03
343.04	673.00	203.00	1315.05	1073.26	172.93	1782.81	641.71	1.35	17.20
379.56	529.33	148.26	2120.07	1824.19	427.00	1625.90	679.52	1.07	19.23
152.58	449.69	175.01	1557.73	1389.83	312.63	691.27	348.99	1.63	7.12
40.81	86.18	49.94	551.27	505.90	82.81	135.87	79.09	1.23	1.52
317.04	498.97	277.46	1904.59	1576.30	342.45	1462.47	641.16	2.62	10.07
205.30	401.81	228.84	758.40	677.29	189.72	484.62	202.31	1.09	2.80
249.72	337.94	155.58	878.94	727.64	181.82	817.34	368.12	1.86	3.17
157.89	294.81	125.26	847.80	698.19	164.02	767.95	307.61	0.87	4.90
707.07	1070.49	415.27	3380.41	2798.32	679.66	3690.86	1514.10	3.29	29.75
95.18	118.66	34.28	447.21	369.94	80.43	473.24	216.04	0.25	4.23
57.32	70.18	23.77	175.07	142.99	34.24	256.14	71.87		1.56
97.59	148.40	57.17	518.89	423.30	101.36	614.23	276.31	0.38	6.26
87.30	75.87	22.41	397.31	345.71	108.09	367.74	180.53	0.64	9.01
46.97	117.27	70.88	232.11	194.87	48.12	221.98	85.38	1.50	1.08

2–3 续表 1

行业	企业单位数(个)	资产总计	固定资产净额	固定资产原价	累计折旧	流动资产合计
调味品、发酵制品制造	892	1030.81	286.75	534.96	220.21	543.16
其他食品制造	1763	2338.44	556.12	989.87	378.19	1259.15
酒、饮料和精制茶制造业	3950	4970.93	1270.33	2394.50	880.84	2498.37
酒的制造	1104	2626.55	629.65	1164.82	400.00	1365.46
饮料制造	976	1213.91	370.10	685.93	270.31	563.99
精制茶加工	1870	1130.47	270.58	543.75	210.53	568.91
烟草制品业	28	50.67	9.80	21.10	11.27	33.18
卷烟制造	18	26.67	4.44	8.40	3.92	21.71
其他烟草制品制造	10	24.00	5.36	12.71	7.35	11.48
纺织业	16964	13231.46	3558.13	7398.83	3515.54	7562.59
棉纺织及印染精加工	7314	6682.41	1893.47	4184.55	2104.41	3607.92
毛纺织及染整精加工	774	643.69	134.44	276.84	133.18	433.26
麻纺织及染整精加工	197	128.95	36.71	75.07	36.57	75.59
丝绢纺织及印染精加工	464	379.43	87.91	165.12	74.96	227.86
化纤织造及印染精加工	1929	1342.27	406.74	746.74	324.07	784.45
针织或钩针编织物及其制品制造	2051	1369.52	354.05	704.77	329.42	822.30
家用纺织制成品制造	1728	1038.27	209.00	411.04	159.89	652.23
产业用纺织制成品制造	2507	1646.93	435.82	834.72	353.04	958.98
纺织服装、服饰业	10311	5886.48	1167.48	2365.92	1015.32	3541.10
机织服装制造	5225	3644.71	699.42	1456.58	619.52	2131.69
针织或钩针编织服装制造	3341	1510.60	298.96	596.85	271.26	969.71
服饰制造	1745	731.17	169.10	312.49	124.55	439.70
皮革、毛皮、羽毛及其制品和制鞋业	6978	4104.81	846.85	1722.81	702.68	2167.86
皮革鞣制加工	524	466.31	109.75	204.27	67.36	247.01
皮革制品制造	1805	1158.60	186.22	355.55	113.94	458.76
毛皮鞣制及制品加工	422	231.04	52.60	143.89	84.44	147.70
羽毛(绒)加工及制品制造	446	304.28	44.76	72.88	21.87	218.41
制鞋业	3781	1944.58	453.54	946.23	415.08	1095.98
木材加工和木、竹、藤、棕、草制品业	10438	4200.29	934.21	1877.81	771.82	2541.92
木材加工	2225	604.38	119.11	241.34	93.50	388.52
人造板制造	5544	2207.54	524.82	1053.22	434.22	1319.86
木质制品制造	1988	1140.55	222.01	454.35	198.50	708.72
竹、藤、棕、草等制品制造	681	247.83	68.27	128.89	45.60	124.81
家具制造业	6020	4153.80	888.13	1504.63	526.66	2473.69
木质家具制造	3804	2699.41	538.45	943.52	338.45	1598.12
竹、藤家具制造	102	54.73	15.81	25.30	5.15	27.02
金属家具制造	1069	661.02	165.98	267.05	91.84	413.43
塑料家具制造	108	56.39	15.59	25.95	9.70	31.42
其他家具制造	937	682.25	152.31	242.80	81.52	403.69
造纸和纸制品业	5727	5012.57	1338.57	2515.49	1056.33	2870.82
纸浆制造	25	58.37	20.87	62.75	34.70	27.18

单位：亿元

应收账款	存货		负债合计	流动负债合计		所有者权益合计	实收资本		
		产成品			应付账款			国家资本	集体资本
95.15	169.69	63.08	455.86	360.52	102.56	574.94	216.57	0.39	2.98
227.56	370.42	143.69	1153.94	960.99	204.86	1182.60	467.40	0.13	4.62
375.50	901.76	416.44	2323.58	1913.24	431.22	2642.84	1224.03	10.41	14.05
126.81	566.30	244.48	1340.12	1105.79	208.56	1282.91	420.19	3.12	4.57
109.25	125.70	47.39	545.63	464.72	121.42	667.30	584.21	6.09	2.74
139.43	209.76	124.57	437.83	342.73	101.23	692.63	219.63	1.21	6.74
6.64	10.40	4.79	31.64	28.72	11.74	19.03	5.76	0.81	
2.32	6.54	2.77	15.61	13.27	6.83	11.06	2.37	0.81	
4.32	3.86	2.02	16.03	15.45	4.91	7.97	3.39		
1926.35	2259.82	1128.30	8057.66	7097.19	1522.40	5155.25	2920.85	18.01	13.64
815.27	1080.32	535.23	4118.68	3528.31	706.22	2556.49	1727.22	12.71	5.08
118.57	160.63	80.68	415.22	387.71	100.79	227.52	125.44	0.60	-0.25
16.28	32.70	16.74	78.04	71.57	14.31	50.91	27.21	0.27	
55.35	95.24	50.70	253.12	215.74	45.14	125.88	56.66	0.24	0.28
230.18	246.00	132.02	897.22	824.39	147.84	440.67	243.56	0.45	1.28
230.28	244.98	126.98	849.58	764.81	121.55	518.83	237.66	0.02	0.63
183.75	189.35	89.66	605.56	564.34	180.98	431.05	212.93	3.04	1.55
276.65	210.59	96.28	840.22	740.34	205.56	803.90	290.17	0.67	5.07
906.03	1016.44	515.77	3186.48	2761.56	762.19	2686.49	1278.64	1.35	12.85
498.89	598.69	318.21	1795.27	1550.37	414.00	1836.55	915.74	0.39	7.36
274.31	284.61	133.13	961.04	833.68	234.99	549.13	221.85	0.03	2.68
132.83	133.14	64.42	430.18	377.51	113.20	300.81	141.06	0.93	2.81
639.03	608.24	257.18	2066.19	1658.88	453.42	2037.18	722.58	0.31	3.09
74.39	93.36	30.34	205.16	187.10	51.45	261.09	117.32		2.04
122.01	116.92	49.49	475.87	416.26	97.26	682.74	190.76	0.03	0.16
27.53	66.91	21.37	130.75	89.92	19.42	100.29	35.72		0.05
76.79	80.31	39.41	193.04	166.78	49.35	111.24	51.21	0.03	
338.31	250.74	116.57	1061.38	798.83	235.95	881.83	327.57	0.24	0.83
800.40	693.69	348.12	2394.14	2016.90	588.06	1804.37	879.24	19.39	12.92
120.42	107.84	54.58	334.55	265.11	74.24	269.92	131.00	0.21	2.26
420.55	351.26	177.14	1288.95	1091.39	324.88	918.12	472.51	18.66	8.82
221.28	195.08	94.92	661.63	573.33	164.51	477.51	219.33	0.42	1.82
38.16	39.50	21.48	109.01	87.07	24.44	138.81	56.40	0.09	0.02
658.00	591.20	250.16	2335.35	2012.38	538.40	1817.99	799.53	1.23	4.35
423.10	382.01	160.88	1531.91	1302.44	303.93	1167.52	513.40	0.61	2.57
6.41	8.55	3.15	27.78	22.13	7.26	26.95	10.15		
118.42	92.64	35.12	365.05	335.93	110.72	295.62	159.31	0.12	0.57
8.20	10.11	4.03	30.94	28.80	9.20	25.46	13.63	0.11	
101.86	97.88	46.99	379.67	323.09	107.29	302.44	103.05	0.40	1.20
800.33	718.27	294.35	3119.45	2651.52	648.50	1885.38	916.04	0.99	17.35
5.79	4.89	1.62	79.89	60.90	14.82	-21.52	22.75		4.00

2-3 续表 2

行业	企业单位数(个)	资产总计	固定资产净额	固定资产原价	累计折旧	流动资产合计
造纸	2045	2558.29	726.20	1362.15	578.62	1397.69
纸制品制造	3657	2395.91	591.49	1090.59	443.01	1445.95
印刷和记录媒介复制业	5150	3565.64	953.73	1895.38	866.72	1993.75
印刷	5045	3498.25	933.52	1848.61	841.32	1959.64
装订及印刷相关服务	102	66.37	19.64	45.12	24.32	33.68
记录媒介复制	3	1.03	0.57	1.65	1.08	0.43
文教、工美、体育和娱乐用品制造业	7856	5514.92	1066.02	2100.63	901.73	3353.88
文教办公用品制造	688	562.87	122.35	208.00	82.66	340.07
乐器制造	139	101.80	28.07	53.63	20.59	50.10
工艺美术及礼仪用品制造	4386	3340.84	623.82	1269.37	556.26	2061.85
体育用品制造	969	635.87	118.51	236.93	100.23	398.00
玩具制造	1313	574.43	119.36	227.67	97.16	337.74
游艺器材及娱乐用品制造	361	299.12	53.91	105.03	44.82	166.12
石油、煤炭及其他燃料加工业	1509	9977.40	2311.49	3763.87	1363.85	6189.85
精炼石油产品制造	740	5752.26	1321.91	1909.68	549.45	3819.18
煤炭加工	449	4066.48	954.72	1796.65	799.21	2289.09
生物质燃料加工	320	158.66	34.86	57.54	15.19	81.57
化学原料和化学制品制造业	15947	25949.22	6321.49	11721.89	4822.43	13679.97
基础化学原料制造	3198	7332.51	2193.81	4030.18	1617.81	3572.39
肥料制造	1261	2113.52	580.55	1152.89	507.13	999.19
农药制造	523	1312.52	266.71	467.13	187.42	776.14
涂料、油墨、颜料及类似产品制造	2544	3341.92	574.42	1119.75	498.39	1860.45
合成材料制造	1968	4325.71	1170.28	1940.22	731.63	2186.85
专用化学产品制造	4305	5357.86	1116.09	2200.94	947.06	3135.39
炸药、火工及焰火产品制造	812	553.98	131.78	273.69	103.42	192.93
日用化学产品制造	1336	1611.20	287.85	537.09	229.57	956.63
医药制造业	5345	12169.42	2450.03	4462.52	1814.63	7061.48
化学药品原料药制造	861	2868.38	717.14	1332.10	550.41	1498.22
化学药品制剂制造	496	2309.02	395.74	760.56	353.71	1335.11
中药饮片加工	1087	1376.05	229.83	406.66	142.20	924.81
中成药生产	880	2358.40	454.34	828.14	343.56	1349.59
兽用药品制造	313	531.60	152.81	260.99	98.92	242.65
生物药品制品制造	504	1643.23	246.59	415.62	158.18	1072.11
卫生材料及医药用品制造	1028	872.65	200.79	363.77	126.79	517.36
药用辅料及包装材料	176	210.09	52.78	94.67	40.85	121.63
化学纤维制造业	1673	3734.18	1021.11	1971.54	930.96	2029.01
纤维素纤维原料及纤维制造	134	323.85	97.05	159.00	60.30	169.34
合成纤维制造	1452	3274.75	876.58	1735.85	844.15	1795.12
生物基材料制造	87	135.58	47.47	76.69	26.51	64.55
橡胶和塑料制品业	18233	13716.16	3087.27	5910.04	2591.61	8349.32
橡胶制品业	2559	2860.42	717.17	1316.68	564.73	1719.78
塑料制品业	15674	10855.74	2370.10	4593.36	2026.88	6629.54

单位：亿元

应收账款	存货	产成品	负债合计	流动负债合计	应付账款	所有者权益合计	实收资本	国家资本	集体资本
324.24	369.22	163.13	1602.39	1337.63	310.45	951.71	464.65	0.72	6.68
470.30	344.16	129.60	1437.17	1252.98	323.23	955.20	428.64	0.27	6.67
709.86	425.22	162.15	1938.80	1689.55	499.35	1626.72	707.25	1.32	12.89
698.59	417.73	159.30	1905.95	1661.30	493.36	1592.18	692.99	1.32	12.89
11.09	7.30	2.83	32.32	27.85	5.84	34.05	14.04		
0.17	0.19	0.03	0.53	0.39	0.15	0.50	0.22		
763.83	1112.25	511.67	2886.94	2467.87	685.64	2623.82	862.75	3.23	6.01
86.71	86.13	47.11	320.46	284.91	70.34	242.41	81.00		0.54
8.07	15.61	6.49	39.62	32.31	13.01	62.19	32.77	0.03	0.14
430.06	755.01	357.43	1674.82	1438.93	376.56	1663.49	513.15	3.11	4.49
99.24	102.32	38.60	359.00	280.27	98.12	275.27	85.38	0.05	0.60
91.01	101.28	39.05	337.40	297.77	86.72	236.99	97.49		0.11
48.74	51.88	22.98	155.64	133.68	40.88	143.48	52.96	0.05	0.12
844.19	1802.56	670.93	7716.30	6430.20	2128.18	2258.90	1222.92	3.53	10.85
442.94	1386.58	485.37	4653.31	3899.04	1245.82	1098.95	698.16	1.35	7.62
378.78	389.61	171.24	2969.19	2463.80	861.30	1097.28	489.90	0.71	3.17
22.47	26.37	14.32	93.81	67.36	21.06	62.67	34.85	1.47	0.06
3435.62	2914.10	1381.61	13523.21	11133.15	2867.04	12416.86	4905.46	28.18	77.65
627.68	743.26	366.34	4175.56	3328.34	792.55	3152.65	1419.77	1.67	28.34
120.91	297.39	127.39	1283.03	1011.61	218.29	830.44	424.08	11.51	1.85
143.94	245.62	117.45	666.98	590.78	162.68	645.55	213.90	0.46	2.84
619.78	338.63	149.06	1780.46	1484.19	398.61	1560.55	544.08	0.62	23.31
532.56	433.99	203.70	2303.60	1854.49	405.04	2018.72	877.55	8.85	3.95
1011.96	626.02	305.26	2591.80	2258.48	694.66	2765.56	976.53	4.26	11.19
59.57	37.98	26.01	148.70	108.89	39.49	405.28	217.30	0.07	5.31
319.22	191.21	86.39	573.09	496.36	155.72	1038.11	232.24	0.74	0.85
1670.65	1564.78	713.95	5224.93	4317.58	1188.30	6943.10	2236.00	10.28	47.38
279.23	380.59	185.32	1231.81	992.11	283.52	1636.57	536.92	2.07	12.44
312.85	215.49	102.82	977.12	820.22	192.72	1331.90	321.32	2.73	1.47
348.93	254.88	132.37	680.41	556.34	232.91	695.27	377.25	1.16	7.57
309.10	326.61	117.76	1095.85	895.82	208.08	1262.55	422.63	0.99	16.55
49.09	55.72	27.72	204.88	152.76	35.92	326.72	116.18	0.10	2.71
210.62	208.92	84.30	557.33	494.66	118.06	1085.59	255.12	3.10	2.09
125.52	99.60	51.56	383.32	327.98	95.15	488.62	161.68	0.14	4.11
35.31	22.97	12.09	94.20	77.70	21.93	115.89	44.90		0.45
296.06	507.40	284.85	2124.73	1833.22	305.66	1608.46	870.83	16.49	2.21
20.16	40.77	20.12	177.37	156.26	45.15	146.47	128.49	2.10	1.08
265.86	449.97	257.87	1869.67	1616.87	246.39	1404.10	702.34	7.38	1.06
10.04	16.66	6.86	77.69	60.09	14.12	57.89	40.00	7.01	0.07
2915.60	1819.56	856.48	7669.95	6720.26	1852.31	6033.58	3828.44	5.35	96.81
544.43	413.10	217.99	1675.39	1507.75	417.44	1183.38	1557.28	1.32	4.25
2371.17	1406.47	638.49	5994.56	5212.51	1434.87	4850.20	2271.16	4.02	92.56

2-3 续表 3

行　业	企业单位数(个)	资产总计	固定资产净额	固定资产原价	累计折旧	流动资产合计
非金属矿物制品业	35577	36955.89	7879.52	15819.44	6985.00	22940.79
水泥、石灰和石膏制造	2449	4811.78	1286.90	3010.73	1603.08	2596.80
石膏、水泥制品及类似制品制造	13874	14032.95	2064.19	4320.63	1987.94	10579.23
砖瓦、石材等建筑材料制造	7986	5287.98	1267.66	2392.46	882.04	2852.16
玻璃制造	1093	1295.49	376.69	702.59	280.99	672.24
玻璃制品制造	1788	1603.05	427.40	826.60	353.51	848.41
玻璃纤维和玻璃纤维增强塑料制品制造	838	720.48	165.75	289.54	110.53	432.75
陶瓷制品制造	2758	3639.22	1071.75	2140.95	948.57	1548.58
耐火材料制品制造	1739	1830.56	297.68	587.27	260.25	1230.80
石墨及其他非金属矿物制品制造	3052	3734.37	921.50	1548.66	558.09	2179.82
黑色金属冶炼和压延加工业	4472	24950.17	5657.35	11633.13	5720.84	13341.84
炼铁	117	576.07	159.21	318.91	145.78	347.36
炼钢	77	3072.77	1036.07	2214.09	1107.45	1390.68
钢压延加工	3615	17680.44	4017.48	8280.56	4130.48	9905.75
铁合金冶炼	663	3620.90	444.59	819.57	337.14	1698.06
有色金属冶炼和压延加工业	6414	13329.10	2930.37	5034.14	1899.13	8227.69
常用有色金属冶炼	776	4287.77	1020.56	1719.63	633.23	2502.40
贵金属冶炼	80	219.29	38.26	93.67	49.15	104.51
稀有稀土金属冶炼	178	322.27	47.88	94.36	34.50	222.23
有色金属合金制造	920	1307.55	275.07	512.21	225.11	799.61
有色金属压延加工	4460	7192.23	1548.60	2614.26	957.14	4598.94
金属制品业	25430	22612.16	4288.91	8218.78	3540.52	15201.87
结构性金属制品制造	8706	6996.57	1195.55	2208.53	904.63	4728.05
金属工具制造	1390	1109.73	260.84	511.20	220.45	666.55
集装箱及金属包装容器制造	1148	1211.48	231.60	463.97	214.16	803.61
金属丝绳及其制品制造	1261	3138.32	349.01	603.85	240.92	2627.90
建筑、安全用金属制品制造	2848	1868.61	369.45	721.04	301.24	1209.34
金属表面处理及热处理加工	1844	1552.92	354.65	712.69	332.95	1019.72
搪瓷制品制造	92	72.98	15.08	28.67	13.15	47.91
金属制日用品制造	1788	1131.67	234.96	452.83	196.25	703.92
铸造及其他金属制品制造	6353	5529.88	1277.77	2516.01	1116.78	3394.87
通用设备制造业	23505	22141.57	3900.86	7630.44	3352.46	14787.72
锅炉及原动设备制造	1049	1934.59	390.64	728.59	326.22	1329.86
金属加工机械制造	3225	2920.32	492.72	988.39	455.51	1865.65
物料搬运设备制造	2092	2987.44	408.71	813.91	335.94	2095.94
泵、阀门、压缩机及类似机械制造	4576	4071.08	722.75	1413.28	609.34	2706.64
轴承、齿轮和传动部件制造	2180	1979.33	481.83	955.31	446.21	1203.04
烘炉、风机、包装等设备制造	3185	3353.83	519.02	985.26	405.10	2263.63
文化、办公用机械制造	382	476.37	46.84	87.52	38.16	345.20
通用零部件制造	5346	3048.29	690.57	1393.80	635.47	1960.23
其他通用设备制造业	1470	1370.31	147.77	264.37	100.50	1017.53

单位：亿元

应收账款	存货	产成品	负债合计	流动负债合计	应付账款	所有者权益合计	实收资本	国家资本	集体资本
10149.46	3899.19	1761.21	21919.86	19220.65	8067.90	15021.10	8651.60	75.90	106.13
543.52	387.67	137.10	2795.47	2385.73	735.10	2021.26	2358.47	45.13	26.65
6521.84	1147.77	401.77	9761.35	8927.23	4894.53	4258.88	2302.67	16.57	28.65
1156.44	559.60	281.15	2599.33	2168.63	749.24	2684.18	1337.24	8.73	18.52
149.59	169.88	74.00	764.62	647.53	156.66	530.72	275.68	0.05	1.37
245.46	216.76	118.14	898.87	765.47	208.04	703.17	275.51	0.33	3.91
172.35	86.35	47.52	370.56	332.81	95.20	349.92	177.63	0.60	0.70
296.94	529.58	356.65	1690.37	1362.99	311.74	1948.79	847.12	1.18	7.07
451.56	243.00	136.31	975.68	898.36	382.35	854.68	361.33	0.20	5.41
611.76	558.59	208.57	2063.61	1731.90	535.04	1669.49	715.96	3.09	13.86
1288.59	3251.13	1372.19	15669.09	13226.91	3415.53	9275.76	3696.60	5.04	51.59
95.60	108.25	28.38	433.29	384.64	188.43	142.78	64.10	0.05	0.11
142.14	332.12	140.24	1922.49	1651.37	567.81	1150.28	360.06		0.80
892.46	2502.32	1062.80	10936.35	9528.66	2193.89	6738.55	2076.11	4.91	26.61
158.38	308.44	140.76	2376.96	1662.25	465.40	1244.14	1196.32	0.08	24.07
1923.37	2318.84	835.67	8493.43	7274.78	1752.53	4832.84	2547.99	10.35	47.19
341.27	907.40	244.51	2760.27	2293.82	597.70	1527.49	902.67	1.66	34.65
4.11	35.93	13.42	106.33	86.05	14.12	112.96	32.92		4.79
42.35	76.58	31.06	191.27	157.64	40.10	131.00	57.15	0.27	0.92
237.99	187.96	80.72	665.25	611.34	136.17	641.53	262.11	1.24	1.57
1297.66	1110.96	465.95	4770.30	4125.93	964.44	2419.85	1293.15	7.17	5.26
4942.44	3120.27	1355.83	13725.64	12433.70	4689.38	8882.20	4310.25	14.45	46.62
1759.79	1056.46	451.25	4283.37	3838.50	1081.21	2711.94	1432.74	4.28	12.90
195.72	158.53	66.20	558.90	495.61	157.66	550.83	187.60	0.11	2.13
249.83	237.90	78.00	733.70	669.09	173.95	477.78	248.34	0.30	3.88
504.17	216.74	108.47	2327.84	2269.03	1751.29	810.47	583.14	1.27	0.43
455.63	272.37	120.91	995.80	871.99	247.76	871.24	394.46	0.44	7.59
321.24	233.75	92.21	1069.30	981.91	200.95	483.54	264.14	1.38	2.94
17.65	11.05	3.92	38.41	35.77	12.61	34.57	16.50		0.05
208.62	166.18	73.88	673.31	618.35	160.32	457.52	172.81	0.20	3.16
1229.79	767.29	360.98	3045.01	2653.44	903.63	2484.31	1010.53	6.47	13.54
4984.50	3632.83	1406.68	11975.34	10747.59	3579.03	10156.71	4087.28	14.18	54.28
438.82	334.55	126.11	1073.77	959.51	345.50	860.68	313.03	3.87	5.94
539.40	532.05	191.18	1583.19	1409.33	452.72	1335.89	515.63	1.81	3.75
673.56	492.32	168.66	1634.26	1471.43	475.52	1351.75	650.09	2.36	19.59
987.54	649.41	266.66	2016.64	1784.89	621.69	2053.57	886.97	0.89	8.67
440.45	301.68	130.12	1102.84	981.60	325.10	876.23	317.91		2.92
686.26	546.59	222.32	1844.53	1689.16	553.48	1507.27	572.45	3.78	4.89
91.84	81.77	30.06	234.69	217.17	75.23	241.65	76.26		0.07
821.39	410.47	188.22	1693.66	1522.75	510.20	1351.13	512.61	0.94	5.14
305.23	283.99	83.36	791.76	711.73	219.58	578.55	242.31	0.52	3.31

2-3 续表 4

行　　业	企业单位数(个)	资产总计	固定资产净额	固定资产原价	累计折旧	流动资产合计
专用设备制造业	17635	20328.46	3075.92	5808.05	2476.12	13608.68
采矿、冶金、建筑专用设备制造	3263	4337.36	681.06	1419.90	649.51	2859.46
化工、木材、非金属加工专用设备制造	3389	2984.29	568.12	1167.81	563.91	1975.07
食品、饮料、烟草及饲料生产专用设备制造	649	503.66	92.62	189.47	90.53	316.83
印刷、制药、日化及日用品生产专用设备制造	804	940.99	129.90	258.65	102.63	533.60
纺织、服装和皮革加工专用设备制造	867	756.74	133.50	255.73	120.75	528.48
电子和电工机械专用设备制造	1495	1919.59	208.13	351.17	130.48	1477.81
农、林、牧、渔专用机械制造	1088	1019.70	209.06	385.58	152.60	645.03
医疗仪器设备及器械制造	2099	2582.31	432.95	716.82	263.42	1676.17
环保、邮政、社会公共服务及其他专用设备制造	3981	5283.82	620.59	1062.93	402.30	3596.22
汽车制造业	11211	16592.37	3405.93	6313.66	2632.20	10264.69
汽车整车制造	90	2610.55	273.73	499.20	188.76	1908.83
汽车用发动机制造	49	323.94	73.82	122.54	39.08	174.89
改装汽车制造	330	721.10	111.28	206.25	86.96	464.88
低速汽车制造	6	3.70	1.15	3.56	2.03	1.91
电车制造	28	42.55	12.31	20.79	8.25	18.36
汽车车身、挂车制造	495	445.70	98.47	185.14	70.59	254.02
汽车零部件及配件制造	10213	12444.84	2835.16	5276.17	2236.54	7441.80
铁路、船舶、航空航天和其他运输设备制造业	3924	4954.86	930.34	1708.54	712.94	3216.34
铁路运输设备制造	668	909.36	125.88	225.77	93.68	650.83
城市轨道交通设备制造	67	94.88	11.99	27.82	15.60	61.83
船舶及相关装置制造	688	1201.12	268.00	500.09	207.99	724.08
航空、航天器及设备制造	270	523.15	89.52	138.15	45.73	344.70
摩托车制造	1029	1209.95	265.94	539.31	249.89	728.08
自行车和残疾人座车制造	393	217.33	40.04	67.41	26.18	154.48
助动车制造	529	581.80	96.83	154.96	52.12	387.11
非公路休闲车及零配件制造	192	179.02	25.63	42.87	16.32	139.35
潜水救捞及其他未列明运输设备制造	88	38.23	6.49	12.15	5.44	25.88
电气机械和器材制造业	22901	37656.45	5549.56	10713.38	4775.10	25963.55
电机制造	2341	3106.29	469.40	848.83	361.04	2183.97
输配电及控制设备制造	8080	12287.93	1849.44	3206.69	1221.59	8404.78
电线、电缆、光缆及电工器材制造	4642	6170.07	813.24	1651.70	757.33	4566.92
电池制造	1339	6660.78	1035.20	1612.89	494.53	4268.94
家用电力器具制造	2951	6566.98	945.16	2557.77	1591.15	4654.20
非电力家用器具制造	465	486.92	68.96	137.27	62.86	308.73
照明器具制造	2588	1944.04	311.55	575.38	238.06	1277.97
其他电气机械及器材制造	495	433.44	56.61	122.85	48.53	298.03
计算机、通信和其他电子设备制造业	15094	30978.44	4685.15	8119.07	3124.03	21816.21
计算机制造	1589	2953.72	272.07	459.45	164.94	2186.32

单位：亿元

应收账款	存货	产成品	负债合计	流动负债合计	应付账款	所有者权益合计	实收资本	国家资本	集体资本
4318.71	3318.74	1201.38	10986.64	9815.43	3222.83	9337.19	3548.25	21.20	33.27
1070.78	672.27	259.41	2385.33	2066.27	711.98	1952.03	838.26	4.14	9.71
683.52	517.63	191.26	1743.14	1589.76	499.69	1240.64	442.46	1.33	5.01
67.38	96.68	34.16	255.54	236.37	52.09	248.10	97.28	0.11	1.29
128.71	188.52	55.76	487.51	423.37	119.83	452.85	218.19	0.01	0.75
148.68	148.95	58.01	462.02	432.57	135.90	293.30	113.62	1.16	0.73
440.96	413.48	144.81	1213.35	1121.05	447.61	705.88	278.75	1.31	2.66
178.36	188.02	72.26	553.07	503.59	179.47	466.35	168.36	0.75	2.10
369.47	358.81	145.40	1090.26	960.30	302.08	1490.67	450.00	0.73	2.77
1230.85	734.38	240.32	2796.43	2482.14	774.18	2487.39	941.34	11.65	8.25
3631.71	2116.90	997.63	10119.05	8816.47	3220.85	6469.84	2725.51	37.82	47.76
669.94	157.86	56.83	1968.31	1696.47	527.58	642.24	382.17	2.58	2.42
53.80	27.99	9.82	217.69	156.34	58.44	106.25	67.22	20.06	10.03
136.94	121.67	44.79	431.38	393.36	109.72	289.72	155.69	1.36	1.04
0.14	0.39	0.24	1.76	0.80	0.51	1.95	0.77		
3.35	6.51	1.50	22.36	18.48	9.63	20.18	12.89		
71.05	63.48	27.91	247.21	216.21	67.44	198.18	96.60	1.85	2.89
2696.50	1739.00	856.55	7230.35	6334.80	2447.53	5211.31	2010.16	11.97	31.37
985.54	696.94	252.99	2885.91	2583.95	823.75	2068.79	832.46	6.03	10.34
270.11	121.19	54.35	467.64	422.59	205.72	441.72	159.86	0.16	3.11
30.31	12.95	3.87	55.87	51.74	17.41	39.02	19.00	0.16	0.30
135.30	182.06	43.15	780.26	677.60	128.45	420.86	261.47	3.61	3.27
105.84	73.26	30.75	187.34	161.62	60.92	335.81	91.69	1.56	1.41
226.05	146.75	68.91	690.81	601.57	193.98	519.14	149.82	0.13	2.15
57.79	39.19	12.49	150.17	146.08	59.64	67.17	31.29		0.09
98.67	82.22	27.31	399.69	382.99	111.17	181.95	89.40	0.40	0.02
54.43	32.28	10.09	130.08	116.78	37.60	48.94	20.59		
7.05	7.04	2.08	24.05	22.98	8.87	14.18	9.33		
9163.42	4996.29	2302.71	21976.81	18977.70	7302.08	15671.30	6540.96	25.80	59.37
798.22	494.95	194.74	1771.76	1629.58	619.48	1333.02	479.09	2.52	5.36
3510.88	1425.01	630.15	7101.05	6294.53	2712.21	5184.75	2586.86	5.16	15.33
2126.04	828.60	402.05	3304.19	3013.59	864.77	2863.69	1599.76	5.05	9.39
1042.34	926.38	391.88	4180.17	3392.18	1276.79	2480.63	881.79	11.42	21.93
1034.62	892.44	511.67	4085.54	3261.48	1290.13	2480.09	440.73	1.20	4.15
127.71	69.61	31.24	271.81	243.68	86.83	215.11	86.51	0.03	0.35
402.86	292.87	120.68	1034.16	935.15	366.03	908.69	383.62	0.28	2.60
120.74	66.44	20.29	228.13	207.52	85.85	205.32	82.59	0.14	0.25
7208.83	4976.57	1684.14	17670.02	15410.84	7209.74	13304.08	4957.88	32.36	126.99
746.39	576.25	193.26	1580.79	1450.44	725.04	1372.93	385.50	7.11	8.49

2-3 续表 5

行业	企业单位数(个)	资产总计	固定资产净额	固定资产原价	累计折旧	流动资产合计
通信设备制造	1431	7495.73	447.96	755.66	264.33	6336.84
广播电视设备制造	457	732.54	109.49	193.72	81.69	534.39
雷达及配套设备制造	62	105.03	14.22	24.39	10.08	72.41
非专业视听设备制造	751	824.24	118.68	207.06	84.38	608.46
智能消费设备制造	1012	1982.73	290.04	436.83	130.70	1364.95
电子器件制造	3332	6962.43	1461.94	2637.72	1096.75	4317.80
电子元件及电子专用材料制造	5454	8526.30	1812.98	3129.67	1192.82	5349.30
其他电子设备制造	1006	1395.72	157.77	274.57	98.34	1045.74
仪器仪表制造业	4155	5034.95	674.04	1152.32	441.90	3547.44
通用仪器仪表制造	2655	3364.93	422.43	739.51	290.98	2429.17
专用仪器仪表制造	744	941.72	108.50	188.00	73.62	650.65
钟表与计时仪器制造	133	78.01	18.84	31.23	11.63	46.88
光学仪器制造	342	416.12	99.32	150.45	48.84	259.01
衡器制造	124	103.18	12.86	21.64	7.55	59.63
其他仪器仪表制造业	157	131.00	12.09	21.48	9.27	102.09
其他制造业	1469	868.73	173.81	314.07	119.10	535.33
日用杂品制造	1015	522.64	120.65	219.20	89.18	322.32
废弃资源综合利用业	1988	2529.16	516.71	823.05	255.85	1608.89
金属废料和碎屑加工处理	1016	1720.28	276.76	441.40	133.49	1211.50
非金属废料和碎屑加工处理	972	808.88	239.95	381.65	122.36	397.39
金属制品、机械和设备修理业	313	370.89	62.95	124.87	60.64	217.58
金属制品修理	14	6.85	1.08	3.01	1.89	4.76
通用设备修理	35	12.68	1.00	2.28	1.14	10.61
专用设备修理	74	51.69	3.96	7.62	3.55	38.56
铁路、船舶、航空航天等运输设备修理	125	235.88	43.14	77.59	33.76	121.82
电气设备修理	21	21.03	4.93	7.11	1.92	14.90
仪器仪表修理	7	4.30	0.32	0.81	0.49	3.61
其他机械和设备修理业	37	38.46	8.51	26.45	17.90	23.32
电力、热力、燃气及水生产和供应业	**3831**	**14958.80**	**5591.65**	**9028.42**	**2983.10**	**5747.71**
电力、热力生产和供应业	2375	12159.33	4691.44	7569.23	2482.60	4616.05
电力生产	1494	8271.31	3807.07	5961.27	1828.60	2851.87
电力供应	64	1638.98	94.77	147.11	48.39	739.82
热力生产和供应	817	2249.03	789.60	1460.86	605.62	1024.35
燃气生产和供应业	934	1786.69	586.50	908.49	296.81	778.07
燃气生产和供应业	922	1776.16	583.59	902.42	295.49	774.48
生物质燃气生产和供应业	12	10.53	2.91	6.07	1.32	3.59
水的生产和供应业	522	1012.77	313.71	550.70	203.69	353.59
自来水生产和供应	149	337.69	111.50	218.11	86.84	114.57
污水处理及其再生利用	364	656.98	191.71	319.01	114.15	234.43
其他水的处理、利用与分配	8	11.51	4.27	7.12	2.48	4.25

单位：亿元

应收账款	存货	产成品	负债合计	流动负债合计	应付账款	所有者权益合计	实收资本	国家资本	集体资本
1644.94	1599.41	396.36	4858.57	4257.31	2110.11	2636.63	734.41	2.96	18.16
222.41	115.64	39.36	426.77	398.46	211.29	305.77	121.37	0.04	1.80
20.16	17.26	4.74	61.93	49.99	17.77	43.09	20.09	0.94	1.20
225.94	154.01	55.65	503.85	469.48	240.11	320.39	217.87	0.13	1.65
481.89	305.32	131.80	1177.78	1026.94	474.51	804.96	288.46	1.57	3.03
1427.92	937.26	368.16	3642.75	2996.04	1415.24	3318.41	1479.90	9.06	64.07
2029.50	1056.82	422.15	4593.94	4012.59	1630.64	3930.04	1517.21	10.46	24.43
409.69	214.60	72.66	823.64	749.59	385.02	571.86	193.07	0.07	4.16
1164.35	821.00	286.55	2404.68	2168.47	828.18	2630.13	917.72	4.97	7.05
808.20	546.30	189.17	1609.54	1463.53	568.97	1755.25	612.22	2.02	4.12
204.88	163.11	56.41	450.82	402.81	149.74	490.90	166.72	2.54	1.00
12.65	15.21	5.93	44.19	36.56	10.01	33.82	12.69		
90.49	62.22	24.44	180.22	162.36	66.65	235.90	88.93	0.42	1.08
15.96	14.21	5.46	55.08	41.34	10.99	48.10	15.40		0.20
32.17	19.96	5.14	64.82	61.85	21.82	66.18	21.78		0.65
156.98	126.60	53.86	464.89	415.62	134.98	404.23	189.29	1.40	1.64
92.32	82.77	35.18	295.55	269.41	80.68	227.47	115.99	0.37	0.57
388.89	528.19	230.34	1583.96	1390.21	368.75	944.51	464.24	9.33	3.44
275.25	439.16	186.37	1151.30	1046.36	259.35	568.29	287.36	8.72	1.13
113.64	89.03	43.97	432.66	343.85	109.40	376.22	176.87	0.61	2.31
85.10	34.10	6.47	181.85	159.95	59.41	189.00	77.77	1.25	6.00
1.63	1.51	0.40	3.51	3.18	0.82	3.34	2.13		
5.26	1.00	0.18	8.08	7.06	3.36	4.59	2.79		
19.32	4.72	1.33	26.14	24.48	11.63	25.55	12.98	0.27	1.02
40.98	20.12	2.38	112.11	97.74	32.40	123.73	42.73		4.90
5.85	2.30	0.13	12.16	9.36	2.57	8.87	5.09	0.90	0.05
1.31	0.37	0.12	1.88	1.77	1.00	2.42	1.10		
10.76	4.09	1.93	17.97	16.36	7.65	20.49	10.95	0.08	0.02
1296.84	**280.41**	**68.04**	**9861.05**	**5784.54**	**1231.02**	**5094.71**	**3720.92**	**215.31**	**85.00**
1085.26	189.34	21.18	8126.85	4575.47	918.09	4029.45	3153.00	180.79	73.25
937.51	100.35	13.96	5428.42	2791.09	613.63	2840.09	2605.46	173.40	66.14
20.45	22.90	0.55	920.85	560.55	34.96	718.13	207.99	2.01	2.35
127.30	66.10	6.66	1777.58	1223.83	269.51	471.23	339.56	5.38	4.76
122.39	71.76	41.23	1161.03	849.88	209.93	625.66	352.28	3.92	7.12
121.80	71.05	40.78	1155.38	845.30	208.21	620.78	349.04	3.92	7.12
0.59	0.70	0.45	5.64	4.58	1.72	4.89	3.25		
89.18	19.31	5.64	573.18	359.19	103.00	439.60	215.64	30.60	4.63
14.53	5.46	1.43	194.42	117.14	19.87	143.27	59.10	8.65	1.48
73.49	11.88	3.80	367.37	231.35	77.57	289.61	154.14	20.95	3.15
1.16	1.94	0.40	5.05	4.35	0.85	6.46	1.90	1.00	

2-3 续表 6

行　业	法人资本	个人资本	港澳台资本	外商资本	营业收入
总　计	**36662.13**	**39277.52**	**95.55**	**87.13**	**517444.25**
采矿业	**1395.91**	**1015.54**	**16.50**	**4.48**	**15262.00**
煤炭开采和洗选业	941.56	455.82	0.06	0.16	8837.19
烟煤和无烟煤开采洗选	931.91	451.32	0.06	0.16	8742.11
褐煤开采洗选	9.19	3.42			67.81
其他煤炭采选	0.46	1.08			27.26
石油和天然气开采业	37.20	2.70			17.07
石油开采	34.87	2.00			9.48
黑色金属矿采选业	120.28	156.54			2535.38
铁矿采选	118.29	153.53			2485.59
锰矿、铬矿采选	1.46	2.82			46.74
其他黑色金属矿采选	0.53	0.19			3.04
有色金属矿采选业	96.70	125.97	0.50	4.26	1064.28
常用有色金属矿采选	56.98	69.91		4.02	728.77
贵金属矿采选	25.09	37.21	0.50	0.25	152.31
稀有稀土金属矿采选	14.63	18.85			183.19
非金属矿采选业	181.00	241.90	0.64	0.05	2628.06
土砂石开采	145.12	207.25	0.64	0.05	2182.85
化学矿开采	13.69	10.87			187.13
采盐	4.69	5.28			16.99
石棉及其他非金属矿采选	17.50	18.50			241.09
开采专业及辅助性活动	19.00	32.46	15.30		179.07
煤炭开采和洗选专业及辅助性活动	0.01	2.56			3.67
石油和天然气开采专业及辅助性活动	18.27	29.80	15.30		168.79
其他开采专业及辅助性活动	0.73	0.11			6.60
制造业	**33344.44**	**36779.28**	**70.22**	**77.06**	**496841.75**
农副食品加工业	1538.68	1643.48	3.68	4.18	31300.93
谷物磨制	250.59	372.36	0.22		6584.01
饲料加工	371.15	284.91	0.60	2.89	7152.36
植物油加工	194.65	145.29	0.01	0.28	3547.62
制糖业	48.38	27.96			471.87
屠宰及肉类加工	311.86	314.92	1.17	0.46	6499.35
水产品加工	75.53	122.84		0.06	1961.90
蔬菜、菌类、水果和坚果加工	149.81	211.77	0.04	0.45	2570.72
其他农副食品加工	136.71	163.44	1.65	0.04	2513.10
食品制造业	770.69	705.55	1.65	3.20	9905.77
焙烤食品制造	114.92	96.55	0.10		1499.68
糖果、巧克力及蜜饯制造	20.93	49.39		0.07	678.06
方便食品制造	159.01	110.40	0.01	0.26	1612.55
乳制品制造	125.79	44.02	1.07		1053.74
罐头食品制造	40.60	42.17	0.02	0.01	798.54

单位：亿元

营业成本	销售费用	管理费用	财务费用	利息费用	投资收益（损失以“-”号记）	营业利润	利润总额	亏损企业亏损额	平均用工人数（万人）
439256.12	**13194.92**	**27875.03**	**3913.12**	**2824.71**	**1331.41**	**31012.78**	**31774.13**	**2673.52**	**3824.04**
11560.74	**430.37**	**669.67**	**159.46**	**105.25**	**20.08**	**2017.27**	**1948.42**	**95.51**	**77.74**
6631.43	231.50	288.47	72.82	54.46	16.94	1324.93	1273.23	44.01	35.40
6563.40	230.03	283.29	72.59	54.28	17.92	1308.94	1258.43	42.31	34.89
42.31	1.25	4.68	0.21	0.17	-0.97	15.30	14.11	1.64	0.41
25.72	0.23	0.50	0.02	0.01		0.69	0.70	0.06	0.10
11.26	0.06	1.04	0.33	0.08	-0.16	3.54	3.81	0.52	0.22
6.09	0.06	0.82	0.06			2.10	2.37	0.52	0.20
1967.55	38.64	116.97	41.85	24.27	0.61	322.03	308.95	20.55	12.32
1926.04	37.11	113.58	41.51	24.13	0.68	319.66	306.61	20.10	11.88
38.78	1.46	3.21	0.29	0.09	-0.07	2.38	2.36	0.38	0.42
2.73	0.07	0.17	0.05	0.05		-0.02	-0.02	0.06	0.02
834.47	19.69	65.88	14.91	9.81	1.15	104.92	105.23	13.08	8.46
566.08	13.34	44.56	10.59	6.69	0.07	76.86	76.96	8.26	5.95
118.95	3.43	12.92	2.66	1.85	0.27	11.68	12.41	4.61	1.66
149.45	2.92	8.40	1.65	1.27	0.80	16.38	15.86	0.21	0.85
1967.88	138.63	174.15	27.67	15.28	1.52	258.05	252.60	15.08	18.23
1626.64	119.26	147.76	23.67	12.75	1.01	213.41	209.49	14.12	15.10
136.87	7.43	10.75	2.45	1.48	0.47	24.86	23.02	0.40	1.13
11.93	0.66	2.43	0.19	0.30	0.01	1.01	1.24	0.11	0.48
192.43	11.28	13.21	1.36	0.75	0.03	18.77	18.85	0.46	1.52
147.57	1.83	22.97	1.89	1.35	0.02	3.65	4.44	2.26	3.09
3.01	0.22	0.18	0.03			0.07	0.06	0.11	0.03
138.48	1.53	22.59	1.83	1.33	0.02	3.38	4.17	2.14	3.03
6.09	0.08	0.20	0.03	0.02		0.20	0.22	0.01	0.04
423256.05	**12696.33**	**26960.10**	**3481.14**	**2506.35**	**1089.44**	**28481.71**	**29273.55**	**2410.94**	**3719.53**
28004.31	635.86	1051.59	209.28	141.01	53.34	1312.42	1345.04	143.25	174.13
5864.28	119.76	204.84	39.97	23.74	-2.41	314.37	324.46	9.41	25.53
6476.65	133.70	236.30	34.31	27.30	37.49	288.80	290.31	28.59	26.27
3237.54	52.81	87.37	23.52	19.62	0.08	137.38	141.89	11.65	9.77
416.86	5.04	16.41	12.06	10.92	-1.78	15.63	14.00	5.01	3.02
5930.38	122.94	189.38	33.13	21.98	13.59	208.61	215.55	50.16	47.08
1734.96	46.25	69.36	19.16	10.67	0.11	84.59	88.14	13.80	18.90
2199.16	76.63	118.04	24.91	13.91	0.29	137.16	142.11	13.43	21.88
2144.47	78.74	129.89	22.21	12.87	5.96	125.89	128.58	11.19	21.68
8118.71	468.61	546.04	69.93	48.80	14.77	661.89	680.29	55.28	95.33
1214.20	81.77	82.23	9.88	6.25	0.52	102.88	106.55	7.51	20.11
557.26	29.20	34.20	3.95	2.49	0.31	51.47	51.81	0.75	6.23
1359.73	64.77	77.42	11.94	7.75	4.72	94.62	97.25	8.71	18.06
863.40	71.84	47.41	4.28	4.72	1.43	63.47	63.99	11.10	7.12
663.38	25.38	39.90	5.42	3.32	0.92	58.20	58.32	2.73	7.82

2-3 续表 7

行业					营业收入
	法人资本	个人资本	港澳台资本	外商资本	
调味品、发酵制品制造	98.78	114.38		0.03	1421.71
其他食品制造	210.67	248.64	0.45	2.84	2841.49
酒、饮料和精制茶制造业	447.69	751.14	0.54	0.22	5868.89
酒的制造	207.12	205.37	0.01		2524.66
饮料制造	156.37	418.30	0.50	0.22	1512.76
精制茶加工	84.19	127.46	0.03		1831.47
烟草制品业	2.67	2.28			45.82
卷烟制造	0.59	0.97			35.64
其他烟草制品制造	2.08	1.31			10.18
纺织业	887.98	1996.72	2.80	1.70	18838.00
棉纺织及印染精加工	463.21	1244.35	1.07	0.80	10092.25
毛纺织及染整精加工	40.80	84.29			738.64
麻纺织及染整精加工	9.90	17.03			206.28
丝绢纺织及印染精加工	21.87	34.27			481.84
化纤织造及印染精加工	78.74	161.61	1.30	0.19	1536.75
针织或钩针编织物及其制品制造	56.52	179.47	0.42	0.60	2110.94
家用纺织制成品制造	98.39	109.94			1484.76
产业用纺织制成品制造	118.54	165.77		0.12	2186.52
纺织服装、服饰业	392.98	868.91	2.23	0.32	9730.60
机织服装制造	261.31	646.16	0.33	0.21	5883.96
针织或钩针编织服装制造	76.66	140.46	1.90	0.11	2696.36
服饰制造	55.01	82.28		0.01	1150.28
皮革、毛皮、羽毛及其制品和制鞋业	281.74	436.01	0.49	0.94	7622.48
皮革鞣制加工	25.74	89.54			985.49
皮革制品制造	62.98	127.27	0.22	0.08	1675.29
毛皮鞣制及制品加工	17.53	17.68		0.46	351.53
羽毛(绒)加工及制品制造	21.72	29.46			498.67
制鞋业	153.76	172.07	0.27	0.39	4111.50
木材加工和木、竹、藤、棕、草制品业	300.51	541.82	3.93	0.31	8984.12
木材加工	39.64	88.85	0.01		1476.38
人造板制造	145.47	299.14	0.09		5046.07
木质制品制造	92.86	120.47	3.75		1798.81
竹、藤、棕、草等制品制造	22.53	33.35	0.08	0.30	662.85
家具制造业	311.76	481.52	0.52	0.01	5736.54
木质家具制造	208.54	301.15	0.52	0.01	3521.52
竹、藤家具制造	6.91	3.24			97.44
金属家具制造	36.91	121.71			1047.92
塑料家具制造	3.12	10.40			87.31
其他家具制造	56.29	45.01			982.35
造纸和纸制品业	382.96	514.19	0.06	0.18	7578.20
纸浆制造	14.95	3.80			35.50

单位：亿元

营业成本	销售费用	管理费用	财务费用	利息费用	投资收益(损失以“—”号记)	营业利润	利润总额	亏损企业亏损额	平均用工人数(万人)
1146.00	73.34	80.87	8.37	5.06	0.87	106.33	109.60	4.31	11.23
2314.73	122.31	184.00	26.09	19.19	6.01	184.91	192.78	20.18	24.77
4418.69	293.37	334.40	51.34	33.91	18.81	597.21	597.80	19.58	44.61
1758.54	127.36	148.18	28.89	20.72	7.91	292.18	292.36	12.05	16.74
1185.88	85.63	77.83	8.50	6.02	10.07	159.23	159.87	5.17	11.67
1474.27	80.38	108.40	13.96	7.16	0.84	145.79	145.57	2.36	16.20
35.08	2.02	4.53	0.11	0.09	1.40	5.23	5.14	0.26	0.61
26.83	1.66	3.03	0.07	0.03	0.01	3.83	3.82	0.24	0.46
8.25	0.37	1.50	0.04	0.06	1.39	1.40	1.33	0.02	0.16
16490.55	319.33	872.94	188.84	118.62	15.18	890.85	927.40	70.88	194.37
8889.52	137.27	419.77	104.21	64.31	10.21	501.67	521.31	32.40	102.97
668.62	7.93	30.85	8.90	6.29	2.35	21.30	25.12	5.25	7.56
182.08	3.01	9.21	2.80	1.70	0.17	8.34	8.37	0.90	3.00
424.80	6.08	21.29	5.72	4.54	0.17	22.11	23.58	2.13	5.79
1364.74	17.47	77.50	18.16	10.97	0.67	53.82	55.84	6.80	17.50
1849.35	29.47	90.09	20.18	13.86	-1.75	111.48	113.03	4.01	15.81
1274.26	54.97	77.63	12.37	7.41	1.51	60.00	63.77	5.51	17.85
1837.18	63.12	146.59	16.50	9.54	1.86	112.14	116.40	13.88	23.90
8268.01	316.36	522.61	65.13	36.22	25.58	526.28	539.66	35.50	162.41
4979.18	192.04	307.13	37.92	22.86	15.16	346.83	352.73	21.83	94.84
2332.15	78.44	144.52	19.18	9.58	8.54	116.80	121.02	8.80	45.35
956.68	45.88	70.96	8.04	3.77	1.87	62.64	65.91	4.87	22.22
6590.22	161.43	369.38	49.80	28.76	-0.95	408.97	412.76	16.22	114.56
856.99	21.30	41.16	7.18	5.69	-0.30	54.16	55.14	1.01	11.01
1422.14	46.13	86.21	15.69	8.71	0.07	95.07	95.65	5.53	23.98
309.34	5.51	13.07	3.32	1.17	0.22	17.31	17.93	0.94	3.49
447.53	5.68	14.40	3.11	1.87	-0.11	26.45	26.61	1.21	3.01
3554.22	82.81	214.54	20.50	11.32	-0.82	215.98	217.43	7.53	73.07
8004.00	164.28	305.09	50.67	28.30	1.89	404.24	411.50	23.90	84.38
1336.31	21.99	39.44	5.75	3.00	-0.61	64.94	65.25	5.57	12.20
4575.38	67.36	140.18	24.84	13.57	1.69	212.67	219.92	11.11	47.32
1532.05	54.90	88.47	16.11	9.70	0.66	89.01	89.77	6.51	18.22
560.26	20.02	37.01	3.98	2.03	0.15	37.61	36.56	0.71	6.64
4742.88	219.64	373.95	41.66	26.45	13.31	326.97	330.89	29.08	77.76
2916.09	132.11	223.28	26.14	17.29	9.23	200.33	201.28	21.85	47.83
83.68	2.33	5.56	0.53	0.29	0.01	4.81	4.93	0.13	1.59
862.85	40.07	67.68	8.34	4.91	0.23	62.91	64.47	2.98	13.62
73.27	3.21	5.84	0.66	0.43	0.08	3.90	4.16	0.32	1.59
807.00	41.93	71.61	6.00	3.53	3.76	55.02	56.06	3.80	13.14
6597.74	185.36	377.32	59.00	42.17	6.68	331.83	362.68	33.85	60.44
32.35	0.63	2.67	0.78	0.45		-1.19	-1.20	2.28	0.39

2-3 续表 8

行　业					营业收入
	法人资本	个人资本	港澳台资本	外商资本	
造纸	194.22	263.01	0.01		3634.25
纸制品制造	173.79	247.37	0.05	0.18	3908.45
印刷和记录媒介复制业	285.15	407.61	0.27	0.09	5097.54
印刷	277.43	401.06	0.27	0.09	4999.07
装订及印刷相关服务	7.59	6.45			97.25
记录媒介复制	0.13	0.10			1.23
文教、工美、体育和娱乐用品制造业	295.84	555.68	1.07	0.91	8697.84
文教办公用品制造	24.76	54.86	0.36	0.48	838.53
乐器制造	12.44	20.11	0.05	0.01	123.98
工艺美术及礼仪用品制造	171.16	333.70	0.35	0.34	5495.75
体育用品制造	36.12	48.35	0.22	0.05	919.49
玩具制造	28.62	68.68	0.03	0.04	981.45
游艺器材及娱乐用品制造	22.75	29.97	0.07		338.63
石油、煤炭及其他燃料加工业	692.73	515.15	0.50	0.03	12883.36
精炼石油产品制造	428.36	260.19	0.50	0.03	8172.84
煤炭加工	249.13	236.88			4463.74
生物质燃料加工	15.24	18.08			246.78
化学原料和化学制品制造业	2600.24	2185.81	5.99	6.07	30512.83
基础化学原料制造	848.75	535.99	1.23	2.60	8344.61
肥料制造	236.13	169.58	2.64	2.06	2316.47
农药制造	99.04	111.51	0.05		1270.00
涂料、油墨、颜料及类似产品制造	247.60	272.41	0.05	0.10	3487.54
合成材料制造	558.66	304.37	1.01	0.71	5221.53
专用化学产品制造	439.81	520.30	0.37	0.60	7276.35
炸药、火工及焰火产品制造	57.48	154.08	0.36		988.21
日用化学产品制造	112.78	117.58	0.29		1608.12
医药制造业	1309.38	866.50	0.97	1.49	9840.07
化学药品原料药制造	343.17	178.34	0.90		2122.64
化学药品制剂制造	203.73	112.38		1.02	1580.69
中药饮片加工	236.26	131.93		0.33	1428.75
中成药生产	239.63	165.47			1623.25
兽用药品制造	50.68	62.69			617.07
生物药品制品制造	146.16	103.60	0.03	0.14	1234.13
卫生材料及医药用品制造	69.38	88.01	0.04		1059.36
药用辅料及包装材料	20.37	24.08			174.16
化学纤维制造业	521.52	329.37	0.60	0.65	4866.20
纤维素纤维原料及纤维制造	82.15	43.16			353.10
合成纤维制造	423.15	269.50	0.60	0.65	4395.53
生物基材料制造	16.22	16.70			117.57
橡胶和塑料制品业	1111.54	2600.94	7.70	5.48	18496.71
橡胶制品业	226.33	1321.51	3.77	0.10	3168.14
塑料制品业	885.21	1279.43	3.93	5.38	15328.57

单位：亿元

营业成本	销售费用	管理费用	财务费用	利息费用	投资收益(损失以“－”号记)	营业利润	利润总额	亏损企业亏损额	平均用工人数(万人)
3195.86	75.84	167.10	29.93	22.58	3.91	156.50	175.22	18.43	24.88
3369.53	108.89	207.56	28.29	19.13	2.77	176.52	188.67	13.14	35.16
4295.85	129.14	322.88	42.28	26.15	5.44	286.89	301.63	16.92	53.29
4216.58	125.79	315.24	41.34	25.80	5.30	280.00	294.49	16.75	51.97
78.18	3.32	7.54	0.93	0.35	0.14	6.90	7.16	0.13	1.30
1.09	0.03	0.10	0.01			-0.01	-0.01	0.04	0.03
7363.13	237.56	476.78	65.50	37.27	13.74	516.64	531.64	20.18	101.15
709.77	33.04	48.86	5.00	5.11	8.30	47.16	48.99	1.19	9.06
99.36	3.76	10.33	0.99	0.44	0.04	9.11	10.12	0.16	2.08
4711.50	133.23	248.84	42.07	22.64	5.86	334.30	341.77	10.55	54.30
749.25	26.39	73.53	5.55	2.95	1.37	58.46	59.89	3.03	12.57
819.69	31.92	69.45	8.12	4.37	-2.92	42.72	44.97	3.63	18.82
273.56	9.22	25.79	3.77	1.75	1.10	24.88	25.89	1.60	4.32
11446.57	134.93	290.88	110.12	72.89	26.24	501.72	497.00	114.57	22.63
7421.65	50.70	146.61	61.35	33.56	15.09	141.85	151.69	91.23	8.31
3806.58	78.15	132.14	47.32	38.45	10.98	352.17	334.98	22.24	13.03
218.34	6.08	12.13	1.45	0.88	0.16	7.71	10.33	1.10	1.28
25189.35	794.68	1742.13	259.92	194.71	126.43	2471.68	2478.03	169.83	165.23
6844.92	180.29	426.70	93.97	74.07	21.08	788.85	784.74	70.27	36.61
1948.41	57.69	111.93	23.37	17.04	20.67	184.07	184.71	8.51	14.27
1015.60	27.18	104.68	9.15	7.55	6.40	113.99	111.84	7.33	7.53
2847.90	121.90	249.13	22.95	22.24	6.39	225.75	231.27	13.15	22.64
4496.49	89.42	236.84	50.29	35.50	52.24	377.08	375.05	37.70	18.26
6046.14	194.36	415.51	43.82	29.82	10.62	547.95	554.81	24.15	33.53
764.94	37.23	56.99	8.51	2.57	2.76	91.46	91.55	0.09	16.54
1224.95	86.61	140.36	7.87	5.93	6.26	142.54	144.07	8.64	15.86
6429.79	1096.76	946.76	104.99	79.41	73.01	1376.87	1385.88	94.24	81.98
1576.46	72.73	195.36	25.30	18.85	10.36	242.32	247.08	20.06	15.33
732.69	420.00	194.54	12.72	12.41	20.26	234.34	237.51	13.20	12.85
1164.33	59.83	89.62	20.08	16.41	2.16	198.34	182.26	13.98	9.90
980.73	303.04	161.66	20.80	16.63	8.41	155.93	162.61	19.06	17.01
453.27	30.69	63.15	9.59	2.62	1.81	56.64	58.34	3.22	5.64
592.61	140.14	135.78	8.02	7.03	29.01	381.80	384.25	12.09	7.79
801.56	61.45	91.11	6.93	4.22	0.91	88.77	94.09	11.54	11.49
128.14	8.88	15.53	1.56	1.25	0.08	18.72	19.74	1.09	1.98
4249.06	38.48	188.41	45.63	40.15	23.62	349.46	356.02	27.74	21.50
317.68	3.73	16.43	3.43	2.78	3.09	5.28	6.22	12.15	2.19
3832.05	32.17	163.37	40.60	35.96	20.51	337.13	341.26	13.92	18.46
99.32	2.57	8.61	1.59	1.41	0.02	7.05	8.53	1.68	0.85
15705.92	453.29	1146.82	146.58	97.30	34.28	960.64	994.56	99.68	176.64
2653.84	81.01	208.66	24.82	16.92	2.55	185.91	190.65	18.77	34.79
13052.08	372.28	938.16	121.76	80.38	31.73	774.74	803.92	80.91	141.85

2-3　续表 9

行　　业					营业收入
	法人资本	个人资本	港澳台资本	外商资本	
非金属矿物制品业	3850.02	4610.41	6.11	2.81	44585.06
水泥、石灰和石膏制造	1329.84	955.21	1.03		4676.23
石膏、水泥制品及类似制品制造	881.60	1375.02	0.37	1.08	16842.15
砖瓦、石材等建筑材料制造	549.41	759.77	0.25	0.40	7670.41
玻璃制造	182.69	91.56			1355.69
玻璃制品制造	96.86	174.24	0.17		2013.07
玻璃纤维和玻璃纤维增强塑料制品制造	86.92	89.20		0.21	770.78
陶瓷制品制造	242.54	592.19	4.11	0.03	5503.90
耐火材料制品制造	119.31	235.96	0.15	0.20	1781.51
石墨及其他非金属矿物制品制造	360.83	337.27	0.02	0.88	3971.32
黑色金属冶炼和压延加工业	1299.22	2333.84	2.50	3.42	41146.42
炼铁	29.14	34.81			1349.39
炼钢	186.44	172.83			5305.15
钢压延加工	925.28	1112.40	2.50	3.42	31767.15
铁合金冶炼	158.36	1013.80			2724.73
有色金属冶炼和压延加工业	1621.72	867.33	0.77	0.33	28386.55
常用有色金属冶炼	678.18	188.18			6502.35
贵金属冶炼	15.23	12.91			667.15
稀有稀土金属冶炼	32.85	23.10			554.38
有色金属合金制造	140.26	118.78	0.26		2188.32
有色金属压延加工	755.22	524.36	0.51	0.33	18474.34
金属制品业	1993.47	2246.36	4.14	4.66	32485.19
结构性金属制品制造	623.57	790.74	1.07	0.18	10447.27
金属工具制造	87.16	98.19		0.01	1514.59
集装箱及金属包装容器制造	103.43	137.80	0.20	2.29	1588.76
金属丝绳及其制品制造	452.37	129.07			2623.14
建筑、安全用金属制品制造	160.34	225.44	0.11	0.54	2938.60
金属表面处理及热处理加工	111.48	148.22	0.12	0.01	2956.59
搪瓷制品制造	9.92	6.53			120.96
金属制日用品制造	71.54	96.70	0.61	0.59	1692.07
铸造及其他金属制品制造	373.66	613.67	2.02	1.05	8603.21
通用设备制造业	1654.08	2356.86	1.82	2.95	23678.00
锅炉及原动设备制造	131.36	171.85			1562.41
金属加工机械制造	208.13	298.37	0.12	0.42	3339.72
物料搬运设备制造	238.49	388.53	0.22	0.89	2880.57
泵、阀门、压缩机及类似机械制造	339.54	537.27	0.51	0.09	4289.41
轴承、齿轮和传动部件制造	137.71	177.03	0.19	0.01	2061.28
烘炉、风机、包装等设备制造	244.71	318.21	0.61	0.25	3424.27
文化、办公用机械制造	42.38	33.81			449.37
通用零部件制造	188.71	317.60	0.01	0.20	4364.64
其他通用设备制造业	123.04	114.18	0.16	1.10	1306.32

单位：亿元

营业成本	销售费用	管理费用	财务费用	利息费用	投资收益（损失以“–”号记）	营业利润	利润总额	亏损企业亏损额	平均用工人数（万人）
37285.49	1521.24	2213.19	365.49	225.10	42.28	2894.44	2941.54	170.33	330.73
3847.17	120.49	207.07	42.96	37.53	21.99	451.97	466.77	22.62	24.14
14508.18	642.74	733.46	128.16	75.34	1.23	721.31	723.85	64.22	91.93
6337.28	267.45	392.92	64.82	30.43	2.44	535.51	549.24	21.96	59.92
1068.54	27.29	91.66	12.47	10.42	0.91	145.70	146.90	4.16	11.96
1677.83	61.18	128.34	16.93	10.77	6.45	118.23	123.23	11.03	25.93
625.85	22.63	55.88	6.93	3.93	1.52	52.75	53.49	6.44	9.98
4576.49	175.06	279.01	41.09	22.80	-3.13	367.34	372.21	13.78	67.04
1462.27	82.67	113.94	16.91	10.05	2.85	97.49	101.33	7.61	15.66
3181.89	121.72	210.91	35.23	23.84	8.01	404.14	404.52	18.51	24.17
37431.28	283.66	1080.61	173.69	186.78	-43.97	2016.82	1948.30	81.87	100.03
1280.31	4.69	21.37	8.06	4.34	0.01	30.40	12.03	8.53	3.21
4697.66	23.67	161.39	21.51	21.27	-48.24	331.34	330.96	5.22	11.74
29066.06	213.95	812.84	106.25	127.20	7.15	1499.73	1454.07	45.52	73.58
2387.25	41.34	85.01	37.87	33.97	-2.89	155.36	151.24	22.61	11.51
25816.46	209.87	720.58	169.18	147.45	60.45	1331.53	1411.05	69.72	74.95
5714.98	42.90	152.77	58.60	58.20	10.19	512.02	519.99	14.00	16.96
622.10	1.06	12.31	1.64	1.25	-0.28	25.98	24.08	1.75	1.66
490.76	4.05	25.02	3.57	3.03	0.11	25.13	28.59	5.58	1.71
1965.51	22.57	73.49	8.72	10.78	6.14	118.53	121.80	4.94	7.75
17023.09	139.29	456.99	96.64	74.19	44.30	649.86	716.59	43.45	46.87
28389.19	616.45	1643.23	230.83	150.40	-17.30	1423.98	1483.92	107.00	254.95
9086.29	208.79	533.03	85.84	53.07	-29.84	437.22	453.12	35.39	77.26
1218.56	40.59	110.42	10.66	6.17	7.54	132.06	135.72	2.59	17.13
1348.31	37.99	93.15	13.23	8.82	0.77	88.95	93.28	6.84	12.33
2444.96	28.01	67.02	13.16	7.60	1.59	64.55	71.27	6.30	8.57
2518.29	69.93	167.61	20.80	15.37	1.49	150.07	154.12	7.98	29.96
2689.61	34.67	114.11	13.63	9.24	-2.51	91.32	93.93	9.22	20.37
100.70	4.20	8.96	0.81	0.37	0.02	5.42	5.59	0.35	1.64
1428.02	52.77	112.97	12.35	8.07	2.91	79.10	81.93	4.55	22.69
7554.45	139.51	435.97	60.35	41.69	0.73	375.29	394.94	33.78	65.00
19372.93	743.88	1907.93	185.40	125.60	40.42	1391.34	1454.47	95.96	242.71
1273.86	43.10	125.36	17.06	12.64	1.29	95.09	99.44	9.87	14.92
2719.54	109.33	271.24	25.66	17.34	4.99	203.33	212.18	13.49	31.06
2403.52	96.55	217.37	16.18	13.30	10.13	144.55	153.22	13.78	24.34
3422.49	157.19	360.05	35.50	23.30	6.24	295.84	309.55	11.80	48.33
1702.78	43.84	161.19	21.73	14.91	3.89	125.83	135.68	5.37	24.86
2765.43	137.04	291.02	23.11	16.41	8.45	198.29	206.70	10.54	36.47
364.34	14.51	41.27	2.51	2.13	1.86	29.27	30.44	4.96	5.44
3686.35	90.16	299.15	34.98	20.08	2.29	230.51	233.25	10.32	44.87
1034.63	52.17	141.28	8.68	5.49	1.28	68.64	74.01	15.82	12.42

2-3 续表 10

行 业					营业收入
	法人资本	个人资本	港澳台资本	外商资本	
专用设备制造业	1578.35	1908.86	4.27	1.90	18572.86
采矿、冶金、建筑专用设备制造	327.02	497.29	0.03	0.07	4245.74
化工、木材、非金属加工专用设备制造	169.74	262.26	3.56	0.57	3066.71
食品、饮料、烟草及饲料生产专用设备制造	43.86	51.81			628.56
印刷、制药、日化及日用品生产专用设备制造	147.37	69.94		0.13	919.29
纺织、服装和皮革加工专用设备制造	43.94	67.76	0.01	0.02	759.44
电子和电工机械专用设备制造	166.41	108.34	0.01	0.01	1582.26
农、林、牧、渔专用机械制造	81.98	83.53			1289.72
医疗仪器设备及器械制造	225.16	220.68	0.20	0.26	2166.27
环保、邮政、社会公共服务及其他专用设备制造	372.88	547.26	0.46	0.83	3914.88
汽车制造业	1578.84	1055.68	3.26	1.74	16988.48
汽车整车制造	366.18	10.99			2077.03
汽车用发动机制造	29.52	7.61			232.59
改装汽车制造	89.92	63.37			753.71
低速汽车制造	0.50	0.27			5.81
电车制造	9.07	3.82			62.59
汽车车身、挂车制造	31.90	59.97			566.21
汽车零部件及配件制造	1051.76	909.66	3.26	1.74	13290.55
铁路、船舶、航空航天和其他运输设备制造业	400.51	413.39	1.69	0.48	5249.34
铁路运输设备制造	68.54	88.01		0.03	610.99
城市轨道交通设备制造	11.94	6.62			74.44
船舶及相关装置制造	157.46	96.81	0.33		1056.29
航空、航天器及设备制造	49.84	38.55		0.33	296.90
摩托车制造	56.98	90.47	0.01	0.08	1594.97
自行车和残疾人座车制造	15.07	15.04	1.09		399.87
助动车制造	26.71	61.97	0.27	0.02	926.32
非公路休闲车及零配件制造	11.12	9.46			235.83
潜水救捞及其他未列明运输设备制造	2.84	6.47		0.02	53.74
电气机械和器材制造业	3319.96	3103.85	4.31	27.17	42788.21
电机制造	182.41	286.66	0.50	1.58	3386.15
输配电及控制设备制造	1341.69	1222.25	1.38	0.92	12060.75
电线、电缆、光缆及电工器材制造	687.88	897.13	0.30	0.01	10619.87
电池制造	654.65	170.46	1.80	21.23	5072.78
家用电力器具制造	235.73	196.02	0.32	3.30	8299.23
非电力家用器具制造	40.83	45.30			575.15
照明器具制造	138.92	241.69	0.01	0.13	2349.11
其他电气机械及器材制造	37.86	44.34			425.16
计算机、通信和其他电子设备制造业	3160.48	1625.08	7.50	4.95	34930.46
计算机制造	221.01	147.31	1.13	0.45	3654.30

单位：亿元

营业成本	销售费用	管理费用	财务费用		投资收益（损失以“—”号记）	营业利润	利润总额	亏损企业亏损额	平均用工人数（万人）
				利息费用					
14506.36	743.44	1687.64	147.74	114.48	56.30	1388.55	1468.85	113.55	185.64
3443.37	149.91	308.79	37.56	25.42	7.05	247.51	272.44	17.76	33.01
2481.36	79.28	278.79	27.60	18.12	7.35	188.24	197.96	13.04	35.81
509.13	19.56	52.28	5.53	3.63	1.59	39.56	40.35	1.97	6.57
723.92	35.01	81.77	5.47	3.77	0.47	69.87	73.50	3.07	8.16
611.38	24.31	66.39	5.31	3.79	1.70	50.22	53.01	3.35	8.68
1228.17	53.71	166.79	9.96	7.97	1.79	111.70	119.66	19.44	16.90
1067.91	37.72	80.61	7.58	5.00	1.23	89.84	92.37	2.94	12.72
1399.89	189.68	269.27	12.24	10.65	15.80	304.19	315.54	22.52	29.38
3041.25	154.26	382.95	36.49	36.14	19.34	287.41	304.01	29.46	34.40
14388.41	389.45	1175.05	155.19	110.84	61.45	829.82	871.84	201.85	159.31
1940.22	29.94	88.18	15.53	15.98	41.38	-2.15	-1.75	73.53	5.07
197.09	2.49	19.76	1.56	1.45	-0.41	11.14	11.38	6.39	1.21
629.86	19.49	44.91	5.42	4.53	0.16	48.30	49.44	6.83	4.97
4.44	0.27	0.33	0.19	0.15		0.42	0.42	0.07	0.06
54.41	1.36	3.14	0.29	0.17		3.14	4.71	0.53	0.69
492.64	11.32	33.64	4.27	2.90	0.20	22.35	23.67	4.55	5.86
11069.75	324.59	985.10	127.94	85.65	20.13	746.61	783.96	109.96	141.45
4414.94	118.19	375.44	29.52	27.47	24.99	303.71	318.76	28.03	57.16
473.16	18.55	61.01	5.71	4.29	3.59	52.11	54.89	3.15	7.38
58.95	2.59	7.51	0.73	0.45	0.01	4.13	4.61	0.98	0.65
905.28	15.78	75.89	4.07	5.40	2.97	49.79	53.53	10.54	12.92
202.57	6.72	40.85	2.69	2.15	2.52	43.59	46.23	3.03	3.69
1364.48	30.49	94.09	10.75	10.21	7.39	91.17	94.51	5.30	17.54
353.95	8.32	21.10	1.50	1.12	0.53	14.40	14.88	0.44	4.66
813.35	26.96	54.05	1.01	1.96	7.88	35.77	36.71	3.12	7.20
196.90	7.30	16.83	2.57	1.60	0.10	11.53	11.90	1.30	2.43
46.30	1.47	4.10	0.50	0.29	0.01	1.22	1.50	0.17	0.69
36218.27	1294.95	2712.44	253.70	186.40	123.38	2234.12	2308.29	235.11	315.18
2865.19	78.96	244.09	24.28	18.26	14.50	181.75	190.68	12.21	33.65
10197.21	325.39	862.51	85.56	57.01	41.88	577.88	590.14	104.04	94.87
9462.81	193.97	440.97	67.38	47.75	8.91	405.80	425.81	22.59	41.78
4321.69	102.65	331.72	13.19	27.25	13.73	282.21	287.34	57.48	35.58
6630.12	467.20	559.60	41.45	22.02	38.80	608.72	626.81	22.80	66.56
469.54	27.68	41.29	3.75	2.67	-1.38	31.08	31.98	2.31	6.03
1928.97	82.30	193.64	15.25	9.74	6.26	123.86	130.76	10.76	31.96
342.73	16.81	38.61	2.85	1.70	0.70	22.82	24.77	2.93	4.75
29246.03	815.03	2830.79	136.34	126.72	261.55	2103.34	2163.57	287.25	280.62
3117.28	80.91	256.21	11.45	9.99	15.85	200.87	207.36	22.19	31.71

2-3 续表 11

行　业					营业收入
	法人资本	个人资本	港澳台资本	外商资本	
通信设备制造	508.08	204.73	0.48		9897.34
广播电视设备制造	51.89	67.52		0.12	917.27
雷达及配套设备制造	13.03	4.92			64.84
非专业视听设备制造	170.28	45.60	0.20		1313.21
智能消费设备制造	152.36	130.30	0.10	0.57	2070.18
电子器件制造	1011.90	392.50	1.31	1.05	6190.10
电子元件及电子专用材料制造	938.48	536.91	4.21	2.71	9230.43
其他电子设备制造	93.45	95.29	0.08	0.04	1592.79
仪器仪表制造业	420.42	483.63	0.60	0.29	4266.49
通用仪器仪表制造	281.69	323.21	0.26	0.15	2914.10
专用仪器仪表制造	57.91	105.17		0.10	676.30
钟表与计时仪器制造	5.33	7.22	0.13		95.43
光学仪器制造	60.62	26.57	0.20	0.04	361.78
衡器制造	5.53	9.67			106.90
其他仪器仪表制造业	9.35	11.78			111.98
其他制造业	79.33	106.32	0.04	0.56	1321.38
日用杂品制造	45.87	69.02	0.01	0.16	894.48
废弃资源综合利用业	216.70	231.80	0.17		6122.45
金属废料和碎屑加工处理	138.79	135.76	0.17		5112.62
非金属废料和碎屑加工处理	77.91	96.04			1009.83
金属制品、机械和设备修理业	37.28	33.20	0.05		314.98
金属制品修理	0.20	1.93			8.67
通用设备修理	1.11	1.68			19.36
专用设备修理	1.84	9.85			46.27
铁路、船舶、航空航天等运输设备修理	22.26	15.52	0.05		139.81
电气设备修理	3.33	0.82			20.12
仪器仪表修理	0.29	0.81			4.62
其他机械和设备修理业	8.26	2.59			76.13
电力、热力、燃气及水生产和供应业	**1921.78**	**1482.71**	**8.83**	**5.60**	**5340.50**
电力、热力生产和供应业	1563.09	1322.03	7.97	5.26	3319.80
电力生产	1231.38	1120.90	7.97	5.26	1959.35
电力供应	156.66	46.97			527.43
热力生产和供应	175.05	154.17			833.02
燃气生产和供应业	225.66	113.30	0.86	0.34	1641.83
燃气生产和供应业	223.28	112.43	0.86	0.34	1635.47
生物质燃气生产和供应业	2.37	0.88			6.36
水的生产和供应业	133.04	47.37			378.87
自来水生产和供应	33.33	15.65			115.46
污水处理及其再生利用	99.56	30.47			257.80
其他水的处理、利用与分配	0.15	0.75			4.68

单位：亿元

营业成本	销售费用	管理费用	财务费用		投资收益（损失以"–"号记）	营业利润	利润总额	亏损企业亏损额	平均用工人数（万人）
				利息费用					
8433.31	278.78	873.92	4.74	20.64	210.97	546.89	558.34	33.04	37.04
768.54	22.43	68.23	3.03	3.01	-6.05	45.98	47.49	6.50	9.59
41.37	2.43	13.86	2.43	2.50	0.07	1.79	2.16	7.69	0.80
1122.52	32.48	92.43	6.77	3.33	4.38	56.92	60.05	10.38	14.42
1726.56	70.22	179.01	9.97	8.06	6.80	92.22	97.29	28.66	18.76
5108.53	122.05	539.26	37.50	33.79	16.33	377.85	393.63	116.62	56.20
7672.95	153.15	668.66	55.57	40.81	17.56	661.68	675.79	53.32	93.99
1254.99	52.58	139.21	4.88	4.58	-4.37	119.15	121.46	8.84	18.11
3182.44	209.19	488.36	27.45	22.10	29.22	375.19	399.30	25.46	49.16
2180.58	144.54	319.27	17.86	13.99	17.29	258.70	273.62	16.45	30.34
475.45	41.44	96.31	5.44	4.48	10.07	66.82	72.18	4.63	8.23
77.76	3.75	8.62	0.63	0.42	0.02	4.25	4.48	0.48	2.11
283.52	8.49	39.79	2.33	1.93	1.13	28.11	30.67	2.15	5.53
85.03	4.29	9.69	0.80	0.72	0.34	7.20	7.82	0.22	1.64
80.10	6.68	14.67	0.38	0.55	0.37	10.10	10.53	1.54	1.31
1115.69	36.27	84.86	8.36	5.45	-0.34	70.26	71.53	6.49	19.15
765.16	24.01	52.24	5.53	3.82	-1.18	42.67	44.01	4.70	15.37
5690.49	54.85	139.12	33.12	22.37	-5.51	164.69	249.62	15.86	13.82
4831.85	30.57	83.07	24.37	16.57	-6.57	106.00	182.88	10.50	7.84
858.64	24.28	56.06	8.75	5.80	1.07	58.69	66.74	5.36	5.98
248.21	8.75	28.34	4.34	3.00	3.73	24.14	24.58	1.50	5.10
6.76	0.44	0.78	0.10	0.05		0.47	0.55		0.12
16.31	0.43	1.70	0.08	0.05		0.75	0.84	0.04	0.46
37.85	1.00	4.37	0.20	0.14	0.49	3.18	3.30	0.07	0.91
111.14	3.46	12.52	2.44	1.39	3.19	11.97	12.62	1.15	2.33
15.11	0.33	2.20	0.28	0.21	0.01	2.09	2.17	0.05	0.49
3.58	0.31	0.38	0.01	0.01		0.32	0.34		0.11
57.46	2.78	6.40	1.23	1.15	0.04	5.36	4.77	0.18	0.68
4439.33	**68.22**	**245.25**	**272.51**	**213.11**	**221.89**	**513.80**	**552.16**	**167.07**	**26.77**
2753.29	19.20	150.75	234.73	186.03	216.94	362.63	400.95	150.76	17.42
1479.34	8.02	84.51	169.57	122.77	45.84	252.00	257.17	75.79	9.72
493.32	2.29	11.25	36.79	42.78	162.84	142.73	146.52	22.94	0.46
780.63	8.89	55.00	28.36	20.47	8.25	-32.11	-2.74	52.03	7.23
1411.43	41.50	64.16	23.45	16.91	3.73	100.64	99.30	12.69	5.77
1406.38	41.30	63.75	23.28	16.81	3.73	100.14	98.83	12.50	5.72
5.05	0.20	0.41	0.17	0.10		0.50	0.47	0.19	0.05
274.61	7.52	30.34	14.33	10.18	1.22	50.53	51.91	3.62	3.58
82.88	4.03	9.78	3.71	2.46	0.36	12.93	13.55	0.73	1.54
187.76	3.06	19.95	10.49	7.64	0.86	37.27	37.99	2.80	1.98
3.13	0.43	0.49	0.14	0.07		0.36	0.40	0.06	0.06

2-4 外商投资和港澳台商投资

行　业	企业单位数(个)	资产总计	固定资产净　额	固定资产原　价	累计折旧	流动资产合　计
总　计	**43455**	**279178.61**	**62275.99**	**136386.23**	**70756.02**	**168071.24**
采矿业	**160**	**7386.47**	**2739.19**	**7332.63**	**4518.60**	**2141.43**
煤炭开采和洗选业	33	3307.72	343.46	735.56	375.09	1297.07
烟煤和无烟煤开采洗选	30	3284.74	338.02	721.50	366.46	1288.14
褐煤开采洗选	3	22.98	5.44	14.06	8.62	8.92
石油和天然气开采业	16	3246.26	2113.56	6135.93	3975.99	526.10
石油开采	6	1913.32	1468.91	4392.27	2919.93	210.30
天然气开采	10	1332.94	644.65	1743.67	1056.06	315.80
黑色金属矿采选业	18	237.90	65.76	124.79	55.03	118.53
铁矿采选	17	220.93	59.37	112.89	49.53	108.45
有色金属矿采选业	34	366.92	182.42	261.58	73.72	90.59
常用有色金属矿采选	27	284.65	144.89	210.14	59.81	58.11
贵金属矿采选	7	82.28	37.53	51.43	13.90	32.49
非金属矿采选业	50	136.83	28.33	61.92	31.59	64.58
土砂石开采	31	66.97	12.49	24.41	9.95	37.40
化学矿开采	4	9.69	1.51	4.21	2.70	4.32
采盐	4	39.00	9.13	22.06	12.91	12.78
石棉及其他非金属矿采选	11	21.17	5.20	11.24	6.04	10.08
开采专业及辅助性活动	9	90.84	5.66	12.85	7.19	44.57
石油和天然气开采专业及辅助性活动	9	90.84	5.66	12.85	7.19	44.57
制造业	**41451**	**251052.77**	**50209.39**	**111982.28**	**58961.76**	**160224.34**
农副食品加工业	1326	6246.66	1278.44	2486.37	1145.97	3964.72
谷物磨制	88	513.54	131.51	208.33	72.02	333.57
饲料加工	326	904.61	157.72	312.63	143.81	587.19
植物油加工	115	1732.72	307.42	604.77	289.57	1302.93
制糖业	21	188.02	54.73	111.31	55.55	111.09
屠宰及肉类加工	193	1504.17	301.23	560.68	254.97	781.79
水产品加工	208	350.37	54.78	148.71	80.26	250.05
蔬菜、菌类、水果和坚果加工	257	486.69	82.29	155.27	71.06	329.44
其他农副食品加工	118	566.53	188.76	384.65	178.72	268.66
食品制造业	1090	6111.96	1194.99	2633.48	1390.73	3816.33
焙烤食品制造	224	873.53	161.54	379.87	203.51	573.24
糖果、巧克力及蜜饯制造	86	551.88	116.46	330.07	209.94	344.95
方便食品制造	196	774.68	205.67	441.80	226.37	442.14
乳制品制造	98	1719.30	202.16	422.98	212.46	1090.59
罐头食品制造	67	137.63	31.01	66.43	33.45	72.67
调味品、发酵制品制造	133	735.27	208.23	433.49	221.91	432.94
其他食品制造	286	1319.67	269.90	558.85	283.09	859.81
酒、饮料和精制茶制造业	617	3303.05	931.10	2255.60	1282.21	1807.94

工业企业主要经济指标(大、中类行业)

单位：亿元

应收账款	存货	产成品	负债合计	流动负债合计	应付账款	所有者权益合计	实收资本	国家资本	集体资本
51032.69	**33303.54**	**12194.63**	**148646.06**	**124989.46**	**50682.82**	**130448.50**	**61280.05**	**4127.54**	**405.20**
362.77	**118.80**	**49.54**	**4716.65**	**2982.81**	**613.17**	**2669.73**	**611.41**	**48.53**	**2.66**
97.07	36.14	25.43	1975.96	1191.76	140.18	1331.76	216.52	42.24	2.21
93.98	35.78	25.34	1961.56	1177.37	138.18	1323.19	212.40	41.73	2.21
3.09	0.36	0.09	14.41	14.39	2.00	8.57	4.12	0.51	
179.75	42.45	9.52	2314.92	1508.20	414.90	931.34	245.72		
124.16	28.37	7.19	1328.24	781.72	258.55	585.08	12.84		
55.59	14.09	2.33	986.68	726.47	156.34	346.26	232.88		
42.13	13.97	7.10	121.73	90.77	21.79	116.17	32.46	2.05	0.08
42.13	11.34	5.31	115.21	84.26	17.85	105.72	31.32	2.05	0.08
3.11	14.10	3.53	179.02	115.81	18.61	187.80	70.11	3.47	
2.70	10.84	2.51	137.76	78.42	16.25	146.78	58.20	3.47	
0.41	3.26	1.02	41.26	37.39	2.36	41.02	11.91		
12.82	9.45	3.86	63.35	50.48	9.62	73.48	30.13	0.58	0.37
6.93	5.79	2.70	27.82	20.14	4.91	39.14	16.22		
1.10	0.28	0.19	3.17	2.18	0.47	6.52	3.09		
2.18	1.23	0.31	25.91	22.62	2.57	13.09	6.49		
2.60	2.14	0.67	6.45	5.54	1.67	14.72	4.34	0.58	0.37
27.91	2.69	0.10	61.66	25.78	8.07	29.17	16.46	0.18	
27.91	2.69	0.10	61.66	25.78	8.07	29.17	16.46	0.18	
49063.65	**32699.76**	**12065.88**	**132155.09**	**115558.13**	**48706.91**	**118810.38**	**55413.49**	**2691.04**	**357.29**
709.65	1191.51	519.95	3538.74	3121.19	691.47	2707.92	1426.23	98.12	7.43
43.05	149.64	50.62	308.02	270.10	38.77	205.52	115.04	12.65	0.07
130.40	107.34	27.64	447.20	385.70	102.60	457.41	183.86	1.84	1.48
152.57	458.95	208.50	1057.05	946.53	180.65	675.67	319.76	60.41	2.13
11.25	41.12	34.02	115.48	101.57	17.59	72.54	35.37	5.92	0.56
145.34	123.69	60.20	767.08	681.34	161.38	737.09	363.44	12.85	0.34
66.66	111.80	64.00	194.98	168.44	51.32	155.39	69.73	1.39	0.62
101.81	103.65	40.93	296.17	252.81	83.57	190.52	107.82		1.30
58.57	95.32	34.05	352.76	314.69	55.60	213.78	231.21	3.07	0.94
859.68	545.56	251.35	2993.55	2711.36	927.26	3119.13	2303.38	18.76	4.06
180.18	51.78	25.26	394.62	336.68	114.89	478.90	190.46	2.17	0.44
54.80	64.73	36.63	267.31	241.21	109.74	284.57	109.59		
123.59	84.47	40.88	431.11	396.01	151.52	343.58	239.43	6.23	0.88
240.02	80.58	28.33	865.67	811.11	280.92	853.63	243.83	0.35	0.67
15.52	23.03	9.96	72.32	65.15	27.77	65.31	39.57	0.23	0.05
89.51	87.90	33.08	362.50	314.08	83.50	373.49	176.37	2.87	1.42
156.07	153.06	77.20	600.02	547.13	158.92	719.65	1304.13	6.91	0.60
384.18	365.46	131.46	1541.17	1394.87	398.04	1759.27	992.90	54.82	14.33

2-4 续表 1

行业	企业单位数(个)	资产总计	固定资产净额	固定资产原价	累计折旧	流动资产合计
酒的制造	156	1020.68	332.70	748.87	399.49	493.40
饮料制造	425	2221.74	587.81	1485.52	872.15	1277.78
精制茶加工	36	60.63	10.59	21.21	10.58	36.76
纺织业	1589	4019.41	938.96	2256.75	1282.88	2470.73
棉纺织及印染精加工	602	1974.20	462.64	1153.29	673.55	1218.67
毛纺织及染整精加工	86	211.57	33.35	88.21	54.11	156.03
麻纺织及染整精加工	19	42.67	7.43	20.10	12.05	26.34
丝绢纺织及印染精加工	33	100.05	17.05	41.71	24.54	58.76
化纤织造及印染精加工	151	394.61	90.48	202.69	111.30	217.86
针织或钩针编织物及其制品制造	184	228.02	65.01	141.05	72.98	144.92
家用纺织制成品制造	199	343.67	71.68	151.26	71.07	221.54
产业用纺织制成品制造	315	724.61	191.31	458.44	263.29	426.61
纺织服装、服饰业	1814	3464.67	478.09	1160.64	600.95	2161.10
机织服装制造	1064	2162.73	281.37	709.44	357.86	1301.33
针织或钩针编织服装制造	555	1127.83	156.20	365.68	199.14	747.67
服饰制造	195	174.12	40.53	85.53	43.94	112.10
皮革、毛皮、羽毛及其制品和制鞋业	932	2138.65	297.30	730.98	372.97	1401.31
皮革鞣制加工	56	167.15	25.01	60.20	31.04	110.67
皮革制品制造	304	409.92	59.19	154.32	66.96	214.77
毛皮鞣制及制品加工	12	13.11	2.67	6.75	4.08	8.93
羽毛(绒)加工及制品制造	28	57.67	6.88	13.97	5.02	39.56
制鞋业	532	1490.81	203.55	495.75	265.88	1027.39
木材加工和木、竹、藤、棕、草制品业	222	429.64	68.60	158.26	79.33	297.50
木材加工	27	65.35	5.57	12.88	5.30	50.70
人造板制造	70	154.45	28.48	66.17	33.68	85.02
木质制品制造	103	198.22	32.06	71.27	35.72	154.25
竹、藤、棕、草等制品制造	22	11.62	2.49	7.94	4.63	7.53
家具制造业	609	1411.57	216.83	454.20	222.97	961.09
木质家具制造	272	707.28	99.34	220.09	109.97	497.52
竹、藤家具制造	7	6.06	1.36	3.01	1.65	3.77
金属家具制造	155	355.25	58.13	131.04	72.24	252.88
塑料家具制造	16	26.20	5.82	12.14	6.32	18.15
其他家具制造	159	316.78	52.18	87.93	32.79	188.77
造纸和纸制品业	734	6448.31	1911.55	3894.70	1921.88	3408.22
纸浆制造	6	76.00	25.84	54.48	24.45	32.66
造纸	203	4776.56	1479.52	2983.87	1463.71	2396.01
纸制品制造	525	1595.75	406.19	856.34	433.72	979.54
印刷和记录媒介复制业	559	1504.11	284.14	749.40	454.40	881.67
印刷	533	1468.64	277.79	722.50	434.94	856.55

单位：亿元

应收账款	存货	产成品	负债合计	流动负债合计	应付账款	所有者权益合计	实收资本	国家资本	集体资本
65.25	160.57	28.12	467.28	410.13	129.88	553.40	336.08	39.05	2.05
309.68	188.97	99.25	1044.37	960.09	264.03	1174.75	643.15	15.77	12.28
9.26	15.92	4.09	29.52	24.65	4.12	31.11	13.67		
685.46	671.46	276.68	1878.07	1624.20	465.02	2141.36	1227.90	15.69	5.72
290.88	348.00	137.62	915.65	790.84	207.83	1058.68	611.24	4.67	3.18
43.68	59.39	28.17	121.12	109.05	29.85	90.45	56.05	7.24	1.59
9.21	10.01	5.15	21.74	20.35	6.27	20.93	14.47		
19.08	17.52	7.88	46.62	38.17	12.77	53.42	22.44		
61.72	52.68	27.73	224.04	204.05	59.71	170.36	103.56		
46.62	38.11	14.55	108.08	91.40	23.04	119.94	82.47		0.33
73.34	55.56	21.28	138.88	124.52	49.43	204.90	103.18	0.14	0.58
140.94	90.19	34.30	301.94	245.82	76.12	422.67	234.48	3.64	0.04
598.44	526.26	241.52	1754.57	1475.20	588.17	1709.73	760.90	0.19	8.46
352.35	321.23	166.47	1137.53	936.13	379.15	1025.20	490.57	0.11	6.40
215.04	165.84	60.76	533.19	459.56	182.20	594.27	213.88	0.08	1.77
31.04	39.19	14.29	83.85	79.51	26.82	90.26	56.45		0.30
344.48	308.39	130.97	1097.90	875.49	253.51	1040.19	406.65		0.39
23.09	47.76	23.72	91.56	82.48	16.90	75.58	44.32		
66.68	61.41	17.87	227.87	127.85	54.56	181.48	65.13		
2.54	5.00	2.22	7.33	7.24	1.04	5.78	4.80		
9.09	12.30	2.72	35.71	29.86	6.62	21.96	10.07		
243.08	181.93	84.44	735.42	628.05	174.39	755.38	282.33		0.39
88.76	82.29	43.19	222.98	198.06	60.77	206.66	129.84	0.34	0.12
9.69	6.45	2.75	33.21	28.76	4.01	32.14	24.26		
12.11	23.06	11.19	82.03	65.70	12.03	72.42	49.07	0.02	0.02
64.35	49.55	27.56	102.92	99.03	41.86	95.30	53.74	0.30	
2.61	3.22	1.69	4.82	4.56	2.87	6.80	2.77	0.02	0.10
246.87	233.99	93.88	776.24	715.69	254.24	633.87	287.86	0.43	1.01
100.46	120.73	52.31	425.88	385.79	123.15	279.93	132.80		0.88
0.74	2.19	0.96	4.33	3.62	2.06	1.73	2.75		
71.98	63.18	24.37	173.87	164.24	71.48	181.38	82.20	0.43	0.08
6.19	6.66	2.31	11.99	11.67	5.40	14.21	8.95		
67.50	41.24	13.94	160.17	150.37	52.15	156.61	61.16		0.05
781.34	565.86	213.12	3341.69	2807.54	662.58	3096.93	1945.63	41.35	11.83
16.54	4.60	0.70	50.41	42.40	27.62	25.59	27.42		
424.64	358.43	143.45	2538.86	2104.93	391.41	2235.35	1483.82	39.33	10.50
340.16	202.84	68.98	752.43	660.21	243.55	835.99	434.39	2.02	1.33
253.32	154.13	60.53	556.12	498.55	183.78	948.00	413.85	7.48	2.55
244.60	149.34	58.99	538.68	482.52	177.23	929.96	401.93	7.37	2.55

2-4 续表 2

行业	企业单位数(个)	资产总计	固定资产净额	固定资产原价	累计折旧	流动资产合计
装订及印刷相关服务	18	28.11	4.54	18.55	12.97	20.50
记录媒介复制	8	7.37	1.81	8.35	6.50	4.62
文教、工美、体育和娱乐用品制造业	1478	2729.90	424.81	938.53	492.13	1970.36
文教办公用品制造	128	133.99	34.15	76.37	41.80	87.36
乐器制造	57	97.11	17.10	49.07	31.97	67.33
工艺美术及礼仪用品制造	516	1305.08	141.11	314.09	159.99	973.60
体育用品制造	287	437.06	74.80	169.13	92.86	319.22
玩具制造	451	626.69	127.71	276.30	143.61	436.83
游艺器材及娱乐用品制造	39	129.97	29.94	53.58	21.90	86.03
石油、煤炭及其他燃料加工业	132	3740.34	1248.78	2550.60	1271.34	1608.71
精炼石油产品制造	93	2891.89	976.37	2105.04	1113.90	1215.45
煤炭加工	34	827.86	262.22	428.34	150.41	383.48
生物质燃料加工	5	20.59	10.19	17.22	7.04	9.79
化学原料和化学制品制造业	2666	18562.59	5037.71	10932.53	5609.23	9942.33
基础化学原料制造	559	6203.62	2061.43	4486.67	2285.80	2805.11
肥料制造	69	487.12	199.31	376.38	176.08	231.96
农药制造	47	494.25	65.82	133.01	55.81	300.68
涂料、油墨、颜料及类似产品制造	520	1657.77	270.07	595.08	313.44	1154.54
合成材料制造	423	4985.27	1394.81	3042.48	1574.84	2499.12
专用化学产品制造	679	3008.45	734.49	1600.75	831.16	1826.95
炸药、火工及焰火产品制造	6	7.76	2.26	4.71	2.39	2.81
日用化学产品制造	363	1718.36	309.53	693.45	369.71	1121.16
医药制造业	796	10887.88	1513.87	2778.08	1207.35	6968.96
化学药品原料药制造	116	1214.37	292.11	581.24	276.70	570.30
化学药品制剂制造	203	4112.53	524.37	1012.97	466.93	2881.51
中药饮片加工	23	127.45	20.07	28.82	8.74	77.74
中成药生产	102	1139.51	160.74	316.43	138.26	659.71
兽用药品制造	27	167.99	30.85	51.17	20.30	96.17
生物药品制品制造	162	3085.03	306.04	483.56	175.32	2031.30
卫生材料及医药用品制造	123	807.59	145.23	232.07	83.83	492.90
药用辅料及包装材料	40	233.41	34.47	71.81	37.28	159.34
化学纤维制造业	200	1944.42	683.62	1490.73	733.57	868.04
纤维素纤维原料及纤维制造	34	371.30	135.74	365.32	176.93	167.31
合成纤维制造	157	1548.10	541.38	1115.33	553.08	689.56
生物基材料制造	9	25.02	6.50	10.07	3.57	11.17
橡胶和塑料制品业	2845	6930.60	1797.10	4255.99	2392.74	4173.40
橡胶制品业	482	2311.06	791.24	1925.69	1121.01	1210.93
塑料制品业	2363	4619.54	1005.86	2330.30	1271.72	2962.47
非金属矿物制品业	1570	7650.86	2118.16	4301.77	2105.27	4236.83

单位：亿元

应收账款	存货	产成品	负债合计	流动负债合计	应付账款	所有者权益合计	实收资本	国家资本	集体资本
7.76	4.01	1.26	14.12	12.83	4.76	13.98	7.45	0.10	
0.96	0.78	0.28	3.31	3.20	1.79	4.06	4.46		
467.41	929.75	515.04	1412.46	1290.39	439.26	1317.44	642.48	0.16	3.12
29.03	27.37	10.31	58.46	51.43	20.13	75.52	43.81	0.11	
13.93	29.22	8.96	37.22	34.31	15.70	59.89	31.15	0.05	0.40
149.60	584.07	386.76	693.14	654.96	116.14	611.94	225.50		1.04
108.01	100.73	37.99	203.77	179.78	98.13	233.29	122.73		0.06
136.32	150.39	55.40	343.35	300.64	145.56	283.34	183.13		1.04
30.53	37.97	15.62	76.51	69.28	43.61	53.46	36.16		0.59
196.19	452.82	85.13	2111.17	1513.56	526.90	1629.17	824.12	186.54	2.19
143.89	392.66	69.57	1558.38	1074.01	378.96	1333.51	670.97	179.45	1.68
50.22	55.08	14.43	543.83	430.97	146.80	284.03	147.55	3.99	0.50
2.08	5.07	1.13	8.96	8.58	1.14	11.63	5.61	3.10	
2480.22	1962.95	852.72	8248.74	6579.99	2189.17	10312.50	5489.95	463.70	10.50
546.17	448.32	187.10	2771.79	1945.55	530.49	3431.83	2004.42	398.87	3.59
22.19	62.54	29.02	283.13	245.91	40.93	203.99	100.33	20.11	0.11
93.09	82.32	32.55	242.34	213.45	63.56	251.90	52.68	3.50	
411.12	237.61	123.00	754.37	706.62	317.42	903.14	353.86	2.38	3.81
503.19	533.30	229.38	2157.92	1675.76	545.29	2827.35	1647.62	24.77	1.04
587.10	416.85	171.06	1182.42	1013.53	376.45	1826.01	911.10	11.20	1.83
0.44	0.40	0.18	3.08	2.93	0.37	4.68	2.84	0.16	
316.92	181.59	80.44	853.69	776.23	314.65	863.60	417.10	2.71	0.12
1314.64	1425.31	707.09	4082.80	3326.22	945.15	6804.69	1829.68	51.04	48.65
135.41	128.77	61.75	513.52	421.60	117.15	700.45	259.32	9.26	0.97
574.17	855.78	472.35	1876.06	1565.02	473.70	2236.47	697.82	9.53	43.03
35.70	20.40	5.35	52.54	28.39	12.69	74.91	22.36	3.73	
103.62	112.87	45.80	397.41	281.03	54.77	742.10	226.57	24.89	2.08
17.06	18.04	8.64	67.76	50.36	11.56	100.23	33.78	0.57	0.32
304.60	214.78	80.67	802.92	650.11	153.02	2282.11	458.65	2.61	1.84
125.47	57.97	27.68	307.24	269.72	110.22	500.35	99.35	0.45	0.38
18.62	16.71	4.85	65.35	59.99	12.04	168.07	31.82		0.02
132.41	234.02	133.03	1094.98	862.02	159.00	847.16	660.60	32.37	1.40
16.60	60.28	31.04	182.05	130.70	43.65	189.24	142.43	20.15	0.11
114.41	170.96	100.47	897.19	720.24	111.24	648.64	507.80	11.82	1.29
1.40	2.78	1.52	15.74	11.07	4.11	9.28	10.37	0.40	
1278.07	977.74	426.45	3027.17	2701.35	946.43	3902.90	2085.77	27.52	22.82
387.01	274.99	127.25	921.33	798.14	281.73	1389.73	798.88	17.67	17.10
891.07	702.76	299.20	2105.84	1903.22	664.69	2513.17	1286.90	9.85	5.73
1006.96	689.06	316.33	3203.69	2630.78	813.39	4446.81	2098.15	82.69	22.12

2-4 续表 3

行 业	企业单位数(个)	资产总计	固定资产净额	固定资产原价	累计折旧	流动资产合计
水泥、石灰和石膏制造	155	1730.73	599.60	1270.26	665.95	844.95
石膏、水泥制品及类似制品制造	330	980.68	133.08	283.33	141.07	703.49
砖瓦、石材等建筑材料制造	215	502.80	102.59	221.76	115.34	282.37
玻璃制造	98	1298.95	411.87	790.89	367.64	737.07
玻璃制品制造	168	861.20	287.15	543.92	225.56	445.06
玻璃纤维和玻璃纤维增强塑料制品制造	86	458.60	114.15	242.14	126.68	260.13
陶瓷制品制造	211	691.72	197.05	423.84	220.59	335.72
耐火材料制品制造	106	228.95	40.01	113.22	71.24	159.29
石墨及其他非金属矿物制品制造	201	897.23	232.66	412.41	171.21	468.74
黑色金属冶炼和压延加工业	313	5340.73	1441.69	3288.08	1811.34	3098.11
炼钢	10	966.12	264.83	641.47	366.13	555.13
钢压延加工	282	4172.60	1138.14	2567.79	1406.66	2407.76
铁合金冶炼	20	143.97	33.33	67.48	32.91	91.11
有色金属冶炼和压延加工业	472	5079.20	1133.99	2204.62	1013.71	3075.48
常用有色金属冶炼	46	1410.16	464.38	769.86	301.87	851.27
贵金属冶炼	8	112.35	24.87	68.30	41.01	51.51
稀有稀土金属冶炼	19	102.65	17.14	44.74	26.38	62.85
有色金属合金制造	98	264.52	55.51	115.59	59.53	178.84
有色金属压延加工	301	3189.53	572.10	1206.13	584.93	1931.01
金属制品业	2531	7290.48	1150.02	2725.03	1505.91	5020.53
结构性金属制品制造	448	2180.10	135.91	300.69	159.57	1647.66
金属工具制造	253	456.24	85.17	232.40	133.66	314.82
集装箱及金属包装容器制造	202	1057.89	170.59	345.61	163.09	722.93
金属丝绳及其制品制造	134	383.58	86.14	254.61	159.58	261.04
建筑、安全用金属制品制造	350	679.19	117.61	289.26	169.46	458.81
金属表面处理及热处理加工	216	412.63	107.28	243.61	120.85	228.25
搪瓷制品制造	15	36.47	10.85	20.91	9.65	17.03
金属制日用品制造	274	486.29	81.65	194.60	110.11	331.83
铸造及其他金属制品制造	639	1598.10	354.81	843.35	479.91	1038.14
通用设备制造业	3496	13975.02	2127.61	4946.38	2751.59	10184.62
锅炉及原动设备制造	148	1576.60	210.28	486.31	272.74	1084.55
金属加工机械制造	407	965.97	138.13	309.27	168.66	736.74
物料搬运设备制造	308	3013.08	376.54	725.49	341.05	2211.50
泵、阀门、压缩机及类似机械制造	740	2751.72	422.81	1040.98	593.57	2030.92
轴承、齿轮和传动部件制造	357	1241.21	352.77	877.35	511.93	791.41
烘炉、风机、包装等设备制造	620	2084.75	267.55	587.04	316.61	1631.61
文化、办公用机械制造	173	770.16	106.79	344.69	237.35	583.48
通用零部件制造	577	978.88	205.47	480.59	263.89	669.34
其他通用设备制造业	166	592.65	47.26	94.66	45.78	445.07

单位：亿元

应收账款	存货	产成品	负债合计	流动负债合计	应付账款	所有者权益合计	实收资本	国家资本	集体资本
67.46	85.81	26.12	427.84	376.70	110.21	1302.89	554.06	56.58	12.12
296.13	51.31	26.50	584.51	508.33	203.26	396.17	190.56	4.70	0.30
81.36	63.10	32.93	215.09	186.43	53.95	287.35	150.60	4.86	1.60
145.14	102.46	47.60	594.59	425.82	118.11	704.36	356.17	5.86	0.38
114.59	90.50	41.30	373.85	272.61	94.05	487.35	297.04	1.70	4.68
84.17	47.46	13.20	230.95	197.19	34.33	227.65	109.13	0.40	0.01
101.85	100.38	64.90	315.42	260.71	78.61	376.30	197.20		1.56
49.29	42.24	19.16	100.07	96.16	42.22	128.88	73.02	2.13	
66.99	105.80	44.62	361.37	306.82	78.65	535.87	170.37	6.46	1.46
368.63	688.86	193.95	3146.17	2487.08	608.48	2194.56	858.33	82.86	5.01
20.73	102.90	16.81	602.08	542.11	175.79	364.04	98.54		1.13
326.33	563.75	164.76	2429.27	1842.69	405.36	1743.34	733.14	82.86	3.88
14.28	19.11	10.99	69.17	60.07	17.33	74.80	25.49		
615.55	756.69	175.90	3045.86	2692.64	576.86	2033.33	910.88	86.50	0.69
70.23	377.66	59.41	852.70	788.44	242.98	557.46	173.58	35.60	
1.30	27.07	2.20	48.25	45.31	7.04	64.10	14.39	11.07	0.52
13.94	27.02	13.61	41.58	37.16	14.37	61.07	31.40	6.28	0.12
48.83	56.26	19.12	127.39	119.45	36.08	137.13	101.18	3.15	0.01
481.25	268.68	81.56	1975.95	1702.29	276.38	1213.58	590.33	30.40	0.04
1477.91	1165.72	482.29	3959.79	3570.46	1106.69	3330.39	1612.27	47.62	39.03
410.05	287.60	145.09	1565.87	1433.33	375.77	614.24	208.77	9.26	1.34
105.71	87.56	31.23	220.87	175.56	58.72	235.37	123.61	2.67	0.30
202.34	199.00	80.33	538.51	483.72	156.32	519.38	242.25	1.80	2.00
95.36	53.85	19.99	196.29	183.80	42.52	187.30	146.91	0.48	3.32
166.51	128.56	46.07	317.23	292.82	117.20	361.95	161.58	0.02	2.53
69.28	55.92	21.74	204.74	189.03	58.46	207.88	148.75	17.20	8.41
6.74	4.56	1.87	19.29	13.61	5.74	17.17	4.72		
88.60	87.97	36.31	203.04	187.54	62.95	282.94	126.23	0.11	0.60
333.32	260.71	99.66	693.95	611.06	229.01	904.15	449.45	16.08	20.54
3142.53	2635.60	900.90	7250.90	6489.17	2773.94	6723.96	2742.05	67.44	15.98
212.53	237.38	68.09	878.74	807.24	269.12	697.86	251.76	24.73	2.57
159.81	219.07	58.81	421.66	390.82	161.44	544.31	227.57	3.20	0.60
673.83	677.67	214.45	2129.89	1777.09	546.57	883.04	362.39	16.61	0.77
676.03	504.48	200.54	1270.42	1175.10	608.40	1481.31	578.59	7.38	6.61
276.60	209.44	69.20	492.94	449.56	233.08	748.26	413.66	1.26	0.13
581.92	344.87	135.62	1116.05	1066.54	534.30	968.70	347.03	7.53	4.07
210.02	157.55	40.91	311.69	255.72	157.24	458.48	189.42	1.88	0.42
237.15	177.86	83.50	348.84	310.04	149.18	630.04	292.55	1.96	0.23
114.64	107.27	29.79	280.68	257.07	114.61	311.97	79.08	2.89	0.56

2-4 续表 4

行业	企业单位数(个)	资产总计	固定资产净额	固定资产原价	累计折旧	流动资产合计
专用设备制造业	2601	10380.78	1400.26	2939.93	1478.11	7480.79
采矿、冶金、建筑专用设备制造	298	2580.72	348.09	746.17	365.79	1953.94
化工、木材、非金属加工专用设备制造	686	1908.61	315.50	699.14	375.99	1394.69
食品、饮料、烟草及饲料生产专用设备制造	65	120.62	22.09	46.41	23.76	88.42
印刷、制药、日化及日用品生产专用设备制造	142	389.49	52.68	124.63	71.47	296.52
纺织、服装和皮革加工专用设备制造	143	408.21	50.85	115.39	62.34	314.30
电子和电工机械专用设备制造	254	880.68	79.77	165.44	79.22	708.24
农、林、牧、渔专用机械制造	98	418.30	53.91	131.92	71.47	325.80
医疗仪器设备及器械制造	550	2627.71	374.24	701.22	324.63	1598.47
环保、邮政、社会公共服务及其他专用设备制造	365	1046.44	103.14	209.61	103.44	800.41
汽车制造业	3222	37713.49	7776.74	18574.00	10109.85	23519.23
汽车整车制造	82	19141.32	3846.76	9477.80	5128.40	11576.93
汽车用发动机制造	32	1143.82	249.47	749.64	444.52	692.51
改装汽车制造	25	199.48	11.52	27.74	16.04	163.97
汽车车身、挂车制造	54	198.32	35.32	80.12	43.60	138.41
汽车零部件及配件制造	3028	17030.24	3633.60	8238.60	4477.27	10947.20
铁路、船舶、航空航天和其他运输设备制造业	543	3373.46	553.08	1154.94	572.75	2170.26
铁路运输设备制造	77	579.83	37.50	98.02	59.52	471.38
城市轨道交通设备制造	13	141.79	9.13	18.99	9.38	110.71
船舶及相关装置制造	122	1681.79	326.51	623.39	276.28	928.64
航空、航天器及设备制造	52	200.45	65.64	121.80	54.56	93.75
摩托车制造	90	391.90	51.04	149.68	97.09	299.70
自行车和残疾人座车制造	125	231.11	39.00	89.71	49.15	161.79
助动车制造	17	61.81	6.55	11.85	5.30	44.72
非公路休闲车及零配件制造	29	58.73	11.71	28.58	16.87	45.06
潜水救捞及其他未列明运输设备制造	18	26.06	6.00	12.91	4.60	14.51
电气机械和器材制造业	3224	17332.00	2490.18	5663.42	2867.24	11910.82
电机制造	418	3165.74	426.93	931.95	485.11	2358.54
输配电及控制设备制造	976	4246.46	457.44	1312.92	626.34	2973.98
电线、电缆、光缆及电工器材制造	544	1532.99	249.01	578.27	320.82	1155.28
电池制造	216	3942.08	785.33	1415.72	604.01	2171.28
家用电力器具制造	540	3355.68	403.87	1041.57	620.60	2518.48
非电力家用器具制造	50	208.81	21.49	46.64	22.89	142.57
照明器具制造	412	788.32	133.66	308.18	171.87	515.52
其他电气机械及器材制造	68	91.91	12.46	28.16	15.61	75.17
计算机、通信和其他电子设备制造业	4566	59174.41	11039.95	25015.32	13533.40	40184.80
计算机制造	576	11093.53	1026.98	2943.36	1846.94	9321.40

单位：亿元

			负债合计	流动负债合计		所有者权益合计	实收资本		
应收账款	存货	产成品			应付账款			国家资本	集体资本
2084.99	1828.14	631.27	4671.88	4182.30	1650.09	5708.92	2096.66	41.52	45.31
609.18	509.94	206.87	1325.92	1189.87	439.84	1254.81	439.71	12.49	33.45
384.56	316.79	93.94	827.31	750.01	319.03	1081.29	466.54	3.29	8.47
24.26	22.06	6.08	58.95	55.63	21.13	61.67	28.24		
60.96	84.27	16.53	236.46	224.12	70.59	153.03	78.96	0.13	1.67
72.78	92.70	34.80	202.60	184.19	64.18	205.59	80.18	1.80	
175.88	179.48	50.19	362.95	326.61	145.37	517.73	158.03	3.21	0.54
108.06	103.08	51.50	265.20	242.36	101.39	153.10	127.75	4.99	0.05
399.64	302.28	96.55	791.09	664.38	284.96	1836.66	528.51	6.26	0.83
249.68	217.52	74.82	601.40	545.13	203.61	445.04	188.74	9.35	0.31
6516.48	3844.84	1377.08	22699.77	20589.73	9461.58	14950.20	6602.57	572.62	31.98
2183.23	1756.22	573.14	13433.69	12194.20	5560.60	5644.25	2763.85	372.48	7.43
249.34	102.11	34.13	567.14	502.51	229.51	576.68	342.80	71.30	8.61
84.59	25.81	11.18	142.78	131.30	53.80	56.70	30.68	1.52	0.12
47.47	22.38	8.20	117.72	104.14	50.85	80.60	49.52	6.00	1.00
3951.78	1938.26	750.40	8438.27	7657.41	3566.66	8591.84	3415.70	121.31	14.82
564.86	508.71	113.67	1688.21	1411.92	439.89	1681.85	792.00	75.54	2.51
171.03	86.09	27.31	277.28	214.99	94.65	302.54	65.56	4.43	0.50
44.98	25.99	2.87	84.43	70.35	22.47	57.35	14.70	5.00	
180.56	244.41	28.02	907.70	771.09	165.95	770.70	389.36	49.75	0.90
21.31	29.59	6.10	89.03	51.03	15.53	111.42	120.44	11.67	
62.87	41.62	18.45	144.42	136.54	70.35	247.48	105.01	4.64	
49.37	56.99	21.70	119.94	111.99	48.21	111.17	65.05		1.03
16.46	9.64	3.88	37.46	34.73	11.68	24.34	13.62		0.08
12.83	10.85	3.92	15.77	15.73	8.97	42.96	10.78		
5.46	3.54	1.41	12.18	5.48	2.08	13.88	7.49	0.05	
4133.07	2353.25	894.63	9320.61	8303.04	3637.05	8011.20	3318.09	93.72	18.27
815.70	466.62	173.16	1728.85	1605.54	668.89	1436.90	513.72	12.21	3.10
1092.50	516.17	168.06	2430.22	2151.46	969.79	1816.09	905.75	31.06	5.83
543.45	259.77	109.56	848.56	791.56	331.57	684.43	391.64	19.64	3.42
665.38	462.68	157.05	1888.92	1452.36	599.43	2053.17	715.70	13.98	0.57
775.49	465.63	218.61	1895.62	1810.06	851.01	1460.06	530.40	10.51	4.85
32.05	24.86	10.66	99.30	96.24	27.75	109.52	45.27		
181.39	137.22	51.37	382.74	351.96	163.61	405.55	197.56	6.17	
27.12	20.30	6.17	46.42	43.87	25.00	45.50	18.05	0.14	0.50
17560.93	6936.22	2107.13	33806.85	30071.50	17353.28	25366.92	12135.02	507.02	26.95
5413.23	1512.76	372.26	8510.89	8185.47	5959.82	2582.64	1044.65	5.42	0.08

2-4 续表 5

行 业	企业单位数(个)	资产总计	固定资产净额	固定资产原价	累计折旧	流动资产合计
通信设备制造	285	12102.08	784.14	1759.37	966.03	9997.03
广播电视设备制造	107	750.87	78.52	335.74	244.44	345.26
雷达及配套设备制造	4	14.56	1.01	1.98	0.97	12.33
非专业视听设备制造	262	2455.37	183.92	471.13	276.93	1889.04
智能消费设备制造	154	2044.48	219.23	553.66	324.79	1598.43
电子器件制造	1039	19049.29	6223.75	13193.33	6773.84	9804.48
电子元件及电子专用材料制造	1902	10682.40	2406.14	5507.37	2967.74	6468.96
其他电子设备制造	237	981.82	116.25	249.37	131.72	747.86
仪器仪表制造业	825	2524.87	342.79	763.34	408.17	1823.18
通用仪器仪表制造	435	1466.32	177.05	369.41	185.87	1058.09
专用仪器仪表制造	141	425.94	56.45	143.46	85.90	328.19
钟表与计时仪器制造	117	166.14	25.45	59.27	30.47	122.80
光学仪器制造	83	366.49	71.19	159.71	87.69	235.53
衡器制造	19	31.52	3.66	8.83	4.56	26.19
其他仪器仪表制造业	30	68.46	8.98	22.66	13.68	52.37
其他制造业	285	428.56	88.70	227.11	134.37	287.92
日用杂品制造	208	313.54	61.98	175.08	109.88	208.13
废弃资源综合利用业	103	313.92	73.96	127.64	53.41	172.12
金属废料和碎屑加工处理	54	125.07	29.76	50.65	20.76	79.00
非金属废料和碎屑加工处理	49	188.85	44.20	76.99	32.65	93.12
金属制品、机械和设备修理业	89	565.94	159.28	308.76	148.00	332.95
金属制品修理	5	3.13	0.36	0.69	0.32	2.43
通用设备修理	6	6.73	1.00	2.41	1.41	5.45
专用设备修理	16	26.25	4.27	7.62	3.05	19.90
铁路、船舶、航空航天等运输设备修理	53	510.47	147.55	287.55	138.83	294.17
其他机械和设备修理业	7	17.63	6.00	10.10	4.11	9.41
电力、热力、燃气及水生产和供应业	**1844**	**20739.37**	**9327.41**	**17071.33**	**7275.65**	**5705.47**
电力、热力生产和供应业	914	13124.16	7081.00	13488.75	5988.36	3160.47
电力生产	839	12730.18	6926.17	13215.51	5875.27	2995.67
电力供应	6	35.77	6.07	14.90	8.83	24.22
热力生产和供应	69	358.20	148.77	258.34	104.25	140.57
燃气生产和供应业	633	5036.01	1652.40	2522.59	831.18	1814.83
燃气生产和供应业	630	5024.64	1647.00	2514.74	829.55	1813.13
生物质燃气生产和供应业	3	11.37	5.40	7.85	1.62	1.69
水的生产和供应业	297	2579.20	594.01	1059.98	456.12	730.18
自来水生产和供应	116	1068.85	419.51	754.96	331.69	256.91
污水处理及其再生利用	177	1425.45	165.41	278.47	106.98	400.76
其他水的处理、利用与分配	3	79.70	4.99	17.00	11.99	71.74

单位：亿元

应收账款	存货	产成品	负债合计	流动负债合计	应付账款	所有者权益合计	实收资本	国家资本	集体资本
5125.75	1574.01	477.38	7967.06	7697.61	5034.72	4135.02	1134.25	3.16	0.09
114.01	73.18	20.95	179.77	165.85	93.48	571.10	174.93	0.57	
2.81	2.71	0.42	12.59	11.90	1.29	1.96	1.27	0.56	
802.82	342.94	122.89	1655.62	1503.91	807.69	799.75	356.91	7.01	0.34
500.06	259.48	100.24	1261.66	1220.78	446.23	782.82	322.49	0.27	0.27
2646.20	1544.46	427.88	8865.79	6501.91	2473.50	10183.49	6278.74	451.45	16.62
2725.86	1461.82	512.11	4843.66	4296.33	2300.24	5838.11	2670.63	36.65	9.54
230.20	164.87	73.00	509.81	487.74	236.31	472.02	151.16	1.93	
546.70	467.98	136.07	1079.80	969.94	448.01	1445.07	449.98	8.28	1.11
317.37	266.40	68.58	623.77	567.62	263.34	842.55	265.43	6.83	0.38
92.62	90.30	26.73	186.73	158.31	66.07	239.21	63.23	0.85	0.44
30.98	37.92	15.81	82.79	72.03	35.34	83.35	35.57		
84.26	54.68	20.28	149.82	137.27	65.89	216.67	66.53	0.52	0.30
6.88	6.83	1.52	8.77	8.44	5.41	22.75	6.66	0.08	
14.58	11.85	3.15	27.92	26.27	11.96	40.54	12.56		
77.58	87.59	36.10	182.43	160.14	51.60	246.13	115.35	0.31	0.10
53.36	60.84	25.35	126.44	110.65	36.15	187.10	85.76	0.25	
30.68	19.40	8.56	129.88	91.26	20.01	183.81	86.88	6.53	3.56
11.46	11.55	5.77	62.31	52.04	6.74	62.52	38.72	3.65	0.48
19.22	7.85	2.79	67.56	39.22	13.27	121.29	48.16	2.88	3.08
114.92	88.11	9.40	284.74	209.09	73.88	281.20	163.03	17.64	0.09
1.02	0.16	0.01	2.33	2.04	0.46	0.80	0.39		
1.63	0.44	0.09	1.88	1.81	0.88	4.86	1.24	0.15	
7.69	3.74	1.05	9.40	8.69	5.12	16.85	6.42	0.15	
101.48	81.83	8.03	261.44	192.17	66.11	249.03	152.34	17.29	0.09
2.41	1.64	0.18	9.11	3.78	1.30	8.53	2.11	0.05	
1606.27	**484.99**	**79.21**	**11774.32**	**6448.53**	**1362.74**	**8968.39**	**5255.15**	**1387.98**	**45.25**
1061.76	305.33	20.67	7610.41	3526.17	697.11	5517.09	3751.92	1139.36	22.75
1035.90	296.56	18.52	7337.07	3376.66	661.89	5396.46	3665.58	1116.97	22.64
3.03	0.17	0.15	9.57	7.75	0.97	26.20	12.86	6.00	
22.83	8.61	2.00	263.77	141.76	34.26	94.43	73.48	16.38	0.11
395.80	147.87	57.45	2635.19	2139.07	508.44	2400.82	957.46	161.44	16.76
395.23	147.73	57.41	2627.75	2133.76	507.40	2396.89	953.58	161.44	16.76
0.57	0.14	0.03	7.44	5.31	1.04	3.93	3.88		
148.71	31.78	1.09	1528.72	783.29	157.19	1050.48	545.77	87.18	5.74
37.52	19.37	0.59	636.37	318.20	42.82	432.48	263.24	59.96	2.43
106.93	12.18	0.50	823.47	400.68	113.00	601.98	267.47	27.22	3.31
4.18	0.14		64.10	62.90	1.02	15.60	8.83		

2-4 续表 6

行　　业					营业收入
	法人资本	个人资本	港澳台资本	外商资本	
总　计	**16286.59**	**1682.99**	**14844.20**	**23926.86**	**282716.15**
采矿业	**373.42**	**12.42**	**72.12**	**102.26**	**3407.14**
煤炭开采和洗选业	101.68	7.95	19.12	43.32	1130.58
烟煤和无烟煤开采洗选	100.31	7.95	18.63	41.56	1114.12
褐煤开采洗选	1.37		0.49	1.75	16.47
石油和天然气开采业	231.03		4.59	10.11	1734.42
石油开采	7.63		2.54	2.68	1338.97
天然气开采	223.40		2.05	7.43	395.44
黑色金属矿采选业	15.89	0.79	8.95	4.69	258.78
铁矿采选	15.06	0.79	8.95	4.40	181.42
有色金属矿采选业	13.80	1.43	19.64	31.77	159.69
常用有色金属矿采选	12.18	1.43	11.58	29.54	140.03
贵金属矿采选	1.62		8.06	2.23	19.66
非金属矿采选业	7.82	1.67	9.17	10.52	93.20
土砂石开采	2.67	1.57	6.66	5.33	57.03
化学矿开采	2.69		0.09	0.31	2.79
采盐	1.00		2.43	3.06	8.28
石棉及其他非金属矿采选	1.46	0.10		1.82	25.10
开采专业及辅助性活动	3.19	0.58	10.65	1.86	30.47
石油和天然气开采专业及辅助性活动	3.19	0.58	10.65	1.86	30.47
制造业	**14315.15**	**1599.99**	**13461.02**	**22986.02**	**270435.21**
农副食品加工业	376.36	49.57	290.95	603.79	10223.74
谷物磨制	16.28	0.59	26.70	58.75	917.13
饲料加工	54.33	6.37	31.91	87.94	1744.24
植物油加工	90.69	0.63	41.62	124.28	3948.52
制糖业	17.73	0.80	2.12	8.23	159.29
屠宰及肉类加工	82.04	28.17	116.64	123.41	1840.63
水产品加工	17.14	3.79	25.08	21.71	508.73
蔬菜、菌类、水果和坚果加工	25.00	6.20	29.40	45.91	520.63
其他农副食品加工	73.14	3.02	17.49	133.56	584.57
食品制造业	235.52	23.12	372.28	1649.62	6624.62
焙烤食品制造	12.18	1.32	85.40	88.93	741.85
糖果、巧克力及蜜饯制造	19.17	0.83	25.56	64.02	771.01
方便食品制造	62.23	2.08	89.41	78.60	1012.46
乳制品制造	72.59	5.03	54.58	110.61	1772.18
罐头食品制造	9.27	1.92	9.40	18.71	178.65
调味品、发酵制品制造	22.32	3.55	49.43	96.78	801.00
其他食品制造	37.76	8.39	58.50	1191.98	1347.48
酒、饮料和精制茶制造业	219.78	27.10	226.65	447.99	3490.76

单位：亿元

营业成本	销售费用	管理费用	财务费用	利息费用	投资收益（损失以“–”号记）	营业利润	利润总额	亏损企业亏损额	平均用工人数（万人）
235850.29	**8763.86**	**14440.43**	**896.87**	**1534.69**	**2128.05**	**22470.39**	**22795.80**	**2087.77**	**1667.95**
1731.92	**31.61**	**136.78**	**59.44**	**60.69**	**54.52**	**1339.74**	**1338.27**	**7.28**	**11.63**
692.56	16.79	65.25	31.58	51.68	50.29	300.90	297.67	4.66	7.75
687.51	13.59	63.97	31.49	51.59	50.29	295.75	292.88	4.58	7.63
5.05	3.20	1.28	0.09	0.09		5.15	4.79	0.08	0.12
661.34	5.71	37.46	20.95	2.54	1.64	934.39	936.49	0.13	1.54
458.72	2.59	20.75	16.38	2.10	0.27	781.61	781.37		1.05
202.62	3.12	16.71	4.57	0.44	1.37	152.77	155.12	0.13	0.49
208.42	1.90	11.00	1.96	1.17	1.84	33.79	32.67	0.41	0.65
133.61	1.90	10.90	1.71	1.17	1.84	32.20	31.08	0.41	0.60
85.28	0.85	13.66	3.80	4.19	0.62	50.82	52.04	1.12	0.88
75.87	0.83	11.38	3.07	3.49	0.51	44.16	43.98	0.40	0.70
9.41	0.01	2.29	0.73	0.70	0.11	6.67	8.06	0.72	0.18
60.63	5.92	7.54	0.64	0.62	0.12	16.20	15.70	0.93	0.66
36.52	2.44	4.07	0.24	0.24	0.11	12.50	12.05	0.41	0.32
2.01	0.30	0.39	0.02	0.02		0.02	0.10	0.06	0.04
4.99	0.80	1.08	0.31	0.30		0.85	0.80	0.47	0.14
17.11	2.37	2.00	0.07	0.07	0.01	2.83	2.75		0.16
23.69	0.43	1.88	0.51	0.47		3.65	3.70	0.04	0.16
23.69	0.43	1.88	0.51	0.47		3.65	3.70	0.04	0.16
226345.73	**8607.76**	**14022.97**	**589.27**	**1212.93**	**1842.33**	**20547.29**	**20853.49**	**1689.42**	**1629.00**
9385.25	197.30	223.53	41.10	50.16	50.19	403.67	412.31	54.87	35.84
850.97	20.20	14.47	4.11	4.34	0.62	26.18	26.61	3.17	1.75
1540.76	55.72	55.84	3.24	6.44	9.51	96.16	95.68	4.76	4.90
3722.49	33.31	39.03	8.47	13.77	-23.67	108.35	110.02	4.63	3.68
134.14	4.18	6.23	2.35	2.71	1.35	12.05	12.88	1.70	1.00
1701.81	39.67	46.13	7.88	9.95	55.55	100.61	102.39	23.23	13.43
442.00	10.02	18.51	3.83	2.67	-0.16	31.50	32.19	3.12	4.31
453.63	17.51	23.72	3.69	2.33	6.16	27.63	28.54	4.49	4.24
539.46	16.68	19.61	7.55	7.94	0.82	1.18	4.01	9.76	2.53
4756.06	928.12	370.87	-8.80	21.14	77.22	657.94	676.29	52.25	41.37
537.78	112.56	45.92	0.42	3.53	25.73	67.77	69.84	8.19	9.24
542.54	109.41	53.32	0.21	1.68	1.08	62.39	61.55	1.96	4.21
829.74	97.44	44.86	0.65	1.49	7.98	43.54	49.29	13.62	10.01
1363.20	243.07	54.05	-13.47	5.47	32.95	174.18	179.72	13.97	5.25
152.83	7.02	7.94	1.16	0.54	0.03	8.98	9.02	0.99	1.52
583.98	50.49	45.36	2.66	4.86	0.55	122.32	122.96	3.62	4.27
745.99	308.12	119.41	-0.42	3.58	8.91	178.76	183.91	9.90	6.86
2518.90	424.51	142.76	-3.03	9.86	32.07	367.54	373.66	15.61	22.67

2-4 续表 7

行业	法人资本	个人资本	港澳台资本	外商资本	营业收入
酒的制造	78.81	4.21	39.54	170.19	770.66
饮料制造	136.45	22.14	180.12	276.39	2591.00
精制茶加工	4.52	0.75	6.99	1.40	129.09
纺织业	239.42	43.10	558.38	365.60	3856.75
棉纺织及印染精加工	123.95	18.41	344.99	116.04	1926.42
毛纺织及染整精加工	12.60	1.79	19.90	12.94	198.36
麻纺织及染整精加工	4.12	0.01	10.33		37.40
丝绢纺织及印染精加工	5.95	1.79	3.61	11.09	82.74
化纤织造及印染精加工	22.60	10.10	49.59	21.28	303.90
针织或钩针编织物及其制品制造	15.84	4.37	42.71	19.23	326.54
家用纺织制成品制造	26.65	1.49	34.29	40.03	347.87
产业用纺织制成品制造	27.71	5.14	52.96	145.00	633.52
纺织服装、服饰业	213.50	27.09	340.62	170.95	3669.94
机织服装制造	155.94	18.04	216.88	93.21	2138.00
针织或钩针编织服装制造	44.02	7.17	102.40	58.36	1312.29
服饰制造	13.54	1.89	21.35	19.38	219.65
皮革、毛皮、羽毛及其制品和制鞋业	70.04	33.44	152.85	149.93	3193.29
皮革鞣制加工	12.06	7.53	9.43	15.30	156.39
皮革制品制造	13.45	5.93	26.88	18.87	609.61
毛皮鞣制及制品加工	0.45	0.96	2.03	1.36	13.39
羽毛(绒)加工及制品制造	4.01	1.65	1.76	2.66	44.98
制鞋业	40.08	17.37	112.75	111.74	2368.91
木材加工和木、竹、藤、棕、草制品业	41.15	5.55	45.95	36.72	371.23
木材加工	2.36	0.14	18.38	3.39	22.68
人造板制造	24.44	2.35	16.36	5.88	121.65
木质制品制造	13.90	2.40	10.38	26.77	194.78
竹、藤、棕、草等制品制造	0.45	0.67	0.84	0.68	32.12
家具制造业	74.33	15.03	104.00	93.06	1422.38
木质家具制造	41.65	10.13	46.06	34.08	608.42
竹、藤家具制造	0.01	0.29	0.80	1.64	10.05
金属家具制造	9.46	1.82	37.05	33.37	431.61
塑料家具制造	4.51	0.73	2.51	1.20	35.10
其他家具制造	18.69	2.06	17.58	22.77	337.20
造纸和纸制品业	678.90	35.44	588.66	589.44	4570.91
纸浆制造	6.54		11.74	9.15	30.24
造纸	562.82	29.65	364.41	477.10	2883.73
纸制品制造	109.55	5.79	212.52	103.19	1656.94
印刷和记录媒介复制业	83.67	26.36	151.65	142.13	1192.00
印刷	79.69	26.27	146.87	139.19	1158.98

单位：亿元

营业成本	销售费用	管理费用	财务费用		投资收益（损失以“—”号记）	营业利润	利润总额	亏损企业亏损额	平均用工人数（万人）
				利息费用					
550.07	36.31	47.50	-0.81	3.92	22.42	97.60	100.77	5.25	4.48
1868.63	380.90	88.01	-2.51	5.58	9.56	256.13	259.01	10.20	17.46
100.21	7.30	7.25	0.29	0.36	0.08	13.81	13.88	0.16	0.73
3269.78	88.97	231.12	30.30	23.78	9.69	226.87	235.09	23.01	42.96
1655.02	29.11	111.78	13.83	10.99	7.16	113.93	117.36	9.46	21.54
173.95	3.38	9.83	2.25	1.93	0.65	8.35	11.08	1.07	1.71
33.16	0.45	1.73	0.53	0.38		1.33	1.38	0.34	0.54
72.05	1.34	4.89	0.75	0.64	0.38	3.73	3.86	0.51	0.85
267.53	5.04	16.43	4.46	3.18	0.63	9.82	10.41	2.90	3.34
272.29	5.66	21.93	2.34	1.77	0.07	22.94	23.15	1.73	3.80
285.69	17.79	20.58	1.26	1.34	-0.03	21.18	21.05	1.31	4.07
510.10	26.19	43.94	4.88	3.55	0.82	45.59	46.79	5.70	7.12
3115.84	149.52	225.65	22.93	14.30	63.07	199.30	206.02	36.43	64.79
1793.08	107.78	128.10	11.94	8.69	13.24	97.89	101.38	22.51	36.40
1138.79	33.27	80.19	9.02	4.69	49.66	94.57	97.41	10.81	23.16
183.97	8.46	17.36	1.97	0.92	0.16	6.84	7.24	3.11	5.23
2661.60	119.83	198.60	12.62	8.45	40.29	227.53	233.31	21.24	54.97
131.16	4.00	11.28	2.04	2.15		6.85	8.78	2.57	2.70
520.59	17.74	38.52	2.93	2.08	-0.05	27.18	28.45	6.90	9.81
11.34	0.39	1.15	0.26	0.24		0.19	0.19	0.20	0.33
40.94	1.21	1.73	0.42	0.26	0.01	0.47	0.81	0.98	0.36
1957.56	96.48	145.92	6.97	3.72	40.34	192.85	195.07	10.58	41.76
313.45	12.90	21.54	3.09	2.36	1.73	14.07	15.06	9.32	4.08
18.82	0.82	1.66	0.27	0.22	0.01	1.03	1.12	1.09	0.31
103.12	4.74	6.67	1.24	1.15	1.44	7.67	8.18	1.11	1.28
164.74	6.93	12.04	1.44	0.95	0.29	1.96	2.37	7.10	2.20
26.78	0.41	1.18	0.13	0.04		3.41	3.39	0.02	0.28
1175.96	65.07	105.42	6.28	5.58	7.26	68.47	70.69	13.08	20.19
498.09	28.83	46.48	3.38	3.53	2.60	28.60	28.82	7.24	8.30
8.80	0.42	0.56	0.09	0.02		0.13	0.14		0.17
361.60	13.45	31.51	1.04	1.15	3.34	25.66	26.10	1.44	6.00
30.68	0.93	2.09	0.11	0.03		1.01	1.05	0.71	0.59
276.79	21.44	24.79	1.65	0.85	1.32	13.06	14.57	3.69	5.13
3754.63	174.57	249.77	49.12	66.15	72.93	406.20	416.10	17.60	21.32
27.08	0.93	1.17	0.40	0.18		0.47	0.44	1.08	0.16
2403.32	77.41	153.36	45.34	58.19	55.06	258.22	263.53	8.55	9.55
1324.23	96.24	95.24	3.38	7.78	17.86	147.51	152.13	7.96	11.61
965.09	41.89	99.37	3.00	5.06	9.99	88.18	90.84	7.60	17.11
939.53	40.36	95.56	2.87	5.03	9.75	86.22	88.92	7.44	16.50

2-4 续表 8

行　业	法人资本	个人资本	港澳台资本	外商资本	营业收入
装订及印刷相关服务	2.08	0.09	2.98	2.19	29.45
记录媒介复制	1.91		1.80	0.75	3.57
文教、工美、体育和娱乐用品制造业	101.14	25.95	322.71	189.41	3955.16
文教办公用品制造	5.53	2.17	14.82	21.19	166.30
乐器制造	5.16	1.63	6.12	17.80	101.16
工艺美术及礼仪用品制造	48.98	11.68	121.20	42.59	2004.86
体育用品制造	17.59	3.10	60.46	41.52	612.86
玩具制造	23.62	5.94	107.61	44.93	909.21
游艺器材及娱乐用品制造	0.26	1.43	12.50	21.38	160.77
石油、煤炭及其他燃料加工业	272.94	69.06	113.24	180.17	5100.58
精炼石油产品制造	190.40	65.72	73.49	160.21	4225.48
煤炭加工	80.08	3.29	39.74	19.95	847.17
生物质燃料加工	2.46	0.05			27.94
化学原料和化学制品制造业	1161.25	106.12	1198.42	2549.96	18623.64
基础化学原料制造	320.80	37.06	380.87	863.22	5701.83
肥料制造	30.33	2.95	27.73	19.09	391.52
农药制造	14.68	1.17	5.82	27.50	367.72
涂料、油墨、颜料及类似产品制造	69.66	11.45	128.36	138.22	1732.80
合成材料制造	508.69	23.60	318.33	771.18	5386.86
专用化学产品制造	141.57	16.87	207.89	531.74	3311.23
炸药、火工及焰火产品制造	0.32	2.36			8.56
日用化学产品制造	75.20	10.65	129.41	199.01	1723.12
医药制造业	518.91	193.64	532.39	484.14	7879.84
化学药品原料药制造	86.66	16.21	79.25	66.37	641.61
化学药品制剂制造	182.46	18.69	221.08	223.04	3545.05
中药饮片加工	4.58	1.18	7.22	5.65	41.56
中成药生产	39.19	90.48	42.73	26.90	788.40
兽用药品制造	8.95	7.15	4.58	12.20	78.65
生物药品制品制造	156.51	54.14	142.39	101.16	2147.71
卫生材料及医药用品制造	28.23	4.94	30.68	34.66	534.24
药用辅料及包装材料	12.33	0.84	4.46	14.17	102.63
化学纤维制造业	246.94	13.16	207.66	159.07	2071.39
纤维素纤维原料及纤维制造	27.26	0.35	38.16	56.40	381.20
合成纤维制造	216.76	12.76	163.45	101.71	1677.35
生物基材料制造	2.91	0.05	6.05	0.97	12.85
橡胶和塑料制品业	327.50	29.77	657.58	1020.59	6708.68
橡胶制品业	105.46	5.59	162.54	490.52	1818.28
塑料制品业	222.03	24.18	495.05	530.06	4890.40
非金属矿物制品业	440.86	87.91	722.78	741.80	5584.26

单位：亿元

营业成本	销售费用	管理费用	财务费用	利息费用	投资收益（损失以“–”号记）	营业利润	利润总额	亏损企业亏损额	平均用工人数（万人）
22.78	1.39	3.33	0.15	0.02	0.22	1.80	1.75		0.56
2.77	0.15	0.48	-0.02	0.01	0.02	0.17	0.17	0.15	0.05
3427.50	87.72	247.10	15.01	12.21	7.58	170.57	178.36	19.73	59.75
137.28	7.14	13.34	1.10	0.60	0.04	6.47	6.91	2.32	2.87
86.92	1.75	8.08	0.29	0.33	-0.01	3.64	3.80	0.76	1.99
1770.00	40.25	98.33	5.88	3.64	8.94	94.55	95.98	4.28	14.10
521.72	12.09	41.32	2.22	1.03	0.20	32.32	34.39	4.37	11.45
774.05	22.15	74.84	4.49	5.65	-1.94	26.32	28.81	7.41	27.25
137.54	4.34	11.19	1.04	0.96	0.35	7.27	8.48	0.58	2.08
4092.50	33.43	89.89	18.11	28.35	38.13	347.57	339.95	29.01	4.83
3341.63	21.51	64.46	7.17	18.59	9.99	257.02	254.66	9.42	2.89
726.18	11.76	24.44	10.71	9.49	28.16	88.29	83.07	19.45	1.87
24.69	0.17	0.99	0.23	0.28	-0.02	2.27	2.22	0.14	0.08
14858.31	714.23	837.84	89.20	105.70	131.69	2139.85	2145.43	97.67	51.84
4553.30	103.04	182.38	42.46	44.86	9.23	780.04	778.13	32.07	9.22
320.67	7.61	14.91	4.84	5.80	0.07	41.95	42.08	3.82	1.27
302.67	13.31	20.06	3.17	2.46	5.77	32.97	33.39	1.19	1.33
1347.26	112.81	132.95	2.82	5.19	11.24	135.41	137.07	8.79	12.20
4551.28	109.44	154.04	20.17	27.83	69.49	598.91	599.79	22.92	9.67
2660.06	112.31	163.28	11.10	14.35	13.25	360.84	362.51	13.63	8.39
6.72	0.39	0.70	0.19	0.16		0.38	0.39	0.33	0.15
1116.34	255.32	169.52	4.45	5.04	22.63	189.36	192.06	14.92	9.62
3585.58	1392.17	805.86	15.58	37.94	161.78	2194.93	2212.79	131.46	40.82
453.68	29.80	74.37	6.51	6.66	10.27	86.18	90.26	6.22	5.59
1787.43	951.85	354.49	6.73	14.40	87.68	500.58	504.55	64.59	16.05
24.47	5.62	4.88	1.15	1.11	2.26	7.77	7.96	0.16	0.40
490.49	129.22	57.29	2.51	7.68	32.14	136.49	162.39	2.47	5.55
47.61	9.68	8.33	0.44	0.31	1.08	13.14	12.96	1.04	0.63
364.98	215.99	241.64	-2.45	5.04	22.41	1336.60	1318.69	50.50	6.53
341.61	46.17	52.81	0.69	2.23	2.90	100.02	101.78	4.97	5.07
75.31	3.85	12.04	0.01	0.51	3.05	14.15	14.21	1.52	1.00
1756.17	26.41	93.78	21.98	23.22	7.20	177.07	177.93	12.64	8.03
294.84	5.98	22.50	4.52	4.51	0.08	53.93	54.38	0.41	1.26
1450.58	20.22	68.73	17.09	18.48	7.11	124.04	124.19	10.46	6.66
10.75	0.21	2.54	0.36	0.24	0.01	-0.89	-0.65	1.77	0.11
5452.95	242.53	479.65	28.02	28.40	23.42	500.90	509.53	45.93	74.29
1450.97	86.07	138.10	4.74	9.06	4.27	129.16	130.86	12.91	19.33
4001.99	156.46	341.55	23.28	19.34	19.14	371.74	378.67	33.01	54.96
4256.48	174.49	306.37	22.78	35.19	26.69	823.40	836.88	32.42	38.40

2-4 续表 9

行 业	法人资本	个人资本	港澳台资本	外商资本	营业收入
水泥、石灰和石膏制造	83.10	2.05	283.43	116.78	1078.94
石膏、水泥制品及类似制品制造	56.98	9.08	57.52	61.98	826.11
砖瓦、石材等建筑材料制造	30.99	19.30	47.81	46.04	481.78
玻璃制造	79.92	7.74	96.64	165.63	869.75
玻璃制品制造	42.65	7.12	116.14	124.75	590.78
玻璃纤维和玻璃纤维增强塑料制品制造	17.09	2.17	56.56	32.90	285.52
陶瓷制品制造	65.28	24.94	36.36	69.06	628.00
耐火材料制品制造	11.43	5.83	9.01	44.62	214.66
石墨及其他非金属矿物制品制造	53.41	9.68	19.31	80.05	608.72
黑色金属冶炼和压延加工业	238.81	12.11	117.26	402.28	7810.25
炼钢	42.01	4.56	0.30	50.54	1523.70
钢压延加工	184.43	6.12	116.77	339.09	6072.65
铁合金冶炼	11.51	1.43	0.06	12.49	151.18
有色金属冶炼和压延加工业	229.83	23.05	317.40	253.41	6792.26
常用有色金属冶炼	79.28	4.43	33.80	20.47	1945.39
贵金属冶炼			2.04	0.76	69.21
稀有稀土金属冶炼	18.22	0.08	0.15	6.56	132.65
有色金属合金制造	11.72	11.15	32.84	42.31	388.62
有色金属压延加工	120.62	7.40	248.56	183.31	4256.40
金属制品业	315.99	44.97	534.72	629.94	6895.76
结构性金属制品制造	46.36	9.69	70.29	71.83	1112.34
金属工具制造	23.18	6.10	32.73	58.63	443.38
集装箱及金属包装容器制造	76.51	4.10	84.29	73.56	1396.87
金属丝绳及其制品制造	27.12	3.30	69.04	43.65	398.06
建筑、安全用金属制品制造	25.40	6.63	47.93	79.06	876.08
金属表面处理及热处理加工	22.26	2.08	26.24	72.56	461.70
搪瓷制品制造	0.68	0.50	0.52	3.02	47.59
金属制日用品制造	14.30	1.74	45.25	64.24	535.66
铸造及其他金属制品制造	80.18	10.83	158.43	163.39	1624.09
通用设备制造业	553.63	100.99	426.03	1577.98	14052.44
锅炉及原动设备制造	75.47	8.47	27.79	112.73	1079.78
金属加工机械制造	31.08	10.75	52.67	129.28	946.77
物料搬运设备制造	85.15	33.51	47.57	178.77	2585.50
泵、阀门、压缩机及类似机械制造	130.46	14.62	67.00	352.51	3097.92
轴承、齿轮和传动部件制造	72.22	5.44	22.79	311.82	1352.12
烘炉、风机、包装等设备制造	61.73	10.07	81.24	182.39	2490.28
文化、办公用机械制造	21.20	5.19	38.95	121.79	1008.10
通用零部件制造	60.65	7.37	60.87	161.48	948.38
其他通用设备制造业	15.68	5.59	27.15	27.22	543.59

单位：亿元

营业成本	销售费用	管理费用	财务费用	利息费用	投资收益（损失以"−"号记）	营业利润	利润总额	亏损企业亏损额	平均用工人数（万人）
758.24	20.01	50.83	-0.93	5.20	8.33	251.95	251.44	1.24	4.82
701.30	34.72	37.81	1.64	6.17	3.05	50.45	51.94	6.01	4.46
385.55	21.30	26.60	4.05	2.89	1.42	42.39	42.80	2.84	3.53
639.18	19.57	43.53	-0.38	2.64	3.12	168.92	169.86	2.95	4.92
454.75	16.83	40.57	2.13	4.75	1.06	75.15	84.65	7.72	6.34
212.98	7.82	16.36	3.89	3.88	2.12	45.62	45.74	1.93	2.00
496.38	32.30	44.30	5.22	2.61	1.60	51.04	51.80	4.62	7.75
170.92	9.56	14.48	1.44	1.19	0.36	17.25	17.04	1.80	1.65
437.18	12.37	31.89	5.72	5.86	5.65	120.64	121.62	3.32	2.93
7119.37	43.18	190.71	46.12	59.15	13.28	399.94	377.55	12.05	13.55
1409.79	1.45	37.47	11.10	11.20	1.66	63.34	61.75	1.01	2.18
5526.37	39.82	146.32	33.26	46.27	11.78	317.50	297.11	10.96	10.49
123.99	1.91	6.08	1.32	1.52	-0.15	16.10	15.67	0.09	0.79
6262.36	44.64	167.32	74.32	103.19	5.14	227.12	276.08	24.07	14.30
1785.42	6.57	30.25	14.64	45.60	-1.14	98.19	99.36	10.44	3.22
50.62	0.20	5.19	1.24	1.56	0.09	9.90	9.55	1.06	0.40
115.19	1.33	5.91	1.22	1.16	0.08	9.05	8.80	0.33	0.50
348.81	3.15	14.01	2.34	1.88	1.11	20.70	20.94	2.15	1.32
3962.31	33.39	111.96	54.88	52.99	5.00	89.27	137.43	10.10	8.86
5780.36	161.28	397.66	30.21	26.78	72.84	565.23	572.89	34.85	60.18
981.59	22.64	59.71	4.87	5.31	3.34	42.34	44.72	5.80	7.87
353.64	19.53	32.23	3.34	1.79	0.83	33.91	34.71	2.01	5.56
1107.57	20.47	49.54	5.47	4.31	12.31	215.43	214.14	4.36	6.29
334.35	13.53	25.26	3.08	2.41	0.83	20.76	21.53	2.22	2.64
747.96	20.24	53.66	3.57	2.63	-0.93	46.41	48.19	6.04	9.76
387.34	7.76	27.72	1.45	1.69	0.35	34.16	34.36	3.16	3.36
40.66	0.87	2.40	0.18	0.05	0.03	3.30	3.48	0.02	0.42
446.04	15.68	38.54	2.05	1.88	51.49	82.26	83.18	1.46	7.93
1381.20	40.55	108.62	6.21	6.69	4.59	86.66	88.58	9.78	16.35
11421.52	473.39	975.29	17.13	32.42	61.87	1144.54	1170.70	56.98	92.92
899.42	31.79	91.83	-1.03	4.66	6.46	63.44	65.22	5.75	5.45
723.87	41.76	68.85	0.65	2.06	0.69	105.75	108.84	3.24	6.02
2125.21	89.44	190.03	5.92	5.24	34.45	168.73	172.64	7.09	14.85
2471.61	95.84	207.98	2.90	5.87	8.31	317.90	324.92	6.70	18.07
1095.03	31.76	76.92	3.32	4.01	0.32	138.43	141.39	7.43	9.47
2048.94	104.84	156.15	1.13	5.26	9.07	180.04	186.03	9.91	15.97
889.23	18.40	59.19	0.75	1.65	-0.82	36.72	35.87	8.39	10.15
743.70	34.17	76.81	4.40	2.80	1.79	86.83	88.05	4.45	9.93
424.51	25.39	47.53	-0.91	0.89	1.60	46.69	47.73	4.01	3.01

2-4 续表 10

行业	法人资本	个人资本	港澳台资本	外商资本	营业收入
专用设备制造业	489.85	84.62	530.76	904.59	8147.87
采矿、冶金、建筑专用设备制造	88.11	9.93	67.74	227.99	2189.06
化工、木材、非金属加工专用设备制造	95.62	18.25	170.00	170.91	1477.86
食品、饮料、烟草及饲料生产专用设备制造	9.52	0.30	5.55	12.87	120.14
印刷、制药、日化及日用品生产专用设备制造	8.37	0.76	17.70	50.32	360.56
纺织、服装和皮革加工专用设备制造	12.36	2.57	18.50	44.96	398.46
电子和电工机械专用设备制造	44.41	6.45	60.30	43.11	644.19
农、林、牧、渔专用机械制造	12.27	1.56	17.68	91.20	466.52
医疗仪器设备及器械制造	164.57	29.70	138.67	188.48	1761.18
环保、邮政、社会公共服务及其他专用设备制造	54.61	15.10	34.62	74.74	729.89
汽车制造业	2430.42	106.56	507.23	2953.50	46486.80
汽车整车制造	1425.36	21.70	92.17	844.70	26766.21
汽车用发动机制造	104.61	2.18	19.31	136.79	1369.07
改装汽车制造	15.29	0.84	9.47	3.44	197.78
汽车车身、挂车制造	20.16	0.28	1.87	20.20	247.96
汽车零部件及配件制造	864.98	81.55	384.41	1948.37	17905.56
铁路、船舶、航空航天和其他运输设备制造业	274.74	17.17	160.33	261.71	2262.20
铁路运输设备制造	25.56	5.70	8.85	20.53	305.12
城市轨道交通设备制造	4.42	-0.53	1.78	4.03	86.43
船舶及相关装置制造	157.80	4.75	39.57	136.60	812.86
航空、航天器及设备制造	26.29	0.29	56.31	25.87	103.94
摩托车制造	40.12	4.16	29.13	26.95	496.57
自行车和残疾人座车制造	12.71	2.18	15.79	33.34	285.08
助动车制造	6.06	0.04	4.22	3.22	80.82
非公路休闲车及零配件制造	0.87	0.58	1.99	7.34	75.86
潜水救捞及其他未列明运输设备制造	0.90		2.69	3.85	15.52
电气机械和器材制造业	959.47	133.19	779.77	1333.68	18078.93
电机制造	95.11	53.73	103.24	246.33	3131.41
输配电及控制设备制造	371.04	15.45	231.29	251.09	4299.40
电线、电缆、光缆及电工器材制造	109.23	8.17	77.21	173.96	2073.63
电池制造	157.75	21.59	164.83	356.98	2779.12
家用电力器具制造	181.77	15.70	119.60	197.98	4645.47
非电力家用器具制造	21.75	0.45	11.89	11.18	158.43
照明器具制造	19.16	17.71	68.16	86.36	879.00
其他电气机械及器材制造	3.66	0.39	3.55	9.80	112.46
计算机、通信和其他电子设备制造业	3338.67	238.88	3278.15	4745.87	67541.87
计算机制造	96.77	65.83	418.23	458.31	19254.13

单位：亿元

营业成本	销售费用	管理费用	财务费用	利息费用	投资收益（损失以“-”号记）	营业利润	利润总额	亏损企业亏损额	平均用工人数（万人）
6359.15	368.11	694.81	20.54	30.30	142.53	822.85	841.32	86.80	65.52
1841.99	74.06	122.11	4.23	8.95	44.34	181.41	185.26	12.56	8.56
1170.88	50.43	128.48	3.24	5.27	24.34	144.23	148.18	20.28	16.48
89.26	5.00	10.71	0.23	0.41	0.08	14.42	14.46	0.82	0.99
279.25	18.97	31.06	0.14	0.94	0.23	29.62	30.32	1.25	2.57
323.96	15.04	25.59	0.80	0.75	2.78	34.72	35.91	0.88	2.85
509.55	17.24	56.33	1.61	1.71	2.91	65.68	68.41	5.50	6.12
391.79	16.13	30.51	2.00	1.78	1.62	26.34	26.94	3.62	2.47
1180.92	135.63	218.09	3.85	6.26	63.83	281.97	284.13	28.52	20.27
571.54	35.61	71.94	4.44	4.24	2.40	44.46	47.71	13.38	5.22
38507.59	1065.00	2739.75	-89.64	106.71	350.42	3606.13	3645.07	360.44	156.33
22026.29	700.60	1383.44	-102.25	39.06	271.84	2072.20	2071.44	222.14	44.44
1146.71	14.22	56.28	-1.91	3.35	0.16	146.62	148.92	5.30	3.19
171.86	8.30	9.18	1.20	1.11	0.03	6.50	6.88	0.81	1.02
220.19	3.47	12.12	0.37	0.47	0.65	12.67	13.11	3.22	1.52
14942.41	338.39	1278.58	12.94	62.72	77.74	1368.24	1404.80	128.88	106.16
1917.06	49.00	160.63	7.40	13.19	32.30	131.98	123.92	61.72	19.82
213.92	11.56	26.27	0.25	2.35	2.60	53.02	53.65	0.77	2.51
63.08	6.25	7.52	-0.47	0.01	0.03	9.96	10.05	0.39	0.41
747.09	5.95	53.02	7.94	7.74	28.44	9.29	-0.53	51.61	6.50
90.97	1.53	10.34	1.79	2.12	0.17	-1.53	-1.05	5.48	1.02
421.31	10.58	36.21	-3.34	0.13	0.45	27.72	27.23	1.03	3.56
240.80	7.53	17.93	0.67	0.60	0.51	17.40	17.81	1.15	4.18
70.26	1.88	4.59	0.08	0.13	0.06	3.81	4.30	0.20	0.55
56.63	3.12	3.07	0.29	0.08	0.04	12.35	12.42	0.31	0.76
12.99	0.58	1.68	0.19	0.05	0.01	-0.03	0.05	0.78	0.33
15232.76	544.98	1088.89	60.52	77.11	88.33	1179.67	1166.32	165.00	140.51
2624.67	77.35	184.48	2.18	6.97	18.80	251.13	251.81	11.93	21.33
3505.95	126.37	272.28	19.46	20.68	20.49	373.70	345.79	67.48	30.58
1809.81	54.86	110.65	15.23	11.47	2.13	78.62	82.22	16.59	15.83
2359.48	50.81	171.01	15.53	25.92	8.48	188.48	189.33	47.60	18.79
3980.92	194.68	255.96	5.18	8.97	34.41	229.73	236.48	12.79	38.73
124.03	12.64	13.29	0.29	0.53	0.40	7.82	8.21	2.60	1.69
737.32	24.92	71.94	2.44	2.31	3.64	41.47	43.62	5.04	12.43
90.57	3.35	9.26	0.21	0.26	-0.01	8.72	8.86	0.98	1.13
61384.13	849.67	2581.40	41.05	270.68	286.12	3070.25	3153.92	242.61	427.05
18334.68	193.01	387.24	-11.67	16.05	46.83	387.48	407.93	19.83	83.12

2-4 续表 11

行　业					营业收入
	法人资本	个人资本	港澳台资本	外商资本	
通信设备制造	407.68	17.84	429.12	276.36	18070.10
广播电视设备制造	79.97	3.91	24.85	65.63	527.19
雷达及配套设备制造	0.06		0.01	0.64	7.00
非专业视听设备制造	121.45	2.01	131.49	94.62	3239.84
智能消费设备制造	78.08	6.34	138.18	99.35	2382.66
电子器件制造	2067.42	65.89	1028.93	2648.92	12363.97
电子元件及电子专用材料制造	454.59	76.35	1047.55	1045.94	10786.60
其他电子设备制造	32.65	0.70	59.79	56.10	910.38
仪器仪表制造业	79.04	17.20	124.28	220.07	2556.66
通用仪器仪表制造	61.13	12.05	61.99	123.05	1469.66
专用仪器仪表制造	6.81	1.84	5.07	48.22	422.88
钟表与计时仪器制造	1.72	1.09	26.22	6.54	178.30
光学仪器制造	6.93	2.02	25.54	31.22	335.78
衡器制造	1.10	0.19	0.54	4.76	37.40
其他仪器仪表制造业	1.35	0.01	4.93	6.28	112.63
其他制造业	19.79	4.57	32.79	57.79	510.90
日用杂品制造	15.29	2.63	23.50	44.09	394.29
废弃资源综合利用业	21.41	4.96	35.80	14.61	256.53
金属废料和碎屑加工处理	6.40	2.28	17.29	8.62	150.67
非金属废料和碎屑加工处理	15.01	2.68	18.52	5.99	105.85
金属制品、机械和设备修理业	61.30	0.29	29.74	53.97	493.45
金属制品修理	0.03		0.13	0.23	3.94
通用设备修理	0.62		0.27	0.20	9.71
专用设备修理	0.70		2.64	2.93	18.89
铁路、船舶、航空航天等运输设备修理	59.32	0.05	26.17	49.43	448.67
其他机械和设备修理业	0.63		0.24	1.19	10.10
电力、热力、燃气及水生产和供应业	**1598.02**	**70.58**	**1311.06**	**838.57**	**8873.80**
电力、热力生产和供应业	1155.10	42.23	910.17	479.40	4328.08
电力生产	1127.12	40.94	892.39	462.61	4133.10
电力供应	1.14		0.04	5.68	24.88
热力生产和供应	26.84	1.29	17.75	11.11	170.11
燃气生产和供应业	273.77	14.46	282.41	207.84	3976.06
燃气生产和供应业	271.76	14.46	281.32	207.84	3969.98
生物质燃气生产和供应业	2.01		1.09		6.08
水的生产和供应业	169.15	13.88	118.48	151.33	569.66
自来水生产和供应	50.20	5.13	58.55	86.97	287.10
污水处理及其再生利用	117.31	8.75	46.50	64.36	269.54
其他水的处理、利用与分配	1.64		7.20		11.63

单位：亿元

营业成本	销售费用	管理费用	财务费用		投资收益（损失以“–”号记）	营业利润	利润总额	亏损企业亏损额	平均用工人数（万人）
				利息费用					
16936.95	235.33	468.76	-13.80	93.41	98.97	518.77	529.85	30.17	91.87
451.06	12.29	34.49	-0.37	0.71	0.47	28.41	28.64	2.91	5.49
4.00	0.82	2.28			0.03	-0.01	-0.02	0.75	0.08
2991.81	64.05	147.14	12.38	17.80	53.47	57.01	64.95	14.26	19.09
2093.78	61.27	125.17	-0.60	6.22	2.98	105.92	107.17	21.77	13.03
10539.34	108.32	744.42	20.01	96.17	48.45	1192.80	1223.73	89.36	91.18
9256.85	152.86	610.63	32.44	37.37	30.00	726.44	737.97	58.59	113.37
775.67	21.73	61.26	2.65	2.95	4.91	53.43	53.71	4.97	9.82
1955.36	110.19	207.72	5.45	7.01	24.74	296.25	302.55	13.31	22.40
1113.89	70.35	112.67	1.52	3.97	15.85	182.09	185.41	7.39	8.92
322.13	20.08	37.43	0.72	0.81	-1.51	39.87	41.84	1.33	3.12
143.08	10.33	17.17	0.48	0.35	0.27	6.72	6.96	2.75	4.96
259.74	5.77	31.85	2.49	1.74	9.42	46.35	46.95	1.02	3.65
26.67	1.49	3.07	0.04	0.04	0.12	6.13	6.31		0.35
89.85	2.16	5.51	0.19	0.09	0.59	15.09	15.08	0.81	1.40
417.02	18.19	35.93	3.05	2.23	0.44	34.60	35.96	2.11	7.70
326.29	14.70	26.58	2.15	1.47	0.16	22.85	23.94	1.24	6.49
216.19	2.61	16.07	1.87	2.55	2.33	22.99	24.57	5.58	1.06
134.17	1.34	7.92	1.40	1.55	-0.36	6.43	6.98	3.33	0.52
82.02	1.26	8.15	0.47	1.00	2.68	16.56	17.60	2.25	0.54
419.78	3.76	35.82	4.47	3.54	1.06	30.25	30.95	4.02	4.17
3.17	0.06	0.58	0.05	0.03		0.08	0.08	0.03	0.09
8.02	0.11	0.63	-0.05			0.91	0.88	0.04	0.13
11.90	1.33	1.75	0.28	0.03	0.02	3.63	3.71		0.19
386.90	2.15	32.01	4.11	3.30	0.97	24.22	24.86	3.85	3.52
7.93	0.10	0.75	0.08	0.17	0.07	1.25	1.25	0.10	0.10
7772.64	**124.49**	**280.68**	**248.16**	**261.07**	**231.19**	**583.36**	**604.03**	**391.07**	**27.31**
3935.80	4.85	105.55	211.78	205.35	150.90	132.67	145.33	360.34	10.92
3765.55	3.08	96.32	206.34	200.96	149.71	123.51	131.95	354.52	10.15
22.33	0.30	0.62	-0.03		0.07	1.64	1.62		0.03
147.92	1.48	8.60	5.47	4.39	1.12	7.53	11.75	5.82	0.74
3469.51	104.37	130.56	9.03	24.29	60.47	320.77	324.06	26.75	12.29
3463.91	104.32	130.43	8.91	24.14	60.47	320.57	323.88	26.49	12.28
5.59	0.05	0.13	0.12	0.15		0.20	0.18	0.26	0.01
367.34	15.27	44.57	27.35	31.43	19.83	129.92	134.64	3.98	4.10
179.86	14.05	24.78	10.72	13.97	9.14	65.31	68.89	1.38	2.65
177.24	1.20	18.55	16.35	16.93	10.49	63.13	64.29	2.56	1.34
9.08	0.02	1.19	0.10	0.53	0.20	1.49	1.50		0.10

2-5 大中型工业企业

行　业	企业单位数（个）	资产总计	固定资产净额	固定资产原价	累计折旧	流动资产合计
总　计	**47427**	**995876.22**	**260262.57**	**529122.03**	**257996.12**	**491227.23**
采矿业	**2056**	**98917.87**	**29587.17**	**68523.70**	**37449.60**	**34949.67**
煤炭开采和洗选业	1414	59253.94	14387.76	26645.39	11670.00	25936.16
烟煤和无烟煤开采洗选	1377	57582.57	13945.81	25796.79	11290.75	25466.13
褐煤开采洗选	35	1634.63	418.60	817.27	371.27	466.01
石油和天然气开采业	49	20785.56	11214.33	34146.87	22151.78	3023.64
石油开采	32	17130.40	9090.30	28646.72	18854.96	2319.90
天然气开采	17	3655.16	2124.03	5500.15	3296.82	703.74
黑色金属矿采选业	192	9860.74	1687.75	2920.14	1181.62	2596.76
铁矿采选	186	9831.07	1676.82	2897.80	1170.21	2582.66
锰矿、铬矿采选	4	6.90	2.69	5.15	2.46	1.96
有色金属矿采选业	231	4366.88	1417.64	2360.60	880.38	1270.06
常用有色金属矿采选	122	2605.95	818.39	1280.29	434.99	801.53
贵金属矿采选	71	1128.47	388.75	667.35	265.71	292.40
稀有稀土金属矿采选	38	632.46	210.49	412.95	179.67	176.13
非金属矿采选业	111	1794.27	283.80	521.19	219.53	678.50
土砂石开采	53	802.39	95.29	179.67	69.89	221.16
化学矿开采	18	274.73	77.04	138.76	58.83	134.47
采盐	28	663.68	100.68	181.68	80.69	296.07
石棉及其他非金属矿采选	12	53.47	10.79	21.08	10.12	26.80
开采专业及辅助性活动	58	2849.52	594.39	1922.31	1341.08	1441.63
煤炭开采和洗选专业及辅助性活动	3	60.63	10.18	15.65	5.26	25.27
石油和天然气开采专业及辅助性活动	55	2788.88	584.21	1906.66	1335.82	1416.35
制造业	**43612**	**752435.70**	**157051.93**	**311963.89**	**146643.14**	**431368.68**
农副食品加工业	1811	14055.93	2808.06	5362.92	2359.04	8151.05
谷物磨制	126	802.01	175.74	358.68	155.76	448.07
饲料加工	187	2723.82	386.74	764.29	315.91	1408.60
植物油加工	92	1968.91	298.27	628.85	322.49	1500.47
制糖业	123	1101.32	210.69	493.69	279.01	732.03
屠宰及肉类加工	686	4183.61	866.19	1580.77	662.50	2272.27
水产品加工	224	779.11	134.13	270.30	129.30	496.92
蔬菜、菌类、水果和坚果加工	187	937.92	197.21	340.58	134.33	567.67
其他农副食品加工	186	1559.23	539.09	925.76	359.74	725.01
食品制造业	1318	12002.36	2615.60	5287.56	2577.34	6567.78
焙烤食品制造	278	1239.05	279.78	642.98	336.49	733.18
糖果、巧克力及蜜饯制造	85	716.52	147.94	374.53	221.98	419.88
方便食品制造	245	1435.84	349.93	660.41	286.99	713.10
乳制品制造	198	3785.28	596.44	1099.72	498.70	2056.08
罐头食品制造	111	299.83	53.79	119.86	61.90	184.86
调味品、发酵制品制造	155	1733.29	478.04	998.29	513.69	949.45
其他食品制造	246	2792.55	709.69	1391.78	657.60	1511.23

主要经济指标(大、中类行业)

单位：亿元

应收账款	存货	产成品	负债合计	流动负债合计	应付账款	所有者权益合计	实收资本	国家资本	集体资本
111670.89	**97426.03**	**33431.63**	**550415.87**	**430366.88**	**134463.73**	**445531.21**	**195749.15**	**53967.70**	**2304.27**
4721.09	**1433.03**	**623.66**	**58601.14**	**39889.97**	**7541.96**	**40341.17**	**19182.88**	**8975.72**	**95.55**
3310.94	829.76	350.75	38414.58	27679.06	4531.39	20863.80	7461.53	2216.80	69.18
3237.44	816.35	346.36	37493.60	27076.37	4455.30	20113.41	7110.98	2165.53	68.14
71.06	13.05	4.28	895.11	578.82	73.82	739.52	348.35	51.27	1.04
508.48	175.99	94.65	9733.84	4826.66	1498.50	11051.72	7510.86	5721.18	0.30
200.87	150.09	87.98	8123.77	3806.19	1200.93	9006.64	6201.35	4464.74	0.30
307.61	25.89	6.67	1610.07	1020.47	297.57	2045.09	1309.51	1256.45	
377.42	152.23	81.25	5603.97	3503.85	457.95	4256.77	1692.37	571.77	6.19
375.45	147.92	77.85	5589.00	3489.36	452.86	4242.08	1689.18	571.77	6.19
0.88	0.71	0.67	3.43	2.97	0.81	3.47	1.28		
125.34	152.01	54.44	2310.45	1605.19	178.96	2056.42	744.26	314.88	12.78
84.04	67.67	24.61	1346.58	894.54	112.59	1259.37	470.54	206.83	9.81
24.72	49.30	8.76	696.84	541.78	38.51	431.63	139.00	27.85	1.86
16.58	35.04	21.08	267.04	168.86	27.86	365.43	134.72	80.20	1.12
97.49	53.78	27.00	718.34	570.47	76.50	1075.93	256.00	103.06	5.79
16.22	6.93	4.30	360.14	280.79	24.88	442.25	84.08	12.56	1.40
44.26	24.17	9.20	148.58	124.63	29.86	126.15	67.96	53.55	0.17
30.26	19.35	11.94	190.13	146.88	19.37	473.55	95.35	36.43	4.18
6.75	3.32	1.56	19.49	18.18	2.39	33.98	8.61	0.52	0.03
300.96	68.43	15.41	1815.92	1701.41	796.78	1033.60	1514.56	44.71	1.31
8.37	0.74	0.37	40.58	40.14	9.82	20.05	14.04	9.94	
292.59	67.69	15.04	1775.34	1661.28	786.97	1013.54	1500.53	34.77	1.31
101900.22	**94151.41**	**32724.61**	**408793.30**	**342532.03**	**115720.58**	**343684.65**	**132453.42**	**18187.83**	**2060.24**
1130.70	2075.79	912.06	7993.46	6845.57	1425.76	6062.48	2359.02	172.79	46.08
114.44	166.44	48.39	361.36	293.98	43.60	440.65	111.37	3.87	1.15
135.42	175.58	43.85	1267.88	1006.56	174.06	1455.94	404.35	7.02	9.77
118.39	456.34	198.58	1279.08	1176.32	234.99	689.83	294.03	59.66	14.21
62.22	155.88	111.55	827.43	759.19	135.74	273.89	141.13	41.71	1.81
330.92	472.84	229.78	2385.15	2051.80	444.43	1798.46	772.16	23.98	7.84
119.85	225.38	133.81	437.06	349.24	106.63	342.06	137.01	13.52	8.83
114.90	156.85	53.30	436.11	351.23	103.97	501.81	168.44	3.01	1.00
134.57	266.49	92.80	999.39	857.24	182.36	559.84	330.53	20.01	1.47
1276.71	1107.68	445.40	5837.56	5059.16	1444.27	6164.80	2036.20	106.05	28.11
213.92	85.66	36.22	551.04	466.62	146.68	688.02	241.34	0.83	0.09
84.25	77.67	33.83	302.35	267.69	115.69	414.17	115.27		2.26
167.45	144.67	61.57	765.24	678.47	224.63	670.60	329.68	12.66	1.64
425.42	186.39	77.37	1973.44	1765.32	540.45	1811.84	527.99	44.62	7.64
24.87	79.16	42.78	146.87	130.97	27.99	152.96	56.81	3.09	0.92
148.22	229.71	74.15	704.06	563.60	151.79	1029.23	333.60	14.84	6.54
212.58	304.43	119.48	1394.56	1186.48	237.04	1397.99	431.51	30.02	9.03

2-5 续表 1

行业	企业单位数(个)	资产总计	固定资产净额	固定资产原价	累计折旧	流动资产合计
酒、饮料和精制茶制造业	664	14285.46	2362.26	4720.10	2250.02	8852.50
酒的制造	320	11530.12	1693.64	3117.60	1350.13	7243.42
饮料制造	250	2380.84	590.38	1446.10	828.14	1405.39
精制茶加工	94	374.50	78.24	156.41	71.75	203.69
烟草制品业	71	11484.35	1197.06	3241.22	2041.81	8244.92
烟叶复烤	17	404.76	75.82	174.95	99.13	296.40
卷烟制造	44	11044.46	1113.67	3047.04	1931.21	7929.87
其他烟草制品制造	10	35.13	7.57	19.24	11.48	18.64
纺织业	1905	11046.52	2817.32	6019.16	3104.41	5974.28
棉纺织及印染精加工	1119	6935.58	1818.77	3945.39	2082.86	3634.17
毛纺织及染整精加工	84	716.23	123.08	305.63	180.90	479.55
麻纺织及染整精加工	47	132.16	39.44	80.38	40.13	69.26
丝绢纺织及印染精加工	76	272.53	59.98	127.31	66.92	141.71
化纤织造及印染精加工	134	730.11	211.48	410.69	195.73	364.99
针织或钩针编织物及其制品制造	109	453.98	123.79	236.98	111.92	261.93
家用纺织制成品制造	138	848.14	170.77	374.83	173.15	487.94
产业用纺织制成品制造	198	957.80	270.00	537.95	252.79	534.73
纺织服装、服饰业	1775	6671.61	1037.57	2182.71	1060.22	3988.25
机织服装制造	1107	4682.15	715.68	1517.26	723.05	2710.26
针织或钩针编织服装制造	487	1621.54	244.81	522.39	272.40	1042.18
服饰制造	181	367.92	77.07	143.06	64.76	235.80
皮革、毛皮、羽毛及其制品和制鞋业	1063	3569.39	603.54	1157.60	526.67	2202.75
皮革鞣制加工	66	294.52	56.15	101.42	42.38	137.36
皮革制品制造	167	626.52	79.68	159.11	70.63	413.69
毛皮鞣制及制品加工	14	132.48	29.04	49.49	20.13	80.25
羽毛(绒)加工及制品制造	23	53.39	6.20	10.66	4.47	39.27
制鞋业	793	2462.48	432.47	836.92	389.06	1532.19
木材加工和木、竹、藤、棕、草制品业	335	1411.68	289.17	588.58	282.49	792.98
木材加工	28	169.28	16.32	38.39	19.92	84.87
人造板制造	168	614.84	159.03	331.64	163.62	302.78
木质制品制造	112	570.71	99.77	194.93	90.51	375.99
竹、藤、棕、草等制品制造	27	56.84	14.05	23.63	8.45	29.35
家具制造业	711	3898.53	717.18	1178.94	442.43	2319.60
木质家具制造	379	2271.02	436.11	715.26	263.55	1299.57
竹、藤家具制造	15	25.68	6.79	11.93	4.50	13.55
金属家具制造	162	836.32	133.81	245.44	110.83	578.79
塑料家具制造	15	41.74	10.45	19.17	8.73	24.66
其他家具制造	140	723.77	130.03	187.14	54.83	403.03
造纸和纸制品业	640	11001.54	3427.62	6524.06	2974.76	5326.39

单位：亿元

应收账款	存货		负债合计	流动负债合计		所有者权益合计	实收资本		
		产成品			应付账款			国家资本	集体资本
506.48	2549.94	662.29	5924.48	5402.53	882.18	8360.99	1391.00	213.37	37.19
225.99	2235.90	509.71	4627.48	4203.32	581.18	6902.64	851.11	183.16	25.40
254.91	212.53	113.24	1176.25	1099.86	282.75	1204.59	494.09	28.55	10.98
25.58	101.51	39.34	120.74	99.35	18.26	253.75	45.80	1.65	0.81
281.47	3979.70	208.48	2452.71	2397.96	546.53	9031.64	974.86	448.57	1.28
6.67	87.06	77.99	90.65	88.63	51.10	314.11	207.63	34.05	
269.52	3886.27	127.53	2353.35	2301.24	489.23	8691.11	758.90	414.30	
5.28	6.37	2.96	8.71	8.09	6.20	26.42	8.33	0.22	1.28
1186.62	1626.74	773.07	5668.95	4687.69	1027.36	5377.57	2102.40	141.65	30.78
639.19	966.83	445.85	3631.62	2973.39	604.26	3303.96	1385.90	118.64	18.36
105.88	181.18	101.55	341.06	250.68	63.97	375.17	94.09	0.28	4.92
14.42	30.99	16.69	74.11	65.86	13.28	58.04	34.88	5.28	2.50
31.84	54.14	26.60	142.82	112.82	36.47	129.71	33.25	1.34	0.19
79.65	88.53	41.39	453.24	384.58	66.60	276.87	127.79		0.32
63.73	66.84	31.99	237.62	216.88	36.14	216.35	81.66		0.47
111.12	134.08	67.95	403.83	366.14	124.98	444.30	178.58	2.35	3.06
140.80	104.16	41.05	384.64	317.33	81.66	573.17	166.25	13.77	0.97
1003.65	1013.60	575.13	3155.17	2686.71	913.07	3516.44	1243.03	18.68	21.59
653.18	678.60	418.74	2163.83	1788.32	594.67	2518.32	924.73	13.17	16.37
294.47	258.83	117.31	779.45	703.58	260.36	842.09	238.04	5.42	4.48
56.00	76.16	39.08	211.89	194.82	58.04	156.03	80.26	0.09	0.75
532.57	509.09	227.42	1685.93	1350.48	386.55	1883.46	597.11	6.72	1.37
24.03	57.33	16.20	113.70	99.33	18.35	180.82	60.07		
78.89	104.68	48.58	269.53	183.31	63.17	356.99	55.39		0.34
6.44	35.75	10.39	63.89	34.77	3.25	68.59	19.52	1.50	
14.58	14.92	4.25	35.51	33.31	8.94	17.88	9.61		0.02
408.62	296.40	147.99	1203.30	999.76	292.83	1259.18	452.52	5.22	1.01
203.42	217.95	106.12	738.59	612.98	147.53	673.09	262.62	23.99	3.22
11.92	16.57	8.25	63.33	53.59	8.75	105.95	48.58	10.17	
63.73	79.78	32.92	331.07	263.73	47.55	283.77	115.22	11.50	2.71
118.56	113.85	60.55	321.98	275.44	83.70	248.73	89.58	2.15	0.51
9.20	7.74	4.40	22.21	20.23	7.54	34.63	9.25	0.17	
609.85	478.14	174.64	2223.35	2005.59	602.35	1675.19	583.11	4.63	5.14
305.23	261.54	89.38	1315.10	1151.64	305.96	955.93	341.89	3.95	4.61
3.71	4.39	1.49	15.37	13.01	5.28	10.31	3.76		
178.56	117.10	42.29	492.82	474.76	171.51	343.50	129.67	0.28	0.03
7.48	10.82	4.03	21.45	21.07	8.13	20.29	12.07		
114.86	84.29	37.44	378.61	345.12	111.47	345.16	95.73	0.40	0.50
982.34	989.81	383.90	6001.19	4731.17	986.77	5000.35	2713.49	145.88	26.04

2-5 续表 2

行业	企业单位数(个)	资产总计	固定资产净额	固定资产原价	累计折旧	流动资产合计
纸浆制造	21	313.48	146.80	249.41	95.30	115.62
造纸	306	8711.78	2784.49	5341.81	2462.38	4076.49
纸制品制造	313	1976.28	496.33	932.84	417.08	1134.27
印刷和记录媒介复制业	560	2916.38	618.30	1469.23	839.08	1651.62
印刷	540	2719.01	594.49	1409.41	804.11	1534.82
装订及印刷相关服务	19	188.37	21.36	56.64	34.24	111.63
文教、工美、体育和娱乐用品制造业	1143	4982.68	792.74	1554.53	727.44	3431.87
文教办公用品制造	84	481.97	98.30	169.19	70.72	286.41
乐器制造	34	159.48	32.75	76.33	40.23	106.96
工艺美术及礼仪用品制造	469	2748.76	358.86	694.56	316.28	1956.78
体育用品制造	178	671.04	113.77	244.16	125.14	459.15
玩具制造	339	689.26	148.74	300.34	146.17	471.38
游艺器材及娱乐用品制造	39	232.17	40.31	69.96	28.90	151.19
石油、煤炭及其他燃料加工业	497	37544.53	11285.09	23657.11	11388.18	16947.24
精炼石油产品制造	175	26870.95	8065.81	17871.20	9093.05	12130.78
煤炭加工	311	9885.20	3062.68	5513.01	2138.02	4384.52
生物质燃料加工	6	177.36	54.95	92.12	35.61	72.40
化学原料和化学制品制造业	2315	56939.13	18916.43	35611.80	15262.23	23874.43
基础化学原料制造	643	21547.07	7216.45	14314.86	6241.62	8447.38
肥料制造	246	6754.65	2610.57	5079.66	2354.38	2642.96
农药制造	138	2228.30	569.22	999.89	398.07	1162.53
涂料、油墨、颜料及类似产品制造	228	3328.59	618.91	1109.99	477.06	1776.86
合成材料制造	325	14697.26	6177.89	10658.06	4172.41	5379.06
专用化学产品制造	340	5358.03	1175.77	2285.97	1036.25	2740.69
炸药、火工及焰火产品制造	181	798.22	214.42	413.52	178.36	295.27
日用化学产品制造	214	2227.01	333.21	749.85	404.09	1429.68
医药制造业	1603	32899.32	5073.96	9081.99	3842.73	19381.94
化学药品原料药制造	317	5479.42	1342.38	2469.17	1076.62	2613.95
化学药品制剂制造	397	10050.73	1363.10	2498.13	1109.66	6317.33
中药饮片加工	63	886.89	150.78	266.70	93.31	577.06
中成药生产	358	6537.59	939.82	1730.79	749.96	3622.21
兽用药品制造	71	604.02	148.19	257.77	108.54	308.10
生物药品制品制造	214	7063.40	711.84	1173.28	447.90	4589.57
卫生材料及医药用品制造	153	2016.78	349.77	561.59	201.22	1204.71
药用辅料及包装材料	30	260.50	68.08	124.56	55.52	149.01
化学纤维制造业	271	7987.70	2195.42	4341.24	2035.56	3197.90
纤维素纤维原料及纤维制造	51	1524.98	499.86	953.55	434.44	612.45
合成纤维制造	199	6132.74	1577.05	3210.82	1544.55	2457.85
生物基材料制造	21	329.98	118.50	176.86	56.58	127.60
橡胶和塑料制品业	1662	13213.30	3351.18	6730.26	3309.19	7284.06

单位：亿元

应收账款	存货	产成品	负债合计	流动负债合计	应付账款	所有者权益合计	实收资本	国家资本	集体资本
20.41	25.50	4.63	202.29	168.36	60.46	111.19	98.66	4.80	4.16
628.41	730.00	291.87	4803.95	3723.27	673.01	3907.82	2226.08	140.80	17.92
333.52	234.31	87.41	994.94	839.55	253.30	981.34	388.76	0.28	3.96
473.03	321.69	121.98	1176.10	1038.48	339.93	1740.28	645.97	82.86	15.75
436.37	309.74	117.52	1085.55	965.66	326.02	1633.46	623.35	82.13	15.75
36.22	10.97	3.64	89.38	71.65	13.54	98.99	21.12	0.74	
632.97	1448.59	720.32	2508.60	2231.84	677.84	2474.08	753.52	4.46	11.36
53.65	67.53	35.77	243.75	214.86	57.33	238.23	61.71	0.43	8.95
15.17	39.53	12.66	51.97	45.60	18.42	107.51	46.87		0.05
239.63	997.34	542.58	1384.00	1280.33	274.64	1364.75	309.94	2.81	0.90
137.50	125.29	47.16	321.43	244.52	121.20	349.61	121.52	1.22	0.32
137.97	165.19	61.99	381.23	328.23	152.43	308.03	169.30		1.15
49.03	53.72	20.16	126.22	118.31	53.83	105.95	44.19		
1597.59	4851.13	1318.92	23784.65	18022.27	5144.08	13759.88	6737.73	2338.21	54.25
978.17	3800.22	976.60	16554.66	12258.11	3408.56	10316.30	4704.21	1927.40	9.39
606.61	843.70	329.51	6688.73	5332.85	1638.81	3196.47	1874.32	382.39	44.87
3.71	20.83	5.52	161.66	119.94	37.12	15.70	15.92	4.33	
4054.20	4520.73	1953.00	30610.42	23498.22	5383.55	26363.46	12193.06	2818.49	189.32
1060.54	1506.58	636.18	11886.92	9030.07	2031.15	9694.91	4666.52	1299.73	64.04
239.26	572.00	225.06	4526.02	3661.59	635.69	2228.63	1461.76	396.99	56.61
241.40	305.22	151.62	1122.30	987.00	250.44	1106.00	278.90	36.77	3.93
472.27	323.98	160.52	1677.14	1373.76	367.80	1651.45	522.83	30.03	22.09
832.43	1034.59	421.27	7909.11	5509.11	1167.70	6788.15	3855.43	928.35	28.28
731.96	538.53	244.12	2276.95	1907.41	566.52	3081.07	856.28	93.55	9.29
67.67	41.48	18.39	342.93	242.92	54.89	455.29	215.57	29.52	4.95
408.68	198.34	95.83	869.05	786.35	309.36	1357.96	335.77	3.55	0.12
3672.06	3565.27	1617.48	11737.73	9542.21	2284.34	21161.59	4560.62	325.18	101.09
524.19	623.13	284.78	2241.97	1758.94	450.55	3237.44	879.16	33.12	13.85
1251.57	1334.28	694.74	4037.85	3350.12	853.96	6012.88	1391.71	103.94	44.86
172.91	103.35	52.56	370.98	306.55	85.89	515.92	204.18	7.88	0.52
629.51	618.74	216.02	2215.83	1811.68	348.54	4321.76	919.06	78.40	16.02
67.70	58.33	30.73	191.47	156.35	47.56	412.55	87.74	10.19	7.43
722.19	544.30	172.20	1781.99	1487.87	308.01	5281.41	881.05	89.29	15.73
271.63	252.62	150.85	803.64	596.55	173.29	1213.14	155.26	0.59	2.68
32.37	30.51	15.59	94.00	74.15	16.54	166.50	42.46	1.76	
408.06	739.92	402.35	4585.39	3740.37	667.30	3402.31	1790.04	272.17	4.38
53.25	171.46	81.27	932.71	733.21	166.19	592.27	358.85	122.38	3.78
345.04	532.73	312.04	3467.37	2869.21	476.08	2665.37	1341.00	122.37	0.50
9.77	35.73	9.05	185.31	137.94	25.02	144.67	90.19	27.42	0.10
1932.64	1686.91	826.65	6294.33	5351.89	1615.27	6918.96	3728.85	195.69	105.13

2–5 续表 3

行 业	企业单位数(个)	资产总计	固定资产净额	固定资产原价	累计折旧	流动资产合计
橡胶制品业	425	6036.94	1835.87	3677.10	1827.33	3178.83
塑料制品业	1237	7176.36	1515.31	3053.16	1481.85	4105.24
非金属矿物制品业	2771	30330.17	7773.27	14836.77	6706.04	15218.14
水泥、石灰和石膏制造	488	10364.82	2448.41	5477.15	2875.90	4912.37
石膏、水泥制品及类似制品制造	327	2988.75	374.29	729.07	342.05	2005.89
砖瓦、石材等建筑材料制造	217	1163.47	239.48	446.70	194.81	631.05
玻璃制造	162	2892.98	893.35	1589.26	653.01	1391.54
玻璃制品制造	290	2196.91	682.46	1218.02	501.06	1122.89
玻璃纤维和玻璃纤维增强塑料制品制造	84	1621.41	647.48	971.63	317.47	672.77
陶瓷制品制造	824	3551.51	1064.55	2162.90	1039.23	1548.25
耐火材料制品制造	135	1016.94	146.28	300.79	151.99	626.81
石墨及其他非金属矿物制品制造	244	4533.37	1276.97	1941.27	630.52	2306.57
黑色金属冶炼和压延加工业	849	62740.28	19305.34	39691.38	19744.46	27452.15
炼铁	55	967.85	336.25	637.20	286.02	506.68
炼钢	75	7683.48	2279.24	4708.70	2281.40	3423.28
钢压延加工	612	50339.85	16204.31	33481.77	16814.72	21765.17
铁合金冶炼	107	3749.11	485.54	863.70	362.32	1757.02
有色金属冶炼和压延加工业	976	34564.18	9158.61	17326.69	7336.33	16829.09
常用有色金属冶炼	341	18152.76	5244.49	10404.46	4452.37	8463.58
贵金属冶炼	59	2164.47	319.98	675.10	353.94	843.59
稀有稀土金属冶炼	25	1836.92	335.38	657.03	319.92	800.48
有色金属合金制造	85	1772.78	507.46	965.19	426.94	888.39
有色金属压延加工	466	10637.26	2751.30	4624.91	1783.16	5833.05
金属制品业	2188	18503.76	3258.14	6674.34	3232.21	11771.48
结构性金属制品制造	550	5766.02	716.56	1352.88	618.21	4070.46
金属工具制造	191	870.47	203.37	451.50	228.21	495.26
集装箱及金属包装容器制造	157	1943.62	267.31	522.90	240.39	1338.75
金属丝绳及其制品制造	76	770.58	181.97	453.72	257.60	463.63
建筑、安全用金属制品制造	242	1234.25	254.78	541.11	276.18	774.56
金属表面处理及热处理加工	156	850.89	199.92	479.04	233.29	498.21
搪瓷制品制造	17	64.01	14.31	25.90	11.56	39.19
金属制日用品制造	205	851.95	150.37	286.13	134.04	530.66
铸造及其他金属制品制造	594	6151.97	1269.55	2561.17	1232.72	3560.76
通用设备制造业	2562	33385.49	4449.31	9242.10	4638.11	23162.42
锅炉及原动设备制造	223	5928.01	744.54	1588.22	825.99	4004.42
金属加工机械制造	280	3167.40	402.98	831.70	410.43	2211.34
物料搬运设备制造	274	7637.71	658.57	1294.89	577.81	5840.26
泵、阀门、压缩机及类似机械制造	485	4786.12	734.89	1573.25	821.52	3393.84
轴承、齿轮和传动部件制造	301	2925.07	703.32	1542.82	822.88	1736.26
烘炉、风机、包装等设备制造	422	4401.05	558.52	1052.56	484.40	2890.02

单位：亿元

应收账款	存货	产成品	负债合计	流动负债合计	应付账款	所有者权益合计	实收资本	国家资本	集体资本
794.77	794.30	442.36	3012.69	2555.56	758.30	3024.25	2330.39	138.82	15.80
1137.87	892.62	384.29	3281.65	2796.32	856.97	3894.71	1398.46	56.87	89.33
3237.62	2420.67	1123.86	13843.35	11604.03	3185.98	16486.90	7192.95	896.35	100.07
443.96	407.96	143.86	3644.46	3061.24	699.91	6720.44	3319.22	543.91	40.83
962.46	141.90	71.31	1872.24	1682.27	676.28	1116.51	338.51	83.92	3.78
228.14	122.35	60.18	518.47	442.40	137.73	645.00	238.81	6.75	4.44
217.65	230.80	103.37	1476.79	1207.39	260.69	1416.19	677.34	49.05	4.63
313.62	230.24	124.44	1151.46	966.61	310.97	1045.46	488.04	39.16	4.77
188.53	102.19	39.89	779.17	595.85	132.80	842.24	321.41	86.10	15.63
356.26	503.68	334.05	1675.83	1382.16	330.89	1875.67	793.90	14.22	6.88
166.82	138.78	80.49	519.66	488.79	217.06	497.29	169.04	11.13	3.31
360.19	542.76	166.26	2205.27	1777.32	419.66	2328.10	846.70	62.11	15.79
2340.59	6821.55	2096.75	37293.62	31032.41	8248.16	25446.67	10568.40	1911.26	211.18
129.35	151.50	39.68	733.46	670.57	236.64	234.39	159.45	6.61	0.88
269.96	795.32	252.42	4836.91	4053.20	1124.70	2846.57	923.86	103.43	1.93
1807.94	5573.41	1663.79	29336.39	24631.65	6409.57	21003.46	8235.58	1769.97	182.42
133.34	301.32	140.87	2386.86	1676.99	477.26	1362.25	1249.51	31.24	25.95
2620.96	5130.69	1076.13	20451.24	15573.72	3577.26	14112.94	6874.38	1368.38	82.84
908.59	3176.73	467.03	10995.84	8472.52	2065.60	7156.92	3827.61	976.56	55.01
41.43	343.94	69.86	1241.34	839.84	110.90	923.13	214.01	57.13	11.41
87.76	192.99	60.31	988.01	290.99	51.83	848.91	182.32	33.23	4.74
194.49	211.20	73.95	829.85	648.83	208.85	942.93	430.32	96.03	1.20
1388.68	1205.84	404.99	6396.20	5321.54	1140.08	4241.05	2220.12	205.43	10.48
3156.25	2802.39	1137.13	10586.32	9473.55	2721.95	7917.44	3054.97	282.04	73.81
1154.69	918.07	406.25	3931.02	3574.40	996.83	1835.00	734.40	81.70	8.80
145.90	141.78	58.77	373.17	337.12	105.19	497.30	174.66	13.79	1.54
341.77	379.37	132.54	1057.29	973.71	257.54	886.33	317.75	10.89	3.93
152.24	94.98	46.64	394.12	355.20	60.26	376.46	218.69	2.25	12.97
235.15	188.11	76.79	562.08	517.21	163.93	672.17	210.06	14.55	5.68
119.83	140.04	62.85	536.60	474.97	110.13	314.28	199.54	16.90	5.35
16.04	9.92	2.91	33.35	27.20	12.43	30.66	12.39		0.30
147.54	127.26	58.60	403.42	374.67	122.99	448.53	130.71	0.11	2.53
843.10	802.86	291.78	3295.26	2839.08	892.65	2856.71	1056.79	141.85	32.71
6600.14	5261.16	1853.05	18397.76	16360.92	5682.80	14987.73	4754.44	591.95	76.02
803.93	812.49	207.53	3146.25	2832.84	937.29	2781.76	787.36	214.63	17.12
402.28	562.97	172.25	1754.72	1556.29	405.18	1412.68	480.11	75.30	11.22
1890.01	1134.96	392.54	5157.83	4492.54	1272.06	2479.88	694.75	59.03	14.91
1076.11	874.45	367.39	2459.81	2287.14	981.76	2326.31	773.10	46.83	14.61
549.70	445.97	189.24	1372.45	1198.44	446.16	1552.61	596.58	46.82	4.40
935.29	617.94	267.94	2346.50	2140.10	888.22	2054.55	632.69	43.40	5.76

2-5 续表 4

行　业	企业单位数(个)	资产总计	固定资产净额	固定资产原价	累计折旧	流动资产合计
文化、办公用机械制造	127	1266.25	155.92	393.40	237.04	890.40
通用零部件制造	332	1860.10	363.28	738.80	359.79	1161.68
其他通用设备制造业	118	1413.78	127.30	226.46	98.27	1034.20
专用设备制造业	2138	28510.26	3475.33	6586.66	2957.66	19234.76
采矿、冶金、建筑专用设备制造	442	10609.80	1263.39	2519.32	1141.19	7184.31
化工、木材、非金属加工专用设备制造	379	3192.47	543.30	1080.41	523.60	2132.23
食品、饮料、烟草及饲料生产专用设备制造	51	369.55	61.95	150.60	87.96	259.69
印刷、制药、日化及日用品生产专用设备制造	69	861.92	98.09	182.52	83.88	491.90
纺织、服装和皮革加工专用设备制造	94	829.02	113.45	225.15	111.21	599.10
电子和电工机械专用设备制造	194	2321.48	202.57	332.23	127.39	1843.07
农、林、牧、渔专用机械制造	122	1194.65	179.38	374.97	184.68	856.71
医疗仪器设备及器械制造	479	4682.14	598.72	1027.34	420.04	2820.95
环保、邮政、社会公共服务及其他专用设备制造	308	4449.24	414.48	694.11	277.72	3046.81
汽车制造业	2877	70764.10	11943.96	26545.27	13702.42	42030.71
汽车整车制造	226	39884.84	5834.99	13515.30	7055.64	22922.40
汽车用发动机制造	52	2005.11	439.57	1174.13	657.28	1204.61
改装汽车制造	97	1450.49	192.14	378.76	172.26	1022.45
低速汽车制造	3	154.34	20.07	59.42	38.88	97.14
电车制造	3	61.67	7.52	12.79	5.23	24.52
汽车车身、挂车制造	61	546.56	96.31	195.15	97.12	345.06
汽车零部件及配件制造	2435	26661.08	5353.36	11209.73	5676.02	16414.52
铁路、船舶、航空航天和其他运输设备制造业	879	23170.62	3363.02	6454.57	2915.82	16103.22
铁路运输设备制造	155	5217.50	638.66	1259.62	567.94	3619.81
城市轨道交通设备制造	23	505.43	76.68	114.35	36.83	349.12
船舶及相关装置制造	176	8075.96	1350.57	2543.60	1141.74	5210.53
航空、航天器及设备制造	176	7034.69	927.60	1781.07	799.36	5313.53
摩托车制造	180	1309.73	216.15	483.88	253.34	883.79
自行车和残疾人座车制造	72	308.85	46.95	95.58	48.29	228.17
助动车制造	67	531.06	76.60	118.15	39.82	357.18
非公路休闲车及零配件制造	20	121.35	21.45	42.55	21.10	89.97
潜水救捞及其他未列明运输设备制造	10	66.04	8.37	15.76	7.40	51.12
电气机械和器材制造业	3791	63675.07	8419.27	16374.94	7361.68	41947.59
电机制造	494	8088.36	881.64	1825.96	902.17	5739.10
输配电及控制设备制造	1114	18987.09	2440.24	4475.55	1695.88	12225.55
电线、电缆、光缆及电工器材制造	491	6314.22	719.35	1512.75	762.03	4199.49
电池制造	484	14511.89	2525.00	3961.10	1334.50	8495.56
家用电力器具制造	724	12835.60	1420.46	3767.11	2280.94	9439.39
非电力家用器具制造	58	556.23	69.05	135.55	62.10	335.21
照明器具制造	374	2054.48	327.67	621.77	285.05	1290.30
其他电气机械及器材制造	52	327.20	35.86	75.15	39.01	222.99

单位：亿元

应收账款	存货	产成品	负债合计	流动负债合计	应付账款	所有者权益合计	实收资本	国家资本	集体资本
275.89	222.36	75.27	524.50	443.85	230.29	741.75	241.17	16.03	0.53
416.67	275.31	121.73	875.59	733.89	291.58	984.51	382.55	83.31	5.42
250.28	314.70	59.15	760.12	675.81	230.25	653.66	166.13	6.61	2.04
5259.59	4877.91	1843.93	15050.75	13256.85	4376.17	13459.50	4442.49	589.52	116.82
2281.49	1813.09	804.25	6415.27	5486.43	1737.57	4194.53	1778.40	374.45	39.04
598.62	574.95	184.39	1603.60	1461.79	486.72	1588.87	554.10	38.37	31.93
46.88	100.18	27.11	171.61	163.50	57.99	197.93	65.75	11.05	1.31
99.14	160.69	31.65	432.37	397.60	117.90	429.55	203.31	10.14	2.83
127.28	160.27	67.54	467.29	430.94	137.19	361.73	126.03	21.41	0.09
434.08	647.15	248.24	1308.95	1206.27	432.02	1012.54	237.85	9.67	30.72
183.07	256.47	131.15	751.34	701.01	262.42	443.31	252.25	47.60	1.04
614.19	494.03	169.65	1443.28	1224.25	430.96	3238.85	679.35	4.76	3.83
874.84	671.07	179.96	2457.04	2185.05	713.40	1992.20	545.46	72.08	6.03
10852.80	6404.46	2792.00	41524.18	36660.49	15360.67	29239.91	11067.40	1625.76	167.75
4489.36	2839.34	1174.68	25232.71	22040.02	9146.24	14652.14	5771.63	1098.72	20.45
370.57	240.19	118.71	1045.99	930.51	409.54	959.12	603.41	188.95	38.50
362.90	192.40	73.46	964.06	890.62	316.24	486.43	251.91	50.96	20.24
11.82	25.44	0.71	56.73	52.43	11.79	97.61	4.83	1.14	
0.26	0.71	0.23	49.67	44.85	16.78	12.00	7.00		
98.64	67.64	32.16	303.71	268.17	91.61	242.85	84.29	14.97	3.73
5519.24	3038.74	1392.05	13871.31	12433.90	5368.46	12789.76	4344.33	271.01	84.83
3242.74	3611.11	661.47	14938.48	13244.20	4467.34	8232.33	4170.89	1132.04	40.25
1212.64	697.81	171.60	2880.68	2631.49	1517.30	2336.81	981.62	392.08	5.07
113.38	69.44	18.38	337.11	289.75	158.64	168.32	83.63	33.67	
675.00	1192.93	169.13	5472.79	4673.96	1217.72	2603.17	1744.19	316.67	
801.50	1346.59	166.66	4915.89	4398.08	1106.97	2119.00	1022.90	376.28	32.56
215.64	143.41	73.04	663.88	604.73	239.73	645.85	184.38	12.29	1.60
75.86	71.59	26.93	192.28	185.84	74.12	116.56	55.36	0.05	
97.76	56.69	22.84	369.84	361.00	114.29	161.22	70.72	1.00	1.02
36.49	21.74	7.94	66.86	65.15	19.84	54.49	18.13		
14.49	10.91	4.94	39.15	34.20	18.73	26.89	9.96		
12861.91	7575.11	3371.96	36963.04	31902.65	12486.99	26711.48	8813.68	600.31	135.54
1711.48	1124.01	390.90	4853.18	4335.57	1805.19	3235.19	1022.95	201.30	5.65
4517.76	2005.24	805.16	11024.39	9520.65	4061.47	7962.70	3058.45	217.04	34.50
1697.17	783.47	401.66	3220.05	2817.07	786.98	3093.61	1141.91	75.30	25.17
2383.92	1677.21	637.81	8388.93	6842.31	2532.24	6122.96	2087.99	74.53	54.11
1923.95	1544.08	942.52	8089.45	7118.37	2756.46	4746.15	987.72	19.00	14.67
123.86	64.65	34.82	255.82	241.78	83.68	300.42	89.64	0.03	0.50
417.85	318.20	142.74	956.59	863.17	390.08	1097.89	373.67	12.86	0.94
85.92	58.23	16.35	174.64	163.74	70.90	152.56	51.36	0.25	

2-5 续表 5

行　　业	企业单位数（个）	资产总计	固定资产净额	固定资产原价	累计折旧	流动资产合计
计算机、通信和其他电子设备制造业	5081	127855.90	23760.30	45714.91	21300.17	81410.05
计算机制造	607	14776.47	1400.30	3478.67	2006.27	11794.05
通信设备制造	515	34275.51	2429.69	4825.61	2350.29	26789.11
广播电视设备制造	118	1868.89	402.44	762.87	345.28	1002.56
雷达及配套设备制造	24	525.07	49.82	93.04	43.17	386.98
非专业视听设备制造	272	4777.04	459.14	906.91	436.07	3548.34
智能消费设备制造	265	5010.69	684.06	1238.83	534.26	3532.68
电子器件制造	1184	41212.58	12992.19	24343.36	11064.08	19240.91
电子元件及电子专用材料制造	1854	22834.11	4892.82	9342.40	4254.43	13400.96
其他电子设备制造	242	2575.54	449.84	723.22	266.32	1714.45
仪器仪表制造业	724	7191.92	773.18	1450.00	664.29	4917.48
通用仪器仪表制造	391	4730.45	440.78	796.28	346.59	3243.15
专用仪器仪表制造	121	1242.20	122.95	247.95	124.13	881.79
钟表与计时仪器制造	76	170.59	29.15	62.45	32.81	122.68
光学仪器制造	99	837.71	166.41	315.91	147.24	542.81
衡器制造	19	79.45	5.27	11.26	5.99	41.79
其他仪器仪表制造业	18	131.52	8.62	16.16	7.54	85.26
其他制造业	188	2547.91	497.25	1014.61	509.61	1318.01
日用杂品制造	133	461.60	96.04	234.43	134.70	280.88
废弃资源综合利用业	99	1344.62	372.87	540.25	166.45	733.13
金属废料和碎屑加工处理	67	1166.38	318.55	457.48	138.21	653.49
非金属废料和碎屑加工处理	32	178.24	54.32	82.77	28.24	79.65
金属制品、机械和设备修理业	145	1941.02	393.59	802.37	384.28	1050.90
金属制品修理	3	7.73	1.57	2.65	1.04	3.81
通用设备修理	12	23.46	1.98	5.85	3.87	20.08
专用设备修理	23	526.70	30.74	68.71	36.29	161.11
铁路、船舶、航空航天等运输设备修理	73	1249.60	333.97	666.27	309.80	770.22
电气设备修理	13	32.63	4.75	9.04	3.98	26.28
其他机械和设备修理业	19	94.48	20.22	48.56	28.34	63.54
电力、热力、燃气及水生产和供应业	**1759**	**144522.65**	**73623.47**	**148634.44**	**73903.38**	**24908.89**
电力、热力生产和供应业	1153	125233.84	66434.68	136929.01	69472.33	19560.55
电力生产	794	43521.46	26016.36	49894.63	23302.38	8444.23
电力供应	156	77294.16	38658.75	83840.99	44765.60	9397.05
热力生产和供应	203	4418.22	1759.57	3193.40	1404.35	1719.27
燃气生产和供应业	213	6832.09	2684.23	4039.39	1316.52	2071.89
燃气生产和供应业	212	6818.70	2679.60	4033.59	1315.35	2064.07
水的生产和供应业	393	12456.73	4504.56	7666.03	3114.52	3276.44
自来水生产和供应	349	9642.46	3490.76	6175.18	2637.82	2531.20
污水处理及其再生利用	43	2742.61	1011.59	1482.96	471.03	677.74

单位：亿元

应收账款	存货	产成品	负债合计	流动负债合计	应付账款	所有者权益合计	实收资本	国家资本	集体资本
29126.22	15730.63	4839.14	70691.66	58809.97	29156.05	57172.03	24726.10	1575.62	349.05
6252.01	2174.93	579.19	10463.70	9924.25	6802.89	4312.77	1414.51	46.75	8.94
8636.20	5291.03	1441.10	21747.57	18724.85	9121.52	12535.73	2795.38	104.44	74.97
343.84	202.21	59.39	850.27	731.48	379.04	1018.62	390.16	1.38	5.03
96.80	134.99	19.99	331.66	272.17	115.25	193.41	59.78	35.02	1.20
1303.29	732.96	253.05	3094.02	2841.26	1339.77	1683.02	509.61	16.21	2.46
1288.57	663.51	281.24	2939.86	2702.66	1279.66	2070.84	777.72	5.66	4.23
5684.60	3337.49	1034.92	19343.70	13281.62	5476.83	21868.88	13717.67	1124.18	188.80
5018.52	2784.40	1007.67	10666.19	9226.92	4164.60	12167.92	4551.74	231.13	57.97
502.39	409.12	162.59	1254.69	1104.75	476.48	1320.85	509.54	10.85	5.45
1395.47	1105.47	351.76	3183.45	2844.66	1162.68	4008.47	1061.06	98.87	12.70
930.87	714.12	225.97	2145.16	1952.62	786.54	2585.30	682.53	74.44	7.07
224.87	219.67	65.66	525.81	454.82	166.29	716.39	168.07	16.10	1.99
30.18	37.69	15.67	80.27	71.62	30.44	90.32	33.08		0.18
177.38	106.83	40.18	350.09	304.06	152.25	487.62	159.34	5.61	3.46
11.33	10.58	3.35	37.01	24.49	8.04	42.44	5.00	1.21	
20.84	16.58	0.94	45.11	37.06	19.12	86.41	13.04	1.50	
269.40	260.80	80.96	1706.68	1060.31	370.19	841.23	309.70	92.89	1.44
64.61	74.79	30.27	200.79	185.19	63.20	260.82	108.85		0.34
160.82	235.97	51.90	764.60	679.90	134.28	580.02	252.36	24.67	2.32
144.94	217.14	44.41	685.72	609.85	108.28	480.66	219.96	24.24	1.78
15.88	18.82	7.49	78.88	70.04	26.00	99.36	32.40	0.43	0.54
291.35	230.81	15.36	1019.57	823.26	315.37	921.45	491.96	78.79	8.38
0.78	0.35	0.01	6.19	5.81	0.61	1.54	0.67		0.37
9.64	0.93	0.26	11.81	11.66	6.60	11.65	3.40	0.74	0.83
39.13	5.52	0.58	190.85	153.27	35.23	335.85	108.24	13.94	0.45
209.20	211.96	10.87	731.65	580.47	242.29	517.96	358.75	56.17	5.52
10.04	1.02	0.01	22.48	22.32	11.53	10.14	4.82	2.62	0.61
19.36	10.92	3.64	51.93	45.06	18.27	42.55	14.86	5.32	0.60
5049.59	**1841.59**	**83.36**	**83021.43**	**47944.88**	**11201.19**	**61505.39**	**44112.84**	**26804.15**	**148.48**
4294.03	1537.44	28.20	71723.34	41772.42	10115.54	53514.67	40259.33	24920.55	121.14
1855.42	1302.70	23.01	28865.88	14268.01	2832.84	14660.08	10456.30	3304.21	114.45
2241.11	146.38	3.20	39650.67	25535.72	6890.59	37643.16	29159.33	21376.93	6.55
197.50	88.36	1.99	3206.79	1968.68	392.12	1211.43	643.71	239.40	0.14
301.96	173.74	40.65	4062.24	2852.87	463.12	2769.85	1337.84	335.31	14.14
301.31	173.47	40.37	4059.68	2851.24	462.75	2759.03	1327.84	335.31	14.14
453.59	130.41	14.51	7235.86	3319.60	622.53	5220.87	2515.67	1548.30	13.20
203.26	115.98	13.54	5671.39	2604.76	438.39	3971.07	1896.33	1208.61	11.15
248.98	14.38	0.97	1504.59	655.54	183.61	1238.01	613.64	339.69	2.05

2-5 续表 6

行　　业	法人资本	个人资本	港澳台资本	外商资本	营业收入
总　计	**93567.93**	**20778.81**	**10036.54**	**15205.70**	**839140.05**
采矿业	**9190.53**	**739.82**	**56.78**	**83.03**	**40759.82**
煤炭开采和洗选业	4497.73	577.11	16.67	42.57	24266.54
烟煤和无烟煤开采洗选	4227.64	550.72	16.67	40.81	23617.68
褐煤开采洗选	267.90	26.39		1.75	634.51
石油和天然气开采业	1789.38				8520.62
石油开采	1736.31				7154.80
天然气开采	53.07				1365.82
黑色金属矿采选业	1057.41	53.62	3.08	0.30	3560.26
铁矿采选	1055.10	53.04	3.08		3450.59
锰矿、铬矿采选	0.70	0.58			12.68
有色金属矿采选业	283.33	86.10	11.07	36.09	1751.20
常用有色金属矿采选	177.69	45.61	7.24	23.37	1141.86
贵金属矿采选	60.67	32.06	3.84	12.72	338.65
稀有稀土金属矿采选	44.97	8.43			270.70
非金属矿采选业	128.38	14.88		3.89	629.22
土砂石开采	61.04	9.08			295.77
化学矿开采	13.88	0.36			131.67
采盐	47.92	3.77		3.06	162.22
石棉及其他非金属矿采选	5.55	1.67		0.83	39.56
开采专业及辅助性活动	1434.29	8.11	25.95	0.18	2022.03
煤炭开采和洗选专业及辅助性活动	4.10				24.45
石油和天然气开采专业及辅助性活动	1430.19	8.11	25.95	0.18	1997.58
制造业	**68404.59**	**19720.41**	**9475.92**	**14765.46**	**730228.81**
农副食品加工业	1148.59	473.99	162.67	354.85	19855.16
谷物磨制	44.56	35.70	6.49	19.60	1511.04
饲料加工	249.13	100.16	13.35	24.92	2318.28
植物油加工	121.71	19.14	5.10	74.20	3786.21
制糖业	68.01	21.06	0.31	8.23	851.31
屠宰及肉类加工	385.94	155.00	97.79	101.56	7046.14
水产品加工	49.86	43.76	12.48	8.56	1236.59
蔬菜、菌类、水果和坚果加工	90.71	47.81	3.20	22.71	1053.75
其他农副食品加工	138.68	51.35	23.96	95.07	2051.83
食品制造业	883.74	447.58	200.66	370.07	13363.46
焙烤食品制造	88.76	42.02	44.49	65.15	1418.30
糖果、巧克力及蜜饯制造	28.16	26.28	17.96	40.62	938.05
方便食品制造	161.18	35.53	60.42	58.25	1783.56
乳制品制造	271.38	104.66	22.00	77.69	3891.16
罐头食品制造	30.77	14.27	6.65	1.11	541.37
调味品、发酵制品制造	126.77	116.72	24.54	44.18	1952.83
其他食品制造	176.71	108.10	24.59	83.06	2838.19

单位：亿元

营业成本	销售费用	管理费用	财务费用	利息费用	投资收益（损失以"–"号记）	营业利润	利润总额	亏损企业亏损额	平均用工人数（万人）
690060.75	**20914.43**	**43273.87**	**6476.34**	**7854.18**	**8493.56**	**66882.29**	**66715.01**	**7289.54**	**4611.08**
24972.90	**392.70**	**3112.15**	**1149.17**	**1299.94**	**524.05**	**8902.44**	**8430.79**	**885.75**	**356.83**
13753.76	290.87	1806.57	791.01	939.13	286.21	6138.31	5932.79	474.33	236.26
13396.48	284.11	1753.49	770.33	921.81	260.26	5976.87	5777.68	461.01	229.57
346.62	6.77	51.53	19.83	16.45	25.94	160.75	154.44	12.81	6.34
5301.28	33.98	721.36	154.43	160.75	18.51	1658.67	1465.42	204.30	54.40
4579.42	28.47	608.75	139.95	149.28	18.20	1210.66	1049.08	196.81	51.86
721.85	5.51	112.61	14.48	11.47	0.31	448.01	416.34	7.49	2.54
2490.41	29.00	246.10	147.88	137.32	181.45	672.74	597.96	85.99	17.38
2389.55	28.86	244.85	146.99	136.86	181.45	667.16	592.40	85.99	17.10
10.93	0.13	0.60	0.12	0.09		0.80	0.78		0.18
1060.19	11.63	178.33	40.99	45.13	31.62	412.11	406.23	46.35	16.92
652.06	6.55	88.56	24.18	26.06	25.24	345.97	342.66	8.24	8.58
229.14	3.25	60.93	9.66	13.09	6.11	30.24	29.36	31.98	5.47
179.00	1.83	28.83	7.15	5.99	0.27	35.90	34.21	6.13	2.86
438.43	25.07	56.37	11.72	10.18	1.46	78.33	80.63	5.21	6.81
203.06	10.54	26.15	5.90	3.48	0.36	41.86	42.54	1.12	2.49
88.37	3.48	11.11	3.66	3.90	2.08	19.92	19.80	2.97	1.22
121.41	8.19	16.71	1.86	2.55	-0.98	8.51	10.41	1.00	2.56
25.58	2.86	2.40	0.29	0.24		8.04	7.87	0.12	0.54
1920.89	1.76	102.30	3.07	7.36	4.81	-57.99	-52.49	69.58	25.00
21.80	0.02	4.62	0.07	0.07	0.01	-3.27	-6.18	6.37	0.71
1899.09	1.75	97.68	3.00	7.29	4.79	-54.72	-46.31	63.21	24.29
600184.21	**20200.54**	**38652.84**	**3735.60**	**4985.23**	**7089.09**	**57440.80**	**57623.83**	**4257.11**	**4003.90**
17937.06	415.81	537.27	127.18	124.95	141.16	903.11	909.56	127.11	122.19
1361.89	32.08	35.02	8.25	8.27	0.26	66.92	69.46	3.43	6.62
1983.90	59.57	96.28	16.72	19.37	72.42	230.71	222.82	13.13	12.26
3496.26	43.48	52.23	9.80	13.27	-20.18	143.46	144.34	2.26	6.12
745.91	12.80	33.64	20.80	19.77	0.25	31.54	31.26	9.82	6.43
6543.67	137.99	153.54	28.78	29.11	71.84	233.08	236.45	69.65	54.94
1088.34	29.71	43.22	11.32	8.74	1.02	61.09	62.05	11.77	12.79
885.46	39.61	44.89	7.33	5.41	7.04	80.38	81.97	3.65	10.03
1831.64	60.59	78.45	24.18	21.01	8.50	55.93	61.22	13.41	13.01
10174.98	1387.86	662.59	33.74	68.22	109.02	1185.57	1211.82	97.22	103.04
1070.84	158.50	73.96	5.22	7.33	26.33	130.05	134.45	8.17	19.86
672.35	117.16	61.27	2.16	2.69	2.71	83.27	82.42	1.63	7.27
1472.81	136.68	79.81	6.30	6.28	13.74	96.55	104.50	16.98	19.62
3044.07	487.60	123.90	-7.35	18.94	54.31	305.24	309.09	59.23	16.37
458.27	16.37	22.35	3.46	2.57	0.48	36.55	37.12	0.49	5.84
1479.60	107.22	103.86	6.36	9.42	5.22	254.99	256.74	0.24	11.97
1977.03	364.34	197.45	17.60	21.01	6.24	278.92	287.49	10.46	22.11

2-5 续表 7

行 业					营业收入
	法人资本	个人资本	港澳台资本	外商资本	
酒、饮料和精制茶制造业	635.27	203.57	88.35	213.25	10344.26
酒的制造	406.71	136.26	14.44	85.14	6515.72
饮料制造	208.04	51.03	67.38	128.11	3219.40
精制茶加工	20.52	16.29	6.54		609.14
烟草制品业	523.58	1.43			12028.52
烟叶复烤	173.59				135.21
卷烟制造	343.69	0.92			11868.79
其他烟草制品制造	6.31	0.51			24.52
纺织业	832.88	584.12	335.94	177.03	11977.31
棉纺织及印染精加工	575.84	358.70	241.71	72.65	7557.37
毛纺织及染整精加工	40.48	34.67	6.89	6.87	784.99
麻纺织及染整精加工	12.32	6.75	8.03		165.91
丝绢纺织及印染精加工	13.20	12.90	0.26	5.36	325.58
化纤织造及印染精加工	52.34	41.27	21.96	11.90	566.31
针织或钩针编织物及其制品制造	14.30	43.01	18.24	5.64	635.71
家用纺织制成品制造	76.28	59.23	14.23	23.43	909.00
产业用纺织制成品制造	48.10	27.60	24.62	51.18	1032.44
纺织服装、服饰业	502.48	387.15	222.90	90.24	7532.73
机织服装制造	386.33	320.92	144.34	43.61	4958.16
针织或钩针编织服装制造	76.65	48.47	67.78	35.25	2087.23
服饰制造	39.50	17.76	10.78	11.38	487.34
皮革、毛皮、羽毛及其制品和制鞋业	243.96	139.92	110.61	94.53	5507.71
皮革鞣制加工	21.83	28.94	6.61	2.68	552.50
皮革制品制造	24.67	11.98	12.69	5.72	640.84
毛皮鞣制及制品加工	11.19	6.35	0.48		127.97
羽毛(绒)加工及制品制造	5.96	3.51		0.13	69.15
制鞋业	180.31	89.14	90.83	86.01	4117.26
木材加工和木、竹、藤、棕、草制品业	124.56	73.36	19.53	17.96	1720.22
木材加工	14.36	8.36	14.81	0.88	143.08
人造板制造	62.36	35.48	1.88	1.29	847.39
木质制品制造	40.79	27.59	2.85	15.69	574.54
竹、藤、棕、草等制品制造	7.05	1.92		0.10	155.21
家具制造业	285.51	165.99	67.99	53.86	3909.29
木质家具制造	187.30	95.80	30.01	20.22	2072.32
竹、藤家具制造	0.60	1.52		1.64	43.32
金属家具制造	35.87	49.61	25.83	18.05	980.63
塑料家具制造	5.56	4.47	1.71	0.33	53.47
其他家具制造	56.18	14.59	10.43	13.62	759.54
造纸和纸制品业	1332.33	249.18	478.21	481.85	8361.06

单位：亿元

营业成本	销售费用	管理费用	财务费用		投资收益(损失以“–”号记)	营业利润	利润总额	亏损企业亏损额	平均用工人数(万人)
				利息费用					
6327.59	1000.66	586.81	-3.50	45.37	599.97	2261.37	2258.80	31.68	68.73
3549.66	508.19	432.11	-3.63	36.20	574.16	1840.82	1836.24	25.65	40.98
2320.08	456.85	119.95	-2.85	7.53	25.43	344.72	347.43	5.52	22.02
457.86	35.63	34.75	2.98	1.64	0.38	75.83	75.13	0.51	5.74
3582.42	154.36	834.20	-83.81	0.96	77.98	1172.93	1167.93	6.24	15.10
101.89	4.66	15.28	-5.61	0.01	0.57	19.54	19.47	0.86	1.44
3462.72	149.27	814.59	-78.13	0.91	77.39	1151.48	1146.58	5.38	13.25
17.82	0.44	4.32	-0.07	0.04	0.03	1.90	1.87		0.41
10269.58	230.99	586.95	128.16	105.59	30.41	741.03	769.47	32.63	134.13
6545.65	117.03	357.36	86.02	70.89	23.37	445.89	461.37	22.62	84.91
707.89	7.85	24.95	7.60	7.47	1.30	35.54	41.81	1.00	5.76
146.93	2.31	8.19	2.75	1.63	0.16	5.72	5.90	1.08	2.73
282.70	5.52	14.71	3.43	2.72	0.58	18.35	19.37	0.23	3.78
486.78	8.68	32.23	7.61	6.07	1.94	30.24	31.09	2.16	8.54
527.20	10.04	31.28	6.11	4.97	-1.68	55.36	56.58	0.94	6.34
743.28	47.53	48.48	8.51	7.06	2.82	59.34	61.18	1.86	10.17
829.14	32.02	69.75	6.15	4.79	1.92	90.60	92.17	2.74	11.90
6195.68	368.83	445.66	45.49	36.77	93.25	522.22	534.78	37.36	132.10
4045.31	253.75	283.89	29.09	26.82	32.67	343.08	350.07	23.95	83.20
1764.59	80.14	126.49	12.66	7.30	58.94	152.90	156.64	10.44	36.44
385.78	34.94	35.28	3.75	2.65	1.64	26.24	28.08	2.96	12.46
4645.57	166.96	317.98	24.05	18.87	43.83	372.57	377.64	14.88	99.95
466.57	17.47	33.05	5.96	5.84	0.63	28.04	28.96	1.35	9.46
545.22	20.31	40.22	2.90	2.93	-0.10	28.70	29.75	5.52	10.68
113.45	2.79	6.05	2.21	0.55	0.19	3.42	3.90	0.03	2.23
59.89	2.31	3.17	0.69	0.49	0.48	3.43	3.54	0.20	1.16
3460.43	124.07	235.49	12.29	9.06	42.63	308.98	311.49	7.78	76.42
1438.07	56.62	85.49	15.47	11.16	10.80	123.78	126.58	5.13	18.35
118.19	2.24	7.11	1.73	1.51	10.19	24.66	24.77	0.10	1.25
730.10	20.87	35.28	6.98	4.71	0.15	49.10	50.21	3.40	8.38
460.50	28.50	34.93	6.24	4.58	0.46	38.81	40.25	1.63	7.44
129.27	5.02	8.17	0.51	0.35	0.01	11.21	11.36		1.28
3171.16	180.10	281.87	22.97	18.45	33.92	247.87	250.89	32.05	54.17
1662.06	109.24	145.34	16.62	11.61	9.07	117.25	116.92	26.02	29.51
37.16	0.83	2.53	0.17	0.04		2.46	2.56		0.86
813.47	27.23	75.01	1.88	3.65	20.50	78.13	79.17	2.03	12.00
46.40	1.51	3.18	0.32	0.16	0.01	1.59	1.69	0.85	1.17
612.06	41.28	55.81	3.98	2.98	4.35	48.44	50.54	3.16	10.64
6939.48	265.69	440.38	111.61	127.01	102.96	687.63	712.90	32.88	44.81

2-5 续表 8

行 业	法人资本	个人资本	港澳台资本	外商资本	营业收入
纸浆制造	70.76	3.05	11.74	4.15	136.58
造纸	1105.63	164.64	355.96	441.13	5892.11
纸制品制造	155.94	81.49	110.51	36.57	2332.38
印刷和记录媒介复制业	259.29	125.23	91.31	71.52	2813.28
印刷	249.60	114.84	90.66	70.37	2680.41
装订及印刷相关服务	9.69	8.89	0.65	1.15	126.79
文教、工美、体育和娱乐用品制造业	202.53	184.53	240.30	110.34	7255.68
文教办公用品制造	11.18	21.44	8.13	11.58	640.70
乐器制造	17.93	15.25	3.88	9.77	160.99
工艺美术及礼仪用品制造	92.78	110.55	91.78	11.13	4326.53
体育用品制造	36.15	15.00	46.05	22.77	811.92
玩具制造	36.11	13.95	83.15	34.93	1071.33
游艺器材及娱乐用品制造	8.37	8.35	7.31	20.16	244.20
石油、煤炭及其他燃料加工业	3532.23	604.42	88.34	120.28	50719.18
精炼石油产品制造	2362.75	246.69	49.28	108.70	40218.35
煤炭加工	1039.40	357.04	39.06	11.57	10183.12
生物质燃料加工	10.91	0.69			111.91
化学原料和化学制品制造业	6184.54	1160.00	698.29	1142.42	47504.93
基础化学原料制造	2359.49	344.81	209.20	389.24	17150.20
肥料制造	870.17	118.29	9.77	9.95	4758.87
农药制造	140.68	81.24	0.19	16.07	1697.16
涂料、油墨、颜料及类似产品制造	258.15	120.16	53.89	38.51	2645.00
合成材料制造	2041.03	192.30	234.38	431.08	13244.57
专用化学产品制造	327.60	169.86	106.77	149.21	5221.43
炸药、火工及焰火产品制造	88.82	92.28			628.77
日用化学产品制造	98.59	41.06	84.09	108.35	2158.92
医药制造业	2392.08	1024.99	393.14	323.55	21052.32
化学药品原料药制造	534.38	193.99	61.35	41.87	2935.49
化学药品制剂制造	644.40	266.39	166.31	165.82	6980.11
中药饮片加工	169.44	21.21	2.48	2.65	581.72
中成药生产	460.72	302.79	36.88	24.25	3511.36
兽用药品制造	40.43	25.95	1.13	2.60	513.77
生物药品制品制造	435.17	171.35	98.60	70.91	4815.93
卫生材料及医药用品制造	82.83	30.57	24.40	14.18	1529.85
药用辅料及包装材料	24.70	12.76	1.99	1.26	184.10
化学纤维制造业	925.51	309.11	160.74	118.14	7943.48
纤维素纤维原料及纤维制造	121.52	31.41	26.40	53.37	1277.32
合成纤维制造	755.17	263.85	134.35	64.77	6499.60
生物基材料制造	48.82	13.85			166.55
橡胶和塑料制品业	952.76	1515.64	374.12	585.51	12299.50

单位：亿元

营业成本	销售费用	管理费用	财务费用	利息费用	投资收益(损失以"–"号记)	营业利润	利润总额	亏损企业亏损额	平均用工人数(万人)
114.32	1.68	8.46	4.35	3.53	0.08	7.97	8.33	2.23	1.01
4958.21	135.02	312.41	97.77	111.20	86.95	469.26	485.60	25.07	24.99
1866.94	128.99	119.51	9.48	12.28	15.93	210.40	218.97	5.58	18.80
2265.10	85.89	226.29	16.17	13.66	18.40	223.53	230.66	9.85	34.60
2163.51	79.42	213.19	14.55	12.39	17.35	213.93	220.68	9.84	32.87
99.16	4.76	12.20	1.67	1.26	1.02	8.52	8.91	0.01	1.63
6201.25	182.86	399.28	37.49	30.13	23.74	435.39	446.21	16.72	88.47
532.66	28.41	38.48	2.38	3.63	11.76	49.04	50.85	1.38	6.39
130.54	4.07	13.28	0.75	0.50	0.09	11.77	12.85	0.26	2.61
3777.68	98.25	179.31	24.48	16.34	12.37	248.75	251.78	3.44	31.12
661.74	18.32	61.90	3.06	1.56	1.43	65.09	66.62	3.59	13.95
899.89	26.78	86.27	5.06	6.55	-2.50	43.91	46.89	5.92	31.08
198.73	7.01	20.05	1.75	1.54	0.59	16.81	17.22	2.12	3.33
40692.07	258.24	1101.45	343.16	353.21	160.84	2654.50	2584.92	300.56	67.23
31649.42	122.24	773.94	209.33	236.37	112.57	1904.25	1860.49	131.92	38.32
8774.93	133.07	313.28	130.83	114.63	47.91	718.30	692.43	162.66	27.41
104.40	2.67	2.75	3.68	1.38	0.05	-2.02	-1.98	5.98	0.54
37840.89	1101.02	2312.85	558.33	591.63	670.86	5620.42	5566.03	339.93	172.04
13451.07	225.00	776.20	227.31	236.27	328.19	2451.76	2428.90	104.66	52.83
3759.75	83.11	249.43	102.04	111.96	29.85	475.19	466.31	98.69	22.91
1304.47	34.55	134.40	17.72	16.22	16.42	202.44	193.75	26.16	8.90
2079.35	120.61	187.47	13.52	20.49	23.23	250.07	248.04	8.95	13.93
11225.70	173.23	423.69	152.46	163.53	210.77	1290.35	1277.17	77.74	28.55
4192.32	129.69	272.26	33.15	32.56	28.02	598.07	600.14	11.94	19.75
457.24	33.50	69.55	8.84	6.09	7.65	57.14	57.23	2.30	11.12
1370.99	301.33	199.84	3.29	4.52	26.73	295.39	294.49	9.48	14.05
9836.00	3833.49	2148.17	111.50	168.69	573.50	5641.41	5608.91	164.34	137.22
2074.54	128.32	298.45	35.29	35.97	63.47	441.43	444.01	25.57	23.60
3101.64	2042.24	823.24	21.78	45.69	186.94	1141.16	1132.70	71.23	41.04
348.62	92.85	46.40	13.00	13.94	3.14	199.96	181.16	4.85	3.80
1863.59	796.44	319.66	22.50	36.45	242.86	701.18	730.24	18.44	32.32
334.96	38.02	58.60	7.42	2.17	4.23	75.47	76.55	1.77	4.58
997.85	547.67	456.28	-3.51	14.13	68.36	2837.13	2795.83	35.14	15.31
985.05	180.35	128.13	13.80	19.17	4.35	218.12	221.09	6.32	14.45
129.74	7.60	17.40	1.21	1.17	0.15	26.95	27.34	1.01	2.12
6925.37	63.17	292.05	95.68	133.61	67.06	609.78	612.52	37.54	29.96
1096.18	15.55	55.44	26.05	30.00	8.70	86.77	86.53	7.66	6.71
5689.69	43.79	224.45	66.94	101.58	58.44	512.82	514.50	26.55	22.18
139.50	3.83	12.16	2.68	2.03	-0.07	10.20	11.48	3.33	1.08
10154.29	385.86	779.33	82.83	78.00	88.03	911.81	924.85	88.28	126.37

2-5 续表 9

行　业					营业收入
	法人资本	个人资本	港澳台资本	外商资本	
橡胶制品业	414.03	1211.33	141.35	409.06	4501.32
塑料制品业	538.73	304.31	232.77	176.45	7798.18
非金属矿物制品业	3532.19	1696.70	553.26	415.41	22181.95
水泥、石灰和石膏制造	1666.45	745.79	248.79	73.16	5327.71
石膏、水泥制品及类似制品制造	153.85	83.57	12.26	2.43	2704.16
砖瓦、石材等建筑材料制造	86.67	108.73	21.49	10.74	1329.17
玻璃制造	342.74	65.33	80.65	134.94	1813.34
玻璃制品制造	158.72	93.69	100.25	91.46	1860.81
玻璃纤维和玻璃纤维增强塑料制品制造	126.53	30.40	45.50	17.25	900.42
陶瓷制品制造	297.09	392.99	27.31	55.40	4166.25
耐火材料制品制造	73.60	67.77	4.47	8.77	697.68
石墨及其他非金属矿物制品制造	626.55	108.43	12.55	21.28	3382.41
黑色金属冶炼和压延加工业	5616.32	2590.66	121.46	316.69	83304.38
炼铁	128.54	23.12	0.13	0.17	2177.44
炼钢	581.43	186.76	6.52	43.79	11651.74
钢压延加工	4682.51	1420.18	114.81	264.85	67231.82
铁合金冶炼	223.84	960.60		7.89	2243.38
有色金属冶炼和压延加工业	4389.37	643.83	236.80	149.18	43044.20
常用有色金属冶炼	2464.24	264.16	34.32	33.32	23562.15
贵金属冶炼	111.73	25.71	6.24	1.80	2097.51
稀有稀土金属冶炼	107.96	34.32		2.08	994.53
有色金属合金制造	269.69	43.68	16.12	3.60	2028.74
有色金属压延加工	1435.76	275.97	180.12	108.39	14361.27
金属制品业	1434.87	692.26	302.54	266.34	20359.56
结构性金属制品制造	398.59	197.08	29.32	18.91	5572.99
金属工具制造	80.54	43.46	15.48	19.86	1009.48
集装箱及金属包装容器制造	170.46	53.02	45.68	33.77	2397.57
金属丝绳及其制品制造	114.30	34.41	44.93	9.82	819.09
建筑、安全用金属制品制造	72.39	57.85	23.56	36.02	1775.12
金属表面处理及热处理加工	107.19	27.40	12.11	30.60	1765.16
搪瓷制品制造	7.99	1.77	0.13	2.19	91.25
金属制日用品制造	37.84	28.36	22.94	38.93	954.66
铸造及其他金属制品制造	445.57	248.91	108.38	76.24	5974.23
通用设备制造业	1844.32	1019.41	255.56	964.18	25751.24
锅炉及原动设备制造	317.24	119.46	38.13	80.79	3274.15
金属加工机械制造	193.08	120.74	24.33	52.44	2107.52
物料搬运设备制造	218.51	239.25	34.72	128.33	5631.16
泵、阀门、压缩机及类似机械制造	301.25	145.95	32.29	232.16	4474.80
轴承、齿轮和传动部件制造	241.96	94.77	9.31	199.33	2448.73
烘炉、风机、包装等设备制造	282.92	159.88	47.02	93.71	4032.10

单位：亿元

营业成本	销售费用	管理费用	财务费用		投资收益（损失以“—”号记）	营业利润	利润总额	亏损企业亏损额	平均用工人数（万人）
				利息费用					
3731.81	172.64	292.48	32.48	32.38	26.68	278.60	284.28	35.46	43.48
6422.48	213.22	486.86	50.35	45.62	61.34	633.21	640.57	52.82	82.89
16999.77	585.87	1266.51	184.13	207.06	218.20	3184.74	3210.15	118.74	171.44
3808.35	114.96	299.48	23.18	60.67	109.87	1155.96	1174.01	14.31	25.14
2260.84	91.44	131.00	20.29	21.58	41.39	222.43	224.66	6.01	16.29
1069.18	51.60	68.39	15.15	10.45	3.28	114.88	115.73	3.35	11.55
1304.60	29.17	114.55	14.60	18.73	2.67	305.00	305.84	42.69	11.98
1500.09	54.40	119.73	14.22	13.90	8.58	165.79	175.41	18.93	21.24
619.97	17.76	66.30	17.67	16.19	16.38	210.83	212.75	1.14	7.47
3381.20	150.37	240.10	36.22	23.16	11.52	330.03	333.65	10.25	54.73
556.55	33.65	50.09	6.62	6.19	3.05	50.99	51.94	2.64	7.48
2498.99	42.52	176.87	36.18	36.19	21.45	628.82	616.15	19.42	15.57
75398.20	470.97	2475.66	491.21	594.39	327.69	4395.42	4250.30	134.04	172.92
2077.14	7.16	34.92	12.93	9.56	0.04	35.44	16.95	19.16	5.18
10522.04	51.63	357.91	84.45	88.83	-10.94	576.56	579.68	16.03	21.53
60899.76	377.55	2003.46	355.22	453.96	339.09	3605.11	3477.74	82.71	137.38
1899.26	34.62	79.37	38.61	42.04	-0.51	178.31	175.93	16.14	8.83
38053.20	228.53	1092.57	458.69	500.50	165.70	2910.57	2940.17	130.97	105.52
20806.01	83.64	466.01	242.32	281.29	64.25	1748.79	1728.67	66.52	51.15
1871.69	4.21	78.97	24.21	33.72	20.34	111.44	109.75	5.14	4.90
735.96	6.02	40.80	15.59	10.19	6.70	186.41	185.69	1.21	2.74
1779.13	16.58	68.51	8.41	13.80	16.57	164.79	164.45	8.33	7.08
12860.42	118.09	438.28	168.16	161.50	57.84	699.14	751.61	49.78	39.65
17478.12	373.94	1023.82	127.37	118.00	100.73	1360.46	1384.77	75.48	149.42
4871.01	100.91	270.55	42.59	36.76	3.96	261.25	270.78	18.83	37.08
774.81	34.03	72.65	5.99	4.46	2.30	117.78	119.87	1.11	11.02
1917.48	35.18	95.41	14.34	13.52	15.24	331.92	332.10	6.92	11.81
719.38	20.89	42.19	5.74	4.93	2.20	28.08	28.89	5.18	5.52
1488.49	45.16	95.99	6.97	5.84	-0.31	129.10	131.63	5.90	18.48
1605.07	17.41	62.90	7.05	7.06	0.86	67.00	68.04	4.15	8.90
75.63	2.97	5.48	0.49	0.26	0.03	5.80	6.00	0.02	1.13
772.83	37.64	69.51	5.30	4.67	54.57	117.66	119.69	1.17	14.38
5253.41	79.74	309.15	38.89	40.52	21.88	301.89	307.76	32.20	41.09
20997.81	886.72	1850.92	88.61	136.62	221.35	1974.21	2026.21	175.32	195.49
2695.76	84.46	280.70	-1.86	16.78	54.98	255.92	264.04	30.25	20.78
1647.83	95.50	177.08	17.26	18.44	24.27	136.37	142.64	63.41	20.45
4681.45	196.45	361.29	9.55	25.69	74.54	405.67	410.97	8.79	29.69
3584.63	152.44	316.80	14.24	19.36	17.43	414.03	423.28	7.93	32.89
1984.44	58.69	161.23	20.46	19.13	8.49	224.65	234.07	11.40	21.48
3319.07	174.32	261.32	13.20	18.68	25.23	272.85	281.63	22.67	30.44

2-5 续表 10

行 业					营业收入
	法人资本	个人资本	港澳台资本	外商资本	
文化、办公用机械制造	61.82	34.86	27.30	100.63	1273.16
通用零部件制造	129.89	72.50	25.66	65.77	1624.52
其他通用设备制造业	97.65	32.00	16.81	11.02	885.09
专用设备制造业	2137.58	806.40	300.60	491.57	19186.43
采矿、冶金、建筑专用设备制造	945.64	244.18	49.07	126.02	7034.34
化工、木材、非金属加工专用设备制造	194.98	119.93	102.40	66.48	2404.68
食品、饮料、烟草及饲料生产专用设备制造	44.90	3.26	0.59	4.65	305.31
印刷、制药、日化及日用品生产专用设备制造	126.35	29.16	6.83	28.00	685.81
纺织、服装和皮革加工专用设备制造	50.94	19.14	9.13	25.32	644.33
电子和电工机械专用设备制造	106.01	52.86	29.48	9.12	1438.37
农、林、牧、渔专用机械制造	94.25	28.89	4.32	76.14	1229.20
医疗仪器设备及器械制造	301.20	150.18	88.46	130.91	2974.26
环保、邮政、社会公共服务及其他专用设备制造	273.31	158.80	10.32	24.93	2470.13
汽车制造业	6049.64	630.36	331.17	2252.07	69916.85
汽车整车制造	3595.61	107.79	82.18	866.88	39539.76
汽车用发动机制造	198.80	3.34	19.31	154.50	2152.74
改装汽车制造	145.71	32.50	1.51	0.99	1409.04
低速汽车制造	3.66	0.03			114.30
电车制造	7.00				64.89
汽车车身、挂车制造	47.64	7.94	0.25	9.76	576.79
汽车零部件及配件制造	2051.22	478.76	227.93	1219.93	26059.33
铁路、船舶、航空航天和其他运输设备制造业	2443.11	251.24	128.21	173.75	12455.54
铁路运输设备制造	512.86	56.39	6.45	8.77	2924.77
城市轨道交通设备制造	45.84	1.91		2.21	309.38
船舶及相关装置制造	1216.98	68.53	32.04	108.54	3240.17
航空、航天器及设备制造	530.42	19.00	51.91	11.88	3018.85
摩托车制造	80.34	54.12	24.10	11.93	1484.49
自行车和残疾人座车制造	16.76	7.43	10.06	21.07	436.44
助动车制造	30.45	34.44	1.35	2.47	816.93
非公路休闲车及零配件制造	8.79	3.33		6.00	152.90
潜水救捞及其他未列明运输设备制造	0.67	6.11	2.30	0.89	71.60
电气机械和器材制造业	5160.93	1436.52	503.87	971.23	57495.48
电机制造	425.12	142.72	91.62	156.53	6419.19
输配电及控制设备制造	2050.10	480.31	125.62	145.61	16004.45
电线、电缆、光缆及电工器材制造	616.83	302.62	29.34	92.65	7949.14
电池制造	1315.95	169.57	121.11	352.72	9553.37
家用电力器具制造	531.94	171.91	82.79	167.42	14734.32
非电力家用器具制造	62.27	16.46	5.43	4.94	498.40
照明器具制造	141.33	125.16	46.21	47.17	2069.54
其他电气机械及器材制造	17.39	27.78	1.76	4.18	267.07

单位：亿元

营业成本	销售费用	管理费用	财务费用	利息费用	投资收益(损失以"–"号记)	营业利润	利润总额	亏损企业亏损额	平均用工人数(万人)
1085.58	35.30	80.22	1.93	4.19	2.25	70.28	69.64	9.07	13.19
1313.53	45.04	121.11	11.40	8.63	5.04	128.36	131.92	6.55	19.07
685.51	44.50	91.18	2.43	5.70	9.12	66.07	68.03	15.27	7.51
14875.82	877.31	1560.09	123.04	164.22	217.15	1855.23	1895.76	137.77	155.53
5790.88	288.42	446.41	59.67	79.32	74.88	444.91	459.43	53.01	36.33
1916.55	65.95	200.88	17.94	18.30	1.65	194.67	199.91	25.38	26.25
231.91	13.91	29.29	1.86	2.26	1.53	28.43	29.06	0.15	2.94
526.92	32.95	55.20	2.15	2.88	2.03	69.51	71.16	0.22	4.70
521.96	23.43	44.50	1.80	3.28	4.44	53.66	56.12	2.36	5.67
1080.54	52.22	153.10	6.65	7.33	6.69	155.27	158.25	12.91	15.59
1034.15	37.40	74.78	4.86	5.90	9.14	72.73	75.20	4.33	9.98
1827.99	265.16	347.98	8.43	13.46	94.05	633.11	638.12	19.44	34.88
1944.91	97.87	207.96	19.70	31.49	22.75	202.94	208.51	19.95	19.20
59257.01	1631.93	4218.26	-41.22	239.72	1156.22	4820.99	4901.28	762.51	282.66
33867.94	1028.19	2161.54	-130.90	102.81	980.11	2466.00	2492.76	545.59	82.12
1811.65	24.51	105.45	-0.90	5.98	1.84	202.13	204.19	18.94	5.96
1218.87	50.38	81.69	9.23	10.40	2.29	39.89	43.77	35.35	7.41
104.02	2.12	5.42	-0.73	0.61	0.32	3.38	3.94		1.44
59.94	0.15	1.69	0.50	0.39		2.33	2.28	0.86	0.64
492.58	14.07	36.11	3.34	2.61	0.94	35.08	36.37	3.56	4.81
21702.01	512.51	1826.37	78.23	116.91	170.72	2072.18	2117.99	158.21	180.28
10710.06	207.46	1016.03	29.73	87.71	90.27	533.44	518.64	198.36	102.16
2370.42	72.57	294.23	5.80	14.55	28.63	209.18	218.09	7.73	20.76
263.07	9.20	20.86	0.04	0.83	1.13	16.51	16.95	0.35	1.58
2961.18	21.70	243.94	8.54	41.72	35.36	19.99	-8.50	128.36	26.66
2584.64	19.80	279.62	11.02	21.03	7.84	119.42	120.32	54.66	26.90
1254.44	33.87	100.44	2.52	6.81	8.02	90.91	92.47	3.02	13.32
374.21	14.70	23.85	0.73	0.90	1.11	22.47	23.21	0.52	6.07
722.83	26.41	41.96	-0.78	0.82	7.97	32.71	33.43	2.33	4.73
118.76	6.06	8.51	1.64	0.92	0.05	17.37	17.57	1.39	1.58
60.51	3.15	2.64	0.23	0.13	0.15	4.88	5.11		0.57
48460.40	1987.27	3314.12	245.21	309.60	364.09	3610.94	3618.35	398.67	357.01
5429.83	198.74	405.45	15.63	27.85	52.35	404.43	409.82	18.93	42.95
13633.67	442.87	926.46	100.77	90.28	131.14	981.42	947.63	154.50	89.42
6953.67	186.61	344.18	64.74	62.37	38.94	398.27	402.84	33.88	33.55
8212.13	166.60	582.98	46.73	77.06	54.41	554.29	557.84	142.06	62.58
11919.14	869.49	843.81	8.16	42.10	67.43	1089.60	1112.85	34.77	94.17
398.82	32.37	32.88	1.01	1.59	0.01	33.61	33.85	1.83	4.88
1694.73	78.08	157.07	7.23	7.28	19.01	134.14	137.99	11.02	25.93
218.42	12.52	21.30	0.95	1.07	0.81	15.17	15.53	1.68	3.53

2-5 续表 11

行 业					营业收入
	法人资本	个人资本	港澳台资本	外商资本	
计算机、通信和其他电子设备制造业	13826.74	1848.96	2886.85	4239.97	123053.13
计算机制造	407.95	164.07	370.32	416.48	23201.16
通信设备制造	1793.30	177.21	397.78	248.79	39062.57
广播电视设备制造	274.05	34.15	20.39	55.16	1678.58
雷达及配套设备制造	22.14	1.41			245.41
非专业视听设备制造	256.44	55.67	97.11	81.72	6313.56
智能消费设备制造	451.93	120.69	116.29	78.39	5661.53
电子器件制造	8247.31	687.33	919.82	2550.74	24837.10
电子元件及电子专用材料制造	2022.15	543.90	920.96	775.63	19953.46
其他电子设备制造	351.48	64.52	44.18	33.06	2099.76
仪器仪表制造业	469.45	266.96	81.88	131.20	4899.57
通用仪器仪表制造	316.80	177.66	37.23	69.32	3179.05
专用仪器仪表制造	60.29	54.67	1.15	33.87	761.08
钟表与计时仪器制造	3.22	4.48	19.47	5.73	163.26
光学仪器制造	81.97	24.58	23.40	20.32	676.02
衡器制造	1.08	2.10		0.61	65.93
其他仪器仪表制造业	6.08	3.48	0.62	1.36	54.24
其他制造业	98.67	54.97	15.67	34.77	1482.31
日用杂品制造	29.42	32.76	13.05	33.29	626.86
废弃资源综合利用业	96.03	124.63	4.12	0.59	1770.69
金属废料和碎屑加工处理	78.86	112.01	2.74	0.32	1578.12
非金属废料和碎屑加工处理	17.17	12.61	1.38	0.27	192.56
金属制品、机械和设备修理业	343.52	7.32	20.82	33.13	1139.41
金属制品修理			0.08	0.23	8.32
通用设备修理	1.63	0.20			35.00
专用设备修理	92.24	1.60			123.18
铁路、船舶、航空航天等运输设备修理	240.83	3.59	20.74	31.89	824.66
电气设备修理	1.22	0.38			44.27
其他机械和设备修理业	7.54	0.40		1.02	95.64
电力、热力、燃气及水生产和供应业	**15972.81**	**318.57**	**503.84**	**357.22**	**68151.42**
电力、热力生产和供应业	14455.82	256.42	319.72	187.45	62291.61
电力生产	6332.09	207.23	318.15	181.92	16404.75
电力供应	7753.60	21.81		0.44	44758.78
热力生产和供应	370.13	27.38	1.56	5.10	1128.08
燃气生产和供应业	703.64	37.34	143.51	100.38	3818.71
燃气生产和供应业	693.64	37.34	143.51	100.38	3811.51
水的生产和供应业	813.35	24.81	40.62	69.39	2041.10
自来水生产和供应	556.60	14.47	33.68	65.82	1627.67
污水处理及其再生利用	256.75	10.34	1.25	3.57	407.63

单位：亿元

营业成本	销售费用	管理费用	财务费用		投资收益(损失以"–"号记)	营业利润	利润总额	亏损企业亏损额	平均用工人数(万人)
				利息费用					
105868.39	2520.51	8034.03	311.58	643.50	1285.87	7677.57	7773.04	702.28	773.42
21760.60	264.25	625.94	1.05	32.67	76.09	617.05	641.55	21.86	112.25
32702.95	1282.43	3475.49	47.69	209.40	886.33	2488.04	2504.64	75.06	174.84
1417.52	40.20	91.43	4.47	9.93	-2.43	116.53	117.44	8.04	13.84
198.77	4.55	30.56	0.94	1.91	0.82	12.13	12.12	7.08	1.96
5674.81	158.52	297.55	22.69	33.82	78.28	199.86	207.56	15.98	34.81
4872.81	146.35	369.74	11.77	19.18	18.10	274.25	275.26	55.63	40.02
20793.65	281.01	1714.38	121.14	228.51	106.94	2172.87	2198.32	404.54	173.61
16768.10	269.05	1252.12	91.47	94.94	117.72	1649.91	1666.68	102.73	198.64
1679.18	74.15	176.82	10.36	13.14	4.02	146.93	149.47	11.35	23.46
3668.12	250.61	475.72	20.62	25.30	77.01	570.68	581.85	21.58	47.79
2365.80	182.12	289.30	11.82	16.97	53.92	387.55	395.00	11.82	24.97
555.14	42.01	89.09	3.07	3.30	11.15	87.18	89.20	2.21	7.95
129.51	9.30	15.96	0.77	0.58	0.16	6.90	7.28	2.63	5.18
528.89	10.77	68.56	4.15	3.38	11.16	76.78	77.86	3.58	7.78
49.75	2.69	5.51	0.37	0.45	0.33	7.94	8.12		1.04
39.02	3.72	7.30	0.44	0.62	0.29	4.32	4.38	1.34	0.88
1259.33	26.03	116.68	3.95	7.26	7.12	96.92	96.87	4.04	19.43
523.46	19.48	40.07	2.55	2.54	2.17	41.25	41.91	2.81	12.26
1596.19	9.59	50.61	17.56	15.39	1.08	92.39	93.09	6.50	5.79
1433.59	6.16	40.19	16.31	14.08	-0.49	75.59	75.72	4.81	4.51
162.61	3.43	10.42	1.24	1.31	1.56	16.80	17.37	1.69	1.28
965.24	5.37	119.19	8.60	9.68	10.87	42.32	38.87	16.45	16.83
7.12	0.05	0.61	0.04	0.02	0.11	0.59	0.54	0.03	0.12
30.11	0.05	1.98	-0.03	0.02		2.69	2.67		0.82
109.78	0.48	11.30	2.73	3.51	8.74	6.56	6.65	1.74	1.98
687.84	3.86	95.04	5.45	5.61	1.80	26.94	22.81	14.56	9.50
40.38	0.08	3.09	0.06	0.04	0.13	0.53	0.97	0.12	1.81
82.84	0.83	6.17	0.36	0.49	0.08	4.97	5.14		2.38
64903.64	**321.19**	**1508.88**	**1591.56**	**1569.00**	**880.42**	**539.06**	**660.39**	**2146.67**	**250.35**
60106.93	36.27	1167.83	1462.10	1419.78	753.97	82.74	174.50	2067.06	205.65
15645.19	20.20	357.85	802.99	803.56	364.69	-295.93	-293.29	1738.92	53.03
43324.77	9.28	735.95	620.91	574.42	384.95	423.82	492.37	253.43	139.54
1136.96	6.80	74.03	38.20	41.79	4.33	-45.15	-24.58	74.72	13.08
3240.18	155.15	150.43	40.42	47.65	70.28	305.04	312.30	23.09	16.47
3233.73	154.52	150.08	40.57	47.65	70.28	305.08	312.33	23.07	16.43
1556.52	129.77	190.62	89.04	101.58	56.16	151.27	173.59	56.52	28.23
1246.77	128.07	163.02	60.42	70.62	38.73	90.91	112.22	51.55	25.04
304.98	1.67	26.54	28.63	30.55	17.23	60.21	61.23	4.97	3.11

三、分地区数据

3-1 按地区分组的规模以上

地区	企业单位数(个)	资产总计	固定资产净额	固定资产原价	累计折旧	流动资产合计	应收账款	存货
全国	**441517**	**1466716.30**	**379874.19**	**744693.30**	**341193.33**	**751807.17**	**194094.18**	**151021.62**
北京	3073	61055.99	8952.40	18044.09	9040.79	25102.47	4898.07	3523.13
天津	5662	23497.33	7302.41	16052.30	8494.35	11905.57	3188.53	2644.44
河北	16127	58769.06	17075.67	32008.36	14038.60	29699.86	6759.66	5395.02
山西	6859	57084.36	15380.43	28194.18	11943.83	27019.46	5337.45	2795.40
内蒙古	3291	38824.52	14222.84	25987.12	10847.37	14461.63	2856.03	2205.81
辽宁	8499	45261.05	12046.64	25611.04	13123.38	23631.82	4623.24	5405.59
吉林	3228	19119.59	4933.46	10407.28	5111.22	8589.32	1600.37	1870.16
黑龙江	4355	18650.18	6088.09	15239.15	8570.90	8709.10	1758.31	1621.36
上海	9309	53642.41	8887.12	23113.52	13751.05	31683.76	8470.09	6466.94
江苏	56281	153768.02	35789.80	72947.92	35973.89	93022.58	30413.98	19912.88
浙江	53730	112543.41	24523.28	45696.60	20004.35	63689.67	18773.24	13456.72
安徽	19880	50052.26	12739.56	22849.21	9690.03	26723.83	8369.03	5021.04
福建	20105	47211.29	12365.91	24882.52	11314.68	24160.78	5880.73	5834.07
江西	15813	31923.43	8286.24	16559.19	6731.11	16281.53	4359.73	3630.36
山东	33057	111501.60	26657.09	51578.85	23645.84	59617.18	12778.18	12613.54
河南	21679	58079.97	16495.86	33012.61	14241.41	27871.27	6808.50	5299.90
湖北	16792	49517.35	13908.83	29538.42	13914.94	23751.73	5703.83	5128.60
湖南	19301	34562.87	9477.05	18945.90	8216.45	16439.26	4800.47	3429.85
广东	66307	175746.01	32626.99	68125.54	33833.79	105030.92	28967.27	22274.20
广西	8065	23622.06	7096.11	12279.37	4817.27	11540.85	2774.29	2472.96
海南	563	4421.64	1391.00	2464.92	1035.87	1809.60	360.66	282.26
重庆	7314	25637.79	6986.01	13812.86	6229.59	13503.94	4165.66	2415.94
四川	16453	61644.05	20285.65	36807.92	15607.93	28393.70	7242.12	5665.86
贵州	5090	17864.25	6115.09	10486.22	4019.78	7737.35	1495.67	1814.60
云南	4569	25253.16	9711.81	16109.88	5986.64	9692.69	1869.57	2636.41
西藏	186	2253.34	1297.35	1746.76	429.57	500.50	91.78	48.06
陕西	7569	44142.93	13776.70	25338.87	10676.11	19825.20	4641.57	3300.35
甘肃	2262	14052.57	5214.63	10152.49	4683.42	5254.67	1276.93	1198.50
青海	633	6655.32	2711.56	5142.52	1989.73	2231.38	630.79	376.19
宁夏	1383	12133.90	4924.26	8284.26	3148.18	4135.97	972.17	624.48
新疆	4082	28224.58	12604.34	23273.43	10081.27	9789.59	2226.24	1657.00

工业企业主要经济指标

单位：亿元

产成品	负债合计	流动负债合计	应付账款	所有者权益合计	实收资本	国家资本	集体资本
55352.28	**828485.36**	**642909.23**	**201070.55**	**637439.90**	**307378.94**	**67462.14**	**4317.69**
1237.33	26371.65	20148.88	5525.74	34684.34	22325.08	16541.61	17.15
984.59	12829.60	10099.09	3387.47	10675.52	6341.60	1070.33	94.71
1973.09	36340.35	29571.23	9533.30	22434.70	11018.81	1974.22	109.87
1092.39	40580.66	30263.55	7283.21	16516.94	7691.39	2344.07	102.38
741.37	22431.29	15656.27	3693.43	16395.25	9081.04	2450.29	282.51
1743.46	27756.49	21562.92	5561.66	17504.70	10031.92	1805.66	57.22
567.01	10473.98	8309.98	2813.46	8645.54	4177.40	414.77	79.06
532.49	11366.87	8034.21	2317.94	7261.25	3670.04	764.52	69.97
2079.73	26192.09	21850.64	9074.45	27450.16	10707.71	2932.98	59.48
7983.48	82670.07	70642.39	25794.15	71098.11	34139.41	3204.45	511.45
5288.86	61733.21	52975.43	15562.99	50144.82	22319.98	1712.30	133.85
1940.34	28059.43	22312.70	8178.97	21992.81	11243.23	1792.72	146.15
2372.25	24574.18	17669.21	5202.08	22634.20	9664.79	1098.20	105.17
1385.49	17224.24	13187.92	4328.82	14698.53	5940.87	862.82	108.04
4934.44	68192.56	55754.70	14819.44	43306.02	20814.76	3501.59	520.40
1867.96	33307.08	25529.47	7804.64	24825.25	11777.36	1950.19	152.93
1866.87	25962.20	19259.85	6261.53	23554.50	9678.23	1395.54	267.14
1189.31	17511.63	13130.92	4028.10	17041.81	8013.72	1259.68	118.94
8022.22	100629.77	79995.06	28213.17	75120.93	30459.03	4018.93	432.59
968.29	14894.70	10696.04	3304.10	8726.86	4356.88	1062.08	67.21
84.95	2514.19	1769.20	400.51	1883.89	905.30	180.12	7.61
917.97	14300.98	11204.72	4454.87	11336.81	5106.80	873.93	41.93
1838.86	34786.30	24224.68	7524.83	26805.66	11681.24	2438.83	181.96
454.09	11198.28	7765.85	1883.70	6666.00	3849.99	917.35	60.76
728.80	13943.67	8744.03	2214.87	11309.26	6434.73	1253.58	85.21
14.87	1168.09	619.46	125.97	1070.35	311.70	161.31	10.04
1235.11	24422.67	17716.30	5419.52	19720.26	9081.24	3658.38	111.96
324.71	8303.56	5217.65	1470.90	5728.86	3622.59	1712.36	187.54
143.67	4770.68	3037.70	671.07	1884.65	1710.99	429.24	43.92
234.65	7869.34	4941.21	1356.98	4264.46	3177.03	713.46	38.71
603.61	16105.57	11017.95	2858.68	12057.48	8044.05	2966.63	111.84

3-1 续表

地　区	法人资本	个人资本	港澳台资本	外商资本	营业收入	营业成本	销售费用
全　国	**141397.24**	**54584.04**	**15229.20**	**24438.07**	**1314557.29**	**1095044.23**	**32671.98**
北　京	3889.93	730.72	239.94	905.74	28745.12	22261.53	1297.23
天　津	2788.97	895.89	280.12	1211.43	23042.81	19720.15	498.29
河　北	5502.26	2758.23	235.95	437.93	53934.02	47040.84	1001.89
山　西	3746.98	1199.81	110.41	142.08	33682.42	26710.83	573.70
内蒙古	5275.73	873.51	108.42	85.47	24836.41	19027.83	488.88
辽　宁	5514.84	1345.14	463.51	1044.36	36765.39	31070.54	744.68
吉　林	2857.59	457.90	52.65	304.71	14709.84	12186.10	470.81
黑龙江	2092.01	540.84	76.14	138.85	11834.32	9834.22	273.24
上　海	3601.44	1020.06	763.71	2325.78	45402.33	37104.56	1480.53
江　苏	14277.94	6246.04	3318.62	6577.95	153888.58	130149.96	4017.45
浙　江	10360.78	6141.22	1500.67	2467.72	100301.31	83708.63	2669.66
安　徽	5212.86	3359.64	273.87	457.88	45519.47	38587.12	1010.45
福　建	4508.73	2018.11	1004.19	929.66	65768.32	55942.04	1413.76
江　西	3173.69	1345.01	219.17	231.40	44935.60	38630.74	742.54
山　东	9651.39	4952.41	761.27	1411.80	103804.16	89817.40	2159.38
河　南	5861.74	3311.16	359.39	139.98	57263.51	49785.24	1058.31
湖　北	5472.40	1795.18	245.09	499.19	51228.22	41543.30	1278.22
湖　南	4041.06	2164.22	220.24	196.80	43408.68	34855.40	1248.01
广　东	13366.11	5400.99	3969.55	3269.75	173649.71	143986.13	5622.10
广　西	2170.62	655.71	235.38	159.37	22274.07	19171.24	399.82
海　南	528.09	58.29	45.10	86.09	2676.14	2095.89	117.01
重　庆	2733.97	787.64	311.14	344.87	27530.51	23014.71	691.54
四　川	6422.06	2023.41	243.75	340.78	54215.01	44305.55	1576.03
贵　州	2316.83	463.86	45.08	45.80	10517.17	8024.58	274.63
云　南	3902.58	1084.86	35.94	72.18	17612.94	13886.69	375.78
西　藏	82.43	35.27	4.58	18.07	415.73	301.69	13.95
陕　西	3764.78	1000.71	41.95	502.99	31218.05	24014.07	614.49
甘　肃	1422.38	272.38	9.90	21.30	10043.63	8459.86	131.55
青　海	1127.54	94.96	3.20	8.44	3229.63	2538.32	49.46
宁　夏	1256.57	1146.19	9.23	12.84	6599.14	5483.69	89.87
新　疆	4472.97	404.67	41.04	46.85	15505.04	11785.39	288.72

单位：亿元

管理费用	财务费用	利息费用	投资收益（损失以"—"号记）	营业利润	利润总额	亏损企业亏损额	平均用工人数（万人）
69764.37	**11428.25**	**11597.62**	**9665.16**	**92052.99**	**92933.03**	**12120.55**	**7950.96**
1558.22	241.98	326.95	693.98	3724.31	3684.37	387.91	80.97
1038.56	122.32	134.35	131.71	1466.15	1503.27	254.56	96.83
2134.94	547.33	541.33	8.46	2458.89	2454.86	525.60	274.67
1652.27	832.82	940.17	312.88	3240.82	3072.48	921.28	198.56
934.59	445.94	442.96	401.29	3437.35	3378.19	393.51	91.57
1550.86	376.54	378.20	128.65	1773.82	1841.96	726.63	190.66
824.98	100.61	157.46	334.15	1069.50	1078.82	250.11	75.55
663.54	157.82	164.65	57.81	554.14	536.98	255.91	86.05
3372.42	33.34	164.19	714.09	3085.41	3164.63	397.93	187.63
8786.47	891.46	838.03	845.03	9429.06	9586.47	1346.50	906.48
6241.37	827.13	887.48	815.35	6739.32	7019.41	639.32	745.62
2411.26	346.21	345.26	175.49	2766.70	2870.96	383.22	279.70
2733.88	385.82	354.60	214.70	4941.06	4980.00	204.89	434.13
1736.49	257.71	205.06	24.58	3136.63	3270.22	172.46	232.51
4726.00	1007.29	1029.15	927.80	5244.98	5394.75	1052.20	562.58
2217.41	643.93	559.07	236.91	2915.06	2933.52	600.08	441.73
2816.58	385.50	324.61	316.99	4407.42	4419.29	324.95	288.60
3048.97	343.55	219.23	73.29	2682.42	2618.32	215.02	317.02
12219.01	925.11	1015.66	1725.69	11101.72	11278.35	1219.85	1354.17
793.35	202.99	268.07	45.70	1312.41	1346.66	126.75	132.10
129.22	35.49	41.25	30.67	200.96	212.72	25.06	11.52
1361.65	148.36	145.98	103.81	2092.68	2133.79	151.66	157.66
2481.66	519.18	534.89	267.38	4518.40	4546.72	268.94	310.15
661.33	202.66	193.31	519.91	1251.65	1249.64	204.10	81.02
750.69	284.25	288.49	172.51	1364.97	1357.21	158.67	80.58
37.17	13.95	14.13	5.20	50.23	50.10	46.77	2.69
1426.72	378.44	348.11	145.49	3769.88	3710.31	288.53	160.80
337.06	168.14	155.29	30.41	568.29	545.33	153.04	48.56
148.37	88.58	71.19	28.34	302.81	297.92	98.83	15.55
255.37	190.99	180.34	69.00	461.95	458.91	136.51	32.37
713.97	322.81	328.17	107.89	1983.99	1936.85	189.74	72.94

3-2 按地区分组的国有控股

地区	资产总计	固定资产净额	固定资产原价	累计折旧	流动资产合计	应收账款	存货
全国	**565082.11**	**194723.94**	**386075.57**	**181056.87**	**212832.81**	**40194.10**	**38356.15**
北京	43722.37	7588.74	15060.29	7468.56	12989.35	2156.46	1506.08
天津	8828.21	3105.43	6681.48	3468.01	3478.77	625.82	611.83
河北	19843.96	8588.86	16547.00	7585.03	6705.20	1497.10	1219.06
山西	37563.89	10618.34	19862.31	8670.30	16010.10	2972.93	1175.85
内蒙古	20568.84	9222.42	17845.99	7879.46	6129.81	1287.90	904.00
辽宁	21315.09	6613.05	15903.49	9034.86	8949.40	1041.35	2046.66
吉林	11617.73	3210.39	7179.23	3725.05	4604.78	589.09	971.95
黑龙江	11513.54	4283.26	12061.92	7302.88	4747.46	746.54	634.12
上海	24610.40	4655.36	13006.56	8141.22	11718.77	2131.90	2180.50
江苏	27542.49	9646.70	20979.54	10960.50	12630.46	3104.30	2684.06
浙江	15614.55	6762.61	14643.99	7132.91	5155.68	1225.70	1150.43
安徽	18679.30	6135.05	11819.10	5510.84	7443.57	1256.32	1181.93
福建	12100.26	5172.08	9223.02	3938.11	3505.73	790.57	879.92
江西	9073.08	2977.13	5866.50	2523.07	4036.05	765.69	916.34
山东	36301.69	11217.93	22250.61	10464.63	14891.59	2828.23	2548.64
河南	19966.83	7357.75	14954.62	7159.65	8026.35	1343.74	1778.44
湖北	22696.81	7062.12	14163.45	6666.18	9718.48	1715.56	1920.21
湖南	14113.38	4679.68	9117.14	4179.66	6797.30	1682.23	1348.42
广东	38481.17	12041.67	24230.32	11341.82	13317.51	2603.39	2665.80
广西	11281.37	4252.90	7517.44	3074.60	4091.44	722.17	882.08
海南	1912.07	872.78	1536.76	640.98	535.76	55.37	74.55
重庆	10604.48	3417.74	6892.54	3275.95	4632.16	914.30	719.61
四川	31402.73	13149.69	22403.74	8888.67	11558.18	2027.33	2086.35
贵州	11222.10	4571.17	7871.36	3152.96	4355.34	582.95	1044.79
云南	17194.52	7846.50	12732.09	4623.61	5110.65	896.13	1585.05
西藏	1524.53	1092.07	1456.54	352.28	289.72	47.70	19.38
陕西	28759.48	9989.02	18322.79	7793.58	11381.15	2186.33	1917.38
甘肃	10073.04	4099.79	8332.24	4044.06	3294.42	745.10	777.57
青海	4751.55	2133.94	4116.34	1589.88	1263.10	374.54	183.25
宁夏	5159.65	3204.89	5729.65	2335.27	1130.71	340.31	173.76
新疆	17042.99	9154.88	17767.52	8132.29	4333.84	937.05	568.12

工业企业主要经济指标

单位：亿元

产成品	负债合计	流动负债合计	应付账款	所有者权益合计	实收资本	国家资本	集体资本
10303.36	**327576.12**	**222815.00**	**59242.89**	**236981.90**	**130462.65**	**63413.16**	**1116.11**
458.72	17683.91	12338.92	2750.49	26038.45	19773.73	16500.89	5.50
199.51	4854.90	3442.20	1060.89	3981.11	2691.77	1000.31	11.76
325.11	12687.70	9574.48	2510.90	7156.41	4035.97	1759.57	23.08
406.31	27946.62	19965.48	4112.59	9630.16	4927.77	2226.00	51.28
205.57	12182.85	7749.77	1796.31	8390.37	5465.84	2359.53	158.69
497.00	13377.36	9657.50	2109.65	7937.74	4640.46	1707.52	8.77
236.48	6129.65	4755.31	1842.08	5488.08	2697.61	384.56	48.52
181.06	6928.55	4414.51	1255.88	4563.35	2187.81	724.44	10.74
575.06	11957.38	9347.53	3558.32	12653.02	5098.81	2579.45	20.01
852.77	15603.94	11891.13	3808.28	11938.54	6828.23	2790.91	48.47
243.00	8322.54	5562.80	1633.36	6857.06	3532.19	1627.81	17.36
307.48	9845.16	6838.34	1839.50	8834.14	3794.77	1500.19	53.45
162.23	6767.19	3708.00	1075.27	5333.08	3184.15	797.96	24.64
216.53	5188.02	3735.98	1143.47	3885.06	1618.60	682.32	11.62
873.64	23224.97	16813.27	4067.32	13076.43	6947.19	3304.92	65.85
479.57	13436.79	9768.36	2538.23	6579.79	3753.31	1753.17	24.92
492.39	12371.30	8615.11	2692.46	10325.53	4462.88	1247.59	113.31
287.15	8358.55	6340.36	1704.75	5754.82	2697.71	1111.10	26.58
784.04	22261.38	13708.07	3962.57	16219.78	7211.65	3603.46	52.88
246.57	7065.71	4161.25	1075.69	4215.66	2158.89	1000.98	21.39
18.41	1022.42	534.27	116.86	866.09	390.90	166.51	
217.34	5798.63	4253.64	1302.36	4805.85	2686.31	807.01	8.17
537.25	18411.72	11082.30	2595.62	12939.23	6537.72	2284.64	77.60
140.78	7070.26	4619.91	1035.23	4151.84	1975.89	852.63	25.11
289.16	9526.32	5112.32	1156.44	7668.20	3453.21	1215.18	33.81
6.50	721.31	365.76	79.61	803.22	178.29	126.01	9.45
619.54	16429.40	11206.71	3164.58	12330.08	6410.75	3607.23	47.45
148.81	6032.69	3508.95	955.59	4020.18	2660.27	1676.63	23.54
64.28	3521.19	2094.82	399.21	1230.35	1182.31	412.99	27.26
39.51	3616.30	2005.49	465.00	1543.34	1269.64	695.01	14.08
191.60	9231.40	5642.46	1434.42	7764.92	6008.03	2906.65	50.83

3-2 续表

地 区					营业收入	营业成本	销售费用
	法人资本	个人资本	港澳台资本	外商资本			
全 国	**60372.55**	**2919.21**	**608.27**	**2131.75**	**350557.93**	**286649.18**	**5061.93**
北 京	2912.06	93.73	36.24	225.32	15479.91	12810.65	311.40
天 津	1394.16	44.92	13.12	227.35	6144.29	5458.58	56.68
河 北	2074.70	125.43	17.29	35.78	13258.47	11534.56	120.24
山 西	2347.85	221.31	7.51	30.53	15580.06	11612.34	206.90
内蒙古	2810.05	105.57	4.38	27.60	10848.42	8303.47	79.60
辽 宁	2981.33	65.21	3.81	72.99	16489.29	13908.55	233.07
吉 林	2110.62	23.88	7.78	113.49	9229.45	7666.03	228.52
黑龙江	1379.21	65.07	6.56	14.40	5941.94	4831.09	60.40
上 海	2048.25	164.34	58.61	228.14	16999.19	13915.32	260.49
江 苏	3625.07	157.03	40.40	166.24	22060.55	18495.35	421.58
浙 江	1716.15	71.60	62.91	36.36	12622.16	10702.43	138.82
安 徽	2084.56	106.99	25.26	24.31	12838.18	10668.51	172.61
福 建	2109.01	130.28	24.72	97.55	9021.69	7656.41	77.88
江 西	877.07	28.71	1.00	17.89	7886.03	6807.88	74.24
山 东	3022.09	301.58	101.74	147.67	25823.10	21854.14	354.25
河 南	1883.14	74.94	9.19	7.95	13089.47	11191.80	121.90
湖 北	2843.13	81.83	20.31	156.71	14267.81	11458.95	232.47
湖 南	1342.14	106.03	56.47	43.77	9995.63	7840.97	171.01
广 东	3105.78	136.94	52.59	259.77	28816.61	24394.00	468.37
广 西	1069.29	32.13	9.38	19.39	9204.17	7808.82	136.01
海 南	197.06	0.32	0.25	26.76	1163.55	914.46	6.21
重 庆	1678.04	110.47	11.97	57.03	7145.61	5802.52	206.29
四 川	3767.08	340.00	14.39	25.31	15502.59	12077.79	351.00
贵 州	1039.85	44.98	6.46	6.71	5183.99	3815.86	63.81
云 南	2108.93	67.99	7.21	20.10	9481.68	7034.62	106.16
西 藏	38.66	4.18			229.73	189.25	6.36
陕 西	2628.42	103.28	2.79	21.57	15418.47	11345.75	172.14
甘 肃	913.55	30.76	3.91	14.96	7677.03	6461.03	64.99
青 海	721.54	20.23		0.30	2007.41	1518.07	21.43
宁 夏	536.50	23.93		0.11	2817.69	2336:37	15.78
新 疆	3007.29	35.55	2.05	5.67	8333.76	6233.61	121.31

单位：亿元

管理费用	财务费用	利息费用	投资收益（损失以“-”号记）	营业利润	利润总额	亏损企业亏损额	平均用工人数（万人）
16694.74	**4891.75**	**5757.82**	**4381.43**	**24711.95**	**24435.19**	**5935.79**	**1390.34**
666.70	225.15	267.68	492.67	1637.11	1595.21	279.43	35.19
272.09	49.31	66.25	80.74	178.61	186.22	116.96	20.35
567.47	248.46	242.18	65.33	346.25	355.62	264.97	59.93
956.90	628.87	757.82	204.17	1622.57	1537.96	786.89	105.34
364.78	283.12	273.75	95.94	1374.06	1346.11	238.50	42.74
614.56	142.86	202.18	84.01	589.03	576.63	464.73	70.24
502.05	19.22	92.09	287.86	734.06	729.51	160.93	33.63
388.67	93.54	112.27	12.96	204.88	163.07	172.04	51.19
1307.04	-16.58	83.51	521.33	1075.02	1078.54	179.64	36.10
911.00	143.32	182.76	279.87	1469.50	1459.65	301.42	61.09
403.05	122.09	135.99	98.04	724.00	756.34	164.01	26.75
647.28	141.00	185.17	90.40	841.37	851.78	153.25	51.82
311.05	126.24	137.30	53.21	577.04	577.87	86.60	23.63
305.69	64.08	72.68	25.07	405.01	412.62	70.99	28.32
1163.13	329.87	406.44	383.60	1463.65	1443.08	455.79	105.84
660.57	288.12	270.72	62.06	323.28	310.66	378.58	86.70
832.16	109.91	154.09	271.63	1134.13	1127.31	162.65	57.81
605.26	93.65	100.75	40.63	539.54	543.89	109.54	43.30
1279.71	233.43	300.44	265.72	1644.01	1676.42	219.89	75.80
307.82	97.87	159.90	24.14	481.80	485.84	60.79	32.19
30.60	13.95	21.67	6.90	88.76	89.52	11.97	2.71
407.92	63.22	68.04	42.56	503.79	524.18	50.28	29.31
805.03	258.58	309.65	94.81	1503.78	1498.59	146.80	74.06
363.89	141.80	150.24	505.70	786.51	783.91	143.37	34.19
403.05	221.26	235.15	94.66	753.15	754.55	99.31	31.32
20.99	8.47	9.93	0.56	3.35	2.89	42.83	1.61
738.11	245.96	262.32	93.37	2038.05	1989.03	198.46	79.20
223.22	124.75	120.89	25.03	443.69	417.01	110.90	31.88
95.64	69.25	56.73	19.95	203.61	200.00	66.30	8.87
98.26	105.60	99.60	13.02	109.46	104.28	98.10	13.03
441.02	215.40	219.64	45.47	912.87	856.90	139.85	36.20

3-3 按地区分组的有限责任公司

地区	资产总计	固定资产净额	固定资产原价	累计折旧	流动资产合计	应收账款	存货
全国	**532668.44**	**173710.63**	**320713.32**	**137928.10**	**223612.97**	**50049.82**	**41270.88**
北京	38643.97	6758.51	13080.46	6386.43	10795.25	2018.03	1183.42
天津	7213.95	2405.37	5036.72	2460.27	3250.01	725.29	562.65
河北	23166.98	8543.03	14768.34	5905.77	9556.04	2201.72	1800.72
山西	38748.35	11188.93	19737.52	7914.79	16623.72	3180.87	1203.55
内蒙古	24616.05	10618.94	19008.85	7597.76	8369.03	1800.93	1123.90
辽宁	18808.15	5341.54	10974.59	5515.40	8224.08	1214.47	1681.77
吉林	6384.80	2355.80	4644.45	2138.75	2534.03	527.38	529.64
黑龙江	11242.36	4174.57	11229.19	6740.69	4823.28	822.75	697.23
上海	14686.25	3235.97	7993.10	4691.13	7905.76	1671.10	1707.62
江苏	29820.90	9963.19	20470.00	10202.67	14475.01	4453.06	2901.95
浙江	23996.82	8478.23	16549.09	7384.51	9754.83	2728.11	2208.56
安徽	16994.65	5188.34	8805.52	3400.60	7622.45	2234.74	1502.73
福建	10419.33	5009.66	8669.74	3495.91	3246.13	850.04	790.19
江西	9982.65	3198.86	5657.61	2227.03	4901.58	1500.15	1014.83
山东	35918.99	10463.04	18698.40	7824.41	18101.88	3256.02	3830.34
河南	21008.70	6150.88	12227.69	5387.11	10056.71	2104.48	2118.59
湖北	16148.70	4951.94	9298.62	3958.28	7835.10	1736.68	1953.67
湖南	8931.70	2739.29	5007.83	2073.34	4168.88	1334.87	849.44
广东	47978.26	11435.14	22956.94	10928.76	22819.92	5300.21	4601.50
广西	11623.10	4472.60	7368.14	2703.29	4346.53	946.46	947.04
海南	1711.37	627.18	999.80	343.66	752.09	158.38	117.38
重庆	8243.20	2754.39	5696.73	2753.44	3724.84	925.84	699.21
四川	33916.31	13450.39	21803.79	7879.23	13477.97	2530.64	2666.79
贵州	8781.63	3354.80	5531.64	2028.04	3268.08	596.43	853.91
云南	11967.83	6263.35	10049.25	3527.33	3439.68	831.10	653.05
西藏	1408.25	903.38	1212.81	307.91	265.03	46.90	27.00
陕西	23360.28	7019.70	12263.68	4742.62	10391.57	1887.96	1629.81
甘肃	5767.37	2026.99	3715.10	1553.58	2197.69	607.88	442.14
青海	3913.68	1715.63	3160.12	1086.07	1275.71	457.11	236.24
宁夏	4609.56	2742.32	4444.07	1567.55	1089.02	337.75	169.46
新疆	12654.33	6178.65	9653.52	3201.77	4321.07	1062.49	566.55

工业企业主要经济指标

单位：亿元

产成品	负债合计	流动负债合计	应付账款	所有者权益合计	实收资本	国家资本	集体资本
13107.64	**323162.36**	**226159.99**	**61063.21**	**209160.40**	**126622.12**	**49289.82**	**1787.71**
339.77	15217.13	10365.76	2245.67	23426.84	18917.38	16279.62	10.29
207.02	4354.13	3270.67	970.24	2859.81	2563.75	692.63	24.74
518.63	15744.15	12321.97	3216.27	7422.84	4953.14	1560.18	56.27
446.56	28650.14	20393.99	4241.74	10111.10	5260.03	2073.92	77.89
322.48	14803.69	9690.00	2336.97	9816.73	5879.14	1742.15	218.40
410.89	12207.40	8962.39	1827.70	6600.76	4643.86	1200.47	18.87
175.82	4166.75	3085.82	811.46	2218.05	1540.22	306.95	49.68
205.60	6801.17	4409.18	1307.20	4427.99	2236.38	512.71	45.88
432.08	7257.33	5596.77	1951.09	7428.92	4135.71	2085.10	17.19
1216.57	17688.56	13645.13	4904.53	12132.33	7232.04	2164.37	85.67
633.01	14112.58	9933.07	3130.88	9514.00	4969.46	1418.42	57.01
590.67	10192.41	7240.68	2290.40	6802.23	5573.00	1241.79	74.85
180.72	5882.28	3347.94	1050.95	4537.06	3022.76	633.89	47.31
384.33	6199.08	4484.80	1583.64	3783.56	2132.77	549.02	31.71
1447.42	23331.25	18426.96	4243.06	12589.03	6956.37	1869.22	267.87
566.56	13763.87	10629.16	2970.89	7303.94	4418.28	1499.66	68.31
576.21	9226.84	6556.88	2163.58	6921.86	3793.64	785.84	72.70
275.38	5219.14	3963.71	1239.96	3707.54	2151.30	657.36	44.54
1392.23	28901.47	19872.37	5768.37	19076.78	8356.53	2768.84	111.14
286.77	7264.37	4374.27	1184.18	4358.73	2449.78	923.88	36.55
41.60	1006.21	640.60	178.60	705.17	375.75	82.11	1.13
211.95	4567.98	3357.31	1119.24	3675.22	2134.87	588.93	19.09
742.22	20451.23	12715.43	3155.55	13465.08	6977.10	1694.79	124.13
180.08	6289.22	4365.50	1048.64	2492.41	1862.02	735.59	41.20
242.24	7505.80	4016.62	960.24	4462.02	3036.95	1056.41	25.19
7.13	668.54	297.69	88.66	739.71	164.50	109.32	2.81
613.21	13188.39	8960.24	2402.21	10171.89	4185.30	1514.84	61.97
141.82	3853.62	2206.58	588.47	1893.58	1277.55	521.46	30.50
72.26	2924.66	1938.03	346.04	989.01	998.03	379.46	28.42
46.53	3385.28	1815.95	422.09	1224.27	1032.53	425.53	14.23
199.85	8337.67	5274.54	1314.70	4301.92	3391.97	1215.38	22.16

3–3 续表

地　区	法人资本	个人资本	港澳台资本	外商资本	营业收入	营业成本	销售费用
全　国	**67592.48**	**7731.16**	**120.60**	**218.25**	**362897.25**	**299249.84**	**6863.52**
北　京	2582.56	44.64		0.27	12445.64	10397.02	234.80
天　津	1504.01	316.87	1.43	22.82	5276.48	4821.62	74.41
河　北	2979.94	353.80	0.10	2.60	16365.52	14285.95	225.11
山　西	2757.00	297.12	8.57	3.34	17559.59	13056.37	257.93
内蒙古	3605.41	302.20	5.19	3.80	14912.03	11250.27	167.41
辽　宁	3176.14	423.99	1.04	22.16	12099.13	10675.00	144.20
吉　林	1117.12	50.75	1.21	6.71	4407.15	3694.47	131.47
黑龙江	1577.66	86.62	14.46	11.65	5727.25	4784.87	91.76
上　海	1975.83	56.22	0.03	1.34	9561.59	7657.66	162.13
江　苏	4628.90	301.58	32.25	19.28	26176.63	22605.10	698.45
浙　江	3241.50	240.76	3.50	5.02	19806.37	16808.90	254.19
安　徽	2587.81	1662.94	3.38	2.22	13512.16	11455.77	234.52
福　建	2272.68	66.59	2.20	0.09	8919.77	7622.68	77.97
江　西	1348.02	199.61	0.95	3.45	10188.94	8834.98	120.81
山　东	4199.74	598.72	6.70	11.27	31711.64	27237.65	576.46
河　南	2376.83	444.06	5.92	22.69	18622.38	16036.76	246.43
湖　北	2589.66	325.77	0.07	19.40	13379.72	10585.34	283.04
湖　南	1303.68	141.53	0.20	3.24	8582.30	7168.61	164.57
广　东	4998.32	459.17	13.47	5.51	38703.38	31550.04	1247.72
广　西	1386.16	98.95	0.05	1.58	8817.84	7517.74	94.17
海　南	268.43	24.08			1069.91	837.44	65.33
重　庆	1442.53	62.54	0.42	21.34	6669.50	5401.21	135.10
四　川	4548.76	548.87	15.70	15.66	20094.45	15874.11	512.78
贵　州	994.46	85.89	0.04	4.73	4361.30	3295.77	78.71
云　南	1850.69	103.08	0.41	1.17	6689.47	5396.07	135.20
西　藏	34.32	18.04			163.86	168.71	3.76
陕　西	2376.06	226.38	1.30	4.76	14411.17	10458.98	234.78
甘　肃	673.57	55.60			3006.52	2414.80	42.76
青　海	558.25	26.40		1.80	1690.68	1315.92	25.05
宁　夏	550.57	42.19			1967.50	1610.61	22.48
新　疆	2085.85	66.22	2.00	0.37	5997.39	4429.40	120.03

单位：亿元

管理费用	财务费用	利息费用	投资收益（损失以"－"号记）	营业利润	利润总额	亏损企业亏损额	平均用工人数（万人）
18610.56	**5275.18**	**5478.70**	**2568.63**	**25372.21**	**25334.86**	**5811.65**	**1721.35**
580.22	227.75	238.56	399.24	1317.23	1282.30	197.88	31.43
264.57	45.79	49.96	18.22	71.52	79.63	122.97	24.69
696.72	284.13	275.53	7.71	563.13	583.53	263.88	73.46
1005.11	667.38	762.27	161.29	2017.28	1877.88	758.27	112.05
558.76	331.55	312.37	97.36	2062.83	2036.56	294.01	56.26
498.34	172.72	188.10	80.42	180.04	188.92	370.20	62.55
273.95	58.92	87.66	17.15	129.16	136.84	158.44	28.03
376.18	91.68	107.63	4.64	192.68	153.58	153.39	49.95
624.40	-12.16	44.22	119.81	532.94	549.06	161.38	32.02
1233.22	187.58	210.26	219.13	1415.94	1392.36	330.22	91.37
784.15	209.66	222.35	94.70	1393.38	1443.45	177.47	61.12
705.23	164.11	154.09	43.35	830.75	852.29	217.68	73.63
295.12	111.92	109.48	15.10	573.98	579.17	56.21	31.22
392.96	90.24	79.61	2.33	589.99	625.56	92.36	51.90
1409.42	371.50	374.61	128.67	1445.06	1473.67	484.98	142.64
815.72	275.81	246.52	86.86	813.74	803.84	299.15	112.55
847.77	96.66	109.83	3.13	951.67	952.53	174.40	70.51
572.05	69.81	59.25	23.52	526.92	525.18	62.69	45.61
3219.65	320.54	340.80	679.34	2590.69	2624.41	320.65	194.71
304.29	123.65	137.77	33.77	523.86	533.11	70.96	40.45
58.94	18.58	19.90	21.97	79.03	80.00	9.64	5.19
367.33	53.81	50.54	21.00	594.52	604.28	44.84	30.28
988.46	310.40	341.17	83.54	1864.29	1882.34	163.05	104.58
269.02	132.29	125.11	43.35	252.00	249.63	153.59	28.13
249.73	182.30	180.10	30.84	561.16	554.67	105.77	31.03
16.82	5.83	6.49	0.28	-30.17	-30.77	42.83	1.57
653.31	240.09	236.51	75.11	2091.96	2081.98	184.48	68.26
129.37	79.75	70.12	16.78	218.74	216.28	64.78	17.78
65.55	60.80	46.12	4.84	157.10	152.81	67.06	7.51
91.93	98.51	91.26	5.17	78.22	78.54	98.58	9.81
262.26	203.56	200.52	30.03	782.56	771.22	109.88	31.02

3-4 按地区分组的股份有限公司

地区	资产总计	固定资产净额	固定资产原价	累计折旧	流动资产合计	应收账款	存货
全国	**194590.77**	**38150.69**	**85145.35**	**44761.46**	**92701.50**	**17222.11**	**15666.62**
北京	6142.97	416.14	1012.44	536.27	3222.78	572.38	387.75
天津	3021.52	931.95	2133.21	1155.14	1227.09	268.38	277.55
河北	4732.44	1272.67	3277.53	1832.97	2077.49	386.07	413.68
山西	5223.38	1076.88	2564.14	1448.61	2725.81	323.68	334.62
内蒙古	4727.56	1230.00	2745.50	1474.24	1606.06	198.44	322.10
辽宁	5120.78	1740.74	5342.38	3447.53	2175.96	266.81	615.98
吉林	2612.84	620.50	1500.61	779.32	1179.40	251.91	164.25
黑龙江	1633.21	464.63	1173.74	652.81	636.86	122.25	152.85
上海	8866.86	870.41	2802.26	1879.63	3689.40	667.89	422.39
江苏	14589.37	2052.00	4483.56	2364.08	8338.25	1732.35	1419.25
浙江	16619.52	1893.82	3631.48	1675.88	8735.86	1821.01	1618.16
安徽	12073.11	2890.70	5937.88	3015.25	5815.85	833.91	713.85
福建	2925.74	442.04	757.07	307.83	1090.53	168.68	217.13
江西	3883.49	704.96	1468.27	722.16	2045.49	275.51	299.47
山东	18309.23	3169.87	6680.87	3260.04	8618.95	1622.29	1668.83
河南	6907.42	1381.13	3347.55	1709.21	3157.39	540.71	626.12
湖北	10261.88	2055.20	4534.83	2361.58	4484.98	752.71	697.19
湖南	5128.79	643.77	1258.80	584.53	3439.82	1065.54	403.53
广东	21518.65	1941.11	3989.59	1980.30	12399.45	2514.50	2004.80
广西	1845.28	448.86	1008.93	524.32	836.91	80.57	167.11
海南	599.99	98.38	249.28	146.17	314.35	33.99	35.93
重庆	3405.38	685.04	1185.84	517.40	1863.30	304.20	209.75
四川	6172.37	1539.29	3520.73	1927.16	2967.77	662.51	563.01
贵州	3114.04	692.02	1187.88	469.30	1804.23	150.50	417.98
云南	4497.26	1723.50	2658.56	918.72	1541.88	266.81	306.45
西藏	421.90	157.87	206.48	46.84	137.41	17.22	7.48
陕西	7217.36	2556.07	5144.06	2513.33	2453.91	678.06	404.28
甘肃	3791.08	933.20	2086.78	1097.86	1501.05	245.69	388.46
青海	1191.17	215.11	565.84	306.27	379.60	37.14	53.81
宁夏	657.11	234.05	594.26	314.30	247.40	34.21	54.47
新疆	7379.08	3068.77	8094.99	4792.39	1986.28	326.20	298.39

工业企业主要经济指标

单位：亿元

产成品	负债合计	流动负债合计	应付账款	所有者权益合计	实收资本	国家资本	集体资本
5322.93	**91305.49**	**70825.49**	**18944.53**	**103128.25**	**30789.17**	**9425.10**	**845.61**
156.56	2509.32	2034.71	402.90	3633.65	854.25	139.26	3.31
91.93	1183.34	912.16	291.73	1838.19	560.38	300.48	11.09
181.31	2237.84	1778.36	520.12	2494.60	691.15	93.75	2.34
97.14	2904.12	2442.26	537.88	2319.26	422.74	84.45	4.95
89.91	2244.59	1692.13	388.00	2480.61	1320.95	570.39	1.66
168.13	2805.74	2106.42	372.85	2315.03	1055.99	313.88	7.28
36.75	1195.36	951.16	357.24	1417.48	404.60	70.62	9.40
58.43	894.99	650.27	160.08	738.22	351.55	182.16	7.07
122.65	3244.66	2328.98	933.99	5622.20	880.09	311.18	15.31
482.47	6327.81	5500.63	1362.00	8261.56	2249.30	401.23	94.48
736.94	6880.99	5871.57	1567.51	9692.16	2574.50	91.81	40.76
221.46	5669.40	4530.39	1230.46	6403.71	1723.86	250.00	25.49
52.51	1431.09	934.98	199.99	1494.65	367.31	99.77	4.29
86.40	1861.25	1567.42	388.28	2022.24	466.91	135.05	8.37
606.45	9348.83	7219.86	2046.51	8960.89	2777.84	1230.93	91.36
265.41	3723.65	2926.77	656.08	3182.98	994.68	189.22	20.82
226.57	4300.50	2674.96	624.35	5961.38	1070.99	226.20	78.76
126.47	3034.35	2562.48	727.94	2094.44	630.03	239.14	13.86
826.23	10813.14	8628.81	2478.78	10705.50	2573.81	340.78	124.90
49.74	1110.56	779.39	153.34	734.73	171.77	58.78	8.84
10.80	218.37	197.99	32.94	358.06	78.56	6.24	4.50
70.19	1768.26	1524.28	497.03	1637.12	593.49	101.64	4.65
141.81	2494.36	1823.00	525.70	3626.23	785.15	117.32	12.04
35.04	1105.82	841.46	154.12	2008.22	242.11	66.08	6.30
86.73	2247.90	1303.97	326.67	2249.36	552.68	74.89	33.45
2.18	178.94	73.31	13.93	242.96	81.69	46.10	2.08
108.53	3757.51	2963.63	896.11	3459.85	2268.76	1818.74	11.45
61.64	1892.77	1425.48	370.25	1898.31	827.04	427.95	144.79
32.65	771.50	400.97	108.90	419.67	140.84	20.32	9.64
13.07	311.63	229.44	60.23	345.48	169.93	66.11	1.60
76.81	2836.92	1948.23	558.62	4509.50	2906.24	1350.62	40.73

3-4 续表

地　区					营业收入	营业成本	销售费用
	法人资本	个人资本	港澳台资本	外商资本			
全　国	**14421.86**	**5757.18**	**168.70**	**155.04**	**117262.20**	**92615.98**	**3561.47**
北　京	552.73	149.60	7.47	1.87	2239.71	1654.85	159.55
天　津	141.25	91.82	12.70	3.05	2125.11	1696.95	54.04
河　北	408.96	183.83		1.93	3207.11	2503.29	122.26
山　西	207.18	122.64			2721.46	1999.46	30.04
内蒙古	626.03	122.83		0.04	2166.63	1665.84	74.68
辽　宁	635.08	95.49	0.94	3.31	5779.82	4726.28	63.64
吉　林	216.10	106.09	1.17	0.27	1690.27	1357.29	55.90
黑龙江	88.11	69.71		4.51	1626.92	1221.58	27.29
上　海	361.66	169.40	13.91	4.65	4190.23	3654.56	163.27
江　苏	1031.11	685.98	13.21	23.19	9430.57	7358.95	368.50
浙　江	1599.26	819.16	9.30	14.21	9599.83	7521.60	351.27
安　徽	1166.23	256.96	18.00	7.18	7117.08	5911.42	176.26
福　建	169.73	87.52	5.72	0.28	1536.85	1237.31	42.63
江　西	217.86	100.09		5.54	3543.44	2960.67	53.10
山　东	828.12	568.26	20.62	32.56	13077.22	10666.88	323.47
河　南	590.98	190.94	1.20	1.02	3801.09	3047.62	100.71
湖　北	529.85	204.25	16.48	15.44	4588.45	3463.13	162.66
湖　南	208.30	143.27	21.52	3.94	2608.75	2046.36	112.33
广　东	1224.01	863.97	14.70	5.45	13011.86	10039.10	572.56
广　西	80.09	23.93		0.13	1626.18	1309.98	33.90
海　南	56.18	10.35	1.03	0.27	256.06	182.37	20.94
重　庆	343.80	124.03		19.06	2285.05	1904.93	104.85
四　川	436.26	218.57	0.25	0.70	3300.84	2353.08	149.79
贵　州	137.16	32.55		0.02	1114.17	635.67	37.88
云　南	362.14	76.79	0.81	4.59	2536.23	2182.78	48.53
西　藏	22.99	10.51			133.59	59.39	5.95
陕　西	334.22	103.57	0.24	0.54	3458.09	2610.21	38.97
甘　肃	202.11	51.84		0.35	3776.82	3237.06	41.40
青　海	91.21	19.36		0.30	526.30	316.46	7.82
宁　夏	81.59	20.29		0.33	595.47	452.85	3.89
新　疆	1471.58	33.57	9.45	0.29	3591.02	2638.09	53.38

单位：亿元

管理费用	财务费用	利息费用	投资收益(损失以“−”号记)	营业利润	利润总额	亏损企业亏损额	平均用工人数(万人)
7285.97	**962.73**	**1369.31**	**3233.17**	**11540.91**	**11350.48**	**1109.58**	**561.62**
216.64	15.77	33.28	124.72	161.91	160.88	82.75	10.03
122.39	16.33	21.45	34.80	132.17	128.58	6.97	8.43
182.51	32.19	39.75	48.40	181.80	170.26	61.95	18.43
180.72	26.31	56.29	91.90	429.52	420.03	13.98	17.41
82.98	34.13	42.57	80.22	338.22	318.46	19.65	7.65
209.64	46.48	54.58	13.66	173.89	167.59	89.84	21.48
92.83	15.93	18.03	48.86	132.43	128.84	22.74	9.09
65.11	15.79	14.72	3.91	106.38	107.19	24.71	6.26
283.14	22.20	44.16	362.37	434.41	437.72	27.76	9.87
648.65	67.00	78.12	206.19	912.01	914.23	86.32	42.58
689.71	50.37	89.25	336.59	1098.27	1106.26	97.73	52.00
416.44	44.25	82.47	95.52	619.96	624.04	14.36	33.29
106.13	24.04	34.83	50.03	162.68	158.33	21.10	7.34
156.04	8.80	16.74	8.41	271.29	271.98	14.73	11.14
745.44	107.21	139.57	240.20	1080.93	1064.97	80.68	62.55
241.32	72.75	63.97	37.66	262.74	249.03	82.27	33.78
348.85	58.34	74.92	294.85	745.64	739.69	50.93	27.84
173.22	10.81	23.46	36.37	187.27	186.54	45.24	12.39
1054.63	67.89	142.17	205.06	1148.77	1157.69	115.56	68.57
57.94	11.42	19.89	3.90	115.60	115.97	8.99	5.37
16.08	1.58	3.16	6.75	38.72	39.60	2.02	1.30
127.61	9.51	18.15	38.14	129.36	126.69	13.30	8.36
227.06	18.14	31.45	146.91	609.44	596.52	11.84	19.81
139.01	3.58	15.58	466.53	603.01	603.25	9.53	9.98
92.26	51.06	56.82	94.67	224.20	219.93	7.35	7.88
10.15	3.10	3.38	4.74	56.88	56.87	0.24	0.44
153.72	39.04	44.60	41.39	421.64	379.80	28.14	17.74
104.18	37.74	39.57	14.79	198.97	189.19	22.45	12.86
45.73	10.23	12.25	19.06	110.92	104.93	2.23	3.13
17.84	10.12	10.61	20.19	48.57	46.32	2.30	2.27
277.98	30.61	43.53	56.38	403.34	359.08	41.94	12.35

3-5 按地区分组的私营

地区	资产总计	固定资产净额	固定资产原价	累计折旧	流动资产合计	应收账款	存货
全国	**409303.12**	**84799.56**	**160024.92**	**67371.49**	**249374.70**	**72447.74**	**56354.56**
北京	3686.06	236.05	470.83	229.22	2317.87	682.02	429.99
天津	4506.48	1032.51	1575.51	533.03	2861.80	820.41	649.68
河北	21170.37	4439.27	8206.83	3431.81	13084.29	2956.30	2462.40
山西	9714.18	2125.43	3857.42	1585.81	5755.17	1363.22	1064.71
内蒙古	6278.04	1579.60	2819.17	1168.19	3280.08	673.27	602.39
辽宁	10903.70	2661.41	4333.66	1595.01	6798.15	1779.80	1812.92
吉林	3392.82	758.25	1344.46	523.93	1946.12	460.14	508.22
黑龙江	3624.43	863.85	1547.45	618.75	2084.14	497.18	568.03
上海	8523.56	960.04	1919.91	908.65	6143.85	2050.30	1267.15
江苏	59801.07	11870.83	21540.16	9300.17	38993.05	13416.12	8562.46
浙江	47492.91	9819.54	16978.13	6915.73	30224.08	9836.71	6710.12
安徽	12792.04	2875.46	4852.62	1856.00	7988.94	2900.17	1946.51
福建	20593.23	3977.64	8374.17	3755.38	12130.49	2859.76	3083.01
江西	12385.19	3002.01	6133.80	2492.09	6588.47	1929.68	1654.88
山东	32683.59	6288.90	11604.95	4920.24	20720.54	5035.33	5001.04
河南	19427.67	5221.10	10250.17	3795.37	9582.42	2317.32	2035.48
湖北	12700.25	3486.41	8635.49	4292.40	6400.46	1915.92	1620.65
湖南	13161.50	3243.73	6795.04	2694.90	6024.06	1781.27	1516.62
广东	47847.10	6441.15	13262.90	6483.63	33940.16	9998.33	7927.71
广西	6084.69	1074.44	1913.42	719.99	3927.75	1075.15	892.68
海南	233.67	32.12	60.71	25.83	172.16	58.83	50.69
重庆	9166.85	2297.67	4429.58	1819.21	4988.56	1773.64	980.24
四川	14242.98	3547.15	7436.19	3575.12	7668.59	2190.59	1837.06
贵州	3614.38	789.83	1393.19	482.15	2047.62	560.59	453.05
云南	4652.63	1046.90	1865.00	733.47	2692.42	611.19	635.48
西藏	99.92	21.46	38.28	10.21	46.63	17.38	7.81
陕西	7236.80	1474.04	2608.15	887.29	4364.95	1337.40	704.44
甘肃	1614.12	408.79	666.42	217.00	911.28	269.86	223.91
青海	694.68	198.15	352.64	138.31	402.92	94.01	73.65
宁夏	5325.25	1119.41	1694.04	559.13	2456.91	486.83	364.14
新疆	5652.98	1906.40	3064.63	1103.51	2830.78	699.03	707.47

工业企业主要经济指标

单位：亿元

产成品	负债合计	流动负债合计	应付账款	所有者权益合计	实收资本	国家资本	集体资本
23935.16	**236427.14**	**201584.16**	**64661.56**	**172708.64**	**77925.97**	**629.66**	**1157.42**
167.28	1609.75	1469.30	527.21	2076.31	578.95	2.34	0.19
283.66	2752.13	2366.13	684.01	1754.34	1116.45	4.51	43.34
1046.05	12768.85	11247.48	4395.05	8407.35	3848.73	47.25	31.35
494.50	6929.61	5743.15	1849.43	2784.92	1360.56	15.44	14.04
271.18	3862.34	3112.72	784.03	2415.70	1303.90	26.72	54.99
658.63	7149.03	5964.22	1887.73	3754.79	2065.48	7.41	16.90
190.59	2105.75	1759.37	457.25	1287.00	628.02	2.34	16.89
212.76	2211.19	1822.65	483.98	1412.77	752.29	7.30	14.37
534.56	4171.70	3691.04	1379.58	4351.84	1307.19	5.60	3.82
3753.42	34562.04	30670.80	10499.66	25239.19	11125.44	136.22	205.48
2759.30	28784.63	26608.01	7130.96	18579.90	8631.38	17.56	18.53
897.70	7239.90	6248.65	2119.84	5552.12	2459.17	27.15	30.01
1466.66	10540.02	8190.50	2349.68	10050.91	3118.37	32.94	45.19
733.56	6244.29	4925.49	1659.57	6140.25	2218.37	43.04	54.34
2099.69	21513.00	19096.85	5364.71	11166.21	6293.38	35.74	99.99
854.30	8773.12	6858.70	2001.15	10648.54	4828.37	23.73	49.42
776.61	6150.78	4776.83	1554.10	6548.81	2415.49	16.81	70.71
662.83	5701.77	4173.70	1334.92	7457.93	3584.69	28.31	47.13
2966.72	29273.47	25485.99	9153.07	18574.09	7491.97	40.39	147.58
448.15	4121.07	3552.07	1192.68	1963.11	947.21	4.87	14.62
6.84	167.16	154.69	47.53	66.51	31.76		1.48
441.04	4927.55	3906.87	1520.52	4239.29	1355.87	17.13	14.58
780.04	7292.66	5930.41	1962.34	6950.01	2334.25	29.96	25.19
211.50	2273.45	1774.32	487.96	1340.95	1226.43	5.41	9.65
264.67	2807.50	2303.81	642.69	1844.90	2380.53	4.46	21.56
4.37	59.86	51.66	11.65	25.16	23.59	1.98	0.55
357.97	3992.90	3260.31	1316.69	3243.90	1197.18	14.54	23.73
101.27	1020.03	808.57	255.42	594.10	393.76	5.45	5.84
34.62	498.14	367.59	113.20	196.54	253.93	0.21	5.85
163.64	3399.13	2400.26	756.30	1926.04	1538.89	10.98	22.45
291.04	3524.30	2862.02	738.66	2115.17	1114.37	13.88	47.63

3-5 续表

地 区	法人资本	个人资本	港澳台资本	外商资本	营业收入	营业成本	销售费用
全 国	**36662.13**	**39277.52**	**95.55**	**87.13**	**517444.25**	**439256.12**	**13194.92**
北 京	126.05	449.60	0.07	0.69	1824.76	1302.76	137.91
天 津	625.52	442.05		1.03	6070.91	5557.89	103.40
河 北	1574.10	2191.67	4.61	0.13	25915.35	22928.65	404.83
山 西	555.63	773.64	0.10		11068.53	9627.54	256.53
内蒙古	775.15	446.40	0.61	0.03	5719.53	4510.89	127.77
辽 宁	1245.31	794.72	0.16	0.98	10254.50	8880.29	205.40
吉 林	311.20	295.15	0.47		2475.43	2071.72	106.72
黑龙江	339.81	373.71	16.37	0.41	2997.13	2598.65	87.96
上 海	609.22	684.99	1.92	1.35	7332.17	5875.32	303.01
江 苏	5766.80	4977.52	19.13	20.26	67403.00	57848.68	1480.49
浙 江	3684.93	4900.46	5.11	4.59	49869.95	42160.98	1342.34
安 徽	991.31	1401.97	6.29	2.33	16831.45	14438.92	429.90
福 建	1336.18	1692.57	8.29	2.76	37610.91	32018.93	820.18
江 西	1105.53	1008.56	2.91	3.33	25188.34	21708.07	474.61
山 东	2572.65	3570.38	2.53	7.88	39258.47	34799.29	780.91
河 南	2115.21	2633.48	4.24	1.61	24655.78	21263.22	585.14
湖 北	1100.13	1221.59	2.45	0.59	22974.65	18676.29	619.05
湖 南	1685.68	1819.46	2.58	1.06	26404.71	21307.76	873.49
广 东	3489.38	3780.00	8.04	26.57	62790.32	52754.57	2089.53
广 西	408.13	519.13	0.28	0.16	7772.38	6833.66	153.80
海 南	13.83	16.42		0.03	232.94	202.07	8.35
重 庆	730.24	587.85	5.47	0.40	12278.28	10075.62	315.52
四 川	1043.36	1231.63	1.38	1.53	23096.18	19175.76	783.61
贵 州	875.24	335.27	0.41	0.41	3660.19	2919.26	131.25
云 南	1462.30	888.02	0.02	3.80	5366.26	4692.58	121.61
西 藏	13.84	6.72	0.50		31.57	22.53	2.41
陕 西	503.88	652.44	0.92	1.21	9145.04	7426.25	249.11
甘 肃	224.83	157.18	0.03	0.13	1254.62	1100.10	34.38
青 海	199.29	48.58			533.94	462.27	14.64
宁 夏	428.38	1076.54	0.54		3008.26	2548.39	52.90
新 疆	749.01	299.82	0.14	3.84	4418.70	3467.24	98.18

单位：亿元

管理费用	财务费用	利息费用	投资收益(损失以“-”号记)	营业利润	利润总额	亏损企业亏损额	平均用工人数(万人)
27875.03	**3913.12**	**2824.71**	**1331.41**	**31012.78**	**31774.13**	**2673.52**	**3824.04**
215.04	13.13	17.83	25.68	173.72	178.87	21.99	13.04
251.31	34.41	29.82	13.92	117.68	133.74	43.96	28.18
883.81	181.39	154.92	-165.81	1206.51	1219.61	97.25	143.04
386.96	119.06	94.77	22.42	616.63	598.73	64.40	51.10
218.78	66.96	60.29	86.11	710.23	696.71	60.09	21.49
450.47	132.06	68.35	17.63	440.02	482.65	157.97	62.87
141.80	44.14	34.17	0.72	100.03	109.01	41.61	22.71
144.32	33.16	25.25	12.64	121.79	134.40	41.94	20.36
675.52	42.84	30.00	60.26	478.21	508.15	64.86	51.64
4110.28	504.20	340.17	216.02	3387.33	3496.70	457.17	472.51
3451.81	456.43	431.54	198.53	2481.96	2650.51	223.99	506.43
930.61	116.33	74.06	9.96	850.00	915.71	108.45	137.84
1588.30	183.41	135.77	43.22	2862.20	2882.21	44.95	269.72
953.95	118.18	72.99	9.86	1795.98	1891.44	33.68	136.29
1712.16	331.53	268.68	299.39	1589.29	1680.11	284.66	249.63
927.90	207.28	110.63	39.62	1497.77	1536.65	98.83	232.96
1189.06	191.45	89.97	-5.17	2081.36	2087.58	35.01	145.07
1973.28	208.97	88.83	-0.67	1669.06	1607.27	49.88	216.90
4544.76	331.05	242.22	364.92	3296.85	3371.18	374.38	568.49
288.27	52.83	51.11	4.88	417.58	436.91	35.79	64.77
13.55	2.29	1.22	0.19	5.40	5.62	2.92	2.09
648.29	75.57	52.96	14.52	1087.05	1098.78	70.19	92.43
1037.38	169.58	122.33	19.60	1654.38	1674.62	47.26	148.82
193.96	33.14	19.57	2.10	313.42	312.02	31.36	32.70
210.74	46.20	35.75	9.86	276.69	276.51	35.31	32.59
3.77	1.32	0.42	0.13	1.51	1.66	2.51	0.31
399.72	63.80	34.98	14.43	877.01	869.98	47.67	49.81
53.33	19.71	14.07	0.28	33.59	37.44	22.29	8.89
23.00	10.20	6.81	4.28	25.55	26.29	9.57	3.23
116.35	64.60	61.70	-2.21	207.62	209.27	34.55	14.84
136.57	57.89	53.52	14.11	636.36	643.80	29.01	23.31

3–6 按地区分组的港澳台商投资

地区	资产总计	固定资产净额	固定资产原价	累计折旧	流动资产合计	应收账款	存货
全　国	**122780.86**	**25917.89**	**55146.48**	**27904.70**	**72880.40**	**22866.89**	**13173.68**
北　京	4699.04	406.86	849.93	429.61	3388.85	695.20	600.04
天　津	2838.92	1488.87	3988.65	2495.13	924.37	330.24	166.93
河　北	4178.97	975.62	1920.22	926.17	2256.85	377.49	250.40
山　西	1221.11	299.74	623.91	290.30	804.31	227.92	66.47
内蒙古	685.13	349.55	587.47	234.21	236.43	61.40	52.49
辽　宁	2785.27	499.80	1006.56	478.10	1702.45	490.68	166.69
吉　林	385.93	104.94	231.16	125.57	187.05	62.62	36.39
黑龙江	562.52	97.29	163.89	64.39	360.10	90.38	57.18
上　海	5489.04	936.65	2640.57	1590.88	3373.69	979.66	703.65
江　苏	17709.47	3823.01	8267.51	4324.02	11098.53	3928.97	2133.40
浙　江	10671.01	1930.50	3634.15	1644.23	6822.81	1738.67	1270.09
安　徽	3777.95	707.01	1200.58	479.91	2567.38	1710.09	244.91
福　建	7202.49	1494.06	3440.89	1744.10	4320.80	1094.33	909.68
江　西	1786.75	471.90	1127.86	412.15	872.64	243.94	172.20
山　东	10958.82	2114.85	4341.43	2147.40	5383.61	913.01	847.37
河　南	3849.54	580.90	1123.85	509.52	2936.73	1441.45	178.11
湖　北	1987.19	556.19	1034.79	441.43	1085.99	256.94	207.91
湖　南	2604.81	920.49	1637.51	687.56	898.03	308.80	109.32
广　东	30232.25	5834.79	12754.49	6718.41	18983.93	6064.03	4290.39
广　西	1158.42	343.06	581.45	236.05	653.97	288.79	122.26
海　南	996.06	116.67	304.83	186.90	346.73	49.75	43.04
重　庆	1558.66	415.30	748.00	321.79	982.07	423.88	191.68
四　川	3170.57	619.93	1574.21	938.68	1876.58	882.21	242.43
贵　州	449.08	152.60	264.71	69.69	150.53	43.01	21.24
云　南	454.46	158.21	288.51	127.79	187.22	43.06	29.16
西　藏	11.18	4.98	6.46	1.49	4.85	4.49	
陕　西	334.19	82.88	161.84	74.03	173.60	47.43	22.65
甘　肃	259.53	117.35	181.78	64.42	102.74	20.36	4.66
青　海	43.46	20.47	37.20	14.67	13.95	8.11	0.42
宁　夏	536.59	231.15	297.84	66.58	94.41	21.75	12.24
新　疆	182.43	62.29	124.24	59.52	89.21	18.22	20.28

工业企业主要经济指标

单位：亿元

产成品	负债合计	流动负债合计	应付账款	所有者权益合计	实收资本	国家资本	集体资本
4957.90	**65819.40**	**54879.28**	**22024.59**	**56897.55**	**24176.97**	**1499.29**	**184.40**
195.61	2314.98	2009.35	1043.62	2384.06	416.32	70.61	0.01
60.64	1685.52	1169.55	366.89	1153.40	426.19	16.93	0.80
94.00	2434.63	1855.78	654.84	1744.35	474.32	56.69	3.61
8.97	851.53	743.00	306.31	369.57	242.28	34.75	
22.49	368.72	273.58	57.41	316.41	197.17	52.94	0.21
62.35	1668.82	1383.81	334.56	1116.45	643.01	35.43	2.45
18.10	281.67	202.12	48.89	104.26	93.41	14.67	0.27
15.89	350.81	307.58	117.25	211.71	65.62	7.14	
233.61	2777.40	2489.65	1339.85	2711.64	1108.53	26.75	6.49
838.07	8574.32	7459.47	3028.78	9135.16	4872.18	128.85	71.90
550.06	4826.94	4239.58	1395.67	5776.65	2307.54	35.13	9.88
67.42	2737.12	2450.85	1773.47	1040.83	473.15	61.71	1.20
369.02	3595.11	2917.55	774.86	3606.75	1523.72	77.27	2.72
62.44	981.48	801.81	299.91	805.26	434.32	68.02	0.24
284.57	6158.56	4786.42	1076.42	4800.26	1618.94	152.83	15.13
62.47	2907.26	2698.76	1397.49	942.28	470.95	71.83	5.49
73.33	1080.45	887.28	243.05	906.74	406.55	23.16	4.09
48.56	1161.71	604.11	242.79	1443.10	590.32	90.89	7.90
1640.85	15634.27	13329.79	5677.38	14602.22	6030.36	220.80	31.82
49.54	611.21	520.94	283.75	547.22	272.35	17.67	0.56
14.90	569.40	420.18	81.74	426.66	200.69	72.58	0.40
68.01	947.67	778.37	444.79	610.99	358.75	16.67	
71.34	2139.55	1813.74	891.62	1031.02	376.26	29.50	16.67
11.01	249.28	123.70	40.59	199.80	134.98	51.98	
10.19	240.20	170.04	33.63	214.26	120.72	34.15	2.08
	5.95	0.42	0.01	5.23	2.08		
9.30	186.38	137.83	26.85	147.81	70.35	7.72	
1.70	145.36	94.69	10.11	114.18	64.77	12.58	
0.10	41.66	19.92	2.39	1.81	22.74	5.43	
6.07	218.30	135.32	11.89	318.28	105.49		
7.29	73.13	54.07	17.79	109.20	52.93	4.61	0.48

3-6 续表

地 区					营业收入	营业成本	销售费用
	法人资本	个人资本	港澳台资本	外商资本			
全 国	**6067.77**	**964.39**	**13719.66**	**1738.19**	**116056.06**	**97264.80**	**3168.18**
北 京	70.96	50.74	220.37	3.62	5918.62	4193.53	249.60
天 津	97.82	13.73	238.22	58.70	2229.92	1455.88	38.66
河 北	177.43	15.41	194.14	27.04	3323.59	2827.51	111.91
山 西	103.97	1.12	99.20	3.24	1071.85	1035.16	6.53
内蒙古	36.78	0.26	99.19	7.78	456.36	364.48	10.67
辽 宁	135.22	10.05	401.45	58.40	1540.67	1296.07	57.32
吉 林	21.66	0.72	43.21	12.89	259.27	216.55	7.58
黑龙江	17.78	1.45	34.11	5.14	262.21	183.59	29.79
上 海	223.07	70.36	733.84	48.01	6767.17	5818.09	197.99
江 苏	1149.99	127.91	2996.62	396.91	16627.05	13922.12	456.34
浙 江	713.61	84.92	1430.16	33.84	8622.31	7062.76	244.68
安 徽	149.25	13.90	226.73	20.38	3608.93	3330.10	44.35
福 建	284.26	112.23	910.98	136.26	9267.78	7801.13	281.62
江 西	146.79	8.62	196.05	14.52	2168.52	1791.61	47.93
山 东	389.69	169.66	660.87	227.91	6977.00	5947.59	180.62
河 南	74.11	11.54	306.25	1.73	5069.08	4861.61	51.65
湖 北	107.60	18.56	210.56	42.60	1768.46	1440.00	64.72
湖 南	247.94	38.66	192.34	12.58	1373.17	1075.71	36.58
广 东	1476.06	174.64	3691.61	434.65	29761.96	24731.99	909.85
广 西	46.90	3.02	177.88	26.33	920.61	767.09	19.46
海 南	20.27	5.14	42.68	59.63	714.96	527.24	10.41
重 庆	42.28	4.34	280.67	15.29	2712.87	2498.70	26.54
四 川	105.67	9.26	187.76	27.34	3389.76	3153.27	45.55
贵 州	29.34	1.83	40.07	11.76	264.07	195.32	3.36
云 南	26.39	7.64	28.99	21.45	236.59	183.83	9.84
西 藏			2.08		1.26	0.34	
陕 西	15.91	1.12	28.19	17.40	202.99	165.92	9.93
甘 肃	38.99	1.05	9.74	2.40	190.16	172.77	0.75
青 海	12.52		2.83	1.95	11.27	6.59	1.22
宁 夏	90.68	6.19	8.62		199.63	135.68	5.20
新 疆	14.84	0.32	24.24	8.44	137.96	102.55	7.54

单位：亿元

管理费用	财务费用		投资收益(损失以“-”号记)	营业利润	利润总额	亏损企业亏损额	平均用工人数(万人)
		利息费用					
5707.83	**552.90**	**768.16**	**1060.39**	**9413.97**	**9602.55**	**818.36**	**826.36**
197.09	-0.16	9.63	105.08	1351.00	1336.14	11.20	5.49
77.87	17.26	9.43	6.38	601.56	604.92	27.77	7.72
154.80	12.76	27.16	98.40	277.68	274.97	28.14	14.07
15.08	3.49	8.71	1.18	8.28	9.24	31.41	6.83
18.54	7.21	7.22	1.89	45.01	45.52	9.93	1.97
61.47	33.55	32.75	3.33	85.08	114.54	25.49	8.19
17.19	10.36	9.97	-0.01	11.55	11.60	9.75	1.60
13.01	2.50	3.90	4.15	54.64	58.81	2.41	1.30
309.52	-6.68	12.13	61.01	357.12	362.82	70.77	30.14
975.26	56.68	70.81	84.60	1248.20	1273.46	159.61	113.78
545.80	42.76	65.65	40.42	739.45	759.14	64.16	54.94
92.46	14.47	11.94	6.77	129.41	134.24	16.99	13.04
425.70	33.96	36.90	88.64	775.74	784.36	28.05	75.61
86.01	16.29	12.92	2.79	214.80	215.73	6.72	16.31
326.26	97.79	139.82	225.68	539.74	592.68	45.35	34.68
59.88	16.27	76.29	8.96	80.57	81.02	27.01	28.86
90.89	11.98	14.73	8.66	152.93	154.61	17.66	12.11
102.77	27.94	26.67	4.11	110.80	111.01	14.28	20.27
1906.05	122.62	138.46	241.07	2036.71	2065.09	189.81	335.04
29.51	6.26	5.22	1.91	99.00	101.09	4.34	8.69
19.75	-1.95	2.60	1.13	70.67	79.96	1.76	1.07
64.33	1.66	6.40	9.43	112.55	117.89	5.02	10.22
64.19	5.60	16.97	6.43	116.05	117.66	6.67	16.37
10.41	6.13	5.93	1.00	35.56	35.49	1.82	2.06
15.34	3.76	5.76	0.47	22.33	23.54	2.49	1.85
0.15	0.10			0.60	0.60		
11.52	1.60	1.51	6.77	22.46	22.61	6.93	1.33
3.61	3.34	3.38	0.04	8.80	8.97	1.29	0.41
0.40	0.44	0.47		1.05	1.02	0.68	0.07
7.48	4.00	3.17	40.09	85.15	84.27	0.10	1.48
5.50	0.92	1.67	-0.01	19.46	19.56	0.74	0.83

3-7 按地区分组的外商投资

地区	资产总计	固定资产净额	固定资产原价	累计折旧	流动资产合计	应收账款	存货
全国	**156397.75**	**36358.10**	**81239.75**	**42851.32**	**95190.84**	**28165.80**	**20129.86**
北京	7218.19	1060.92	2515.29	1418.11	4845.17	855.81	808.19
天津	5516.06	1347.48	3169.91	1782.68	3392.95	1009.76	912.22
河北	4154.50	1129.17	2283.40	1124.76	2278.40	691.29	406.06
山西	1513.87	467.65	926.17	445.58	811.44	184.46	67.84
内蒙古	2393.83	408.30	756.29	339.57	904.58	107.71	99.02
辽宁	6345.37	1379.36	3130.19	1692.92	4044.26	784.21	989.39
吉林	3096.15	857.72	2062.68	1181.14	1724.89	272.85	500.12
黑龙江	835.43	283.01	649.28	360.78	406.95	142.73	90.65
上海	15726.13	2840.32	7626.12	4606.77	10314.07	3046.05	2305.40
江苏	29081.81	7412.04	17070.59	9344.27	18376.62	6588.76	4440.35
浙江	12709.90	2247.87	4556.53	2261.36	7851.78	2571.63	1592.55
安徽	3174.28	838.55	1558.22	690.73	1952.57	566.16	368.92
福建	5924.74	1388.99	3484.04	1930.17	3327.59	901.86	823.75
江西	2091.34	513.05	1106.31	495.37	1074.64	325.18	195.09
山东	8682.18	1748.26	4139.42	2299.88	5531.16	1530.10	1101.42
河南	1957.57	462.99	977.13	496.57	1023.57	231.56	170.50
湖北	4514.42	1085.85	2315.90	937.53	2749.09	715.59	427.00
湖南	1387.11	381.15	904.01	470.10	688.32	201.63	114.37
广东	26511.85	6311.87	13896.54	7204.33	16367.64	4979.93	3384.76
广西	2828.71	735.16	1360.29	609.12	1729.71	372.96	332.26
海南	411.72	198.27	317.94	119.62	157.65	39.09	22.71
重庆	2612.55	671.05	1445.79	694.58	1651.75	684.94	283.28
四川	3122.84	699.44	1392.04	669.63	2052.70	895.93	281.15
贵州	351.90	115.91	185.66	68.81	129.90	25.02	16.85
云南	456.11	84.66	191.50	92.96	251.64	28.16	45.61
西藏	135.80	67.70	96.97	29.27	31.63	1.39	3.60
陕西	2707.62	1315.68	2559.44	1237.77	1079.24	340.17	266.53
甘肃	135.54	60.39	154.74	87.48	66.85	22.85	13.13
青海	78.71	25.85	55.71	29.80	36.73	1.65	3.69
宁夏	150.06	52.86	84.39	29.89	82.32	25.88	18.67
新疆	571.46	166.57	267.27	99.78	255.04	20.50	44.81

工业企业主要经济指标

单位：亿元

产成品	负债合计	流动负债合计	应付账款	所有者权益合计	实收资本	国家资本	集体资本
7236.73	**82826.66**	**70110.18**	**28658.23**	**73550.95**	**37103.08**	**2628.25**	**220.80**
370.49	4188.45	3773.56	1233.46	3029.74	1534.38	40.12	1.96
328.45	2486.40	2130.35	1015.25	3029.66	1593.10	46.63	12.07
117.27	2247.19	1663.08	537.33	1907.32	793.24	105.11	12.50
23.32	743.44	585.45	241.58	770.43	314.45	64.96	2.33
34.79	1084.30	847.79	119.02	1309.52	360.79	44.76	7.19
421.51	3016.47	2474.44	929.70	3328.90	1364.25	72.26	3.49
77.63	1883.84	1656.29	891.47	1212.32	555.61	6.89	2.60
29.34	559.97	459.20	152.09	275.46	192.29	13.28	1.28
746.96	8529.37	7560.45	3404.79	7196.60	3227.42	477.10	11.99
1593.58	14200.24	12439.59	5702.88	14881.58	8265.22	231.34	47.96
596.99	6447.34	5755.18	2257.63	6245.63	3735.88	117.82	4.20
143.18	1684.44	1390.11	610.21	1489.84	793.97	23.11	13.10
299.00	3053.91	2228.28	809.49	2870.83	1623.47	249.89	5.12
86.35	1067.85	803.24	275.77	1023.49	504.45	36.74	8.45
446.52	4595.42	4086.57	1435.82	4086.33	1990.90	69.44	31.36
68.00	982.09	830.04	277.44	975.49	367.50	17.35	3.22
150.33	2807.97	2535.23	1006.07	1706.45	949.46	143.91	17.77
54.87	623.06	531.73	121.72	761.43	370.33	71.51	2.81
1172.67	15093.64	12147.78	4950.09	11418.21	5698.21	537.24	9.63
131.54	1746.36	1444.28	485.35	1082.36	501.59	50.06	4.99
5.56	219.11	174.04	21.53	192.61	144.38		0.11
105.14	1707.02	1418.13	819.84	905.53	495.22	74.43	2.88
91.38	1860.23	1594.68	895.89	1262.61	649.25	31.75	2.04
4.97	183.67	114.00	32.41	168.23	98.66	11.59	2.48
19.07	141.99	110.86	31.82	314.12	104.31	24.23	0.21
0.35	70.40	31.33	8.86	65.40	21.18		
87.22	1225.50	1044.92	314.47	1482.12	680.38	43.59	5.59
3.22	79.83	48.25	16.92	55.71	55.44	21.29	3.07
0.63	32.26	19.17	2.06	46.44	10.25		
4.16	71.25	52.49	17.83	78.81	37.19	0.07	0.41
22.24	193.65	159.68	39.43	377.80	70.30	1.78	

3-7 续表

地　区					营业收入	营业成本	销售费用
	法人资本	个人资本	港澳台资本	外商资本			
全　国	**10218.82**	**718.60**	**1124.54**	**22188.67**	**166660.09**	**138585.49**	**5595.68**
北　京	549.09	31.89	12.03	899.28	6106.88	4532.57	512.94
天　津	354.44	26.35	27.76	1125.85	6892.84	5812.32	223.80
河　北	223.71	10.38	37.11	404.44	4042.99	3475.09	129.49
山　西	104.22	4.91	2.54	135.51	918.01	702.26	16.92
内蒙古	231.46	1.81	3.43	72.14	1526.21	1199.71	106.12
辽　宁	252.40	16.68	59.92	959.51	6449.11	4953.11	266.72
吉　林	249.79	4.89	6.59	284.84	5066.48	4090.94	159.89
黑龙江	47.34	6.58	11.20	112.61	799.49	682.25	33.33
上　海	415.59	38.31	14.00	2270.43	17299.29	13889.44	649.71
江　苏	1470.88	136.53	257.36	6118.31	32056.01	26935.78	984.04
浙　江	1069.29	81.92	52.60	2410.05	11990.36	9794.44	469.62
安　徽	290.14	22.37	19.47	425.78	3180.07	2609.60	113.23
福　建	444.65	56.37	77.00	790.16	8115.09	6979.21	186.06
江　西	214.54	20.91	19.26	204.56	2126.78	1807.55	36.61
山　东	653.45	40.37	70.50	1125.77	8734.86	7491.89	277.76
河　南	169.19	24.09	41.74	111.92	2348.70	2063.63	61.46
湖　北	356.75	22.79	15.54	392.40	5795.57	4948.18	135.64
湖　南	106.22	10.63	3.60	175.55	1574.43	1321.02	38.37
广　东	2001.92	114.11	241.73	2793.57	28299.08	23944.15	787.46
广　西	248.27	9.94	57.16	131.18	3085.66	2699.80	97.04
海　南	114.39	2.31	1.40	26.17	185.63	139.56	11.78
重　庆	96.09	8.46	24.58	288.77	3251.64	2856.89	105.37
四　川	273.82	8.23	38.66	294.75	3769.46	3301.04	67.10
贵　州	46.89	4.26	4.56	28.88	177.30	120.85	17.94
云　南	30.11	3.43	5.71	40.63	280.47	200.45	21.70
西　藏	1.11		2.00	18.07	63.02	33.46	1.19
陕　西	133.08	8.49	11.30	478.34	1921.22	1589.28	67.12
甘　肃	11.41	1.13	0.13	18.42	93.60	78.55	6.96
青　海	5.50		0.36	4.39	36.95	16.57	0.44
宁　夏	23.68	0.44	0.08	12.51	103.34	77.38	4.90
新　疆	29.38	0.01	5.21	33.92	369.52	238.49	4.96

单位：亿元

管理费用	财务费用	利息费用	投资收益(损失以“-”号记)	营业利润	利润总额	亏损企业亏损额	平均用工人数(万人)
8732.60	**343.97**	**766.53**	**1067.66**	**13056.42**	**13193.25**	**1269.41**	**841.59**
330.60	-14.60	26.47	38.68	712.35	717.32	73.55	19.40
300.92	7.04	19.78	58.18	529.78	540.37	37.57	26.62
183.73	24.99	33.37	18.73	227.89	197.03	65.02	18.83
36.66	8.27	10.11	35.85	165.65	164.05	23.18	6.76
52.02	5.79	18.95	136.15	270.05	268.66	9.77	3.81
289.19	-14.43	24.96	23.71	916.53	910.93	36.26	28.65
204.38	-21.59	5.37	4.90	509.35	503.09	10.83	10.91
41.72	9.84	8.97	31.73	51.79	55.34	26.10	3.21
1449.99	-12.56	33.07	93.66	1257.55	1280.16	69.93	62.36
1724.03	73.61	126.80	113.38	2305.43	2345.19	279.95	179.97
742.27	50.55	60.17	121.42	1008.22	1040.25	73.90	67.34
184.63	5.58	19.52	11.23	263.11	269.72	20.56	18.03
308.90	29.95	36.59	16.46	551.15	560.59	54.24	48.22
99.59	14.10	10.14	0.74	161.86	163.20	19.64	12.00
411.57	34.06	43.99	28.52	492.67	497.88	97.50	54.33
78.11	8.39	6.52	55.30	184.86	189.92	10.19	14.48
243.69	4.59	13.82	13.11	406.51	412.08	34.58	21.40
95.07	14.59	14.88	6.48	58.42	57.30	40.47	8.34
1444.84	68.64	140.02	219.81	1972.45	2002.81	212.86	179.65
107.88	8.76	53.89	1.06	155.22	158.09	6.11	11.68
12.84	7.80	7.13	0.23	12.47	12.57	1.62	0.68
126.30	3.31	13.98	18.57	151.05	153.94	17.63	13.98
109.79	6.09	13.44	9.48	258.69	259.19	24.11	16.77
10.18	1.08	1.57		22.35	22.65	1.06	1.70
14.39	-0.48	2.54	2.14	43.23	43.50	0.69	1.67
4.34	1.46	1.76	0.05	20.41	20.62		0.21
103.72	12.21	10.83	1.11	206.42	206.15	8.24	8.26
3.90	1.76	2.03	0.28	-4.04	-4.41	12.82	0.63
3.05	0.52	0.17	-0.02	16.38	16.34	0.15	0.19
5.73	1.54	1.92	0.29	13.69	13.80	0.43	0.62
8.55	3.10	3.77	6.39	114.94	114.90	0.45	0.93

3-8 按地区分组的大型

地　区	资产总计	固定资产净额	固定资产原价	累计折旧	流动资产合计	应收账款	存货
全　国	**677739.26**	**179707.24**	**373186.71**	**186438.88**	**320928.60**	**68190.60**	**60700.61**
北　京	45077.53	7315.76	14528.85	7227.94	15382.30	2292.69	1771.91
天　津	10671.98	4392.99	10229.92	5723.69	4272.48	968.93	861.14
河　北	26921.33	8724.12	17431.39	8352.94	11926.35	1979.76	2175.20
山　西	32686.62	7174.86	14379.31	6923.56	16176.31	2433.75	1178.00
内蒙古	20021.88	6964.57	13389.56	5949.86	6812.48	747.07	1077.32
辽　宁	23903.78	6937.25	15770.91	8631.97	11206.39	1557.58	2578.94
吉　林	10738.79	2376.93	5477.90	2926.99	4429.77	499.91	930.07
黑龙江	9174.99	3349.79	10108.44	6554.31	3733.83	471.32	462.42
上　海	26943.81	5048.90	14038.48	8797.78	13886.46	2917.12	2741.73
江　苏	57566.42	14525.64	32662.42	17677.59	32928.30	9676.57	6871.51
浙　江	37355.95	8803.21	15834.71	6974.79	18619.44	4962.20	3880.55
安　徽	22746.29	5769.09	11257.04	5346.38	11608.88	3461.57	1758.89
福　建	19691.24	5896.22	11047.59	5034.31	9337.05	1982.94	2270.46
江　西	10475.98	2912.32	6215.82	2708.48	5045.05	1303.94	1054.80
山　东	51482.47	12970.50	26081.99	12717.15	24636.35	4174.40	4844.94
河　南	26273.23	7161.39	15202.71	7539.81	13368.05	3331.96	2469.03
湖　北	22940.24	6749.04	13596.45	6407.94	10199.78	1799.74	2196.26
湖　南	14279.28	3834.63	7499.27	3545.31	7604.68	2194.15	1466.50
广　东	89455.36	16294.37	35853.09	18844.10	51381.62	12303.63	10331.57
广　西	8754.28	2764.06	4805.80	2029.61	3827.28	618.92	861.84
海　南	1936.24	752.77	1318.79	562.10	605.77	92.45	111.56
重　庆	10077.30	2682.39	5336.86	2535.52	5838.79	1771.24	979.45
四　川	26511.64	8269.97	16687.95	8122.84	12762.98	2591.41	2484.80
贵　州	7163.20	2530.84	4549.11	1994.92	3117.09	348.59	876.54
云　南	10420.42	3644.20	6653.55	2900.83	3904.86	551.11	1411.43
西　藏	1033.82	709.07	978.98	270.17	117.38	1.19	10.48
陕　西	23868.91	8408.54	15801.46	7223.91	9253.46	1717.47	1354.43
甘　肃	6905.43	2579.67	5636.38	2982.00	2219.23	315.06	631.48
青　海	3495.26	1486.13	3056.82	1298.53	883.68	180.70	159.26
宁　夏	5899.50	2159.00	4001.89	1717.72	1633.91	299.00	216.34
新　疆	13266.09	6519.00	13753.26	6915.82	4208.60	644.24	681.76

工业企业主要经济指标

单位：亿元

产成品	负债合计	流动负债合计	应付账款	所有者权益合计	实收资本	国家资本	集体资本
19113.49	**374471.44**	**287072.12**	**91422.83**	**303292.45**	**129526.83**	**43726.85**	**1143.89**
653.19	19204.42	14021.14	3246.11	25873.11	18985.11	16144.14	
298.85	5493.27	4135.03	1425.29	5178.71	2869.45	651.27	0.69
645.83	16019.05	13176.20	3962.22	10902.28	3960.16	1026.96	14.95
375.42	23031.55	16923.84	3598.77	9679.51	3543.52	1459.65	14.99
286.56	10481.19	7342.76	1652.71	9540.69	4765.35	1528.93	172.95
730.75	14039.61	10603.92	2739.50	9864.17	4928.73	1155.52	5.79
230.99	5240.41	4281.77	1838.35	5498.38	2240.24	139.36	42.20
124.18	5255.09	3394.66	1089.05	3919.90	1586.36	350.32	5.25
716.56	13176.59	10656.76	4562.15	13767.23	5353.79	2383.55	11.23
2524.75	30519.60	25826.68	9796.40	27046.82	11152.45	1459.97	198.87
1481.73	19303.83	15053.81	5510.22	18052.12	6020.71	977.70	24.28
555.74	12868.65	10365.82	4277.78	9877.64	3570.53	763.81	19.79
793.24	10942.72	7765.43	2272.31	8748.52	3368.97	335.30	12.14
318.27	5686.37	4499.22	1689.46	4789.61	1664.24	270.64	31.81
1689.00	29365.63	23257.87	5944.71	22116.84	8466.62	1795.87	108.39
756.38	16224.01	12853.11	4305.24	10049.22	3977.47	1019.07	21.61
568.25	12379.29	8950.76	2955.70	10560.95	4177.06	678.76	81.84
329.82	8070.90	6548.17	2057.47	6208.58	2465.46	620.49	8.27
3625.41	50895.63	39438.74	13873.76	38559.72	11810.21	2301.02	97.64
246.59	5466.75	3756.59	1106.34	3287.53	1364.39	407.40	4.51
15.22	1231.20	804.13	141.79	705.03	350.69	84.08	0.53
333.56	5861.14	5033.78	2408.54	4216.16	1726.22	160.06	3.61
621.97	14969.15	11662.87	3478.04	11542.49	4677.92	853.33	39.70
105.65	3768.68	2537.57	559.53	3394.52	944.87	283.77	0.15
140.64	4619.56	2942.12	829.48	5800.86	1519.71	438.33	26.00
0.23	414.62	151.81	57.43	619.20	94.54	46.76	
522.56	13052.64	9815.33	2914.85	10816.28	5146.18	2786.02	17.13
89.34	3666.75	2207.64	655.45	3238.67	1797.74	1126.63	139.08
63.97	2583.88	1666.19	391.89	911.38	758.37	205.30	13.93
68.57	3744.83	2402.20	677.58	2154.67	1616.71	429.65	
200.27	6894.44	4996.21	1404.70	6371.65	4623.06	1843.21	26.55

3-8 续表

地　区					营业收入	营业成本	销售费用
	法人资本	个人资本	港澳台资本	外商资本			
全　国	**60672.31**	**9419.17**	**5820.25**	**8872.84**	**546639.64**	**447937.52**	**12645.42**
北　京	2149.36	50.47	112.74	528.39	19615.01	15327.93	727.67
天　津	1258.00	287.12	144.54	527.84	9861.55	8105.94	181.37
河　北	2168.06	559.92	122.14	68.14	26080.87	22548.90	442.42
山　西	1646.58	273.53	56.14	51.49	17523.78	13636.44	216.27
内蒙古	2779.83	228.12	38.25	17.27	12724.23	9725.50	243.18
辽　宁	3066.30	198.11	223.86	478.30	20877.90	17403.22	311.41
吉　林	1889.62	51.75		117.32	9368.97	7739.29	247.43
黑龙江	1111.81	74.80	15.17	29.00	5503.15	4401.21	96.23
上　海	1499.86	186.69	377.08	895.39	21868.72	17931.56	523.11
江　苏	4946.88	861.96	1339.28	2345.49	58495.53	49208.15	1528.26
浙　江	3503.13	802.79	425.98	286.84	30277.89	24557.17	834.88
安　徽	2286.61	230.71	103.88	165.73	17990.52	15025.58	347.79
福　建	1933.76	313.90	321.44	452.43	20538.43	17103.33	432.90
江　西	1070.30	126.44	64.39	100.67	10945.34	9330.42	119.43
山　东	4281.09	1671.50	219.95	381.70	44428.51	37692.80	903.04
河　南	2292.06	410.63	183.88	50.23	26565.89	23238.38	361.93
湖　北	2889.94	234.46	56.51	235.54	16700.85	13395.06	336.85
湖　南	1362.04	207.97	161.29	94.77	11401.15	8901.76	269.55
广　东	5922.19	710.98	1502.97	1275.40	78937.02	63572.33	2908.25
广　西	771.65	83.60	74.44	22.80	8274.84	7135.87	140.97
海　南	233.05	7.72	1.03	24.29	1153.12	870.57	25.47
重　庆	1073.37	161.04	181.85	135.50	11795.34	10155.22	259.26
四　川	3038.37	501.25	65.18	180.07	19656.87	15820.28	553.26
贵　州	603.71	48.24	5.00	4.00	3884.25	2615.66	70.06
云　南	938.49	97.72	4.07	15.10	7429.54	5428.48	117.09
西　藏	15.30	14.88		17.60	126.38	126.94	0.26
陕　西	1896.56	92.52	1.30	352.65	15061.46	11564.05	209.40
甘　肃	491.99	36.14	3.91		6266.71	5228.09	49.79
青　海	510.65	25.53		2.96	1777.76	1383.09	16.92
宁　夏	334.40	852.37		0.29	3055.82	2419.33	28.09
新　疆	2707.37	16.31	13.98	15.64	8452.24	6344.95	142.87

单位：亿元

管理费用	财务费用		投资收益（损失以“–”号记）	营业利润	利润总额	亏损企业亏损额	平均用工人数（万人）
		利息费用					
27154.27	**3793.87**	**5255.96**	**6904.89**	**45315.45**	**44826.21**	**3382.13**	**2550.51**
671.70	206.19	259.60	567.93	2946.79	2888.62	204.81	33.76
373.05	48.04	56.94	78.06	989.03	996.41	71.48	34.76
1036.58	222.57	268.34	133.73	1387.29	1363.46	169.18	101.80
903.87	429.81	591.10	223.90	1956.58	1857.86	340.97	103.60
442.67	190.15	212.25	305.02	1901.84	1859.47	121.28	45.50
686.16	173.83	206.95	118.09	1336.28	1342.02	201.12	73.13
500.65	-3.77	70.68	319.50	850.02	842.91	93.99	33.01
366.16	62.98	84.67	37.09	250.18	211.65	116.77	43.32
1563.22	-60.44	61.09	502.59	1431.89	1437.66	140.82	62.44
2728.89	181.75	292.40	434.76	4259.43	4175.95	365.04	267.89
1597.22	152.95	224.96	368.27	2878.17	2910.15	93.39	143.78
886.76	115.46	174.08	95.55	1241.32	1250.17	123.02	80.06
860.51	120.85	159.75	157.23	1831.53	1831.50	43.22	116.74
433.10	54.57	65.19	19.36	745.91	749.13	32.15	54.12
1916.06	385.49	515.95	584.01	2992.88	2983.56	187.97	188.83
957.05	258.48	306.29	169.31	1261.09	1247.41	194.32	169.93
945.42	95.57	147.65	269.46	1383.90	1371.11	136.09	75.76
676.60	53.51	69.06	50.58	659.12	659.87	60.85	66.92
5949.98	279.32	469.17	1330.78	6534.69	6555.73	197.27	472.58
282.70	58.00	121.35	24.42	480.72	476.97	7.70	30.30
44.21	17.20	21.05	0.42	104.73	106.26	6.65	3.79
477.21	21.35	38.19	69.84	734.61	746.20	58.20	48.35
862.90	98.99	176.01	186.77	1835.78	1826.26	70.66	100.60
299.67	59.82	74.38	482.61	812.22	806.49	32.51	29.49
327.97	86.40	96.66	131.08	686.57	669.96	24.15	25.70
11.71	3.50	4.63	0.27	-16.50	-17.16	39.14	1.10
609.02	187.23	195.45	95.01	1776.89	1716.52	90.24	63.99
173.61	59.03	61.53	26.85	423.31	391.25	39.10	24.61
79.21	37.62	26.33	20.57	173.42	169.62	53.58	8.22
107.12	77.87	70.38	41.77	318.94	305.39	15.96	15.58
383.31	119.56	133.88	60.08	1146.82	1093.80	50.49	30.85

3-9 按地区分组的中型

地区	资产总计	固定资产净额	固定资产原价	累计折旧	流动资产合计	应收账款	存货
全国	**318136.96**	**80555.33**	**155935.33**	**71557.24**	**170298.63**	**43480.29**	**36725.43**
北京	8134.83	808.37	1803.60	977.79	4649.13	1139.67	724.36
天津	5132.13	1241.93	2689.62	1356.93	2774.01	731.00	684.39
河北	10332.92	2903.61	5752.84	2781.15	5602.72	1192.13	1246.06
山西	12222.28	4211.92	7317.52	2972.84	4935.46	1092.05	683.23
内蒙古	7884.25	3131.77	5702.24	2442.16	2990.54	557.67	553.48
辽宁	8828.09	2219.61	4452.56	2158.92	4997.77	1164.53	1144.44
吉林	3581.95	1176.14	2428.60	1185.55	1770.77	422.32	373.17
黑龙江	3520.92	1146.71	2165.22	970.77	1715.27	364.92	356.65
上海	12143.04	1731.97	4052.96	2178.01	7577.55	2238.91	1585.92
江苏	39373.61	8527.78	16815.52	8085.24	23886.84	7551.54	5351.48
浙江	29711.17	5965.09	11379.54	5313.34	17531.22	4753.31	3855.86
安徽	9693.27	2487.59	4484.86	1933.81	5033.57	1409.07	1091.64
福建	12009.42	3072.75	6291.07	2974.30	6330.20	1516.90	1538.30
江西	7160.46	2014.28	3881.79	1731.23	3717.96	885.32	809.40
山东	25497.57	6083.51	11760.43	5446.39	14966.23	3041.33	3454.47
河南	13674.10	4172.01	8167.62	3555.23	5957.82	1067.90	1178.25
湖北	9514.18	2513.17	5522.91	2792.02	5084.21	1350.71	1047.40
湖南	7511.23	1884.00	4088.15	1956.86	3433.43	944.00	776.34
广东	38149.10	7790.19	15540.84	7522.39	22256.01	6464.39	5116.08
广西	5827.84	1816.54	3274.76	1419.06	3074.83	554.21	688.45
海南	913.95	257.65	491.83	231.73	489.67	99.66	84.05
重庆	6467.89	1762.14	3715.78	1791.80	3405.52	1010.46	699.69
四川	11972.52	3361.03	6588.24	3046.32	6093.19	1799.37	1254.54
贵州	4429.25	1489.56	2652.50	1081.75	1945.20	327.16	444.20
云南	5781.27	2423.93	3879.28	1329.77	2186.32	307.22	516.59
西藏	355.07	175.83	221.02	45.16	98.43	6.76	9.03
陕西	7223.90	2157.86	3912.39	1604.78	3638.80	842.64	594.56
甘肃	2186.55	791.55	1446.06	617.39	944.33	187.82	228.95
青海	760.41	244.42	460.08	188.27	361.39	34.22	89.52
宁夏	2514.12	943.60	1698.28	709.86	1108.40	159.48	194.67
新疆	5629.67	2048.79	3297.24	1156.40	1741.82	263.63	350.27

工业企业主要经济指标

单位：亿元

产成品	负债合计	流动负债合计	应付账款	所有者权益合计	实收资本	国家资本	集体资本
14318.14	**175944.43**	**143294.76**	**43040.90**	**142238.76**	**66222.32**	**10240.85**	**1160.38**
204.80	3364.30	2807.98	951.39	4770.53	1508.45	171.99	9.13
277.33	2722.78	2193.61	688.41	2417.15	1303.64	188.46	48.69
514.98	6323.62	5289.90	1337.35	4009.38	1949.53	422.10	37.33
281.85	8670.11	6965.81	1645.98	3552.17	1831.83	449.25	53.50
188.57	4984.47	3679.96	961.74	2904.15	1882.54	274.75	29.84
404.64	5677.32	4622.44	1109.17	3150.76	1787.72	297.63	15.58
124.94	2179.60	1773.67	420.25	1402.36	757.19	133.23	8.53
123.93	2158.40	1641.14	357.32	1362.20	792.84	181.17	10.61
543.95	5874.43	5028.25	1996.42	6268.61	2066.34	246.31	7.40
2179.09	20218.31	17648.60	6216.22	19155.30	8583.23	760.33	129.21
1585.56	15419.51	13454.91	3896.32	14291.78	5240.30	227.39	50.49
455.07	5022.35	3965.78	1431.55	4670.92	2263.19	622.69	59.91
624.93	5825.43	4397.54	1221.99	6183.99	2708.41	437.67	44.34
321.74	3769.51	2937.86	899.09	3390.95	1427.90	246.65	36.49
1465.71	16167.80	14201.54	3916.12	9329.77	4553.30	697.57	183.55
445.59	7649.19	5940.09	1487.70	6059.66	2907.71	481.50	52.34
424.21	4921.79	3897.90	1262.59	4592.39	1787.62	315.90	49.89
312.66	3611.53	2711.27	813.18	3899.70	2145.42	317.26	25.14
1852.35	20524.32	16642.39	5873.79	17624.77	7242.29	893.62	131.53
290.93	3483.53	2741.04	689.44	2343.75	1234.45	442.93	8.48
37.46	480.37	413.69	78.38	433.59	207.35	16.78	0.35
268.15	3672.28	2819.79	957.20	2795.61	1122.87	242.36	14.94
458.38	6082.60	4974.56	1789.32	5889.92	2358.56	545.35	27.88
129.56	3209.09	2432.42	541.27	1220.16	1619.97	332.46	13.66
244.45	3312.10	2459.21	556.94	2469.17	2935.49	245.22	17.51
3.41	168.89	61.75	13.35	186.18	69.47	49.84	2.48
258.62	3716.03	2689.73	771.48	3507.87	1454.15	407.23	18.97
68.20	1482.04	1033.81	258.37	704.51	539.40	147.58	10.74
26.97	468.41	376.70	80.75	291.99	202.22	42.41	2.69
76.78	1689.57	1232.52	309.16	824.54	620.58	77.52	1.60
123.33	3094.75	2258.90	508.67	2534.92	1118.37	325.72	57.55

3-9 续表

地　区	法人资本	个人资本	港澳台资本	外商资本	营业收入	营业成本	销售费用
全　国	**32895.62**	**11359.64**	**4216.29**	**6332.87**	**292500.41**	**242123.22**	**8269.01**
北　京	875.71	235.96	49.96	165.69	4210.15	3012.59	321.35
天　津	591.71	142.45	66.12	267.31	5064.09	4396.93	132.80
河　北	880.97	390.14	41.56	178.46	10392.05	9061.48	219.74
山　西	996.19	274.41	11.92	44.49	7251.29	5175.07	121.31
内蒙古	1242.37	284.41	29.72	18.34	5769.72	4514.88	107.87
辽　宁	879.67	201.21	107.58	286.05	6459.12	5497.87	196.59
吉　林	388.47	111.85	19.32	89.78	2413.11	1993.52	122.52
黑龙江	413.83	79.59	47.11	60.54	2301.83	1897.39	87.19
上　海	883.95	232.73	146.70	545.22	10138.54	8191.65	467.92
江　苏	3775.15	1233.08	917.40	1767.45	35642.21	29860.15	1046.87
浙　江	2920.75	1196.27	405.52	439.87	25787.11	21479.45	768.19
安　徽	1026.08	338.60	71.64	144.26	8500.63	7210.73	201.38
福　建	1024.20	527.76	408.42	265.50	17693.42	14827.47	416.10
江　西	767.12	239.31	76.46	61.87	9649.01	8161.90	180.74
山　东	2171.41	901.15	155.85	443.79	25901.27	22506.68	532.84
河　南	1529.31	745.05	53.32	46.18	12197.67	10533.97	266.27
湖　北	888.79	308.99	83.35	140.71	10478.91	8525.83	294.44
湖　南	972.80	733.65	26.11	69.59	9270.19	7333.52	320.83
广　东	2859.36	1216.38	1167.61	973.78	38288.31	31891.98	1228.06
广　西	460.79	141.32	98.15	82.78	5565.82	4590.44	93.27
海　南	151.77	16.40	20.80	1.25	754.45	590.67	60.35
重　庆	521.99	191.25	86.21	64.69	6666.55	5413.93	196.25
四　川	1308.87	344.63	71.77	60.06	13202.14	10747.19	416.55
贵　州	1144.99	96.04	15.97	16.69	2312.55	1861.45	73.36
云　南	2012.13	635.34	8.05	17.24	4308.08	3418.39	117.74
西　藏	11.85	5.30			121.38	58.03	5.43
陕　西	745.49	220.30	13.80	48.36	5563.24	3937.15	145.80
甘　肃	324.86	39.84	4.00	12.38	1682.05	1502.70	31.55
青　海	147.13	6.82	1.37	1.80	539.82	412.87	13.44
宁　夏	364.89	169.19	0.50	6.88	1820.55	1603.84	27.94
新　疆	613.03	100.21	10.01	11.86	2555.12	1913.49	54.30

单位：亿元

管理费用	财务费用	利息费用	投资收益(损失以“–”号记)	营业利润	利润总额	亏损企业亏损额	平均用工人数(万人)
16119.60	**2682.47**	**2598.22**	**1588.67**	**21566.84**	**21888.79**	**3907.41**	**2060.57**
403.95	9.06	31.97	87.83	502.08	507.15	70.33	21.18
256.47	27.21	33.87	28.19	214.23	223.06	82.92	23.84
429.81	101.25	107.54	-43.32	463.53	471.99	159.70	64.18
449.34	214.83	194.94	50.55	1042.81	992.62	273.42	53.03
247.10	104.81	98.43	68.48	673.43	671.08	152.72	24.06
351.51	80.39	79.13	-7.72	217.44	224.92	232.11	51.76
144.82	41.46	38.66	12.54	93.91	98.20	82.04	19.92
110.61	37.86	35.99	10.99	155.94	160.70	64.56	16.97
733.18	38.13	49.75	117.92	795.26	812.67	101.30	47.06
2196.15	220.21	233.59	275.64	2451.51	2527.16	378.53	225.60
1637.54	184.55	217.62	253.15	1838.65	1904.99	229.10	195.38
503.06	58.17	57.79	34.95	548.82	567.73	130.27	61.72
734.61	111.50	96.98	42.40	1540.94	1549.80	94.39	128.03
407.95	59.83	46.92	14.16	803.78	825.76	79.54	59.04
1114.80	247.43	233.87	92.08	1126.10	1187.66	363.61	147.30
505.24	158.68	128.16	55.23	707.56	694.07	203.05	114.25
614.01	82.00	62.33	29.16	895.13	913.27	90.15	72.81
710.54	97.28	54.55	6.03	685.70	654.19	82.49	85.98
2482.96	265.98	269.66	208.42	2361.09	2402.81	465.62	368.71
192.71	48.78	62.77	10.27	447.40	465.82	39.66	38.80
39.25	7.25	7.54	19.15	47.95	58.02	5.14	3.46
368.79	53.01	48.23	15.54	607.26	622.37	34.79	47.44
618.79	114.81	104.45	71.32	1217.01	1227.21	65.88	78.41
141.28	59.05	52.58	34.22	157.87	157.83	102.52	20.90
175.54	59.79	61.84	28.95	383.32	386.48	49.77	21.77
8.14	3.02	3.10	3.85	46.76	46.83	1.25	0.36
267.48	55.05	49.26	30.15	1003.53	997.25	99.93	31.27
60.57	30.85	28.92	0.25	31.46	31.52	62.72	9.55
26.03	10.46	8.90	6.12	76.03	75.87	8.98	2.75
73.47	39.41	39.47	8.52	64.92	64.80	54.46	8.03
113.91	60.40	59.40	23.66	365.41	364.97	46.47	16.98

3-10 按地区分组的小型

地 区	资产总计	固定资产净额	固定资产原价	累计折旧	流动资产合计	应收账款	存货
全 国	**470840.08**	**119611.61**	**215571.27**	**83197.21**	**260579.93**	**82423.29**	**53595.59**
北 京	7843.63	828.28	1711.64	835.06	5071.04	1465.71	1026.87
天 津	7693.22	1667.48	3132.75	1413.73	4859.07	1488.60	1098.90
河 北	21514.81	5447.94	8824.12	2904.51	12170.79	3587.77	1973.77
山 西	12175.46	3993.64	6497.35	2047.43	5907.69	1811.64	934.17
内蒙古	10918.39	4126.50	6895.33	2455.35	4658.61	1551.30	575.01
辽 宁	12529.18	2889.78	5387.58	2332.49	7427.65	1901.13	1682.21
吉 林	4798.84	1380.39	2500.78	998.68	2388.77	678.15	566.92
黑龙江	5954.27	1591.59	2965.49	1045.83	3260.01	922.07	802.28
上 海	14555.56	2106.25	5022.09	2775.26	10219.75	3314.06	2139.28
江 苏	56827.99	12736.38	23469.98	10211.06	36207.44	13185.87	7689.90
浙 江	45476.29	9754.98	18482.36	7716.21	27539.01	9057.73	5720.30
安 徽	17612.69	4482.88	7107.31	2409.84	10081.38	3498.39	2170.52
福 建	15510.64	3396.94	7543.86	3306.07	8493.53	2380.89	2025.30
江 西	14286.99	3359.64	6461.58	2291.40	7518.52	2170.47	1766.16
山 东	34521.56	7603.07	13736.43	5482.30	20014.60	5562.45	4314.14
河 南	18132.64	5162.46	9642.28	3146.36	8545.40	2408.64	1652.63
湖 北	17062.93	4646.62	10419.05	4714.98	8467.74	2553.38	1884.94
湖 南	12772.36	3758.41	7358.48	2714.28	5401.15	1662.32	1187.00
广 东	48141.55	8542.42	16731.61	7467.30	31393.29	10199.25	6826.55
广 西	9039.94	2515.52	4198.81	1368.60	4638.74	1601.15	922.68
海 南	1571.45	380.59	654.29	242.04	714.16	168.55	86.65
重 庆	9092.60	2541.48	4760.22	1902.27	4259.64	1383.95	736.80
四 川	23159.90	8654.64	13531.73	4438.77	9537.53	2851.35	1926.52
贵 州	6271.80	2094.68	3284.61	943.11	2675.06	819.92	493.86
云 南	9051.47	3643.67	5577.05	1756.04	3601.51	1011.25	708.40
西 藏	864.45	412.44	546.76	114.25	284.69	83.83	28.55
陕 西	13050.11	3210.30	5625.02	1847.41	6932.93	2081.46	1351.35
甘 肃	4960.59	1843.41	3070.05	1084.02	2091.10	774.05	338.07
青 海	2399.66	981.00	1625.62	502.92	986.32	415.87	127.42
宁 夏	3720.28	1821.66	2584.08	720.60	1393.66	513.70	213.47
新 疆	9328.83	4036.55	6222.93	2009.05	3839.16	1318.37	624.97

工业企业主要经济指标

单位：亿元

产成品	负债合计	流动负债合计	应付账款	所有者权益合计	实收资本	国家资本	集体资本
21920.65	**278069.49**	**212542.35**	**66606.82**	**191908.69**	**111629.79**	**13494.44**	**2013.42**
379.34	3802.92	3319.76	1328.23	4040.71	1831.52	225.49	8.01
408.41	4613.56	3770.46	1273.78	3079.66	2168.52	230.60	45.33
812.28	13997.69	11105.13	4233.73	7523.04	5109.12	525.17	57.58
435.12	8879.00	6373.91	2038.47	3285.26	2316.04	435.17	33.89
266.25	6965.63	4633.55	1078.98	3950.40	2433.15	646.61	79.72
608.07	8039.55	6336.56	1712.98	4489.76	3315.48	352.51	35.85
211.08	3053.97	2254.53	554.86	1744.81	1179.97	142.18	28.34
284.38	3953.39	2998.41	871.57	1979.15	1290.84	233.03	54.11
819.22	7141.08	6165.63	2515.87	7414.32	3287.58	303.13	40.85
3279.64	31932.16	27167.11	9781.52	24895.98	14403.73	984.16	183.37
2221.56	27009.88	24466.72	6156.45	17800.91	11058.97	507.21	59.07
929.53	10168.42	7981.10	2469.64	7444.25	5409.52	406.22	66.45
954.08	7806.04	5506.24	1707.79	7701.69	3587.42	325.24	48.70
745.48	7768.36	5750.83	1740.28	6517.98	2848.73	345.53	39.74
1779.73	22659.12	18295.30	4958.61	11859.41	7794.84	1008.15	228.47
665.99	9433.88	6736.28	2011.70	8716.36	4892.19	449.62	78.98
874.41	8661.11	6411.19	2043.23	8401.17	3713.55	400.88	135.40
546.84	5829.20	3871.48	1157.45	6933.53	3402.84	321.93	85.53
2544.46	29209.81	23913.93	8465.62	18936.43	11406.54	824.29	203.41
430.77	5944.42	4198.40	1508.32	3095.57	1758.04	211.75	54.22
32.27	802.63	551.38	180.34	745.27	347.27	79.26	6.73
316.26	4767.55	3351.15	1089.13	4325.04	2257.71	471.50	23.37
758.51	13734.56	7587.25	2257.48	9373.25	4644.76	1040.15	114.38
218.89	4220.51	2795.86	782.89	2051.32	1285.14	301.12	46.94
343.71	6012.01	3342.71	828.45	3039.23	1979.53	570.03	41.70
11.24	584.58	405.90	55.18	264.97	147.70	64.71	7.56
453.94	7654.00	5211.25	1733.18	5396.11	2480.90	465.13	75.85
167.17	3154.76	1976.20	557.08	1785.68	1285.44	438.15	37.72
52.73	1718.38	994.81	198.43	681.28	750.40	181.53	27.29
89.30	2434.94	1306.48	370.24	1285.25	939.74	206.30	37.11
280.01	6116.39	3762.84	945.31	3150.91	2302.62	797.70	27.75

3-10 续表

地区	法人资本	个人资本	港澳台资本	外商资本	营业收入	营业成本	销售费用
全国	**47829.32**	**33805.23**	**5192.65**	**9232.37**	**475417.24**	**404983.49**	**11757.55**
北京	864.85	444.29	77.24	211.65	4919.96	3921.00	248.20
天津	939.26	466.32	69.46	416.29	8117.17	7217.28	184.12
河北	2453.23	1808.17	72.25	191.33	17461.09	15430.46	339.73
山西	1104.20	651.88	42.35	46.11	8907.35	7899.33	236.12
内蒙古	1253.54	360.98	40.45	49.86	6342.46	4787.46	137.83
辽宁	1568.87	945.82	132.06	280.02	9428.37	8169.45	236.68
吉林	579.50	294.30	33.33	97.61	2927.75	2453.28	100.87
黑龙江	566.38	386.44	13.87	49.31	4029.35	3535.63	89.82
上海	1217.63	600.63	239.93	885.17	13395.07	10981.35	489.50
江苏	5555.91	4150.99	1061.94	2465.00	59750.84	51081.65	1442.32
浙江	3936.90	4142.16	669.17	1741.01	44236.30	37672.01	1066.59
安徽	1900.17	2790.33	98.35	147.89	19028.33	16350.81	461.27
福建	1550.77	1176.45	274.33	211.74	27536.47	24011.24	564.76
江西	1336.27	979.26	78.33	68.85	24341.24	21138.43	442.37
山东	3198.89	2379.77	385.47	586.31	33474.39	29617.92	723.50
河南	2040.37	2155.48	122.19	43.56	18499.94	16012.90	430.11
湖北	1693.67	1251.73	105.23	122.93	24048.46	19622.41	646.93
湖南	1706.21	1222.60	32.84	32.45	22737.35	18620.11	657.63
广东	4584.56	3473.63	1298.96	1020.57	56424.38	48521.82	1485.78
广西	938.18	430.79	62.79	53.79	8433.41	7444.93	165.58
海南	143.27	34.17	23.28	60.56	768.57	634.65	31.20
重庆	1138.62	435.35	43.09	144.68	9068.62	7445.56	236.03
四川	2074.81	1177.53	106.80	100.65	21356.00	17738.08	606.21
贵州	568.13	319.58	24.11	25.11	4320.36	3547.46	131.21
云南	951.97	351.81	23.81	39.84	5875.32	5039.81	140.95
西藏	55.29	15.09	4.58	0.47	167.98	116.71	8.26
陕西	1122.72	687.89	26.85	101.99	10593.35	8512.87	259.30
甘肃	605.53	196.40	2.00	8.92	2094.87	1729.08	50.20
青海	469.76	62.61	1.83	3.69	912.05	742.36	19.10
宁夏	557.28	124.63	8.73	5.68	1722.76	1460.51	33.85
新疆	1152.58	288.16	17.05	19.34	4497.68	3526.95	91.56

单位：亿元

管理费用	财务费用	利息费用	投资收益（损失以“–”号记）	营业利润	利润总额	亏损企业亏损额	平均用工人数（万人）
26490.50	**4951.92**	**3743.45**	**1171.60**	**25170.69**	**26218.02**	**4831.01**	**3339.88**
482.57	26.73	35.38	38.22	275.44	288.60	112.78	26.03
409.04	47.08	43.54	25.46	262.88	283.80	100.17	38.22
668.55	223.52	165.45	-81.96	608.07	619.41	196.71	108.68
299.07	188.19	154.14	38.43	241.43	222.00	306.89	41.94
244.82	150.98	132.28	27.79	862.07	847.65	119.52	22.00
513.20	122.32	92.12	18.28	220.10	275.01	293.40	65.77
179.51	62.92	48.12	2.11	125.57	137.71	74.08	22.63
186.76	56.99	43.99	9.73	148.02	164.63	74.58	25.76
1076.01	55.65	53.35	93.58	858.25	914.30	155.80	78.13
3861.44	489.50	312.03	134.63	2718.12	2883.37	602.94	412.99
3006.61	489.63	444.90	193.93	2022.50	2204.27	316.83	406.46
1021.45	172.59	113.39	44.99	976.56	1053.06	129.94	137.92
1138.76	153.48	97.87	15.07	1568.59	1598.70	67.28	189.35
895.45	143.31	92.96	-8.94	1586.94	1695.33	60.77	119.34
1695.14	374.37	279.32	251.72	1126.00	1223.53	500.62	226.46
755.11	226.76	124.63	12.36	946.41	992.03	202.71	157.55
1257.16	207.93	114.63	18.36	2128.39	2134.91	98.70	140.02
1661.83	192.76	95.62	16.68	1337.60	1304.26	71.68	164.12
3786.07	379.81	276.83	186.49	2205.94	2319.81	556.96	512.87
317.94	96.21	83.95	11.01	384.29	403.87	79.40	63.00
45.76	11.04	12.66	11.10	48.28	48.45	13.27	4.28
515.65	74.00	59.56	18.42	750.82	765.22	58.66	61.87
999.97	305.38	254.43	9.29	1465.61	1493.25	132.40	131.15
220.38	83.79	66.35	3.07	281.56	285.32	69.07	30.62
247.18	138.07	129.99	12.49	295.08	300.77	84.75	33.11
17.32	7.43	6.40	1.08	19.97	20.43	6.38	1.23
550.21	136.16	103.40	20.32	989.46	996.53	98.35	65.54
102.88	78.26	64.85	3.31	113.52	122.55	51.22	14.40
43.13	40.50	35.96	1.65	53.36	52.43	36.27	4.58
74.78	73.71	70.48	18.72	78.08	88.72	66.09	8.76
216.76	142.84	134.89	24.15	471.76	478.08	92.78	25.11

3-11 按地区分组的

地 区	资产总计	固定资产净额	固定资产原价	累计折旧	流动资产合计	应收账款	存货
全 国	**120844.87**	**34037.50**	**77365.28**	**41024.02**	**45462.82**	**6594.65**	**2577.05**
北 京	3847.62	675.56	1031.32	422.19	700.90	121.47	14.96
天 津	2571.70	1539.98	4347.33	2789.35	671.15	156.52	30.19
河 北	4190.18	998.06	2747.31	1516.05	1827.20	233.12	142.00
山 西	31106.36	6050.33	11119.97	4781.35	15560.00	2488.73	593.94
内蒙古	11644.69	2912.38	5601.47	2552.59	4929.92	678.31	244.76
辽 宁	4851.38	810.94	3089.76	2247.35	1368.73	148.99	138.01
吉 林	992.83	275.85	774.31	451.09	199.45	37.85	24.44
黑龙江	5334.54	1864.14	6754.24	4735.26	2092.40	175.44	115.75
上 海	308.83	90.16	229.83	96.71	123.36	1.52	5.13
江 苏	635.45	196.17	650.71	397.34	221.93	-49.60	17.37
浙 江	655.59	54.04	99.36	40.31	252.48	34.46	17.15
安 徽	3830.20	1082.90	1909.44	774.30	1017.83	131.33	63.26
福 建	454.39	139.24	374.61	187.55	135.41	19.94	21.28
江 西	968.87	189.08	342.00	129.99	383.00	63.40	57.58
山 东	7679.03	1363.57	3184.84	1737.31	2748.44	214.09	123.31
河 南	4801.65	1452.09	3558.04	1855.15	1729.52	277.61	84.42
湖 北	1029.26	273.93	821.99	485.07	442.28	76.92	41.27
湖 南	710.38	242.40	455.86	152.73	216.21	41.13	28.61
广 东	1821.90	1041.68	2859.52	1812.19	474.88	132.14	54.31
广 西	597.67	118.72	229.80	102.13	233.92	57.55	33.07
海 南	462.81	26.11	46.99	18.64	88.43	12.50	8.56
重 庆	600.08	259.04	663.31	323.44	154.61	25.54	5.80
四 川	4794.96	1628.72	4275.54	2520.40	1458.71	403.05	113.99
贵 州	2571.15	786.39	1267.52	419.02	857.94	183.60	65.82
云 南	1915.33	450.57	803.01	304.40	852.31	127.37	101.21
西 藏	605.03	260.92	336.32	67.12	102.90	11.24	12.22
陕 西	11387.08	3878.63	7714.89	3680.73	4273.84	478.97	171.38
甘 肃	1930.95	1004.09	2080.91	1060.00	420.06	45.38	33.26
青 海	911.86	136.40	346.20	176.18	253.51	10.76	24.91
宁 夏	1815.44	1144.94	1926.87	752.21	277.64	43.70	72.17
新 疆	5817.66	3090.48	7722.02	4435.87	1393.86	211.63	116.91

采矿业主要经济指标

单位：亿元

产成品	负债合计	流动负债合计	应付账款	所有者权益合计	实收资本	国家资本	集体资本
1289.18	**71683.72**	**49818.99**	**9846.98**	**49095.96**	**22651.08**	**9548.37**	**175.88**
2.86	2470.98	1206.83	147.94	1376.64	623.02	0.24	
9.75	1320.22	864.59	301.30	1251.48	319.42	26.32	
82.40	2722.57	2231.67	378.83	1467.62	503.47	265.03	1.68
294.62	22451.22	16784.66	3015.84	8668.35	2806.73	901.68	50.53
109.89	5569.03	3957.22	895.40	6075.67	2299.94	864.87	19.75
55.33	2343.96	1523.51	185.10	2507.43	1317.06	230.00	1.04
13.42	737.14	533.29	117.79	255.70	277.30	9.40	3.51
76.43	2754.63	1541.47	515.64	2579.91	691.49	82.43	7.25
0.53	183.40	111.78	37.10	125.43	9.00		
6.72	311.35	244.35	30.49	324.09	356.55	248.81	0.01
7.55	373.75	222.02	27.61	276.97	89.26	20.35	2.15
41.49	2336.41	1425.38	239.91	1493.78	594.02	339.85	3.38
12.47	167.37	117.35	22.89	287.01	79.85	25.43	0.51
35.52	511.04	309.96	68.58	457.83	145.19	54.92	2.80
68.55	5142.45	3267.82	418.45	2536.58	1603.28	1191.55	13.35
45.70	3134.77	2426.64	419.04	1666.88	775.01	453.56	5.49
29.98	598.51	380.26	88.44	430.75	144.42	54.35	2.88
16.18	327.73	224.13	30.77	382.44	215.98	44.93	6.26
19.78	1158.48	730.12	199.08	663.42	319.72	38.38	0.81
19.58	298.23	245.40	68.17	299.44	75.72	11.40	1.71
1.60	352.57	300.23	45.98	110.24	41.84	21.57	
3.49	267.81	143.93	22.21	332.26	165.45	109.18	0.05
68.63	2077.45	1323.97	352.45	2665.73	1130.90	585.93	4.64
30.45	1902.19	1367.57	243.70	669.10	973.76	105.96	2.09
54.14	1129.88	897.44	122.11	785.44	352.98	168.12	3.46
1.86	372.33	145.27	25.86	217.91	122.65	71.22	2.00
72.73	5346.93	3801.46	838.28	6040.15	2644.36	1873.16	25.41
18.46	923.10	541.14	110.69	1007.84	770.28	571.06	0.40
15.01	453.27	288.07	70.32	458.59	70.46	11.02	0.13
27.08	1250.23	660.63	124.10	565.13	330.51	177.19	
46.98	2694.71	2000.86	682.88	3116.14	2801.45	990.46	14.58

3-11 续表

地　区					营业收入	营业成本	销售费用
	法人资本	个人资本	港澳台资本	外商资本			
全　国	**10942.21**	**1704.84**	**89.01**	**119.47**	**58394.53**	**38304.93**	**879.18**
北　京	611.87	0.26	10.65		754.03	734.69	0.71
天　津	291.80	1.00		0.30	1469.45	823.45	2.41
河　北	151.85	82.27	1.62	0.91	2321.85	1769.85	36.34
山　西	1360.55	419.90	5.24	26.70	14123.99	9416.24	276.70
内蒙古	1268.43	142.76	1.61	2.52	6408.52	3398.24	100.85
辽　宁	1029.51	45.38	2.37	8.75	1770.83	1236.20	21.17
吉　林	249.01	12.70		2.68	393.54	309.79	4.45
黑龙江	559.70	23.77	18.09	0.19	2073.02	1445.88	17.18
上　海	9.00				54.34	40.04	0.11
江　苏	98.87	2.58	2.44	3.82	413.25	340.48	6.49
浙　江	48.30	15.55	1.60	1.32	220.25	126.49	6.91
安　徽	179.11	70.60		1.08	1640.68	1110.69	25.78
福　建	30.04	19.77	4.01	0.09	748.95	638.39	15.71
江　西	51.52	32.87	2.96	0.11	808.90	645.76	20.99
山　东	302.69	53.88	12.24	29.57	2864.56	2031.91	26.09
河　南	206.89	99.13	4.88	5.05	2069.14	1645.82	22.76
湖　北	58.52	28.27		0.40	881.40	650.86	25.52
湖　南	73.11	89.04	0.42	2.23	782.20	577.78	24.65
广　东	258.57	11.80	8.71	1.45	1144.30	600.35	17.05
广　西	33.35	28.76	0.10	0.40	374.35	265.33	18.48
海　南	14.68	5.50	0.10		73.51	36.22	2.56
重　庆	36.92	19.00			327.65	238.17	10.51
四　川	431.76	76.81		3.06	2615.04	1978.19	36.06
贵　州	767.78	92.83	5.05	0.05	1186.48	818.21	29.35
云　南	139.67	36.75	0.14	4.84	1110.94	833.69	27.93
西　藏	11.30	20.03	0.50	17.60	164.32	79.35	0.89
陕　西	568.93	175.97	0.57	0.31	6780.03	3352.77	55.02
甘　肃	157.73	39.10	2.00		785.31	531.40	8.47
青　海	53.09	6.22			316.39	190.62	1.32
宁　夏	143.05	10.27			850.36	622.45	10.69
新　疆	1744.63	42.06	3.71	6.03	2866.96	1815.60	26.03

单位：亿元

管理费用	财务费用	利息费用	投资收益(损失以"–"号记)	营业利润	利润总额	亏损企业亏损额	平均用工人数(万人)
3951.98	**1377.79**	**1464.88**	**571.99**	**11151.08**	**10615.54**	**1144.71**	**431.17**
34.66	71.81	71.61	76.59	-68.28	-98.26	99.26	2.85
44.34	11.11	3.98	-0.46	531.50	528.57	14.60	5.58
152.88	68.76	56.86	20.71	233.41	208.98	49.18	19.08
831.85	484.14	605.17	120.32	2457.17	2329.05	364.11	91.03
319.49	113.56	110.24	136.87	2060.63	1995.57	64.37	21.49
142.00	41.76	47.53	50.32	289.28	269.53	15.17	22.13
56.02	12.06	11.54	0.46	-0.25	-1.26	36.94	7.47
210.08	28.69	49.78	0.27	245.24	196.74	10.78	28.57
5.39	-0.32	0.01	0.20	6.97	7.30		0.16
33.82	3.39	3.09	7.83	20.98	20.68	4.20	3.87
19.58	14.14	11.14	0.45	45.14	41.70	5.84	1.01
170.37	50.68	48.98	40.01	276.64	278.57	16.73	16.28
31.59	2.92	2.64	0.87	51.29	51.52	1.83	4.82
43.74	7.92	5.88	1.48	81.10	85.00	1.65	5.62
281.66	98.13	137.50	25.82	247.00	231.78	74.60	32.42
151.03	65.31	53.70	2.34	114.55	110.08	96.38	32.93
78.53	11.05	7.57	0.18	88.17	83.42	33.36	5.49
85.44	8.83	5.53	0.25	58.83	58.06	7.50	9.04
43.45	13.48	4.70	-0.33	414.71	411.43	6.54	2.87
25.19	3.50	2.93	0.12	48.20	46.69	5.05	3.41
13.10	0.90	0.67	0.07	14.58	13.99	0.19	0.46
22.29	3.46	2.73	0.14	45.65	45.84	4.97	1.56
172.19	26.28	21.63	32.23	373.73	358.99	39.10	19.70
96.14	33.52	22.18	-4.82	151.48	144.71	38.56	19.38
75.69	17.87	16.93	7.31	127.59	122.12	21.48	10.37
10.88	5.26	4.83	0.60	60.95	60.54	2.61	0.61
349.58	81.43	70.75	26.95	2361.62	2285.10	45.21	31.15
46.81	19.23	13.47	3.74	147.51	125.14	18.25	7.94
44.88	7.88	9.48	16.81	51.33	47.27	2.53	2.66
49.39	34.41	24.59	0.25	74.62	68.64	1.14	6.50
309.91	36.65	37.24	4.40	539.73	488.04	62.59	14.72

3-12 按地区分组的煤炭开采和

地　区	资产总计	固定资产净额	固定资产原价	累计折旧	流动资产合计	应收账款	存货
全　国	**68700.96**	**15964.68**	**29600.47**	**12691.89**	**31288.97**	**4181.14**	**1286.72**
北　京	0.38	0.08	0.29	0.21	0.30	0.22	0.03
天　津	7.77	1.01	1.04	0.03	6.48	5.96	0.11
河　北	1906.64	227.74	620.85	305.24	874.29	55.17	22.58
山　西	29797.56	5720.43	10517.19	4543.61	15100.15	2401.14	537.26
内蒙古	9185.34	1879.61	3514.10	1510.13	4375.73	603.50	177.41
辽　宁	634.55	170.61	493.27	322.14	282.99	17.94	29.91
吉　林	217.51	88.38	179.01	88.01	80.89	4.07	4.23
黑龙江	947.78	331.54	775.39	413.61	395.03	70.31	47.20
上　海							
江　苏	360.92	111.52	220.55	95.46	119.98	-61.42	6.29
浙　江	0.42	0.09	0.20	0.11	0.26	0.15	0.04
安　徽	2480.89	801.40	1417.51	600.85	563.62	31.15	35.68
福　建	97.95	18.62	42.23	18.11	39.62	3.59	2.01
江　西	89.41	32.14	53.28	17.31	30.17	2.30	1.99
山　东	4434.09	562.22	1294.85	703.22	2087.21	137.21	37.26
河　南	2940.53	1105.36	1985.26	844.18	1128.35	166.17	46.88
湖　北	5.38	1.34	2.47	1.14	1.70	0.44	0.25
湖　南	175.93	53.31	104.49	30.94	51.21	6.28	4.08
广　东							
广　西	52.96	9.50	17.80	6.87	26.79	2.92	2.72
海　南							
重　庆	94.17	10.96	24.02	12.82	70.68	3.40	0.51
四　川	565.71	174.05	401.61	159.19	227.78	20.39	16.57
贵　州	2337.97	742.59	1193.90	397.25	742.96	148.80	55.24
云　南	681.03	182.45	297.36	91.04	261.04	29.68	33.40
西　藏							
陕　西	7488.91	2005.32	3501.96	1429.61	3687.23	380.16	111.51
甘　肃	781.14	188.20	415.50	213.57	277.49	18.26	15.08
青　海	96.44	24.21	54.58	15.03	41.18	4.61	3.07
宁　夏	1658.72	1028.52	1696.44	638.61	253.18	42.51	70.01
新　疆	1660.87	493.49	775.31	233.61	562.67	86.22	25.38

洗选业主要经济指标

单位：亿元

产成品	负债合计	流动负债合计	应付账款	所有者权益合计	实收资本	国家资本	集体资本
629.25	**44661.24**	**32667.18**	**5671.72**	**24063.86**	**8551.71**	**2299.33**	**103.21**
	0.14	0.14	0.13	0.23	0.06		
	3.94	3.94	0.61	3.83	0.70	0.50	
11.91	1332.72	1096.78	119.20	573.92	264.72	163.42	0.10
255.76	21657.91	16194.81	2765.73	8164.23	2614.51	782.36	49.69
76.25	4439.26	3198.35	760.59	4746.08	1402.40	127.88	18.05
10.10	382.69	321.78	43.87	251.87	118.88	52.58	
2.47	190.73	172.40	14.62	26.78	25.91	0.70	
33.57	742.69	659.59	143.85	205.09	128.01	69.70	0.25
2.12	175.40	140.64	33.13	185.52	83.43		
0.03	0.34	0.34		0.08	0.01		
26.66	1636.66	1004.68	165.39	844.24	339.02	216.86	2.95
1.08	38.56	21.92	3.20	59.39	20.07	11.65	0.01
0.61	50.33	43.33	3.09	39.08	20.22	18.75	
30.54	2985.80	2002.22	193.32	1448.29	361.69	131.64	1.67
26.02	2031.09	1636.82	273.04	909.44	375.21	186.05	2.92
0.03	4.82	4.77	1.46	0.57	1.29		
2.48	102.23	77.67	5.53	73.70	46.12	15.03	0.54
2.39	30.35	21.20	5.97	22.61	3.97		
0.12	92.76	9.50	0.93	1.42	10.05	5.37	
8.47	378.98	259.24	30.08	186.73	79.45	14.91	2.71
24.33	1765.48	1258.56	221.15	572.62	928.14	98.64	1.89
24.56	418.27	320.66	40.07	262.75	113.67	38.14	1.04
41.93	3333.79	2347.18	505.53	4155.13	861.67	214.31	19.36
8.39	456.22	316.57	44.24	324.91	169.06	11.69	0.32
2.13	67.91	39.22	4.93	28.52	5.55	0.43	
25.62	1179.92	617.84	114.15	478.71	249.39	99.75	
11.69	1162.26	897.02	177.91	498.12	328.52	38.98	1.69

3-12 续表

地区	法人资本	个人资本	港澳台资本	外商资本	营业收入	营业成本	销售费用
全国	**5063.11**	**980.21**	**19.55**	**44.19**	**33564.18**	**20800.59**	**534.02**
北京		0.06			0.17	0.04	
天津	0.20				1.75	0.78	
河北	82.45	18.74			686.65	549.01	13.56
山西	1331.78	386.47	3.19	19.27	13580.11	9058.12	269.42
内蒙古	1131.53	120.81	1.61	2.52	5528.45	2868.88	90.12
辽宁	60.45	5.85			175.98	124.75	0.89
吉林	22.69	2.53			54.39	49.00	0.70
黑龙江	41.18	16.66		0.16	540.71	392.87	5.27
上海							
江苏	83.43				163.47	137.37	0.90
浙江		0.01			0.53	0.45	
安徽	93.81	25.40			948.28	672.45	4.07
福建	2.96	3.56	1.90		93.02	74.86	1.59
江西	0.86	0.61			49.71	41.03	0.42
山东	191.76	13.31	4.23	19.08	1260.89	827.08	14.40
河南	125.99	56.43	0.66	3.16	1358.14	1049.52	15.23
湖北	0.94	0.36			2.96	1.66	0.07
湖南	17.44	13.11			85.23	64.01	2.00
广东							
广西	2.78	1.18			37.43	33.61	0.46
海南							
重庆	0.14	4.23			34.66	30.03	0.52
四川	41.37	20.46			444.03	359.70	8.34
贵州	750.73	71.87	5.00		998.15	675.58	24.02
云南	56.56	17.93			468.13	351.03	15.78
西藏							
陕西	479.63	147.88	0.50		5028.59	2094.13	40.28
甘肃	130.56	26.49			352.26	248.04	4.83
青海	3.93	1.19			41.30	19.77	0.26
宁夏	139.57	10.06			787.67	577.28	10.19
新疆	270.37	15.00	2.46		841.51	499.53	10.69

单位：亿元

管理费用	财务费用		投资收益(损失以“–”号记)	营业利润	利润总额	亏损企业亏损额	平均用工人数(万人)
		利息费用					
2104.72	**898.34**	**1023.55**	**308.16**	**7416.09**	**7168.33**	**619.26**	**263.85**
0.12							
0.54				-0.13	-0.15	0.15	0.04
40.68	31.33	37.29	6.40	37.28	31.57	12.28	9.27
794.77	473.63	596.50	120.78	2337.55	2208.99	350.68	87.86
254.90	90.51	86.75	103.02	1830.26	1789.52	50.46	17.36
22.97	4.59	6.26	1.27	11.70	12.96	5.23	6.32
11.36	3.52	3.52	0.07	-8.39	-8.35	9.68	2.02
59.71	6.90	6.75	0.08	61.82	51.55	2.63	13.54
14.42	1.45	1.20	6.63	6.17	7.24	3.64	2.58
0.04				0.02	0.02		
112.57	39.15	41.82	13.37	108.74	113.59	9.25	12.52
6.69	-0.14	0.20	0.05	8.85	8.85	0.15	1.68
2.42	1.43	0.79	0.13	4.58	5.16		1.03
148.08	45.49	81.37	16.44	174.64	169.87	39.76	17.07
92.07	41.34	41.58	1.40	112.34	104.52	37.45	24.99
0.65				0.50	0.47	0.04	0.05
7.95	1.95	1.59	-0.09	5.84	5.52	2.15	2.80
1.28	0.24	0.25		1.51	1.32	0.59	0.35
1.67	0.26	0.10	0.01	-0.41	-0.13	3.24	0.18
26.17	2.52	2.10	8.36	51.27	52.02	2.03	8.20
83.73	31.16	20.76	-1.78	134.28	129.21	32.93	18.18
31.84	5.42	4.62	0.06	49.68	49.30	8.69	6.00
249.84	55.18	44.79	24.50	2147.58	2112.27	22.73	16.93
20.96	8.60	3.45	3.74	62.32	57.28	4.51	5.26
2.86	0.83	0.58	0.01	14.31	14.28	0.58	0.47
47.18	33.22	23.40	0.25	63.23	59.81	0.52	5.12
69.27	19.77	17.88	3.47	200.55	191.61	19.89	4.03

3-13 按地区分组的石油和

地　区	资产总计	固定资产净额	固定资产原价	累计折旧	流动资产合计		
						应收账款	存货
全　国	**22840.76**	**12040.79**	**36018.62**	**23110.57**	**3507.81**	**591.02**	**184.30**
北　京	124.56	2.02	4.20	2.18	37.71	0.31	0.07
天　津	1794.32	1435.63	4047.57	2608.75	214.96	91.02	20.44
河　北	498.88	375.70	1392.17	902.55	24.11	3.49	6.27
山　西	715.64	183.93	352.14	146.07	187.25	47.61	2.67
内蒙古	873.01	689.70	1472.68	781.14	46.91	0.67	4.82
辽　宁	379.71	292.54	1696.57	1350.33	-57.56	0.60	6.15
吉　林	433.03	87.71	371.99	266.92	2.14	2.21	1.71
黑龙江	3663.61	1373.25	5585.73	4130.07	1296.94	25.70	30.26
上　海	308.83	90.16	229.83	96.71	123.36	1.52	5.13
江　苏	147.93	43.93	349.76	262.27	45.20	1.06	0.94
浙　江							
安　徽	4.64	4.04	4.34	0.30	0.33		0.02
福　建							
江　西	3.76	0.55	0.91	0.36	3.05	0.66	0.49
山　东	1556.31	284.69	954.67	636.32	84.69	19.27	13.25
河　南	326.19	54.05	1044.93	802.40	53.30	8.83	3.71
湖　北	231.31	90.28	345.44	255.16	48.04	2.85	1.52
湖　南							
广　东	1322.14	908.01	2631.74	1720.31	257.34	74.38	19.13
广　西	37.61	1.30	23.96	22.65	4.84		0.10
海　南	350.18	3.14	6.15	3.01	32.82	4.87	1.44
重　庆	343.02	219.24	554.36	275.89	17.88	4.36	0.74
四　川	2222.54	1107.83	3097.64	1962.20	393.10	248.49	5.15
贵　州							
云　南							
西　藏							
陕　西	2995.34	1645.30	3660.22	1978.03	187.30	8.34	13.51
甘　肃	825.63	693.90	1477.97	782.19	40.95	0.07	3.02
青　海	442.25	47.58	167.70	105.08	99.45		12.20
宁　夏	113.79	96.14	204.60	108.20	5.40		0.41
新　疆	3126.50	2310.18	6341.33	3911.47	358.30	44.71	31.13

天然气开采业主要经济指标

单位：亿元

产成品	负债合计	流动负债合计	应付账款	所有者权益合计	实收资本	国家资本	集体资本
97.78	**10554.26**	**5345.17**	**1726.16**	**12223.18**	**8172.38**	**5941.94**	**0.58**
	32.33	11.65	13.51	92.24	33.30		
5.63	1028.67	590.09	172.11	765.65			
2.12	186.03	63.19	50.40	312.85			
1.45	407.91	346.10	183.69	296.36	66.40	43.72	0.28
3.79	283.47	91.52	36.06	589.54	545.26	540.83	
6.15	236.80	49.30		142.91	142.91	142.91	
1.05	313.41	172.38	52.66	119.62	34.28	0.07	
27.92	1396.31	313.66	251.10	2267.30	477.05	2.05	
0.53	183.40	111.78	37.10	125.43	9.00		
0.35	74.80	46.47	-18.25	73.12	245.10	245.10	
	1.21	0.58	0.28	3.43	3.62		
0.32	0.91	0.79	0.19	2.85	0.74	0.28	
8.49	1057.61	356.67	71.77	498.70	1022.12	1015.91	
2.57	288.72	117.96	31.96	37.48	219.91	219.61	0.30
1.00	129.96	74.47	12.45	101.35			
4.60	868.67	509.17	143.16	453.46	232.97		
	5.87	0.62		31.74			
0.16	308.72	263.63	35.96	41.46	15.00	15.00	
0.39	91.65	83.25	9.44	251.36	126.80	100.86	
1.23	717.87	301.52	116.49	1452.89	592.99	467.10	
8.32	1612.54	1167.42	229.25	1382.81	1595.74	1593.91	
2.14	266.45	71.97	34.45	559.19	551.96	551.96	
7.85	152.74	76.21	48.72	289.52			
0.29	36.35	9.35	4.76	77.44	77.44	77.44	
11.44	871.86	515.41	208.89	2254.47	2179.79	925.18	

3-13 续表

地 区					营业收入	营业成本	销售费用
	法人资本	个人资本	港澳台资本	外商资本			
全 国	**2178.71**	**7.36**	**4.59**	**10.11**	**9121.63**	**5670.64**	**39.18**
北 京	33.30				7.94	10.10	0.07
天 津					1050.74	424.23	1.67
河 北					185.77	137.70	2.01
山 西	11.72	0.81	2.05	7.43	184.59	122.94	2.95
内蒙古	4.35	0.08			323.17	214.18	0.55
辽 宁					295.60	222.28	0.93
吉 林	31.43	0.10		2.68	164.64	128.29	2.01
黑龙江	475.00				1105.12	731.64	9.65
上 海	9.00				54.34	40.04	0.11
江 苏					68.64	51.06	0.30
浙 江							
安 徽	3.62				1.02	0.77	
福 建							
江 西		0.46			1.74	0.72	0.06
山 东	6.21				772.85	561.17	2.77
河 南					111.23	129.59	0.68
湖 北					71.48	72.70	0.93
湖 南							
广 东	230.43		2.54		719.63	300.04	1.95
广 西					14.67	2.46	0.02
海 南					28.83	11.93	1.78
重 庆	25.95				139.67	95.59	0.89
四 川	93.44	3.75			903.81	619.25	1.87
贵 州							
云 南							
西 藏							
陕 西	0.01	1.82			1031.33	658.11	0.52
甘 肃					310.57	198.44	0.17
青 海					164.30	92.14	0.20
宁 夏					43.03	27.18	0.02
新 疆	1254.26	0.35			1366.93	818.10	7.06

单位：亿元

管理费用	财务费用	利息费用	投资收益（损失以“–”号记）	营业利润	利润总额	亏损企业亏损额	平均用工人数（万人）
770.55	**163.48**	**166.55**	**19.95**	**1822.08**	**1627.02**	**220.24**	**55.46**
5.31	0.46	0.73		-7.21	-7.42	7.42	0.10
23.97	11.63	2.70		544.41	539.55		1.91
30.14	2.84	3.38	0.07	-12.12	-25.64	26.83	2.21
9.66	3.71	3.92		44.92	46.64	10.05	0.66
10.10	5.57	5.57	0.01	75.69	57.50	6.74	0.45
32.41	6.63	6.63		8.90	9.90		3.65
31.54	5.69	5.73	0.04	-12.89	-15.71	21.68	2.74
124.95	18.96	40.53		122.05	84.86		9.79
5.39	-0.32	0.01	0.20	6.97	7.30		0.16
11.15	1.22	1.29	0.80	2.19	2.25		0.59
0.33				-0.06	-0.07	0.07	0.04
0.23	0.01	0.01		0.68	0.71		0.03
43.53	34.72	35.71	0.13	13.65	7.20		7.78
19.94	8.51	2.65	0.44	-54.22	-51.85	51.91	2.94
15.90	1.75	2.52		-24.49	-25.00	25.00	0.99
14.23	9.36	1.52	1.46	358.04	358.34		0.52
0.06	0.18	0.18		11.17	11.17		0.01
6.35	0.38	0.05	0.01	5.01	4.80		0.09
11.80	1.90	1.90	0.12	29.41	29.38	0.79	0.19
74.27	10.13	7.43	16.53	189.51	174.46	16.25	3.29
51.84	22.18	21.93	0.24	176.97	138.63	12.39	7.59
13.29	5.48	5.69		72.54	55.61	9.90	1.26
28.22	1.36	2.46		11.29	7.30		1.61
1.37	0.76	0.80		11.57	9.19		1.28
204.58	10.38	13.21	-0.10	248.11	207.93	31.21	5.59

3-14 按地区分组的黑色金属矿

地区	资产总计	固定资产净额	固定资产原价	累计折旧	流动资产合计	应收账款	存货
全国	**12426.72**	**2252.24**	**4045.83**	**1650.19**	**3915.30**	**593.11**	**381.21**
北京	3315.51	613.14	745.86	119.93	491.05	67.74	9.19
天津	16.98	6.39	11.90	5.50	10.07		2.63
河北	1600.71	324.28	616.32	263.72	853.55	160.27	99.09
山西	471.25	116.89	202.25	77.88	226.09	23.35	48.73
内蒙古	952.42	105.98	212.58	104.87	320.65	48.04	24.75
辽宁	3171.95	234.90	608.95	364.22	818.26	50.11	56.04
吉林	134.92	37.72	82.24	26.97	40.25	10.50	2.04
黑龙江	48.24	17.57	27.62	10.03	11.18	1.10	2.38
上海							
江苏	29.73	11.07	15.96	4.89	16.54	3.21	2.90
浙江	1.73	0.40	1.31	0.92	0.68	0.13	0.09
安徽	477.32	154.17	273.40	107.94	157.06	53.18	10.84
福建	101.73	46.55	115.71	58.82	25.91	4.01	6.73
江西	56.90	16.07	28.95	12.61	15.63	3.87	2.12
山东	381.26	114.60	230.56	104.83	168.73	11.67	15.60
河南	115.50	25.29	45.90	18.79	64.20	28.66	4.11
湖北	122.67	37.09	99.03	53.87	63.19	21.40	6.14
湖南	39.39	9.66	17.33	5.38	13.97	1.72	1.92
广东	60.63	11.36	26.52	14.66	30.66	7.88	2.93
广西	6.60	1.06	2.38	1.22	4.87	1.03	1.46
海南	87.81	20.32	35.10	12.63	37.68	0.93	1.36
重庆	6.16		1.70		3.40	0.28	0.36
四川	432.89	103.38	201.41	95.02	169.64	44.38	24.57
贵州	26.63	7.13	14.60	3.60	8.73	1.33	1.24
云南	207.64	58.44	108.20	48.04	113.54	24.66	10.69
西藏	31.88	1.18	5.80	2.91	10.39	0.02	0.48
陕西	108.70	33.98	63.57	27.29	44.68	7.09	5.32
甘肃	100.99	36.13	62.54	26.41	30.06	5.66	3.67
青海	59.79	20.92	30.84	9.49	31.53	0.26	2.35
宁夏	32.63	15.66	18.45	2.79	16.62	0.29	1.11
新疆	226.14	70.91	138.86	64.97	116.50	10.30	30.40

采选业主要经济指标

单位：亿元

产成品	负债合计	流动负债合计	应付账款	所有者权益合计	实收资本	国家资本	集体资本
206.13	**7248.16**	**4855.17**	**765.33**	**5177.40**	**2137.93**	**608.78**	**20.09**
2.60	2267.70	1066.34	78.06	1047.81	295.49	0.24	
1.79	6.52	6.52	3.94	10.46	1.14		
60.24	1089.40	988.53	190.02	511.32	211.09	92.30	0.60
34.12	294.27	174.52	48.74	176.98	109.95	75.11	0.50
12.52	551.67	410.67	53.01	400.75	219.15	170.58	1.10
17.90	1353.75	821.57	58.32	1818.21	703.96	33.29	0.98
1.77	73.65	44.88	17.37	61.27	28.32	5.15	0.10
1.20	34.10	22.00	5.82	14.14	13.40		4.50
1.26	17.15	16.32	4.52	12.59	9.52	0.78	
0.08	0.65	0.36	0.04	1.09	0.62		
5.38	224.81	182.80	41.27	252.51	140.47	103.81	0.01
3.26	47.07	33.07	4.11	54.66	19.03	7.72	0.20
0.71	40.65	37.78	11.98	16.25	14.19	4.46	1.00
9.65	260.43	227.53	64.79	120.83	85.10	12.69	2.61
0.84	49.87	43.29	12.83	65.63	27.45	16.90	0.50
3.16	89.08	49.71	14.95	33.58	39.03	33.33	0.46
1.05	21.58	14.11	3.00	17.82	6.39		
0.48	42.57	39.83	9.36	18.06	15.29	0.25	
0.92	4.28	3.98	1.83	2.32	1.05		
0.96	29.52	23.49	0.46	58.29	20.27	6.16	
0.20	3.50			2.66			
14.84	239.94	213.40	54.48	192.95	60.86	18.29	0.58
0.74	16.13	10.84	2.55	10.50	1.33		
5.77	145.05	123.01	19.46	62.59	24.21	11.50	0.70
0.23	6.25	5.49	0.36	25.63	7.71	1.17	2.00
3.68	63.75	43.47	7.78	44.95	10.76	0.55	1.70
1.69	64.36	56.74	10.06	36.64	6.40	1.02	0.05
1.63	33.10	32.81	8.13	26.69	19.46		
0.79	27.89	27.89	4.11	4.74	0.30		
16.66	149.49	134.22	33.97	75.49	46.04	13.46	2.51

3-14 续表

地区	法人资本	个人资本	港澳台资本	外商资本	营业收入	营业成本	销售费用
全国	**1297.17**	**197.11**	**8.97**	**5.70**	**6033.20**	**4492.18**	**70.16**
北京	295.24				584.24	572.09	0.05
天津	0.84			0.30	77.36	74.81	
河北	60.44	56.01	1.62		1345.16	1009.54	15.19
山西	10.15	24.20			297.16	189.02	1.96
内蒙古	41.74	5.73			279.89	182.61	3.61
辽宁	650.43	18.93	0.32		908.82	572.15	4.08
吉林	16.51	6.55			51.04	37.21	0.98
黑龙江	7.79	1.11			15.77	13.25	0.35
上海							
江苏	5.00	0.22		3.52	116.45	107.54	2.76
浙江	0.26	0.36			1.08	0.74	0.03
安徽	24.05	11.72		0.88	362.17	239.60	4.96
福建	6.45	4.66			246.79	216.58	2.58
江西	7.60	1.13			59.28	49.74	1.11
山东	52.81	10.03	6.96		414.48	327.69	5.03
河南	3.16	5.88		1.01	69.69	48.96	0.71
湖北	0.26	4.98			203.65	147.39	6.29
湖南	2.59	3.79			26.72	20.02	0.60
广东	14.26	0.77			51.03	29.19	1.51
广西	0.54	0.51			5.68	4.17	0.24
海南	9.88	4.23			25.97	11.46	0.14
重庆					8.90	6.83	0.50
四川	28.11	13.87			345.51	250.80	7.25
贵州	0.72	0.61			25.00	18.82	0.44
云南	7.21	4.80			163.66	121.20	3.49
西藏	0.68	3.85			5.31	2.60	0.39
陕西	4.33	4.11	0.07		81.99	65.79	0.97
甘肃	3.41	1.92			37.82	29.92	0.74
青海	19.32	0.14			20.57	12.70	0.01
宁夏	0.21	0.09			14.49	13.78	0.11
新疆	23.17	6.91			187.52	115.94	4.08

单位：亿元

管理费用	财务费用		投资收益（损失以“-”号记）	营业利润	利润总额	亏损企业亏损额	平均用工人数（万人）
		利息费用					
358.72	**176.17**	**157.85**	**181.75**	**915.45**	**833.04**	**108.78**	**28.49**
20.52	71.10	69.98	76.12	-43.99	-74.18	74.18	1.22
0.10	0.25			1.59	1.59		0.05
69.98	32.95	15.13	14.00	201.88	195.86	7.41	5.95
21.37	6.04	4.13	-0.59	69.94	68.86	1.98	1.82
23.78	13.50	13.50	31.74	73.00	69.22	2.64	1.54
62.73	24.13	29.46	47.70	252.17	226.44	3.27	5.05
4.82	1.25	0.70	0.21	5.95	6.04	1.80	0.47
1.38	0.13	0.13	0.01	0.34	0.25	0.27	0.17
2.42	0.35	0.06	0.01	3.03	1.25	0.20	0.20
0.09	0.01	0.01		0.18	0.18	0.01	0.01
25.61	3.72	3.47	6.31	85.41	83.37	2.91	1.58
5.59	1.15	1.18	0.03	18.75	18.73		0.94
4.07	0.13	0.07	0.07	2.78	3.02	0.08	0.34
25.45	4.61	5.13	3.62	47.02	44.43	1.69	1.92
4.34	1.35	0.53	0.01	12.91	12.85	0.44	0.42
26.20	1.24	1.30		16.61	13.84	6.46	1.20
3.25	0.44	0.37		1.77	1.77	0.05	0.31
1.92	0.78	0.41	-1.85	6.92	6.63	0.02	0.15
0.43	0.01	0.01		0.73	0.75		0.07
5.09	0.48	0.56	0.05	6.62	6.58		0.29
0.58	0.01			0.85	0.82	0.01	0.09
16.01	4.23	2.64	4.03	66.14	64.10	1.50	1.63
2.35	0.42	0.41		2.49	2.49	0.34	0.18
10.46	2.78	3.78	-0.04	21.22	18.93	0.47	0.80
1.10	-0.07	0.03	0.24	0.99	0.95	0.14	0.06
4.26	1.44	1.16	0.03	7.99	7.84	0.38	0.77
2.44	1.48	1.52		2.08	1.91	0.22	0.33
3.23	0.22	0.21		3.78	3.67	0.31	0.11
0.48	0.40	0.40		-0.33	-0.56	0.58	0.07
8.65	1.66	1.59	0.04	46.65	45.41	1.43	0.73

3-15 按地区分组的有色金属矿

地区	资产总计	固定资产净额	固定资产原价	累计折旧	流动资产合计	应收账款	存货
全国	**6598.00**	**1997.85**	**3457.13**	**1317.88**	**2158.69**	**288.51**	**323.28**
北京							
天津							
河北	57.87	25.96	49.89	21.02	20.01	2.45	3.79
山西	80.21	19.90	34.88	9.66	23.92	2.74	4.02
内蒙古	568.08	225.32	374.04	141.30	151.30	13.57	29.34
辽宁	227.75	49.09	96.52	46.53	144.74	37.63	23.75
吉林	101.29	35.78	77.44	38.01	37.61	5.69	5.79
黑龙江	199.75	57.60	92.62	32.87	51.45	2.57	6.80
上海							
江苏	8.02	2.95	5.23	2.28	3.19	0.18	0.63
浙江	16.00	1.83	4.34	1.42	8.97	2.75	1.99
安徽	93.60	28.00	45.18	15.97	40.73	15.95	4.47
福建	79.44	27.26	96.52	62.09	17.50	2.25	5.92
江西	283.77	60.94	103.50	41.05	136.43	19.55	33.64
山东	880.43	290.38	463.39	165.97	233.49	13.73	34.90
河南	432.38	155.32	253.55	92.13	158.43	28.82	19.05
湖北	55.84	9.73	35.40	17.41	26.57	2.48	2.40
湖南	247.97	98.60	185.71	67.39	54.89	6.87	12.17
广东	106.65	36.38	63.48	26.85	35.98	3.30	12.96
广西	248.89	47.23	76.53	28.75	74.22	14.67	10.13
海南	11.18	0.95	1.48	0.53	10.09	4.38	5.29
重庆	0.25	0.06	0.10	0.04	0.13		0.12
四川	360.82	73.06	132.90	58.91	167.02	28.10	14.77
贵州	46.13	7.55	11.03	2.93	22.24	8.67	2.32
云南	822.16	165.47	313.20	126.06	368.85	39.03	24.50
西藏	566.13	258.56	329.03	63.90	88.41	9.13	11.67
陕西	395.13	110.58	247.72	109.81	114.93	11.20	26.65
甘肃	125.20	64.54	90.66	25.80	28.54	3.55	6.45
青海	282.25	36.61	78.41	39.06	67.55	2.05	4.25
宁夏							
新疆	300.79	108.20	194.39	80.16	71.50	7.20	15.49

采选业主要经济指标

单位：亿元

产成品	负债合计	流动负债合计	应付账款	所有者权益合计	实收资本	国家资本	集体资本
143.35	**3623.34**	**2668.15**	**368.71**	**2954.15**	**1149.01**	**400.09**	**27.40**
1.21	31.54	24.93	3.46	26.33	7.21	0.34	0.75
2.58	60.72	40.34	3.90	19.50	10.43	0.43	
12.86	250.93	217.52	31.30	317.15	120.42	24.18	
14.62	154.02	144.32	27.54	73.73	28.26	1.16	0.03
2.67	60.53	46.31	3.81	40.77	26.87	3.47	2.42
2.37	101.86	88.78	7.60	97.89	33.86	2.02	1.29
0.43	5.59	5.26	0.59	2.43	0.71		
1.44	9.62	9.99	1.61	5.85	3.49	0.01	
3.24	68.89	55.47	3.34	24.72	22.02	1.08	0.30
3.71	31.17	25.05	6.93	48.27	10.45	1.09	0.11
23.24	146.11	113.02	27.61	137.66	43.22	14.87	0.10
3.83	576.38	454.85	28.52	304.06	80.47	19.40	5.52
11.23	293.05	214.28	36.95	139.33	61.23	16.30	1.31
1.62	14.27	11.70	1.31	41.57	6.28	1.81	
6.10	115.29	83.21	9.68	132.47	101.00	26.05	0.37
4.49	69.68	55.26	6.08	36.97	11.86	1.08	
4.92	90.36	84.22	18.81	158.53	18.28	7.91	0.61
0.18	8.65	8.65	7.73	2.53	1.02		
0.11	0.19	0.19		0.06			
9.07	185.01	124.24	27.56	175.82	81.24	44.82	0.29
1.24	29.99	25.93	7.56	16.14	11.24	4.77	
10.21	438.08	344.88	36.81	384.08	172.74	90.77	1.10
1.62	361.81	136.69	24.95	189.53	114.26	69.36	
12.08	127.50	73.66	19.51	267.63	60.14	45.62	3.16
2.41	71.17	50.29	7.53	54.03	25.34	3.99	
1.41	177.91	119.85	4.19	104.34	37.52	9.07	0.13
4.45	143.03	109.26	13.84	152.76	59.44	10.51	9.92

3-15 续表

地 区	法人资本	个人资本	港澳台资本	外商资本	营业收入	营业成本	销售费用
全 国	**464.35**	**190.06**	**20.14**	**46.97**	**3145.26**	**2134.45**	**31.64**
北 京							
天 津							
河 北	3.79	2.32			34.83	21.45	0.67
山 西	4.54	5.46			36.45	25.40	0.15
内蒙古	86.21	10.03			237.25	108.12	0.95
辽 宁	8.06	12.63	0.52	5.87	141.01	100.92	3.54
吉 林	19.44	1.54			49.46	24.84	0.06
黑龙江	26.85	0.92	2.79		123.85	48.10	0.12
上 海							
江 苏	0.61	0.10			8.71	4.73	0.28
浙 江	0.54	2.94			5.25	3.67	0.07
安 徽	13.82	6.83			34.29	25.88	0.10
福 建	4.80	3.06	1.31	0.09	89.13	76.51	0.57
江 西	15.64	9.65	2.96		291.55	234.04	6.48
山 东	24.67	19.35	1.05	10.49	144.76	100.03	0.44
河 南	24.89	13.74	4.22	0.77	227.45	169.37	0.75
湖 北	3.00	1.06		0.40	44.42	21.75	0.19
湖 南	26.91	45.43		2.23	248.43	184.74	7.05
广 东	4.42	2.95	3.41		92.85	65.05	0.94
广 西	5.78	3.99			114.60	81.15	0.84
海 南	1.02				5.53	4.76	0.01
重 庆					0.21	0.13	0.01
四 川	26.25	9.88			176.17	118.75	1.35
贵 州	1.17	5.31			34.41	27.66	0.70
云 南	70.24	5.64	0.14	4.84	363.69	281.00	1.64
西 藏	10.62	16.18	0.50	17.60	157.39	75.57	0.50
陕 西	7.90	3.15		0.31	242.47	193.56	2.96
甘 肃	16.05	3.30	2.00		44.88	23.95	0.11
青 海	27.69	0.63			77.62	56.82	0.32
宁 夏							
新 疆	29.43	3.96	1.24	4.38	118.59	56.49	0.85

单位：亿元

管理费用	财务费用	利息费用	投资收益（损失以“-”号记）	营业利润	利润总额	亏损企业亏损额	平均用工人数（万人）
286.03	**64.48**	**63.26**	**35.88**	**546.30**	**536.28**	**76.36**	**25.98**
4.21	0.48	0.27	0.17	6.62	6.18	0.45	0.32
4.26	0.54	0.47		4.53	4.26	0.80	0.44
27.10	3.66	4.21	2.09	77.59	75.08	3.82	1.69
13.44	4.65	3.63	1.35	16.67	16.59	0.94	1.68
5.26	1.00	1.05	0.03	16.54	16.55	1.72	0.74
5.73	2.28	2.00	0.12	61.13	59.36	0.22	0.35
1.11	0.03	0.03	0.02	2.33	2.47		0.07
0.70	0.19	0.12	-0.01	0.42	-0.26	0.64	0.11
4.37	0.94	0.66	0.15	2.40	2.12	3.26	0.49
4.55	0.43	0.31	0.62	5.95	5.96	0.20	0.45
19.02	2.38	1.85	0.93	28.64	31.69	1.06	1.91
41.68	7.02	11.15	5.04	-6.93	-8.26	30.89	2.76
16.71	7.10	6.04	0.32	25.15	24.70	4.51	2.01
3.83	-0.01	0.12		16.81	16.75	0.05	0.46
27.04	3.26	1.83	0.33	13.00	12.77	4.84	2.83
6.75	1.16	0.84	-0.08	16.98	16.14	0.02	0.65
7.45	1.65	1.46		18.97	18.42	1.36	0.99
0.31	0.02	0.02		0.46	0.47		0.02
0.02				0.04	0.04		0.01
13.53	2.38	3.74	2.26	38.81	38.09	2.10	1.15
1.66	0.27	0.21	0.01	3.27	3.08	0.46	0.18
26.46	7.14	6.09	5.19	40.40	38.77	10.80	2.78
9.48	5.31	4.80	0.37	59.89	59.49	2.37	0.53
16.64	1.98	1.72	-0.55	20.87	21.38	1.48	1.75
6.17	2.50	2.02		10.24	9.96	1.73	0.55
9.10	5.36	6.17	16.73	20.95	21.01	1.60	0.28
9.47	2.77	2.46	0.79	44.57	43.51	1.04	0.80

3-16 按地区分组的非金属矿

地区	资产总计	固定资产净额	固定资产原价	累计折旧	流动资产合计	应收账款	存货
全国	**7146.36**	**1137.27**	**2191.31**	**851.71**	**2948.20**	**542.63**	**320.26**
北京	1.36	0.01	0.07	0.06	1.35	1.05	0.13
天津	336.65	10.09	19.56	9.47	189.05	1.92	3.24
河北	126.08	44.37	68.07	23.53	55.24	11.73	10.27
山西	31.42	8.77	12.60	3.83	13.10	4.95	1.15
内蒙古	65.85	11.78	28.08	15.15	35.34	12.53	8.45
辽宁	194.35	28.67	52.25	23.37	104.54	30.72	19.62
吉林	13.18	4.15	5.75	1.56	5.51	1.58	1.00
黑龙江	49.82	9.00	14.86	5.63	26.06	9.51	3.52
上海							
江苏	88.28	26.62	58.86	32.24	36.73	7.14	6.60
浙江	637.43	51.72	93.50	37.86	242.56	31.43	15.03
安徽	768.44	94.29	167.55	48.78	252.89	30.74	11.65
福建	175.26	46.81	120.15	48.54	52.38	10.09	6.62
江西	535.03	79.38	155.36	58.66	197.72	37.01	19.34
山东	307.36	55.72	95.14	37.86	132.90	21.48	19.87
河南	863.22	76.14	121.57	29.02	258.85	30.31	7.72
湖北	566.73	115.44	279.18	120.28	282.86	45.00	29.41
湖南	247.07	80.82	148.33	49.01	96.13	26.25	10.44
广东	258.02	47.67	81.57	32.42	118.71	29.74	16.18
广西	251.61	59.63	109.13	42.64	123.20	38.94	18.66
海南	13.33	1.62	4.11	2.39	7.61	2.30	0.37
重庆	156.48	28.78	83.12	34.70	62.52	17.50	4.07
四川	833.26	110.07	218.37	96.37	351.77	51.00	48.47
贵州	158.20	28.62	47.38	15.14	83.19	24.80	6.38
云南	204.43	44.18	84.18	39.24	108.83	33.99	32.62
西藏	7.02	1.18	1.49	0.31	4.11	2.09	0.07
陕西	107.41	38.05	61.72	19.59	41.95	9.25	8.75
甘肃	73.91	14.55	21.87	6.58	25.99	8.55	3.97
青海	31.13	7.09	14.67	7.52	13.81	3.84	3.03
宁夏	10.30	4.63	7.38	2.60	2.44	0.90	0.64
新疆	33.73	7.42	15.42	7.37	20.88	6.30	3.00

采选业主要经济指标

单位：亿元

产成品	负债合计	流动负债合计	应付账款	所有者权益合计	实收资本	国家资本	集体资本
194.26	**3609.99**	**2433.30**	**450.29**	**3532.03**	**1063.46**	**248.38**	**20.71**
0.13	0.67	0.67	0.14	0.69	0.20		
2.34	74.68	68.63	2.43	261.97	43.23	25.82	
6.92	82.89	58.23	15.76	43.19	20.46	8.96	0.23
0.71	20.72	19.36	4.69	10.70	5.31	0.03	
4.47	43.70	39.16	14.44	22.14	12.71	1.41	0.60
6.42	97.86	76.36	15.11	96.49	26.94	0.07	0.03
0.70	9.17	8.47	0.44	4.01	2.40		
2.16	21.98	18.70	3.98	27.84	14.52	7.97	0.07
2.57	38.13	35.38	10.51	50.16	17.56	2.94	0.01
6.00	363.15	211.33	25.96	269.95	85.13	20.34	2.15
5.63	401.63	179.10	28.37	366.82	87.86	18.10	0.14
4.42	50.57	37.31	8.65	124.69	30.31	4.98	0.19
10.64	273.03	115.03	25.71	262.00	66.82	16.56	1.70
15.50	147.60	114.07	19.77	159.76	44.79	4.91	3.20
4.75	354.01	296.78	29.12	509.21	82.99	10.21	0.46
23.80	328.37	208.76	39.44	238.37	91.56	15.89	2.22
6.55	88.63	49.15	12.56	158.45	62.48	3.84	5.35
9.77	156.31	105.34	25.32	101.70	36.09	14.01	0.81
11.35	167.37	135.37	41.55	84.24	52.42	3.49	1.10
0.29	5.56	4.37	1.80	7.78	5.49	0.41	
2.66	79.71	50.99	11.84	76.77	28.60	2.96	0.05
34.76	429.33	307.79	41.56	403.93	108.84	40.81	1.06
4.13	88.37	70.02	12.44	69.83	33.05	2.56	0.20
13.61	128.47	108.87	25.77	75.96	42.31	27.71	0.61
0.01	4.27	3.08	0.55	2.75	0.68	0.68	
5.98	54.77	34.55	11.61	52.64	26.94	7.80	0.52
3.34	48.61	30.63	9.57	25.30	12.90	2.19	0.03
1.99	21.62	19.99	4.36	9.51	7.92	1.52	
0.38	6.06	5.55	1.08	4.24	3.38		
2.28	22.77	20.24	5.77	10.97	9.55	2.23	

3-16 续表

地区					营业收入	营业成本	销售费用
	法人资本	个人资本	港澳台资本	外商资本			
全国	**480.69**	**293.22**	**9.81**	**10.64**	**4321.54**	**3130.40**	**199.80**
北京		0.20			0.47	0.15	0.12
天津	17.41				52.92	43.73	0.70
河北	5.17	5.19		0.91	69.44	52.15	4.90
山西	2.36	2.92			16.49	12.04	2.16
内蒙古	4.60	6.11			39.76	24.45	5.62
辽宁	15.06	7.36	1.54	2.89	87.65	58.92	11.70
吉林	0.89	1.51			7.55	5.18	0.68
黑龙江	4.98	1.50			27.67	17.83	1.19
上海							
江苏	9.67	2.19	2.44	0.31	55.23	39.33	2.26
浙江	47.50	12.23	1.60	1.32	213.38	121.61	6.81
安徽	42.78	26.64		0.20	290.13	167.57	16.57
福建	15.83	8.50	0.81		320.01	270.45	10.96
江西	27.41	21.03		0.11	406.62	320.22	12.92
山东	26.92	9.75			124.98	78.57	3.42
河南	52.74	19.46		0.12	188.24	143.66	4.78
湖北	51.64	21.81			489.84	343.24	17.64
湖南	26.16	26.70	0.42		421.82	309.01	15.00
广东	9.17	8.08	2.76	1.27	246.79	180.60	12.56
广西	24.24	23.08	0.10	0.40	201.97	143.94	16.93
海南	3.71	1.27	0.10		12.83	7.82	0.61
重庆	10.83	14.76			144.21	105.59	8.60
四川	35.61	28.31		3.06	420.03	319.83	17.16
贵州	15.16	15.04	0.05	0.05	128.66	95.95	4.17
云南	5.61	8.37			115.24	80.27	7.03
西藏					1.62	1.18	
陕西	11.43	7.18			176.07	143.64	9.32
甘肃	6.29	4.40			20.27	14.19	2.46
青海	2.15	4.25			12.60	9.19	0.53
宁夏	3.26	0.12			5.17	4.21	0.37
新疆	2.08	5.24			23.87	15.86	2.62

单位：亿元

管理费用	财务费用	利息费用	投资收益（损失以“–”号记）	营业利润	利润总额	亏损企业亏损额	平均用工人数（万人）
312.00	**70.34**	**45.07**	**20.96**	**501.92**	**495.73**	**47.89**	**29.79**
0.08	0.02			0.09	0.09		
4.39	0.75	1.16	-1.07	1.13	1.05		0.46
7.87	1.16	0.80	0.07	-0.24	1.01	2.23	1.31
1.54	0.21	0.14	0.13	0.08	0.15	0.60	0.20
3.61	0.32	0.20	0.02	4.10	4.24	0.71	0.46
6.76	1.22	1.04	0.05	7.15	7.33	1.08	1.00
0.50	0.08	0.07		0.89	0.88	0.13	0.10
1.81	0.08	0.16	0.03	5.83	5.68	0.43	0.29
4.58	0.33	0.51	0.37	7.13	7.34	0.36	0.43
18.75	13.93	11.01	0.46	44.52	41.76	5.19	0.88
27.26	6.88	3.03	20.18	80.10	79.50	1.24	1.61
14.77	1.48	0.96	0.16	17.73	17.98	1.48	1.75
18.01	3.98	3.16	0.35	44.43	44.42	0.51	2.31
14.83	4.12	2.38	0.34	18.07	18.02	2.04	1.13
11.74	4.90	1.07	0.14	17.69	18.99	1.88	1.62
28.44	7.93	3.47	0.16	77.81	76.44	1.82	2.38
47.20	3.19	1.74	0.01	38.21	38.00	0.46	3.10
18.97	2.14	1.89	0.12	25.39	22.90	6.50	1.42
15.97	1.43	1.05	0.12	15.83	15.04	3.10	1.99
1.30	0.03	0.05		2.46	2.11	0.19	0.07
8.21	1.30	0.73		15.75	15.73	0.93	1.09
24.59	7.95	5.49	0.16	37.52	39.81	7.60	2.88
8.29	1.67	0.81	-3.05	11.55	10.04	4.72	0.82
6.91	2.53	2.44	2.10	16.28	15.11	1.52	0.76
0.30	0.01			0.07	0.11	0.10	0.02
8.45	1.36	0.80		9.70	9.51	0.29	0.94
2.80	0.94	0.63		-0.65	-0.59	1.89	0.29
1.47	0.11	0.07	0.08	1.00	1.02	0.04	0.19
0.36	0.04			0.15	0.20	0.03	0.03
2.24	0.27	0.21		2.16	1.86	0.81	0.24

3-17 按地区分组的开采专业及

地区	资产总计	固定资产净额	固定资产原价	累计折旧	流动资产合计	应收账款	存货
全国	**3123.50**	**642.85**	**2043.74**	**1395.98**	**1639.92**	**397.27**	**80.34**
北京	405.81	60.32	280.91	299.82	170.50	52.15	5.55
天津	415.97	86.85	267.25	165.61	250.59	57.62	3.77
河北							
山西	10.27	0.41	0.92	0.31	9.50	8.94	0.10
内蒙古							
辽宁	243.07	35.12	142.19	140.76	75.75	11.99	2.54
吉林	92.90	22.11	57.88	29.62	33.06	13.81	9.66
黑龙江	425.33	75.19	258.02	143.05	311.75	66.25	25.58
上海							
江苏							
浙江							
安徽	5.30	1.00	1.45	0.45	3.20	0.30	0.61
福建							
江西							
山东	119.38	55.91	145.99	88.92	41.30	10.69	2.44
河南	123.84	35.94	106.82	68.62	66.40	14.82	2.94
湖北	39.82	18.44	53.03	31.87	16.62	4.07	0.72
湖南							
广东	74.47	38.26	56.20	17.95	32.19	16.82	3.10
广西							
海南							
重庆							
四川	379.75	60.34	223.61	148.71	149.39	10.69	4.47
贵州	2.23	0.50	0.61	0.11	0.82		0.65
云南	0.06	0.03	0.07	0.04	0.05	0.01	
西藏							
陕西	291.58	45.40	179.70	116.40	197.76	62.94	5.64
甘肃	24.08	6.78	12.37	5.46	17.03	9.29	1.07
青海							
宁夏							
新疆	469.63	100.28	256.71	138.30	264.02	56.89	11.50

辅助性活动主要经济指标

单位：亿元

产成品	负债合计	流动负债合计	应付账款	所有者权益合计	实收资本	国家资本	集体资本
18.24	**1981.89**	**1845.93**	**862.67**	**1141.61**	**1572.72**	**46.55**	**3.67**
0.13	170.14	128.03	56.11	235.67	293.97		
	206.41	195.42	122.21	209.56	274.35		
	9.69	9.53	9.09	0.58	0.14	0.04	0.07
0.14	118.85	110.18	40.25	124.23	296.11		0.01
4.76	89.65	88.85	28.88	3.26	159.52		1.00
9.21	457.69	438.73	103.29	-32.36	24.65	0.70	1.13
0.58	3.23	2.75	1.25	2.07	1.04		
0.53	114.55	112.39	40.27	4.83	9.03	7.00	0.35
0.28	118.04	117.51	35.13	5.80	8.22	4.50	
0.21	27.68	27.23	16.78	12.15	2.75		
0.45	21.24	20.51	15.16	53.22	23.52	23.04	
0.25	126.32	117.77	82.29	253.43	207.53		
	2.22	2.22		0.01	0.01		
	0.01	0.01		0.05	0.05		
0.73	154.59	135.17	64.61	136.99	89.10	10.97	0.66
0.50	16.30	14.93	4.84	7.78	4.61	0.20	
0.46	345.29	324.71	242.51	124.33	178.12	0.10	0.46

3-17 续表

地区	法人资本	个人资本	港澳台资本	外商资本	营业收入	营业成本	销售费用
全国	**1457.95**	**36.74**	**25.95**	**1.86**	**2196.93**	**2067.45**	**3.98**
北京	283.32		10.65		161.21	152.31	0.47
天津	273.35	1.00			286.67	279.90	0.04
河北							
山西		0.04			9.19	8.72	0.06
内蒙古							
辽宁	295.50	0.61			161.76	157.18	0.02
吉林	158.04	0.48			66.47	65.27	0.02
黑龙江	3.91	3.58	15.30	0.03	259.90	242.19	0.61
上海							
江苏							
浙江							
安徽	1.03	0.01			4.79	4.42	0.09
福建							
江西							
山东	0.31	1.37			146.39	137.23	0.02
河南	0.10	3.62			114.40	104.72	0.62
湖北	2.68	0.07			58.58	55.71	0.02
湖南							
广东	0.29			0.18	33.99	25.46	0.08
广西							
海南							
重庆							
四川	206.99	0.54			325.49	309.87	0.08
贵州	0.01				0.25	0.20	0.01
云南	0.05				0.22	0.19	
西藏							
陕西	65.63	11.84			219.57	197.53	0.97
甘肃	1.43	2.99			19.50	16.87	0.16
青海							
宁夏							
新疆	165.32	10.59		1.65	328.54	309.67	0.72

单位：亿元

管理费用	财务费用		投资收益（损失以“—”号记）	营业利润	利润总额	亏损企业亏损额	平均用工人数（万人）
		利息费用					
118.52	**4.91**	**8.54**	**5.30**	**-51.23**	**-45.30**	**72.18**	**27.53**
8.64	0.24	0.90	0.46	-17.17	-16.75	17.65	1.53
15.35	-1.52	0.12	0.60	-15.50	-13.48	14.45	3.13
0.25				0.15	0.16		0.04
3.68	0.54	0.51	-0.04	-7.31	-3.69	4.66	4.42
2.54	0.52	0.47	0.11	-2.36	-0.67	1.92	1.40
16.50	0.35	0.21	0.03	-5.92	-4.96	7.24	4.43
0.24				0.06	0.07		0.04
8.06	2.18	1.77	0.26	0.53	0.49	0.22	1.76
6.21	2.10	1.82	0.03	0.67	0.86	0.20	0.95
2.32	0.07	0.08	0.02	0.66	0.66		0.35
1.58	0.04	0.04	0.03	7.38	7.41		0.13
17.61	-0.92	0.22	0.87	-9.51	-9.49	9.61	2.54
0.11				-0.10	-0.11	0.11	0.02
0.02							0.02
18.55	-0.71	0.34	2.71	-1.49	-4.53	7.92	3.17
1.15	0.24	0.17		0.97	0.97		0.25
15.70	1.78	1.89	0.21	-2.30	-2.27	8.20	3.33

3-18 按地区分组的其他

地区	资产总计	固定资产净额	固定资产原价	累计折旧	流动资产合计	应收账款	存货
全国	**8.57**	**1.81**	**8.17**	**5.79**	**3.93**	**0.97**	**0.93**
北京							
天津							
河北							
山西							
内蒙古							
辽宁							
吉林							
黑龙江							
上海							
江苏	0.56	0.08	0.35	0.21	0.29	0.24	
浙江							
安徽							
福建							
江西							
山东	0.20	0.05	0.24	0.19	0.12	0.04	
河南							
湖北	7.50	1.60	7.43	5.33	3.29	0.67	0.84
湖南							
广东							
广西							
海南	0.31	0.08	0.15	0.07	0.22	0.02	0.10
重庆							
四川							
贵州							
云南							
西藏							
陕西							
甘肃							
青海							
宁夏							
新疆							

采矿业主要经济指标

单位：亿元

产成品	负债合计	流动负债合计	应付账款	所有者权益合计	实收资本	国家资本	集体资本
0.17	**4.84**	**4.09**	**2.09**	**3.73**	**3.88**	**3.30**	**0.20**
	0.28	0.28		0.27	0.23		
	0.09	0.09	0.02	0.11	0.08		
0.15	4.33	3.61	2.05	3.17	3.50	3.30	0.20
0.02	0.13	0.10	0.03	0.19	0.06		

3-18 续表

地　区	法人资本	个人资本	港澳台资本	外商资本	营业收入	营业成本	销售费用
全　国	**0.22**	**0.15**			**11.79**	**9.22**	**0.40**
北　京							
天　津							
河　北							
山　西							
内蒙古							
辽　宁							
吉　林							
黑龙江							
上　海							
江　苏	0.16	0.07			0.75	0.44	0.01
浙　江							
安　徽							
福　建							
江　西							
山　东		0.08			0.21	0.13	0.01
河　南							
湖　北					10.47	8.40	0.38
湖　南							
广　东							
广　西							
海　南	0.06				0.36	0.25	
重　庆							
四　川							
贵　州							
云　南							
西　藏							
陕　西							
甘　肃							
青　海							
宁　夏							
新　疆							

单位：亿元

管理费用	财务费用	利息费用	投资收益（损失以“–”号记）	营业利润	利润总额	亏损企业亏损额	平均用工人数（万人）
1.43	**0.08**	**0.08**		**0.47**	**0.44**		**0.07**
0.15				0.13	0.13		
0.03				0.02	0.02		
1.19	0.07	0.08		0.28	0.26		0.06
0.05				0.04	0.04		

3-19 按地区分组的

地　区	资产总计	固定资产净　额	固定资产原　价	累计折旧	流动资产合　计	应收账款	存货
全　国	**1103777.87**	**223606.48**	**442864.24**	**202714.77**	**654994.13**	**173909.94**	**145472.55**
北　京	28726.23	2579.00	5885.93	3196.47	19305.61	4026.07	3475.12
天　津	17599.60	4141.13	8499.84	4148.63	10324.17	2840.73	2551.07
河　北	45864.16	11088.23	20010.44	8382.80	25760.65	5787.43	5143.09
山　西	18363.12	4798.25	9010.43	3856.72	9594.18	2215.26	2062.46
内蒙古	17499.92	5705.77	10002.92	3800.77	7229.00	1227.72	1873.51
辽　宁	33990.36	7675.60	15558.91	7557.28	20648.01	4144.58	5114.99
吉　林	15212.18	2946.31	6300.87	3093.73	7690.05	1383.77	1790.86
黑龙江	9299.51	2170.85	4304.86	1984.64	5536.20	1303.63	1418.19
上　海	48698.88	6820.17	17760.67	10518.33	30794.39	8316.31	6404.09
江　苏	139196.67	27777.57	56622.25	27758.19	89382.59	29654.99	19671.51
浙　江	100980.84	18455.09	32821.38	13895.53	61104.23	18087.68	13242.14
安　徽	41048.56	8398.53	15092.62	6367.55	24644.84	7847.45	4868.45
福　建	40924.91	8748.11	18145.03	8302.49	22955.28	5577.31	5662.57
江　西	27211.98	5963.69	12506.40	5105.68	15062.12	4040.54	3525.05
山　东	86612.80	17783.49	34358.23	15684.69	51945.67	11508.77	12128.66
河　南	44499.14	10397.33	20756.62	8627.94	24032.16	6098.48	5058.04
湖　北	41326.58	9786.83	21168.40	9849.48	22156.25	5282.08	5016.94
湖　南	28524.96	5957.10	12365.38	5360.97	15404.91	4567.24	3338.18
广　东	148971.08	21734.04	45724.74	23052.33	99693.71	27788.07	21948.88
广　西	17296.14	3889.14	6971.65	2917.59	10272.17	2417.94	2367.52
海　南	2748.05	585.40	1185.69	586.00	1547.75	307.35	252.76
重　庆	21892.36	5003.28	9904.00	4454.05	12721.83	4059.00	2367.42
四　川	43194.16	9767.87	19104.46	8642.52	25053.55	6474.10	5470.07
贵　州	10193.71	2451.61	4150.22	1544.48	5813.29	1041.12	1668.66
云　南	14123.79	2993.36	5736.07	2470.25	7481.95	1355.07	2509.10
西　藏	494.14	141.49	199.29	57.06	233.99	51.88	30.98
陕　西	27001.77	6667.63	11940.66	4722.47	14080.93	3738.84	3044.73
甘　肃	8352.45	1985.71	3956.23	1844.61	3866.47	801.85	1126.65
青　海	2959.39	1014.12	2106.92	778.83	1354.75	256.85	337.46
宁　夏	6655.66	1566.95	2722.92	1040.57	2964.97	508.93	517.83
新　疆	14314.74	4612.81	7990.22	3112.11	6338.47	1198.92	1485.56

制造业主要经济指标

单位：亿元

产成品	负债合计	流动负债合计	应付账款	所有者权益合计	实收资本	国家资本	集体资本
53765.76	**609687.32**	**516231.16**	**173921.52**	**493778.07**	**217310.34**	**22997.82**	**3518.99**
1232.65	14445.55	12936.47	4458.96	14280.69	4818.49	560.38	16.57
968.45	9292.76	7893.16	2798.54	8314.63	5036.21	547.37	94.58
1871.74	27650.48	23829.81	8137.94	18219.53	8518.13	1002.04	83.63
779.35	12332.90	10250.00	3254.67	6030.34	3174.14	616.32	35.45
622.84	10435.15	8209.67	1985.95	7062.40	4363.79	593.65	226.30
1678.78	20870.35	17421.52	4900.72	13119.90	7027.59	738.80	51.60
550.42	7758.02	6557.06	2427.86	7454.09	3132.48	208.75	74.19
451.14	5760.21	4867.69	1468.05	3539.10	1978.35	446.10	53.05
2062.85	23965.51	20378.01	8781.98	24733.21	8750.17	1295.43	52.42
7962.66	73858.21	65323.55	24431.28	65338.62	30057.89	1812.79	475.68
5271.73	55028.97	49178.55	14597.78	45663.70	19712.14	535.71	120.70
1886.22	22520.56	18930.44	7437.53	18527.99	9174.97	1063.87	131.47
2354.20	20905.71	15959.50	4733.99	20016.28	8049.81	679.27	78.53
1338.67	14322.53	11618.42	3865.68	12888.79	4937.57	599.89	98.90
4843.33	51591.15	45603.28	13091.44	35021.66	15596.35	1451.09	452.82
1785.33	24088.10	19706.89	6543.73	20463.40	9240.32	972.77	134.17
1822.04	21380.16	16703.61	5665.72	19945.77	8030.58	1033.49	219.59
1162.87	13847.84	11197.76	3647.96	14667.90	6648.75	893.29	93.33
7983.63	84636.43	72398.76	26594.40	64335.99	24533.22	1424.16	388.82
942.09	10795.07	9065.03	2944.66	6500.56	3292.88	665.94	51.73
81.08	1339.22	1096.46	282.76	1385.28	569.55	100.72	7.11
909.81	12286.43	10092.00	4209.14	9605.93	4078.77	485.02	37.23
1760.36	23800.79	19670.38	6587.77	19393.06	7579.24	836.16	109.35
419.94	5332.51	4416.26	1233.03	4861.10	1911.63	508.74	23.29
669.26	6672.84	5735.65	1787.03	7450.72	3987.77	332.30	69.99
13.01	253.27	195.34	45.53	240.76	98.98	35.91	8.04
1153.38	15126.70	11878.42	4032.78	11875.07	5046.20	1289.69	78.14
303.90	4772.12	3480.18	1055.95	3580.35	1755.64	780.93	171.18
126.58	2577.50	2015.57	439.44	381.89	962.77	165.59	29.16
203.69	4067.85	3047.55	919.91	2587.81	1929.24	184.34	3.11
553.77	7972.43	6574.16	1559.33	6291.56	3316.69	1137.30	48.86

3-19 续表

地区					营业收入	营业成本	销售费用
	法人资本	个人资本	港澳台资本	外商资本			
全　国	**102956.69**	**50786.11**	**13752.21**	**23433.29**	**1159893.30**	**968857.73**	**31231.68**
北　京	2468.50	721.22	153.02	898.81	21097.62	14962.07	1286.39
天　津	2098.14	881.74	253.81	1160.41	20002.36	17389.21	488.38
河　北	4261.14	2603.28	186.39	381.53	47206.81	41142.68	944.26
山　西	1632.05	716.55	76.72	95.26	16475.07	14338.94	269.42
内蒙古	2805.02	593.49	79.02	61.19	14907.21	12491.79	374.03
辽　宁	3779.24	1230.59	431.73	994.45	32488.74	27468.15	704.55
吉　林	2094.88	413.39	42.98	293.56	13193.72	10803.40	459.22
黑龙江	865.60	454.87	48.02	123.27	8282.06	6950.04	246.45
上　海	3322.36	1009.31	759.83	2306.54	43252.79	35023.62	1459.32
江　苏	11997.94	6192.30	3093.86	6482.46	145626.19	122573.67	3945.81
浙　江	9110.44	6096.12	1430.46	2415.25	93135.05	77155.33	2632.66
安　徽	4066.55	3252.73	228.05	432.21	41018.24	34809.93	970.99
福　建	3518.72	1960.26	915.85	896.47	62035.20	52627.29	1381.49
江　西	2536.77	1289.83	194.93	216.50	42140.43	36176.21	707.46
山　东	7061.69	4738.12	572.78	1306.80	93421.60	80648.11	2097.96
河　南	4579.78	3161.24	260.94	129.44	51256.89	44415.04	1010.02
湖　北	4366.51	1736.48	191.04	479.77	47656.92	38606.72	1236.35
湖　南	3252.42	2043.97	176.85	176.21	40328.50	32271.88	1203.11
广　东	11296.50	4513.64	3825.52	3084.26	161397.04	133226.26	5550.69
广　西	1627.29	608.66	176.56	156.19	19977.55	17221.21	375.82
海　南	318.85	52.47	38.66	51.73	2208.95	1703.59	112.29
重　庆	2166.00	750.56	296.76	330.19	25823.64	21557.94	672.15
四　川	4234.04	1884.89	189.66	324.42	47933.58	39450.50	1503.88
贵　州	970.45	348.45	28.85	31.54	7628.21	5671.33	238.48
云　南	2511.87	1000.17	23.63	49.80	14502.95	11498.91	338.32
西　藏	37.31	15.24	2.00	0.47	158.27	108.37	12.74
陕　西	2374.98	779.03	34.82	489.08	21823.95	18308.59	546.99
甘　肃	585.25	209.25	0.88	8.37	7972.71	6770.77	118.92
青　海	679.08	80.44	2.75	5.76	2267.01	1818.46	45.90
宁　夏	602.12	1123.16	4.07	12.44	4358.38	3573.46	76.20
新　疆	1735.18	324.68	31.77	38.91	10315.66	8094.26	221.42

单位：亿元

管理费用	财务费用	利息费用	投资收益(损失以“-”号记)	营业利润	利润总额	亏损企业亏损额	平均用工人数(万人)
63300.93	**6775.07**	**7065.65**	**7818.20**	**77871.57**	**79020.26**	**7674.39**	**7161.46**
1393.47	22.46	104.56	312.54	3397.39	3374.67	268.44	68.80
947.74	83.40	101.95	120.45	932.86	960.50	176.51	87.07
1867.75	349.03	371.81	-23.14	2228.67	2226.66	274.21	237.44
734.36	200.19	200.46	189.90	926.39	864.70	246.05	93.53
557.55	156.16	175.08	193.76	1220.59	1215.19	141.47	53.75
1319.55	239.70	248.45	73.03	1548.53	1623.07	539.20	153.31
722.12	42.86	108.84	331.50	1119.53	1115.73	127.67	59.14
402.35	69.62	65.97	51.31	381.77	402.69	110.99	42.89
3318.14	12.66	142.38	681.14	3075.09	3139.28	353.79	183.87
8585.26	754.65	707.42	797.94	9136.22	9290.46	1140.04	887.01
6073.62	683.13	749.15	781.23	6455.03	6706.34	530.71	731.30
2174.77	224.40	234.56	133.45	2458.97	2559.23	264.39	253.67
2632.68	299.37	273.47	195.05	4735.86	4769.60	163.03	421.51
1643.75	198.09	156.44	13.13	2979.47	3105.34	117.46	218.62
4228.87	662.82	651.11	579.49	4849.27	5003.16	610.90	499.46
1958.11	429.93	378.38	217.01	2891.61	2913.23	242.56	387.49
2661.03	284.07	233.74	213.78	4003.08	4020.53	233.68	272.00
2866.36	250.00	149.94	59.55	2533.75	2464.77	155.13	293.02
11886.16	663.14	753.21	1592.89	10206.50	10371.61	1035.17	1325.02
716.22	112.55	179.53	43.09	1169.03	1201.62	83.64	117.67
100.10	14.81	19.33	28.28	184.14	195.79	13.51	9.03
1291.85	109.17	113.92	92.31	1970.93	2002.51	127.14	150.30
2189.90	261.58	288.55	224.71	3758.14	3790.53	181.48	269.80
522.69	53.27	63.99	497.87	1079.02	1083.23	89.27	53.58
619.09	78.64	85.69	142.72	1031.74	1024.50	76.81	60.96
14.93	2.59	2.48	4.38	24.93	25.74	3.17	1.09
1005.85	209.10	197.34	109.49	1316.26	1326.23	135.99	117.54
255.58	74.26	72.07	26.14	417.65	412.00	67.12	32.25
87.45	33.69	29.97	9.27	203.35	197.95	64.32	11.07
179.34	71.93	72.33	43.96	388.82	388.71	36.48	21.71
344.30	127.80	133.53	81.97	1246.95	1244.68	64.08	47.59

3-20 按地区分组的农副食品

地区	资产总计	固定资产净额	固定资产原价	累计折旧	流动资产合计	应收账款	存货
全国	**33421.95**	**6773.95**	**12967.11**	**5366.83**	**20084.05**	**3345.98**	**5895.13**
北京	496.25	45.72	88.64	42.25	260.77	31.65	74.86
天津	370.15	89.77	151.46	61.40	237.69	34.95	79.24
河北	1764.11	287.89	506.88	187.64	1172.23	140.04	312.78
山西	225.80	66.56	93.43	23.63	112.11	14.09	40.52
内蒙古	593.14	157.43	241.42	79.46	336.28	52.36	134.34
辽宁	1258.80	210.08	376.82	149.11	844.16	138.22	303.83
吉林	778.32	169.29	297.78	112.26	482.93	74.42	172.23
黑龙江	1396.05	339.96	530.19	172.17	885.67	138.14	377.36
上海	352.13	58.01	109.72	48.70	235.21	51.42	57.25
江苏	1807.46	415.58	721.57	289.18	1161.96	252.09	354.52
浙江	1072.82	182.17	305.07	119.33	627.54	113.24	175.88
安徽	1227.76	319.46	484.59	148.44	726.03	198.79	250.25
福建	1750.47	322.38	685.13	299.93	1082.27	245.45	341.25
江西	1374.77	184.93	348.30	136.21	814.72	86.32	148.46
山东	4316.46	801.30	1447.03	611.72	2925.28	477.69	827.15
河南	2553.46	606.93	1211.10	475.57	1109.34	152.68	298.30
湖北	1646.70	438.72	1276.45	645.60	806.09	176.21	270.26
湖南	1443.51	372.74	816.94	343.14	633.49	101.99	182.48
广东	2269.33	377.16	709.68	309.96	1565.73	274.18	441.62
广西	1687.25	249.58	560.01	298.47	1171.33	147.05	253.72
海南	184.75	17.88	39.85	20.19	139.66	23.49	49.35
重庆	573.91	154.35	288.13	113.58	283.12	45.86	75.35
四川	1657.84	322.68	684.38	333.66	918.22	121.00	185.06
贵州	248.69	48.70	79.74	20.38	145.09	30.91	36.96
云南	658.31	138.91	258.49	112.02	393.23	69.73	87.68
西藏	12.32	3.96	4.78	0.71	7.03	1.26	1.83
陕西	600.37	139.40	247.81	72.33	328.22	45.78	107.83
甘肃	339.33	69.08	107.96	34.18	198.74	36.99	64.25
青海	70.75	19.64	29.45	9.19	38.05	9.32	10.17
宁夏	115.25	29.86	45.90	15.53	67.62	14.46	27.95
新疆	575.71	133.85	218.40	80.86	374.24	46.17	152.40

制造业主要经济指标

单位：亿元

产成品	负债合计	流动负债合计	应付账款	所有者权益合计	实收资本	国家资本	集体资本
2465.22	**19371.33**	**16571.26**	**3572.35**	**14046.01**	**6632.62**	**660.49**	**156.29**
18.74	242.70	205.66	31.12	253.55	122.38	6.04	0.11
37.46	233.33	218.43	52.80	136.83	101.30	26.51	0.08
117.01	1158.29	1003.68	243.99	605.82	256.06	5.31	0.41
16.08	153.25	114.93	30.34	72.55	45.52	2.04	1.06
66.76	392.23	350.55	80.86	200.91	141.80	1.65	6.30
130.58	830.63	704.88	130.65	428.17	208.38	25.87	6.06
53.22	528.89	470.87	73.04	249.43	175.27	0.66	4.51
146.86	901.93	801.22	113.72	493.89	328.32	33.55	4.15
23.42	191.67	171.97	40.75	160.46	72.32	5.92	
151.98	1109.46	975.26	281.82	698.01	416.38	28.28	6.44
73.75	645.01	579.16	89.76	424.54	220.54	5.45	1.92
101.50	644.83	552.69	167.82	582.93	217.08	1.83	5.19
180.94	921.63	780.53	206.95	828.84	301.65	1.12	8.93
57.54	708.98	561.94	68.71	665.79	183.68	25.89	2.15
335.06	2898.77	2659.66	621.14	1417.72	1044.90	330.00	40.16
105.12	1196.75	959.72	203.72	1356.39	647.77	15.54	5.43
131.58	746.20	561.37	151.68	900.50	312.90	15.21	4.70
76.06	580.63	406.12	91.69	862.80	360.09	8.85	12.52
165.84	1491.38	1330.70	298.35	777.94	381.58	22.72	9.65
128.87	1164.71	1029.59	173.57	522.50	228.27	39.31	9.37
12.34	144.80	130.09	18.13	39.96	23.74		0.08
30.47	223.95	174.05	38.78	349.96	76.47	6.36	0.65
76.12	752.07	588.37	120.68	905.77	244.44	2.81	4.95
13.18	165.78	121.04	26.81	82.91	43.03	1.65	1.46
48.25	376.71	329.10	65.82	281.60	115.70	9.43	2.78
1.46	5.75	4.96	0.89	6.46	2.86		0.36
49.60	256.09	195.76	35.34	344.28	122.16	10.48	10.83
33.80	189.16	135.89	30.34	150.18	67.73	6.02	3.79
6.05	39.94	27.21	4.83	30.81	19.10	1.10	
10.77	65.14	58.97	13.17	50.11	30.84	1.08	0.62
64.81	410.67	366.87	65.12	164.41	120.35	19.81	1.61

3-20 续表

地　区	法人资本	个人资本	港澳台资本	外商资本	营业收入	营业成本	销售费用
全　国	**2865.84**	**2010.68**	**309.51**	**628.35**	**55223.77**	**49936.05**	**1101.95**
北　京	54.50	52.35	0.08	9.30	534.56	480.51	22.84
天　津	34.11	10.48	6.74	23.39	727.74	673.00	14.76
河　北	133.23	78.03	10.37	28.70	2412.61	2251.13	37.91
山　西	18.47	20.54	0.20	3.21	327.44	315.47	4.79
内蒙古	82.55	40.49	4.63	6.19	617.90	565.41	13.92
辽　宁	80.74	49.95	10.95	34.80	2351.90	2224.87	35.36
吉　林	43.35	46.89	7.58	71.31	993.22	933.89	19.08
黑龙江	120.95	109.27	16.93	43.42	1909.09	1762.62	43.47
上　海	19.36	20.72	16.52	9.75	506.15	436.57	24.39
江　苏	148.14	104.78	28.32	100.41	3409.12	3153.86	51.12
浙　江	101.63	70.19	19.35	22.00	1103.89	1006.76	25.63
安　徽	95.01	85.35	11.28	18.42	2064.70	1871.93	40.14
福　建	115.71	120.67	25.10	30.11	3546.99	3141.85	63.50
江　西	91.70	57.32	0.88	5.74	1578.05	1365.40	31.53
山　东	324.06	211.13	32.77	106.74	8014.40	7532.69	129.40
河　南	355.76	220.33	34.23	16.85	3740.88	3386.33	65.49
湖　北	117.57	149.72	11.56	14.14	3654.35	3063.36	87.70
湖　南	209.42	121.99	3.06	3.55	3531.63	2985.68	98.96
广　东	190.59	84.81	44.89	28.92	4344.18	4007.13	70.92
广　西	109.69	38.65	7.55	23.70	2148.82	1968.02	28.29
海　南	16.42	6.33	0.71	0.19	243.44	225.68	3.40
重　庆	27.57	34.36	4.75	2.78	1029.29	878.35	31.79
四　川	130.66	93.14	4.42	8.47	2830.80	2469.25	76.36
贵　州	18.95	20.67	0.30		336.77	302.69	7.63
云　南	57.79	41.83	1.92	1.95	975.51	878.53	20.64
西　藏	2.09	0.41			5.03	4.08	0.20
陕　西	50.43	45.19	2.63	2.60	1200.73	1073.31	26.42
甘　肃	32.02	22.22	0.12	3.56	264.71	238.12	7.43
青　海	7.53	10.46			31.09	26.98	1.22
宁　夏	17.38	9.50	1.40	0.86	114.48	99.23	4.52
新　疆	58.49	32.92	0.26	7.27	674.30	613.33	13.14

单位：亿元

管理费用	财务费用	利息费用	投资收益（损失以"—"号记）	营业利润	利润总额	亏损企业亏损额	平均用工人数（万人）
1635.32	**356.40**	**276.59**	**207.76**	**2187.66**	**2240.45**	**307.81**	**274.52**
19.91	2.79	3.60	17.77	28.91	29.12	2.97	1.97
13.68	3.59	3.27	-2.18	17.00	17.27	5.09	1.54
52.63	10.26	11.49	4.66	55.14	57.03	13.58	9.70
7.53	2.97	2.49	0.65	-2.89	-1.65	5.98	2.23
19.54	6.58	5.97	0.34	9.95	11.24	9.47	3.31
42.45	16.52	11.22	2.42	25.17	29.27	26.46	11.95
19.03	13.44	10.36	1.25	5.91	7.88	18.31	4.26
38.67	17.35	13.39	4.59	42.36	47.00	17.34	6.46
24.61	1.43	1.82	8.04	26.38	27.35	3.78	2.43
86.86	15.36	12.05	1.09	98.85	102.14	18.24	12.09
42.17	10.72	9.80	7.18	25.25	28.16	8.46	6.82
61.45	12.11	8.57	5.71	81.46	86.60	5.40	10.80
99.01	16.93	11.93	1.44	215.68	214.33	6.61	19.71
56.92	9.60	7.03	2.63	113.36	115.49	14.45	7.06
188.87	49.48	40.93	34.17	129.70	139.93	58.93	43.97
76.31	21.37	13.47	46.02	227.04	229.58	13.31	27.06
132.36	28.99	14.66	5.55	308.36	310.91	5.82	15.34
245.80	24.40	10.73	5.96	156.20	145.95	6.74	22.33
105.46	18.54	17.49	-7.23	131.01	136.03	21.48	14.64
59.72	23.29	25.21	8.13	73.90	76.95	11.66	9.46
7.29	2.71	1.50	0.46	4.29	4.51	1.99	2.04
33.78	4.17	3.36	0.51	74.92	73.02	1.98	5.68
86.28	15.10	14.32	48.22	200.67	202.15	5.28	14.32
12.59	2.47	1.49	0.73	11.91	12.91	3.30	2.08
34.43	7.54	6.48	5.24	38.03	39.60	6.85	6.02
0.33	0.05	0.03		0.36	0.45	0.02	0.05
32.99	6.05	3.91	2.36	58.58	60.14	2.57	5.28
10.07	3.66	2.83	1.46	6.47	7.93	2.73	1.83
2.44	0.90	0.50	0.30	-0.32	0.74	0.74	0.25
6.13	1.68	1.37	0.01	2.72	4.68	0.96	0.73
15.99	6.37	5.32	0.30	21.29	23.76	7.32	3.10

3–21 按地区分组的食品

地区	资产总计	固定资产净额	固定资产原价	累计折旧	流动资产合计	应收账款	存货
全国	**19040.19**	**4418.58**	**8633.60**	**3914.11**	**10349.95**	**2103.95**	**2177.90**
北京	510.71	68.19	149.32	79.83	328.96	69.22	36.87
天津	386.15	105.31	214.79	108.41	236.85	58.10	44.50
河北	866.07	210.10	365.76	151.08	429.63	90.33	103.38
山西	162.81	58.01	91.06	33.05	75.97	19.34	20.55
内蒙古	1920.03	207.73	423.65	207.22	928.04	95.68	97.29
辽宁	377.68	113.56	211.36	95.18	215.33	67.99	45.13
吉林	279.86	82.92	144.81	59.28	136.33	25.22	37.93
黑龙江	742.89	206.40	343.35	132.66	453.81	162.06	69.86
上海	915.60	140.25	332.39	176.58	565.39	132.28	88.95
江苏	1099.43	301.55	556.08	243.87	579.47	144.02	126.88
浙江	837.93	207.04	383.64	171.95	462.32	92.32	118.51
安徽	439.89	125.28	224.45	92.00	222.12	59.41	61.58
福建	1100.58	170.19	349.07	153.47	664.95	191.57	135.66
江西	279.38	74.86	153.92	72.19	134.67	26.49	34.39
山东	1640.81	458.78	832.03	358.20	928.19	194.58	256.00
河南	1345.06	347.05	800.00	370.33	673.61	91.65	125.50
湖北	681.34	169.62	391.51	203.22	352.87	71.07	86.75
湖南	683.32	181.07	399.10	188.36	361.25	38.36	101.96
广东	1963.72	382.87	795.96	399.79	1162.91	201.22	209.18
广西	238.04	66.58	115.48	44.30	134.22	32.68	34.72
海南	39.46	8.16	13.19	4.95	20.58	4.88	3.71
重庆	239.26	70.57	141.19	65.28	116.50	18.79	26.57
四川	777.70	224.72	395.07	158.98	399.45	63.48	103.37
贵州	150.53	28.77	50.05	15.33	95.94	12.25	22.82
云南	287.31	81.05	152.18	69.50	144.71	23.33	40.55
西藏	12.13	3.30	4.49	1.14	6.13	1.63	0.55
陕西	332.47	94.72	168.31	63.30	163.48	45.14	44.30
甘肃	132.66	35.17	52.72	16.56	63.22	17.77	16.00
青海	37.68	10.34	16.86	6.22	18.35	2.49	6.67
宁夏	229.09	74.47	129.81	54.82	105.30	20.14	20.09
新疆	330.60	109.95	232.00	117.07	169.39	30.45	57.68

制造业主要经济指标

单位：亿元

产成品	负债合计	流动负债合计	应付账款	所有者权益合计	实收资本	国家资本	集体资本
882.22	**9412.54**	**8009.25**	**2196.50**	**9626.40**	**4962.09**	**159.56**	**60.14**
17.01	236.35	211.44	75.92	274.35	98.19	1.98	0.35
21.33	191.94	184.81	62.00	194.21	101.71	4.46	0.27
43.53	443.81	356.40	106.53	422.26	188.64	1.88	1.92
6.65	81.07	67.74	15.76	81.73	30.65	0.48	0.70
44.65	922.01	825.94	136.88	998.02	208.38	3.03	1.27
19.52	250.54	172.49	53.80	127.14	123.52	23.60	1.00
12.65	183.57	130.57	29.59	96.29	84.09	0.53	0.51
25.24	415.77	366.77	167.70	327.12	150.50	2.99	4.72
44.38	486.61	444.07	160.33	428.99	207.59	5.37	0.27
53.95	534.17	480.83	143.84	565.27	301.91	14.68	3.80
43.11	381.01	352.40	91.52	456.92	1205.98	5.69	0.12
23.58	236.33	200.30	62.83	203.56	114.97	0.37	2.50
50.20	452.89	349.97	83.20	647.64	175.84	7.42	0.47
14.49	105.29	82.51	20.82	174.09	61.60	1.34	0.92
99.31	965.44	836.13	192.40	676.08	345.87	5.60	11.34
53.89	618.73	523.93	144.37	725.71	315.36	9.90	3.52
39.85	295.67	238.75	64.19	385.67	137.71	9.70	5.58
23.96	349.71	274.58	39.83	333.61	149.12	9.21	5.29
87.18	915.35	834.46	254.80	1049.30	375.39	11.26	2.69
11.70	134.83	104.47	27.25	103.22	60.64	4.06	1.14
1.00	19.36	14.85	4.12	20.09	9.12		0.61
8.75	98.96	78.85	23.85	140.30	38.23	1.12	0.12
34.21	331.14	277.70	83.11	446.57	153.58	4.78	5.13
16.01	76.00	54.03	10.83	74.53	23.72	0.59	0.27
17.99	116.53	97.63	23.37	170.78	64.02	0.68	0.59
0.48	5.42	3.27	1.48	6.72	3.72	0.55	
20.93	154.36	127.51	35.78	178.11	64.68	2.39	0.45
5.91	73.89	53.79	10.41	58.77	31.89	4.23	2.06
3.71	18.40	12.82	4.25	19.28	8.37	0.28	0.35
5.15	131.26	112.15	32.83	97.84	33.55	0.13	0.08
31.90	186.12	138.08	32.90	142.24	93.58	21.27	2.10

3-21 续表

地　区	法人资本	个人资本	港澳台资本	外商资本	营业收入	营业成本	销售费用
全　国	**1654.66**	**1055.95**	**374.61**	**1657.09**	**21619.56**	**16944.02**	**1755.58**
北　京	25.34	16.46	11.19	42.87	558.35	383.61	106.49
天　津	33.49	14.84	3.02	45.63	389.50	306.86	30.81
河　北	111.34	45.61	0.88	27.00	1022.48	835.28	99.19
山　西	17.09	9.69	2.08	0.63	141.97	114.68	8.77
内蒙古	62.62	114.00	6.13	21.33	1465.26	1160.36	176.63
辽　宁	33.05	19.12	21.72	25.03	278.66	226.40	18.14
吉　林	51.15	11.34	11.33	9.24	165.33	134.04	6.98
黑龙江	91.94	19.37	9.19	22.29	633.35	471.79	57.25
上　海	70.38	23.36	46.77	61.44	963.31	652.89	158.21
江　苏	101.55	57.30	42.44	82.14	979.97	757.13	77.30
浙　江	71.68	47.12	18.39	1063.06	686.94	543.81	45.08
安　徽	56.25	33.53	10.47	11.85	551.53	463.01	26.88
福　建	53.75	57.55	38.83	17.80	1754.60	1436.62	84.34
江　西	30.62	21.51	1.57	5.63	409.94	325.49	19.15
山　东	120.36	89.00	36.97	82.44	1664.59	1335.16	88.39
河　南	185.88	112.42	1.15	2.49	1586.16	1365.36	53.11
湖　北	68.45	40.08	1.56	12.34	987.86	795.40	44.38
湖　南	71.77	51.46	2.31	9.08	1528.28	1267.42	71.21
广　东	98.51	95.40	91.05	76.49	2391.21	1604.27	374.39
广　西	25.16	16.52	0.20	13.56	239.74	191.60	15.54
海　南	2.74	3.82	0.46	1.50	21.48	15.22	2.32
重　庆	21.78	13.22	0.85	1.15	338.58	264.88	20.58
四　川	64.17	60.19	10.37	8.95	1251.86	987.81	82.83
贵　州	16.44	6.41			145.93	116.24	6.09
云　南	37.22	20.28	2.10	3.14	309.75	241.11	24.93
西　藏	1.94	1.23			3.28	2.62	0.39
陕　西	26.80	25.63	2.29	7.13	503.02	409.67	26.78
甘　肃	17.85	7.35		0.40	84.26	68.50	4.38
青　海	4.92	1.80	1.02		18.58	14.94	1.74
宁　夏	21.35	11.85	0.04	0.10	261.22	225.30	12.80
新　疆	59.08	8.50	0.24	2.40	282.56	226.57	10.52

单位：亿元

管理费用	财务费用	利息费用	投资收益（损失以"–"号记）	营业利润	利润总额	亏损企业亏损额	平均用工人数（万人）
1176.83	**97.85**	**112.41**	**127.06**	**1700.81**	**1738.87**	**190.01**	**177.57**
33.86	-0.56	0.75	9.76	43.31	43.90	8.14	3.51
21.09	0.62	1.03	1.46	30.26	30.31	3.93	2.56
37.84	6.86	6.51	3.49	43.53	46.43	7.12	6.97
8.37	1.71	1.61	0.04	8.22	8.91	1.49	1.75
44.77	-8.88	10.53	62.23	157.95	157.67	4.35	4.45
16.54	4.16	3.49	-24.32	-22.97	-25.64	45.60	3.12
10.44	3.37	3.15	-0.46	15.75	18.48	2.51	1.68
27.22	2.20	4.45	1.24	94.69	100.81	5.65	3.18
70.17	-1.29	2.38	9.63	89.44	93.98	10.11	6.26
71.35	4.88	5.73	3.74	68.15	69.95	16.36	8.99
48.66	3.75	6.41	2.27	46.30	53.08	5.40	6.92
28.63	3.46	2.31	0.44	28.61	32.02	3.86	5.38
83.23	8.74	7.15	24.24	159.24	159.71	4.97	14.06
25.07	2.66	1.35	-0.20	35.71	36.59	1.10	3.76
96.76	13.50	13.86	1.38	123.81	126.85	13.03	14.51
56.22	9.57	5.54	5.60	103.08	104.34	5.63	18.87
53.41	3.21	3.12	1.04	91.63	92.85	1.73	6.90
104.16	10.06	4.62	2.27	66.95	65.58	6.63	15.00
167.63	3.87	4.93	14.89	245.84	245.15	21.75	18.99
13.15	3.61	3.51	0.03	15.18	16.12	3.17	3.35
2.13	0.28	0.21	0.05	1.34	1.41	0.29	0.43
18.36	1.82	1.21	3.38	33.79	34.30	0.79	3.27
63.52	7.68	6.90	2.97	101.81	102.93	4.01	10.24
7.06	1.05	0.69	0.12	14.52	14.86	1.72	1.52
17.80	2.28	2.27	0.77	23.15	24.32	1.05	2.97
0.46	0.13	0.10		0.07	0.13	0.11	0.04
23.59	2.44	1.62	0.49	34.47	35.48	3.37	4.13
4.36	1.84	1.29	0.01	4.97	5.07	1.50	0.86
1.59	0.14	0.03	0.02	0.10	0.32	0.47	0.25
8.45	2.34	3.24	0.16	11.48	12.14	1.14	1.23
10.94	2.33	2.43	0.34	30.41	30.82	3.03	2.43

3-22 按地区分组的酒、饮料和

地区	资产总计	固定资产净额	固定资产原价	累计折旧	流动资产合计	应收账款	存货
全国	**20521.25**	**4047.34**	**8088.05**	**3656.82**	**12024.29**	**1121.35**	**3627.63**
北京	685.91	72.03	166.89	93.18	449.94	32.80	39.72
天津	110.24	36.39	98.15	60.21	61.71	24.75	15.55
河北	628.22	124.09	231.98	97.87	344.97	29.05	81.18
山西	392.00	56.07	110.96	44.98	266.80	12.76	93.89
内蒙古	206.73	50.28	99.05	48.22	96.65	4.73	44.57
辽宁	174.06	53.68	136.14	80.90	101.77	18.76	32.57
吉林	285.97	111.72	201.09	86.52	124.95	16.42	45.81
黑龙江	296.44	104.38	179.38	73.40	161.30	19.90	39.86
上海	166.27	29.37	80.57	49.50	109.84	31.42	19.83
江苏	1159.43	216.90	433.64	213.50	749.83	55.93	301.31
浙江	631.21	177.10	370.58	185.10	343.29	68.97	110.82
安徽	847.22	172.79	290.17	106.85	548.81	48.57	195.01
福建	634.89	153.40	322.41	142.11	299.41	64.21	95.27
江西	280.40	73.45	184.49	70.16	127.96	22.42	45.03
山东	1055.56	180.74	340.60	148.43	616.73	68.16	169.71
河南	610.83	178.33	416.72	207.29	319.15	56.31	104.43
湖北	1212.72	270.15	549.51	243.16	675.93	62.82	177.02
湖南	477.30	127.63	281.42	117.20	230.93	34.13	79.16
广东	1150.23	271.32	624.00	342.91	693.80	121.55	111.37
广西	305.63	73.70	146.89	67.76	168.07	19.92	76.59
海南	99.75	20.56	47.59	26.62	69.87	6.11	10.01
重庆	236.85	41.55	109.19	54.85	109.16	17.11	26.45
四川	4879.47	722.85	1366.84	588.45	2789.47	117.14	713.83
贵州	2466.92	346.61	532.59	175.23	1759.27	64.65	663.52
云南	472.78	96.50	168.03	64.40	285.12	33.38	146.39
西藏	93.66	16.78	31.72	14.61	41.76	2.54	4.55
陕西	525.05	143.22	328.54	147.69	244.59	37.38	71.30
甘肃	148.85	42.69	83.46	36.69	82.50	16.24	35.50
青海	44.79	11.78	20.97	9.19	24.25	4.12	11.34
宁夏	58.26	19.11	32.80	12.83	29.57	2.25	17.20
新疆	183.63	52.18	101.70	46.97	96.89	6.87	48.83

精制茶制造业主要经济指标

单位：亿元

产成品	负债合计	流动负债合计	应付账款	所有者权益合计	实收资本	国家资本	集体资本
1119.19	**9006.52**	**7967.02**	**1532.79**	**11507.56**	**3360.81**	**302.29**	**106.23**
16.19	323.44	285.60	37.32	362.47	113.52	5.57	0.10
5.41	54.49	47.89	13.36	55.76	43.04	3.59	0.01
26.11	268.98	226.91	54.75	359.25	463.69	17.71	0.99
21.07	189.94	179.50	24.84	202.06	43.89	1.67	1.05
16.94	106.25	88.36	15.34	100.48	64.43	13.75	4.77
11.96	75.40	71.49	17.71	98.65	58.01	5.80	
17.34	179.33	149.97	23.42	106.63	85.14	9.44	0.72
13.15	160.19	148.10	40.78	136.24	83.36	7.93	2.80
5.09	89.64	86.26	44.83	76.63	58.99	5.84	
60.98	398.03	369.43	78.28	761.40	136.44	14.45	5.35
54.14	277.02	264.10	73.65	351.46	155.82	9.46	0.07
41.29	350.91	318.98	62.65	496.31	122.40	7.88	0.23
45.59	228.44	195.78	58.14	406.45	117.13	2.10	1.02
16.87	146.98	132.16	40.87	133.42	63.03	2.90	1.24
66.75	586.77	539.77	127.72	468.79	193.09	12.42	38.27
26.39	300.87	251.90	66.47	309.95	154.40	5.92	1.18
56.16	613.80	535.92	61.95	598.92	153.52	14.71	8.61
34.09	193.69	138.94	31.46	280.99	116.14	19.46	3.43
43.80	520.56	484.99	114.53	629.66	277.12	23.09	8.71
30.57	169.38	141.09	33.27	136.25	68.39	5.39	5.05
4.46	46.12	39.97	7.35	53.62	19.87	0.05	0.55
7.84	114.23	95.20	16.62	122.62	57.94	6.85	
272.83	2120.27	1899.05	256.13	2759.20	233.30	27.46	9.23
92.81	771.11	683.49	109.46	1695.81	208.61	53.00	5.50
60.69	244.99	206.27	43.89	227.79	63.17	1.53	5.11
1.41	57.84	50.97	2.60	35.82	12.52	0.11	0.04
35.16	225.88	181.21	39.43	299.18	84.16	10.73	1.31
10.68	65.77	55.85	10.75	83.07	30.33	3.63	0.58
9.28	12.81	10.66	2.49	31.97	14.69		
1.91	29.31	24.44	5.78	28.95	11.12	0.88	
12.23	84.06	62.76	16.96	97.76	53.53	8.94	0.30

3-22 续表

地 区					营业收入	营业成本	销售费用
	法人资本	个人资本	港澳台资本	外商资本			
全 国	**1332.18**	**921.35**	**230.81**	**464.35**	**16207.45**	**10901.85**	**1247.66**
北 京	57.80	12.63	14.15	23.26	288.72	205.35	33.43
天 津	16.36	1.14	2.34	19.61	105.12	80.64	12.56
河 北	71.65	316.39	3.86	53.08	355.08	245.52	36.54
山 西	25.09	8.74	2.31	5.03	218.35	107.30	6.62
内蒙古	22.91	18.56	0.98	3.45	74.63	56.10	5.03
辽 宁	18.61	6.39	2.97	24.24	157.93	108.68	15.79
吉 林	38.59	14.61	1.29	20.49	201.69	162.42	10.78
黑龙江	32.73	19.46	0.11	20.33	227.44	185.35	14.48
上 海	36.27	0.70	8.43	7.74	132.97	87.94	26.54
江 苏	42.40	24.39	19.39	28.23	755.07	418.90	63.70
浙 江	65.16	25.44	16.78	38.92	504.39	373.56	41.71
安 徽	66.92	31.76	3.29	12.31	556.15	316.55	72.86
福 建	53.64	37.23	8.46	14.67	1122.35	893.16	61.23
江 西	37.65	10.78	0.83	9.63	290.17	206.77	18.29
山 东	71.03	29.18	9.54	31.78	637.20	492.49	49.25
河 南	86.17	41.61	13.09	5.93	730.00	555.98	50.52
湖 北	53.80	39.92	28.69	7.79	967.71	631.39	65.80
湖 南	52.74	31.96	2.17	6.37	783.02	586.65	47.27
广 东	82.64	32.02	60.74	69.92	1207.96	866.31	150.37
广 西	30.01	13.83	8.39	5.72	212.56	152.16	15.21
海 南	3.78	2.07	2.16	11.26	84.81	60.52	13.48
重 庆	28.42	10.68	2.14	9.84	248.39	167.66	20.50
四 川	105.47	77.18	2.57	11.40	4108.66	2584.89	289.22
贵 州	92.21	50.04	4.82	3.04	963.11	425.45	18.64
云 南	29.77	20.49	2.66	3.61	442.70	324.61	35.44
西 藏	8.22	1.68	2.00	0.47	20.63	13.67	2.58
陕 西	36.20	27.69	0.44	7.78	581.84	437.09	45.56
甘 肃	17.53	4.62	0.26	3.71	93.97	61.66	11.45
青 海	11.77	0.55	1.37	1.00	12.32	6.53	2.22
宁 夏	6.41	3.02	0.81		21.84	15.02	1.47
新 疆	30.19	6.60	3.77	3.72	100.67	71.51	9.14

单位：亿元

管理费用	财务费用	利息费用	投资收益(损失以"-"号记)	营业利润	利润总额	亏损企业亏损额	平均用工人数(万人)
916.92	**48.32**	**81.57**	**613.16**	**2770.14**	**2771.18**	**75.20**	**112.66**
25.10	2.17	4.00	19.69	19.96	20.05	3.60	2.09
5.10	-0.05	0.15	-0.04	4.71	4.49	0.95	0.73
16.49	1.43	2.07	10.86	48.46	49.83	0.71	2.70
12.96	0.62	0.55	10.34	60.00	60.13	1.20	2.55
6.73	0.69	0.76	0.74	1.56	2.79	2.27	1.16
7.28	0.08	0.47	0.05	18.93	19.03	1.17	1.34
10.00	3.88	3.55	0.49	9.69	9.55	3.20	1.42
8.30	2.48	2.02	0.18	7.73	8.76	4.11	1.37
7.71	-0.30	0.15	1.97	10.97	11.08	0.61	0.95
46.82	-2.72	1.69	22.73	189.00	189.90	1.93	4.48
24.96	2.30	3.06	8.37	64.86	66.38	2.98	3.28
35.08	0.16	2.00	3.02	93.52	98.50	7.40	5.02
55.96	3.20	2.84	3.36	100.52	103.14	0.53	9.66
13.61	0.48	2.43	0.09	44.57	45.17	0.56	2.08
32.38	6.28	5.38	11.90	42.02	40.98	7.95	5.46
32.20	4.14	2.41	2.60	72.69	69.98	2.37	6.68
59.46	8.94	9.80	4.21	173.91	171.56	1.69	6.17
63.05	5.55	2.32	3.60	68.44	65.47	1.62	6.55
53.41	-1.31	2.98	8.52	129.48	129.57	3.97	7.33
13.49	2.23	1.83	0.66	23.92	24.78	1.83	2.46
4.00	-0.23	0.20	0.01	6.34	6.20	2.06	0.74
13.84	1.15	1.58	15.87	48.32	48.27	0.23	1.66
183.02	6.19	17.37	2.43	743.91	740.46	8.63	18.56
119.61	-5.80	4.63	475.41	650.68	646.20	4.73	7.87
19.26	3.20	2.37	1.10	56.48	57.43	1.86	3.21
1.67	0.34	0.29	-0.05	2.23	2.57	0.42	0.16
31.34	2.05	2.69	1.32	53.47	54.62	2.41	4.49
6.24	0.29	0.50	1.25	9.88	9.71	1.03	1.05
1.49	0.10	0.04	1.00	1.51	1.43	0.78	0.24
1.53	0.42	0.37		2.23	2.37	0.82	0.21
4.85	0.36	1.08	1.49	10.11	10.77	1.60	0.99

3-23 按地区分组的烟草

地　区	资产总计	固定资产净　额	固定资产原　价	累计折旧	流动资产合　计	应收账款	存货
全　国	**11702.64**	**1246.01**	**3376.21**	**2127.40**	**8390.05**	**311.17**	**4004.67**
北　京	50.16	7.63	28.26	20.63	41.43	0.84	6.35
天　津	30.47	7.93	28.33	20.40	18.42	1.57	3.76
河　北	162.13	28.97	75.18	45.35	120.11	18.06	82.86
山　西	53.19	13.60	26.47	12.87	36.55	2.46	6.37
内蒙古	96.38	14.20	35.37	21.17	77.84	4.41	29.48
辽　宁	59.62	13.82	38.08	24.25	42.10	1.20	23.60
吉　林	115.98	29.46	76.05	46.55	79.32	3.21	47.47
黑龙江	106.75	30.11	67.50	37.40	70.13	6.49	26.56
上　海	1738.47	74.15	191.69	117.53	1333.36	25.04	251.99
江　苏	795.64	85.67	188.48	102.81	668.67	19.26	268.37
浙　江	571.50	54.52	148.39	93.87	444.47	17.98	304.43
安　徽	354.21	64.11	153.36	88.12	259.24	4.10	146.58
福　建	275.75	43.61	170.51	126.82	202.22	13.41	130.13
江　西	186.15	36.43	76.66	40.23	134.73	2.31	74.68
山　东	342.69	39.78	133.60	93.82	244.92	16.15	158.27
河　南	488.19	62.00	166.40	104.40	386.61	7.63	201.60
湖　北	660.99	54.94	140.46	85.07	511.17	42.82	200.52
湖　南	958.17	107.98	270.67	162.69	746.37	18.11	357.38
广　东	570.87	49.87	167.87	117.96	435.47	13.60	217.47
广　西	239.34	36.46	92.76	56.31	167.71	4.12	85.12
海　南	30.00	6.66	14.68	8.01	22.33		3.64
重　庆	190.08	17.87	58.27	40.40	156.08	9.89	71.03
四　川	306.09	28.78	94.63	65.86	252.99	11.77	102.74
贵　州	405.71	72.15	171.17	99.02	297.54	7.35	149.39
云　南	2508.28	187.41	572.95	385.34	1347.20	50.27	883.76
西　藏							
陕　西	211.04	35.77	90.08	54.32	152.17	3.68	105.11
甘　肃	137.48	25.01	61.92	36.91	103.67	2.03	55.34
青　海							
宁　夏	5.24	2.19	8.40	6.21	2.63		2.36
新　疆	52.07	14.93	28.02	13.09	34.56	3.40	8.32

制造业主要经济指标

单位：亿元

产成品	负债合计	流动负债合计	应付账款	所有者权益合计	实收资本	国家资本	集体资本
225.01	**2507.03**	**2445.25**	**565.56**	**9195.60**	**1031.76**	**464.79**	**2.45**
0.20	14.77	14.50	0.72	35.38	9.30	9.30	
0.76	30.47	30.47	3.31				
2.62	103.38	103.25	14.33	58.75	13.16	11.15	
2.09	12.91	12.66	7.32	40.28	6.13		
4.00	20.31	19.97	9.00	76.07	13.46	12.33	
2.67	21.10	21.10	6.08	38.52	3.50		
3.52	36.16	35.75	7.44	79.83	17.98	17.98	
2.90	23.19	23.19	11.18	83.56	22.17	21.67	
7.79	266.32	266.30	6.55	1472.15	17.64		
19.98	62.43	62.33	26.02	733.21	28.83	21.90	
11.35	99.91	97.14	12.83	471.59	10.43		
9.42	98.48	96.98	20.81	255.74	41.65	28.34	1.00
3.04	76.91	76.07	27.89	198.83	43.22	18.43	
3.40	37.82	37.28	7.10	148.34	21.79	13.27	
4.08	112.82	108.90	19.67	229.87	65.89	1.59	
6.53	157.75	156.40	24.55	330.44	43.38	0.20	0.12
8.68	204.15	198.68	68.26	456.84	31.62	30.20	1.05
7.03	141.46	138.94	46.74	816.72	75.26	46.85	
5.42	131.20	129.34	24.45	439.66	151.22	143.57	
1.56	83.14	76.75	14.32	156.20	51.72		
0.90	9.61	9.61	6.61	20.40	4.71	4.71	
3.79	71.28	69.34	14.72	118.79	26.94	16.63	
10.64	124.26	123.30	29.39	181.83	26.26		
3.23	124.05	123.92	26.46	281.66	88.63		
93.00	346.70	319.23	106.41	2161.58	149.69	2.24	0.28
3.45	50.69	49.86	11.70	160.35	28.06	25.32	
2.44	35.37	33.62	3.91	102.11	37.23	37.23	
0.10	-0.17	-0.17	0.58	5.41			
0.42	10.57	10.54	7.23	41.50	1.87	1.87	

3-23 续表

地区	法人资本	个人资本	港澳台资本	外商资本	营业收入	营业成本	销售费用
全国	**557.79**	**4.47**		**2.24**	**12144.32**	**3660.78**	**156.89**
北京					57.85	14.85	0.69
天津					67.10	19.65	0.44
河北	2.02				326.46	146.32	1.32
山西	6.13				50.09	15.93	0.75
内蒙古	1.13				140.52	34.91	2.27
辽宁	3.50				90.29	25.83	1.19
吉林					184.27	50.87	3.26
黑龙江		0.50			132.63	44.03	1.26
上海	17.64				1075.50	189.03	6.34
江苏	6.93				919.66	343.24	9.25
浙江	10.43				953.49	463.85	11.77
安徽	12.31				470.18	132.00	7.44
福建	24.80				337.05	98.01	9.24
江西	8.51				243.21	61.71	3.06
山东	64.30				382.81	108.21	7.77
河南	42.96	0.11			565.70	155.55	10.43
湖北	0.37				841.01	214.27	9.09
湖南	28.41				1027.33	242.84	11.90
广东	5.67	1.98			551.08	164.29	9.26
广西	51.72				278.01	75.41	5.29
海南					36.38	12.35	0.45
重庆	10.31				230.55	71.22	2.89
四川	26.26				384.50	104.49	6.34
贵州	86.74	1.89			467.20	104.21	6.27
云南	144.92			2.24	1837.83	625.94	22.33
西藏							
陕西	2.74				257.16	74.88	4.20
甘肃					162.40	43.59	2.25
青海							
宁夏					24.15	6.85	
新疆					49.90	16.46	0.13

单位：亿元

管理费用	财务费用	利息费用	投资收益(损失以"–"号记)	营业利润	利润总额	亏损企业亏损额	平均用工人数(万人)
849.97	**-85.31**	**1.23**	**79.40**	**1193.27**	**1188.09**	**6.98**	**15.87**
5.16	-0.78		0.02	5.55	5.24		0.08
4.86	-0.18			7.11	7.09		0.08
27.36	-0.05		0.02	-5.57	-5.34	5.34	0.49
5.49	-0.57			4.17	4.16		0.09
11.61	-1.04			10.86	10.27		0.24
9.26	-0.19	0.01	-0.06	1.62	1.61		0.20
13.44	-0.09	0.15	0.18	14.58	14.46		0.38
15.55	-0.55	0.01	0.01	7.89	7.86		0.50
67.88	-28.32		27.94	228.35	227.25		0.36
25.08	-9.29		2.14	121.56	122.38		0.62
32.45	-3.90	0.15	4.22	68.09	67.62	0.02	0.36
38.68	-2.30	-1.97	0.59	23.75	23.59	0.41	0.88
18.19	-0.35	0.01	1.23	21.38	21.40		0.51
18.28	-1.21		0.04	16.70	16.39	0.26	0.49
40.22	-0.72	0.04		24.52	24.35	0.04	0.78
57.61	-2.33	0.02	0.79	42.19	42.14		1.40
57.02	-5.74	0.22	3.68	94.27	94.03	0.04	0.72
62.85	-7.24	0.07	-1.36	101.92	99.77		1.17
49.47	-3.74	0.06	4.81	43.66	43.24	0.08	1.19
15.81	-0.80	1.62	0.18	16.55	16.34	0.05	0.32
3.25	-0.32			2.04	2.14		0.05
15.82	-0.73		0.25	9.53	9.59	0.57	0.43
35.64	-3.14		0.10	25.71	25.61		0.48
50.69	-2.72		0.32	36.25	36.09		0.78
136.43	-8.20	0.30	34.19	235.46	235.71	0.17	2.18
19.35	-0.57	0.16	0.07	15.77	15.29		0.73
7.39	0.07	0.38	0.03	8.67	8.77		0.27
0.79	-0.01			5.41	5.41		0.04
4.35	-0.30			5.28	5.65		0.07

3-24 按地区分组的

地　　区	资产总计	固定资产净额	固定资产原价	累计折旧	流动资产合计	应收账款	存货
全　　国	**21840.83**	**5546.43**	**11757.16**	**5801.76**	**12484.67**	**2997.58**	**3550.48**
北　　京	22.15	0.93	3.21	2.28	18.85	3.78	4.34
天　　津	142.70	17.10	46.84	29.32	70.45	9.63	13.04
河　　北	474.34	108.00	188.55	73.41	266.45	66.54	93.51
山　　西	38.63	10.41	14.32	3.91	19.81	2.91	11.06
内 蒙 古	40.97	5.68	9.52	3.49	26.76	8.54	11.94
辽　　宁	130.33	24.56	54.38	27.77	89.97	24.38	16.35
吉　　林	20.00	4.41	7.64	3.23	12.43	2.58	4.86
黑 龙 江	48.30	9.26	19.90	9.40	32.65	5.25	16.20
上　　海	183.67	25.34	64.25	38.51	138.81	42.36	33.49
江　　苏	4274.18	1026.85	2191.54	1144.04	2768.35	810.62	823.08
浙　　江	5092.86	1306.94	2538.62	1196.25	3015.80	866.23	830.25
安　　徽	670.41	165.37	278.43	107.96	358.28	76.67	104.17
福　　建	1806.20	436.33	1029.56	540.90	1044.18	220.13	265.15
江　　西	443.91	136.15	276.54	123.54	206.12	50.03	62.21
山　　东	2376.71	480.45	1114.67	589.12	1381.05	225.26	359.83
河　　南	979.12	298.90	621.14	240.35	428.92	58.20	114.87
湖　　北	1043.54	331.34	1133.15	742.44	487.19	85.55	128.74
湖　　南	345.05	101.33	215.21	75.51	158.59	38.21	53.71
广　　东	1715.11	430.39	982.06	525.72	1017.73	235.08	310.32
广　　西	166.33	46.51	76.03	27.18	96.75	16.71	46.53
海　　南	12.72	2.10	5.73	3.62	5.75	0.88	0.68
重　　庆	59.25	16.89	26.40	8.90	34.00	7.95	9.25
四　　川	464.24	130.59	240.58	105.62	206.77	38.77	57.48
贵　　州	60.45	11.61	15.11	2.82	23.87	3.08	5.03
云　　南	20.64	4.85	8.41	3.52	12.78	2.50	6.00
西　　藏	0.90	0.35	0.47	0.11	0.54	0.05	0.23
陕　　西	175.67	71.22	111.77	35.78	58.43	8.69	22.82
甘　　肃	14.02	4.47	7.58	3.07	8.93	0.99	2.69
青　　海	4.23	1.12	3.35	2.23	2.86	0.43	1.66
宁　　夏	174.85	41.49	55.94	14.14	90.61	20.18	23.01
新　　疆	839.33	295.49	416.25	117.59	400.99	65.40	117.99

纺织业主要经济指标

单位：亿元

产成品	负债合计	流动负债合计	应付账款	所有者权益合计	实收资本	国家资本	集体资本
1740.73	**12291.73**	**10548.48**	**2358.15**	**9527.72**	**4950.39**	**179.08**	**50.40**
2.17	12.90	12.81	1.87	9.25	4.43	0.80	
7.66	83.41	74.80	8.72	59.29	36.49	20.04	0.57
49.60	275.58	239.35	53.96	198.76	90.48	8.46	1.34
7.50	22.86	16.12	4.49	15.78	12.35	1.24	0.53
4.29	34.74	32.49	4.31	6.23	9.20		0.06
6.99	74.10	56.69	19.72	56.23	27.39	0.07	0.20
3.43	15.98	15.41	1.95	4.03	4.16		0.30
8.01	28.83	25.14	5.41	19.46	12.07	2.20	0.42
16.72	74.08	66.29	29.45	109.60	36.40	0.36	0.37
430.68	2536.01	2265.81	618.97	1738.17	876.86	27.86	11.18
404.99	3176.28	3022.54	550.58	1896.32	1468.00	1.26	3.02
54.20	332.49	278.45	62.27	337.92	125.18	2.32	0.93
126.48	886.54	698.14	120.56	919.65	361.24	0.50	0.85
37.23	220.64	166.94	39.13	223.06	77.92	0.58	0.76
170.94	1302.75	1114.60	265.57	1074.05	421.04	5.14	16.65
52.33	442.84	285.44	47.79	535.86	205.37	9.91	0.70
65.46	445.05	329.11	66.83	598.49	191.83	9.98	5.85
31.84	181.42	136.18	33.63	163.63	80.25	6.10	0.58
115.95	938.26	794.80	201.35	777.10	400.25	0.07	1.65
20.42	108.05	85.63	17.98	58.28	41.32	4.95	0.40
0.33	2.27	1.02	0.25	10.45	5.46	0.08	
4.14	40.37	21.36	6.03	18.88	6.46	0.47	0.02
31.60	234.28	170.56	40.82	229.96	82.68	7.17	1.24
1.94	41.73	31.56	3.76	18.72	10.05	0.02	
3.12	10.69	10.62	1.43	9.94	6.06	0.10	0.02
0.05	0.65	0.12	0.02	0.25	0.11		
12.04	84.55	53.53	12.99	91.13	38.16	14.17	0.04
1.62	6.41	5.24	2.43	7.61	4.00		-0.59
1.51	3.70	3.19	0.18	0.53	0.64		
11.36	105.95	88.09	47.96	68.90	70.30	10.85	1.61
56.10	568.31	446.44	87.75	270.20	244.24	44.36	1.69

3-24 续表

地区	法人资本	个人资本	港澳台资本	外商资本	营业收入	营业成本	销售费用
全国	**1586.24**	**2201.69**	**563.36**	**369.61**	**26548.78**	**23156.25**	**481.14**
北京	2.48	0.75		0.40	19.27	15.90	0.63
天津	6.70	2.65		6.53	105.26	91.25	1.48
河北	17.45	60.33	1.26	1.64	549.59	509.07	5.91
山西	8.63	1.95			31.97	29.18	0.64
内蒙古	5.93	3.21			31.33	28.95	0.44
辽宁	7.39	10.38	2.48	6.86	76.77	64.71	2.07
吉林	0.86	3.00			10.97	9.43	0.36
黑龙江	5.10	4.12	0.22		31.03	28.29	0.47
上海	6.80	9.34	7.94	11.59	216.12	178.56	8.44
江苏	259.10	327.94	112.35	138.43	4969.09	4415.57	85.39
浙江	313.37	963.33	116.39	70.62	4780.61	4084.63	79.70
安徽	63.59	49.84	0.69	7.80	677.77	592.86	12.42
福建	76.36	182.24	86.89	14.41	3646.86	3199.79	41.49
江西	25.71	39.34	9.17	2.36	831.08	724.42	13.98
山东	214.37	149.21	22.61	13.06	2403.41	2184.21	35.78
河南	80.83	110.54	1.00	2.39	1356.81	1183.74	19.32
湖北	92.80	75.48	2.98	4.72	2132.50	1750.62	62.05
湖南	38.47	33.88	1.23		623.80	532.73	19.91
广东	72.09	65.49	174.84	86.11	2256.55	1926.45	60.22
广西	8.99	8.63	17.60	0.76	137.22	124.12	1.45
海南	5.38				5.21	4.29	0.05
重庆	2.25	3.62	0.10		60.93	51.37	1.35
四川	45.33	27.91	0.69	0.34	666.40	590.12	10.50
贵州	1.80	8.23			25.99	20.93	0.57
云南	2.56	3.38			25.35	22.45	0.27
西藏		0.11			0.21	0.17	0.02
陕西	6.37	17.57			250.40	226.53	2.13
甘肃	4.17	0.42			9.36	8.39	0.31
青海		0.64			2.06	1.95	
宁夏	53.48	4.36			67.28	61.03	0.85
新疆	157.87	33.80	4.92	1.61	547.63	494.50	12.96

单位：亿元

管理费用	财务费用		投资收益(损失以“-”号记)	营业利润	利润总额	亏损企业亏损额	平均用工人数(万人)
		利息费用					
1274.46	**266.67**	**187.15**	**40.27**	**1289.25**	**1346.34**	**116.26**	**280.31**
1.46	0.08	0.12	0.03	1.17	1.12	0.12	0.13
5.01	3.85	3.53	0.74	4.11	4.12	0.50	0.63
14.66	4.82	3.16	1.17	16.49	17.12	1.65	6.23
1.85	0.62	0.45		-0.30	0.12	0.55	0.46
1.00	0.89	0.52	0.01	-0.10	0.17	0.93	0.41
6.20	1.17	0.57	0.02	2.19	2.20	2.91	1.33
0.78	0.24	0.22		0.10	0.20	0.29	0.28
1.58	0.53	0.34		0.01	0.35	0.91	0.71
15.87	0.56	0.36	0.23	12.25	13.15	1.27	1.73
235.11	45.26	29.36	6.96	176.44	189.47	23.60	51.66
337.10	61.70	55.48	21.81	222.05	237.96	24.64	58.35
34.97	5.55	4.22	4.89	34.70	37.04	2.53	7.94
117.87	27.85	19.50	-5.21	240.76	245.68	1.53	21.94
31.61	4.66	3.27	0.36	53.41	54.50	1.70	6.63
99.31	24.98	19.74	6.28	53.43	56.36	19.84	32.78
37.59	12.49	7.32	0.03	97.06	97.83	4.08	17.67
110.52	27.51	8.01	-1.84	154.26	154.44	1.94	19.65
38.55	6.55	3.11	0.92	22.86	22.45	1.96	5.45
127.88	13.88	8.11	2.67	118.18	120.12	13.30	24.70
7.54	1.97	1.59	0.09	4.26	5.44	2.20	3.22
0.61	0.04	0.17	0.19	0.37	0.36		0.07
3.23	0.85	0.62		3.64	3.64	0.59	0.81
19.88	5.75	3.83	0.12	37.34	38.93	0.95	5.86
1.34	0.60	0.28	0.01	2.40	2.36	0.68	0.53
1.22	0.40	0.31	0.13	1.10	1.14	0.02	0.39
0.03	0.01	0.01		-0.03	0.04		
4.49	2.39	1.46	0.04	12.95	14.54	2.12	2.52
0.63	0.08	0.03	0.01	-0.15	-0.10	0.27	0.23
0.08	0.10			-0.06	0.06		0.03
3.31	2.22	2.11	0.01	-0.26	0.07	1.65	0.92
13.16	9.09	9.36	0.59	18.65	25.47	3.51	7.04

3-25 按地区分组的纺织服装、

地区	资产总计	固定资产净额	固定资产原价	累计折旧	流动资产合计	应收账款	存货
全国	**11633.91**	**1960.36**	**4154.34**	**1906.30**	**7124.94**	**1842.14**	**1880.49**
北京	144.04	13.03	28.11	15.06	111.51	17.30	39.91
天津	15.93	2.21	4.71	2.47	12.76	2.56	5.75
河北	107.89	24.21	43.81	18.85	70.03	19.05	23.38
山西	25.07	5.78	10.25	4.31	15.38	5.15	6.39
内蒙古	236.26	16.92	35.42	18.22	83.40	18.42	22.78
辽宁	124.32	21.22	46.49	24.44	90.10	20.94	18.10
吉林	63.36	12.12	22.30	9.68	44.87	13.62	8.25
黑龙江	10.55	1.94	2.97	0.87	8.23	5.52	1.10
上海	197.63	22.86	59.12	35.27	157.57	42.18	45.15
江苏	1642.78	238.91	529.53	287.14	1143.48	350.04	303.63
浙江	2624.97	414.69	771.21	344.18	1805.17	470.70	412.44
安徽	277.24	65.37	123.11	52.83	174.43	60.31	39.92
福建	1325.18	177.37	525.09	227.21	762.75	193.99	192.09
江西	371.91	102.66	184.43	60.03	187.77	58.94	42.71
山东	1015.02	100.15	221.89	115.14	506.74	119.21	113.99
河南	618.97	231.36	414.93	135.33	224.78	34.60	45.01
湖北	330.32	87.53	222.57	120.29	154.97	32.34	57.16
湖南	235.72	41.37	93.40	33.10	68.71	16.51	19.21
广东	1887.87	290.49	651.65	342.00	1274.79	310.52	421.65
广西	35.56	6.86	14.14	5.96	24.06	5.02	6.22
海南	4.52	0.14	0.39	0.24	0.87	0.06	0.01
重庆	31.48	6.89	12.37	4.83	20.77	4.19	10.51
四川	134.66	44.39	84.11	33.02	65.02	15.75	17.12
贵州	20.42	4.88	8.49	2.73	12.07	1.29	4.08
云南	40.49	5.82	8.75	2.86	32.06	3.64	2.01
西藏	0.37	0.19	0.26	0.07	0.17	0.10	0.02
陕西	43.17	8.08	15.08	4.31	26.14	6.79	7.11
甘肃	5.43	0.83	1.69	0.79	4.32	0.84	0.61
青海	9.53	2.39	4.09	1.70	5.80	0.19	0.77
宁夏	1.73	0.48	0.79	0.30	1.20	0.26	0.40
新疆	51.53	9.21	13.19	3.07	35.01	12.14	12.99

服饰业主要经济指标

单位：亿元

产成品	负债合计	流动负债合计	应付账款	所有者权益合计	实收资本	国家资本	集体资本
971.92	**5927.98**	**5048.91**	**1576.29**	**5691.20**	**2444.29**	**44.41**	**31.65**
25.95	74.88	68.20	14.60	69.16	25.28	4.58	0.68
3.31	11.09	10.94	2.50	4.84	4.24		0.01
9.55	59.08	54.33	14.41	48.82	23.44	3.96	0.05
3.95	15.27	14.51	2.91	9.80	4.97	1.53	0.02
4.55	78.55	70.41	10.98	157.71	24.12	1.01	
7.89	66.15	61.26	12.44	58.17	33.06	0.70	0.67
3.82	38.13	36.12	10.85	25.23	13.78	1.59	0.06
0.34	7.74	7.74	6.07	2.81	1.65		0.32
21.79	111.43	103.81	48.71	86.20	36.51	0.15	0.08
177.29	906.98	777.93	272.17	735.80	269.61	5.73	11.18
227.06	1552.28	1442.78	418.93	1064.47	508.99	2.61	3.22
18.83	157.15	139.18	50.29	120.09	57.74	1.18	1.95
100.69	565.16	443.23	118.30	757.97	204.32	0.36	0.18
22.01	173.23	121.52	38.75	198.68	54.36	3.41	0.14
53.47	605.93	495.41	227.81	408.81	181.19	1.77	3.75
17.60	182.19	113.22	24.94	433.67	144.84	1.22	2.82
27.37	146.66	120.15	30.06	183.66	80.52	2.37	3.88
11.34	56.73	33.51	9.83	178.99	134.14	0.49	0.27
201.61	943.80	791.32	221.60	944.05	553.25	0.02	1.45
3.44	14.92	13.10	3.75	20.52	10.88	0.20	0.22
0.01	0.46	0.42	0.02	4.06	0.05	0.05	
7.64	12.94	10.34	2.27	18.53	7.22	0.41	
9.39	48.74	35.61	15.39	85.93	27.46	2.47	0.04
1.60	8.17	5.98	2.31	12.14	7.92	1.06	0.02
0.96	26.04	25.19	1.07	14.45	8.63	1.94	
	0.18	0.15	0.06	0.19	0.12		
3.88	19.97	15.92	4.16	23.20	11.10	2.15	0.09
0.34	2.52	2.27	0.73	2.90	1.37	0.24	0.38
0.13	5.15	2.02	0.06	4.38	3.08	0.31	
0.17	1.27	1.15	0.35	0.47	0.43	0.12	
5.92	35.20	31.18	9.96	15.50	10.01	2.77	0.19

3-25 续表

地区					营业收入	营业成本	销售费用
	法人资本	个人资本	港澳台资本	外商资本			
全国	**814.47**	**1037.41**	**343.47**	**171.54**	**15291.55**	**12883.63**	**564.71**
北京	10.57	7.56	0.46	1.43	102.54	67.42	20.34
天津	0.57	3.27	0.03	0.36	13.81	11.41	0.70
河北	6.93	12.26	0.14	0.10	105.24	89.92	3.38
山西	0.73	2.68			15.21	10.72	1.31
内蒙古	16.22	6.89			42.21	30.46	0.76
辽宁	15.00	7.76	4.30	4.63	126.36	106.26	4.68
吉林	5.34	4.48		2.32	46.15	35.81	1.13
黑龙江	0.01	1.32			6.96	6.64	0.01
上海	9.30	7.60	5.20	14.19	275.48	237.67	12.50
江苏	107.57	78.56	33.67	32.89	1887.87	1638.41	46.54
浙江	184.35	197.47	85.82	35.55	2227.94	1859.93	106.29
安徽	18.68	28.57	4.85	2.51	505.94	452.38	9.11
福建	74.14	57.23	60.51	11.89	2838.48	2430.71	78.13
江西	15.27	23.21	5.08	7.16	978.45	837.49	19.63
山东	111.08	33.91	8.01	21.40	735.23	637.17	23.77
河南	47.10	89.91	2.66	1.13	877.43	744.24	21.45
湖北	25.47	46.45	1.92	0.43	770.83	642.54	20.28
湖南	40.82	92.01	0.27	0.28	391.98	311.19	16.29
广东	92.87	298.09	127.01	33.80	2803.38	2288.30	158.83
广西	6.41	2.85	0.68	0.52	44.31	36.80	0.55
海南					0.35	0.20	0.01
重庆	1.20	4.90	0.37	0.33	59.67	48.45	1.97
四川	8.08	14.70	1.84	0.35	284.23	231.55	11.97
贵州	3.94	2.67	0.02	0.23	25.36	20.54	0.35
云南	2.49	3.58	0.62		14.17	11.62	0.25
西藏	0.07	0.05			0.28	0.22	0.01
陕西	4.07	4.74		0.06	71.63	60.24	3.37
甘肃	0.36	0.39			4.18	2.54	0.07
青海	2.28	0.49			2.44	2.04	0.02
宁夏	0.18	0.12			2.39	1.94	0.13
新疆	3.37	3.67			31.06	28.80	0.87

单位：亿元

管理费用	财务费用	利息费用	投资收益（损失以“-”号记）	营业利润	利润总额	亏损企业亏损额	平均用工人数（万人）
897.37	**100.42**	**64.77**	**105.04**	**858.24**	**883.92**	**89.38**	**256.50**
10.46	0.39	0.41	-0.52	2.85	3.78	2.48	2.10
1.46	0.07	0.01		0.08	0.14	0.25	0.40
7.82	0.82	0.62	0.27	2.76	2.88	0.57	2.72
2.12	0.15	0.15		0.92	1.15	0.03	0.33
5.90	2.65	1.86	48.72	50.60	50.55	0.26	0.67
11.64	0.95	0.41	0.58	2.54	2.92	1.21	4.86
3.35	0.60	0.60	0.02	4.85	5.38	1.13	2.20
0.21				0.07	0.08	0.01	0.11
19.15	0.72	0.27	3.79	8.76	9.87	2.65	2.65
118.61	14.56	11.21	10.88	71.78	75.70	12.14	32.64
176.19	23.68	20.71	25.14	72.51	80.79	19.79	37.96
28.26	1.71	1.17	0.22	12.29	14.68	2.01	11.96
103.69	7.67	4.31	8.15	211.87	213.34	1.50	32.51
37.41	2.57	0.87	0.21	77.29	77.73	1.10	12.92
43.27	5.87	4.21	3.71	25.60	27.90	7.75	16.70
31.32	6.79	3.53	-0.70	66.40	66.97	1.03	17.83
33.38	5.24	2.32	0.52	62.09	62.27	1.63	10.42
32.07	3.27	0.91	0.03	25.82	24.61	0.80	6.06
196.87	18.88	8.88	3.97	126.88	127.71	29.68	50.72
3.80	0.21	0.19		2.56	2.68	0.09	1.52
0.08				0.05	0.06		0.01
3.63	0.21	0.12		4.28	4.31	0.12	1.09
14.38	2.10	1.63	0.02	21.38	21.67	0.59	3.06
2.26	0.04	0.03		2.06	2.37	0.09	0.86
1.58	0.67	0.02		-0.03	0.04	0.76	0.32
0.01				0.05	0.05		0.01
4.01	0.37	0.21		3.24	3.64	0.26	1.04
1.12		-0.01		0.42	0.35		0.16
0.59	0.02	0.02		-0.23	-0.21	0.23	0.18
0.24	0.02	0.02		0.07	0.15	0.03	0.16
2.51	0.18	0.08		-1.55	0.37	1.23	2.32

3-26 按地区分组的皮革、毛皮、羽毛

地区	资产总计	固定资产净额	固定资产原价	累计折旧	流动资产合计	应收账款	存货
全国	**7045.57**	**1247.40**	**2626.02**	**1135.14**	**4118.86**	**1090.82**	**1045.40**
北京	5.13	0.20	0.36	0.16	4.78	0.29	3.88
天津	15.50	3.03	6.08	3.05	11.41	3.94	4.18
河北	626.53	70.45	97.39	25.94	122.96	33.20	28.55
山西	0.37	0.06	0.07	0.01	0.32	0.19	0.11
内蒙古	2.71	0.59	0.88	0.29	1.86	0.83	0.58
辽宁	40.62	6.29	12.40	4.62	29.16	10.32	8.42
吉林	4.42	0.24	0.31	0.06	3.45	0.72	2.49
黑龙江	12.63	1.02	1.67	0.53	9.69	5.64	2.27
上海	264.14	10.38	23.90	13.48	241.54	19.15	49.13
江苏	228.26	40.00	79.26	35.04	167.68	65.81	47.69
浙江	970.70	173.21	297.02	119.86	664.72	198.51	183.87
安徽	278.33	47.09	76.01	27.93	188.88	76.88	46.69
福建	2010.46	250.39	651.91	303.14	1241.22	298.90	236.71
江西	322.02	95.88	180.76	71.78	152.70	34.65	27.61
山东	201.87	32.82	69.55	31.21	142.02	38.92	52.43
河南	633.36	220.47	365.51	81.95	227.43	45.91	70.69
湖北	77.55	24.77	98.16	66.66	41.61	10.71	11.77
湖南	222.95	67.21	138.72	39.82	93.07	33.57	27.91
广东	821.98	146.62	417.82	265.06	596.77	166.89	187.66
广西	40.92	5.78	10.66	4.35	30.10	12.04	11.30
海南	0.15	0.02	0.07	0.05	0.06	0.01	0.02
重庆	49.98	11.99	23.00	9.73	28.20	9.41	6.86
四川	129.19	27.13	51.70	23.52	61.01	14.87	21.13
贵州	30.51	4.49	9.01	3.58	22.85	4.42	4.68
云南	1.34	0.26	0.50	0.23	1.02	0.47	0.19
西藏							
陕西	24.13	2.58	6.94	1.86	10.39	1.78	3.67
甘肃	18.57	2.52	3.60	0.45	14.66	0.98	1.47
青海							
宁夏	8.50	1.78	2.60	0.73	6.68	1.57	3.25
新疆	2.75	0.13	0.17	0.04	2.62	0.25	0.19

及其制品和制鞋业主要经济指标

单位：亿元

产成品	负债合计	流动负债合计	应付账款	所有者权益合计	实收资本	国家资本	集体资本
458.27	**3457.55**	**2803.57**	**775.30**	**3586.03**	**1274.88**	**7.35**	**7.01**
2.37	4.13	3.39	0.01	1.00	0.36		
1.62	8.33	8.33	2.82	7.16	5.16	0.09	
11.99	155.61	151.47	15.22	470.91	32.76	0.02	0.11
0.09	0.28	0.28	0.09	0.09	0.01		
0.27	1.16	1.12	0.48	1.55	0.54		
1.47	25.14	24.07	5.69	15.48	6.55		
2.00	3.32	3.32	1.17	1.10	0.51		
1.49	6.32	5.98	1.52	6.31	1.93	0.02	
31.13	57.48	56.47	14.09	206.66	11.41		0.20
19.62	137.24	121.89	45.97	91.02	46.16		0.55
60.35	623.11	606.09	136.54	345.60	232.29	0.02	
22.17	160.88	144.51	45.00	117.46	52.19		1.27
118.24	1061.27	734.99	181.70	949.18	226.18	0.03	0.51
12.58	144.73	89.55	32.89	177.29	64.52	0.15	0.02
30.24	140.70	134.69	41.72	61.16	43.47		1.00
26.74	178.71	118.08	25.23	454.64	232.39		1.87
6.18	36.98	28.19	11.17	40.57	16.27		0.15
13.14	84.52	44.69	20.47	138.43	56.57	0.11	0.18
70.21	480.49	408.81	155.69	341.48	195.09	0.06	1.05
6.96	24.93	22.80	9.08	15.99	8.82		
0.02	0.01	0.01	0.01	0.14	0.09		
3.78	23.15	14.53	4.01	26.83	5.51	2.21	
9.92	56.30	48.52	15.45	72.89	19.05	0.46	
1.81	15.89	12.32	3.60	14.61	5.08	2.70	0.05
0.09	0.54	0.52	0.33	0.80	0.52		
2.09	10.69	4.48	1.62	13.45	6.05		0.05
0.61	8.62	8.06	1.70	9.95	2.88	1.50	
1.06	4.85	4.73	1.71	3.65	1.97		
0.06	2.16	1.68	0.32	0.60	0.56		

3-26 续表

地　区					营业收入	营业成本	销售费用
	法人资本	个人资本	港澳台资本	外商资本			
全　国	**454.27**	**500.86**	**154.15**	**151.24**	**11420.24**	**9772.36**	**294.62**
北　京		0.36			1.52	1.23	0.17
天　津	2.21	2.66	0.04	0.16	20.63	17.76	0.48
河　北	10.25	19.92	1.41	1.05	940.39	789.00	35.74
山　西		0.01			0.26	0.22	0.01
内蒙古	0.54				5.79	4.98	0.06
辽　宁	0.45	0.35	0.05	5.70	38.05	32.06	1.70
吉　林	0.16	0.35			3.03	2.61	0.05
黑龙江	1.39	0.39		0.13	61.74	58.31	0.16
上　海	3.83	2.99	1.05	3.34	107.34	93.24	3.33
江　苏	13.68	14.61	7.35	9.97	259.77	227.24	6.20
浙　江	52.18	166.17	7.48	6.44	935.75	801.26	24.93
安　徽	24.85	20.33	2.56	3.18	368.38	323.80	4.57
福　建	57.03	71.90	53.80	42.93	4186.01	3558.90	122.84
江　西	23.43	20.36	7.52	13.04	598.40	504.69	12.77
山　东	14.21	13.36	2.74	12.15	255.53	234.87	3.20
河　南	127.49	102.44	0.32	0.27	747.85	638.32	14.86
湖　北	4.63	7.22	0.24	4.04	248.86	210.69	4.45
湖　南	36.34	12.35	3.67	3.92	768.53	647.14	17.93
广　东	59.65	26.69	63.58	44.05	1449.58	1263.14	31.36
广　西	1.30	4.77	1.87	0.88	59.66	54.65	0.77
海　南	0.09				0.24	0.23	
重　庆	2.32	0.98			71.18	60.98	1.48
四　川	10.98	7.29	0.32	0.01	220.48	186.74	5.54
贵　州	1.22	1.11			33.47	28.80	0.52
云　南	0.22	0.31			4.29	3.73	0.12
西　藏							
陕　西	4.15	1.70	0.16		21.06	16.38	1.08
甘　肃	0.30	1.09			6.48	5.82	0.14
青　海							
宁　夏	1.36	0.62			3.41	3.15	0.06
新　疆	0.02	0.53			2.56	2.43	0.12

单位：亿元

管理费用	财务费用	利息费用	投资收益(损失以“-”号记)	营业利润	利润总额	亏损企业亏损额	平均用工人数(万人)
608.99	**64.87**	**39.26**	**41.36**	**664.67**	**674.74**	**41.91**	**179.72**
0.14	0.02	0.01	0.01	-0.04	-0.05	0.05	0.03
1.63	0.10	0.05		0.59	0.65	0.10	0.46
50.22	11.78	8.57	0.07	49.73	49.81	0.38	16.28
0.01				0.01	0.02		0.01
0.28	0.01	0.01		0.43	0.42		0.17
3.10	-0.06	0.07		1.07	1.13	1.22	0.56
0.32	0.04					0.01	0.11
0.21				2.09	2.10	0.04	0.14
6.98	-0.63	0.14	0.42	4.72	4.69	0.49	0.94
16.44	2.04	0.91	-0.17	6.40	7.87	2.81	4.84
76.52	10.69	9.52	1.59	20.77	24.94	7.34	21.19
14.74	2.01	1.23	0.16	22.40	24.79	0.99	3.67
190.23	14.19	8.29	38.25	320.44	318.95	2.58	54.67
23.96	2.29	1.20	-0.53	52.13	52.67	2.52	8.46
12.79	2.31	1.42	-0.30	1.08	0.73	5.78	4.03
23.46	7.37	1.99	0.60	59.88	60.83	0.43	11.52
9.58	1.06	0.23	-0.29	18.72	18.63	0.17	2.35
46.59	3.32	0.98	0.13	49.95	49.40	0.87	11.17
111.67	5.38	2.48	0.98	31.78	34.11	14.21	31.62
2.28	0.41	0.32	0.01	1.32	1.47	0.64	1.43
0.01							
2.95	0.29	0.20		4.91	4.95	0.33	1.20
10.52	1.85	1.37	0.39	13.04	13.26	0.44	3.32
2.31	0.03	0.03		1.60	1.64	0.09	0.84
0.28	0.04	0.03		0.10	0.11		0.14
1.19	0.12	0.09	0.02	1.64	1.63	0.08	0.30
0.26	0.15	0.06		0.04	0.08	0.14	0.14
0.28	0.06	0.05		-0.14	-0.06	0.16	0.05
0.04				-0.02	-0.03	0.04	0.06

3-27 按地区分组的木材加工和木、竹、

地区	资产总计	固定资产净额	固定资产原价	累计折旧	流动资产合计	应收账款	存货
全国	**5689.64**	**1242.77**	**2489.55**	**1048.56**	**3389.01**	**1015.74**	**914.77**
北京	6.09	0.29	0.82	0.53	5.55	1.66	1.16
天津	13.97	3.00	4.74	1.74	9.62	3.20	4.06
河北	181.86	47.36	77.23	26.65	111.96	24.56	26.10
山西	6.18	0.96	2.07	1.01	4.86	1.15	1.14
内蒙古	6.91	1.39	2.42	1.03	4.18	0.61	1.52
辽宁	84.51	21.65	40.38	17.72	53.75	14.77	21.50
吉林	79.67	9.28	23.17	12.26	46.76	6.48	15.95
黑龙江	70.21	7.74	14.28	5.77	53.90	13.37	22.07
上海	54.60	8.24	18.59	9.98	36.97	11.06	6.56
江苏	624.20	132.75	222.07	81.09	407.19	141.73	121.40
浙江	564.77	95.91	159.11	60.50	372.64	128.33	81.27
安徽	232.79	57.48	100.78	39.42	140.65	47.65	39.33
福建	398.95	79.03	226.28	115.74	245.97	65.65	101.14
江西	177.66	46.38	88.69	34.75	97.87	30.04	25.14
山东	660.30	146.51	255.98	93.35	404.19	148.43	88.76
河南	359.86	103.12	244.22	113.31	155.26	37.13	28.73
湖北	363.06	87.41	214.68	98.06	179.24	39.36	48.92
湖南	186.61	63.52	148.26	60.89	65.61	16.50	17.81
广东	473.60	61.86	147.92	83.97	318.37	95.33	75.24
广西	707.34	132.57	234.00	80.29	456.65	141.17	117.48
海南	11.97	2.64	4.00	1.17	8.48	3.44	2.26
重庆	77.99	31.30	68.55	32.76	33.35	7.05	8.03
四川	171.75	56.46	112.81	49.73	90.93	18.22	26.93
贵州	40.89	12.35	20.62	6.65	20.19	5.47	7.97
云南	56.23	11.91	24.32	11.05	28.00	3.31	12.41
西藏							
陕西	46.30	13.99	20.35	4.94	18.75	5.91	4.69
甘肃	3.37	0.53	0.70	0.17	1.61	0.25	0.98
青海							
宁夏	2.68	0.71	0.92	0.21	1.75	0.39	0.87
新疆	25.31	6.40	11.59	3.81	14.79	3.51	5.34

藤、棕、草制品业主要经济指标

单位：亿元

产成品	负债合计	流动负债合计	应付账款	所有者权益合计	实收资本	国家资本	集体资本
444.05	**3190.29**	**2652.82**	**742.67**	**2497.57**	**1280.51**	**64.66**	**21.96**
0.14	4.41	4.39	1.53	1.69	1.36		
1.45	9.43	8.26	2.23	4.54	4.19		0.15
12.27	115.27	106.96	27.70	66.59	46.39	5.49	1.03
0.65	4.71	4.56	1.29	1.46	0.95		0.01
0.65	4.40	4.40	0.61	2.50	1.40		0.04
6.37	53.47	46.79	8.60	31.04	24.88	0.05	0.95
6.21	52.95	46.41	4.58	26.72	16.18	5.04	0.30
10.88	45.35	37.60	13.00	24.85	16.64	2.77	
2.70	24.24	22.73	7.59	30.35	11.11		0.11
62.15	386.75	338.12	120.57	237.59	115.64	0.88	0.24
34.17	349.80	333.37	78.40	213.19	100.49	0.07	
19.16	113.48	95.19	25.64	119.31	48.79	0.15	0.88
56.47	180.16	137.56	47.52	218.80	78.24	1.54	0.30
13.05	79.67	63.31	24.88	97.98	39.75	1.04	0.11
43.95	455.31	405.78	120.39	205.03	137.82	5.84	3.57
14.46	115.11	73.00	17.88	244.69	137.92	0.25	2.62
19.65	179.08	109.48	19.08	183.97	83.35	0.89	2.29
9.83	59.74	38.25	8.26	126.83	54.77	0.02	0.27
36.20	275.44	237.60	62.03	198.13	110.63	28.44	1.86
60.63	451.70	366.79	107.43	255.64	154.35	6.50	2.86
1.30	10.15	9.13	1.35	1.83	1.42		
3.82	38.31	22.15	5.59	39.68	12.70	0.06	0.13
12.48	89.46	71.74	19.99	82.22	38.59	0.07	3.04
2.30	26.48	22.23	5.22	14.41	11.97	3.14	0.05
6.09	29.30	21.51	4.12	26.93	10.23	1.04	1.16
2.79	14.68	8.44	1.77	31.63	13.95		
0.62	2.73	2.17	0.52	0.64	0.71	0.18	
0.45	1.88	1.87	0.84	0.80	0.50		
3.16	16.80	13.01	4.06	8.51	5.59	1.20	

3-27 续表

地　区					营业收入	营业成本	销售费用
	法人资本	个人资本	港澳台资本	外商资本			
全　国	**493.88**	**610.29**	**51.36**	**37.03**	**10249.02**	**9075.47**	**204.38**
北　京	0.30	1.07			8.52	7.64	0.37
天　津	1.20	2.43		0.42	17.69	16.47	0.38
河　北	15.42	23.26	0.36	0.82	230.77	215.25	2.64
山　西	0.83	0.11			6.10	5.83	0.09
内蒙古	0.35	1.01			5.10	4.28	0.16
辽　宁	13.74	9.96		0.18	102.76	93.73	2.41
吉　林	1.03	8.54	0.02	0.30	48.99	42.54	1.43
黑龙江	5.55	7.46	0.80	0.05	60.53	55.32	2.01
上　海	4.34	2.97	1.21	2.48	51.89	42.37	1.61
江　苏	45.13	49.15	5.34	14.87	947.24	830.99	20.61
浙　江	47.17	46.22	4.80	2.22	574.93	479.33	20.56
安　徽	19.41	28.35			412.41	367.13	9.47
福　建	21.27	46.54	1.63	6.96	1338.82	1200.05	23.55
江　西	14.38	18.16	4.30	1.76	390.53	342.15	7.38
山　东	41.60	80.95	2.58	2.96	1496.49	1399.55	16.94
河　南	61.90	69.53	3.62		598.89	519.41	13.96
湖　北	54.33	25.84	0.01		478.36	398.18	12.09
湖　南	22.32	32.06	0.04	0.06	722.37	599.43	20.04
广　东	24.88	26.05	25.74	3.65	514.48	448.49	13.36
广　西	67.70	76.59	0.69		1547.07	1414.01	16.43
海　南	0.05	1.36			17.02	15.56	0.66
重　庆	3.62	8.78	0.11		181.52	147.70	5.85
四　川	16.83	18.57	0.07		315.06	272.44	7.95
贵　州	4.40	4.08		0.30	58.08	49.21	1.62
云　南	2.22	5.79	0.03		62.19	56.01	1.24
西　藏							
陕　西	2.51	11.44			35.75	29.48	1.28
甘　肃	0.07	0.47			2.25	2.08	0.05
青　海							
宁　夏	0.04	0.46			2.61	2.37	0.02
新　疆	1.27	3.12			20.62	18.47	0.22

单位：亿元

管理费用	财务费用	利息费用	投资收益（损失以“–”号记）	营业利润	利润总额	亏损企业亏损额	平均用工人数（万人）
379.85	**65.70**	**40.11**	**17.14**	**472.66**	**482.51**	**43.95**	**96.17**
0.44	0.03	0.03		0.02	0.03	0.06	0.03
0.78	0.13	0.07		-0.11	-0.13	0.33	0.13
6.42	2.24	1.96	0.01	3.01	4.47	2.40	1.55
0.16	0.05	0.02		-0.05	0.03	0.07	0.06
0.31	0.09	0.05		0.21	0.19	0.08	0.14
3.85	1.29	0.66	0.05	1.05	1.68	1.10	1.33
2.77	0.88	0.66	0.77	1.53	1.73	0.56	0.73
1.96	0.40	0.25	-0.56	0.30	0.50	1.76	0.71
4.34	0.16	0.14	0.06	2.86	3.05	0.29	0.39
43.03	7.14	4.20	0.41	34.42	35.80	11.83	8.05
38.76	7.13	5.44	11.89	39.01	40.79	1.82	6.98
14.24	3.00	1.60	0.81	16.82	18.18	1.57	3.61
39.34	4.60	2.62	0.04	66.88	67.46	0.68	9.72
11.75	1.71	1.12	0.01	25.45	26.21	0.75	2.97
33.77	7.85	4.62	0.89	32.19	33.40	5.59	12.68
16.48	4.18	1.26	0.72	42.57	43.07	1.34	7.20
23.85	4.37	2.06		34.40	31.45	0.88	3.49
47.15	4.11	1.25	0.08	39.80	37.91	0.58	6.13
27.12	3.68	3.04	0.46	18.92	20.66	3.48	5.41
32.96	7.35	5.54	1.47	72.44	74.48	3.78	18.16
0.38	0.02	0.02		0.35	0.37	0.02	0.11
10.13	1.10	0.67	-0.02	14.85	14.83	0.18	1.36
11.46	2.27	1.14	-0.20	18.63	18.77	1.65	2.77
3.31	0.95	0.87		2.12	2.26	1.57	0.85
2.43	0.39	0.36	0.26	2.20	2.29	0.95	0.92
1.33	0.29	0.24		2.29	2.31	0.27	0.37
0.10	0.05	0.04		-0.02	-0.01	0.03	0.05
0.23	0.03	0.03		-0.03	0.02	0.03	0.04
1.00	0.20	0.17		0.54	0.72	0.32	0.26

3-28 按地区分组的家具

地区	资产总计	固定资产净额	固定资产原价	累计折旧	流动资产合计	应收账款	存货
全国	**6957.59**	**1331.80**	**2317.22**	**875.06**	**4240.34**	**1130.87**	**993.23**
北京	130.94	12.28	26.06	13.76	85.10	13.69	29.33
天津	81.36	25.73	46.45	19.92	41.03	9.57	14.89
河北	171.08	40.67	65.38	21.26	105.42	23.73	24.23
山西	5.54	0.69	1.75	1.00	3.83	1.27	1.63
内蒙古							
辽宁	108.69	25.84	53.97	27.81	71.11	24.10	23.23
吉林	7.79	1.72	2.59	0.61	2.89	0.84	1.55
黑龙江	35.72	7.90	16.64	8.71	23.43	6.07	11.55
上海	357.12	24.16	59.68	33.83	269.00	88.48	35.41
江苏	448.23	110.61	163.85	50.20	260.73	77.17	70.58
浙江	1369.04	236.63	383.37	143.78	851.19	252.25	195.95
安徽	207.39	45.93	71.09	19.95	128.29	29.73	26.47
福建	324.85	58.88	123.53	52.33	208.22	45.80	43.40
江西	315.64	57.40	100.56	33.61	202.96	90.77	48.14
山东	204.99	40.95	71.53	28.94	131.01	47.33	44.63
河南	319.37	136.33	208.91	50.34	108.04	25.32	26.33
湖北	166.61	41.06	92.51	36.44	70.80	14.85	24.12
湖南	99.78	31.65	56.61	16.80	35.29	9.84	10.33
广东	2123.75	275.33	506.00	218.86	1404.42	316.23	288.35
广西	38.41	6.50	10.02	3.03	24.15	7.13	7.36
海南							
重庆	85.09	32.22	54.94	21.58	33.45	8.98	10.19
四川	292.49	105.71	177.63	64.64	143.49	30.06	43.19
贵州	17.61	6.46	9.78	2.61	7.92	2.44	2.17
云南	13.24	0.72	1.54	0.66	10.08	1.16	3.70
西藏							
陕西	26.26	5.81	11.46	3.68	13.38	3.07	5.33
甘肃							
青海							
宁夏	0.99	0.34	0.71	0.37	0.28	0.06	0.19
新疆	5.60	0.30	0.66	0.33	4.82	0.90	0.99

制品业主要经济指标

单位：亿元

产成品	负债合计	流动负债合计	应付账款	所有者权益合计	实收资本	国家资本	集体资本
404.47	**3979.41**	**3507.24**	**1006.91**	**2976.14**	**1311.67**	**9.44**	**9.38**
21.22	92.63	78.74	13.84	38.32	22.34	1.58	
6.07	43.31	40.29	10.06	38.06	22.87		
8.51	108.63	100.17	28.71	62.45	39.83	3.94	0.07
0.93	2.41	2.37	0.55	3.13	0.39		
7.49	66.16	61.55	27.12	42.53	14.05		
1.01	5.23	1.57	0.44	2.56	1.62		
5.58	24.16	23.20	5.01	11.56	11.50		0.03
16.15	242.30	232.08	81.47	114.82	41.37	0.37	
31.16	247.40	222.62	77.70	200.83	94.77	0.40	3.28
75.58	849.44	811.87	224.99	517.74	242.54	0.04	0.60
8.30	114.63	99.73	30.89	92.77	35.76	0.66	
18.76	160.88	139.67	34.64	163.97	56.27	0.40	0.15
24.29	149.90	116.70	39.31	165.74	57.96	0.78	0.26
19.27	147.00	137.57	41.69	58.01	48.78	0.01	1.73
12.22	96.77	59.63	19.07	222.41	135.30	0.62	0.49
7.29	76.27	52.34	17.43	90.34	36.61	0.01	0.02
5.74	35.69	22.32	7.89	64.09	30.98		0.10
101.72	1262.33	1091.46	300.51	861.42	335.71		2.47
3.64	24.92	20.85	3.86	13.49	5.90	0.10	
5.22	36.74	25.77	7.14	48.35	12.62	0.12	
18.41	163.06	142.54	30.78	129.44	52.63	0.41	0.13
1.13	5.71	2.91	0.79	11.90	3.69		0.05
2.33	10.66	10.01	0.63	2.58	1.39		
2.24	9.56	7.67	1.61	16.69	4.95		
0.03	0.36	0.36	0.06	0.63	0.50		
0.16	3.27	3.26	0.73	2.33	1.31		

3-28 续表

地　区					营业收入	营业成本	销售费用
	法人资本	个人资本	港澳台资本	外商资本			
全　国	**542.71**	**551.06**	**105.83**	**93.10**	**8265.37**	**6826.73**	**335.08**
北　京	9.92	9.59	1.07	0.18	80.99	63.61	5.83
天　津	9.53	6.34	4.08	2.92	83.91	70.53	3.53
河　北	19.64	16.08	0.11		209.73	182.91	5.83
山　西		0.39			3.28	2.89	0.06
内蒙古							
辽　宁	4.21	5.02	0.02	4.81	69.81	62.50	1.73
吉　林	0.53	1.10			3.97	3.36	0.12
黑龙江	7.70	3.78			24.60	21.43	1.12
上　海	14.02	13.74	3.99	9.25	345.57	277.51	12.95
江　苏	41.25	28.37	6.91	14.57	431.15	356.92	19.40
浙　江	115.39	89.91	18.29	18.31	1362.50	1127.99	67.56
安　徽	17.32	17.73	0.03	0.02	239.83	194.92	11.71
福　建	15.88	23.89	8.28	7.67	674.78	573.45	20.51
江　西	25.38	31.31	0.08	0.14	557.76	464.96	14.95
山　东	13.90	24.17	3.99	4.99	255.89	222.73	8.00
河　南	30.24	103.95			438.84	353.44	17.69
湖　北	24.62	11.79	0.16		198.41	162.92	5.03
湖　南	15.97	14.74	0.03		296.90	236.68	9.12
广　东	138.04	106.78	58.19	30.22	2286.42	1882.87	96.05
广　西	2.35	3.29	0.16		39.13	31.78	1.51
海　南							
重　庆	5.11	7.38	0.01	0.01	127.39	100.75	5.58
四　川	27.77	23.90	0.43		458.33	372.72	22.79
贵　州	1.42	2.22			31.93	25.29	1.67
云　南	0.38	1.01			4.99	4.11	0.27
西　藏							
陕　西	1.82	3.13			36.00	28.19	1.68
甘　肃							
青　海							
宁　夏		0.50			0.56	0.41	0.10
新　疆	0.34	0.97			2.69	1.87	0.30

单位：亿元

管理费用	财务费用	利息费用	投资收益（损失以"–"号记）	营业利润	利润总额	亏损企业亏损额	平均用工人数（万人）
564.99	**56.27**	**37.90**	**37.48**	**452.34**	**460.25**	**62.02**	**111.78**
7.29	1.51	1.63	0.26	2.83	3.67	0.99	0.61
5.60	0.58	0.36	0.08	3.19	3.29	0.37	1.57
9.34	2.03	1.18	1.34	9.64	10.10	0.98	2.87
0.19	0.06	0.05		0.08	0.09		0.04
4.31	0.47	0.27		0.39	0.48	1.22	1.46
0.37	0.23	0.03		-0.16	0.06	0.16	0.11
1.68	0.27	0.22	0.01	-0.10	-0.05	0.60	0.59
37.91	0.31	0.75	20.53	37.73	37.91	2.47	2.40
34.88	3.61	1.86	0.33	13.95	15.47	4.93	6.92
109.39	10.55	10.11	5.04	45.11	48.80	9.49	20.97
16.27	1.35	0.83	0.07	14.26	14.66	0.67	2.66
33.52	2.73	1.13	-0.02	42.54	42.76	1.08	7.76
28.15	3.69	2.65	-0.02	44.56	45.50	0.48	5.91
13.05	2.75	1.75	0.21	7.00	7.28	2.91	3.96
14.56	4.47	1.60		43.28	43.54	2.74	5.54
9.49	1.25	0.63	0.05	18.58	18.50	0.31	2.08
21.03	2.08	0.68		23.38	19.74	0.05	2.63
173.80	13.11	8.40	9.04	99.68	101.26	30.78	33.66
1.77	0.38	0.30	0.01	3.58	3.67	0.19	0.55
7.74	1.11	0.67	1.02	11.66	11.63	0.42	1.38
30.12	2.98	2.21	-0.49	24.89	25.56	0.97	7.25
1.31	0.28	0.21		3.16	3.16	0.02	0.24
0.33	0.12	0.08		0.13	0.16	0.10	0.09
2.56	0.29	0.25		2.75	2.78	0.07	0.45
0.13	0.01	0.01		-0.04	-0.03	0.03	0.03
0.21	0.04	0.04		0.24	0.27		0.04

3-29 按地区分组的造纸和

地　区	资产总计	固定资产净额	固定资产原价	累计折旧	流动资产合计	应收账款	存货
全　国	**15922.07**	**4638.40**	**8891.04**	**3992.35**	**8271.33**	**1928.95**	**1692.71**
北　京	53.97	9.28	29.80	18.81	33.94	11.04	10.89
天　津	237.21	99.29	186.30	81.47	115.69	37.55	28.97
河　北	336.66	112.49	212.96	93.68	190.12	25.98	61.77
山　西	54.39	16.62	30.21	11.53	19.62	2.90	11.33
内蒙古	52.07	15.94	37.10	21.07	31.92	9.88	12.23
辽　宁	182.57	68.73	108.82	39.46	88.37	22.75	22.14
吉　林	60.68	30.86	48.83	15.40	22.35	10.24	6.46
黑龙江	64.38	22.75	53.10	28.54	33.17	13.01	9.99
上　海	291.02	53.97	137.32	80.68	195.50	65.87	40.03
江　苏	1904.92	482.27	1094.18	576.88	1074.47	230.92	181.37
浙　江	1985.05	477.15	811.62	323.77	1210.59	312.01	212.93
安　徽	563.60	118.56	198.56	78.55	224.75	49.56	41.39
福　建	934.30	245.69	481.45	214.88	553.06	138.78	101.30
江　西	350.26	127.14	213.56	79.84	157.60	29.22	34.14
山　东	2631.62	693.08	1390.25	683.76	1191.72	199.43	209.59
河　南	421.10	142.12	339.68	145.97	215.58	33.02	54.77
湖　北	582.44	252.38	383.93	118.95	233.69	62.39	62.62
湖　南	445.83	122.48	256.71	123.84	222.47	39.42	75.99
广　东	2483.57	623.14	1384.71	720.48	1417.13	400.26	286.24
广　西	775.47	321.76	455.63	116.31	345.25	59.50	54.33
海　南	358.89	169.97	265.46	95.49	161.33	40.11	16.76
重　庆	347.74	147.83	261.10	109.45	162.34	52.38	42.52
四　川	410.76	164.74	278.10	111.29	181.71	45.50	57.94
贵　州	119.70	34.61	56.49	20.37	53.94	10.09	13.29
云　南	117.96	33.52	82.51	45.70	66.26	10.93	17.97
西　藏	1.33	0.20	0.44	0.24	0.87	0.17	0.19
陕　西	66.74	26.16	49.08	21.50	28.23	8.24	8.61
甘　肃	13.68	5.88	8.14	2.18	6.28	0.96	2.96
青　海	0.34		0.04	0.01	0.31	0.09	0.11
宁　夏	36.81	6.01	14.74	6.86	15.55	2.43	7.76
新　疆	36.99	13.80	20.22	5.40	17.51	4.31	6.13

纸制品业主要经济指标

单位：亿元

产成品	负债合计	流动负债合计	应付账款	所有者权益合计	实收资本	国家资本	集体资本
664.24	**9234.73**	**7565.90**	**1696.54**	**6668.81**	**3814.13**	**167.12**	**47.50**
3.29	27.12	24.45	7.45	26.85	10.39	0.30	0.09
11.57	91.03	81.51	36.04	146.18	95.05	0.82	1.39
30.69	209.78	169.09	34.13	126.88	87.40	14.16	0.33
6.59	32.93	24.77	3.51	21.47	13.99	0.05	
3.48	29.20	28.96	9.15	22.87	8.99	1.64	
10.00	110.06	93.54	17.30	72.51	54.14	8.44	0.36
2.40	40.96	27.69	5.15	19.72	20.77	0.12	
4.80	34.04	30.96	8.28	30.34	10.87	0.11	0.20
16.06	130.71	121.55	44.38	160.31	73.75	0.26	0.41
73.88	1023.53	837.85	207.06	881.39	646.87	20.06	1.59
78.34	1058.52	951.81	181.13	908.65	336.46	0.83	1.48
19.58	342.87	256.01	39.39	220.74	105.22	0.93	4.01
40.78	515.39	436.17	113.95	418.91	149.37	0.33	1.74
13.41	202.97	177.68	22.83	147.29	93.14	24.97	1.00
97.04	1879.34	1638.32	283.50	752.28	448.37	16.67	9.75
25.56	310.88	243.02	65.34	110.22	104.44	6.60	1.24
26.59	325.96	226.57	62.89	256.48	167.18	1.52	1.31
11.72	242.91	162.08	44.97	202.93	113.71	41.66	0.49
110.80	1284.06	1007.67	277.91	1199.51	611.13	15.82	17.35
14.22	543.58	375.24	71.91	231.89	230.61	2.69	0.10
3.65	204.57	170.25	20.01	154.32	122.00	0.08	
16.58	140.63	95.89	33.30	207.11	139.93	1.68	0.45
20.50	232.44	205.20	56.63	178.32	71.78	1.66	0.53
4.34	70.73	55.24	12.84	48.97	36.86		
7.75	68.82	61.44	23.59	49.14	24.32	3.37	2.01
0.07	0.94	0.63	0.15	0.38	0.38		
4.06	37.42	26.33	6.58	29.32	12.06	0.06	0.77
1.67	8.02	5.89	1.37	5.67	4.90		0.90
	0.23	0.21	0.07	0.12	0.11		
1.14	13.98	11.76	1.91	22.84	8.95	2.31	
3.68	21.14	18.14	3.83	15.22	10.98		

3-29 续表

地　区					营业收入	营业成本	销售费用
	法人资本	个人资本	港澳台资本	外商资本			
全　国	**1726.63**	**681.38**	**601.08**	**589.86**	**15141.58**	**12912.43**	**428.76**
北　京	2.18	1.27	0.31	6.24	73.87	60.48	2.30
天　津	13.21	10.91	52.61	16.11	281.17	247.23	5.69
河　北	18.62	41.73	11.34	1.22	372.76	338.94	4.92
山　西	8.91	4.96			56.41	52.95	1.22
内蒙古	2.20	0.33	1.37	3.45	81.17	66.77	1.20
辽　宁	8.52	8.95	27.42	0.45	153.73	135.36	3.37
吉　林	16.43	4.22			42.99	40.29	0.79
黑龙江	4.97	5.45	0.14		47.65	41.53	0.92
上　海	27.54	9.30	17.26	18.79	335.66	266.70	27.04
江　苏	180.90	60.79	59.55	324.00	1480.99	1241.21	59.83
浙　江	200.07	93.37	31.68	9.03	1688.28	1423.60	43.73
安　徽	76.09	15.58	2.11	6.50	392.92	344.89	7.64
福　建	54.75	56.53	26.51	9.40	1376.00	1176.42	36.16
江　西	33.59	16.43	17.14		434.84	370.59	6.42
山　东	271.02	70.19	23.87	56.86	1968.40	1704.93	45.31
河　南	38.26	56.86	1.49		484.26	433.14	9.69
湖　北	120.20	28.11	11.25	4.79	630.73	514.87	25.03
湖　南	36.49	34.23	0.85		563.81	451.09	17.96
广　东	206.08	87.28	195.61	88.99	2773.89	2396.76	77.61
广　西	181.48	14.66	0.40	31.12	335.68	273.59	9.35
海　南	119.12	0.25		2.56	155.68	124.14	4.73
重　庆	12.71	6.70	115.85	2.56	432.37	362.83	12.85
四　川	37.25	23.40	1.88	7.06	614.97	527.22	18.17
贵　州	31.77	5.06			126.11	108.67	2.00
云　南	11.92	6.66	0.21	0.15	87.09	76.39	1.70
西　藏	0.20	0.18			0.36	0.28	0.03
陕　西	4.74	5.75	0.29	0.45	85.53	72.54	1.70
甘　肃	1.66	2.34			14.82	14.45	0.15
青　海	0.11				0.26	0.15	
宁　夏	0.49	6.16			20.10	18.88	0.30
新　疆	5.14	3.73	1.97	0.14	29.08	25.56	0.94

单位：亿元

管理费用	财务费用		投资收益（损失以“–”号记）	营业利润	利润总额	亏损企业亏损额	平均用工人数（万人）
		利息费用					
787.75	**161.28**	**160.52**	**108.04**	**909.57**	**958.12**	**74.88**	**100.00**
5.50	0.07	0.17		5.21	5.36	0.27	0.33
13.95	0.80	1.23	0.19	13.91	13.96	1.27	1.39
14.78	2.53	2.81	0.50	10.80	12.51	2.04	2.81
1.64	0.45	0.35		-0.18	0.39	0.64	0.31
5.65	0.07	0.13	0.19	7.40	7.10	0.29	0.44
8.03	1.68	1.22	0.26	5.97	7.34	2.88	1.14
2.75	0.83	0.19	-0.05	-1.51	-1.53	1.75	0.35
3.34	0.67	0.34	0.09	1.06	1.50	0.69	0.47
20.71	0.49	1.03	1.35	21.05	21.91	1.97	2.02
81.46	13.90	18.17	11.95	103.37	109.21	6.43	7.66
100.07	19.54	19.71	5.66	106.33	120.63	4.96	11.33
20.79	6.86	2.20	0.13	14.35	16.45	2.09	2.42
53.72	6.62	8.19	12.62	115.34	117.90	1.30	9.51
14.66	3.52	2.94	-0.11	38.00	39.18	0.40	2.36
97.20	33.87	37.87	60.47	131.58	135.29	13.79	10.44
19.19	6.62	5.31	-0.02	12.50	13.30	8.62	5.56
35.10	8.44	7.13	-0.46	45.30	48.63	2.03	3.36
47.38	7.45	5.42	0.89	32.88	33.36	0.48	4.06
155.81	18.48	19.13	13.54	129.43	134.70	12.76	20.38
18.98	8.10	10.53	0.07	24.58	25.85	4.77	3.05
6.90	8.03	7.40	0.02	11.32	11.37		0.41
20.80	2.05	1.33	0.14	31.76	31.77	0.89	2.10
22.73	6.09	4.69	-0.43	33.23	34.66	2.56	4.72
5.35	1.33	0.47		8.18	8.24	0.44	1.09
5.33	0.95	0.95	0.04	1.91	2.16	1.00	0.94
0.07	0.02			-0.04	-0.01	0.04	0.01
2.73	0.80	0.67	0.29	5.88	5.95	0.11	0.67
0.29	0.30	0.23		-0.51	-0.01	0.14	0.14
0.10				0.01	0.01		
1.16	0.28	0.31	0.68	-0.02	0.18	0.07	0.21
1.59	0.41	0.40		0.48	0.75	0.22	0.30

3-30 按地区分组的印刷和记录

地区	资产总计	固定资产净额	固定资产原价	累计折旧	流动资产合计	应收账款	存货
全国	**7012.61**	**1645.63**	**3701.99**	**1947.56**	**4002.75**	**1237.94**	**782.01**
北京	222.99	49.56	164.34	113.82	143.87	20.14	26.46
天津	111.72	28.05	63.19	34.00	46.58	20.47	11.10
河北	192.48	56.57	119.63	60.70	105.09	27.38	21.11
山西	26.49	6.03	16.24	9.77	14.11	3.13	2.34
内蒙古	8.28	2.73	5.01	2.28	3.05	0.76	0.84
辽宁	58.99	17.01	37.45	19.79	35.22	10.25	6.97
吉林	25.19	4.38	12.09	7.63	14.68	5.24	3.36
黑龙江	15.98	4.30	10.69	6.12	9.86	3.31	2.67
上海	278.14	56.43	176.43	119.00	177.65	46.29	31.91
江苏	898.63	241.33	500.55	255.76	560.56	211.93	101.53
浙江	753.82	188.16	365.06	171.93	419.69	155.42	72.47
安徽	322.92	82.22	151.19	66.64	191.26	63.76	48.05
福建	304.95	63.71	139.90	65.16	157.86	50.82	29.83
江西	177.86	45.63	123.53	71.16	88.02	20.41	19.78
山东	286.69	76.59	162.59	79.52	171.14	55.30	40.19
河南	229.02	67.36	130.57	57.28	117.51	27.28	24.95
湖北	446.26	115.04	264.78	131.89	255.72	74.58	64.18
湖南	196.85	63.90	127.58	54.84	89.76	27.11	20.85
广东	1457.87	260.35	607.11	333.23	854.22	293.91	149.42
广西	52.99	9.09	23.88	13.82	28.57	9.88	5.21
海南	13.34	2.74	6.11	3.37	9.05	0.43	0.84
重庆	162.27	48.01	113.49	59.22	76.10	27.24	12.95
四川	292.70	69.78	171.66	95.97	164.88	42.92	36.70
贵州	63.73	14.25	27.52	12.60	37.47	8.91	7.35
云南	240.44	29.53	77.85	43.76	138.04	11.66	17.71
西藏	1.48	0.52	1.50	0.86	0.77	0.07	0.24
陕西	130.11	28.93	72.78	41.63	71.30	12.49	17.37
甘肃	11.14	3.00	7.79	4.76	5.01	1.53	1.48
青海	1.52	0.76	1.75	0.98	0.70	0.09	0.25
宁夏	18.74	6.28	11.23	4.96	9.81	3.58	2.74
新疆	9.03	3.39	8.50	5.09	5.24	1.66	1.17

媒介复制业主要经济指标

单位：亿元

产成品	负债合计	流动负债合计	应付账款	所有者权益合计	实收资本	国家资本	集体资本
298.88	**3250.40**	**2831.91**	**876.16**	**3762.08**	**1628.58**	**146.34**	**28.41**
8.75	84.36	73.25	23.70	138.63	78.54	8.74	1.06
3.24	43.47	40.15	14.55	68.26	41.17	3.60	
6.69	99.95	87.49	23.17	92.53	55.06	16.63	0.26
0.48	16.90	13.96	3.16	9.59	5.42	1.46	0.03
0.25	5.43	3.39	1.14	2.85	1.33	0.72	0.25
2.38	25.79	22.01	6.66	33.20	14.63	1.10	0.53
1.47	12.22	11.36	2.82	12.96	7.31	2.56	0.25
0.67	10.24	9.18	2.59	5.75	4.26	2.31	0.30
12.61	114.76	103.27	37.23	163.38	73.92	4.50	0.78
40.32	475.85	437.91	144.68	422.77	208.13	13.39	2.91
25.60	404.88	374.38	87.96	348.82	170.15	3.80	0.24
20.56	139.94	124.14	38.95	182.98	66.33	1.35	5.15
11.28	137.21	116.17	27.94	167.74	55.51	0.83	4.17
7.63	68.72	52.06	13.26	109.13	44.60	19.12	0.06
15.62	166.60	149.40	45.21	120.09	73.26	3.52	0.68
10.30	98.11	82.55	28.48	130.92	56.18	1.23	1.06
27.44	206.28	169.35	55.04	239.98	89.45	6.49	0.76
7.66	76.07	58.17	22.54	120.78	42.90	0.42	0.49
53.90	682.14	590.65	194.35	775.73	326.69	19.55	2.89
2.64	22.20	19.14	6.18	30.78	10.68	1.35	0.51
0.33	3.62	3.59	0.11	9.72	4.45	3.00	
5.96	79.95	63.65	23.06	82.32	26.16	0.26	0.50
14.04	117.89	102.97	36.32	174.81	72.01	2.85	0.92
3.96	28.59	26.00	9.56	35.14	16.26	2.42	3.68
6.55	52.33	36.62	11.41	188.11	36.30	3.88	0.14
0.16	0.71	0.44	0.14	0.77	0.41	0.23	
6.69	51.78	41.40	11.20	78.33	35.22	18.21	0.60
0.37	10.53	7.66	1.77	0.61	2.73	0.96	0.19
0.08	0.94	0.93	0.57	0.58	1.31	0.05	
0.73	8.94	7.08	1.31	9.79	5.85	0.79	
0.53	4.00	3.60	1.09	5.03	2.36	1.06	

3-30 续表

地区					营业收入	营业成本	销售费用
	法人资本	个人资本	港澳台资本	外商资本			
全　国	**639.22**	**519.44**	**152.43**	**142.82**	**7737.72**	**6431.92**	**207.95**
北　京	48.33	14.60	3.65	2.17	157.30	122.16	4.30
天　津	23.60	10.73	0.73	2.51	79.94	68.41	2.50
河　北	18.46	16.95	0.70	2.06	164.95	140.73	3.18
山　西	2.44	1.50			18.08	15.03	0.71
内蒙古	0.01	0.36			3.64	2.82	0.05
辽　宁	6.68	3.98	0.26	2.09	55.68	47.36	1.47
吉　林	3.03	1.48			16.49	13.57	0.26
黑龙江	0.46	1.19			13.80	12.16	0.37
上　海	39.27	13.52	7.87	7.98	231.19	186.51	7.28
江　苏	71.84	65.66	13.47	40.86	922.36	766.09	29.05
浙　江	50.24	76.38	7.41	32.07	686.24	576.06	18.76
安　徽	32.75	24.90	1.26	0.92	381.64	318.47	10.10
福　建	17.92	26.37	5.48	0.74	570.07	492.22	12.14
江　西	10.64	11.98	2.80		322.06	270.46	6.24
山　东	27.07	26.96	2.91	12.10	294.09	250.83	8.56
河　南	30.70	22.40	0.20	0.59	287.26	246.52	6.36
湖　北	38.03	41.38	1.69	1.20	647.38	521.18	19.63
湖　南	22.14	16.89	2.16	0.81	449.03	357.81	10.75
广　东	88.50	91.00	94.43	30.31	1442.94	1206.74	40.54
广　西	5.48	2.40		0.94	38.73	30.53	0.74
海　南	0.03	0.85		0.57	5.21	4.09	0.13
重　庆	17.26	6.29	0.95	0.90	207.36	165.18	6.02
四　川	44.45	17.33	4.82	1.64	417.58	347.83	11.11
贵　州	6.20	3.53	0.39	0.02	56.29	47.38	1.33
云　南	17.76	11.17	1.17	2.18	92.51	74.55	1.92
西　藏		0.18			0.90	0.76	
陕　西	9.76	6.39	0.08	0.18	144.33	120.59	3.85
甘　肃	0.58	1.01			6.02	5.10	0.12
青　海	1.20	0.07			0.99	0.91	0.06
宁　夏	3.47	1.59			17.28	14.55	0.28
新　疆	0.91	0.39			6.36	5.32	0.13

单位：亿元

管理费用	财务费用	利息费用	投资收益（损失以“-”号记）	营业利润	利润总额	亏损企业亏损额	平均用工人数（万人）
564.39	**51.70**	**39.01**	**28.40**	**470.24**	**493.28**	**38.16**	**88.29**
20.61	-0.02	0.49	0.57	9.26	9.65	2.78	1.71
6.51	0.67	0.50	1.01	2.44	2.76	1.91	1.02
11.70	1.94	1.72	-0.13	6.21	6.07	1.81	2.27
1.98	0.25	0.11	0.08	0.11	0.24	0.36	0.41
0.52	0.11	0.06		0.10	0.20	0.15	0.08
4.54	0.37	0.39	-0.17	1.48	2.38	0.40	0.78
1.53	0.14	0.14	0.03	1.07	1.12	0.14	0.29
0.86	0.22	0.13		0.14	0.17	0.08	0.20
30.91	0.32	0.83	0.90	6.59	8.07	3.70	2.49
69.57	8.25	5.18	3.61	49.70	55.12	7.40	10.70
55.55	7.17	6.34	2.19	28.47	32.86	2.69	8.61
24.99	2.66	1.83	0.52	25.17	26.31	1.39	3.67
26.94	3.29	2.12	4.04	37.50	38.09	0.48	4.76
14.38	1.60	0.98	-0.32	27.76	28.29	0.42	2.52
22.24	2.77	2.06	1.44	9.88	11.20	2.42	3.65
15.42	1.96	1.36	0.14	15.55	15.92	1.03	3.26
38.84	3.89	2.67	0.20	59.17	60.93	1.06	6.07
32.91	2.65	1.20	0.23	40.11	38.65	0.18	3.94
115.59	8.85	5.65	7.97	73.89	77.38	6.65	21.03
2.83	0.36	0.40	0.18	4.02	4.23	0.18	0.55
0.71	0.01	0.01		0.23	0.26	0.02	0.08
14.54	1.95	0.86	1.30	19.47	19.77	0.25	2.07
25.35	2.41	1.67	1.99	28.72	29.26	0.67	4.22
3.85	0.06	0.12	1.25	4.42	4.47	0.39	0.89
9.12	-1.78	0.87	0.99	9.29	9.94	0.50	1.12
0.19					0.04		0.03
9.07	1.10	0.82	0.38	9.03	9.14	0.63	1.22
0.69	0.17	0.15		-0.08	-0.06	0.17	0.20
0.19	0.01			-0.18	-0.17	0.20	0.03
1.48	0.19	0.21		0.76	0.88		0.27
0.82	0.12	0.13		-0.04	0.11	0.13	0.14

3-31 按地区分组的文教、工美、体育和

地区	资产总计	固定资产净额	固定资产原价	累计折旧	流动资产合计	应收账款	存货
全国	**9561.61**	**1684.61**	**3373.77**	**1524.80**	**6269.25**	**1366.70**	**2416.38**
北京	76.53	7.34	13.96	6.20	58.33	5.93	35.08
天津	89.80	9.32	26.91	17.41	57.14	10.33	15.40
河北	138.05	27.49	47.19	16.67	81.33	20.41	28.19
山西	14.69	5.53	7.09	1.56	7.42	1.27	1.79
内蒙古							
辽宁	45.20	6.14	14.26	6.03	31.67	4.19	12.25
吉林	5.43	0.86	3.00	1.10	3.26	0.48	1.63
黑龙江	8.51	1.82	2.62	0.79	4.66	1.08	1.39
上海	399.94	33.42	64.67	30.49	318.92	43.39	143.50
江苏	1175.81	257.23	460.32	196.23	750.81	226.63	239.21
浙江	1417.40	296.85	518.02	216.82	896.01	205.27	260.40
安徽	239.50	50.72	84.43	31.82	144.98	46.99	51.31
福建	946.98	188.15	445.30	217.92	527.97	133.44	168.88
江西	343.21	73.28	155.54	69.21	175.69	64.59	41.08
山东	570.45	86.27	204.22	109.69	383.94	80.35	125.13
河南	783.09	141.79	306.14	136.25	444.70	57.12	97.31
湖北	331.80	83.48	192.06	94.94	186.02	35.22	90.34
湖南	169.80	45.99	82.21	24.66	85.84	24.79	30.48
广东	2508.05	293.57	614.77	297.71	1931.14	372.50	995.17
广西	37.67	6.34	11.10	3.89	26.89	7.72	8.86
海南	4.54	0.02	0.05	0.02	4.21	0.58	2.50
重庆	53.74	15.83	32.76	14.20	22.88	4.74	7.57
四川	75.74	17.28	33.93	16.26	54.33	6.79	24.38
贵州	13.34	2.12	3.68	1.06	8.64	1.86	3.24
云南	68.11	25.36	34.72	8.93	36.26	1.75	22.19
西藏	1.74	0.15	0.35	0.20	0.87	0.06	0.25
陕西	25.32	5.27	8.45	1.92	14.42	5.01	4.59
甘肃	0.62	0.13	0.24		0.26	0.03	0.19
青海	7.07	1.94	3.68	1.72	3.15	1.12	0.91
宁夏	1.15	0.52	1.08	0.56	0.49	0.09	0.30
新疆	8.32	0.40	1.01	0.53	7.00	2.96	2.85

娱乐用品制造业主要经济指标

单位：亿元

产成品	负债合计	流动负债合计	应付账款	所有者权益合计	实收资本	国家资本	集体资本
1159.04	**5010.06**	**4401.32**	**1320.72**	**4547.38**	**1713.50**	**14.99**	**24.76**
18.87	62.02	48.89	21.37	14.50	18.21	0.94	
7.35	45.52	43.97	14.81	44.28	20.29	1.50	0.41
11.26	68.29	62.52	16.68	69.76	35.73		
0.97	7.85	6.90	2.44	6.84	3.46		1.50
6.74	25.87	23.82	2.23	19.33	10.03	1.98	
0.58	3.87	2.95	0.80	1.56	1.58		
0.92	6.43	5.66	1.50	2.08	1.13		
45.57	197.86	176.17	34.16	202.08	40.68	0.70	9.07
108.50	676.81	603.48	237.97	499.00	239.97	2.10	2.22
115.72	831.50	789.73	207.20	583.13	238.90	1.11	0.74
25.62	118.79	108.59	26.05	120.71	40.97	0.10	0.47
76.24	396.48	318.83	100.59	550.50	140.63		0.93
19.59	160.40	118.13	52.27	182.81	72.22		0.50
46.42	314.56	247.49	77.07	255.89	86.29	0.86	2.33
40.70	246.45	180.97	77.43	536.64	135.39	0.86	0.42
30.23	162.67	133.42	36.48	169.13	62.00	0.59	2.13
15.36	68.37	49.84	25.85	101.43	47.42	0.04	0.13
559.18	1490.74	1376.74	353.19	1017.29	476.48	4.19	3.80
3.90	22.50	19.34	6.52	15.17	9.18	0.01	0.11
1.88	3.05	2.19	0.53	1.50	0.48		
2.62	19.74	12.57	2.89	34.01	6.58		
4.59	41.76	38.54	13.48	33.98	10.22	0.01	
0.96	7.37	5.00	2.38	5.98	2.64		
10.38	11.20	9.44	1.23	56.91	3.95		
0.24	0.60	0.60		1.14	0.20		
1.88	9.21	6.04	2.09	16.11	5.82	0.02	
0.06	0.14	0.03	0.01	0.48	0.23		
0.59	4.85	3.33	0.85	2.22	0.88		
0.24	0.53	0.29	0.05	0.62	0.42		
1.86	4.63	5.87	2.61	2.34	1.53		

3-31 续表

地区	法人资本	个人资本	港澳台资本	外商资本	营业收入	营业成本	销售费用
全国	**524.26**	**631.17**	**327.90**	**190.41**	**14772.80**	**12642.01**	**373.00**
北京	13.87	2.45		0.96	45.02	35.49	4.90
天津	3.88	6.30	0.48	7.71	128.50	118.94	2.18
河北	14.45	21.03	0.09	0.16	175.66	152.97	5.23
山西	0.16	1.81			8.59	7.44	0.51
内蒙古							
辽宁	2.54	3.31		2.20	33.17	28.74	1.08
吉林	0.30	1.16		0.12	2.47	2.10	0.13
黑龙江	0.17	0.93		0.02	4.27	3.89	0.11
上海	13.76	6.02	7.91	3.22	764.51	687.85	12.59
江苏	63.70	96.55	25.81	49.58	1633.19	1388.83	46.12
浙江	71.57	98.89	29.70	36.91	1619.43	1363.07	58.98
安徽	13.53	24.70	0.28	1.89	343.19	291.53	8.23
福建	31.56	61.18	29.86	17.09	2328.68	1952.06	60.86
江西	24.44	28.04	16.11	3.11	617.45	518.78	10.24
山东	27.55	31.47	13.70	10.38	698.09	592.01	21.22
河南	52.40	80.68	0.92	0.11	670.53	581.79	16.05
湖北	20.68	26.08	11.06	1.46	642.24	515.10	14.58
湖南	28.38	17.69	0.75	0.43	523.24	426.91	11.54
广东	125.19	104.11	186.00	53.19	4040.84	3577.40	82.74
广西	3.12	2.55	2.30	1.08	77.90	68.57	1.27
海南	0.45		0.03		1.85	1.49	0.07
重庆	1.91	2.52	2.16		89.23	68.71	2.31
四川	4.39	5.35	0.48		153.37	129.29	8.44
贵州	1.27	1.37			22.56	18.38	0.71
云南	1.69	1.93		0.32	87.44	59.37	1.09
西藏		0.20			0.31	0.21	0.01
陕西	1.63	3.86	0.25	0.06	52.80	43.76	1.41
甘肃	0.23				0.43	0.36	0.01
青海	0.77	0.12			2.93	2.45	0.11
宁夏	0.38	0.03			0.45	0.37	0.04
新疆	0.30	0.84		0.39	4.47	4.15	0.24

单位：亿元

管理费用	财务费用		投资收益（损失以“-”号记）	营业利润	利润总额	亏损企业亏损额	平均用工人数（万人）
		利息费用					
809.40	**92.37**	**57.92**	**30.64**	**818.38**	**852.44**	**48.67**	**176.02**
3.33	0.69	0.56	0.01	-0.96	-0.87	2.15	0.28
4.94	0.37	0.20	4.36	6.08	6.26	0.91	1.06
8.53	1.61	0.99	0.32	6.41	8.54	0.62	2.54
0.67	0.11	0.08	0.02	-0.14	-0.02	0.13	0.18
2.50	0.52	0.44	-0.03	0.03	0.31	0.67	0.51
0.25	0.10			-0.11	-0.21	0.25	0.08
0.34	0.03	0.02		-0.12	-0.04	0.14	0.16
21.86	2.97	3.23	12.33	50.31	59.85	2.57	2.30
104.01	10.55	7.29	1.84	78.45	80.73	6.38	20.88
117.47	11.57	11.95	13.15	76.02	82.25	5.81	23.54
19.38	2.64	1.41	0.04	20.10	21.08	1.07	5.52
106.36	13.35	5.88	0.86	182.07	183.80	0.94	23.17
23.57	4.19	2.12	0.13	58.01	59.95	0.86	5.89
43.53	4.99	2.39	0.36	34.88	36.45	4.09	8.42
20.32	7.46	4.55	0.06	40.37	41.74	1.40	9.55
36.49	4.01	1.36	0.18	64.73	64.75	0.29	4.11
36.80	4.10	1.23	-6.95	29.84	29.28	0.30	5.08
226.68	20.08	12.69	9.01	130.48	135.28	18.69	55.74
3.13	0.41	0.24		4.32	4.56	0.57	2.61
0.12	0.03	0.02		0.09	0.10		0.02
5.30	0.74	0.18	0.03	11.30	11.60	0.09	1.02
5.45	0.84	0.51	-5.11	8.14	8.30	0.13	1.12
1.70	0.22	0.08		1.41	1.46	0.17	0.50
13.15	0.20	0.15	0.02	12.95	12.96	0.03	0.61
0.04	0.01	0.01		0.03	0.03		0.01
2.78	0.26	0.14		4.28	4.49	0.10	0.86
0.02	0.01			0.01	0.01	0.01	0.01
0.30	0.16	0.15		-0.16	-0.07	0.07	0.06
0.13	0.01			-0.11	-0.05	0.07	0.03
0.25	0.13	0.04		-0.32	-0.09	0.15	0.15

3-32 按地区分组的石油、煤炭及

地区	资产总计	固定资产净额	固定资产原价	累计折旧	流动资产合计	应收账款	存货
全国	**41344.07**	**11941.40**	**24935.84**	**11910.07**	**19328.93**	**2048.45**	**5598.30**
北京	568.98	103.28	429.86	294.13	233.48	16.87	141.92
天津	602.04	182.15	539.30	317.82	251.83	58.62	94.73
河北	1435.80	505.36	1045.80	491.24	764.72	60.73	229.19
山西	3482.23	786.82	1557.78	593.63	1639.59	223.97	259.17
内蒙古	1736.78	700.03	1367.64	508.87	669.13	79.28	143.18
辽宁	4212.08	1336.55	2808.37	1355.56	2382.28	249.72	945.05
吉林	81.49	17.15	39.45	22.18	37.66	5.05	9.31
黑龙江	934.41	406.26	1006.13	548.78	355.04	28.50	101.98
上海	864.32	153.61	680.57	507.42	388.10	30.01	107.14
江苏	921.11	256.19	593.17	318.96	502.08	77.48	153.63
浙江	3946.58	1247.57	1736.36	488.31	1272.39	107.92	569.98
安徽	342.06	132.77	335.45	175.87	119.00	19.73	37.88
福建	1439.12	683.20	1203.57	519.53	450.41	61.86	167.67
江西	330.14	108.65	230.70	116.28	138.80	35.80	18.65
山东	7035.31	1511.00	3119.70	1571.77	4554.12	456.95	1285.63
河南	1085.08	285.78	594.21	267.39	534.04	34.35	199.35
湖北	299.23	122.52	269.29	140.53	110.12	11.81	38.85
湖南	345.95	125.73	408.56	230.09	105.57	12.95	40.51
广东	1994.85	790.55	1649.82	851.52	871.07	107.34	324.77
广西	619.60	198.88	426.63	220.54	344.70	27.63	76.27
海南	537.15	120.54	273.27	152.73	234.41	18.61	41.04
重庆	59.14	9.08	35.17	12.04	31.84	11.77	11.59
四川	699.78	232.69	519.20	269.39	313.51	24.64	125.86
贵州	169.07	105.04	125.71	20.63	46.07	7.26	11.80
云南	471.03	189.14	362.85	120.01	181.00	41.44	67.93
西藏							
陕西	4849.29	714.99	1282.31	557.99	1874.60	171.44	153.40
甘肃	460.99	144.18	495.13	302.82	138.48	10.33	57.05
青海	28.87	16.90	35.52	18.22	9.77	1.44	4.37
宁夏	439.64	137.28	302.46	148.27	210.78	11.99	46.36
新疆	1351.94	617.51	1461.88	767.57	564.30	42.95	134.02

其他燃料加工业主要经济指标

单位：亿元

产成品	负债合计	流动负债合计	应付账款	所有者权益合计	实收资本	国家资本	集体资本
1645.17	**26353.33**	**20094.16**	**5814.73**	**14982.22**	**7610.33**	**2483.38**	**66.80**
12.56	287.68	263.26	57.73	281.30	117.72	3.00	
23.43	251.62	200.06	89.41	350.41	271.63	240.81	1.14
65.73	927.44	796.68	240.76	508.36	204.48	40.30	0.13
108.66	2502.74	1932.39	687.87	979.49	479.21	95.61	3.54
56.08	1120.13	772.29	247.56	614.29	473.34	19.93	14.17
270.96	3180.31	2410.53	688.29	1031.77	507.21	123.21	1.35
4.62	61.73	57.10	8.66	19.76	32.40	2.20	0.04
33.97	610.00	440.06	118.41	324.42	180.56	103.39	0.06
12.21	379.18	262.56	108.32	485.14	201.33	87.75	
43.68	483.10	396.52	130.88	438.02	193.50	11.40	1.41
67.57	2413.21	1310.90	632.79	1533.37	928.71	0.40	
14.32	177.19	153.89	47.80	164.88	125.98	84.94	
24.86	810.57	380.28	114.78	628.57	517.36	68.78	
8.04	200.54	146.94	44.10	129.59	89.36	80.13	0.02
483.64	5142.98	4500.12	1224.19	1892.33	607.52	175.25	25.58
57.63	844.93	731.12	141.52	240.14	252.56	12.00	1.14
23.98	213.20	154.85	22.04	86.03	97.75	81.40	0.18
13.39	193.32	155.51	38.26	152.63	136.59	82.26	0.61
54.38	1084.04	892.45	304.39	910.81	406.53	181.07	4.80
18.34	278.78	201.27	72.21	340.82	191.57	181.92	0.70
14.24	260.69	170.29	38.97	276.46	138.90	72.05	
5.17	44.90	27.37	15.59	14.24	11.61	3.36	0.01
23.65	363.06	309.26	86.69	336.73	139.24	9.00	0.50
9.01	122.99	109.77	17.97	46.08	36.52	23.36	
20.44	278.21	249.24	82.00	192.82	102.40	12.00	
82.59	2868.65	1999.49	302.64	1980.64	364.03	144.05	4.78
17.03	282.94	210.80	69.27	178.05	38.94	13.14	0.64
1.86	20.49	13.51	5.44	8.38	10.11		
18.84	254.26	231.44	55.85	185.38	124.54	58.92	
54.29	694.43	614.22	120.35	651.33	628.72	471.76	5.99

3-32 续表

地　区	法人资本	个人资本	港澳台资本	外商资本	营业收入	营业成本	销售费用
全　国	**3869.33**	**889.94**	**114.16**	**186.22**	**56087.22**	**45564.78**	**342.11**
北　京	112.25	2.25		0.22	640.56	518.66	2.43
天　津	10.81	3.17		15.69	1097.61	884.13	7.34
河　北	90.96	62.25	10.09	0.75	2516.84	2070.73	17.26
山　西	255.91	115.67	5.48	2.63	3070.45	2688.45	40.27
内蒙古	372.72	50.21	14.07	2.23	1810.50	1533.21	31.35
辽　宁	289.80	87.21	3.52	2.13	6709.58	5433.82	27.60
吉　林	9.17	20.80		0.20	80.84	71.98	0.92
黑龙江	51.06	24.65	1.42		1535.73	1184.25	21.72
上　海	58.66	19.25	34.95	0.72	1329.24	1047.31	5.23
江　苏	114.83	43.68	4.60	17.59	1940.90	1545.04	14.49
浙　江	902.53	6.87	14.18	4.73	3010.47	2193.92	6.21
安　徽	31.41	7.86		1.77	776.59	607.01	3.09
福　建	319.05	54.20	0.22	75.11	1782.63	1461.83	7.37
江　西	5.65	3.55			630.05	494.11	3.62
山　东	254.69	137.08	3.07	11.85	11979.54	10368.62	44.98
河　南	183.30	51.75	2.97	1.28	1352.72	1156.24	9.36
湖　北	10.80	3.19		2.19	858.01	728.28	3.01
湖　南	45.69	8.03			813.57	644.29	4.32
广　东	184.20	8.42	7.52	20.52	4064.07	3194.34	8.80
广　西	5.88	2.99	0.08		1023.49	746.74	3.41
海　南	31.81	1.51	9.49	24.05	681.44	532.81	0.60
重　庆	1.26	6.97			62.58	49.52	1.31
四　川	118.56	10.24	0.94		1078.29	885.63	6.69
贵　州	10.51	2.48	0.09	0.08	219.91	180.23	4.25
云　南	77.82	11.78		0.80	862.61	686.15	6.17
西　藏							
陕　西	130.06	83.46		1.68	2531.67	1988.70	35.63
甘　肃	21.02	4.14			985.23	691.77	6.79
青　海	9.43	0.68			38.90	37.39	0.62
宁　夏	45.05	20.57			749.07	572.42	6.23
新　疆	114.46	35.04	1.48		1854.11	1367.21	11.04

单位：亿元

管理费用	财务费用		投资收益（损失以“-”号记）	营业利润	利润总额	亏损企业亏损额	平均用工人数（万人）
		利息费用					
1255.43	**380.33**	**381.81**	**197.25**	**2808.50**	**2738.32**	**370.47**	**78.63**
20.65	0.86	1.62	5.35	9.64	8.87	5.38	0.86
27.96	2.07	3.36	6.66	45.59	45.21	0.62	1.16
53.94	16.51	16.63	0.65	132.73	126.62	4.38	3.98
102.41	42.87	41.66	59.36	210.66	199.40	82.98	8.72
55.74	21.27	20.09	2.29	57.01	51.33	47.98	4.39
148.58	66.72	35.68	9.22	204.49	199.21	64.98	8.29
2.36	1.20	0.86	0.28	1.53	1.71	1.63	0.37
37.57	9.74	9.73	0.10	87.41	86.16	13.00	4.17
32.42	-3.49	4.64	37.32	64.81	64.08	0.82	1.33
42.07	5.92	7.87	11.40	112.42	111.88	2.12	2.04
72.31	25.34	36.78	7.94	437.99	437.51	0.74	2.44
21.24	2.00	2.39	1.13	45.02	44.02	1.76	0.87
30.86	9.96	12.19	-3.80	158.74	158.20	4.03	1.24
11.46	2.58	2.88	-3.68	27.57	26.66	0.24	0.96
221.05	54.94	58.25	20.40	364.55	356.10	48.52	10.25
37.04	21.40	13.65	1.32	40.01	37.40	14.48	3.06
15.20	2.78	2.82	0.43	14.37	15.89	4.18	0.83
32.17	2.26	2.48	1.69	25.39	24.03	0.47	1.82
47.90	11.64	16.36	11.91	231.39	231.52	6.09	2.22
14.22	-1.13	2.54	0.69	66.12	66.17	1.94	0.59
6.34	-1.65	2.23	0.21	47.91	47.82	2.46	0.31
2.81	0.30	0.27		6.00	5.99	0.12	0.20
21.97	2.03	2.45	2.17	72.89	72.96	0.98	1.63
4.65	4.20	1.71		13.25	12.32	2.64	0.65
13.56	2.26	2.14	0.60	14.16	12.98	8.22	1.23
72.62	59.22	59.82	22.59	80.36	76.38	22.98	6.13
34.10	5.50	5.52	-0.07	37.08	28.78	16.36	2.71
1.00	0.60	0.57		-0.92	-0.91	0.95	0.19
17.65	3.28	3.43	-0.22	63.01	57.75	1.97	1.57
53.57	9.17	11.18	1.33	137.33	132.25	7.47	4.40

3-33 按地区分组的化学原料和

地区	资产总计	固定资产净额	固定资产原价	累计折旧	流动资产合计	应收账款	存货
全国	**87709.98**	**26139.45**	**50141.65**	**21758.60**	**41273.64**	**8626.90**	**8177.76**
北京	543.16	53.56	125.52	68.94	356.62	66.94	54.04
天津	1540.75	490.11	975.24	469.20	664.33	158.24	128.91
河北	2905.78	852.06	1467.27	585.07	1459.86	279.75	284.84
山西	1867.07	826.59	1300.71	456.44	700.02	130.77	131.82
内蒙古	3842.65	1744.67	2962.63	1031.77	900.88	130.61	198.80
辽宁	2665.52	1084.60	1693.94	597.45	1170.85	180.25	290.89
吉林	920.13	262.85	765.62	474.98	411.96	49.09	117.60
黑龙江	556.63	132.25	293.64	142.80	303.54	49.98	76.85
上海	3745.14	755.53	2044.44	1225.46	2296.15	692.47	489.92
江苏	10419.44	2826.47	6219.00	3205.88	5575.38	1389.19	1159.79
浙江	8340.72	1724.32	3214.44	1457.69	4451.90	1059.09	732.78
安徽	2938.41	915.29	1525.55	589.86	1377.56	330.23	265.20
福建	2735.24	793.67	1466.95	507.15	1315.07	267.89	235.36
江西	1493.58	480.40	1123.59	508.97	690.72	180.55	159.70
山东	11853.75	3104.60	5998.03	2614.95	5787.43	938.13	1125.57
河南	3918.16	1100.01	2095.85	853.92	1730.55	247.88	278.78
湖北	3645.51	1120.11	2644.25	1390.70	1368.99	230.40	357.03
湖南	1414.12	358.18	738.80	295.05	564.60	140.96	127.90
广东	6226.49	1273.67	2606.25	1301.83	3773.06	1051.44	682.78
广西	723.08	174.59	317.18	124.11	402.57	101.07	97.14
海南	375.99	65.75	167.80	97.71	204.11	17.84	24.19
重庆	1043.41	396.51	786.07	364.28	442.67	71.35	99.44
四川	3113.04	828.38	1599.09	688.02	1556.20	314.80	284.97
贵州	1294.53	421.42	710.24	278.97	452.49	95.87	88.45
云南	1155.48	267.57	674.16	357.76	689.55	115.87	161.58
西藏	17.61	6.24	8.51	2.22	7.78	1.79	1.29
陕西	3132.91	1613.51	2467.95	731.25	870.16	111.93	149.65
甘肃	410.14	130.95	229.32	86.31	185.14	21.41	53.86
青海	1053.75	410.35	886.28	275.65	399.60	34.23	90.19
宁夏	1341.74	574.16	945.17	317.29	430.32	48.51	92.61
新疆	2476.04	1351.07	2088.15	656.89	733.59	118.38	135.85

化学制品制造业主要经济指标

单位：亿元

产成品	负债合计	流动负债合计	应付账款	所有者权益合计	实收资本	国家资本	集体资本
3643.85	**46300.14**	**36718.96**	**9128.06**	**41423.10**	**20014.53**	**3269.02**	**388.29**
27.22	181.19	171.13	53.58	361.98	112.81	26.97	0.20
62.08	758.46	576.03	167.66	782.29	390.26	69.03	3.88
140.01	1721.92	1403.91	347.48	1183.86	495.21	55.84	6.73
56.61	1530.01	1280.10	249.58	337.06	418.74	104.93	6.05
88.35	2310.19	1587.24	287.31	1532.46	1105.27	351.95	28.93
123.17	1631.99	1303.80	270.02	1033.52	602.38	56.12	0.79
35.64	591.47	451.25	85.91	328.66	268.96	2.35	2.87
35.68	388.80	292.92	74.69	167.83	150.82	38.43	25.12
184.36	1537.44	1364.17	553.89	2207.70	930.91	34.44	2.67
531.31	4475.70	3663.14	1138.05	5943.74	2852.24	366.84	21.35
340.10	3604.18	2996.88	687.79	4725.55	1630.21	72.92	12.55
130.01	1474.94	1060.27	310.35	1463.46	635.52	164.96	11.92
88.48	1467.00	853.87	213.99	1268.24	755.47	217.68	8.53
66.36	642.97	533.95	156.34	850.61	306.51	18.76	4.15
544.52	6924.66	5914.48	1280.13	4929.58	1912.66	138.17	104.04
102.01	2406.58	1949.98	341.82	1561.34	756.11	191.40	11.42
159.15	1855.95	1233.18	330.34	1789.56	588.63	78.95	15.04
70.56	502.63	373.14	98.66	910.37	461.77	50.37	7.17
277.72	3182.84	2713.16	829.43	3043.64	1396.06	142.32	56.75
51.61	400.98	338.80	109.50	322.10	151.98	18.80	10.37
10.81	109.99	101.58	15.51	242.44	55.62		
45.78	471.76	381.73	75.22	571.64	274.51	49.53	1.78
126.92	1469.64	1151.74	320.00	1643.40	698.41	89.59	10.44
35.75	832.88	722.55	149.49	461.65	295.85	95.82	2.41
79.46	666.69	603.81	147.33	488.79	219.25	59.29	2.26
0.70	9.67	6.46	0.72	7.94	4.15	2.09	
65.41	1663.97	930.54	295.16	1468.94	1087.78	376.07	7.06
22.27	232.34	197.96	52.32	177.81	131.16	52.11	3.88
37.97	973.76	819.43	130.41	79.99	279.16	36.29	15.46
49.88	822.89	645.79	119.92	518.85	283.11	71.79	0.05
53.94	1456.66	1095.95	235.45	1018.08	763.01	235.21	4.39

3-33 续表

地　区					营业收入	营业成本	销售费用
	法人资本	个人资本	港澳台资本	外商资本			
全　国	**9309.05**	**3244.48**	**1208.69**	**2591.87**	**83541.60**	**67822.26**	**2075.71**
北　京	47.44	18.61	0.67	18.92	363.82	251.55	25.67
天　津	129.67	27.04	18.28	141.10	1297.21	1097.84	31.95
河　北	220.75	162.91	18.81	30.02	2486.82	2072.93	58.80
山　西	201.63	73.68	3.61	28.65	1104.72	952.63	25.20
内蒙古	598.14	95.32	11.26	19.67	2161.28	1629.12	37.19
辽　宁	331.54	83.47	65.94	64.52	2714.55	2394.43	50.14
吉　林	226.05	20.29	2.64	14.76	1032.36	814.13	14.80
黑龙江	50.20	26.10	0.51	10.46	412.76	364.00	6.85
上　海	251.98	55.17	75.69	510.92	4290.60	3423.52	191.67
江　苏	1004.39	292.54	341.60	825.52	11040.12	8877.48	249.59
浙　江	814.44	283.16	310.86	136.28	7428.32	6160.60	146.53
安　徽	232.37	165.45	11.83	48.99	2668.03	2151.07	69.31
福　建	324.59	134.61	18.06	52.00	3287.39	2831.73	56.87
江　西	136.10	85.58	37.96	23.51	2196.61	1783.52	53.59
山　东	1077.00	438.88	48.84	105.31	11813.64	9819.02	189.17
河　南	347.55	195.22	6.87	3.06	3262.59	2685.23	55.04
湖　北	314.85	126.32	8.51	44.95	4270.19	3376.95	84.04
湖　南	185.10	208.55	5.75	4.83	2557.03	2036.95	83.98
广　东	403.49	246.61	195.59	351.29	7135.66	5765.35	343.55
广　西	72.69	35.47	2.33	12.33	677.10	567.55	14.81
海　南	51.05	1.97	0.60	2.00	266.73	233.31	4.35
重　庆	139.12	32.36	11.04	40.68	1022.05	743.34	30.59
四　川	366.71	196.97	3.72	30.98	3157.28	2487.88	77.46
贵　州	171.55	18.21	0.04	7.83	753.83	612.27	16.42
云　南	112.75	27.11	1.33	16.52	1172.76	940.81	38.31
西　藏	1.28	0.78			9.45	7.08	0.56
陕　西	608.35	51.67	3.35	41.28	1671.94	1347.29	21.82
甘　肃	50.19	24.48	0.03	0.48	342.28	291.61	6.78
青　海	195.25	31.49	0.36	0.30	468.49	269.69	18.97
宁　夏	153.43	55.56	1.27	1.00	997.12	761.26	17.95
新　疆	489.43	28.89	1.34	3.75	1478.87	1072.12	53.77

单位：亿元

管理费用	财务费用	利息费用	投资收益(损失以"-"号记)	营业利润	利润总额	亏损企业亏损额	平均用工人数(万人)
4363.09	**825.70**	**792.95**	**743.21**	**8233.72**	**8222.42**	**645.71**	**345.06**
32.34	0.72	1.11	13.53	65.13	65.98	1.04	1.74
69.51	12.14	14.07	6.51	85.47	85.66	2.87	3.91
140.59	30.02	27.29	19.77	191.46	193.54	30.38	13.13
75.74	44.53	42.63	3.04	-0.52	-1.35	64.72	7.67
127.29	48.29	46.25	56.00	339.45	336.85	29.51	9.74
102.82	35.14	36.85	11.10	101.28	102.25	52.60	8.44
50.36	12.28	10.01	-5.35	53.68	50.15	10.20	4.62
25.40	5.26	4.66	2.01	9.92	7.24	12.55	2.84
236.45	5.35	12.66	28.72	439.59	444.32	22.68	14.70
556.13	54.37	58.76	147.85	1302.35	1307.55	61.00	32.39
367.22	42.12	57.23	61.37	750.87	759.33	20.61	20.85
174.64	28.60	24.97	11.61	231.41	228.29	35.21	12.03
127.29	32.60	29.38	4.57	212.27	211.80	23.96	10.33
104.87	14.61	8.35	1.04	228.65	229.95	4.22	12.41
542.39	111.15	112.21	145.35	1231.82	1222.55	76.90	37.56
162.37	69.81	55.84	24.24	245.74	245.25	38.63	18.25
217.99	41.48	31.56	24.42	448.43	443.18	15.72	18.15
185.46	18.77	8.64	6.54	195.74	187.05	4.49	24.11
447.67	37.73	35.06	27.62	522.60	543.56	40.39	33.01
33.44	5.90	5.52	3.51	56.61	56.63	1.72	4.16
4.23	0.43	2.39	9.43	32.97	33.17	1.73	0.34
60.52	8.88	10.05	5.33	177.70	175.27	4.00	4.33
173.14	25.54	21.53	55.98	425.10	426.49	14.74	15.58
43.76	11.07	16.17	3.44	65.80	64.98	5.83	4.11
55.25	11.70	11.90	5.73	126.98	126.75	9.50	5.69
0.98	0.05	0.07		0.73	0.73	0.05	0.08
81.34	40.72	38.70	22.33	164.79	163.50	18.86	7.47
21.02	3.59	3.30	0.19	14.22	14.53	6.22	2.39
27.93	11.81	10.11	1.35	100.81	94.21	16.67	2.89
51.33	20.68	18.22	40.95	179.46	177.09	5.04	5.54
63.62	40.38	37.45	5.04	233.22	225.94	13.67	6.59

3-34 按地区分组的医药

地区	资产总计	固定资产净额	固定资产原价	累计折旧	流动资产合计	应收账款	存货
全国	**44053.13**	**7360.44**	**13276.94**	**5544.78**	**25824.98**	**5249.87**	**5111.17**
北京	3939.02	307.15	530.98	220.84	2893.56	406.63	424.61
天津	1239.25	165.05	298.87	128.64	759.69	136.71	201.83
河北	1691.04	320.25	540.77	214.95	1009.76	205.74	174.42
山西	525.12	121.16	220.66	98.27	311.44	64.85	67.50
内蒙古	461.00	193.04	280.00	86.60	179.94	46.43	40.82
辽宁	924.21	148.89	284.05	118.10	512.55	116.58	144.88
吉林	1658.23	245.19	427.31	169.45	823.61	166.86	167.37
黑龙江	585.84	101.62	229.00	124.42	339.21	58.27	61.48
上海	2203.03	261.45	505.99	241.56	1194.06	253.14	281.64
江苏	4794.89	803.18	1428.97	590.59	3139.08	798.33	657.01
浙江	3804.44	634.40	1129.61	484.54	1997.26	371.09	429.82
安徽	1159.73	237.32	384.86	142.05	716.33	229.58	198.60
福建	764.12	146.28	276.26	118.66	483.71	80.39	86.17
江西	1131.18	278.88	635.04	308.94	617.17	116.00	115.70
山东	4452.63	859.40	1447.44	561.15	2507.14	527.17	526.13
河南	1349.65	330.63	620.77	249.52	655.06	144.46	121.81
湖北	1778.23	379.20	709.90	297.08	931.54	157.24	179.70
湖南	821.07	184.74	342.50	125.99	376.57	77.44	85.74
广东	3981.77	456.79	826.99	350.04	2367.21	442.41	386.81
广西	344.93	68.06	120.71	49.61	199.31	36.27	43.18
海南	389.94	56.29	104.31	46.08	222.83	43.80	34.31
重庆	825.81	192.56	406.38	204.64	428.05	76.76	88.69
四川	1944.78	332.66	606.24	257.27	1113.19	275.43	200.63
贵州	513.85	67.56	120.15	50.07	297.72	71.17	47.07
云南	1021.64	117.00	193.71	75.57	738.81	146.57	113.68
西藏	100.66	7.39	11.50	4.08	46.18	6.07	3.72
陕西	805.34	151.64	273.67	101.32	490.19	119.38	120.24
甘肃	399.00	63.54	101.56	35.59	222.54	32.70	48.35
青海	51.10	8.54	15.57	6.81	33.54	7.91	8.04
宁夏	177.54	37.44	71.65	34.21	117.40	8.80	17.18
新疆	214.12	83.14	131.51	48.12	100.32	25.69	34.03

制造业主要经济指标

单位：亿元

产成品	负债合计	流动负债合计	应付账款	所有者权益合计	实收资本	国家资本	集体资本
2294.33	17182.11	14097.97	3434.91	26869.09	7146.59	436.29	168.76
192.60	1108.56	946.00	265.53	2830.46	350.77	41.79	0.50
81.07	394.43	343.54	117.31	844.82	211.94	19.50	1.59
76.92	796.16	693.69	147.72	894.88	273.07	3.02	0.51
28.58	233.48	210.30	41.44	291.64	86.25	5.38	2.20
19.26	273.32	206.11	45.23	187.68	115.65	2.22	2.04
78.48	361.65	306.04	83.87	562.57	143.50	4.21	3.29
46.91	581.18	481.32	78.84	1077.04	255.31	6.42	9.83
22.65	269.77	219.15	37.65	316.07	105.29	8.62	0.21
127.53	763.50	674.51	197.19	1439.53	418.84	53.63	1.52
294.00	1834.85	1615.58	418.94	2960.04	952.13	29.36	54.60
213.90	1424.35	1189.50	314.66	2378.54	605.48	12.22	5.37
90.69	560.45	469.79	151.79	599.29	230.25	19.75	2.31
27.75	209.96	168.22	41.44	554.16	126.10	6.92	1.92
55.73	468.67	370.99	81.13	662.52	180.61	7.11	2.82
278.59	1790.44	1444.45	329.91	2662.19	586.68	24.24	9.81
52.29	582.97	415.52	83.51	766.68	267.49	6.85	5.45
78.32	728.31	567.46	107.42	1049.92	292.09	24.51	12.81
42.34	278.31	225.10	48.12	542.76	184.30	6.62	1.91
167.68	1683.56	1258.39	265.12	2298.21	691.59	54.50	26.25
16.47	176.56	157.97	34.86	168.37	72.29	0.45	1.65
11.42	148.18	123.21	24.28	241.76	61.80	1.50	5.00
39.78	354.72	277.55	54.17	471.09	125.75	11.64	5.36
78.64	747.16	575.12	158.60	1197.62	305.30	9.08	0.37
18.09	181.15	156.90	26.78	332.70	106.96	0.79	1.24
36.62	383.23	337.88	93.54	638.41	116.43	10.93	3.30
1.21	32.21	20.80	2.13	68.45	15.23	2.74	0.23
71.16	382.42	300.95	82.25	422.92	99.98	8.73	0.78
21.75	157.58	113.67	26.19	241.42	83.25	46.97	0.85
2.90	21.85	18.96	6.13	29.25	16.29	3.65	5.06
8.09	128.82	114.17	51.98	48.72	24.24	1.00	
12.92	124.33	95.14	17.18	89.40	41.74	1.95	

3-34 续表

地　区	法人资本	个人资本	港澳台资本	外商资本	营业收入	营业成本	销售费用
全　国	**3709.12**	**1787.53**	**540.81**	**503.18**	**29582.96**	**15629.97**	**4775.99**
北　京	165.84	47.09	47.66	47.88	3696.75	872.24	424.59
天　津	132.69	34.04	0.67	23.46	731.33	437.63	133.13
河　北	150.58	81.91	18.72	18.33	1019.00	552.11	209.24
山　西	47.52	30.29	0.60	0.25	252.01	159.89	47.33
内蒙古	68.79	10.77	31.22	0.60	206.23	130.83	22.08
辽　宁	71.93	18.28	8.25	37.55	566.28	276.56	142.24
吉　林	143.80	81.70	2.23	11.34	599.17	203.04	167.81
黑龙江	48.61	42.91	0.25	4.69	209.31	103.28	41.84
上　海	184.74	74.55	44.11	60.30	1119.11	593.16	207.22
江　苏	381.65	193.33	142.01	150.58	3345.43	1507.49	831.18
浙　江	362.51	174.25	17.07	34.07	2103.90	1172.71	301.79
安　徽	105.31	93.56	2.12	7.21	1012.23	719.35	78.44
福　建	66.00	23.54	20.45	7.26	764.24	371.84	81.33
江　西	95.54	71.98	1.74	1.43	1234.19	924.87	82.33
山　东	294.87	188.30	43.35	26.10	2928.87	1738.24	453.48
河　南	168.31	82.66	2.96	1.26	1215.25	865.28	118.62
湖　北	128.00	80.24	40.19	6.04	1339.08	869.54	131.68
湖　南	81.75	93.04	0.82	0.16	1055.28	695.51	125.43
广　东	400.44	83.94	93.37	33.08	1897.35	981.67	376.77
广　西	40.89	18.94	2.47	7.90	176.98	90.99	33.51
海　南	35.37	15.20	2.47	2.27	237.56	98.34	70.62
重　庆	60.29	47.69	0.04	0.73	629.21	399.28	103.07
四　川	190.37	85.37	16.20	3.91	1558.50	945.98	250.49
贵　州	71.33	26.57	0.03	7.01	256.14	111.43	87.91
云　南	72.27	24.98	1.44	3.51	366.16	186.45	87.45
西　藏	6.02	6.24			23.37	6.20	3.33
陕　西	54.41	29.73	0.39	5.94	687.09	423.39	121.85
甘　肃	24.72	10.72			180.97	92.21	17.13
青　海	3.33	4.25			21.12	8.69	6.77
宁　夏	16.51	6.73			61.35	42.03	2.11
新　疆	34.73	4.73		0.33	89.50	49.74	15.22

单位：亿元

管理费用	财务费用	利息费用	投资收益(损失以“–”号记)	营业利润	利润总额	亏损企业亏损额	平均用工人数(万人)
3051.24	**193.19**	**231.53**	**618.42**	**6428.41**	**6430.68**	**333.36**	**211.70**
237.98	-0.56	11.40	29.28	2152.50	2112.31	13.92	8.80
63.31	0.26	3.14	20.90	104.50	106.57	4.41	4.58
101.52	8.76	12.02	36.67	174.07	175.24	7.35	9.51
31.93	3.85	3.68	45.96	54.31	55.32	3.17	3.15
21.53	4.75	4.64	1.06	27.16	28.52	5.77	2.25
56.60	3.37	3.21	0.27	81.02	79.63	5.89	3.70
66.39	10.17	9.84	38.71	180.90	179.50	10.87	5.86
33.71	2.35	2.63	7.13	36.19	37.33	3.92	3.02
154.12	3.74	7.17	34.81	187.46	190.40	40.33	6.22
526.74	3.06	12.46	53.06	526.21	522.31	60.93	22.09
258.36	14.75	20.33	77.32	428.37	433.48	17.33	15.73
76.15	6.42	4.88	3.54	130.94	133.96	10.77	7.36
66.72	3.94	2.33	11.20	249.34	249.40	3.22	4.62
90.00	9.35	6.31	4.05	130.47	132.61	4.06	7.34
297.85	26.83	32.35	33.88	428.11	461.82	13.41	23.13
80.09	16.45	11.60	10.01	134.32	138.34	9.20	12.42
131.76	10.31	12.21	15.60	203.87	204.56	13.26	12.37
119.50	12.89	3.56	7.08	93.02	93.03	7.60	8.21
246.79	21.27	29.41	64.06	439.45	423.68	62.17	15.79
18.24	1.23	1.92	1.46	33.16	36.20	2.86	2.62
31.26	1.71	2.25	8.32	41.31	42.35	1.54	1.81
53.92	5.46	6.02	9.38	71.29	70.74	3.43	4.53
131.13	10.06	11.28	15.42	210.99	211.79	6.70	12.19
23.45	2.44	4.29	13.62	41.03	40.77	4.07	3.13
43.26	-0.33	3.45	57.19	86.46	87.28	3.54	3.06
3.11	0.42	0.59	4.27	16.50	16.47	0.08	0.21
50.99	3.96	2.71	1.29	83.57	84.20	4.11	4.47
14.20	1.16	1.84	12.62	62.01	62.33	7.16	1.46
2.97	0.08	0.09	0.02	2.50	4.04	0.29	0.36
8.11	2.16	1.83	0.13	6.51	6.80	0.32	0.67
9.55	2.86	2.11	0.12	10.85	9.72	1.69	1.05

3-35 按地区分组的化学

地区	资产总计	固定资产净额	固定资产原价	累计折旧	流动资产合计	应收账款	存货
全国	**10278.42**	**2702.37**	**5346.99**	**2468.66**	**4497.34**	**652.62**	**1044.99**
北京	10.93	2.75	3.67	0.92	7.56	0.13	1.15
天津	5.02	1.42	2.22	0.80	2.82	0.72	0.59
河北	177.93	77.74	120.00	40.54	55.23	4.15	19.14
山西	2.64	0.46	0.52	0.07	1.63	0.43	0.22
内蒙古	0.16	0.04	0.12	0.08	0.10	0.01	0.07
辽宁	42.09	13.72	24.46	10.74	17.24	2.34	6.30
吉林	203.55	73.82	123.47	11.47	89.89	17.47	19.44
黑龙江	9.13	0.78	1.67	0.90	7.10	0.31	0.33
上海	23.58	5.09	14.80	9.71	14.58	5.15	2.96
江苏	2544.99	716.19	1546.05	767.63	1218.97	176.70	307.11
浙江	4026.56	860.24	1569.37	704.63	1605.72	267.31	326.31
安徽	142.78	34.50	59.11	23.88	75.48	8.01	17.56
福建	1010.16	306.91	737.64	425.78	509.83	66.63	129.13
江西	151.64	64.53	153.51	49.43	61.14	7.32	23.77
山东	344.61	55.88	124.19	62.83	174.79	17.72	32.57
河南	408.79	75.77	166.31	81.44	175.64	24.72	23.70
湖北	85.95	29.04	49.08	19.24	17.87	5.39	5.90
湖南	64.65	30.96	53.23	20.30	20.30	1.90	8.37
广东	205.68	53.44	137.91	82.24	106.62	19.77	30.76
广西							
海南	0.14	0.04	0.04		0.10	0.05	0.04
重庆	91.51	27.82	39.72	11.90	53.33	5.75	12.92
四川	319.13	85.53	163.77	74.86	140.90	11.92	44.40
贵州	0.49		0.07	0.01	0.43	0.13	0.18
云南	12.11	1.28	6.73	5.45	10.08	1.55	2.42
西藏							
陕西	17.75	7.23	17.04	9.78	10.05	0.51	3.33
甘肃	24.65	18.24	20.57	1.57	3.34	0.11	0.78
青海	27.52	16.24	16.60	0.36	4.16		1.03
宁夏	32.19	10.46	13.77	3.31	14.59	1.20	2.94
新疆	292.06	132.27	181.36	48.79	97.85	5.25	21.57

纤维制造业主要经济指标

单位：亿元

产成品	负债合计	流动负债合计	应付账款	所有者权益合计	实收资本	国家资本	集体资本
568.64	5924.55	4869.76	859.41	4350.60	2408.01	310.48	14.70
0.67	0.92	0.70	0.23	10.01	2.25		
0.21	2.31	1.99	0.62	2.71	2.88	2.78	
8.71	98.09	66.70	28.72	79.84	74.66	61.00	
0.02	1.75	1.37	0.14	0.88	0.71		0.02
0.02	0.34	0.34	0.01	-0.18	0.01		
3.68	26.71	24.36	4.57	15.38	13.67	8.90	
10.19	157.28	131.24	23.87	46.27	13.62	10.78	
0.12	4.32	4.28	0.34	4.81	4.15		
1.71	11.68	9.99	3.18	11.90	6.54	0.70	
149.17	1506.39	1250.40	214.68	1038.59	783.06	79.19	4.52
195.28	2265.99	1966.92	346.77	1757.30	816.75	6.64	7.03
7.62	70.72	56.88	15.84	72.06	40.96	5.11	0.10
89.24	567.59	429.48	31.46	442.58	216.33	3.20	
12.66	95.81	58.21	20.42	55.84	41.38		
20.06	177.12	147.79	32.24	167.50	113.04	11.20	0.60
13.19	210.22	157.01	29.71	198.58	37.97	21.01	0.74
3.39	35.59	15.25	3.37	50.36	18.69		
2.22	56.54	36.81	3.43	8.11	26.61	16.82	
15.60	80.64	67.86	19.60	125.04	51.48	5.74	0.43
0.01	0.06	0.06	0.02	0.08	0.10		
6.44	24.47	22.18	10.60	67.04	7.91	0.57	
17.61	260.49	191.45	24.28	58.64	24.59	5.48	1.24
0.09	0.33	0.30	0.25	0.16	0.11		
0.68	2.06	1.94	0.92	10.05	5.19		
1.94	5.26	5.09	3.29	12.49	9.76	4.93	
0.33	23.90	23.21	1.54	0.76	10.82	10.33	0.03
0.05	21.02	9.82	1.63	6.50	6.00	6.00	
1.53	15.92	6.61	4.33	16.28	10.79	7.01	
6.20	201.04	181.51	33.38	91.03	68.00	43.09	

3-35 续表

地　区					营业收入	营业成本	销售费用
	法人资本	个人资本	港澳台资本	外商资本			
全　国	**1205.04**	**508.69**	**208.38**	**160.71**	**10330.14**	**9074.53**	**90.13**
北　京	1.29	0.96			3.31	2.22	0.12
天　津				0.10	3.47	2.28	0.07
河　北	8.93	4.73			143.98	130.17	0.92
山　西	0.69				3.09	2.82	0.07
内蒙古		0.01			0.31	0.27	
辽　宁	3.21	0.59		0.97	24.77	22.61	0.48
吉　林	1.01	1.83			131.23	113.85	2.67
黑龙江	3.47	0.68			1.18	1.28	0.04
上　海	0.73	1.29	3.70	0.12	23.71	20.93	0.36
江　苏	410.41	174.63	53.83	60.48	2534.73	2236.57	26.07
浙　江	535.58	201.23	32.23	34.03	3894.39	3522.18	18.83
安　徽	24.89	8.22	2.65		103.12	90.35	1.50
福　建	49.76	49.38	107.32	6.67	1750.73	1487.73	14.67
江　西	2.27	3.02		36.09	153.29	134.14	1.75
山　东	70.23	21.67	4.53	4.82	178.17	153.76	3.25
河　南	9.95	6.27			308.71	262.72	1.72
湖　北	10.33	1.80		6.55	51.05	44.14	1.54
湖　南	9.12	0.66		0.01	74.03	63.14	1.32
广　东	14.86	19.95	2.91	7.59	246.57	193.57	4.02
广　西							
海　南		0.10			0.40	0.37	
重　庆	6.00	1.34			105.91	54.95	0.96
四　川	10.65	4.70		2.53	400.79	369.44	6.47
贵　州	0.04	0.07			1.00	0.96	0.01
云　南	2.96	1.00	1.23		16.03	10.53	0.11
西　藏							
陕　西	3.84	0.25		0.74	26.61	21.87	0.13
甘　肃	0.40	0.06			3.71	4.21	0.06
青　海					4.86	3.39	0.01
宁　夏	3.77	0.01			20.43	12.37	0.54
新　疆	20.66	4.24			120.55	111.74	2.45

单位：亿元

管理费用	财务费用		投资收益（损失以"–"号记）	营业利润	利润总额	亏损企业亏损额	平均用工人数（万人）
		利息费用					
401.85	**121.23**	**153.22**	**82.79**	**673.66**	**683.08**	**82.23**	**43.56**
0.46	-0.03		0.01	0.58	0.59		0.07
0.68	-0.11			0.47	0.47	0.19	0.03
7.38	2.06	2.49	0.12	4.48	5.91	0.83	1.01
0.17	0.01			0.02	0.02		0.02
0.01				0.03	0.03		
1.32	0.49	0.12	0.02	-0.28	-0.22	0.94	0.24
3.69	6.29	38.41	0.06	5.23	5.39	0.46	0.95
0.19	0.04	0.03		-0.38	-0.36	0.42	0.03
1.41	0.08	0.10		0.89	1.05	0.07	0.14
111.44	29.85	24.48	21.07	115.10	120.01	47.99	13.62
120.60	36.34	41.28	36.34	228.57	229.82	13.49	12.67
5.51	-0.10	0.48	-0.08	5.35	5.89	1.40	0.63
74.66	17.89	15.89	1.21	152.94	152.82	2.22	4.81
8.62	3.02	2.74		5.52	6.02	0.34	0.71
11.21	1.98	2.04	0.98	9.26	9.69	3.12	1.40
9.66	5.31	4.66	19.45	45.92	45.29	1.13	1.77
2.26	0.57	0.36	-0.21	2.01	2.12	1.19	0.51
3.81	1.77	0.26	0.04	3.60	3.65	0.01	0.45
14.19	1.20	0.66	0.13	33.28	33.32	0.46	1.33
0.03	0.01	0.01		-0.01	-0.01	0.01	
3.26	-0.12	0.17	0.02	46.35	46.33	0.02	0.31
10.97	8.94	13.18	1.13	4.49	4.83	0.30	1.58
0.05				-0.04	0.01		0.01
1.07	-0.07		0.08	4.41	4.40	0.01	0.05
0.83	-0.02			3.55	3.54		0.09
0.27	0.49	0.47		-1.37	-1.36	1.41	0.09
0.63	0.18	0.13		0.66	0.66		0.10
1.20	0.17	0.21	0.02	6.17	6.17	0.02	0.09
6.29	4.99	5.05	2.39	-3.15	-3.00	6.20	0.85

3-36 按地区分组的橡胶和

地区	资产总计	固定资产净额	固定资产原价	累计折旧	流动资产合计	应收账款	存货
全国	**27449.42**	**6370.12**	**12888.55**	**6142.41**	**16276.92**	**5181.47**	**3568.44**
北京	62.58	8.00	24.99	15.31	48.22	14.96	11.58
天津	501.44	151.77	314.40	161.27	286.37	85.15	69.98
河北	1044.00	189.52	346.23	142.77	652.01	241.38	113.84
山西	105.52	32.74	53.47	17.50	60.78	24.42	14.96
内蒙古	36.90	10.17	13.69	3.06	20.54	6.65	5.94
辽宁	625.86	244.85	467.96	216.48	301.84	78.72	82.08
吉林	105.78	30.38	62.95	27.98	58.25	19.92	17.48
黑龙江	58.06	15.59	39.48	23.56	36.34	13.91	12.50
上海	1268.83	184.34	484.14	293.19	823.41	262.18	145.64
江苏	4259.10	1019.50	2086.27	1035.59	2619.80	989.82	554.76
浙江	3518.09	822.26	1547.26	701.63	2084.26	693.16	476.95
安徽	1404.27	350.78	638.61	281.66	788.77	264.53	167.52
福建	1349.36	321.37	744.59	388.36	760.53	201.48	184.90
江西	467.37	115.90	220.96	94.86	254.79	72.84	49.96
山东	3241.67	772.58	1538.97	751.71	1977.64	455.39	467.31
河南	708.95	253.19	484.40	192.07	321.82	69.22	61.05
湖北	705.06	191.00	482.33	258.94	373.04	112.68	70.08
湖南	337.91	103.26	185.82	63.78	158.27	49.68	41.86
广东	5388.69	966.79	2032.03	1004.91	3426.00	1182.16	723.00
广西	159.50	46.53	69.79	21.40	83.77	27.28	26.10
海南	41.85	9.62	16.51	6.39	25.24	2.18	5.50
重庆	376.51	144.62	312.19	154.58	165.44	52.99	44.69
四川	572.98	150.89	314.17	156.33	317.77	99.36	79.41
贵州	223.73	68.55	110.86	39.46	118.89	29.00	24.69
云南	112.39	19.79	36.89	15.39	68.93	15.39	18.54
西藏	21.24	0.98	1.30	0.31	16.91	0.19	0.31
陕西	444.90	61.48	127.11	32.47	265.47	75.66	53.22
甘肃	117.19	22.03	32.58	8.15	61.49	11.44	9.30
青海	3.92	0.47	1.25	0.39	3.03	1.43	0.77
宁夏	44.17	14.76	23.46	8.70	21.85	6.38	7.14
新疆	141.58	46.41	73.90	24.22	75.43	21.92	27.39

塑料制品业主要经济指标

单位：亿元

产成品	负债合计	流动负债合计	应付账款	所有者权益合计	实收资本	国家资本	集体资本
1686.27	**14005.02**	**12039.48**	**3579.94**	**13431.24**	**7294.05**	**259.24**	**152.49**
5.81	27.19	26.04	9.96	35.39	18.06	0.12	
34.42	262.90	244.61	62.97	238.54	180.28	7.23	2.65
50.52	435.56	368.59	111.73	608.43	287.03	34.31	1.47
7.88	66.49	62.62	26.97	39.03	32.99	5.02	0.01
3.14	19.67	18.86	7.41	17.23	12.17	0.40	
40.49	347.92	297.09	58.35	277.94	187.07	2.02	2.12
8.68	58.80	43.58	8.90	46.98	30.44	1.18	0.05
5.01	39.36	36.28	15.87	18.70	17.05	0.19	0.51
63.15	488.32	426.66	150.24	780.51	275.96	4.13	1.88
268.06	1989.73	1740.90	622.15	2269.37	1179.57	12.71	93.09
231.76	1896.71	1774.41	451.92	1610.71	701.85	11.81	5.03
78.38	642.11	572.88	184.85	762.17	356.69	16.43	1.64
81.64	634.54	534.96	139.00	714.82	327.17		1.24
25.79	214.58	171.73	53.47	252.79	92.79	2.05	2.64
243.20	1992.75	1759.30	385.48	1246.97	1552.43	26.69	8.10
32.08	278.98	200.96	50.55	429.97	256.50	6.70	2.23
37.31	288.50	225.94	69.28	416.57	144.77	5.71	1.43
21.31	136.39	103.73	33.96	201.52	109.90	1.83	1.67
286.29	2992.79	2551.94	907.83	2395.87	1026.99	7.19	15.84
15.47	94.45	80.61	19.43	65.05	32.11	1.26	0.38
2.14	21.46	18.90	6.62	20.39	11.55	3.44	0.05
24.09	182.52	147.61	43.57	193.99	82.33	8.65	1.35
39.83	245.93	206.72	57.03	327.05	124.17	2.18	0.99
14.60	114.89	97.92	25.40	108.84	30.21	3.64	0.26
10.50	63.26	57.13	10.19	49.13	27.88	1.11	0.15
0.12	19.69	18.39	1.93	1.55	0.36		
30.10	273.57	104.08	32.53	171.33	100.64	68.02	0.01
4.92	62.58	51.07	9.42	54.61	39.38	14.51	7.62
0.38	2.71	2.63	0.96	1.21	1.04	0.06	
4.94	30.99	21.92	2.84	13.17	11.99	0.01	0.01
14.27	79.67	71.42	19.17	61.41	42.68	10.65	0.05

3-36 续表

地 区	法人资本	个人资本	港澳台资本	外商资本	营业收入	营业成本	销售费用
全 国	**2226.90**	**2961.37**	**666.63**	**1026.81**	**30309.31**	**25425.49**	**854.76**
北 京	8.65	4.17	0.30	4.82	62.57	52.04	2.42
天 津	47.62	37.18	46.35	39.25	432.82	367.11	14.51
河 北	102.44	136.29	6.42	6.10	957.86	792.02	25.49
山 西	17.69	9.47	0.04	0.76	84.37	69.20	2.22
内蒙古	2.05	9.42	0.31		25.17	22.63	0.36
辽 宁	45.02	22.92	3.69	111.29	487.53	401.88	15.18
吉 林	9.02	10.46	9.67	0.06	80.47	69.59	1.88
黑龙江	2.27	9.99		4.09	52.03	46.57	1.28
上 海	75.70	71.49	31.24	91.51	1163.61	933.03	44.90
江 苏	372.66	236.90	130.64	333.56	4145.85	3410.52	123.90
浙 江	243.34	345.77	37.75	58.15	3681.81	3093.32	110.69
安 徽	167.40	91.64	7.79	71.79	1558.52	1284.51	47.67
福 建	105.83	110.60	56.06	53.43	2141.32	1818.92	46.86
江 西	41.63	43.90	1.76	0.80	945.65	797.17	20.34
山 东	216.14	1228.19	23.37	49.94	2684.70	2326.72	77.01
河 南	141.50	99.28	1.42	5.36	780.43	660.82	21.33
湖 北	76.10	55.42	3.01	2.58	1079.13	890.41	30.11
湖 南	51.56	31.70	3.33	19.82	884.44	726.25	22.74
广 东	323.59	242.51	293.67	144.19	6486.58	5482.38	167.17
广 西	17.44	11.72	1.31		135.33	117.15	3.30
海 南	5.79	2.27			41.78	36.40	0.71
重 庆	28.90	21.12	2.46	19.85	544.05	444.52	16.47
四 川	58.25	56.89	3.90	1.86	1015.60	857.66	35.95
贵 州	8.40	16.19	1.07	0.65	227.42	193.35	5.49
云 南	11.05	12.23		3.34	146.18	130.60	2.93
西 藏	0.31	0.05			4.62	4.11	0.04
陕 西	16.27	14.78		1.57	235.57	196.17	7.50
甘 肃	11.91	5.34			65.63	59.22	1.93
青 海	0.69	0.29			2.45	2.24	0.05
宁 夏	2.07	9.59	0.32		26.41	24.16	1.27
新 疆	15.60	13.60	0.77	2.02	129.43	114.80	3.05

单位：亿元

管理费用	财务费用	利息费用	投资收益(损失以“-”号记)	营业利润	利润总额	亏损企业亏损额	平均用工人数(万人)
1970.38	**219.83**	**165.10**	**112.53**	**1787.54**	**1838.48**	**188.69**	**297.47**
5.90	0.18	0.28	0.70	2.65	2.60	0.92	0.55
30.99	3.65	2.90	0.23	15.13	15.03	6.45	3.68
50.18	8.08	5.79	6.09	82.75	83.36	4.35	8.80
6.02	0.72	0.52	0.02	4.85	4.98	2.40	1.16
1.63	0.36	0.36	0.78	0.82	0.86	0.25	0.24
31.68	3.27	3.11	0.31	31.86	33.97	3.81	4.73
5.25	1.14	0.85	0.10	2.14	2.17	1.70	0.89
2.83	0.29	0.15	0.01	0.84	1.17	0.24	0.65
92.13	5.31	4.26	11.57	96.74	99.80	6.82	8.33
309.87	31.61	22.25	15.40	272.07	277.54	34.27	37.40
265.70	33.70	31.22	17.44	181.97	196.22	12.64	38.54
97.15	7.70	6.61	8.56	122.48	125.77	7.20	13.69
108.26	13.26	8.61	2.75	145.15	146.66	5.15	19.49
34.10	4.49	2.43	-0.77	85.39	90.25	1.28	5.37
161.50	28.41	22.75	14.14	92.85	99.28	25.85	25.93
32.70	6.33	3.26	0.10	54.27	55.20	4.70	9.31
64.23	8.17	4.92	0.23	78.57	78.18	3.25	7.39
69.31	4.43	1.93	0.10	49.69	46.66	0.80	5.89
467.34	39.87	28.73	30.78	319.32	327.31	54.59	83.69
8.83	1.19	1.00	-0.10	4.27	4.91	1.52	2.28
1.95	0.23	0.06	-0.06	2.13	2.20	0.08	0.26
29.70	3.57	2.53	-0.27	44.28	44.99	1.93	4.10
47.98	6.76	4.53	1.03	58.39	58.85	1.03	7.46
12.92	1.20	1.13	0.16	14.53	14.73	0.68	1.89
7.05	0.73	0.64	0.08	4.45	4.76	1.06	1.30
0.13	0.10	0.05		0.22	0.29		0.01
13.76	2.86	1.92	2.24	16.58	16.45	1.36	2.41
3.43	0.61	0.91	0.80	1.11	1.66	0.49	0.49
0.14	0.02	0.01		-0.01	0.01	0.03	0.03
2.10	0.45	0.42	0.02	-1.66	-1.40	1.97	0.32
5.63	1.13	1.01	0.09	3.71	4.01	1.87	1.19

3-37 按地区分组的非金属矿物

地区	资产总计	固定资产净额	固定资产原价	累计折旧	流动资产合计	应收账款	存货
全国	**73304.25**	**17089.18**	**32710.09**	**14125.49**	**41993.29**	**15643.16**	**6660.96**
北京	1100.78	69.68	169.91	97.89	744.36	326.88	71.10
天津	631.42	142.32	282.06	135.55	434.03	221.40	73.89
河北	2553.99	711.24	1345.83	595.10	1468.99	522.76	266.14
山西	1506.41	432.43	806.21	342.56	844.93	342.83	174.98
内蒙古	1499.42	537.35	813.07	252.47	636.66	137.57	152.44
辽宁	1977.88	401.25	822.90	405.76	1225.38	369.75	229.38
吉林	662.46	147.78	299.53	144.32	406.28	133.43	54.63
黑龙江	724.85	170.03	328.52	142.18	404.68	154.83	83.10
上海	1230.89	102.39	274.24	163.81	990.99	495.30	120.12
江苏	5805.68	1120.29	2194.89	1019.95	3978.60	1882.86	527.72
浙江	4701.41	891.45	1574.19	647.35	3055.37	1500.31	408.78
安徽	5291.39	943.76	1678.00	680.69	3169.77	761.67	318.84
福建	2820.53	662.29	1428.80	684.69	1528.19	471.80	351.61
江西	2619.27	729.98	1413.45	585.77	1362.36	430.74	251.11
山东	5738.24	1230.62	2271.02	960.35	3653.57	1393.00	606.89
河南	4997.08	1361.62	2536.02	959.91	2553.57	787.20	431.10
湖北	3267.60	805.83	1680.91	726.94	1600.13	579.55	248.37
湖南	2701.27	685.84	1482.71	619.50	1017.07	392.77	190.97
广东	6683.72	1472.14	2962.19	1453.69	4218.44	1541.13	720.51
广西	1829.11	510.13	906.70	367.94	1020.56	363.77	169.54
海南	396.05	56.41	133.90	74.49	292.14	107.02	19.73
重庆	1619.52	434.82	850.07	389.76	842.28	380.46	95.86
四川	4329.76	1108.26	2147.29	942.63	2447.03	843.85	452.37
贵州	1208.94	385.60	738.99	284.55	587.54	235.63	88.23
云南	1228.72	435.72	753.72	287.68	609.46	219.59	102.34
西藏	217.22	94.67	125.91	31.18	99.50	35.88	16.91
陕西	1561.60	421.41	828.88	361.71	878.07	431.08	124.32
甘肃	876.75	207.93	408.58	186.39	520.95	199.25	83.97
青海	246.15	73.89	184.74	78.51	139.47	54.94	25.64
宁夏	295.82	82.18	173.49	85.97	166.11	63.76	27.02
新疆	2980.31	659.87	1093.34	416.20	1096.79	262.16	173.35

制品业主要经济指标

单位：亿元

产成品	负债合计	流动负债合计	应付账款	所有者权益合计	实收资本	国家资本	集体资本
2899.60	**40206.58**	**34418.83**	**12867.32**	**33082.44**	**16483.38**	**1797.82**	**283.40**
28.65	644.80	604.88	274.34	455.98	169.82	31.51	3.85
27.98	383.92	351.07	155.08	247.50	178.67	24.23	2.05
104.19	1619.89	1436.91	475.12	939.98	618.22	126.68	10.34
81.52	1081.33	950.24	347.49	425.09	360.42	48.29	10.02
40.48	884.13	743.68	193.88	615.29	433.22	20.66	12.49
105.62	1190.15	1078.66	412.82	787.72	584.08	8.94	2.18
21.81	433.19	352.63	112.84	229.27	136.12	12.85	1.20
27.74	489.75	434.68	136.25	235.14	151.20	33.39	1.95
63.65	817.66	740.22	404.59	413.23	190.05	13.49	0.37
230.24	3504.42	3201.45	1406.71	2301.25	1197.22	90.32	21.00
186.07	2936.54	2683.69	1043.27	1744.41	771.83	102.84	4.15
126.58	2087.40	1719.26	582.85	3203.99	738.29	156.83	8.72
192.33	1305.25	1033.52	320.53	1515.47	596.02	28.48	9.84
138.84	1285.42	1038.69	345.95	1333.85	535.11	69.07	9.54
271.95	3511.70	3218.34	1193.83	2227.40	1044.25	111.23	47.18
195.18	2466.72	1987.04	678.08	2530.32	1300.22	107.68	17.68
114.04	1531.69	1220.87	502.13	1735.92	620.27	36.68	17.14
93.11	1104.39	844.80	280.26	1596.48	962.07	48.00	21.98
334.77	4102.14	3566.54	1319.48	2581.58	1081.31	38.64	26.62
83.65	971.77	812.66	298.97	857.55	363.42	50.84	4.87
7.13	215.80	205.88	103.25	180.25	62.18	7.28	0.47
39.60	908.56	740.61	267.02	710.96	311.40	35.18	2.60
129.19	2175.41	1546.59	599.82	2154.34	781.33	106.03	21.60
40.04	767.96	641.21	213.03	440.97	291.30	86.20	3.33
37.66	750.69	663.00	243.62	477.80	1784.12	67.19	6.89
6.75	112.63	82.83	32.44	104.58	51.37	30.00	7.41
50.85	909.22	777.66	343.74	652.38	330.29	58.87	4.21
33.21	484.84	435.76	174.16	391.92	214.32	42.06	2.02
11.06	233.38	215.54	68.30	12.77	62.49	32.59	0.30
14.53	172.69	152.25	64.37	123.13	70.66	5.76	0.32
61.19	1123.13	937.67	273.12	1855.93	492.08	166.02	1.09

3-37 续表

地 区	法人资本	个人资本	港澳台资本	外商资本	营业收入	营业成本	销售费用
全 国	**7292.37**	**5604.64**	**739.41**	**761.43**	**68512.29**	**55957.27**	**2175.91**
北 京	93.58	35.84	0.45	4.59	563.14	480.52	16.71
天 津	61.18	50.67	15.29	25.26	495.54	412.75	16.20
河 北	237.61	220.15	5.34	18.86	2173.09	1852.41	67.00
山 西	149.16	137.92	4.90	9.10	959.62	805.43	37.28
内蒙古	330.93	68.36	0.25	0.54	1271.94	1031.20	14.29
辽 宁	188.83	324.18	24.58	35.03	1264.11	1023.07	51.92
吉 林	78.58	36.95	1.21	5.34	356.19	294.74	11.10
黑龙江	80.07	30.15	3.56	2.09	338.40	285.87	8.99
上 海	61.77	27.42	15.53	71.47	1035.42	885.87	27.33
江 苏	416.41	430.94	101.02	137.54	5401.16	4545.68	174.14
浙 江	353.82	260.43	25.70	21.64	4352.88	3559.78	161.78
安 徽	283.76	214.70	49.65	24.63	3450.75	2707.54	101.85
福 建	191.05	249.61	37.79	79.75	5257.81	4410.53	143.05
江 西	233.49	188.58	2.25	32.18	3529.78	2858.41	89.68
山 东	440.19	361.36	31.69	52.44	4688.68	3892.27	147.36
河 南	565.54	566.48	7.35	34.99	4474.19	3729.56	139.73
湖 北	275.48	234.70	8.66	47.61	3929.16	3082.33	125.67
湖 南	373.41	514.67	3.29	0.72	3813.37	2980.22	152.39
广 东	454.31	280.12	211.42	69.98	7088.84	5927.95	239.69
广 西	134.14	92.85	74.22	6.49	1613.60	1254.59	65.29
海 南	22.07	12.10	20.26		290.89	242.50	7.97
重 庆	164.23	93.32	8.65	7.42	1492.64	1158.32	47.17
四 川	360.46	229.19	49.26	14.71	4929.50	3981.59	154.45
贵 州	103.39	80.70	11.03	6.53	941.71	782.34	34.93
云 南	1086.45	610.17	5.17	8.24	911.41	767.36	32.52
西 藏	11.17	2.79			84.89	65.29	5.46
陕 西	122.61	104.60	15.14	24.87	1662.38	1369.68	52.62
甘 肃	126.77	43.67			507.12	418.91	15.07
青 海	19.32	10.28			123.26	105.30	5.38
宁 夏	35.60	26.20		2.78	196.09	162.96	8.05
新 疆	236.99	65.57	5.76	16.64	1314.74	882.30	20.83

单位：亿元

管理费用	财务费用	利息费用	投资收益（损失以"－"号记）	营业利润	利润总额	亏损企业亏损额	平均用工人数（万人）
3586.34	**582.79**	**464.41**	**275.37**	**5945.47**	**6032.20**	**395.09**	**477.22**
46.83	5.12	4.94	31.21	38.73	39.33	7.12	2.90
30.68	3.21	2.80	0.07	29.06	30.24	5.84	3.23
116.08	26.74	21.20	-2.91	94.31	96.89	22.68	18.13
59.51	16.45	12.58	1.11	38.90	40.99	17.54	11.39
61.01	12.14	11.65	8.57	152.67	152.83	6.21	5.37
77.32	17.26	14.71	2.10	89.24	92.13	14.72	10.96
20.10	7.72	7.06	2.04	24.93	25.80	3.17	2.78
22.17	5.60	4.59	3.04	18.30	19.90	3.83	2.58
61.20	3.97	2.88	4.61	56.67	60.37	3.07	4.01
301.14	37.51	28.63	7.93	320.92	340.38	35.23	32.91
232.63	37.26	38.33	59.98	373.99	383.53	59.40	22.84
166.65	3.69	23.79	28.01	479.05	488.00	10.15	21.65
218.53	27.48	19.15	4.91	428.85	429.23	4.65	37.45
147.83	22.05	13.35	1.06	395.52	395.46	4.77	22.95
259.52	51.01	37.34	22.31	327.97	340.31	35.32	32.35
210.51	57.54	38.77	2.34	303.45	299.01	31.66	40.26
194.07	31.43	13.52	15.77	475.87	474.52	11.58	22.42
299.42	41.99	19.37	1.97	285.25	283.89	6.11	35.51
359.07	42.88	34.38	22.15	500.61	503.05	30.14	54.61
82.32	12.32	12.60	3.69	189.40	191.91	9.80	14.72
18.65	1.89	1.59	9.30	27.84	36.73	1.40	1.32
87.44	16.18	13.74	3.54	169.35	169.67	8.86	10.54
220.57	40.55	31.85	8.94	494.78	498.93	10.95	28.43
58.12	11.28	9.36	0.69	46.56	50.03	13.76	7.34
45.58	8.86	8.96	6.16	53.23	54.31	8.77	7.10
7.33	1.38	1.26	0.16	4.33	4.45	2.43	0.42
75.23	14.33	10.82	1.27	127.66	131.79	6.91	9.76
29.79	5.39	5.30	0.96	33.16	33.11	7.01	4.24
7.51	1.41	1.26	3.58	5.79	5.34	4.69	1.03
12.45	2.69	2.30	0.21	9.16	10.19	2.31	1.45
57.08	15.48	16.32	20.63	349.92	349.87	4.99	6.57

3-38 按地区分组的黑色金属

地区	资产总计	固定资产净额	固定资产原价	累计折旧	流动资产合计	应收账款	存货
全国	**69199.82**	**20560.67**	**42412.47**	**20937.64**	**31749.28**	**3151.00**	**8045.95**
北京	73.01	28.16	72.44	44.28	30.28	5.29	9.66
天津	1519.23	482.16	1038.93	516.00	783.07	48.88	214.52
河北	14104.25	4718.71	8458.41	3550.30	6538.36	713.96	1378.90
山西	3658.73	1128.16	2276.89	1120.33	1398.85	91.64	375.33
内蒙古	2862.28	898.03	1663.75	722.14	1180.13	190.13	388.28
辽宁	4197.12	1446.85	3239.82	1752.78	1914.86	130.56	526.62
吉林	764.43	335.63	584.36	166.03	189.87	19.06	52.67
黑龙江	427.97	159.14	212.86	53.52	171.54	23.72	41.32
上海	2631.22	464.52	2035.61	1553.39	1063.84	259.75	226.36
江苏	8232.03	1782.53	4240.82	2428.08	4346.20	386.15	1049.83
浙江	1535.89	309.08	721.06	407.79	994.02	117.53	249.45
安徽	1724.74	610.50	1419.11	793.08	827.28	43.44	253.43
福建	1743.32	646.64	1071.19	383.15	594.30	50.61	191.64
江西	1323.13	294.79	665.72	361.80	720.34	32.85	108.31
山东	5768.23	1727.15	3113.13	1310.83	2913.91	292.53	658.69
河南	2349.41	686.73	1384.71	684.78	1177.42	72.42	376.17
湖北	1541.45	619.39	1686.95	1032.41	657.27	71.09	211.52
湖南	997.15	381.55	918.13	530.49	421.68	57.94	102.78
广东	2004.55	884.50	1587.24	700.11	827.14	101.28	307.44
广西	2639.51	556.73	928.94	370.90	1217.24	93.04	355.81
海南							
重庆	689.99	247.92	374.26	112.36	329.74	42.27	77.76
四川	2240.99	666.73	1904.91	1101.08	862.75	121.59	209.91
贵州	469.72	159.76	284.57	121.91	196.37	27.34	49.87
云南	1055.64	273.18	525.92	241.87	534.43	44.72	190.85
西藏							
陕西	572.99	206.48	427.12	181.79	267.33	37.08	84.20
甘肃	608.96	223.41	513.30	287.36	225.04	33.34	89.62
青海	282.13	117.65	186.78	68.19	116.49	10.76	38.70
宁夏	2520.46	250.42	366.78	115.03	937.80	18.11	91.74
新疆	661.29	254.16	508.76	225.84	311.72	13.93	134.57

冶炼和压延加工业主要经济指标

单位：亿元

产成品	负债合计	流动负债合计	应付账款	所有者权益合计	实收资本	国家资本	集体资本
2660.28	**41669.70**	**34735.52**	**9114.64**	**27494.35**	**12022.63**	**1993.44**	**228.52**
3.51	81.26	34.32	27.19	-8.25	27.68	26.00	
98.83	989.75	787.79	150.04	529.48	629.43	1.88	17.65
367.98	8798.48	7054.08	2008.81	5305.77	1758.15	284.11	20.21
145.30	2281.88	1748.40	417.96	1377.05	378.01	89.93	1.01
132.77	1659.34	1414.83	433.99	1202.94	824.67	2.86	149.59
171.38	2259.22	1874.43	335.67	1937.90	954.76	116.19	0.01
18.98	496.00	363.17	145.13	268.43	154.15	1.71	2.55
8.00	272.26	174.35	56.69	155.70	81.15	0.26	
46.91	1009.87	731.63	265.70	1621.36	318.63	176.55	0.42
444.12	4750.20	4068.67	910.42	3481.83	1121.13	27.57	3.62
90.80	856.71	828.21	156.59	673.65	354.82	125.15	0.04
65.32	977.45	839.03	212.33	747.29	213.67	75.26	0.02
80.35	1154.22	1055.14	236.07	589.09	319.69	76.17	5.16
34.49	662.14	639.90	139.84	660.99	175.94	9.76	0.12
226.56	3704.15	3240.63	847.89	2064.08	712.96	155.81	8.26
110.73	1536.37	1389.69	414.15	813.05	293.03	121.02	0.05
61.41	855.83	785.85	264.94	685.62	198.87	104.57	2.74
32.02	503.82	479.97	101.37	493.33	248.32	103.81	0.16
104.93	1165.91	1059.26	288.41	838.64	468.14	30.59	12.45
106.11	1602.78	1299.16	396.56	1036.73	453.49	90.97	
26.82	394.64	308.49	83.49	295.35	128.64	1.38	0.10
67.14	1347.88	1131.70	279.51	893.10	552.08	137.24	0.90
18.23	343.31	261.42	77.10	126.41	95.17	15.33	0.05
42.87	747.86	684.02	181.47	307.78	199.72	44.92	1.02
39.07	435.95	417.18	133.03	137.05	136.36	22.53	0.04
14.96	393.96	348.10	118.72	215.00	129.36	107.36	1.73
19.36	219.48	191.66	32.91	62.65	47.73	27.94	0.60
31.26	1676.39	1049.80	303.09	844.08	948.21		
50.09	492.59	474.62	95.60	138.26	98.67	16.57	

3-38 续表

地区					营业收入	营业成本	销售费用
	法人资本	个人资本	港澳台资本	外商资本			
全　国	**6255.34**	**3161.12**	**159.38**	**421.19**	**96692.48**	**87842.38**	**593.80**
北　京	1.38	0.16		0.13	144.25	136.86	2.25
天　津	278.27	322.35	0.33	8.94	3485.20	3315.38	12.26
河　北	993.19	419.51	24.95	16.19	17854.20	16094.27	69.58
山　西	192.93	93.94	0.19	0.01	4807.87	4251.34	31.29
内蒙古	586.95	85.08	0.06	0.12	2773.64	2490.80	38.34
辽　宁	900.42	103.61	1.71	31.97	5891.42	5475.43	46.76
吉　林	135.49	10.16		1.42	962.83	890.61	11.71
黑龙江	62.86	18.03			538.51	470.16	12.52
上　海	56.32	40.55	15.08	29.71	2277.25	2104.28	10.11
江　苏	645.43	277.96	61.89	104.66	12855.16	11626.11	75.51
浙　江	94.50	110.90	12.04	12.19	2585.16	2346.62	16.67
安　徽	61.69	51.88	18.58	6.25	2855.24	2560.26	18.24
福　建	99.77	35.55	4.39	98.66	2896.55	2592.73	15.57
江　西	146.58	19.05	0.20	0.24	2038.52	1819.44	6.67
山　东	384.31	121.45	1.92	41.22	8305.09	7745.61	38.65
河　南	113.61	51.02	0.13	7.19	3634.88	3344.71	34.49
湖　北	62.14	28.01	1.38	0.03	2820.31	2513.04	10.24
湖　南	136.30	8.04			2123.49	1886.52	6.94
广　东	294.18	65.00	16.54	49.38	3843.10	3525.45	25.37
广　西	267.43	84.30		10.79	3666.86	3314.58	20.27
海　南							
重　庆	10.79	115.18		1.19	1216.24	1056.70	3.84
四　川	368.84	44.75		0.36	3001.06	2668.32	16.38
贵　州	66.25	13.53			645.34	594.71	5.60
云　南	97.47	56.32			1749.78	1642.72	18.49
西　藏							
陕　西	92.79	20.99			1269.56	1204.01	6.36
甘　肃	3.16	17.11			713.89	633.98	19.52
青　海	13.65	5.53			267.30	223.93	3.31
宁　夏	32.12	915.55		0.54	681.18	610.86	9.49
新　疆	56.52	25.58			788.60	702.94	7.34

单位：亿元

管理费用	财务费用	利息费用	投资收益（损失以"—"号记）	营业利润	利润总额	亏损企业亏损额	平均用工人数（万人）
2791.44	**555.41**	**639.85**	**284.76**	**4739.46**	**4567.01**	**219.81**	**211.66**
1.81	0.98	0.97	0.04	1.78	1.74	0.05	0.11
81.08	10.14	13.43	7.74	66.63	63.87	19.61	6.06
501.84	126.76	161.79	-135.99	857.62	841.97	32.07	38.80
179.31	44.34	41.13	67.52	330.15	302.83	14.74	13.47
68.36	26.23	27.22	4.61	133.66	131.61	4.32	8.57
97.34	42.96	49.06	22.90	205.24	208.56	30.09	13.64
22.85	13.18	4.66	1.36	20.58	21.09	4.48	2.62
24.51	8.32	6.32	0.44	18.69	18.08	1.16	1.66
68.22	10.44	19.72	52.76	133.27	124.41	0.94	2.17
405.38	55.92	59.32	74.16	718.01	648.81	24.77	21.06
92.56	1.13	11.93	35.42	158.45	161.23	3.11	6.18
100.83	13.02	9.33	8.11	153.76	154.52	3.72	5.84
76.30	7.07	9.92	0.74	198.51	195.48	2.38	8.26
57.65	-2.02	4.15	16.04	165.85	165.86	0.25	4.32
224.39	41.19	46.31	41.77	282.77	277.33	21.95	15.33
115.39	17.87	18.27	0.89	107.93	106.34	6.07	10.09
106.57	8.28	7.30	5.30	171.44	160.22	0.69	5.35
109.50	1.00	2.53	1.73	113.37	112.67	0.45	3.99
91.74	11.88	12.38	5.49	181.86	177.90	2.67	8.22
94.87	16.12	25.08	15.71	232.05	227.73	2.45	6.47
22.35	5.95	6.32	-0.41	117.97	115.23	1.95	1.83
101.48	20.66	29.80	57.96	188.12	189.35	2.19	8.32
14.34	6.73	7.56	0.57	21.95	19.13	2.85	2.13
45.99	10.05	7.08	0.71	28.32	15.25	13.83	4.63
20.26	6.78	6.60	0.04	24.31	24.31	1.59	3.58
20.02	6.44	6.78	0.01	28.56	26.76	0.72	2.52
10.73	8.91	7.82	0.66	19.98	19.25	6.56	1.29
19.87	28.19	29.96	-3.02	8.00	6.76	13.62	2.90
15.87	6.89	7.10	1.50	50.64	48.74	0.54	2.24

3-39 按地区分组的有色金属冶炼和

地　区	资产总计	固定资产净　额	固定资产原　价	累计折旧	流动资产合　计	应收账款	存货
全　国	**44470.72**	**10786.01**	**20489.99**	**8549.73**	**23263.22**	**4108.04**	**6930.65**
北　京	85.98	8.73	17.51	8.78	53.79	11.26	16.34
天　津	847.95	365.76	423.87	50.27	412.67	84.40	58.86
河　北	609.46	203.18	337.45	129.43	278.94	62.06	67.59
山　西	1116.21	421.03	983.62	508.12	481.88	46.94	176.42
内蒙古	2162.52	806.27	1368.67	510.62	1007.93	170.87	379.74
辽　宁	2302.19	258.54	457.46	178.55	1412.56	406.26	133.31
吉　林	141.78	50.85	106.08	44.30	88.75	17.07	26.85
黑龙江	108.11	53.36	80.88	17.06	39.63	2.06	23.76
上　海	322.93	40.41	94.07	50.49	248.49	94.34	57.62
江　苏	2176.30	425.55	765.31	329.34	1471.59	506.66	375.10
浙　江	1646.86	213.32	380.67	153.43	1043.24	237.65	312.82
安　徽	1471.78	305.98	523.73	204.51	829.01	115.52	251.95
福　建	2106.00	335.42	589.28	250.21	914.60	101.14	339.15
江　西	2924.15	450.21	1273.69	473.52	1642.82	256.49	668.03
山　东	4837.88	1316.08	2416.16	1066.86	2622.34	285.85	868.06
河　南	4632.84	1078.96	2284.51	1041.57	2248.72	246.61	620.31
湖　北	447.19	126.71	272.80	113.37	228.57	36.08	110.81
湖　南	1268.51	282.94	699.28	376.44	628.29	96.98	233.74
广　东	2128.39	321.28	672.55	317.88	1519.53	415.64	366.59
广　西	1948.54	694.57	1110.50	405.27	967.38	84.50	275.48
海　南	15.58	6.25	8.71	2.46	1.94	0.60	0.23
重　庆	803.04	160.85	370.76	170.21	398.13	73.26	86.48
四　川	672.95	177.92	326.30	142.03	376.52	97.54	119.07
贵　州	567.16	257.83	413.34	147.52	214.31	19.09	68.21
云　南	2550.58	629.34	1097.19	397.82	903.08	116.58	284.00
西　藏							
陕　西	1441.39	380.04	637.09	247.54	747.72	105.55	264.46
甘　肃	2290.42	504.88	987.60	460.20	1030.82	170.42	355.77
青　海	566.13	176.64	448.54	196.35	269.97	25.95	79.00
宁　夏	256.97	75.47	216.44	113.65	145.16	16.44	30.35
新　疆	2020.96	657.63	1125.92	441.94	1034.83	204.25	280.49

压延加工业主要经济指标

单位：亿元

产成品	负债合计	流动负债合计	应付账款	所有者权益合计	实收资本	国家资本	集体资本
1810.88	**26847.77**	**21052.00**	**4849.31**	**17620.12**	**9541.62**	**1631.12**	**109.02**
4.35	32.64	28.84	10.57	53.34	10.60	1.73	0.02
25.40	577.35	382.71	65.83	270.60	285.78	4.32	
28.31	326.57	267.08	61.43	282.89	231.92	38.83	
41.81	742.60	559.31	138.27	373.61	241.87	35.04	1.04
68.25	1338.99	976.74	220.61	823.52	516.19	133.14	0.21
43.82	1400.46	1237.78	247.15	901.73	704.78	4.92	1.35
5.82	62.34	50.77	12.78	79.43	70.22	1.44	1.36
1.56	66.22	48.31	4.85	41.89	45.28	26.00	0.34
19.06	167.88	149.33	37.91	155.05	70.36	1.49	0.41
145.44	1298.92	1158.71	300.18	877.38	512.39	22.00	4.10
100.56	1101.19	965.73	220.19	543.28	239.93	5.60	0.10
62.71	1044.18	778.95	144.46	427.60	186.29	53.53	
125.55	1199.18	769.12	172.12	906.82	288.33	41.26	2.72
193.38	1525.70	1231.99	281.13	1398.44	365.11	50.01	1.69
151.18	2524.56	2353.98	551.11	2313.31	971.52	38.31	6.79
125.16	2922.03	1966.30	412.72	1710.81	708.18	220.80	21.49
20.50	264.47	187.84	53.76	182.72	81.15	13.03	0.28
58.16	737.94	461.34	112.17	530.57	342.07	69.59	0.95
138.94	1524.36	1393.11	277.33	604.01	298.13	27.12	1.32
62.09	1393.96	1113.28	229.70	554.59	418.66	141.30	0.59
0.02	7.28	7.26	3.96	8.30	0.95		
23.74	443.84	342.86	90.41	359.20	294.81	41.85	4.64
39.37	357.58	302.06	77.34	314.94	182.52	15.75	2.30
21.13	347.10	201.71	73.44	220.06	128.04	65.18	2.82
83.47	1320.32	974.62	318.65	1230.26	675.07	60.88	9.14
58.52	823.13	655.25	188.83	618.26	298.96	39.93	9.49
53.07	1231.80	934.33	213.10	1058.62	533.74	354.04	5.20
16.21	655.43	380.66	76.42	-89.30	411.77	55.14	3.50
6.43	198.23	162.05	31.43	58.75	73.91	13.24	
86.87	1211.54	1009.97	221.47	809.42	353.08	55.64	27.17

3−39 续表

地 区					营业收入	营业成本	销售费用
	法人资本	个人资本	港澳台资本	外商资本			
全 国	**5900.89**	**1293.20**	**330.03**	**273.09**	**70256.57**	**63723.31**	**385.23**
北 京	5.32	3.01	0.15	0.38	194.08	182.29	0.69
天 津	253.98	17.66	3.17	6.64	933.55	907.11	2.60
河 北	127.58	23.35	0.01	42.15	761.43	694.23	6.08
山 西	190.20	15.58			1110.03	939.81	13.12
内蒙古	327.93	47.83	5.13	1.95	3051.10	2685.20	12.50
辽 宁	498.53	34.79	164.02	1.17	1245.18	1172.81	6.90
吉 林	29.95	36.80	0.02	0.65	169.47	156.87	1.69
黑龙江	18.24	0.67	0.03		174.56	160.51	0.63
上 海	35.34	12.05	1.55	15.53	577.92	535.73	5.95
江 苏	194.56	163.26	27.07	101.39	5344.99	5038.31	32.55
浙 江	135.63	75.98	6.57	16.06	3622.62	3417.68	13.58
安 徽	72.43	52.16	3.70	4.47	3191.07	3057.21	11.14
福 建	166.44	43.29	25.82	8.79	3686.52	3365.03	15.10
江 西	201.31	107.51	1.34	3.25	7335.95	6650.14	40.49
山 东	793.26	109.24	21.11	2.80	7076.26	6427.65	28.92
河 南	319.06	118.01	28.34	0.19	5875.82	5228.28	35.43
湖 北	31.65	20.41		15.78	1225.61	1023.39	6.60
湖 南	189.62	81.87		0.04	2523.28	2173.15	24.35
广 东	155.48	48.96	33.20	32.05	4922.91	4592.69	30.77
广 西	197.58	69.39	3.06	6.75	2473.17	2200.81	11.72
海 南	0.70	0.25			6.16	3.62	0.08
重 庆	230.04	13.58		4.71	1131.86	992.95	6.53
四 川	129.23	30.19	0.55	4.50	1382.46	1231.05	10.29
贵 州	45.86	14.18			746.01	643.02	6.78
云 南	537.89	64.47	1.52	1.17	3238.10	2954.07	6.81
西 藏							
陕 西	195.73	53.10	0.21	0.51	1438.12	1296.63	10.09
甘 肃	163.29	11.20			3649.52	3379.48	10.57
青 海	350.00	1.33		1.80	985.49	860.10	3.87
宁 夏	49.15	11.52			366.21	329.73	0.90
新 疆	254.89	11.57	3.44	0.37	1817.15	1423.74	28.49

单位：亿元

管理费用	财务费用	利息费用	投资收益(损失以"－"号记)	营业利润	利润总额	亏损企业亏损额	平均用工人数(万人)
1688.50	**566.95**	**578.23**	**158.70**	**3486.74**	**3591.43**	**232.79**	**162.52**
5.59	0.40	0.41	1.08	6.45	6.44		0.26
13.06	18.25	16.93	-3.55	-12.45	-8.04	13.47	1.29
24.29	6.50	5.98	2.57	25.88	26.33	5.07	2.57
37.66	22.21	21.25	-0.29	81.15	80.23	10.66	4.15
59.41	37.42	38.62	4.49	236.73	234.64	12.12	5.68
35.70	31.29	28.62	0.89	-20.68	8.42	22.11	4.44
5.48	1.85	1.80	-0.04	2.96	2.84	3.64	0.65
3.98	1.97	1.80	-1.14	5.42	5.45	0.21	0.48
17.72	3.81	2.66	0.52	14.28	14.49	1.85	1.21
144.29	26.42	17.98	8.93	107.27	118.58	12.18	10.74
78.22	17.54	21.69	-0.67	87.70	91.37	4.34	6.87
58.54	21.90	24.42	5.06	47.84	53.94	2.07	5.27
55.32	21.57	33.44	29.73	250.11	251.72	5.00	6.28
158.25	26.80	23.21	-10.25	384.88	426.76	4.29	10.52
179.08	65.56	73.36	60.04	400.12	422.09	25.77	13.49
142.96	61.35	50.64	30.95	322.24	310.52	30.02	16.42
39.76	5.57	5.24	-29.33	55.39	55.04	1.80	3.55
120.42	17.75	9.91	0.26	157.17	149.24	3.97	10.87
145.02	20.78	18.42	0.45	125.81	125.69	9.01	15.29
57.93	24.95	58.63	0.44	162.10	170.83	10.43	5.60
1.02	0.07	0.07		1.20	1.57	0.06	0.04
33.78	11.02	6.47	1.11	85.07	85.23	1.60	3.38
35.57	7.85	6.74	-0.44	92.47	93.79	3.32	4.67
23.83	7.66	4.78	-0.03	54.74	58.43	11.53	1.98
73.70	25.36	26.44	26.43	178.47	172.94	5.38	7.30
50.26	17.34	16.03	9.72	60.40	61.91	4.08	6.08
37.86	31.12	28.85	5.98	170.83	169.75	6.12	5.78
17.19	7.18	7.38	1.17	55.88	55.68	18.36	2.23
5.17	4.25	4.42	2.24	28.36	28.68	2.51	1.16
27.42	21.25	22.07	12.40	318.93	316.86	1.82	4.25

3-40 按地区分组的金属

地区	资产总计	固定资产净额	固定资产原价	累计折旧	流动资产合计	应收账款	存货
全国	**40861.98**	**7255.08**	**14475.12**	**6630.76**	**27164.37**	**8199.90**	**5964.59**
北京	705.19	46.87	101.14	52.12	502.28	75.65	76.65
天津	825.74	153.95	368.08	174.36	557.96	172.51	156.72
河北	4197.53	513.26	954.60	420.04	3190.35	610.34	400.13
山西	572.56	108.22	204.83	87.58	338.26	110.63	89.87
内蒙古	624.94	77.84	164.88	79.91	392.15	40.23	75.60
辽宁	1322.29	187.53	432.37	226.66	984.49	407.47	206.78
吉林	106.25	19.79	40.91	16.36	68.13	23.83	18.54
黑龙江	249.29	37.30	63.41	25.76	189.39	31.36	28.20
上海	1380.98	180.67	449.25	255.32	954.55	355.03	196.76
江苏	6531.45	1258.82	2419.20	1104.77	4478.09	1674.55	1006.74
浙江	3906.42	767.79	1376.34	594.78	2572.82	800.63	602.12
安徽	1384.10	246.69	417.01	149.67	905.81	297.61	203.95
福建	1240.41	244.55	549.90	269.68	753.25	231.31	191.75
江西	676.34	157.04	292.69	107.27	377.73	119.48	99.49
山东	3189.00	624.13	1205.45	555.36	2033.83	548.53	566.31
河南	1302.91	337.69	669.42	268.03	683.54	178.01	153.64
湖北	1352.18	262.41	602.24	290.10	866.03	271.30	208.57
湖南	928.87	239.90	530.71	234.81	432.06	128.03	116.54
广东	6951.68	1065.91	2242.35	1107.07	4780.13	1498.07	1061.43
广西	218.64	47.35	78.88	27.38	140.70	47.91	36.34
海南	25.34	6.30	8.26	1.96	13.28	2.51	3.18
重庆	538.61	138.46	270.23	118.44	303.65	85.28	70.33
四川	1221.90	266.48	558.90	285.15	739.60	219.39	186.39
贵州	191.27	32.45	64.39	24.89	111.27	33.45	28.41
云南	181.80	25.87	48.28	19.53	131.97	50.56	28.32
西藏	1.61	0.16	0.18	0.02	1.45	1.30	0.07
陕西	532.91	97.59	186.23	79.97	355.76	93.92	84.17
甘肃	193.88	39.03	66.19	20.21	119.07	39.45	26.41
青海	39.20	15.11	18.21	2.93	21.34	7.67	4.88
宁夏	113.94	24.11	36.88	12.03	71.32	19.41	13.07
新疆	154.77	31.80	53.72	18.61	94.14	24.48	23.24

制品业主要经济指标

单位：亿元

产成品	负债合计	流动负债合计	应付账款	所有者权益合计	实收资本	国家资本	集体资本
2475.43	**24195.39**	**21668.04**	**7362.35**	**16661.76**	**8230.50**	**503.73**	**163.72**
19.74	426.76	382.78	86.27	278.42	129.00	20.60	0.21
68.91	426.99	376.26	105.45	398.75	283.42	9.25	14.04
194.08	2930.07	2753.58	1921.41	1267.46	797.63	37.18	6.41
39.57	311.39	276.67	84.78	261.17	158.85	18.52	1.93
23.09	462.84	378.80	74.94	162.10	75.46	4.10	1.79
74.06	936.34	849.13	333.64	385.95	213.95	14.72	4.24
7.44	79.58	70.79	15.08	26.67	29.40	8.43	0.30
6.30	188.52	180.22	32.99	60.77	37.49	10.13	1.38
83.42	760.04	687.91	247.49	620.95	258.60	20.17	12.52
441.34	3524.10	3252.04	1076.01	3007.34	1373.87	73.26	23.62
241.22	2253.73	2140.24	518.29	1648.59	714.60	6.60	4.64
91.43	774.82	655.83	166.71	609.28	380.24	18.22	12.07
80.87	590.40	476.26	145.30	650.02	268.27	3.48	1.94
47.54	292.61	243.13	69.66	383.73	171.66	8.85	2.87
216.50	2018.74	1876.23	472.76	1170.26	664.92	34.80	19.53
69.76	560.79	420.23	109.30	741.48	415.38	12.49	11.01
85.14	776.00	673.03	190.79	576.18	260.53	26.75	6.37
47.19	443.91	335.17	92.64	484.96	223.75	7.65	2.60
440.27	4342.16	3878.97	1079.71	2609.51	1081.16	52.26	14.62
15.83	143.91	125.16	41.32	74.72	50.94	1.96	2.72
0.45	11.33	7.68	2.46	14.00	3.25	1.17	0.35
32.63	299.45	239.11	78.93	239.15	83.06	11.01	1.15
70.54	742.17	644.88	188.44	479.73	236.39	34.05	8.50
11.97	111.91	91.08	27.03	79.36	32.66	1.26	0.06
14.13	121.52	114.18	42.24	60.28	34.79	10.18	2.78
	1.39	1.39	1.16	0.22	0.16		
27.43	334.07	254.26	84.13	198.84	101.77	34.00	1.60
8.27	140.98	118.28	33.97	52.90	33.42	12.84	0.70
0.66	21.60	14.98	5.24	17.59	16.92	1.20	3.68
5.74	66.33	56.41	13.50	47.61	40.57		
9.91	100.93	93.38	20.72	53.75	58.38	8.57	0.08

3-40 续表

地区	法人资本	个人资本	港澳台资本	外商资本	营业收入	营业成本	销售费用
全国	**3688.37**	**2686.31**	**544.29**	**639.23**	**49680.92**	**43210.25**	**925.60**
北京	60.56	36.88	1.85	8.91	355.28	305.07	8.54
天津	151.85	73.45	20.22	14.60	1231.66	1116.78	18.58
河北	516.93	219.06	1.34	16.69	3463.07	3180.67	41.90
山西	69.06	65.86	0.06	3.31	564.33	511.49	10.80
内蒙古	51.08	14.32		1.05	351.37	313.47	2.56
辽宁	88.41	64.04	8.01	34.54	1093.20	959.82	16.18
吉林	13.26	6.71		0.71	104.70	95.54	1.80
黑龙江	17.04	7.69	0.12	1.14	112.93	97.39	1.29
上海	95.37	40.78	13.30	76.46	1394.17	1158.17	36.06
江苏	485.82	493.66	115.68	181.83	8340.27	7278.76	145.52
浙江	279.29	314.11	54.38	55.58	4860.26	4163.42	105.15
安徽	220.16	102.10	12.80	14.89	1840.07	1628.11	28.39
福建	100.96	85.15	27.88	48.86	2303.63	2017.39	38.00
江西	100.44	53.66	2.30	3.54	1383.45	1184.73	25.10
山东	271.05	263.52	29.06	45.34	3837.57	3448.73	62.80
河南	179.35	205.32	6.46	0.75	1674.01	1454.24	37.45
湖北	139.47	79.89	6.78	1.28	1973.59	1659.90	44.75
湖南	139.28	73.46	0.73	0.03	1866.69	1506.40	52.31
广东	398.51	263.04	229.14	123.59	8598.90	7390.67	160.86
广西	25.99	16.63	3.14	0.49	258.67	233.04	4.62
海南	0.12	1.60			10.64	9.00	0.17
重庆	38.17	27.65	2.84	2.23	719.12	598.66	14.61
四川	88.23	97.07	7.80	0.73	1995.82	1719.18	45.70
贵州	22.46	8.64	0.24		259.56	216.96	5.23
云南	10.86	10.89	0.07		251.39	232.22	3.55
西藏		0.16			0.86	0.73	0.03
陕西	36.06	27.71		2.40	491.83	419.34	9.07
甘肃	11.78	8.10			143.40	133.25	1.15
青海	10.55	1.49			13.43	10.44	0.25
宁夏	31.56	8.65	0.08	0.29	53.75	47.38	1.14
新疆	34.70	15.03			133.30	119.29	2.02

单位：亿元

管理费用	财务费用	利息费用	投资收益(损失以“－”号记)	营业利润	利润总额	亏损企业亏损额	平均用工人数(万人)
2612.92	**339.29**	**250.80**	**94.57**	**2447.74**	**2532.38**	**213.58**	**383.46**
27.77	0.82	3.04	2.69	12.86	12.91	4.22	1.87
51.46	5.40	3.81	3.64	36.82	39.96	7.53	6.37
104.14	28.40	21.42	-29.23	76.44	75.95	17.67	18.45
26.22	4.01	3.83	0.29	11.01	13.32	4.08	6.55
23.76	0.60	1.95	2.70	12.09	13.06	0.70	2.53
62.37	13.53	6.59	0.62	36.55	41.17	14.03	9.12
4.98	2.15	4.95	0.03	-0.20	0.03	2.33	0.82
9.62	-0.06	0.53	0.15	4.81	5.10	1.03	1.07
101.24	9.24	6.20	12.78	96.71	99.37	13.13	9.07
432.46	55.00	35.20	14.48	413.33	430.54	28.24	51.49
303.29	39.17	36.17	60.78	291.38	303.58	11.93	49.92
79.12	12.21	10.55	3.93	90.80	95.34	4.37	12.31
89.77	8.29	6.31	2.67	142.41	144.97	3.51	16.19
59.88	7.15	3.34	0.78	98.68	104.10	1.02	7.15
178.88	30.20	22.81	3.63	106.08	112.94	24.04	25.79
71.32	15.94	8.71	1.75	84.45	89.18	7.58	14.84
106.13	15.07	9.18	-0.91	135.38	136.54	3.86	12.87
144.14	12.39	6.26	0.33	132.32	133.18	3.66	12.97
523.01	43.53	31.19	6.95	439.79	450.77	39.08	92.77
13.26	1.92	1.51	0.07	5.27	6.88	1.40	2.39
0.80	0.35	0.35		0.21	0.23	0.48	0.11
42.38	3.99	2.89	-0.11	54.95	55.56	1.46	5.84
89.61	18.05	14.15	-3.31	93.25	94.14	7.17	12.49
11.54	1.52	0.78	0.09	22.58	22.82	0.99	1.86
9.41	1.71	1.64	0.11	3.33	3.67	1.63	1.57
0.07				0.02	0.01		0.01
27.53	3.41	2.78	7.60	42.15	42.63	1.38	4.34
7.25	1.62	1.33	0.56	-1.12	-1.14	4.86	1.02
1.23	0.39	0.47	0.01	1.04	1.08	0.12	0.08
4.11	1.27	1.39	0.41	0.40	0.64	0.90	0.62
6.18	2.01	1.48	1.07	3.93	3.87	1.17	0.98

3-41 按地区分组的通用设备

地区	资产总计	固定资产净额	固定资产原价	累计折旧	流动资产合计	应收账款	存货
全国	**56217.77**	**8290.56**	**17000.64**	**8134.69**	**38805.02**	**12029.24**	**9048.12**
北京	1193.11	82.51	204.01	119.54	883.10	201.21	210.14
天津	928.53	162.27	363.24	191.93	639.16	215.10	178.44
河北	1041.50	154.79	316.53	143.93	735.21	317.07	153.61
山西	334.92	55.34	99.60	42.06	220.24	69.71	64.27
内蒙古	62.37	7.12	12.49	5.16	47.56	20.89	14.10
辽宁	2031.40	325.99	737.55	396.15	1392.38	417.75	406.91
吉林	173.55	18.36	35.41	16.65	122.56	35.16	32.65
黑龙江	665.02	79.72	180.42	96.63	504.84	120.87	122.21
上海	5141.77	593.74	1362.75	741.57	3668.21	984.45	1023.14
江苏	10989.84	1739.20	3538.35	1768.01	7843.57	2728.06	1863.74
浙江	8298.21	1407.95	2545.40	1112.09	5419.27	1706.40	1278.78
安徽	2048.05	387.88	668.69	270.92	1281.13	413.88	304.98
福建	1179.87	201.33	458.75	217.47	742.52	201.10	188.94
江西	651.79	144.66	289.04	116.22	366.01	113.71	86.59
山东	4722.09	687.90	1370.62	654.44	3155.14	784.06	697.17
河南	2002.87	423.17	874.93	286.37	1247.83	362.13	279.46
湖北	1223.86	237.78	597.68	311.11	704.32	209.99	177.58
湖南	3326.34	245.40	503.14	227.17	2575.56	927.48	242.39
广东	5555.33	612.56	1313.48	671.34	4171.61	1344.15	1009.09
广西	373.93	49.52	116.10	65.39	272.11	55.40	65.87
海南	2.87	0.05	0.61	0.55	0.38	0.09	0.23
重庆	1114.57	237.82	459.82	190.53	647.88	230.88	121.93
四川	1824.41	248.33	588.01	326.23	1242.90	328.39	320.92
贵州	135.23	25.27	41.32	15.13	94.70	27.60	20.73
云南	93.26	17.69	34.37	16.31	59.55	16.09	16.90
西藏							
陕西	730.54	95.22	192.02	86.24	550.37	135.86	119.54
甘肃	244.26	22.92	42.71	19.04	134.02	29.78	32.37
青海	11.00	2.61	4.21	1.57	6.92	1.62	0.84
宁夏	94.02	20.75	44.57	22.85	57.28	18.67	13.77
新疆	23.25	2.72	4.83	2.10	18.69	11.70	0.83

制造业主要经济指标

单位：亿元

产成品	负债合计	流动负债合计	应付账款	所有者权益合计	实收资本	国家资本	集体资本
3255.05	**31031.82**	**27679.52**	**9666.43**	**25143.76**	**9993.19**	**789.77**	**153.93**
73.64	535.94	505.63	201.20	657.17	215.31	10.11	0.49
46.82	514.67	469.29	199.41	413.87	236.60	17.21	1.93
50.97	631.31	575.21	175.83	410.19	204.48	11.36	1.20
24.40	210.58	186.04	55.27	124.34	84.63	26.20	0.27
3.71	41.95	39.43	18.90	20.41	12.49	0.30	1.37
117.57	1194.80	1027.56	360.53	836.59	536.55	89.24	13.34
10.49	110.34	87.58	22.34	63.22	28.88	5.58	0.13
11.95	436.99	398.05	128.57	228.02	129.46	35.45	8.04
280.61	2977.03	2546.40	874.59	2164.74	755.50	78.55	6.97
714.09	5838.89	5445.83	2084.62	5150.96	2091.14	82.72	33.02
480.93	4406.83	4174.52	1324.04	3839.67	1435.35	16.97	4.59
108.82	1126.91	908.23	360.99	921.14	418.87	30.11	4.73
81.90	549.41	374.20	131.67	630.65	233.84	10.21	0.17
44.46	329.71	262.48	86.67	322.08	127.58	16.03	0.85
269.10	2489.58	2300.82	793.93	2232.51	859.62	49.24	13.63
108.32	987.84	764.89	225.68	1024.61	418.93	18.88	8.68
76.12	654.15	497.18	164.81	569.71	232.06	21.70	19.08
105.37	2184.89	1976.43	537.20	1141.22	348.64	22.24	3.54
397.95	3157.23	2848.60	1118.31	2398.10	803.46	34.55	6.68
32.86	214.14	201.06	69.05	159.79	41.70	7.33	0.14
0.14	2.97	2.97	0.06	-0.10	0.06		
57.47	569.26	450.69	164.76	545.31	225.82	78.24	0.05
74.43	1087.79	949.45	325.60	736.62	288.78	86.57	1.44
8.41	76.10	65.10	19.90	59.13	32.95	5.30	
6.58	66.35	63.86	25.75	26.91	26.32	2.47	0.42
50.51	430.99	377.32	138.94	299.55	123.83	28.16	21.38
12.97	135.50	120.04	24.80	108.76	41.40	3.84	1.79
0.18	9.44	6.93	3.86	1.56	3.73	0.97	
3.83	41.03	34.64	15.73	52.99	32.34	0.20	
0.47	19.21	19.09	13.44	4.04	2.86		

3–41 续表

地区	法人资本	个人资本	港澳台资本	外商资本	营业收入	营业成本	销售费用
全国	**3839.16**	**3151.35**	**469.16**	**1598.75**	**49383.87**	**40428.18**	**1585.52**
北京	94.93	37.83	3.55	68.40	759.41	566.88	35.88
天津	52.58	59.13	8.52	97.23	885.97	720.00	28.13
河北	90.69	82.34	2.64	16.20	832.76	708.36	24.35
山西	26.44	30.22	0.08	1.41	182.59	151.18	4.88
内蒙古	5.40	5.43			53.94	47.47	0.74
辽宁	215.55	94.92	7.61	115.89	1250.11	1024.48	43.90
吉林	11.61	9.85	1.47	0.24	93.14	75.52	3.74
黑龙江	67.65	30.11		0.81	256.23	228.28	7.08
上海	234.50	140.47	47.37	247.64	3848.53	3087.69	151.52
江苏	734.09	597.16	141.48	502.67	10177.67	8255.97	323.88
浙江	575.32	614.75	87.74	135.99	7466.47	6066.88	236.64
安徽	197.61	151.36	4.98	30.09	1813.89	1530.78	40.50
福建	93.22	66.06	15.29	48.88	1584.85	1323.39	39.61
江西	52.98	44.08	1.12	12.51	938.96	785.56	19.33
山东	348.16	288.99	27.45	129.11	3487.97	2837.38	126.20
河南	147.38	242.78	0.59	0.61	1910.70	1599.71	50.79
湖北	110.94	69.65	2.77	7.91	1522.70	1246.59	47.47
湖南	141.07	156.37	16.99	8.37	2714.25	2272.41	79.49
广东	318.92	226.35	90.71	126.25	5639.36	4632.86	209.79
广西	19.16	5.25	0.23	9.61	354.03	309.99	10.48
海南	0.06				0.21	0.21	0.01
重庆	96.33	28.09	2.98	20.12	1037.38	837.12	26.26
四川	95.88	94.89	4.42	5.07	1724.25	1404.00	51.72
贵州	20.68	6.97			91.12	70.20	2.25
云南	10.34	10.93		2.16	110.47	97.55	2.47
西藏							
陕西	45.58	23.07	1.17	4.47	496.46	422.18	12.91
甘肃	12.29	23.25		0.22	73.38	62.14	3.17
青海	1.50	1.26			3.39	2.97	0.07
宁夏	17.07	8.18		6.88	57.99	45.44	1.96
新疆	1.22	1.63			15.71	15.01	0.31

单位：亿元

管理费用	财务费用		投资收益（损失以"–"号记）	营业利润	利润总额	亏损企业亏损额	平均用工人数（万人）
		利息费用					
3831.04	**262.84**	**250.36**	**249.84**	**3230.31**	**3356.11**	**338.15**	**425.90**
68.72	1.04	4.07	2.00	88.34	90.02	9.03	4.16
71.42	2.89	3.06	1.03	60.21	61.87	8.62	6.06
51.96	7.11	5.03	0.98	38.31	40.97	5.28	9.47
18.47	2.78	2.49	-0.04	4.05	5.01	2.45	2.59
3.63	0.33	0.21	0.10	1.90	2.57	0.69	0.39
115.14	12.47	11.18	16.37	2.96	9.69	67.91	14.60
9.99	1.25	1.06	1.26	3.00	3.44	2.18	1.21
27.51	1.43	2.26	2.03	-7.68	-5.77	19.56	2.64
333.45	7.68	8.75	31.53	265.54	278.22	18.54	21.68
795.03	53.42	41.23	52.64	757.28	778.30	44.20	81.00
623.20	52.81	51.53	46.34	511.27	545.75	25.47	79.09
134.24	10.58	8.19	5.73	96.68	103.89	15.74	15.85
93.34	9.18	5.32	-4.64	113.48	115.66	1.89	14.38
49.75	4.88	3.86	1.38	78.28	79.70	1.84	6.43
286.90	16.53	19.20	17.87	226.19	243.67	28.97	32.83
118.51	20.35	13.68	5.60	118.01	121.60	7.59	19.64
107.04	12.23	7.89	0.82	103.01	105.12	7.01	11.59
179.93	6.97	13.80	23.38	177.32	168.09	2.95	14.80
463.80	18.20	22.61	27.75	315.96	324.48	45.19	56.45
22.12	0.38	1.90	-0.41	10.90	11.85	1.10	2.10
0.07	0.02	0.02		-0.12	-0.12	0.12	0.02
73.62	4.60	3.60	12.79	105.99	108.43	2.83	8.00
115.62	9.63	11.23	3.89	126.11	126.09	3.87	12.05
9.67	1.37	1.40	-1.34	5.90	6.25	1.62	1.24
7.30	0.43	0.46	0.01	2.23	2.40	1.23	0.93
36.76	1.36	3.24	2.85	23.97	25.34	5.30	4.93
6.94	2.68	2.71	-0.36	-3.11	-1.03	4.42	1.01
0.58	-0.02	0.01	0.02	-0.06	-0.26	0.38	0.06
5.52	0.23	0.34	0.28	4.84	5.25	1.49	0.62
0.82	0.01	0.01	0.01	-0.47	-0.37	0.73	0.08

3-42 按地区分组的专用设备

地区	资产总计	固定资产净额	固定资产原价	累计折旧	流动资产合计	应收账款	存货
全国	**50541.91**	**6579.79**	**12692.63**	**5610.23**	**34427.66**	**9898.39**	**8459.48**
北京	2639.42	101.82	205.52	102.27	1614.10	382.74	263.50
天津	1191.67	136.97	278.13	126.16	780.45	185.63	235.58
河北	2508.55	268.73	498.81	216.41	1455.76	331.62	357.80
山西	932.52	110.86	209.50	94.59	678.04	241.65	186.20
内蒙古	70.91	8.89	20.57	11.48	53.59	14.50	17.04
辽宁	1391.12	177.37	395.95	195.12	943.28	257.34	209.32
吉林	216.55	31.00	63.04	30.58	158.01	43.90	63.00
黑龙江	588.76	60.07	130.25	61.85	367.47	118.90	65.66
上海	2874.52	252.23	521.02	261.65	2163.83	560.66	506.91
江苏	9298.51	1335.33	2518.40	1123.87	6877.22	2295.26	1682.12
浙江	4051.53	625.69	1120.63	480.98	2799.91	758.72	719.39
安徽	1413.08	216.84	391.68	163.86	967.56	282.34	221.99
福建	1090.92	158.93	367.20	189.99	698.68	175.23	207.59
江西	673.40	144.40	261.68	94.50	393.83	111.78	81.71
山东	4611.86	524.92	983.08	436.17	3250.09	892.68	863.93
河南	2356.33	425.87	859.93	360.66	1428.59	314.93	402.61
湖北	1419.74	260.14	609.45	277.96	941.59	281.34	210.32
湖南	2152.92	373.73	637.36	218.52	1276.49	452.70	257.01
广东	6304.54	693.68	1302.55	586.90	4426.82	1256.67	1139.16
广西	646.71	38.22	81.59	36.53	421.17	155.24	77.33
海南	11.69	2.81	4.18	1.38	4.98	2.55	0.74
重庆	618.00	118.71	233.62	102.93	359.03	106.22	77.21
四川	1529.53	249.80	520.31	241.59	971.39	282.87	245.07
贵州	127.65	16.65	30.93	9.72	92.71	20.34	29.19
云南	118.09	17.05	35.51	17.81	80.56	26.01	20.91
西藏	1.32	0.79	0.94	0.14	0.44	0.09	0.20
陕西	1112.69	140.40	275.63	120.72	799.06	235.68	216.78
甘肃	343.94	50.20	75.18	24.94	248.86	51.58	67.95
青海	3.77	0.24	0.57	0.33	3.18	1.17	0.32
宁夏	115.77	10.25	18.97	8.35	94.10	29.69	17.58
新疆	125.90	27.17	40.43	12.27	76.88	28.35	15.36

制造业主要经济指标

单位：亿元

产成品	负债合计	流动负债合计	应付账款	所有者权益合计	实收资本	国家资本	集体资本
3096.61	**27418.25**	**24396.75**	**7957.94**	**23115.63**	**10522.99**	**812.16**	**181.06**
97.10	1268.78	1089.26	317.20	1370.64	383.20	25.31	2.33
80.04	626.47	551.53	173.66	565.21	360.11	25.96	10.41
107.75	1672.20	1574.48	271.97	836.35	509.80	58.92	4.35
69.06	631.29	556.11	220.52	301.23	176.03	63.42	1.83
8.98	36.75	33.18	11.39	34.16	15.96	2.93	2.67
56.44	862.37	716.11	213.78	528.75	305.58	37.42	1.32
15.81	142.62	131.59	32.62	73.93	37.10	1.75	0.03
17.56	371.04	301.77	100.25	217.72	143.66	56.56	0.69
172.54	1390.17	1266.46	422.54	1484.35	436.65	21.98	1.01
649.26	4943.49	4581.87	1728.32	4355.02	1729.89	68.11	34.98
271.45	2128.04	1991.41	626.93	1918.34	683.05	15.73	15.56
83.85	756.85	675.65	219.59	656.23	1651.03	39.79	9.65
55.43	598.88	488.78	112.42	491.47	174.41	8.88	2.69
36.45	304.55	228.95	74.52	368.85	161.90	3.64	0.56
363.30	2689.38	2391.01	712.19	1922.48	775.61	57.51	35.91
167.76	1218.78	1057.75	328.20	1137.55	473.18	52.09	5.99
77.46	781.21	659.94	227.19	638.54	271.15	45.73	5.38
97.35	1088.26	903.18	346.59	1064.63	308.12	17.71	2.84
385.32	3176.38	2857.67	1026.57	3128.16	1012.41	25.52	20.42
42.13	376.93	302.60	108.92	269.78	82.43	30.98	0.26
0.18	6.21	4.90	2.28	5.48	1.66		
27.39	319.58	267.67	103.49	298.42	75.91	10.88	2.02
69.77	786.00	659.08	224.08	743.45	370.92	23.86	17.10
9.49	86.05	79.38	24.15	41.60	26.88	7.43	0.51
5.75	70.95	65.07	23.81	47.14	32.63	8.90	0.28
0.13	0.15	0.15	0.11	1.17	1.05		
94.86	700.73	605.75	191.23	411.96	233.39	79.14	0.58
21.13	240.61	216.86	65.00	103.34	54.24	15.74	1.11
	2.21	2.15	0.61	1.56	0.60		
7.53	58.19	56.64	30.32	57.58	13.08	0.02	
5.35	83.13	79.79	17.49	40.54	21.36	6.23	0.55

3-42 续表

地 区					营业收入	营业成本	销售费用
	法人资本	个人资本	港澳台资本	外商资本			
全 国	**4144.99**	**3927.39**	**540.17**	**916.08**	**37352.35**	**29234.06**	**1573.17**
北 京	226.33	90.23	14.37	24.63	1033.38	741.45	75.16
天 津	237.79	42.78	3.45	39.72	693.59	543.99	29.77
河 北	291.22	125.03	7.91	22.03	1237.58	1017.68	40.17
山 西	74.49	34.07		2.22	455.33	379.30	9.90
内蒙古	4.49	5.40		0.45	47.58	37.68	2.02
辽 宁	118.28	99.35	30.09	19.13	708.63	570.89	26.75
吉 林	24.88	9.37		1.07	125.83	96.69	4.87
黑龙江	29.35	45.45	0.09	11.51	266.42	230.20	6.19
上 海	195.73	71.84	33.36	112.72	1911.13	1423.89	103.00
江 苏	643.27	495.40	152.34	335.79	7395.01	5717.88	337.43
浙 江	284.57	230.71	75.79	60.68	3087.56	2381.14	113.77
安 徽	92.19	1462.44	7.99	38.98	1048.00	831.24	37.91
福 建	53.19	77.09	16.94	15.63	1256.06	1028.32	38.28
江 西	93.21	56.46	6.49	1.54	728.57	587.96	24.41
山 东	325.99	244.92	36.43	74.86	3244.86	2624.79	138.45
河 南	249.75	161.37	1.21	2.46	1908.74	1560.21	65.52
湖 北	131.72	74.77	9.86	3.68	1448.68	1151.90	48.12
湖 南	167.47	116.20	1.03	2.66	2251.92	1728.35	97.04
广 东	459.76	279.17	131.97	95.46	5049.78	3822.84	248.80
广 西	34.84	13.26	0.91	2.17	403.45	336.45	13.34
海 南	0.10	1.56			4.71	2.53	0.69
重 庆	30.68	23.86	3.77	4.49	675.45	519.59	26.34
四 川	192.04	100.45	3.42	34.05	1239.48	1007.30	44.60
贵 州	12.42	6.51			69.65	54.75	2.33
云 南	17.21	6.09	0.15		81.00	63.34	2.60
西 藏	1.05				0.66	0.44	0.03
陕 西	100.74	40.96	2.12	9.85	702.02	544.27	28.94
甘 肃	31.80	5.12	0.47		138.99	118.89	2.45
青 海	0.25	0.35			1.37	1.10	0.06
宁 夏	9.75	3.31			74.13	56.57	1.95
新 疆	10.43	3.85	0.01	0.28	62.75	52.43	2.29

单位：亿元

管理费用	财务费用	利息费用	投资收益（损失以“–”号记）	营业利润	利润总额	亏损企业亏损额	平均用工人数（万人）
3357.28	**264.54**	**259.16**	**281.24**	**2996.44**	**3122.96**	**332.91**	**336.78**
130.11	5.71	15.48	38.11	115.35	117.84	14.28	6.39
66.15	4.41	5.60	2.12	45.34	46.45	10.26	5.06
89.52	11.49	14.93	2.09	74.02	78.58	8.76	11.87
41.55	10.45	10.69	-0.88	7.82	8.35	6.82	4.57
6.18	0.24	0.27	0.17	1.19	1.25	2.58	0.44
69.62	8.22	7.99	6.15	41.45	45.51	7.50	6.84
12.31	1.60	1.15	0.07	9.19	9.70	1.76	1.37
19.81	6.55	6.01	2.32	3.60	5.79	7.12	2.20
218.65	4.25	6.93	8.55	178.13	184.03	23.85	11.60
674.96	47.63	40.66	59.23	636.56	663.84	56.09	60.93
308.85	20.42	22.23	14.11	266.55	284.31	22.88	34.55
96.74	6.62	5.92	4.78	77.27	82.70	7.62	11.05
85.84	7.01	4.93	9.11	99.56	100.75	6.73	10.46
44.05	3.59	3.21	0.65	64.57	66.98	2.21	6.40
263.67	24.42	24.59	16.70	202.03	223.57	43.89	28.63
137.34	19.94	17.33	15.60	122.62	130.05	9.28	18.64
102.40	10.33	7.82	-0.07	129.37	131.42	6.87	10.96
177.59	15.82	13.03	3.83	181.19	179.32	14.43	14.07
547.78	27.90	22.02	80.97	468.25	482.64	54.99	63.16
28.05	2.95	4.23	3.78	25.96	26.72	3.24	2.90
0.79	0.05	0.05		0.60	0.65	0.05	0.06
49.11	1.89	1.64	0.65	74.84	75.82	2.43	4.59
91.19	8.54	7.54	5.30	83.51	86.92	7.15	10.07
7.13	0.72	0.69	0.02	3.49	3.75	1.52	0.89
9.25	0.58	0.47	0.06	4.97	5.20	0.57	0.98
0.08				0.11	0.11		0.01
56.93	8.43	9.64	6.96	64.99	66.40	5.75	5.64
9.10	3.66	3.57	0.41	4.00	4.15	2.28	1.41
0.12	0.03	0.02		0.08	0.09	0.01	0.02
8.35	0.27	0.35	0.08	6.75	6.99	0.24	0.59
4.07	0.80	0.16	0.39	3.10	3.08	1.76	0.42

3-43 按地区分组的汽车

地　区	资产总计	固定资产净额	固定资产原价	累计折旧	流动资产合计	应收账款	存货
全　国	**89241.28**	**15495.67**	**33591.09**	**16817.77**	**53349.38**	**14815.38**	**8632.46**
北　京	3905.38	696.56	1464.83	730.03	2274.24	562.01	379.65
天　津	1854.57	526.03	1130.05	594.21	1026.75	308.39	197.32
河　北	3615.98	497.44	984.83	468.35	2338.57	821.86	294.63
山　西	474.95	86.43	134.76	47.62	328.49	115.14	42.38
内蒙古	250.97	32.21	83.77	47.45	145.45	54.48	11.40
辽　宁	3687.88	621.65	1479.38	837.50	2329.91	373.51	493.83
吉　林	7287.14	1099.35	2575.01	1436.49	3463.43	405.80	748.61
黑龙江	299.38	54.46	132.85	72.54	178.47	55.05	27.46
上　海	8971.41	1210.85	3205.59	1869.80	4622.11	1164.46	618.62
江　苏	8783.18	1888.43	3935.89	1976.09	5571.44	2172.82	1124.93
浙　江	9144.08	1522.20	2633.01	1059.19	5283.79	1422.14	715.11
安　徽	3561.39	541.04	1167.10	607.53	2061.80	666.89	296.30
福　建	1107.74	223.66	541.41	273.00	657.75	194.94	154.43
江　西	1458.57	265.58	590.50	252.46	816.83	240.41	110.31
山　东	4721.47	852.58	1888.95	986.00	3196.89	1086.82	618.70
河　南	1955.27	432.96	889.44	404.46	1082.46	312.42	190.21
湖　北	7339.35	1104.02	2522.46	1045.01	4490.16	882.30	548.32
湖　南	1753.17	379.22	739.81	316.28	1019.11	478.03	142.06
广　东	7781.27	1266.14	3064.55	1665.64	5312.72	1448.33	809.95
广　西	1656.98	324.51	701.90	372.48	1118.65	219.30	178.06
海　南	65.89	10.27	40.41	28.14	21.83	4.31	5.02
重　庆	4792.29	999.98	2088.53	1054.16	2986.18	842.12	406.55
四　川	2252.24	477.64	904.53	383.37	1315.21	439.78	214.72
贵　州	210.52	39.88	58.53	17.78	118.27	49.86	13.89
云　南	276.03	58.77	100.26	38.60	144.72	45.70	39.40
西　藏							
陕　西	1957.28	268.67	498.70	223.06	1410.46	436.56	242.63
甘　肃	33.47	2.35	3.64	1.29	18.38	6.84	5.90
青　海							
宁　夏	11.11	2.00	3.99	0.53	5.51	3.15	1.03
新　疆	32.34	10.80	26.40	8.72	9.83	1.97	1.02

制造业主要经济指标

单位：亿元

产成品	负债合计	流动负债合计	应付账款	所有者权益合计	实收资本	国家资本	集体资本
3756.00	**52881.53**	**46473.23**	**19014.56**	**36292.74**	**15111.33**	**1959.25**	**244.41**
189.42	2523.42	2121.11	868.49	1381.96	811.07	92.14	0.85
70.81	950.13	831.43	374.83	904.44	535.83	6.54	5.26
146.39	2345.19	2133.47	912.86	1270.78	457.50	38.72	2.69
16.34	328.39	287.59	102.91	146.56	80.80	3.20	0.19
5.56	262.46	241.91	27.74	-11.49	46.39	4.78	
205.10	2274.72	1908.58	657.55	1413.16	370.98	54.40	4.82
234.53	3259.57	2823.39	1369.68	4027.50	1448.95	46.49	40.18
11.40	201.63	191.68	89.62	97.75	36.63	13.46	0.62
219.43	4707.96	4190.31	2342.65	4263.45	926.74	167.00	5.27
491.36	5399.31	4827.55	2031.68	3383.86	2063.57	222.47	22.12
328.55	5220.90	4576.55	1302.66	3855.98	1441.23	53.30	4.58
135.63	2324.70	2005.73	859.62	1236.69	543.31	63.06	34.87
63.60	669.34	579.66	236.94	438.40	244.52	65.25	4.43
49.79	960.52	703.50	291.40	498.05	334.36	146.45	10.79
323.24	2943.42	2713.84	1103.06	1778.05	757.21	65.91	25.15
89.77	1185.99	1023.75	358.75	769.28	374.54	32.43	1.46
252.71	3766.90	3216.36	1271.81	3572.44	1134.11	281.73	24.42
63.91	1333.17	1189.96	432.39	420.00	369.52	82.06	2.18
263.41	4831.45	4467.23	1846.14	2949.82	1379.53	245.38	10.90
99.02	1153.46	1054.64	404.98	503.50	196.19	42.97	4.15
1.63	36.50	13.31	6.09	29.39	23.41	5.88	
187.63	3010.05	2546.87	936.28	1782.24	672.86	108.48	13.20
99.82	1480.49	1261.66	501.60	772.02	465.65	24.62	4.20
7.28	144.83	133.60	55.46	65.69	41.49	2.54	0.20
20.51	197.32	173.60	79.62	78.71	49.12	0.92	19.71
174.72	1309.65	1212.77	531.11	647.63	282.54	84.46	0.21
3.96	26.35	20.42	9.52	7.12	3.07	0.70	
0.21	7.29	4.49	1.24	3.82	3.20		
0.24	26.41	18.25	7.86	5.93	17.01	3.90	1.95

3-43 续表

地　区	法人资本	个人资本	港澳台资本	外商资本	营业收入	营业成本	销售费用
全　国	**7784.16**	**1575.93**	**512.49**	**3023.79**	**87724.31**	**74605.18**	**1990.34**
北　京	406.13	11.74	3.32	296.89	3803.54	3099.25	161.07
天　津	193.87	28.83	6.64	294.69	2273.86	1979.08	30.39
河　北	266.28	63.46	32.81	53.43	3230.98	2916.79	70.62
山　西	68.13	6.27	0.09	2.91	412.31	379.75	4.89
内蒙古	41.11	0.50			136.70	131.78	3.73
辽　宁	119.36	28.31	10.70	153.41	3661.51	2731.02	131.33
吉　林	1188.94	33.40	4.91	135.02	7059.50	5947.21	173.23
黑龙江	20.58	1.97			410.58	359.41	2.62
上　海	401.35	67.02	38.22	247.88	8554.33	7130.43	131.96
江　苏	812.44	266.97	104.05	635.52	8414.28	7087.36	199.04
浙　江	857.98	273.83	136.30	115.23	6372.44	5324.74	114.80
安　徽	334.88	71.49	6.57	32.34	3075.38	2714.30	62.39
福　建	88.13	31.55	24.27	30.65	1498.36	1293.08	33.00
江　西	105.44	45.77	0.51	25.20	1328.60	1136.71	38.21
山　东	263.81	138.92	40.68	222.74	5459.15	4879.52	120.09
河　南	234.92	88.21	4.46	13.06	2119.02	1852.71	52.47
湖　北	485.67	132.42	17.88	191.99	7030.14	5883.12	172.56
湖　南	152.04	21.96	3.25	97.38	1700.05	1470.34	32.24
广　东	701.59	74.88	49.25	297.53	9646.22	8242.38	133.39
广　西	104.77	20.25	10.44	13.60	1811.26	1590.35	80.78
海　南	11.11	0.01	1.40	5.01	21.30	18.01	0.22
重　庆	364.05	70.51	11.26	105.36	4665.65	3954.71	150.18
四　川	330.65	55.37	2.95	47.86	2452.13	2105.14	49.51
贵　州	30.87	7.62	0.12	0.13	132.55	117.97	1.51
云　南	26.18	2.31			146.89	137.12	2.91
西　藏							
陕　西	160.80	28.70	2.41	5.96	2262.11	2080.74	36.89
甘　肃	0.42	1.95			7.00	5.61	0.18
青　海							
宁　夏	1.65	1.55			11.06	10.33	0.09
新　疆	11.00	0.17			27.41	26.22	0.05

单位：亿元

管理费用	财务费用		投资收益（损失以“–”号记）	营业利润	利润总额	亏损企业亏损额	平均用工人数（万人）
		利息费用					
5441.97	**100.80**	**358.24**	**1248.23**	**5517.72**	**5646.29**	**1036.18**	**429.14**
171.51	-4.00	19.68	24.75	273.76	270.57	134.84	7.56
104.34	-0.09	5.07	48.26	171.02	180.26	32.95	10.40
155.15	2.89	12.86	61.28	99.60	104.26	31.99	16.94
17.75	0.33	2.12	-4.73	7.78	8.96	7.36	2.09
5.55	1.22	1.46	0.06	-6.87	-6.12	7.13	0.70
165.28	-24.55	8.39	15.88	532.61	534.66	24.60	12.53
377.83	-39.36	6.34	288.76	715.42	706.46	52.03	20.25
31.86	-0.59	0.72	25.84	34.79	35.34	2.44	0.99
919.97	-19.63	14.69	316.72	590.71	594.34	38.91	21.50
610.13	40.95	48.65	38.47	439.82	460.39	172.87	51.28
474.12	54.85	62.54	109.35	507.68	520.06	79.79	47.89
195.03	19.36	23.03	3.87	84.83	95.46	24.92	20.61
72.28	5.60	4.55	3.77	84.32	85.37	21.81	10.74
96.36	5.91	7.22	0.51	41.92	46.47	22.64	7.98
263.24	18.50	23.50	21.45	162.18	172.26	56.93	33.88
109.86	8.34	6.88	13.05	102.09	105.49	11.60	14.75
408.96	1.15	26.02	159.57	641.74	651.23	47.98	33.72
105.77	8.57	7.79	3.12	5.45	6.16	63.68	9.79
541.52	-2.20	22.82	81.87	612.62	628.28	70.04	42.44
101.40	-8.28	6.32	2.28	35.28	36.10	8.04	10.85
3.92	0.40	0.25	0.30	-1.39	-0.79	1.19	0.17
296.69	13.45	23.66	21.39	194.66	216.89	65.34	27.53
107.37	15.36	15.48	3.80	125.63	131.58	32.22	13.17
11.08	0.61	0.72	1.40	4.69	4.92	2.39	0.97
12.68	2.67	2.79	0.41	-3.35	-2.24	4.26	1.14
79.35	-1.51	3.83	6.76	61.58	60.69	16.80	8.99
0.59	0.68	0.64	0.04	-0.04	-0.02	0.21	0.10
0.40	0.14	0.12		0.09	0.10	0.10	0.07
1.96	0.03	0.08	0.02	-0.88	-0.84	1.13	0.13

3-44 按地区分组的铁路、船舶、航空航天和

地区	资产总计	固定资产净额	固定资产原价	累计折旧	流动资产合计	应收账款	存货
全国	**31477.42**	**4645.77**	**8858.83**	**4002.32**	**21887.48**	**4946.68**	**5148.26**
北京	1194.06	119.27	198.72	79.30	933.34	182.07	260.94
天津	736.45	129.57	193.89	81.80	463.48	124.70	124.05
河北	681.40	134.39	224.45	88.92	444.76	157.66	106.58
山西	381.68	76.01	139.75	63.40	241.29	74.45	52.49
内蒙古	106.50	11.46	24.36	12.90	79.96	27.88	7.41
辽宁	3274.25	511.05	864.41	393.94	2427.08	276.87	529.22
吉林	688.60	72.72	165.07	90.50	506.90	183.41	63.98
黑龙江	574.74	62.45	160.12	96.99	412.07	135.03	103.52
上海	2184.47	220.99	479.65	255.92	1621.80	256.61	454.88
江苏	4287.32	692.59	1352.16	636.95	2855.98	698.65	644.91
浙江	1507.85	262.87	509.96	211.57	964.63	231.46	235.55
安徽	301.83	57.64	91.63	31.36	177.02	55.64	41.29
福建	293.02	64.93	115.34	46.09	200.12	38.89	54.05
江西	972.07	183.85	292.19	104.39	677.64	60.26	234.90
山东	2071.65	311.81	609.42	289.73	1361.53	344.39	252.53
河南	461.38	103.39	183.13	76.39	268.68	84.27	50.26
湖北	2017.38	204.54	490.97	252.80	1376.92	273.32	361.87
湖南	1417.40	229.13	408.25	156.94	890.71	280.00	195.42
广东	1899.68	301.45	555.92	236.45	1293.58	283.73	282.59
广西	85.96	21.15	33.52	11.98	42.94	11.04	10.92
海南	0.44	0.08	0.34	0.27	0.35	0.09	0.10
重庆	985.86	203.87	422.70	200.85	606.38	178.06	111.11
四川	2351.14	250.31	504.85	203.24	1899.21	291.27	316.96
贵州	577.83	133.11	228.76	95.28	372.12	70.15	123.10
云南	105.03	15.85	24.57	8.72	69.52	24.04	23.03
西藏							
陕西	2270.17	263.81	571.30	269.69	1661.52	585.08	498.94
甘肃	42.51	6.54	11.88	5.40	33.49	15.80	7.22
青海	1.37	0.55	0.89	0.34	0.74	0.15	0.24
宁夏	0.61	0.01	0.04	0.03	0.59	0.32	0.02
新疆	4.78	0.39	0.60	0.21	3.09	1.40	0.18

其他运输设备制造业主要经济指标

单位：亿元

产成品	负债合计	流动负债合计	应付账款	所有者权益合计	实收资本	国家资本	集体资本
969.13	**20241.04**	**17797.72**	**6174.24**	**11228.31**	**5706.68**	**1360.88**	**66.23**
50.72	668.54	611.01	197.18	525.52	166.59	54.60	1.08
32.98	513.12	418.39	172.66	223.33	128.77	8.70	0.41
25.21	381.56	339.26	147.31	299.85	119.97	38.32	0.46
13.09	210.03	173.87	84.03	171.65	86.10	17.19	0.02
0.85	70.21	65.55	24.22	36.29	12.45	11.27	0.16
24.11	2319.33	1960.50	562.09	954.92	599.46	117.56	1.32
4.25	405.36	388.89	269.12	283.24	94.90	60.71	3.81
16.92	356.81	314.70	179.04	217.93	117.60	31.63	
121.27	1628.41	1372.82	439.01	556.06	365.06	36.66	1.06
179.21	2549.80	2237.18	730.41	1737.52	863.01	143.47	8.01
51.18	1155.85	1112.59	260.76	343.73	283.82	4.68	0.60
11.64	185.39	154.61	47.60	116.44	88.89	30.11	
7.68	203.03	180.06	35.85	89.99	55.71	11.35	
12.53	704.04	668.57	173.88	268.03	96.27	32.81	4.36
56.67	1308.64	1186.10	543.08	763.00	430.37	60.65	1.68
24.42	207.73	171.01	79.66	253.65	109.44	13.69	0.41
57.53	1241.77	990.69	340.06	775.61	370.87	127.11	25.43
46.63	758.82	650.57	302.48	658.77	301.01	84.27	3.19
48.93	1256.49	1101.77	347.85	643.18	467.27	87.27	4.73
3.61	49.72	36.14	12.73	36.24	25.96	15.90	0.25
0.01	0.31	0.31	0.05	0.12	0.06		
51.76	554.31	464.64	166.53	431.54	154.33	23.72	0.99
38.97	1776.92	1656.74	397.46	574.22	215.07	65.60	1.23
16.93	345.75	301.60	118.79	232.09	183.99	117.56	0.17
6.61	36.78	32.65	15.93	68.25	20.19	12.48	
64.27	1327.04	1185.39	517.86	943.12	335.42	151.07	6.82
0.99	22.06	19.75	6.92	20.45	10.82		
0.07	1.12	0.52	0.17	0.26	0.61		
	0.21	0.21	0.05	0.39	0.08		
0.09	1.89	1.63	1.44	2.89	2.60	2.54	0.03

3-44 续表

地区					营业收入	营业成本	销售费用
	法人资本	个人资本	港澳台资本	外商资本			
全国	**3236.67**	**604.69**	**162.63**	**270.79**	**18515.56**	**15880.12**	**317.48**
北京	85.54	24.94	0.15	0.29	499.17	387.94	9.42
天津	79.26	20.58	4.57	15.25	725.03	648.97	17.41
河北	63.76	14.54	0.90	2.00	399.81	336.87	11.49
山西	64.46	2.61		1.81	186.44	150.21	3.30
内蒙古	1.02				65.64	59.99	0.26
辽宁	455.43	8.39	1.37	15.37	1218.01	1111.11	9.65
吉林	23.75	5.23		1.40	337.15	282.30	8.54
黑龙江	72.30	10.03	3.30	0.34	365.80	323.34	2.77
上海	273.77	38.34	5.39	9.84	960.26	864.95	11.45
江苏	419.20	111.96	80.22	100.14	3194.90	2722.14	74.26
浙江	183.81	82.50	2.07	10.16	1118.12	954.40	24.28
安徽	46.28	8.20	2.28	2.03	204.83	166.83	6.10
福建	29.26	8.13	3.27	3.70	225.29	197.20	3.94
江西	55.96	3.14			609.09	547.87	2.25
山东	298.78	29.16	6.64	33.47	1111.50	949.61	18.31
河南	46.29	46.25	1.05	1.75	370.97	309.56	6.70
湖北	201.85	14.37	0.65	1.46	808.84	680.50	9.88
湖南	181.26	25.41		5.97	975.98	789.25	20.92
广东	235.52	33.32	50.35	56.08	1524.12	1347.74	26.07
广西	4.76	1.78		0.82	71.21	62.91	0.91
海南			0.06		0.60	0.56	0.01
重庆	74.35	51.26	0.14	2.44	972.79	819.74	15.78
四川	119.71	24.98	0.20	3.35	1184.23	1011.00	12.41
贵州	63.14	2.20		0.93	233.44	191.85	2.75
云南	2.32	5.39			40.42	33.68	1.16
西藏							
陕西	144.03	31.30		2.20	1092.65	915.94	17.30
甘肃	10.82				16.44	11.37	0.11
青海		0.61			0.28	0.23	0.04
宁夏		0.08			0.52	0.24	0.04
新疆	0.03				2.04	1.78	

单位：亿元

管理费用	财务费用	利息费用	投资收益（损失以“－”号记）	营业利润	利润总额	亏损企业亏损额	平均用工人数（万人）
1476.78	**62.34**	**125.57**	**105.96**	**694.71**	**714.95**	**365.08**	**158.41**
56.66	2.59	3.78	4.49	43.31	43.82	7.60	3.22
49.21	0.49	3.99	3.97	10.24	10.44	13.97	5.18
31.98	2.06	2.49	2.47	20.56	22.52	0.51	4.38
20.28	2.28	2.58	2.09	11.65	13.43	1.00	2.07
2.79	-0.09	0.15	0.02	2.83	2.88	0.01	0.31
88.44	-9.71	12.12	2.38	-93.06	-84.33	123.58	9.70
33.84	-1.71	0.44	0.51	21.17	21.65	2.34	2.23
28.01	0.73	1.39	0.98	10.91	11.70	1.40	2.44
85.09	0.98	11.73	2.68	6.80	8.13	27.97	6.55
243.21	12.37	18.91	49.36	175.05	157.37	51.67	25.43
87.43	10.66	10.31	1.35	28.27	29.41	22.36	11.82
20.64	1.06	1.38	0.02	13.84	16.43	1.70	2.21
14.51	6.90	6.39	-0.15	-5.87	-4.66	16.75	2.91
33.29	-0.89	1.22	0.61	27.62	27.68	0.13	3.34
97.37	3.98	5.78	10.61	50.25	52.67	19.22	8.97
27.40	0.32	1.07	1.66	26.84	26.95	1.92	4.94
77.51	7.24	5.62	0.40	44.75	48.07	6.87	9.39
100.67	4.20	4.35	6.45	61.21	63.21	2.81	7.03
104.12	5.48	10.91	3.54	26.16	31.78	27.60	12.05
5.07	0.27	0.27	0.04	2.09	2.41	1.17	1.23
0.02							0.01
62.22	6.09	6.41	6.28	69.58	71.82	3.77	10.75
81.76	-0.56	5.16	1.37	67.20	67.66	7.15	7.24
38.06	2.38	3.09	0.40	-4.23	-4.23	22.75	3.15
4.38	-0.07	0.20	0.03	0.89	0.91	0.30	0.36
79.52	4.83	5.34	3.95	74.58	75.12	0.42	11.18
2.81	0.42	0.43		1.68	1.67		0.27
0.06	0.05	0.05		-0.12	-0.11	0.11	0.01
0.11				0.12	0.13		0.01
0.32	0.01	0.01	0.47	0.37	0.43		0.02

3-45 按地区分组的电气机械和

地区	资产总计	固定资产净额	固定资产原价	累计折旧	流动资产合计	应收账款	存货
全国	**89975.35**	**11914.70**	**23152.40**	**10240.42**	**60255.22**	**20311.48**	**11205.47**
北京	1285.49	58.17	133.89	73.32	1015.84	346.89	139.95
天津	1350.27	271.75	564.14	272.93	872.96	352.06	205.10
河北	1998.18	307.71	565.47	219.45	1309.18	549.49	235.01
山西	436.78	76.63	125.26	45.84	274.27	105.24	71.75
内蒙古	151.65	20.18	33.67	11.01	118.19	43.83	27.26
辽宁	1155.92	175.18	355.08	163.09	767.52	266.76	181.06
吉林	136.41	22.03	42.32	19.83	98.39	51.42	16.73
黑龙江	391.42	42.04	96.35	53.94	285.34	71.24	49.61
上海	3072.77	293.34	671.39	349.75	2279.01	855.32	473.47
江苏	18249.56	2778.63	4946.82	2073.67	12295.56	4693.61	2131.10
浙江	11388.32	1563.67	2655.40	1048.39	7519.11	2673.72	1516.14
安徽	4652.60	650.59	1138.18	456.60	3274.60	1127.89	593.10
福建	4285.23	487.49	932.22	413.89	2976.79	710.39	615.62
江西	2916.47	443.63	1167.38	413.58	1587.31	541.16	303.44
山东	3918.14	385.96	736.19	331.20	2338.50	801.41	395.54
河南	2259.61	453.61	843.78	330.85	1273.41	472.34	268.41
湖北	1904.16	336.03	680.89	281.09	1259.17	454.38	268.31
湖南	1713.70	284.18	612.80	273.43	1039.06	371.63	217.20
广东	20419.50	2018.72	4763.44	2669.30	14298.11	3880.88	2509.67
广西	342.80	51.96	88.12	30.08	238.00	85.77	56.96
海南	98.43	18.30	26.38	8.07	60.53	22.66	17.45
重庆	1338.49	187.99	359.68	123.47	941.42	368.69	175.26
四川	2176.82	462.82	789.40	306.38	1350.02	398.63	306.72
贵州	305.21	58.31	79.31	18.20	206.60	63.84	49.48
云南	173.45	26.12	46.18	18.88	123.89	59.55	33.00
西藏	9.07	5.25	6.05	0.80	2.74	0.66	0.51
陕西	1663.55	235.26	375.35	121.05	1182.40	493.75	202.82
甘肃	163.61	35.34	54.34	18.01	111.77	43.06	25.66
青海	262.98	82.25	138.52	53.91	140.30	84.27	32.92
宁夏	169.19	27.26	37.36	9.75	127.74	81.93	15.60
新疆	1585.56	54.31	87.04	30.66	887.47	239.01	70.64

器材制造业主要经济指标

单位：亿元

产成品	负债合计	流动负债合计	应付账款	所有者权益合计	实收资本	国家资本	集体资本
4845.63	**51949.29**	**45083.04**	**17603.28**	**38013.44**	**15395.04**	**845.25**	**218.10**
47.74	754.05	684.93	285.70	531.44	257.65	16.50	2.85
83.63	769.29	680.33	322.56	580.98	330.97	26.74	3.01
111.74	1139.13	1016.13	401.57	859.02	570.19	47.17	3.81
39.54	289.77	243.51	98.53	146.91	116.99	46.38	0.85
8.43	123.18	116.64	59.38	28.48	23.38	3.27	
61.16	655.33	547.02	195.50	500.48	304.52	6.49	3.80
7.43	71.87	65.37	31.92	64.54	41.54	1.47	4.57
14.74	215.37	192.96	62.98	176.06	71.77	10.57	0.21
190.69	1655.12	1496.30	738.75	1417.49	526.79	83.01	2.73
948.96	10083.14	9028.94	3437.07	8166.42	3651.85	81.60	48.52
666.50	6353.85	5766.60	2051.20	5023.58	1988.68	31.80	26.39
303.21	2904.24	2627.11	1058.95	1748.35	730.56	17.56	10.76
268.30	2564.41	2108.14	732.34	1720.82	401.36	14.96	1.85
117.05	1635.58	1297.47	504.40	1280.99	554.41	18.64	33.57
193.01	2184.11	1659.71	595.03	1734.03	661.86	55.74	8.13
110.15	1215.03	1067.44	482.85	1043.72	550.34	76.76	6.95
128.75	1066.10	945.37	417.45	838.08	344.03	29.31	7.24
95.08	983.36	805.94	292.86	730.33	391.03	86.80	6.59
1076.89	11969.30	10216.62	3862.56	8450.14	2612.76	69.14	29.02
31.68	212.83	178.29	75.83	129.43	72.62		4.80
1.65	62.43	47.72	16.01	36.01	14.70		
66.89	877.35	795.96	366.37	461.14	143.20	21.14	0.15
79.64	1369.09	1098.87	430.06	807.73	397.47	32.14	2.13
18.79	198.00	157.06	64.68	107.21	59.91	5.73	0.21
15.52	89.03	83.76	31.04	84.42	52.94	2.96	1.33
0.17	5.35	4.10	1.69	3.72	3.65		
115.83	1165.54	1070.91	586.62	498.01	271.78	35.52	5.94
14.99	102.11	87.62	45.26	61.50	34.03	8.79	0.74
11.55	203.04	189.40	68.30	59.95	32.57		
6.11	101.41	92.80	65.71	67.78	25.19	4.85	0.41
9.78	930.88	710.04	220.08	654.68	156.30	10.20	1.53

3–45 续表

地区	法人资本	个人资本	港澳台资本	外商资本	营业收入	营业成本	销售费用
全国	**8010.52**	**4148.42**	**794.32**	**1370.46**	**86545.86**	**73442.66**	**2698.96**
北京	113.09	102.13	2.79	20.28	885.66	687.94	51.08
天津	137.03	54.01	10.82	99.37	1306.01	1154.66	29.89
河北	297.84	214.25	1.32	5.60	2025.81	1777.36	32.52
山西	47.08	21.05	0.70	0.93	242.63	209.64	6.23
内蒙古	12.35	5.71		0.05	133.04	124.24	3.74
辽宁	132.71	78.92	23.49	59.10	837.36	710.99	24.51
吉林	14.48	14.61	0.61	5.79	97.62	80.88	2.38
黑龙江	32.91	19.35	8.74		198.96	175.07	6.80
上海	203.20	136.81	13.47	87.57	3124.57	2573.26	131.29
江苏	1936.33	836.31	211.37	537.73	17522.52	15089.60	450.74
浙江	954.10	745.74	100.62	130.03	11258.76	9670.16	322.86
安徽	407.00	255.91	13.11	26.23	4717.59	4071.86	164.27
福建	231.26	83.86	48.26	20.88	3515.25	2875.87	98.12
江西	334.37	129.22	24.78	13.83	4171.10	3632.74	58.77
山东	345.09	205.11	5.56	37.10	2926.21	2476.48	114.52
河南	338.25	123.24	2.32	2.82	2251.42	1930.20	44.60
湖北	168.20	111.93	1.10	26.04	2397.21	2009.55	62.36
湖南	187.99	104.43	4.27	0.96	2007.55	1676.50	57.44
广东	1387.12	594.01	293.28	240.17	19904.06	16337.82	843.68
广西	33.35	21.68	10.94	1.84	348.31	303.40	5.75
海南	10.11	1.23	1.03	2.34	59.90	51.45	1.42
重庆	61.61	47.40	0.38	12.51	1465.54	1266.92	47.47
四川	247.27	101.82	4.73	9.39	2142.75	1842.22	56.56
贵州	35.06	16.74	1.21	0.80	268.14	232.25	5.81
云南	20.30	27.11	1.23		198.40	173.30	5.19
西藏	2.46	1.18			2.49	1.72	0.04
陕西	130.42	70.31	0.48	29.11	1506.43	1362.86	38.87
甘肃	18.84	5.66			142.72	128.81	5.16
青海	32.22	0.35			156.47	158.52	0.40
宁夏	13.95	5.98			146.99	136.44	1.79
新疆	124.51	12.34	7.72		584.38	519.95	24.71

单位：亿元

管理费用	财务费用	利息费用	投资收益(损失以“-”号记)	营业利润	利润总额	亏损企业亏损额	平均用工人数(万人)
5314.95	**452.49**	**453.40**	**418.97**	**4672.94**	**4756.50**	**662.41**	**585.08**
76.08	1.92	4.11	8.38	79.25	80.92	6.30	3.61
68.49	4.73	6.05	2.89	45.86	47.08	21.65	6.20
92.22	15.61	11.34	-12.78	52.55	31.02	38.06	10.38
20.11	2.31	2.42	0.35	3.33	3.35	5.35	2.00
4.83	-0.16	0.07	0.01	-1.83	-1.64	5.78	0.51
60.26	8.61	7.75	1.75	31.73	33.75	14.67	7.03
8.70	0.53	0.54	0.23	4.52	4.85	1.08	0.73
15.38	1.90	1.88	2.08	-0.05	0.71	7.38	1.54
223.14	11.97	8.61	11.24	187.84	194.03	16.73	15.78
1035.90	101.62	89.00	90.27	853.47	865.56	188.44	92.15
731.85	84.93	84.40	82.81	501.01	524.14	74.68	89.38
245.55	21.06	20.27	15.37	213.79	219.24	30.31	28.24
235.67	-4.63	12.19	16.92	302.14	302.96	9.48	23.19
162.17	24.54	19.92	3.98	261.23	266.98	16.33	16.86
208.71	18.78	16.66	29.05	133.65	140.07	23.98	19.01
123.15	20.25	15.18	1.34	121.29	125.61	13.73	17.26
140.63	12.40	9.77	-0.20	165.55	167.94	4.80	13.32
142.91	13.43	9.35	4.58	102.26	98.66	7.15	14.18
1375.36	72.65	96.62	119.98	1320.27	1351.35	113.31	183.60
18.05	3.86	2.64	-0.23	14.88	15.44	4.60	3.32
3.61	0.73	0.50	0.04	2.48	2.60		0.27
63.50	6.58	5.39	0.66	85.47	87.04	5.78	8.33
117.96	9.47	10.09	4.60	107.47	109.54	7.37	12.95
16.85	1.64	1.49	0.43	10.76	11.29	1.42	2.36
13.08	1.13	0.98	0.07	4.78	5.22	0.87	1.43
0.29	0.07	0.07		0.35	0.41		0.02
63.54	12.22	4.50	-0.39	25.41	24.73	24.21	7.49
7.68	0.91	0.94	0.04	0.25	0.31	2.87	1.15
3.70	0.79	0.70	1.18	-5.67	-5.60	13.61	1.01
3.78	0.39	0.45	0.55	5.32	5.51	0.25	0.56
31.79	2.24	9.52	33.77	43.61	43.44	2.22	1.21

3-46 按地区分组的计算机、通信和

地区	资产总计	固定资产净额	固定资产原价	累计折旧	流动资产合计	应收账款	存货
全国	**153315.61**	**26917.85**	**51711.39**	**23716.87**	**98880.62**	**35186.45**	**19387.19**
北京	7395.12	524.90	1323.38	784.63	5176.05	972.16	908.82
天津	1930.22	316.11	780.28	455.47	1251.38	403.80	323.06
河北	1014.89	363.21	542.97	165.51	527.11	234.69	78.64
山西	1404.67	114.82	242.74	125.69	1204.91	437.03	97.89
内蒙古	409.55	170.40	282.48	109.66	170.22	52.55	48.28
辽宁	1078.44	83.20	193.77	108.35	854.99	171.90	119.77
吉林	245.21	43.19	97.40	53.79	146.51	40.24	23.89
黑龙江	87.22	11.56	22.09	10.53	41.68	13.89	12.99
上海	6491.53	1389.05	3243.86	1795.18	3891.08	1239.34	711.85
江苏	21687.81	5012.03	10690.47	5478.26	13597.34	5783.50	2861.29
浙江	10138.78	1325.77	2247.87	872.58	6815.02	2676.78	1236.20
安徽	6709.74	1332.56	2209.44	848.35	4165.50	2319.89	535.42
福建	5202.81	1154.87	2281.64	1059.52	2932.17	955.25	622.74
江西	4090.21	919.39	1579.69	585.09	2418.86	1078.04	470.82
山东	3956.74	550.78	1082.25	513.19	2835.78	841.55	586.82
河南	4511.15	353.86	742.87	326.36	3722.66	1970.51	317.43
湖北	5809.87	1848.32	2564.87	689.42	2706.82	850.23	633.48
湖南	3326.37	613.28	1014.18	361.00	1831.90	616.27	302.32
广东	48942.75	5716.06	11696.87	5780.09	33493.22	9764.52	7365.63
广西	1182.00	110.15	180.84	68.41	987.22	595.39	167.57
海南	19.18	0.36	1.36	1.00	18.70	1.66	10.89
重庆	4364.95	800.12	1517.12	630.74	2782.65	1250.00	520.15
四川	7635.99	2142.27	3657.19	1487.99	4665.47	2048.73	865.58
贵州	469.67	72.50	122.55	43.95	361.45	117.57	98.51
云南	816.99	240.28	333.66	72.47	473.66	178.18	93.14
西藏	1.49	0.54	0.90	0.36	0.84		0.11
陕西	3215.21	1353.20	2497.98	1088.45	1254.23	417.62	267.19
甘肃	580.19	185.60	300.41	113.97	210.28	38.76	47.53
青海	198.41	43.82	86.75	42.62	107.20	5.56	18.27
宁夏	332.78	102.61	143.59	38.26	197.50	100.89	29.62
新疆	65.70	23.02	29.93	5.95	38.23	9.94	11.29

其他电子设备制造业主要经济指标

单位：亿元

产成品	负债合计	流动负债合计	应付账款	所有者权益合计	实收资本	国家资本	集体资本
6199.58	**84418.42**	**70318.03**	**34569.88**	**68873.48**	**30993.13**	**1863.06**	**473.64**
297.06	3917.28	3707.28	1382.80	3477.84	1287.10	147.51	1.70
103.94	876.75	747.75	358.87	1061.26	459.90	16.19	22.61
31.39	424.33	387.96	135.85	590.56	417.34	32.52	12.73
19.13	955.49	936.50	521.56	449.18	213.17	6.49	1.48
15.68	208.34	162.69	56.99	201.20	209.57	0.18	
67.06	365.03	318.80	94.90	713.41	287.14	16.37	0.67
7.81	98.76	82.73	38.98	146.45	35.59	5.88	
8.78	38.35	30.87	7.68	48.87	28.97	2.20	0.61
184.71	3170.30	2166.40	1263.44	3321.22	2156.10	447.15	2.20
990.09	11151.80	9564.22	5228.71	10536.03	5386.21	259.70	48.62
450.77	5202.49	4637.83	2044.74	4911.45	1728.55	29.68	9.46
177.17	4217.32	3514.66	2320.76	2492.42	1651.23	199.34	9.75
223.24	2492.07	1862.08	874.89	2710.11	1460.40	85.66	16.22
204.88	2366.98	1920.56	1016.65	1722.70	729.76	32.48	15.04
170.96	2188.12	2037.83	821.81	1768.61	676.24	43.27	7.42
106.38	3157.94	3053.40	1926.53	1352.46	542.42	10.45	14.29
156.75	3386.07	2226.02	944.32	2423.80	1799.40	52.28	43.51
104.29	1266.52	992.01	492.37	2055.09	855.01	72.97	12.21
2237.61	28060.23	23036.38	10088.29	20882.50	7040.82	142.63	97.14
65.14	844.42	792.38	566.05	337.57	225.66	7.90	0.90
5.04	9.00	9.00	3.40	10.18	1.04	1.04	
153.09	2656.00	2149.71	1499.46	1708.95	952.58	32.57	0.94
258.52	4855.20	3989.97	2097.78	2780.79	1641.34	135.76	7.86
44.21	267.43	210.99	101.19	202.24	71.16	7.68	0.76
21.81	450.81	386.41	177.67	366.18	107.56	6.71	10.16
0.06	0.10	0.10		1.40	2.70	0.20	
63.23	1322.74	1035.58	348.76	1892.47	733.54	49.90	0.50
13.09	221.23	145.31	69.49	358.95	163.54	11.67	136.89
2.80	102.40	85.57	23.58	96.01	25.02		
8.82	102.98	86.03	45.15	229.80	85.97	4.89	
6.03	41.90	41.01	17.23	23.79	18.07	1.80	

3-46 续表

地区					营业收入	营业成本	销售费用
	法人资本	个人资本	港澳台资本	外商资本			
全国	**17291.54**	**3213.42**	**3318.04**	**4834.54**	**147051.87**	**126075.01**	**3053.14**
北京	681.21	118.81	44.19	293.70	5500.22	4708.12	239.32
天津	154.94	20.87	39.63	206.78	2073.51	1806.23	29.86
河北	256.26	81.29	21.03	13.51	659.08	554.41	11.52
山西	109.09	9.91	53.87	32.34	1463.98	1391.80	3.51
内蒙古	201.53	4.14	3.62	0.11	248.69	207.39	2.87
辽宁	43.80	31.94	7.87	186.48	763.99	551.66	11.46
吉林	7.76	10.41		11.55	185.78	132.15	6.68
黑龙江	20.36	5.78	0.01		20.91	16.10	0.81
上海	837.10	68.67	253.17	547.81	5704.05	5206.16	59.62
江苏	2066.54	447.97	1039.32	1524.07	22158.70	19526.62	255.30
浙江	1036.08	326.88	121.20	205.27	8676.93	7075.57	296.07
安徽	1236.12	114.41	45.90	45.71	4450.03	3850.42	59.38
福建	946.18	126.22	123.29	162.32	5211.68	4389.27	113.34
江西	502.30	119.09	48.51	12.33	5306.44	4674.33	57.08
山东	298.13	135.91	87.71	103.79	4236.68	3748.51	66.43
河南	311.35	47.91	134.74	23.68	7039.31	6742.46	19.79
湖北	1525.93	88.83	18.65	70.21	3504.04	3018.90	64.77
湖南	548.16	91.01	120.40	10.26	2892.85	2275.43	70.06
广东	4160.75	877.11	927.42	835.79	46395.14	37827.77	1461.99
广西	168.38	16.51	27.59	4.38	1331.94	1230.00	8.45
海南					8.35	5.48	0.13
重庆	648.49	61.37	125.70	84.02	6614.73	5967.38	51.79
四川	968.20	349.88	60.95	118.70	8317.46	7587.65	119.27
贵州	33.12	16.12	9.49	4.00	417.59	342.21	7.56
云南	85.28	2.83	2.10	0.48	1061.82	878.01	15.12
西藏	2.50				0.92	0.78	0.01
陕西	326.04	21.05	1.43	334.63	2108.59	1799.15	17.85
甘肃	12.69	2.29			229.57	186.47	1.75
青海	13.96	8.41		2.66	99.85	70.01	0.63
宁夏	78.95	1.98	0.15		307.13	247.33	0.39
新疆	10.35	5.85	0.08		61.92	57.23	0.33

单位：亿元

管理费用	财务费用		投资收益(损失以"–"号记)	营业利润	利润总额	亏损企业亏损额	平均用工人数(万人)
		利息费用					
10043.85	**431.75**	**741.87**	**1360.86**	**8844.46**	**9018.57**	**1030.47**	**967.30**
301.71	-3.99	16.09	85.80	327.60	336.92	35.31	9.30
112.91	4.86	6.65	11.57	127.39	128.34	8.34	9.61
54.62	5.76	6.60	1.10	30.04	31.55	24.38	7.87
30.69	-5.61	4.11	3.96	46.88	47.01	3.49	12.24
16.29	1.90	2.00	0.57	18.45	19.42	0.38	1.19
57.49	1.00	1.74	3.10	243.56	245.85	3.59	5.64
27.47	0.28	1.21	1.03	19.25	19.80	1.10	1.22
3.23	1.06	1.22	0.08	-0.05	0.09	1.74	0.28
326.96	-9.61	16.46	29.37	175.11	181.14	91.92	26.94
1188.84	65.58	88.36	43.48	1101.71	1147.58	190.20	160.37
670.07	28.08	46.74	36.07	660.55	680.24	57.49	61.72
307.62	27.33	37.72	10.62	240.51	247.16	73.77	27.72
300.20	17.58	24.28	24.37	433.43	442.57	27.90	34.41
239.44	27.42	23.32	3.67	304.69	320.27	25.87	39.47
246.80	11.83	16.44	17.80	172.03	179.06	17.39	26.81
126.41	1.33	67.99	28.11	183.37	185.58	10.94	44.36
278.20	13.25	27.76	8.52	122.94	127.01	80.30	21.71
240.05	14.41	10.26	-10.64	221.16	210.34	13.35	32.04
4741.60	171.72	261.53	1018.06	3188.61	3222.42	282.08	341.81
33.66	2.42	2.95	1.09	61.38	66.34	3.82	10.23
1.03	-0.05			1.75	1.77		0.07
217.48	5.76	12.35	4.45	367.22	373.52	16.16	29.87
296.70	22.74	41.97	12.89	295.20	300.94	43.95	41.96
29.64	1.51	1.50	0.12	34.85	37.14	3.41	3.03
26.64	4.73	1.21	1.49	137.68	138.25	2.80	4.06
0.14				-0.02	-0.02	0.03	0.01
130.05	16.74	17.16	21.85	232.20	232.09	8.48	9.80
17.46	2.37	2.77	1.65	26.07	26.02	0.40	1.38
6.21	0.83	0.61	-0.02	22.40	21.91	0.06	0.48
12.27	0.14	0.77	0.69	46.54	46.00	0.75	1.31
1.97	0.38	0.09		1.97	2.24	1.07	0.37

3-47　按地区分组的仪器仪表

地　区	资产总计	固定资产净　额	固定资产原　价	累计折旧	流动资产合　计	应收账款	存货
全　国	**13173.28**	**1468.34**	**2727.33**	**1198.29**	**9115.12**	**2788.22**	**2020.93**
北　京	709.59	38.70	73.08	34.07	486.53	136.60	106.03
天　津	153.99	8.79	23.55	14.72	128.29	39.66	29.35
河　北	295.72	35.53	67.63	29.38	216.13	94.56	47.60
山　西	74.98	9.29	14.44	5.15	46.28	18.97	6.09
内蒙古	0.33	0.03	0.13	0.09	0.29	0.18	0.02
辽　宁	220.51	27.15	53.20	26.03	154.92	48.00	39.78
吉　林	30.60	4.03	7.39	3.33	20.27	6.12	5.29
黑龙江	83.47	9.27	20.57	11.13	63.43	14.75	13.26
上　海	606.51	45.17	106.96	59.77	485.65	131.58	104.43
江　苏	3653.40	437.37	787.91	344.33	2424.70	743.75	555.05
浙　江	2220.50	272.10	468.24	189.59	1526.79	449.54	344.08
安　徽	257.92	29.55	55.00	25.18	192.61	61.47	31.26
福　建	331.93	39.40	68.90	28.02	213.76	56.00	48.25
江　西	188.11	33.40	67.81	19.22	106.78	39.08	17.27
山　东	504.02	51.53	91.96	39.74	376.10	121.83	80.23
河　南	445.95	66.09	116.85	45.97	277.25	78.47	52.26
湖　北	316.51	42.93	99.38	51.81	218.99	67.78	51.56
湖　南	225.98	39.09	65.37	22.84	143.57	47.78	24.75
广　东	1878.80	156.23	311.04	150.46	1343.45	421.66	315.88
广　西	25.84	5.03	8.86	3.76	18.14	5.49	3.73
海　南							
重　庆	255.11	29.21	55.30	25.38	180.11	44.08	39.51
四　川	284.55	40.58	76.16	31.98	199.50	61.87	48.08
贵　州	18.46	2.53	4.53	1.68	13.73	5.80	2.88
云　南	69.55	11.53	18.53	6.82	48.65	20.45	8.87
西　藏							
陕　西	255.65	24.10	50.14	23.12	199.89	61.20	41.73
甘　肃	30.39	1.61	2.36	0.75	6.18	1.91	0.73
青　海	2.42	0.24	1.28	1.04	1.68	0.64	0.20
宁　夏	31.78	7.83	10.68	2.85	21.00	8.74	2.70
新　疆	0.71	0.02	0.08	0.05	0.43	0.27	0.05

制造业主要经济指标

单位：亿元

产成品	负债合计	流动负债合计	应付账款	所有者权益合计	实收资本	国家资本	集体资本
644.96	**6047.38**	**5405.17**	**2186.76**	**7125.67**	**2249.29**	**172.83**	**23.50**
28.66	285.69	256.08	90.03	423.90	125.63	12.59	0.10
10.04	66.71	64.92	31.83	87.28	28.76	3.55	3.55
15.08	131.87	120.08	54.36	163.85	47.74	1.51	0.60
1.36	34.55	31.30	10.21	40.44	16.82	1.40	0.02
	0.16	0.16	0.04	0.17	0.12		
10.18	92.81	71.09	30.26	127.70	35.56	2.04	0.35
1.45	7.67	7.07	2.53	22.93	7.15	1.28	0.03
3.05	50.77	39.07	11.52	32.70	15.12	1.67	0.37
31.07	240.92	220.77	96.43	365.59	94.53	3.90	1.37
177.14	1740.99	1549.44	643.20	1912.40	604.58	83.75	3.05
113.26	994.68	913.50	321.73	1225.82	321.19	0.84	2.83
9.29	102.70	97.24	44.45	155.22	51.30	5.44	0.39
13.49	138.85	114.11	42.02	193.08	64.37	0.62	0.98
7.98	84.03	66.68	33.01	104.08	51.46	0.81	0.44
27.67	222.43	204.64	77.56	281.59	106.72	12.45	0.48
15.40	175.03	146.70	70.23	270.91	73.65	7.75	0.24
18.32	152.86	119.84	50.16	163.65	52.12	3.60	0.72
8.60	94.51	79.00	29.48	131.33	44.13	3.97	0.45
111.14	932.94	849.02	366.99	945.86	292.79	0.82	5.70
1.42	13.22	12.39	3.45	12.62	3.99		0.18
14.86	136.18	123.23	44.06	118.93	71.69	8.96	0.02
11.01	151.53	138.60	55.89	133.01	56.99	4.43	0.97
1.10	7.88	6.51	2.46	10.57	6.21	0.63	
1.20	31.83	29.78	12.89	37.72	18.55	3.30	0.04
11.03	128.22	121.29	55.65	127.43	43.06	7.31	0.49
0.09	11.87	9.92	1.03	18.52	4.51	0.20	
0.09	0.16	0.16	0.07	2.27	0.15		0.15
0.99	16.14	12.28	5.11	15.64	10.20		
0.02	0.18	0.28	0.13	0.44	0.19		

3-47 续表

地　区					营业收入	营业成本	销售费用
	法人资本	个人资本	港澳台资本	外商资本			
全　国	**953.60**	**738.70**	**130.36**	**228.93**	**9748.99**	**7304.24**	**482.82**
北　京	45.81	53.41	2.65	11.07	358.92	241.83	27.01
天　津	9.09	7.40	3.44	1.73	127.01	94.26	8.88
河　北	28.02	14.55		3.06	201.95	146.29	11.29
山　西	12.68	2.71			31.50	22.19	1.69
内蒙古	0.10	0.02			0.52	0.42	0.02
辽　宁	10.52	14.66	0.54	7.45	139.46	100.05	8.19
吉　林	2.59	3.08		0.18	14.92	9.88	0.69
黑龙江	5.84	5.33		1.90	48.82	37.16	2.03
上　海	25.70	26.10	4.76	32.69	539.06	383.23	34.00
江　苏	236.44	179.20	22.36	79.78	2482.31	1916.57	105.17
浙　江	134.47	128.46	25.82	28.47	1522.22	1109.61	82.11
安　徽	20.13	15.58	0.32	9.45	168.75	121.76	9.44
福　建	21.10	23.25	12.77	5.66	352.35	290.27	11.57
江　西	42.04	7.91	0.03	0.24	213.94	169.66	6.88
山　东	45.33	42.31	0.08	6.06	347.16	243.21	25.77
河　南	36.74	27.27	1.40	0.25	404.61	330.14	11.73
湖　北	32.37	14.39	0.50	0.54	312.77	228.14	14.66
湖　南	23.56	16.06	0.03	0.05	215.44	152.77	9.40
广　东	107.83	96.68	54.24	27.52	1540.40	1160.37	76.93
广　西	1.23	2.57		0.01	18.40	13.22	0.64
海　南							
重　庆	49.41	5.77	0.21	6.73	192.57	144.61	13.37
四　川	21.62	24.03	0.54	5.40	288.97	220.53	11.41
贵　州	3.99	1.59			11.06	7.70	0.61
云　南	12.87	1.67	0.67		34.71	27.66	0.81
西　藏							
陕　西	22.32	11.81		0.67	159.90	117.68	7.32
甘　肃	0.30	4.01			2.20	1.73	0.05
青　海					1.11	0.67	0.06
宁　夏	1.44	8.76			17.48	12.35	1.04
新　疆	0.08	0.11			0.45	0.29	0.05

单位：亿元

管理费用	财务费用	利息费用	投资收益（损失以“-”号记）	营业利润	利润总额	亏损企业亏损额	平均用工人数（万人）
1045.06	**51.77**	**49.82**	**126.21**	**983.17**	**1022.22**	**60.86**	**97.16**
53.03	0.97	1.81	9.08	45.00	46.14	2.69	2.63
14.27	0.03	0.22	2.07	12.56	12.92	1.27	1.15
18.74	1.22	1.26	0.37	23.78	24.94	0.34	2.26
4.54	0.42	0.44	0.24	1.56	1.81	1.11	0.34
0.07				0.03	0.02		0.01
17.16	0.96	1.03	0.69	14.72	15.94	1.63	1.81
3.11	-0.01	0.04	0.14	1.70	1.90	0.17	0.30
7.22	0.76	0.41	-0.07	0.63	0.88	2.93	0.71
64.38	0.31	1.17	7.34	66.34	68.88	2.88	3.87
239.51	13.40	11.70	44.09	245.16	253.40	12.91	18.67
172.82	9.93	8.98	25.52	176.12	184.48	6.68	15.84
24.63	0.22	0.47	1.12	14.17	15.87	1.19	1.75
27.24	2.29	1.76	2.02	22.55	23.16	0.34	3.46
14.43	1.15	0.56	-2.02	19.23	19.67	0.87	1.95
46.82	0.52	1.33	1.66	31.57	35.02	1.93	4.22
30.05	0.78	0.70	4.58	36.92	37.69	0.45	4.92
32.74	2.30	1.94	1.13	35.31	36.09	1.87	3.05
24.49	1.69	1.18	1.93	28.87	28.89	1.12	1.84
174.91	9.34	8.78	20.56	138.46	143.09	12.57	20.87
2.56	0.06	0.09		1.98	2.24	0.04	0.50
20.27	0.48	0.91	3.93	16.84	17.70	0.68	2.14
23.25	3.22	3.26	0.41	29.73	29.42	5.92	2.09
1.89	0.17	0.11		0.72	0.89	0.28	0.18
3.98	0.16	0.41	0.04	1.90	2.98	0.01	0.44
20.11	0.89	0.75	1.30	15.19	15.90	0.61	1.92
0.47	0.33	0.33		-0.36	-0.31	0.36	0.05
0.21				0.16	0.17		0.04
2.10	0.17	0.18	0.08	2.37	2.43		0.14
0.09				0.02	0.02		0.01

3-48 按地区分组的其他

地　区	资产总计	固定资产净额	固定资产原价	累计折旧	流动资产合计	应收账款	存货
全　国	**3542.95**	**711.00**	**1408.50**	**667.62**	**1951.23**	**464.78**	**417.91**
北　京	420.54	21.28	42.41	21.12	382.34	71.92	66.65
天　津	13.11	2.77	6.55	3.78	9.50	3.57	2.75
河　北	12.15	1.17	3.13	1.79	9.57	3.10	3.37
山　西	209.32	39.71	79.39	38.35	126.23	8.78	18.75
内蒙古	5.62	0.29	0.44	0.15	4.84	3.23	0.36
辽　宁	27.50	6.16	21.41	15.22	19.50	4.66	4.34
吉　林	2.70	0.28	0.69	0.42	2.42	1.04	0.19
黑龙江	71.44	21.56	38.35	16.78	41.46	13.02	8.20
上　海	75.51	17.91	51.31	33.28	52.06	13.27	19.93
江　苏	120.82	37.66	72.05	33.65	66.63	23.79	20.54
浙　江	295.02	59.06	108.65	48.96	196.58	49.02	47.87
安　徽	105.60	19.56	33.04	13.08	64.55	15.42	15.98
福　建	151.10	17.79	36.71	15.22	94.60	22.65	22.10
江　西	49.31	13.96	24.55	5.80	22.07	6.83	4.52
山　东	48.91	9.46	14.42	4.92	33.00	13.36	10.39
河　南	202.96	49.37	102.63	51.20	113.38	11.89	16.12
湖　北	63.45	12.81	27.41	11.67	43.25	6.64	7.80
湖　南	76.41	21.29	42.12	16.33	27.37	7.72	8.94
广　东	459.81	63.94	138.65	72.18	306.78	87.52	70.48
广　西	7.27	1.89	4.26	2.20	3.95	0.65	0.87
海　南							
重　庆	204.54	60.64	105.69	43.40	111.84	16.26	15.84
四　川	209.73	93.86	169.64	74.98	89.79	52.43	22.40
贵　州	36.38	6.93	13.65	6.08	28.72	8.77	2.18
云　南	2.64	0.41	0.78	0.36	2.14	0.51	0.60
西　藏							
陕　西	25.26	5.07	13.23	5.83	14.08	6.85	3.00
甘　肃	645.83	126.19	257.33	130.89	84.59	11.89	23.74
青　海							
宁　夏							
新　疆							

制造业主要经济指标

单位：亿元

产成品	负债合计	流动负债合计	应付账款	所有者权益合计	实收资本	国家资本	集体资本
143.75	**2246.00**	**1541.08**	**522.40**	**1297.34**	**527.43**	**100.19**	**2.99**
16.60	352.44	345.22	80.36	68.10	27.04	10.07	
0.67	6.69	6.34	2.57	6.42	3.81	0.20	
1.46	7.39	7.38	1.86	4.76	2.79		0.65
3.02	151.14	132.06	35.81	58.18	38.95	37.79	
0.03	3.58	3.58	1.71	2.04	1.91		
2.06	14.48	13.08	4.12	13.02	10.08	0.09	
0.03	0.76	0.76	0.15	1.95	1.18		
1.89	44.79	39.87	18.15	26.65	2.96	0.59	
7.66	36.45	31.87	9.51	39.06	15.54	0.24	
9.66	62.92	59.70	21.13	57.90	30.04		0.40
20.38	181.06	174.88	43.73	113.95	50.44	0.20	0.12
6.16	50.32	44.44	14.70	55.28	20.78	3.78	0.96
10.00	55.71	41.14	9.18	95.40	25.40	0.10	0.03
1.86	21.15	17.76	5.58	28.16	16.71	2.05	0.01
4.02	34.03	32.41	11.75	14.88	9.70		
5.45	74.17	60.12	24.81	128.79	36.45	7.54	0.18
2.39	31.28	25.72	17.12	32.17	10.93	4.28	0.01
3.90	25.75	19.62	7.70	50.66	24.85	0.11	0.13
25.96	226.52	201.87	82.64	233.68	97.08	0.89	0.50
0.28	4.35	4.21	0.39	2.92	2.56		
4.48	107.67	99.52	22.51	96.87	30.97	0.78	
12.26	161.62	61.60	28.54	48.11	19.96	2.43	
1.25	26.25	22.08	15.54	10.13	3.66		
0.17	1.44	1.41	0.73	1.21	0.30	0.11	
1.23	10.17	8.62	1.14	15.10	5.08		
0.89	553.87	85.83	60.99	91.96	38.24	28.95	

3-48 续表

地区					营业收入	营业成本	销售费用
	法人资本	个人资本	港澳台资本	外商资本			
全国	**184.68**	**136.20**	**32.83**	**59.24**	**2832.74**	**2383.25**	**65.41**
北京	6.94	8.61		1.43	188.08	168.61	0.34
天津	0.57	1.22	0.96	0.86	16.63	13.44	0.80
河北	1.12	0.79		0.23	15.94	13.60	0.59
山西	1.11	0.05			146.57	127.98	0.25
内蒙古	0.41	1.50			6.64	5.93	0.29
辽宁	1.69	0.80	0.01	7.48	23.00	18.15	1.15
吉林	0.45	0.74			0.70	0.66	0.01
黑龙江	1.22	1.15			56.99	46.93	0.31
上海	5.70	1.72	1.13	6.75	62.46	43.96	3.78
江苏	7.80	7.24	1.30	13.29	149.58	127.55	6.04
浙江	22.05	19.56	3.27	5.24	307.19	256.75	9.60
安徽	7.96	7.97		0.10	106.87	88.59	3.67
福建	6.89	6.37	9.42	2.59	289.37	249.50	7.12
江西	8.26	4.93	0.25	1.22	90.34	75.20	2.77
山东	4.76	2.58		2.36	50.59	44.17	1.45
河南	13.50	15.24			156.67	130.90	2.20
湖北	1.73	4.89		0.01	104.70	87.50	1.56
湖南	10.81	13.74	0.06		231.58	194.14	3.93
广东	35.01	30.26	14.58	15.83	476.19	391.82	15.97
广西	0.85	0.97		0.74	5.29	4.48	0.17
海南							
重庆	18.24	0.66			115.48	92.60	1.40
四川	16.02	1.51			79.84	74.44	0.75
贵州	2.16	1.51			37.01	33.88	0.48
云南	0.16	0.03			4.91	4.15	0.22
西藏							
陕西	0.32	1.81	1.85	1.10	17.04	12.83	0.56
甘肃	8.94	0.36			93.08	75.49	
青海							
宁夏							
新疆							

单位：亿元

管理费用	财务费用		投资收益(损失以“–”号记)	营业利润	利润总额	亏损企业亏损额	平均用工人数(万人)
		利息费用					
213.61	**13.18**	**12.64**	**8.33**	**172.20**	**174.75**	**11.97**	**36.09**
8.84	-0.27	0.08	0.99	10.97	11.12	0.07	0.33
1.56	0.10	0.03		0.67	0.68	0.25	0.26
0.92	0.08	0.03		0.70	0.72	0.08	0.30
11.57	0.54	1.29	0.76	6.81	6.75	0.64	1.24
0.32	0.02			0.07	0.07		0.01
2.14	0.17	0.14	0.01	1.20	1.27	0.18	0.40
0.08	0.02	0.02		-0.08	-0.08	0.09	0.01
6.76	-0.08	0.02	0.35	2.97	3.07	0.01	0.61
8.21	0.66	0.57	0.02	5.47	5.69	0.45	0.76
9.23	1.14	0.58	0.23	5.02	5.28	1.26	1.85
24.59	2.84	2.67	0.99	13.36	15.10	1.53	5.53
7.29	0.67	0.80	0.97	6.82	7.15	1.85	0.93
12.57	1.27	0.64	0.01	18.15	18.37	0.36	3.38
4.60	0.81	0.40	0.02	6.62	6.82	0.31	0.80
3.00	0.63	0.43	0.18	1.26	1.99	0.11	0.67
11.15	-0.07	0.52	0.10	11.77	11.42	0.33	2.51
6.60	0.16	0.19	0.02	8.57	8.86	0.04	0.74
13.76	1.10	0.41	0.08	17.65	17.23	0.13	4.29
43.91	2.71	1.98	1.14	21.42	20.70	3.87	7.74
0.47	0.03	0.01		0.09	0.12	0.07	0.14
17.58	-0.34	0.26	1.08	8.01	7.75	0.05	1.24
5.56	0.61	0.71	1.16	7.31	7.27	0.05	0.78
2.33	0.02	0.08	0.07	0.53	0.57	0.05	0.41
0.32				0.22	0.22		0.03
1.43	-0.05	0.13		2.19	2.20	0.19	0.16
8.82	0.41	0.64	0.15	14.43	14.41		0.93

3-49 按地区分组的废弃资源

地区	资产总计	固定资产净额	固定资产原价	累计折旧	流动资产合计	应收账款	存货
全国	**4666.65**	**1093.21**	**1668.00**	**491.26**	**2749.21**	**677.16**	**767.61**
北京	20.64	1.45	2.97	1.51	14.89	4.59	1.07
天津	79.72	17.97	27.80	9.75	49.52	12.85	12.19
河北	199.29	52.31	81.65	27.18	112.04	34.91	25.89
山西	205.90	119.73	135.44	13.52	68.63	11.58	26.15
内蒙古	42.90	12.65	17.19	3.58	25.19	9.13	5.78
辽宁	116.36	27.28	44.95	16.92	73.51	18.50	16.52
吉林	16.69	2.66	5.09	2.38	8.82	1.20	3.05
黑龙江	37.61	4.80	8.07	2.17	29.03	13.26	3.39
上海	64.81	17.76	30.07	12.17	36.91	8.54	5.97
江苏	362.91	93.16	138.34	44.76	214.10	42.92	54.02
浙江	397.58	73.00	113.55	33.91	261.43	53.93	57.06
安徽	315.12	52.58	79.79	26.88	212.05	57.52	36.22
福建	120.22	29.91	46.63	15.69	68.70	15.68	20.53
江西	465.07	79.56	134.64	42.95	320.15	78.87	116.03
山东	223.85	55.45	75.60	18.63	102.86	23.44	32.82
河南	149.68	35.99	67.29	21.36	83.25	37.03	17.33
湖北	480.02	110.31	174.71	46.82	245.13	50.18	90.08
湖南	179.69	50.14	92.38	29.48	80.81	27.07	21.85
广东	474.76	95.14	140.95	45.05	305.52	58.95	102.77
广西	116.94	19.56	27.42	7.35	86.15	30.93	11.62
海南	1.08	0.05	0.08	0.03	0.13	0.02	0.02
重庆	53.45	15.40	23.96	7.99	27.41	5.49	3.04
四川	113.75	27.20	42.81	13.38	71.18	21.77	16.30
贵州	25.10	6.30	10.46	3.58	10.50	2.74	0.90
云南	180.91	30.37	51.83	21.13	116.72	20.06	62.97
西藏							
陕西	118.63	28.08	45.71	8.97	71.46	21.72	8.65
甘肃	23.90	8.52	11.79	3.26	12.44	1.92	6.15
青海	2.86	0.46	0.60	0.09	2.28	0.50	0.16
宁夏	22.02	6.52	8.13	1.61	12.08	4.79	2.91
新疆	55.19	18.91	28.07	9.14	26.33	7.04	6.16

综合利用业主要经济指标

单位：亿元

产成品	负债合计	流动负债合计	应付账款	所有者权益合计	实收资本	国家资本	集体资本
308.26	**2773.86**	**2374.16**	**563.14**	**1891.87**	**981.50**	**86.10**	**20.34**
0.89	8.31	7.97	1.15	12.33	3.65		0.02
9.17	48.26	43.51	11.45	31.46	24.83	0.96	1.53
15.22	127.50	111.74	31.02	71.79	52.89	2.10	4.18
12.16	177.09	173.58	13.80	28.81	24.63	0.51	0.06
1.85	21.37	18.13	3.98	21.53	8.48	0.54	0.18
8.77	60.19	55.22	15.39	56.17	22.69	0.11	0.67
0.37	9.60	9.47	2.04	7.09	5.46	0.33	
2.47	25.27	23.49	5.52	12.35	6.04		
2.69	27.74	20.34	4.05	37.07	16.90	1.05	0.59
24.56	214.47	178.21	48.64	148.44	87.01	8.42	0.89
16.95	238.47	208.73	41.98	158.87	72.03	2.14	0.34
17.52	177.83	146.25	46.42	137.29	71.09	28.45	0.01
10.45	64.17	57.43	11.27	56.05	25.69	1.39	0.85
38.56	324.75	294.04	85.40	140.32	70.86	7.61	2.25
14.47	122.34	109.78	39.35	101.51	52.33	4.49	0.64
6.78	75.40	63.89	16.59	74.28	43.36	0.91	2.61
20.58	263.26	214.29	27.31	216.09	139.64	2.81	1.44
9.64	78.42	56.20	14.25	101.26	48.27	2.99	1.05
60.83	307.07	249.33	55.04	167.69	76.58	4.77	0.53
7.76	75.18	61.70	18.21	41.76	15.77	2.54	0.01
	0.60	0.17	0.01	0.48	0.38	0.38	
1.19	26.77	18.57	6.13	26.67	11.14	0.83	0.16
7.18	72.07	62.85	12.24	41.68	25.34	1.74	1.77
0.29	11.29	8.77	3.56	13.80	6.72	2.51	
8.07	90.11	75.84	16.24	90.80	27.84	0.35	0.40
5.20	66.70	57.47	13.12	51.93	24.38	2.51	0.10
1.60	15.93	13.71	4.51	7.97	6.46	3.49	0.05
0.06	2.52	2.49	1.78	0.34	0.25		
1.82	9.92	8.45	2.32	12.10	5.72	0.50	
1.15	31.24	22.54	10.35	23.95	5.08	1.68	0.03

3-49 续表

地区					营业收入	营业成本	销售费用
	法人资本	个人资本	港澳台资本	外商资本			
全　国	**433.78**	**387.72**	**36.13**	**14.61**	**9514.27**	**8772.51**	**77.12**
北　京	1.91	1.55		0.18	8.57	6.41	0.28
天　津	12.32	7.26		2.77	137.26	134.24	0.82
河　北	18.84	23.63	3.59	0.55	288.73	274.65	3.28
山　西	9.33	12.23	2.50		476.70	429.70	1.25
内蒙古	4.14	3.62			89.56	80.88	0.96
辽　宁	15.07	6.67	0.16		289.06	278.74	1.65
吉　林	1.30	3.77		0.06	22.18	20.62	0.13
黑龙江	4.65	1.40			115.17	117.22	0.92
上　海	8.59	2.58	2.61	1.49	49.80	38.43	1.22
江　苏	32.26	34.45	8.48	2.52	564.86	507.05	5.63
浙　江	39.91	19.97	8.23	1.44	530.41	476.82	4.95
安　徽	24.61	15.95	0.96	1.11	952.74	913.17	6.46
福　建	12.26	8.95	2.25		384.52	362.84	2.36
江　西	37.86	23.13			2040.38	1915.23	10.40
山　东	26.62	17.51	0.67	2.40	214.15	193.28	2.90
河　南	18.61	21.22			383.94	367.69	2.84
湖　北	30.46	102.13			661.68	597.83	4.53
湖　南	24.89	18.52	0.36	0.46	407.83	346.31	5.79
广　东	44.24	21.76	4.03	1.24	671.58	603.85	9.25
广　西	4.30	8.93			423.12	401.16	1.79
海　南					0.52	0.25	
重　庆	7.18	2.84		0.13	74.09	60.87	1.72
四　川	12.45	7.10	2.15	0.12	213.24	188.39	2.15
贵　州	2.86	1.35			16.98	11.86	1.17
云　南	18.66	8.43			165.46	154.08	1.29
西　藏							
陕　西	12.33	9.15	0.15	0.15	184.31	161.80	1.61
甘　肃	1.03	1.89			15.73	13.48	0.45
青　海	0.25				3.34	3.19	0.03
宁　夏	4.52	0.70			52.76	50.20	0.56
新　疆	2.34	1.03			75.61	62.31	0.74

单位：亿元

管理费用	财务费用	利息费用	投资收益(损失以"–"号记)	营业利润	利润总额	亏损企业亏损额	平均用工人数(万人)
226.73	**59.95**	**44.47**	**-0.80**	**344.42**	**408.11**	**36.49**	**22.99**
1.10		0.11	0.50	1.36	1.36	0.13	0.07
3.13	0.38	0.40	0.60	-1.23	3.05	1.42	0.25
7.11	2.54	1.48	0.83	0.07	4.14	2.66	1.12
3.72	1.08	0.96		37.35	1.93	4.56	0.78
1.82	0.44	0.23	0.02	5.94	6.06	0.24	0.21
4.25	0.84	0.63	0.10	1.60	10.91	0.67	1.56
0.83		0.01	0.18	0.71	1.06	0.15	0.10
0.97	0.47	0.19		-1.29	0.95	0.55	0.13
4.01	0.37	0.50	0.50	6.46	7.10	0.63	0.22
23.92	5.02	3.68	0.39	21.63	26.56	3.27	1.75
18.11	4.13	4.74	-0.03	27.65	33.39	2.04	1.46
15.47	4.30	3.96	4.30	13.02	23.44	1.20	1.45
7.46	2.11	2.08	0.16	6.32	9.31	0.66	0.72
26.62	6.97	4.01	-6.24	64.88	94.49	2.20	2.32
8.18	1.66	1.41	1.04	8.52	9.40	1.34	0.97
7.50	2.50	1.22	-0.01	5.48	10.69	1.11	1.25
20.41	8.07	5.32	-0.58	32.70	37.39	4.63	1.41
18.53	4.25	2.28	1.17	24.10	26.46	1.76	1.34
23.57	5.40	4.01	0.58	28.64	31.67	3.97	2.24
3.28	0.99	1.02	0.24	19.90	21.60	0.28	0.42
0.05	0.02	0.02		0.19	0.20		
4.27	0.70	0.40		6.21	6.11	0.27	0.42
6.78	1.63	1.28	0.06	12.86	13.20	0.24	0.96
1.49	0.19	0.20	0.39	2.50	2.76	0.28	0.13
5.18	2.94	2.71	0.15	1.68	3.20	1.52	0.70
5.54	1.40	0.48	-5.84	6.88	7.65	0.33	0.61
1.08	0.17	0.13		0.51	0.55	0.22	0.12
0.09				-0.03	0.08		0.01
0.71	0.21	0.22	0.68	1.07	3.60	0.04	0.11
1.54	1.17	0.78		8.74	9.80	0.15	0.17

3-50 按地区分组的金属制品、机械和

地　　区	资产总计	固定资产净　额	固定资产原　价	累计折旧	流动资产合　计	应收账款	存货
全　国	**2603.99**	**501.59**	**999.74**	**470.47**	**1451.74**	**437.58**	**301.55**
北　京	468.39	19.67	61.33	40.95	111.99	32.92	22.49
天　津	43.02	7.08	11.27	4.19	30.58	11.72	2.76
河　北	127.32	43.33	76.67	33.32	73.77	23.26	18.76
山　西	65.74	11.49	20.94	8.37	51.63	29.58	9.11
内蒙古	9.02	2.20	3.53	1.33	6.25	3.05	1.43
辽　宁	92.33	15.23	51.33	25.79	70.15	9.77	14.83
吉　林	43.95	12.00	20.10	8.10	14.13	4.25	1.54
黑龙江	37.76	11.03	17.91	6.75	19.45	4.84	1.48
上　海	345.91	94.55	186.64	85.34	219.78	55.78	53.51
江　苏	19.38	4.81	7.10	2.06	13.03	4.75	2.55
浙　江	219.92	61.95	117.66	50.76	127.31	30.05	23.73
安　徽	162.69	18.33	40.47	22.01	131.30	13.77	26.24
福　建	140.23	40.35	77.92	36.78	70.21	11.92	10.12
江　西	6.99	0.67	2.59	1.92	5.96	2.12	1.37
山　东	69.60	14.25	27.71	11.96	44.10	13.16	7.70
河　南	59.64	6.88	14.24	7.31	43.37	22.77	5.57
湖　北	86.51	17.28	43.05	25.76	61.04	22.47	14.40
湖　南	8.59	1.67	3.41	1.70	4.50	1.39	0.56
广　东	262.90	62.10	110.41	47.99	180.22	81.14	45.87
广　西	49.86	8.56	19.11	10.55	33.85	14.31	7.28
海　南	6.33	1.41	2.42	1.00	4.59	3.39	0.31
重　庆	9.93	1.60	3.33	1.58	7.84	3.73	1.77
四　川	108.05	10.40	20.23	9.62	53.14	13.56	20.43
贵　州	10.43	4.92	7.62	2.70	4.64	2.79	0.38
云　南	13.32	0.57	0.66	0.09	0.49	0.10	0.06
西　藏							
陕　西	87.07	24.31	42.57	18.26	48.61	14.01	3.75
甘　肃	37.24	2.97	5.96	2.71	10.36	3.24	2.84
青　海	1.92	0.18	0.42	0.24	1.60	0.77	
宁　夏	2.59	0.21	0.57	0.36	2.36	0.74	0.08
新　疆	7.38	1.59	2.57	0.98	5.50	2.22	0.64

设备修理业主要经济指标

单位：亿元

产成品	负债合计	流动负债合计	应付账款	所有者权益合计	实收资本	国家资本	集体资本
29.07	**1355.56**	**1114.81**	**432.26**	**1248.39**	**672.86**	**103.28**	**12.91**
0.81	160.37	118.69	20.01	308.02	98.23		
0.81	27.13	25.75	13.13	15.89	16.83	1.69	
0.24	69.19	61.27	28.56	58.13	62.40	1.40	0.66
4.20	52.51	49.77	20.86	13.23	11.22	2.52	
0.48	3.93	3.91	1.92	5.10	3.42	1.00	
0.59	72.10	62.03	24.22	20.22	65.46	8.22	0.20
0.48	29.28	26.40	5.24	14.67	12.71	0.01	0.60
0.52	26.02	20.22	10.26	11.74	8.77	0.01	
6.77	208.73	168.40	72.96	137.18	103.42	40.07	0.12
0.47	11.32	9.73	4.43	8.06	3.89	0.15	
0.36	145.42	140.08	54.27	74.46	53.02	5.87	5.90
1.66	54.28	34.99	14.88	108.41	11.74	6.11	
0.32	48.16	25.97	11.35	92.07	39.76	1.83	0.72
0.18	3.45	3.08	1.34	3.54	1.21	0.18	0.02
2.55	46.00	44.09	12.24	23.60	10.76	2.71	0.68
1.04	35.40	32.20	23.81	24.24	17.84	0.07	0.68
1.71	48.26	40.57	16.36	38.24	10.57	1.65	
0.07	5.94	5.67	0.62	2.65	1.43		0.37
3.18	144.62	110.06	49.96	118.28	54.62	4.97	0.53
0.08	22.78	17.94	7.39	27.08	10.78	6.28	0.01
	2.39	2.10	1.31	3.94	2.50		
0.38	4.13	3.92	2.29	5.80	3.50	0.08	0.85
1.14	39.10	27.94	4.64	68.95	21.66	0.50	0.60
0.01	4.80	4.58	2.79	5.63	3.40	3.20	0.20
	9.88	9.88	0.09	3.44	3.48	3.38	
0.62	43.82	40.65	18.47	43.24	37.21	10.96	
0.25	28.52	17.06	5.81	8.72	0.95	0.20	0.62
	0.87	0.77	0.34	1.05	0.15		0.05
0.01	0.84	0.84	0.42	1.75	1.01		
0.14	6.33	6.24	2.32	1.04	0.94	0.23	0.11

3-50 续表

地区					营业收入	营业成本	销售费用
	法人资本	个人资本	港澳台资本	外商资本			
全　国	**429.03**	**39.24**	**29.79**	**54.73**	**1607.84**	**1338.78**	**16.76**
北　京	85.01	3.93		9.29	108.39	93.96	1.11
天　津	9.75	2.33	1.40	1.65	34.73	31.16	0.27
河　北	58.66	1.68			72.15	60.08	0.40
山　西	5.99	2.65		0.05	42.78	38.49	0.48
内蒙古	1.42	1.00			5.78	4.24	0.20
辽　宁	54.71	2.34			65.85	54.13	-0.43
吉　林	12.03	0.07			20.09	16.21	0.21
黑龙江	5.96	0.20	2.60		13.69	11.65	0.12
上　海	53.57	2.97	1.05	5.63	281.91	232.77	1.43
江　苏	1.22	0.65		1.87	22.29	18.60	0.89
浙　江	17.30	6.51	2.55	14.89	130.76	105.17	1.68
安　徽	3.63	1.25		0.76	59.90	46.13	0.67
福　建	16.96	1.53	16.76	1.96	125.97	106.57	1.34
江　西		0.80	0.21		13.56	11.51	0.14
山　东	2.73	3.50	0.94	0.21	44.72	35.69	0.64
河　南	15.13	0.99		0.97	48.31	40.56	1.25
湖　北	7.89	1.03			119.78	94.21	2.71
湖　南	0.06	1.00			9.94	8.38	0.13
广　东	32.00	1.83	4.23	11.06	203.68	172.60	2.18
广　西	0.20	0.41			26.50	22.54	0.18
海　南	2.50				6.11	4.97	
重　庆	2.40	0.17			9.86	8.07	0.10
四　川	17.28	0.53	0.05	2.71	65.70	58.74	0.39
贵　州					6.94	5.57	0.02
云　南	0.10				0.62	0.66	
西　藏							
陕　西	21.08	1.50		3.67	39.43	31.40	0.20
甘　肃	0.13				12.99	11.56	0.26
青　海	0.10				5.23	4.66	
宁　夏	0.99	0.03			2.94	2.29	0.14
新　疆	0.25	0.35			7.24	6.21	0.04

单位：亿元

管理费用	财务费用	利息费用	投资收益(损失以"—"号记)	营业利润	利润总额	亏损企业亏损额	平均用工人数(万人)
162.22	**14.16**	**13.80**	**15.99**	**76.70**	**73.62**	**22.93**	**21.92**
13.11	3.61	3.80	6.97	4.07	4.20	1.94	1.47
2.91	0.04	0.04	0.12	0.21	0.26	1.18	1.03
7.75	0.19	0.11	0.17	2.69	2.70	0.16	1.35
3.73	0.21	0.21	0.01	-1.33	-1.20	2.55	0.90
1.03	0.02	0.02	0.11	0.30	0.35	0.01	0.14
6.37	0.70	0.31	0.38	5.60	2.01	0.87	1.05
1.46	0.62	0.58	-0.11	1.17	1.12		0.27
1.72	0.25	0.25	0.40	0.61	0.83	0.17	0.25
41.30	0.79	1.59	2.92	2.86	1.27	12.30	2.86
1.79	0.29	0.03	0.02	0.78	0.84	0.37	0.32
12.41	2.24	1.36	0.29	8.50	9.12	0.81	1.68
10.26	-1.46	0.01	0.15	3.98	4.25	0.07	0.65
7.81	1.18	0.16	0.49	9.26	9.28	0.78	1.20
1.01	-0.06	0.01		0.95	0.98		0.30
4.96	0.77	0.10	0.13	2.37	2.63	0.13	0.85
3.98	0.13	0.08	0.08	2.27	2.36	0.17	0.63
9.07	2.12	2.12	0.03	8.37	8.19	0.18	1.99
0.62		0.01	0.12	0.86	0.83		0.25
15.46	1.50	1.50	0.28	12.78	13.19	0.10	2.31
2.97	-0.15	0.01		0.95	1.00	0.06	0.47
0.82	0.03			0.64	0.64		0.26
0.83	0.02	0.02		0.74	0.75		0.29
2.96	0.37	0.66	2.34	5.15	5.23	0.31	0.23
0.51	0.04	0.03		0.71	0.65		0.11
0.06			0.62	0.16	0.17	0.03	0.02
4.38	0.58	0.60	0.02	1.54	1.40	0.67	0.40
1.50	0.09	0.11	0.43	0.04	0.08	0.01	0.19
0.37				0.18	0.18		0.21
0.27				0.23	0.25		0.06
0.82	0.07	0.06	0.01	0.06	0.07	0.05	0.18

3-51 按地区分组的电力、热力、燃气及

地区	资产总计						
		固定资产净额	固定资产原价	累计折旧	流动资产合计		
						应收账款	存货
全　国	**242093.56**	**122230.20**	**224463.78**	**97454.54**	**51350.21**	**13589.59**	**2972.03**
北　京	28482.14	5697.84	11126.84	5422.12	5095.95	750.53	33.05
天　津	3326.03	1621.30	3205.13	1556.37	910.25	191.28	63.17
河　北	8714.71	4989.38	9250.61	4139.76	2112.01	739.11	109.93
山　西	7614.88	4531.84	8063.78	3305.76	1865.28	633.45	139.01
内蒙古	9679.91	5604.68	10382.73	4494.00	2302.71	950.00	87.53
辽　宁	6419.31	3560.10	6962.37	3318.74	1615.07	329.68	152.59
吉　林	2914.57	1711.31	3332.10	1566.40	699.82	178.75	54.86
黑龙江	4016.14	2053.10	4180.05	1851.01	1080.51	279.25	87.42
上　海	4634.70	1976.79	5123.02	3136.01	766.01	152.26	57.72
江　苏	13935.90	7816.07	15674.96	7818.36	3418.07	808.59	224.01
浙　江	10906.98	6014.15	12775.87	6068.51	2332.96	651.10	197.43
安　徽	5173.50	3258.13	5847.15	2548.19	1061.15	390.26	89.33
福　建	5832.00	3478.56	6362.88	2824.64	1070.10	283.48	150.21
江　西	3742.58	2133.47	3710.80	1495.45	836.41	255.80	47.74
山　东	17209.77	7510.03	14035.78	6223.85	4923.08	1055.33	361.56
河　南	8779.18	4646.43	8697.95	3758.32	2109.59	432.41	157.44
湖　北	7161.52	3848.07	7548.02	3580.39	1153.21	344.83	70.38
湖　南	5327.53	3277.55	6124.66	2702.74	818.14	192.10	63.05
广　东	24953.03	9851.27	19541.27	8969.27	4862.33	1047.07	271.02
广　西	5728.25	3088.25	5077.93	1797.55	1034.76	298.80	72.38
海　南	1210.78	779.49	1232.24	431.23	173.42	40.80	20.94
重　庆	3145.35	1723.69	3245.55	1452.11	627.50	81.11	42.73
四　川	13654.92	8889.06	13427.92	4445.01	1881.44	364.97	81.81
贵　州	5099.39	2877.08	5068.48	2056.27	1066.12	270.95	80.12
云　南	9214.05	6267.88	9570.81	3211.98	1358.43	387.14	26.10
西　藏	1154.17	894.93	1211.15	305.39	163.61	28.66	4.85
陕　西	5754.07	3230.45	5683.31	2272.90	1470.43	423.76	84.23
甘　肃	3769.17	2224.82	4115.36	1778.80	968.14	429.69	38.59
青　海	2784.07	1561.04	2689.40	1034.72	623.12	363.17	13.82
宁　夏	3662.79	2212.38	3634.47	1355.41	893.36	419.54	34.48
新　疆	8092.18	4901.05	7561.19	2533.28	2057.26	815.69	54.53

水生产和供应业主要经济指标

单位：亿元

产成品	负债合计	流动负债合计	应付账款	所有者权益合计	实收资本	国家资本	集体资本
297.34	**147114.31**	**76859.07**	**17302.06**	**94565.87**	**67417.52**	**34915.95**	**622.83**
1.82	9455.12	6005.58	918.84	19027.02	16883.56	15980.98	0.58
6.39	2216.62	1341.33	287.63	1109.41	985.98	496.65	0.13
18.95	5967.30	3509.76	1016.53	2747.56	1997.21	707.15	24.55
18.42	5796.54	3228.89	1012.71	1818.25	1710.52	826.06	16.39
8.64	6427.11	3489.37	812.08	3257.18	2417.31	991.76	36.46
9.36	4542.18	2617.89	475.84	1877.37	1687.28	836.86	4.58
3.17	1978.82	1219.62	267.81	935.75	767.62	196.62	1.36
4.92	2852.03	1625.05	334.24	1142.23	1000.20	235.99	9.67
16.35	2043.18	1360.86	255.36	2591.52	1948.54	1637.55	7.06
14.09	8500.51	5074.49	1332.38	5435.40	3724.97	1142.85	35.76
9.58	6330.49	3574.86	937.60	4204.14	2518.58	1156.23	11.00
12.63	3202.46	1956.88	501.53	1971.04	1474.24	389.00	11.30
5.58	3501.10	1592.36	445.21	2330.90	1535.12	393.50	26.13
11.30	2390.67	1259.54	394.56	1351.91	858.11	208.00	6.34
22.56	11458.96	6883.60	1309.54	5747.78	3615.13	858.95	54.23
36.93	6084.20	3395.94	841.87	2694.98	1762.03	523.85	13.27
14.86	3983.53	2175.98	507.36	3177.99	1503.23	307.70	44.67
10.26	3336.06	1709.03	349.37	1991.47	1149.00	321.46	19.35
18.81	14834.85	6866.18	1419.69	10121.52	5606.09	2556.39	42.97
6.63	3801.39	1385.61	291.27	1926.86	988.28	384.74	13.77
2.27	822.40	372.51	71.76	388.37	293.91	57.84	0.50
4.67	1746.74	968.79	223.52	1398.61	862.57	279.73	4.65
9.87	8908.06	3230.33	584.61	4746.86	2971.10	1016.74	67.97
3.71	3963.58	1982.02	406.96	1135.81	964.60	302.65	35.38
5.40	6140.95	2110.95	305.73	3073.10	2093.98	753.16	11.76
0.01	542.49	278.86	54.58	611.68	90.08	54.18	
9.00	3949.04	2036.42	548.45	1805.04	1390.68	495.53	8.41
2.35	2608.33	1196.32	304.25	1140.67	1096.66	360.37	15.97
2.08	1739.91	734.06	161.31	1044.17	677.76	252.63	14.62
3.88	2551.26	1233.03	312.97	1111.53	917.27	351.93	35.60
2.87	5438.44	2442.93	616.47	2649.78	1925.91	838.88	48.41

3-51 续表

地　区					营业收入	营业成本	销售费用
	法人资本	个人资本	港澳台资本	外商资本			
全　国	**27498.35**	**2093.09**	**1387.97**	**885.31**	**96269.46**	**87881.57**	**561.13**
北　京	809.56	9.24	76.27	6.93	6893.47	6564.76	10.13
天　津	399.03	13.15	26.31	50.72	1571.01	1507.50	7.49
河　北	1089.27	72.67	47.94	55.49	4405.36	4128.31	21.30
山　西	754.38	63.35	28.45	20.13	3083.36	2955.64	27.57
内蒙古	1202.27	137.26	27.79	21.76	3520.68	3137.80	14.01
辽　宁	706.09	69.18	29.40	41.16	2505.82	2366.18	18.95
吉　林	513.70	31.81	9.67	8.47	1122.58	1072.91	7.15
黑龙江	666.70	62.20	10.04	15.39	1479.25	1438.31	9.60
上　海	270.07	10.75	3.88	19.23	2095.20	2040.90	21.10
江　苏	2181.13	51.16	222.31	91.66	7849.15	7235.80	65.15
浙　江	1202.03	29.55	68.62	51.14	6946.01	6426.82	30.09
安　徽	967.21	36.32	45.82	24.60	2860.54	2666.50	13.68
福　建	959.97	38.08	84.33	33.11	2984.16	2676.35	16.56
江　西	585.40	22.31	21.28	14.78	1986.27	1808.77	14.09
山　东	2287.01	160.41	176.24	75.43	7518.01	7137.38	35.33
河　南	1075.06	50.79	93.57	5.49	3937.48	3724.38	25.53
湖　北	1047.37	30.42	54.05	19.03	2689.90	2285.72	16.35
湖　南	715.53	31.21	42.98	18.36	2297.99	2005.74	20.25
广　东	1811.04	875.55	135.32	184.04	11108.38	10159.52	54.35
广　西	509.98	18.30	58.72	2.78	1922.17	1684.69	5.51
海　南	194.56	0.32	6.34	34.36	393.67	356.08	2.17
重　庆	531.05	18.09	14.38	14.68	1379.22	1218.59	8.88
四　川	1756.25	61.71	54.09	13.30	3666.39	2876.86	36.09
贵　州	578.60	22.59	11.18	14.21	1702.48	1535.03	6.80
云　南	1251.04	47.95	12.16	17.54	1999.05	1554.09	9.53
西　藏	33.82		2.08		93.13	113.97	0.32
陕　西	820.87	45.71	6.57	13.60	2614.08	2352.71	12.48
甘　肃	679.40	24.04	7.02	12.93	1285.61	1157.69	4.15
青　海	395.37	8.30	0.45	2.68	646.22	529.24	2.24
宁　夏	511.40	12.76	5.17	0.41	1390.39	1287.78	2.99
新　疆	993.17	37.93	5.57	1.91	2322.42	1875.53	41.28

单位：亿元

管理费用	财务费用		投资收益 (损失以“−”号记)	营业利润	利润总额	亏损企业 亏损额	平均用工 人数 (万人)
		利息费用					
2511.46	**3275.39**	**3067.09**	**1274.97**	**3030.35**	**3297.23**	**3301.45**	**358.32**
130.08	147.71	150.77	304.85	395.21	407.97	20.21	9.33
46.48	27.81	28.43	11.72	1.79	14.20	63.45	4.18
114.31	129.54	112.66	10.89	-3.20	19.21	202.21	18.15
86.06	148.50	134.54	2.66	-142.74	-121.26	311.12	14.01
57.54	176.22	157.64	70.66	156.12	167.44	187.67	16.33
89.31	95.09	82.22	5.30	-63.99	-50.64	172.26	15.22
46.85	45.69	37.07	2.19	-49.78	-35.65	85.50	8.94
51.11	59.52	48.90	6.23	-72.87	-62.45	134.14	14.59
48.88	20.99	21.81	32.74	3.35	18.05	44.14	3.59
167.39	133.42	127.52	39.26	271.86	275.33	202.26	15.60
148.17	129.86	127.19	33.67	239.15	271.38	102.77	13.31
66.12	71.14	61.72	2.03	31.08	33.15	102.10	9.75
69.61	83.53	78.49	18.79	153.91	158.89	40.02	7.81
49.00	51.70	42.74	9.97	76.06	79.88	53.36	8.26
215.46	246.34	240.53	322.49	148.71	159.81	366.70	30.70
108.27	148.69	126.99	17.56	-91.09	-89.79	261.15	21.32
77.02	90.38	83.30	103.03	316.16	315.33	57.91	11.11
97.16	84.71	63.76	13.49	89.84	95.48	52.39	14.96
289.40	248.49	257.75	133.12	480.52	495.31	178.14	26.28
51.94	86.94	85.60	2.49	95.19	98.35	38.06	11.02
16.02	19.78	21.25	2.32	2.23	2.95	11.36	2.03
47.51	35.72	29.32	11.36	76.10	85.44	19.56	5.80
119.57	231.31	224.71	10.44	386.52	397.20	48.36	20.66
42.51	115.88	107.14	26.86	21.14	21.70	76.27	8.05
55.92	187.75	185.87	22.49	205.64	210.59	60.38	9.25
11.36	6.10	6.82	0.23	-35.66	-36.18	41.00	0.99
71.28	87.92	80.03	9.05	92.00	98.98	107.32	12.11
34.68	74.64	69.75	0.52	3.13	8.18	67.67	8.37
16.04	47.01	31.75	2.26	48.13	52.70	31.98	1.82
26.64	84.65	83.42	24.79	-1.48	1.56	98.90	4.16
59.76	158.36	157.40	21.51	197.30	204.13	63.08	10.63

3-52 按地区分组的电力、热力生产

地区	资产总计	固定资产净额	固定资产原价	累计折旧	流动资产合计	应收账款	存货
全国	**202577.01**	**108662.22**	**202880.64**	**89810.58**	**38743.27**	**11609.08**	**2294.06**
北京	26219.04	4905.56	9820.28	4909.29	4502.53	565.99	22.72
天津	2306.41	1293.15	2673.87	1355.10	589.09	95.98	46.80
河北	6938.35	4413.45	8401.92	3894.70	1474.49	549.07	70.34
山西	6470.59	4118.84	7434.25	3116.49	1515.01	563.56	112.28
内蒙古	8581.37	5140.47	9685.84	4290.37	2009.20	893.51	72.67
辽宁	5214.78	3174.23	6308.94	3069.76	1196.41	280.47	138.21
吉林	2611.66	1598.76	3128.17	1480.39	597.67	165.66	45.41
黑龙江	3569.84	1956.38	4004.09	1775.05	887.55	256.32	82.51
上海	2932.31	1562.93	4319.06	2747.03	430.66	95.20	24.55
江苏	10324.27	6667.39	13813.02	7112.92	1860.21	682.43	163.60
浙江	8335.76	4963.75	10996.81	5345.42	1540.11	569.63	166.14
安徽	4253.90	2929.96	5331.79	2365.78	747.49	337.49	57.61
福建	4830.41	3103.38	5751.76	2602.73	804.87	242.19	128.02
江西	3019.91	1906.21	3361.62	1385.34	625.99	235.53	33.55
山东	14701.67	6634.54	12684.24	5783.05	3953.27	863.68	289.96
河南	7116.72	4114.57	7881.26	3512.15	1494.30	340.47	104.50
湖北	6184.02	3492.24	6991.02	3394.16	807.32	284.31	51.08
湖南	4362.24	2888.87	5503.33	2499.75	577.97	153.42	52.46
广东	20680.92	8323.42	16992.34	7975.76	3753.33	837.48	215.01
广西	5120.59	2805.57	4687.43	1692.90	877.61	271.53	61.30
海南	937.01	675.95	1073.01	379.03	117.78	35.14	17.62
重庆	2265.59	1417.20	2765.95	1288.97	339.39	64.63	31.08
四川	11009.19	8281.58	12459.54	4101.02	1008.61	276.33	44.65
贵州	4216.02	2712.48	4829.52	1986.78	724.50	229.55	64.32
云南	8085.03	5772.63	8934.61	3073.22	1013.47	352.36	13.41
西藏	1107.18	891.99	1205.01	302.19	126.43	27.75	4.18
陕西	4701.17	2773.15	4988.80	2045.76	1142.16	389.58	54.53
甘肃	3532.36	2154.32	3983.26	1721.20	891.30	422.98	36.32
青海	2694.95	1534.33	2645.12	1018.84	588.40	359.96	12.12
宁夏	3289.00	2086.90	3445.25	1291.98	793.69	390.41	29.52
新疆	6964.75	4368.03	6779.54	2293.46	1752.45	776.46	47.57

和供应业主要经济指标

单位：亿元

产成品	负债合计	流动负债合计	应付账款	所有者权益合计	实收资本	国家资本	集体资本
91.48	**123888.90**	**63755.22**	**14516.15**	**78274.83**	**59151.86**	**31421.73**	**496.38**
1.50	8437.21	5508.59	784.45	17781.82	16231.62	15603.12	0.17
2.49	1564.44	952.20	214.93	741.97	735.55	437.34	0.13
5.03	4760.97	2695.05	721.16	2177.38	1620.77	637.61	15.94
7.81	4992.70	2714.76	914.00	1477.80	1467.10	709.95	14.86
2.67	5662.41	2937.19	749.55	2923.33	2182.39	925.95	26.82
7.65	3832.76	2185.71	418.44	1382.26	1392.42	686.99	2.35
1.34	1792.07	1115.40	248.96	819.59	714.64	175.87	1.04
2.77	2569.99	1452.37	304.04	977.99	870.72	148.24	7.27
	1353.94	1008.81	176.11	1578.38	1379.01	1213.59	2.42
1.87	6241.05	3769.33	1129.31	4083.22	3126.97	805.51	20.32
0.96	4737.21	2825.80	796.68	3226.45	1999.55	961.62	9.39
5.14	2705.33	1632.34	430.22	1548.57	1296.17	301.44	7.59
0.42	2975.61	1327.08	376.18	1854.80	1295.48	282.63	23.46
7.17	1956.75	967.78	336.67	1063.16	732.97	142.58	2.23
7.44	9884.63	5883.52	1054.80	4814.01	3164.45	668.94	43.96
2.53	5124.68	2740.27	724.51	1992.04	1427.52	422.16	8.04
10.11	3359.62	1788.01	398.24	2824.40	1360.65	262.31	35.39
6.05	2745.14	1365.11	290.50	1617.10	979.51	272.66	18.12
1.71	12372.10	5587.94	1124.10	8312.16	4859.37	2322.92	28.65
2.37	3420.78	1234.47	251.37	1699.81	913.24	346.33	10.09
0.19	700.44	318.52	62.79	236.57	195.52	25.46	
3.12	1342.14	755.61	182.06	923.45	668.14	195.54	3.61
0.91	7410.20	2471.95	418.83	3598.99	2559.59	796.66	60.75
1.52	3412.11	1679.84	356.84	803.90	794.75	226.29	29.67
1.16	5489.81	1806.89	254.81	2595.23	1773.66	698.05	10.91
0.01	505.14	275.75	53.69	602.04	84.95	49.05	
2.87	3284.87	1632.44	466.67	1416.30	1175.05	397.01	2.52
1.17	2455.80	1109.56	291.57	1056.38	1042.88	333.05	14.44
1.04	1701.45	710.24	153.34	993.50	660.74	246.22	14.61
0.96	2342.43	1118.32	285.48	946.57	830.76	332.18	35.19
1.48	4755.11	2184.35	545.83	2205.68	1615.73	794.47	46.42

3-52 续表

地区	法人资本	个人资本	港澳台资本	外商资本	营业收入	营业成本	销售费用
全国	**23990.96**	**1772.41**	**960.53**	**507.45**	**79412.81**	**73671.18**	**82.99**
北京	604.97	6.68	14.35	2.33	6249.95	6002.26	1.92
天津	283.46	5.54	3.42	5.66	986.18	991.60	2.36
河北	855.38	48.14	38.27	25.44	3291.54	3146.51	1.78
山西	643.78	57.68	27.51	15.07	2589.85	2529.71	7.18
内蒙古	1069.09	116.88	22.08	21.56	3119.16	2792.95	6.70
辽宁	601.62	63.63	12.78	25.06	2225.62	2136.97	1.80
吉林	497.59	24.67	7.23	8.24	1011.88	983.02	1.06
黑龙江	641.60	56.01	3.51	13.89	1379.69	1357.74	1.89
上海	148.06	9.03	0.29	5.64	1456.80	1440.09	
江苏	2059.69	36.10	150.15	55.19	6422.77	6064.08	5.17
浙江	926.71	23.17	43.96	34.70	5785.85	5395.88	3.80
安徽	908.08	29.41	36.90	12.75	2415.70	2296.35	1.22
福建	860.65	26.68	76.95	25.10	2414.46	2175.11	1.54
江西	547.67	18.14	10.11	12.23	1577.29	1487.81	2.03
山东	2140.09	141.05	127.66	39.90	6390.48	6174.71	7.89
河南	898.34	26.53	72.16	0.29	3140.85	3092.23	3.47
湖北	983.50	17.53	49.02	12.90	2332.61	1987.44	1.26
湖南	620.45	19.06	36.31	12.91	1873.40	1672.35	4.30
广东	1418.20	856.54	103.94	129.12	8392.28	7832.31	5.74
广西	489.08	10.65	55.50	1.59	1736.53	1535.85	0.48
海南	164.30	0.32	4.69	0.75	346.67	320.88	0.04
重庆	449.65	6.94	1.24	11.18	999.03	900.66	0.36
四川	1632.26	36.95	29.36	3.56	2726.42	2164.85	4.64
贵州	515.40	11.12	10.32	1.97	1526.70	1396.49	0.42
云南	1003.51	41.68	11.73	7.41	1808.41	1404.49	4.40
西藏	33.82		2.08		87.43	110.08	0.08
陕西	733.04	29.51	4.59	8.38	2058.20	1872.48	2.04
甘肃	660.00	22.41	3.12	12.93	1182.07	1068.48	0.79
青海	391.33	3.69	0.45	0.73	611.73	505.78	0.66
宁夏	453.20	10.18			1246.05	1167.38	0.95
新疆	756.43	16.49	0.87	1.00	2027.19	1664.65	7.03

单位：亿元

管理费用	财务费用	利息费用	投资收益(损失以"–"号记)	营业利润	利润总额	亏损企业亏损额	平均用工人数(万人)
1742.50	**2968.29**	**2745.88**	**1072.57**	**1733.87**	**1935.95**	**3096.47**	**267.74**
92.51	135.18	133.47	284.39	354.48	367.10	17.18	6.86
29.56	20.31	18.81	6.45	-45.19	-32.96	60.62	2.72
76.37	114.71	99.37	2.01	-68.61	-52.95	192.58	13.41
63.01	133.04	119.75	3.26	-151.35	-132.26	297.70	10.44
41.46	165.92	149.46	68.60	136.89	145.21	174.52	13.72
67.29	85.45	75.28	2.80	-79.75	-70.95	163.18	11.04
37.79	42.68	34.46	1.97	-53.21	-39.77	83.05	7.42
43.27	54.29	44.04	-0.83	-81.54	-68.27	125.50	12.55
27.90	19.57	18.57	19.91	-8.49	-3.84	33.02	1.81
109.43	121.13	112.53	18.20	124.80	120.85	195.29	9.86
104.78	107.11	100.35	25.04	180.30	202.35	86.11	9.16
44.70	66.87	57.01	-4.06	-10.90	-9.87	99.63	6.81
51.28	79.32	74.43	13.26	116.25	121.08	36.83	5.61
30.70	47.11	38.00	2.45	16.08	20.27	51.89	5.77
160.08	229.05	224.11	317.04	79.66	85.99	350.23	24.48
69.15	134.71	115.37	11.51	-157.18	-158.52	254.64	15.13
57.47	82.08	76.26	100.10	298.81	296.99	46.52	7.84
62.77	75.48	55.19	10.90	57.99	62.27	48.21	11.24
187.13	199.88	207.06	97.63	254.57	267.18	155.86	17.53
42.84	80.33	78.68	2.05	78.92	81.52	35.09	9.37
12.12	18.63	19.11	0.55	-4.16	-3.54	10.78	1.40
29.99	33.65	26.06	6.29	35.62	43.30	18.60	3.54
61.22	213.51	203.61	4.23	268.41	275.91	41.20	14.63
28.22	109.01	102.26	21.00	6.35	5.96	72.77	6.35
44.79	176.55	171.09	11.88	180.90	185.02	55.18	8.12
10.48	5.96	6.64	0.08	-36.38	-37.04	40.96	0.91
49.86	75.15	68.72	5.34	55.56	61.43	94.36	9.05
29.12	74.25	68.31	0.18	-1.68	2.58	66.67	7.40
12.69	46.85	31.61	2.09	42.07	46.66	31.73	1.59
21.45	78.44	77.23	22.56	-12.98	-10.10	97.22	3.60
43.06	142.08	139.05	15.71	157.62	164.36	59.35	8.38

3-53 按地区分组的燃气

地区	资产总计	固定资产净额	固定资产原价	累计折旧	流动资产合计	应收账款	存货
全国	**15439.26**	**5709.63**	**8517.77**	**2650.79**	**5417.93**	**971.79**	**423.39**
北京	934.88	209.52	352.85	141.96	254.35	23.90	8.03
天津	461.07	211.93	297.61	84.70	139.35	49.25	10.55
河北	1319.65	430.82	586.01	134.41	511.23	166.07	31.61
山西	910.94	313.98	450.20	118.39	297.59	55.59	25.10
内蒙古	664.71	321.82	462.09	123.25	161.70	17.43	12.85
辽宁	322.07	130.45	207.95	76.19	118.75	15.36	8.15
吉林	164.10	70.20	106.91	35.54	45.73	10.01	8.77
黑龙江	110.35	37.39	73.90	34.47	40.23	11.48	3.41
上海	521.48	138.30	271.49	132.09	220.74	40.65	26.68
江苏	960.70	316.43	480.45	161.75	389.95	69.85	28.73
浙江	706.31	339.89	479.77	135.68	239.77	37.43	16.45
安徽	395.63	153.13	224.11	68.33	141.40	34.30	9.37
福建	322.83	126.27	215.61	77.14	107.64	21.17	18.21
江西	195.07	86.41	128.81	37.58	59.67	6.07	6.56
山东	982.11	349.64	527.27	159.65	427.52	112.70	39.30
河南	835.87	254.93	373.99	108.44	397.22	55.20	46.01
湖北	334.74	141.28	209.34	63.23	131.24	17.58	7.76
湖南	206.86	109.15	154.62	44.25	62.06	7.31	5.34
广东	1301.02	499.79	736.64	233.34	402.78	81.90	30.60
广西	135.65	55.03	75.87	20.32	47.61	12.96	5.21
海南	137.64	59.62	85.60	25.97	22.59	1.05	2.46
重庆	301.45	93.15	157.25	57.29	113.82	8.84	4.50
四川	780.82	220.48	378.39	149.96	274.70	23.47	17.69
贵州	215.30	59.71	81.54	20.80	68.84	15.35	3.28
云南	612.53	312.08	361.93	47.67	168.72	9.09	7.23
西藏	29.51	0.04	0.13	0.09	29.11	-0.17	0.48
陕西	639.53	262.46	420.81	153.36	233.34	25.93	25.25
甘肃	86.98	38.71	65.32	26.01	36.36	1.58	1.85
青海	40.75	11.06	20.41	7.66	18.84	2.50	1.39
宁夏	184.51	58.88	88.20	29.22	70.01	19.56	4.53
新疆	624.22	297.04	442.70	142.05	185.06	18.39	6.04

生产和供应业主要经济指标

单位：亿元

产成品	负债合计	流动负债合计	应付账款	所有者权益合计	实收资本	国家资本	集体资本
168.01	**9080.99**	**6565.98**	**1483.06**	**6358.28**	**3369.02**	**786.89**	**61.21**
0.24	345.06	221.39	49.48	589.82	147.14	4.07	
3.55	293.00	205.80	42.75	168.07	123.06	39.63	
10.91	904.80	672.40	250.63	414.84	271.01	41.88	8.32
10.31	679.58	437.71	74.71	231.36	170.96	74.12	1.35
5.30	509.48	428.31	36.30	155.23	132.63	5.29	9.40
1.39	188.63	152.98	22.46	133.43	102.25	39.32	1.53
1.68	99.69	64.41	11.61	64.41	30.28	9.67	0.28
1.74	64.17	58.95	13.12	46.18	33.85	13.80	0.10
15.89	219.18	152.45	61.87	302.30	127.65	51.11	0.05
10.41	487.65	396.27	87.28	473.05	149.05	20.07	4.33
5.69	424.92	259.43	61.20	281.39	173.74	46.27	0.84
5.17	225.04	174.27	49.87	170.59	74.39	33.39	2.31
4.44	176.41	116.98	36.29	146.42	75.46	8.23	0.28
2.88	117.47	93.61	22.79	77.60	38.97	18.14	0.08
11.78	600.06	530.77	140.25	382.05	199.65	63.83	5.68
32.87	520.76	441.24	66.21	315.11	144.90	35.98	4.23
3.04	230.07	192.62	66.17	104.67	59.00	7.00	5.20
2.62	134.02	115.56	21.17	72.84	26.77	4.12	1.08
13.44	708.85	519.50	104.88	592.18	305.59	61.38	2.03
3.93	83.50	70.01	19.38	52.15	19.71	4.68	
1.96	69.49	27.12	4.49	68.15	59.14	13.24	
1.21	157.09	108.89	17.94	144.36	60.33	16.62	1.00
4.25	399.25	254.42	36.86	381.57	164.09	69.41	5.61
0.82	120.59	89.80	15.61	94.71	62.15	24.35	1.59
0.43	310.72	171.59	29.01	301.81	260.32	14.31	0.85
	28.75	2.33	0.45	0.76	0.50	0.50	
5.88	383.92	278.32	70.04	255.60	121.28	39.63	3.20
1.08	63.01	53.24	5.03	23.97	18.43	8.33	0.65
1.02	13.68	12.50	2.57	27.07	9.06	0.95	
2.88	104.96	76.65	15.64	79.55	39.69	5.28	
1.17	417.19	186.47	47.00	207.03	167.97	12.31	1.23

3-53 续表

地区	法人资本	个人资本	港澳台资本	外商资本	营业收入	营业成本	销售费用
全国	**1779.08**	**211.20**	**303.45**	**221.70**	**12631.57**	**11081.26**	**295.67**
北京	83.29	0.27	59.46	0.05	491.50	444.95	1.70
天津	39.41	2.36	14.61	27.05	465.05	421.53	2.97
河北	163.78	19.35	8.66	29.03	1008.32	907.05	15.87
山西	84.42	5.10	0.94	1.50	442.88	384.15	18.61
内蒙古	96.54	15.49	5.71	0.20	332.12	298.55	4.59
辽宁	36.50	4.05	12.63	8.22	170.31	141.86	9.81
吉林	12.28	5.38	2.44	0.23	85.58	71.30	4.00
黑龙江	8.78	5.58	5.09	0.50	62.61	52.39	5.45
上海	71.24		1.00	4.26	494.79	478.93	12.67
江苏	54.76	5.09	46.65	18.04	1088.08	935.04	25.47
浙江	88.41	2.99	22.69	12.54	826.60	752.53	11.91
安徽	21.50	3.44	5.55	8.20	318.18	278.60	7.00
福建	51.02	5.28	7.35	3.30	457.42	422.08	8.22
江西	13.07	1.91	5.10	0.68	274.50	232.88	6.46
山东	66.47	15.35	25.24	23.08	855.26	748.49	22.24
河南	65.00	14.24	20.46	4.97	591.85	481.36	16.01
湖北	36.29	4.43	5.03	1.04	228.16	196.84	7.48
湖南	14.34	2.01	1.79	3.32	208.26	176.24	7.44
广东	190.92	8.32	19.81	22.36	1935.61	1761.09	25.22
广西	9.08	3.50	2.25	0.20	122.01	107.31	2.48
海南	12.05		0.25	33.61	26.62	21.29	1.00
重庆	27.77	11.06	0.38	3.50	286.66	251.61	4.47
四川	39.49	18.98	24.27	5.34	652.88	516.83	24.66
贵州	26.66	8.66		0.90	103.36	91.33	2.66
云南	238.01	4.75		2.40	132.46	103.47	2.28
西藏					2.56	2.20	0.12
陕西	57.64	14.19	1.40	5.23	496.80	435.61	8.36
甘肃	7.94	1.51			86.92	75.99	2.90
青海	1.54	4.61		1.95	29.75	20.44	1.27
宁夏	31.83	2.58			113.43	99.91	0.73
新疆	129.02	20.72	4.70		241.03	169.43	31.63

单位：亿元

管理费用	财务费用	利息费用	投资收益（损失以“－”号记）	营业利润	利润总额	亏损企业亏损额	平均用工人数（万人）
369.89	**105.71**	**115.21**	**121.46**	**892.40**	**908.88**	**91.90**	**36.23**
26.31	-0.23	3.59	17.62	36.22	36.07	1.82	1.00
7.75	3.84	4.33	0.09	33.67	33.66	0.54	0.71
24.50	9.68	7.85	7.97	59.96	62.24	7.47	2.71
16.15	12.74	12.59	-0.78	11.81	12.48	8.19	2.25
8.88	5.77	4.33	1.48	14.33	15.09	8.88	1.24
7.72	1.65	0.92	3.23	14.25	14.97	1.68	1.52
4.11	1.92	1.52	0.13	4.63	4.90	0.44	0.63
3.44	0.24	0.47	0.04	2.48	2.66	0.64	0.69
12.40	-0.93	0.52	10.46	5.44	14.87	6.40	0.81
25.17	2.24	3.36	11.20	109.13	109.72	1.20	1.82
15.88	4.44	6.30	3.22	43.94	44.46	6.71	1.19
8.97	0.82	1.15	3.12	25.77	25.93	1.34	1.23
7.93	1.14	1.41	2.61	24.10	24.17	0.27	0.78
6.91	1.44	1.26	3.07	28.69	27.57	0.57	0.78
28.23	6.07	5.80	4.37	53.06	53.59	7.32	2.67
20.98	4.87	3.47	3.28	48.09	48.81	3.32	2.49
7.43	2.31	2.03	0.42	14.04	13.08	4.14	1.03
11.49	1.55	1.23	0.05	11.02	11.22	1.82	0.83
37.82	9.47	9.79	18.91	118.26	119.37	12.32	2.33
2.37	0.79	0.71	0.06	8.95	9.16	1.67	0.46
1.45	0.80	1.82	1.18	3.27	3.35	0.12	0.16
7.52	0.92	1.55	4.16	25.23	25.61	0.42	1.06
33.37	4.58	9.20	4.62	73.63	74.54	3.90	2.92
4.20	2.14	1.60	0.93	3.52	3.38	1.52	0.44
5.80	7.51	7.09	10.53	25.08	24.27	0.62	0.46
0.26	-0.01		0.06	0.05	0.07		0.02
14.79	5.31	4.53	3.65	38.68	39.18	6.31	1.84
2.91	-0.47	0.31	0.32	5.55	5.58	0.31	0.40
1.81	0.06	0.08		6.09	5.95	0.13	0.11
2.74	3.47	3.41	0.60	6.34	6.55	1.17	0.24
10.60	11.59	13.01	4.87	37.12	36.38	0.63	1.39

3-54 按地区分组的水的生产

地　区	资产总计	固定资产净　额	固定资产原　价	累计折旧	流动资产合　计	应收账款	存货
全　国	**24077.29**	**7858.35**	**13065.37**	**4993.17**	**7189.01**	**1008.72**	**254.59**
北　京	1328.22	582.76	953.71	370.87	339.08	160.63	2.30
天　津	558.55	116.22	233.65	116.56	181.80	46.06	5.81
河　北	456.71	145.11	262.68	110.66	126.28	23.97	7.98
山　西	233.34	99.03	179.33	70.88	52.68	14.31	1.64
内蒙古	433.82	142.39	234.80	80.38	131.81	39.06	2.01
辽　宁	882.46	255.43	445.49	172.79	299.91	33.84	6.23
吉　林	138.82	42.34	97.01	50.47	56.41	3.09	0.69
黑龙江	335.95	59.33	102.06	41.50	152.72	11.44	1.50
上　海	1180.91	275.56	532.46	256.89	114.62	16.42	6.49
江　苏	2650.93	832.25	1381.49	543.69	1167.91	56.31	31.68
浙　江	1864.91	710.51	1299.28	587.42	553.08	44.04	14.84
安　徽	523.97	175.04	291.26	114.09	172.26	18.47	22.35
福　建	678.76	248.91	395.51	144.77	157.59	20.13	3.98
江　西	527.60	140.85	220.38	72.53	150.76	14.20	7.62
山　东	1525.98	525.84	824.27	281.14	542.28	78.94	32.30
河　南	826.59	276.94	442.70	137.73	218.06	36.74	6.93
湖　北	642.77	214.55	347.66	122.99	214.65	42.94	11.54
湖　南	758.43	279.53	466.71	158.74	178.11	31.37	5.25
广　东	2971.09	1028.07	1812.30	760.17	706.22	127.69	25.41
广　西	472.01	227.65	314.63	84.32	109.54	14.31	5.87
海　南	136.12	43.91	73.63	26.23	33.05	4.62	0.86
重　庆	578.32	213.33	322.36	105.85	174.29	7.64	7.15
四　川	1864.92	387.00	590.00	194.02	598.12	65.17	19.47
贵　州	668.08	104.89	157.42	48.69	272.78	26.06	12.52
云　南	516.48	183.17	274.27	91.10	176.24	25.68	5.46
西　藏	17.48	2.90	6.01	3.11	8.07	1.08	0.20
陕　西	413.38	194.83	273.71	73.79	94.93	8.25	4.45
甘　肃	149.83	31.80	66.77	31.60	40.47	5.13	0.41
青　海	48.38	15.65	23.87	8.22	15.88	0.71	0.31
宁　夏	189.29	66.59	101.02	34.21	29.67	9.57	0.43
新　疆	503.21	235.98	338.95	97.77	119.75	20.84	0.93

和供应业主要经济指标

单位：亿元

产成品	负债合计	流动负债合计	应付账款	所有者权益合计	实收资本	国家资本	集体资本
37.85	**14144.42**	**6537.88**	**1302.85**	**9932.76**	**4896.64**	**2707.32**	**65.23**
0.08	672.85	275.60	84.90	655.38	504.80	373.79	0.41
0.34	359.18	183.33	29.96	199.37	127.37	19.68	
3.01	301.52	142.31	44.74	155.34	105.43	27.67	0.30
0.29	124.25	76.42	24.00	109.09	72.47	41.99	0.18
0.67	255.21	123.88	26.23	178.61	102.29	60.52	0.24
0.32	520.78	279.20	34.94	361.67	192.60	110.55	0.71
0.16	87.06	39.82	7.25	51.76	22.70	11.09	0.04
0.41	217.88	113.73	17.08	118.07	95.63	73.95	2.30
0.46	470.07	199.60	17.38	710.84	441.87	372.85	4.59
1.81	1771.81	908.90	115.78	879.12	448.95	317.27	11.11
2.93	1168.36	489.63	79.73	696.30	345.29	148.34	0.77
2.31	272.09	150.27	21.44	251.88	103.68	54.17	1.40
0.72	349.08	148.31	32.74	329.68	164.18	102.65	2.39
1.24	316.45	198.15	35.09	211.15	86.17	47.28	4.02
3.33	974.26	469.31	114.49	551.71	251.02	126.18	4.58
1.52	438.76	214.43	51.15	387.83	189.62	65.71	1.00
1.70	393.84	195.34	42.95	248.93	83.58	38.39	4.07
1.59	456.90	228.36	37.70	301.53	142.73	44.69	0.15
3.67	1753.90	758.74	190.71	1217.18	441.13	172.09	12.29
0.33	297.11	81.14	20.52	174.89	55.33	33.72	3.68
0.11	52.47	26.87	4.48	83.65	39.25	19.14	0.50
0.34	247.51	104.29	23.52	330.81	134.10	67.57	0.04
4.70	1098.61	503.95	128.92	766.30	247.42	150.68	1.60
1.37	430.88	212.39	34.52	237.20	107.69	52.01	4.12
3.81	340.42	132.47	21.92	176.07	60.01	40.80	
	8.60	0.78	0.43	8.88	4.63	4.63	
0.24	280.24	125.66	11.74	133.14	94.35	58.89	2.68
0.09	89.52	33.52	7.65	60.31	35.36	19.00	0.88
0.02	24.78	11.32	5.41	23.60	7.96	5.45	0.01
0.03	103.88	38.07	11.84	85.41	46.82	14.47	0.41
0.22	266.14	72.10	23.64	237.07	142.21	32.10	0.76

3-54 续表

地　区	法人资本	个人资本	港澳台资本	外商资本	营业收入	营业成本	销售费用
全　国	**1728.31**	**109.48**	**123.99**	**156.16**	**4225.08**	**3129.13**	**182.47**
北　京	121.30	2.29	2.46	4.56	152.02	117.56	6.51
天　津	76.15	5.24	8.28	18.01	119.78	94.36	2.16
河　北	70.11	5.18	1.01	1.02	105.50	74.76	3.64
山　西	26.18	0.57		3.55	50.62	41.79	1.78
内蒙古	36.64	4.89			69.40	46.30	2.72
辽　宁	67.97	1.50	3.99	7.89	109.89	87.35	7.35
吉　林	3.82	1.75			25.12	18.60	2.09
黑龙江	16.33	0.61	1.44	1.00	36.94	28.18	2.25
上　海	50.78	1.73	2.59	9.34	143.61	121.88	8.42
江　苏	66.68	9.96	25.51	18.43	338.30	236.69	34.51
浙　江	186.91	3.40	1.96	3.90	333.56	278.40	14.39
安　徽	37.62	3.47	3.37	3.65	126.67	91.55	5.47
福　建	48.30	6.12	0.02	4.71	112.28	79.16	6.79
江　西	24.65	2.26	6.08	1.88	134.49	88.08	5.60
山　东	80.44	4.02	23.34	12.46	272.26	214.19	5.21
河　南	111.72	10.01	0.94	0.23	204.78	150.80	6.04
湖　北	27.57	8.47		5.09	129.12	101.44	7.62
湖　南	80.74	10.14	4.88	2.13	216.32	157.15	8.52
广　东	201.92	10.69	11.57	32.57	780.49	566.12	23.39
广　西	11.82	4.15	0.97	0.99	63.64	41.53	2.55
海　南	18.21		1.40		20.38	13.91	1.13
重　庆	53.63	0.09	12.77		93.53	66.32	4.06
四　川	84.50	5.78	0.46	4.39	287.09	195.18	6.79
贵　州	36.54	2.81	0.86	11.34	72.41	47.21	3.72
云　南	9.53	1.52	0.43	7.74	58.17	46.13	2.86
西　藏					3.15	1.68	0.12
陕　西	30.19	2.01	0.57		59.08	44.63	2.08
甘　肃	11.45	0.12	3.91		16.62	13.22	0.46
青　海	2.50				4.74	3.02	0.31
宁　夏	26.37		5.17	0.41	30.90	20.49	1.31
新　疆	107.72	0.73		0.91	54.20	41.45	2.62

单位：亿元

管理费用	财务费用	利息费用	投资收益（损失以"－"号记）	营业利润	利润总额	亏损企业亏损额	平均用工人数（万人）
399.07	**201.38**	**205.99**	**80.94**	**404.07**	**452.39**	**113.08**	**54.35**
11.26	12.77	13.70	2.84	4.51	4.79	1.21	1.47
9.18	3.66	5.29	5.18	13.31	13.50	2.28	0.75
13.44	5.15	5.44	0.91	5.45	9.92	2.16	2.03
6.90	2.72	2.21	0.18	-3.20	-1.49	5.24	1.32
7.20	4.53	3.86	0.58	4.90	7.13	4.27	1.37
14.31	7.99	6.02	-0.73	1.50	5.34	7.41	2.66
4.95	1.08	1.09	0.09	-1.20	-0.78	2.02	0.88
4.40	5.00	4.40	7.03	6.20	3.17	8.00	1.35
8.58	2.35	2.72	2.37	6.40	7.02	4.71	0.97
32.79	10.05	11.64	9.86	37.93	44.77	5.77	3.91
27.51	18.31	20.54	5.41	14.92	24.57	9.95	2.95
12.44	3.46	3.56	2.97	16.21	17.09	1.14	1.71
10.40	3.07	2.65	2.92	13.56	13.64	2.92	1.42
11.39	3.15	3.48	4.46	31.29	32.04	0.89	1.71
27.15	11.22	10.63	1.08	16.00	20.23	9.15	3.56
18.14	9.11	8.15	2.77	18.01	19.92	3.19	3.70
12.13	5.99	5.01	2.51	3.30	5.25	7.25	2.23
22.90	7.69	7.34	2.54	20.83	21.99	2.36	2.90
64.45	39.13	40.89	16.59	107.69	108.76	9.97	6.43
6.73	5.81	6.22	0.38	7.31	7.67	1.29	1.18
2.44	0.34	0.32	0.59	3.12	3.14	0.46	0.46
9.99	1.15	1.72	0.91	15.26	16.53	0.53	1.19
24.99	13.23	11.90	1.60	44.48	46.75	3.27	3.10
10.09	4.73	3.28	4.93	11.27	12.36	1.97	1.26
5.33	3.68	7.68	0.08	-0.34	1.30	4.57	0.67
0.63	0.16	0.17	0.08	0.68	0.79	0.04	0.06
6.63	7.46	6.79	0.06	-2.25	-1.63	6.66	1.23
2.64	0.86	1.13	0.02	-0.74	0.01	0.69	0.58
1.55	0.11	0.06	0.18	-0.04	0.08	0.12	0.12
2.46	2.74	2.78	1.63	5.15	5.11	0.50	0.33
6.10	4.69	5.34	0.92	2.56	3.39	3.09	0.86

3-55 按地区分组主要工业产品产量(2021年)

地区	原盐(万吨)	成品糖(万吨)	啤酒(万千升)	卷烟(亿支)	布(亿米)
全国	**5706.51**	**1449.74**	**3562.43**	**24182.36**	**501.95**
北京			90.63	161.38	
天津	181.75		13.53	216.50	0.40
河北	256.32	49.36	179.35	792.15	10.50
山西			17.92	152.50	0.21
内蒙古	138.33	67.75	59.07	312.10	
辽宁	95.67		171.30	278.75	0.72
吉林			73.62	548.02	0.31
黑龙江		22.96	127.74	402.75	0.04
上海			27.89	875.22	0.72
江苏	573.40	13.51	179.69	1049.62	83.55
浙江		1.69	246.76	935.44	123.39
安徽	141.50		79.54	1218.15	8.38
福建	32.84	29.51	166.10	895.60	83.23
江西	284.97	1.34	62.43	642.05	9.65
山东	1154.81	114.92	461.32	1280.35	46.62
河南	65.49	0.22	184.58	1569.19	19.33
湖北	560.61	0.17	105.22	1349.37	52.42
湖南	332.75	1.69	69.76	1644.13	1.38
广东	2.99	134.13	408.25	1291.50	27.17
广西		702.74	116.50	716.44	0.82
海南	4.41	8.88	4.17	116.00	
重庆	241.16	0.85	80.40	569.52	2.84
四川	534.50	2.19	249.94	910.79	13.93
贵州		0.74	109.60	1172.16	0.47
云南	164.17	247.35	80.67	3534.33	
西藏			12.31		
陕西			65.92	823.00	8.20
甘肃	12.15	4.46	41.93	466.00	
青海	400.52		1.70		
宁夏	96.14		21.01	80.00	0.64
新疆	432.01	45.27	53.58	179.35	7.02

注：本表部分指标存在总计不等于分项之和情况，是数据四舍五入所致，未作机械调整。

3−55 续表 1

地　区	机制纸及纸板(万吨)	硫　酸(折100%)(万吨)	烧碱(折100%)(万吨)	纯碱(碳酸钠)(万吨)	乙烯(万吨)
全　国	**13583.87**	**9382.70**	**3891.31**	**2913.25**	**2825.67**
北　京	3.39				71.19
天　津	281.75	21.51	68.84	55.23	149.04
河　北	407.69	184.94	138.20	218.08	1.32
山　西	108.02	52.99	46.49		
内蒙古	9.58	542.80	350.76	41.33	
辽　宁	201.82	158.30	77.57		440.11
吉　林	51.21	75.96	2.51		77.30
黑龙江	30.02	58.00	24.01		135.90
上　海	40.59	5.89	76.37		194.87
江　苏	1469.24	331.29	289.65	474.03	243.71
浙　江	1481.12	320.65	223.08	27.56	142.83
安　徽	422.40	697.85	75.15	83.27	
福　建	994.84	332.19	37.91	24.10	211.90
江　西	280.24	290.95	202.18	52.71	1.51
山　东	2473.86	590.69	1044.44	415.18	261.50
河　南	369.21	510.92	184.95	472.95	29.03
湖　北	570.53	1120.71	107.47	174.47	106.39
湖　南	343.75	189.33	62.02	36.47	0.40
广　东	2410.29	251.57	34.56	57.28	417.75
广　西	336.22	432.84	86.56		
海　南	181.98				
重　庆	433.15	66.38	36.56	119.42	
四　川	388.96	505.47	130.92	119.51	
贵　州	73.33	496.08			
云　南	97.01	1596.68	21.58	2.24	
西　藏					
陕　西	70.26	124.52	112.08	27.04	106.97
甘　肃	5.01	259.16	47.72	7.69	73.85
青　海		13.75	33.05	462.06	
宁　夏	26.65	68.21	76.35	42.62	
新　疆	21.75	83.08	300.31		160.11

3-55 续表 2

地　区	农用氮、磷、钾化学肥料总计(折纯)(万吨)	化学农药原药(折有效成分100%)(万吨)	初级形态的塑料(塑料树脂及共聚物)(万吨)	化学纤维(万吨)	水泥(万吨)
全　国	**5543.58**	**249.85**	**11198.41**	**6708.47**	**237724.49**
北　京			102.15	0.34	258.07
天　津	55.95		367.58	8.56	632.03
河　北	201.61	5.27	174.42	90.04	11354.63
山　西	383.26	0.62	111.07	1.04	5688.62
内蒙古	394.96	3.51	878.37	0.67	3667.92
辽　宁	37.08	2.92	610.12	23.39	4938.91
吉　林	28.84	1.85	120.95	44.77	2125.29
黑龙江	73.57	0.75	308.36	2.25	2181.59
上　海	1.09	1.37	381.48	32.47	443.99
江　苏	178.64	54.92	1150.11	1625.34	15402.11
浙　江	80.74	23.71	1278.35	3209.61	13637.96
安　徽	210.24	22.42	326.79	59.97	15001.00
福　建	66.69		491.14	1029.66	10131.01
江　西	98.62	8.59	101.00	107.66	10403.74
山　东	403.69	29.16	885.85	77.12	16580.41
河　南	358.97	10.06	219.29	79.19	11402.20
湖　北	582.19	15.30	223.22	39.00	11861.88
湖　南	65.97	16.85	65.91	4.65	10466.58
广　东	7.77	2.28	839.81	84.71	17084.27
广　西	41.22	2.90	40.10		11432.02
海　南	67.04	4.28	33.14		1937.52
重　庆	162.11	0.17	54.92	20.83	6238.18
四　川	342.98	30.80	268.84	77.37	14171.41
贵　州	336.63		2.29	1.30	9332.85
云　南	248.37	0.16	33.84	4.21	11511.51
西　藏					991.59
陕　西	166.39	0.47	681.26	3.83	6698.52
甘　肃	26.92	4.76	179.57	0.14	4478.20
青　海	494.26		85.86	0.31	1107.09
宁　夏	62.69	5.93	434.95	2.47	1870.05
新　疆	365.07	0.79	747.69	77.54	4693.35

3-55 续表 3

地　区	平板玻璃（万重量箱）	生铁（万吨）	粗钢（万吨）	钢材（万吨）	金属切削机床（万台）	大中型拖拉机（万台）
全　国	**101727.37**	**86856.78**	**103524.26**	**133666.83**	**60.17**	**41.17**
北　京	43.82			203.36	0.72	
天　津	3716.72	1818.40	1825.25	5991.73	0.14	0.59
河　北	13486.63	20202.98	22496.45	29559.38	0.42	0.02
山　西	2197.95	5988.42	6740.69	6173.88		
内蒙古	1065.60	2347.43	3117.89	2957.55		
辽　宁	5242.78	7024.68	7502.41	7759.09	3.81	0.39
吉　林	1152.00	1366.05	1538.92	1790.60		
黑龙江	577.31	846.55	960.59	951.38	0.11	0.89
上　海		1390.97	1577.06	1941.43	0.46	
江　苏	1533.15	10023.93	11924.95	15701.90	7.41	8.40
浙　江	4905.86	794.76	1455.56	3451.83	17.08	1.26
安　徽	4637.02	2911.60	3891.64	3820.33	1.84	0.36
福　建	5513.46	1145.19	2535.52	3980.53	1.18	
江　西	539.57	2315.59	2710.96	3480.92	0.69	0.02
山　东	9036.30	7524.42	7649.31	10667.62	6.24	19.38
河　南	1990.79	2746.75	3316.10	4335.97	0.26	8.24
湖　北	10377.02	2624.39	3656.09	3852.07	0.84	1.35
湖　南	3986.38	2177.35	2612.68	2979.70	0.30	
广　东	11119.85	2053.64	3178.33	5111.18	8.21	
广　西	3561.34	3015.29	3660.88	5282.09	0.14	0.09
海　南	470.35					
重　庆	2283.10	674.46	899.33	1310.46	1.25	
四　川	6024.90	2091.96	2787.93	3496.25	1.03	0.05
贵　州	1642.27	375.42	461.93	811.16	0.09	
云　南	2310.52	1711.63	2361.04	2646.44	4.91	0.11
西　藏						
陕　西	2007.29	1136.33	1520.81	2097.41	2.62	
甘　肃	602.42	789.19	1059.00	1080.59	0.15	
青　海	241.86	154.22	186.69	181.99	0.01	
宁　夏	427.94	457.64	596.33	582.29	0.27	
新　疆	1033.21	1147.56	1299.91	1467.68		

3-55 续表 4

地　区	汽车（万辆）	#基本型乘用车(轿车)（万辆）	发电机组（发电设备）（万千瓦）	家用电冰箱（万台）	房间空气调节器（万台）
全　国	**2625.70**	**970.62**	**15976.44**	**8992.11**	**21835.70**
北　京	135.47	52.20	450.94		
天　津	74.04	49.91	916.50	15.02	172.75
河　北	110.01	15.47	218.76		1193.37
山　西	11.90	3.12	5.55		1.30
内蒙古	5.45	5.45	188.04		
辽　宁	80.86	40.20	96.75	170.81	138.88
吉　林	228.90	122.02	119.15		
黑龙江	7.61	7.20	2096.14		
上　海	283.32	145.16	1537.47		261.04
江　苏	77.57	34.08	1473.33	1372.11	596.11
浙　江	99.37	38.84	930.56	537.26	1763.51
安　徽	148.90	16.64		2381.40	3385.52
福　建	31.98	14.09	16.16		181.03
江　西	42.84	0.05	66.13	72.31	352.02
山　东	106.65	6.84	578.13	888.81	1207.85
河　南	52.79	24.53	119.03	278.88	1006.15
湖　北	209.90	80.61	121.39	562.83	2003.82
湖　南	27.89	4.67	958.79		632.42
广　东	338.46	190.23	1072.93	2091.56	6736.25
广　西	190.08	47.41	0.16	176.02	121.08
海　南	1.48				
重　庆	199.80	39.57	337.15	156.21	1853.62
四　川	69.87	10.82	3741.55	124.18	228.98
贵　州	7.10	0.08		161.96	
云　南	1.76		36.96		
西　藏					
陕　西	80.10	20.88	13.62	2.75	
甘　肃	0.03		65.05		
青　海			42.80		
宁　夏			243.85		
新　疆	1.57	0.54	529.55		

3-55 续表 5

地 区	家用洗衣机 (万台)	移动通信手持机(手机) (万台)	微型计算机设备 (万台)	集成电路 (亿块)	彩色电视机 (万台)
全 国	**8618.54**	**166151.58**	**46691.98**	**3594.35**	**18496.53**
北 京		11624.50	647.31	207.75	410.18
天 津	209.15	4.60	0.21	29.84	
河 北	7.47	118.79		0.33	
山 西		2732.88	22.09		
内蒙古			0.02		183.71
辽 宁		15.92	72.12	10.56	
吉 林					
黑龙江				3.66	
上 海	129.88	2892.24	3093.27	364.95	153.50
江 苏	2507.99	4045.45	5472.18	1186.14	753.55
浙 江	860.57	3214.45	190.69	229.74	
安 徽	2627.40	96.56	3694.76	12.64	1224.75
福 建		2275.52	1369.67	27.89	1383.29
江 西	11.63	12322.66	1807.12	1.61	5.57
山 东	734.77	531.62	1.90	37.99	1986.73
河 南	30.05	15944.65	5.78		34.19
湖 北		5622.28	2057.11	0.01	174.38
湖 南		2352.00	300.95	29.49	
广 东	757.57	66965.36	5935.41	539.39	9810.91
广 西	160.75	2337.94	224.27	6.00	807.07
海 南					
重 庆	560.49	11158.33	10730.36	54.78	
四 川	17.80	13137.21	9751.37	142.53	1286.57
贵 州		2123.04	10.36	0.59	239.98
云 南		1483.86	1305.04	5.93	22.13
西 藏					
陕 西	3.01	4917.23		59.48	20.00
甘 肃				643.04	
青 海					
宁 夏				0.02	
新 疆		234.46			

四、附　录

主要指标解释

资产总计 指企业过去的交易或者事项形成的、由企业拥有或者控制的、预期会给企业带来经济利益的资源。包括企业拥有的土地、办公楼、厂房、机器、运输工具、存货等实物资产和现金、存款、应收账款和预付账款等金融资产。资产一般按流动性（资产的变现或耗用时间长短）分为流动资产和非流动资产。其中流动资产可分为货币资金、交易性金融资产、应收票据、应收账款、预付款项、其他应收款、存货等；非流动资产可分为长期股权投资、固定资产、无形资产及其他非流动资产等。来源于会计“资产负债表”中“资产总计”项目的期末余额数。

流动资产合计 资产满足以下条件之一应归为流动资产：（1）预计在一个正常营业周期中变现、出售或耗用，主要包括存货、应收账款等；（2）主要为交易目的而持有；（3）预计在资产负债表日起一年内（含一年）变现；（4）自资产负债日起一年内，交换其他资产或清偿负债的能力不受限制的现金或现金等价物。包括货币资金、应收票据、应收账款、存货等项目。来源于会计“资产负债表”中“流动资产合计”项目的期末余额数。

应收账款 指资产负债表日以摊余成本计量的、企业因销售商品、提供服务等经营活动应收取的款项。来源于会计“资产负债表”中“应收账款”项目的期末余额数。

存货 指企业在日常活动中持有以备出售的产成品或商品、处在生产过程中的在产品、在生产过程或提供劳务过程中耗用的材料或物料等，通常包括原材料、在产品、半成品、产成品、商品以及周转材料等。来源于会计“资产负债表”中“存货”项目的期末余额数。

产成品 指企业已经完成全部生产过程并验收入库，可以按照合同规定的条件送交订货单位，或者可以作为商品对外销售的产品。如果会计“资产负债表”列示“产成品”或“库存商品”项目，则根据其期末余额填报；或者，根据会计“产成品”或“库存商品”科目的借方余额，减去为“产成品”或“库存商品”计提的存货跌价准备等填报。

固定资产净额 指固定资产原价减去累计折旧、固定资产减值准备后的金额。来源于会计“资产负债表”中“固定资产”或“固定资产净额”项目的期末余额数。

固定资产原价 指固定资产的成本，包括企业在购置、自行建造、安装、改建、扩建、技术改造某项固定资产时所发生的全部支出总额。来源于会计“固定资产”科目的期末借方余额。

累计折旧 指企业在报告期末提取的历年固定资产折旧累计数。来源于会计“累计折旧”科目的期末贷方余额。

负债合计 指企业过去的交易或者事项形成的，预期会导致经济利益流出企业的现时义务。包括银行贷款、借款、应付账款、应付职工工资、应付职工福利费、应交税金等企业负有偿还责任的债务。负债一般按偿还期长短分为流动负债和非流动负债。执行企业会计准则或《小企业会计准则》的企业：负债合计=流动负债合计+非流动负债合计；执行其他企业会计制度的企业负债包括流动负债和长期负债。来源于会计“资产负债表”中“负债合计”项目的期末余额数。

流动负债合计 负债满足下列条件之一的应归为流动负债：（1）预计在一个正常营业周期中清偿；（2）主要为交易目的而持有；（3）自资产负债表日起一年内到期应予清偿；（4）企业无权自主地将清偿推迟至资产负债表日后一年以上。包括短期借款、应付票据、应付账款、应付职工薪酬、应交税费等项目。来源于会计“资产负债表”中“流动负债合计”项目的期末余额数。

应付账款 指企业因购买材料、商品和接受劳务供应等经营活动应支付的款项。来源于会计“资产负债表”中“应付账款”项目的期末余额数。

所有者权益合计 指企业资产扣除负债后由所有者享有的剩余权益。公司的所有者权益又称股东权益。包括实收资本、资本公积、盈余公积、未分配利润等。来源于会计“资产负债表”中“所有者权益合计”项目的期末余额数。

实收资本 指企业各投资者实际投入的资本（或股本）总额，包括货币、实物、无形资产等各种形式的投入。实收资本按投资主体可分为国家资本、集体资本、法人资本、个人资本、港澳台资本和外商资本。来源于会计“资产负债表”中“所有者权益”项下“实收资本”的期末余额数。

国家资本 指有权代表国家投资的政府部门或机构、直属事业单位对企业形成的资本金。

集体资本 指由本企业职工等自然人集体投资或各种机构对企业进行扶持形成的集体性质的资本金。

法人资本 指法人以其依法可支配的资产投入企业形成的资本金。

个人资本 指自然人实际投入企业的资本金。

港澳台资本 指我国香港、澳门和台湾地区投资者实际投入企业的资本金。

外商资本 指外国投资者实际投入企业的资本金。

营业收入 指企业从事销售商品、提供劳务和让渡资产使用权等生产经营活动形成的经济利益流入。包括“主营业务收入”和“其他业务收入”。来源于会计“利润表”中“营业收入”项目的本年累计数。

营业成本 指企业从事销售商品、提供劳务和让渡资产使用权等生产经营活动发生的实际成本。“营业成本”应当与“营业收入”进行配比。包括“主营业务成本”和“其他业务成本”。来源于会计“利润表”中“营业成本”项目的本年累计数。

销售费用 指企业在销售商品和材料、提供劳务的过程中发生的各种费用，包括保险费、包装费、展览费和广告费、商品维修费、预计产品质量保证损失、运输费、装卸费等以及为销售本企业商品而专设的销售机构（含销售网点、售后服务网点等）的职工薪酬、业务费、折旧费等经营费用。来源于会计“利润表”中“销售费用”项目的本期金额数。

管理费用 指企业为组织和管理企业生产经营所发生的费用，包括企业在筹建期间内发生的开办费、董事会和行政管理部门在企业经营管理中发生的，或者应当由企业统一负担的公司经费等。来源于会计“利润表”中“管理费用”项目的本期金额数。

财务费用 指企业为筹集生产经营所需资金等而发生的筹资费用，包括企业生产经营期间发生的利息支出（减利息收入）、汇兑损失（减汇兑收益）以及相关的手续费等。来源于会计“利润表”中“财务费用”项目的本期金额数。

利息费用 指企业为筹集生产经营所需资金等而发生的应予费用化的利息支出。包括短期借款利息、长期借款利息、应付票据利息、票据贴现利息、应付债券利息、长期应付引进国外设备款利息等。执行企业会计准则或《小企业会计准则》的企业，根据会计“利润表”中“利息费用”项目的本年累计数填报。执行其他企业会计制度的企业，根据会计“财务费用”科目下“利息支出”明细科目的本期发生额填报，如果企业没有单独设立“利息收入”明细科目，应填报利息支出减利息收入后的净额。

投资收益 指企业确认的投资收益或投资损失，反映企业以各种方式对外投资所取得的收益。来源于会计“利润表”中“投资收益”项目的本期金额数。

营业利润 指企业从事生产经营活动所取得的利润。执行企业会计准则或《小企业会计准则》的企业，根据会计“利润表”中“营业利润”项目的本年累计数填报；执行其他企业会计制度的企业，根据会计“损益表”中“营业利润”项目、“投资收益”项目的本年累计数之和填报。

利润总额 指企业在一定会计期间的经营成果，是生产经营过程中各种收入扣除各种耗费后的盈余，反映企业在报告期内实现的盈亏总额。利润总额为营业利润加上营业外收入，减去营业外支出后的金额，来源于会计“利润表”中“利润总额”项目的本年累计数。

平均用工人数 指报告期企业平均实际拥有的、参与本企业生产经营活动的人员数。

营业收入利润率 计算公式为：营业收入利润率=利润总额÷营业收入×100%，单位：%。

人均营业收入　计算公式为：人均营业收入=营业收入÷平均用工人数，单位：万元/人。

每百元资产实现的营业收入　计算公式为：每百元资产实现的营业收入=营业收入÷资产总计×100，单位：元。

资产负债率　计算公式为：资产负债率=负债合计÷资产总计×100%，单位：%。

产成品存货周转天数　计算公式为：产成品存货周转天数=360×产成品存货÷营业成本，单位：天。

应收账款平均回收期　计算公式为：应收账款平均回收期=360×应收账款÷营业收入，单位：天。